海关高等教育教材

进出口商品归类（第三版）

JINCHUKOU SHANGPIN GUILEI (DI-SAN BAN)

宗慧民◎主编　　温朝柱◎副主编

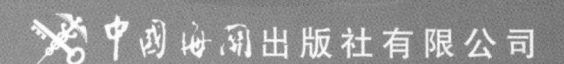

中国海关出版社有限公司

图书在版编目（CIP）数据

进出口商品归类/宗慧民主编；温朝柱副主编 . —3 版 . —北京：中国海关出版社有限公司，2022.10
ISBN 978-7-5175-0599-0

Ⅰ. ①进… Ⅱ. ①宗… ②温… Ⅲ. ①进出口商品—分类—中国—高等学校—教材 Ⅳ. ①F752.6

中国版本图书馆 CIP 数据核字（2022）第 182326 号

进出口商品归类（第三版）
JINCHUKOU SHANGPIN GUILEI（DI-SAN BAN）

作　　者：	宗慧民　温朝柱　等
责任编辑：	邹　蒙
出版发行：	中国海关出版社有限公司
社　　址：	北京市朝阳区东四环南路甲 1 号　　邮政编码：100023
编 辑 部：	01065194242-7530（电话）
发 行 部：	01065194221/4238/4246/4247（电话）　01065194233（传真）
社办书店：	01065195616/5127（电话）　01065194262/63（邮购电话）
	https://weidian.com/?userid=319526934（网址）
印　　刷：	北京盛通印刷股份有限公司　　经　销：新华书店
开　　本：	787mm×1092mm　1/16
印　　张：	38.25　　　　　　　　　　　字　数：982 千字
版　　次：	2022 年 10 月第 3 版
印　　次：	2022 年 10 月第 1 次印刷
书　　号：	ISBN 978-7-5175-0599-0
定　　价：	89.00 元

海关版图书，版权所有，侵权必究
海关版图书，印装错误可随时退换

"海关高等教育教材" 丛书序

我国古代海关的起源，一般认为是在西周，至今已有三千多年的历史。其名称几经变迁，经历过关、塞、关楼、津、市、市舶司、月港督饷馆、钞关、户关、工关、榷关、常关等，直到清代康熙二十四年（1685年），中国历史上才第一次出现了正式的、以海关命名的进出境关口。1840年鸦片战争以后，中国沦为半殖民地半封建国家，丧失了关税自主权和海关行政管理权。为培养我国自己的税务、海关人才，清政府于1908年在北京创办了税务学堂。1913年，北洋政府教育部批准将税务学堂改名为税务专门学校。在四十余年的办学中，该校为中国海关培养了两千余名专业人才。

中华人民共和国的海关专业教育起步于1953年，以上海海关学校的设立为标志。1980年经国务院批准，上海海关学校升格为上海海关专科学校。1996年更名为上海海关高等专科学校。2007年3月，教育部批准在上海海关高等专科学校的基础上设立上海海关学院，设置了管理学、经济学、法学、文学等若干本科专业。上海海关学院作为全国唯一系列设置海关类课程和专业的本科院校，承担着传播海关专业知识、培养海关专门人才、进行海关学术研究、开展海关国际交流与合作的重任。

上海海关学院的发展，事关人才培养重任，事关国家的海关改革与发展，如何更好地服务国家战略，需要我们冷静思考、科学规划、抓住机遇、真抓实干，在新的起点上以新的办学思路、新的办学举措、新的办学业绩来适应新时代海关事业的改革与发展，以及国际经济贸易的发展。

在海关总署党组的领导和全国海关的支持下，升本后的上海海关学院严格按照教育教学规律组织教学工作，夯实教学管理基础，切实加强教学监控，狠抓人才培养质量，并积极探索构建以海关学为核心的学科群，探讨海关学基础理论，明确海关学的研究对象，建立包括海关管理学、海关法学、关税学等在内的二级学科理论体系，努力使中国海关拥有与自身地位相匹配的学科地位。

为满足迅速发展的海关高等教育的实际需要，2009年以来，学校连续两轮组织教师编写"海关高等教育教材"。该套教材涵盖了海关法律、关税、商品归类、海关估价、海关稽查、海关统计、风险管理、原产地规则、海关专业英语等诸多内容，具有涉及海关专业诸多领域、专业性强、偏重原理、强调理论和实践相结合等特点。"海关高等教育教材"不仅能满足海关高等教育的需要，同时也是对海关实践的理论总结，对丰富和发展海关学科专业，构建以海关学为核心的学科群具有重要的意义。

自2015年起，在教材使用的基础上，我们认真总结教材编写方面的经验，贴合海关和外经贸事业发展对人才培养的实际需求，启动新一轮教材体系建设工作。我们将始终坚持以教材体系建设为抓手，推动学校走特色办学、内涵建设发展之路，着力在"三型一高"，即应用型、复合型、涉外型的高素质人才培养方面发挥应有的作用，早日实现建设海关特色鲜明、服务国家战略、具有国际影响力的世界一流高等学府的办学目标。我们相信，本着科学、务实、与时俱进的精神编写的教材，不仅能够为学校的教学提供科学适用的教材，也将为海关学科建设和人才培养做出积极的贡献。

上海海关学院院长 丛玉豪

2018年2月

前　言

《进出口商品归类》是上海海关学院海关业务系列教材之一，阐述《商品名称及编码协调制度》（以下简称《协调制度》）的原则及根据《协调制度》对进出口商品进行正确归类的方法，适用于高等院校海关管理专业及报关、物流、国际货运、国际商务、外贸等有关专业。本书可作为海关干部业务培训参考教材，还可为报关企业、进出口企业、商品归类咨询单位，以及涉及外贸业务的律师事务所、税务师事务所、会计师事务所等的相关人员学习归类提供参考。

商品归类是海关非常重要的业务基础。海关对进出口商品进行监督管理、征收关税和统计数据前必须对进出口商品正确归类，所以进出口商品归类在海关业务工作中具有十分重要的地位。认真学好这门课，掌握归类技术，才能在走上海关工作岗位后胜任相关业务工作，成为一名合格的海关关员。

正确申报进出口商品的编码同样是进出口企业及其代理人的义务，归类的正确与否，直接关系到企业的经营成本、通关速度等自身利益，因而进出口企业、报关企业人员同样需要掌握商品归类技术。

一本系统阐述商品知识和归类方法的教材，不但有利于进出口商品归类的教学，也有利于海关系统从事归类及与归类业务有关的人员系统地掌握归类方法。对于相当一批从事报关业务的人员，在未接受过系统、正规的商品归类培训条件下，一本好的商品归类学习资料，可以帮助他们减少商品归类差错，使报关质量和通关效率得到提高。有鉴于此，2009年我们编写出版了《海关商品归类学》，2014年和2018年又编写出版了《进出口商品归类（第一版）》和《进出口商品归类（第二版）》。

《进出口商品归类》自出版以来得到了社会的好评，目前该教材已经被很多开设"商品归类"课程的院校作为教学用书，被全国各地海关作为关员学习用书，被进出口企业和报关企业作为业务参考书籍。

《中华人民共和国进出口税则》（以下简称《税则》）和我国进出口商品归类分类目录采用的是国际通行的《协调制度》。《协调制度》每隔5年修订一次，目前我国使用的《税则》分类目录采用的是《协调制度》（2022版）。考虑到《协调制度》修订引起的部分规定的变化，以及我们在这几年教学实践中使用《进出口商品归类》教材的体会和来自各方的意见反馈，我们决定对《进出口商品归类》教材进行修订，编写《进出口商品归类（第三版）》。

本教材具有以下特点：

1. 商品归类是商品知识与归类方法的结合。由于广泛的商品知识是正确归类的基础，这就需要在教材中用大量篇幅介绍涉及化学、物理、电子、通信、纺织、材料学等方面的商品知识。但是由于教学时间有限，如果教材篇幅过大，将不利于教师课堂授课和学生学习，故本教材将重点放在商品归类原则与方法的阐述，而将商品知识作为阅读材料，教师可根据课时的多少灵活选择，学生也可以作为课后阅读以扩大知识面和做深度的探索。对于海关和企业相关人员，可通过这些阅读材料加深对进出口商品原理、结构、成分、使用方式等的理解，为正确归类奠定基础。

对于海关关员和企业有关人员而言，工作中常常面临疑难商品的归类和归类争议，有时归类的不确定恰恰源于相关商品知识的欠缺，故本教材中的商品知识部分将为他们提供很好的参考。

2. 由于《协调制度》中的一些规定复杂且晦涩难懂，故本教材通过举例和具体分析的方法来帮助读者理解这些规定，从而达到深入浅出的效果。并且由于这样的例子达400多个，给授课教师带来了很大方便，教师可以以这些实例为基础进行案例教学，以丰富教学内容和形式。

3. 本教材配有大量图片、图表，以生动形象地展现商品和归类知识。

4. 本教材配有300多道紧扣重要知识点的课后思考与练习题，并在书后附有答案。

5. 本教材对海关与企业在进出口归类实践中遇到的某些疑难问题、争议问题做了一定程度的解析。

本教材由上海海关学院的专业教师编写，编写者具有多年的商品归类教学经验和海关在职干部的培训经验，并多次深入海关现场和进出口企业、报关公司，收集了大量的实例，掌握了大量的素材，以丰富教学、贴近实际，从而使本书达到理论与实践有机结合，商品知识与归类方法有机结合的高度。

鉴于《协调制度》每隔若干年要重新修订及我国每年要对本国子目进行微调，故《进出口商品归类（第三版）》以最新的《协调制度》（2022版）和《税则》（2022版）为编写依据。

《进出口商品归类（第三版）》由宗慧民副教授担任主编、温朝柱副教授担任副主编，具体编写分工如下：

宗慧民：绪论、第一章~第四十章；

金宏彬：第四十一章~第六十三章；

王华强：第六十四章~第八十三章；

温朝柱、赵怡、姜玉瑶：第八十四章~第八十五章；

温朝柱：第八十六章~第九十七章。

全书由宗慧民统稿。

商品成千上万，归类错综复杂。由于编者水平有限，书中缺点、错误在所难免。我们诚恳地欢迎各位读者提出宝贵意见。

编者

2022年8月

目 录

绪 论 ··· 1
  第一节　进出口商品归类的性质与作用 ·· 3
  第二节　《商品名称及编码协调制度》 ·· 4
  第三节　进出口货物商品归类的海关管理 ··· 11
  第四节　归类总规则 ·· 13
  思考与练习 ·· 21

第一类　活动物；动物产品 ·· 23
  第一章　活动物 ··· 26
  第二章　肉及食用杂碎 ·· 26
  第三章　鱼、甲壳动物、软体动物及其他水生无脊椎动物 ···································· 28
  第四章　乳品；蛋品；天然蜂蜜；其他食用动物产品 ·· 31
  第五章　其他动物产品 ·· 35
  思考与练习 ·· 36

第二类　植物产品 ·· 39
  第 六 章　活树及其他活植物；鳞茎、根及类似品；插花及装饰用簇叶 ··················· 41
  第 七 章　食用蔬菜、根及块茎 ·· 43
  第 八 章　食用水果及坚果；柑橘属水果或甜瓜的果皮 ·· 44
  第 九 章　咖啡、茶、马黛茶及调味香料 ·· 45
  第 十 章　谷 物 ··· 48
  第十一章　制粉工业产品；麦芽；淀粉；菊粉；面筋 ·· 49
  第十二章　含油子仁及果实；杂项子仁及果实；工业用或药用植物；稻草、秸秆及
           饲料 ··· 50
  第十三章　虫胶；树胶、树脂及其他植物液、汁 ·· 52
  第十四章　编结用植物材料；其他植物产品 ·· 53
  思考与练习 ·· 55

第三类　动、植物或微生物油、脂及其分解产品；精制的食用油脂；动、
       植物蜡 ··· 57
  第十五章　动、植物或微生物油、脂及其分解产品；精制的食用油脂；动、
           植物蜡 ··· 59
  思考与练习 ·· 62

第四类　食品；饮料、酒及醋；烟草、烟草及烟草代用品的制品；非经燃烧吸用的产品，不论是否含有尼古丁；其他供人体摄入尼古丁的含尼古丁的产品 ·········· 63

　　第 十 六 章　肉、鱼、甲壳动物、软体动物及其他水生无脊椎动物、以及昆虫的制品 ·········· 65
　　第 十 七 章　糖及糖食 ·········· 67
　　第 十 八 章　可可及可可制品 ·········· 69
　　第 十 九 章　谷物、粮食粉、淀粉或乳的制品；糕饼点心 ·········· 70
　　第 二 十 章　蔬菜、水果、坚果或植物其他部分的制品 ·········· 73
　　第二十一章　杂项食品 ·········· 76
　　第二十二章　饮料、酒及醋 ·········· 78
　　第二十三章　食品工业的残渣及废料；配制的动物饲料 ·········· 80
　　第二十四章　烟草、烟草及烟草代用品的制品；非经燃烧吸用的产品，不论是否含有尼古丁；其他供人体摄入尼古丁的含尼古丁的产品 ·········· 81
　　思考与练习 ·········· 83

第五类　矿产品 ·········· 85
　　第二十五章　盐；硫磺；泥土及石料；石膏料、石灰及水泥 ·········· 87
　　第二十六章　矿砂、矿渣及矿灰 ·········· 90
　　第二十七章　矿物燃料、矿物油及其蒸馏产品；沥青物质；矿物蜡 ·········· 92
　　思考与练习 ·········· 95

第六类　化学工业及其相关工业的产品 ·········· 97
　　第二十八章　无机化学品；贵金属、稀土金属、放射性元素及其同位素的有机及无机化合物 ·········· 101
　　第二十九章　有机化学品 ·········· 102
　　第 三 十 章　药品 ·········· 105
　　第三十一章　肥　料 ·········· 109
　　第三十二章　鞣料浸膏及染料浸膏；鞣酸及其衍生物；染料、颜料及其他着色料；油漆及清漆；油灰及其他类似胶粘剂；墨水、油墨 ·········· 111
　　第三十三章　精油及香膏；芳香料制品及化妆盥洗品 ·········· 115
　　第三十四章　肥皂、有机表面活性剂、洗涤剂、润滑剂、人造蜡、调制蜡、光洁剂、蜡烛及类似品、塑型用膏、"牙科用蜡"及牙科用熟石膏制剂 ·········· 117
　　第三十五章　蛋白类物质；改性淀粉；胶；酶 ·········· 121
　　第三十六章　炸药；烟火制品；火柴；引火合金；易燃材料制品 ·········· 123
　　第三十七章　照相及电影用品 ·········· 124
　　第三十八章　杂项化学产品 ·········· 125
　　思考与练习 ·········· 130

第七类　塑料及其制品；橡胶及其制品 …… 131
第三十九章　塑料及其制品 …… 133
第四十章　橡胶及其制品 …… 142
思考与练习 …… 147

第八类　生皮、皮革、毛皮及其制品；鞍具及挽具；旅行用品、手提包及类似容器；动物肠线（蚕胶丝除外）制品 …… 149
第四十一章　生皮（毛皮除外）及皮革 …… 151
第四十二章　皮革制品；鞍具及挽具；旅行用品、手提包及类似容器；动物肠线（蚕胶丝除外）制品 …… 153
第四十三章　毛皮、人造毛皮及其制品 …… 155
思考与练习 …… 156

第九类　木及木制品；木炭；软木及软木制品；稻草、秸秆、针茅或其他编结材料制品；篮筐及柳条编结品 …… 159
第四十四章　木及木制品；木炭 …… 161
第四十五章　软木及软木制品 …… 170
第四十六章　稻草、秸秆、针茅或其他编结材料制品；篮筐及柳条编结品 …… 171
思考与练习 …… 172

第十类　木浆及其他纤维状纤维素浆；回收（废碎）纸或纸板；纸、纸板及其制品 …… 175
第四十七章　木浆及其他纤维状纤维素浆；回收（废碎）纸或纸板 …… 177
第四十八章　纸及纸板；纸浆、纸或纸板制品 …… 179
第四十九章　书籍、报纸、印刷图画及其他印刷品；手稿、打字稿及设计图纸 …… 187
思考与练习 …… 190

第十一类　纺织原料及纺织制品 …… 193
第五十章　蚕丝 …… 214
第五十一章　羊毛、动物细毛或粗毛；马毛纱线及其机织物 …… 215
第五十二章　棉花 …… 218
第五十三章　其他植物纺织纤维；纸纱线及其机织物 …… 220
第五十四章　化学纤维长丝；化学纤维纺织材料制扁条及类似品 …… 222
第五十五章　化学纤维短纤 …… 224
第五十六章　絮胎、毡呢及无纺织物；特种纱线；线、绳、索、缆及其制品 …… 227
第五十七章　地毯及纺织材料的其他铺地制品 …… 230
第五十八章　特种机织物；簇绒织物；花边；装饰毯；装饰带；刺绣品 …… 232
第五十九章　浸渍、涂布、包覆或层压的纺织物；工业用纺织制品 …… 238
第六十章　针织物及钩编织物 …… 242

第六十一章　针织或钩编的服装及衣着附件 …… 243
　　第六十二章　非针织或非钩编的服装及衣着附件 …… 250
　　第六十三章　其他纺织制成品；成套物品；旧衣着及旧纺织品；碎织物 …… 254
　　思考与练习 …… 257

第十二类　鞋、帽、伞、杖、鞭及其零件；已加工的羽毛及其制品；人造花；人发制品 …… 259

　　第六十四章　鞋靴、护腿和类似品及其零件 …… 261
　　第六十五章　帽类及其零件 …… 263
　　第六十六章　雨伞、阳伞、手杖、鞭子、马鞭及其零件 …… 264
　　第六十七章　已加工羽毛、羽绒及其制品；人造花；人发制品 …… 265
　　思考与练习 …… 267

第十三类　石料、石膏、水泥、石棉、云母及类似材料的制品；陶瓷产品；玻璃及其制品 …… 269

　　第六十八章　石料、石膏、水泥、石棉、云母及类似材料的制品 …… 271
　　第六十九章　陶瓷产品 …… 276
　　第 七 十 章　玻璃及其制品 …… 279
　　思考与练习 …… 285

第十四类　天然或养殖珍珠、宝石或半宝石、贵金属、包贵金属及其制品；仿首饰；硬币 …… 287

　　第七十一章　天然或养殖珍珠、宝石或半宝石、贵金属、包贵金属及其制品；仿首饰；硬币 …… 289
　　思考与练习 …… 294

第十五类　贱金属及其制品 …… 295

　　第七十二章　钢　铁 …… 299
　　第七十三章　钢铁制品 …… 304
　　第七十四章　铜及其制品 …… 307
　　第七十五章　镍及其制品 …… 308
　　第七十六章　铝及其制品 …… 308
　　第七十七章　空章（保留为将来所用） …… 310
　　第七十八章　铅及其制品 …… 310
　　第七十九章　锌及其制品 …… 310
　　第 八 十 章　锡及其制品 …… 311
　　第八十一章　其他贱金属、金属陶瓷及其制品 …… 311
　　第八十二章　贱金属工具、器具、利口器、餐匙、餐叉及其零件 …… 312
　　第八十三章　贱金属杂项制品 …… 315

思考与练习 ··· 317

第十六类　机器、机械器具、电气设备及其零件；录音机及放声机、电视图像、声音的录制和重放设备及其零件、附件 ·············· 319

　　第八十四章　核反应堆、锅炉、机器、机械器具及其零件 ····················· 330
　　第八十五章　电机、电气设备及其零件；录音机及放声机、电视图像、声音的录制和重放设备及其零件、附件 ······················· 368
　　思考与练习 ··· 391

第十七类　车辆、航空器、船舶及有关运输设备 ·· 395

　　第八十六章　铁道及电车道机车、车辆及其零件；铁道及电车道轨道固定装置及其零件、附件；各种机械（包括电动机械）交通信号设备 ··· 400
　　第八十七章　车辆及其零件、附件，但铁道及电车道车辆除外 ············· 402
　　第八十八章　航空器、航天器及其零件 ·· 417
　　第八十九章　船舶及浮动结构体 ··· 418
　　思考与练习 ··· 420

第十八类　光学、照相、电影、计量、检验、医疗或外科用仪器及设备、精密仪器及设备；钟表；乐器；上述物品的零件、附件 ·········· 421

　　第九十章　光学、照相、电影、计量、检验、医疗或外科用仪器及设备、精密仪器及设备；上述物品的零件、附件 ················ 423
　　第九十一章　钟表及其零件 ··· 440
　　第九十二章　乐器及其零件、附件 ··· 441
　　思考与练习 ··· 442

第十九类　武器、弹药及其零件、附件 ··· 445

　　第九十三章　武器、弹药及其零件、附件 ··· 447
　　思考与练习 ··· 448

第二十类　杂项制品 ··· 449

　　第九十四章　家具；寝具、褥垫、弹簧床垫、软坐垫及类似的填充制品；未列名灯具及照明装置；发光标志、发光铭牌及类似品；活动房屋 ···· 451
　　第九十五章　玩具、游戏品、运动用品及其零件、附件 ······················· 454
　　第九十六章　杂项制品 ··· 457
　　思考与练习 ··· 459

第二十一类　艺术品、收藏品及古物 ··· 461

　　第九十七章　艺术品、收藏品及古物 ·· 463
　　思考与练习 ··· 463

阅读材料

- **阅读材料一**：元素与无机化合物分子结构 ... 464
- **阅读材料二**：有机化合物分子结构 ... 468
- **阅读材料三**：塑料知识 ... 479
- **阅读材料四**：生皮结构与制革工艺 ... 484
- **阅读材料五**：纸浆制造工艺 ... 488
- **阅读材料六**：造纸流程及纸张的加工 ... 491
- **阅读材料七**：化纤的制造工艺 ... 495
- **阅读材料八**：常见化纤的性质与加工 ... 496
- **阅读材料九**：纺纱工艺 ... 499
- **阅读材料十**：机织物的常见品种 ... 504
- **阅读材料十一**：非织造布的加工 ... 511
- **阅读材料十二**：鞋的制作工艺 ... 514
- **阅读材料十三**：帽子的相关知识 ... 515
- **阅读材料十四**：碳纤维 ... 516
- **阅读材料十五**：陶瓷加工及分类 ... 516
- **阅读材料十六**：玻璃的深加工 ... 518
- **阅读材料十七**：钢化玻璃与玻璃纤维 ... 520
- **阅读材料十八**：宝石与黄金 ... 522
- **阅读材料十九**：钢铁的冶炼与加工 ... 523
- **阅读材料二十**：内燃机 ... 526
- **阅读材料二十一**：液体泵 ... 532
- **阅读材料二十二**：印刷机器 ... 537
- **阅读材料二十三**：机床 ... 542
- **阅读材料二十四**：机械传动装置 ... 555
- **阅读材料二十五**：通信设备 ... 559
- **阅读材料二十六**：液晶显示器与液晶电视机 ... 567
- **阅读材料二十七**：电气控制 ... 574
- **阅读材料二十八**：铁道车辆及相关设备 ... 576
- **阅读材料二十九**：汽车及其零件 ... 577
- **阅读材料三十**：常见医疗器械 ... 580
- **阅读材料三十一**：常用仪器 ... 584

思考与练习商品归类题参考答案 ... 593

参考文献 ... 597

绪 论

【内容提要】

在绪论中,将学习以下内容:

了解商品分类的发展历史,熟悉《协调制度》的结构,掌握商品归类的基本原则。其中,重点是归类总规则的理解和掌握。

第一节　进出口商品归类的性质与作用

商品归类作为海关业务的基础工作之一，贯穿于海关工作的多个方面，如海关征税、海关统计、海关监管等。在海关征税工作中，只有准确的商品归类才能保证依法征收，使国家的税收不受损失，使纳税人的利益得到保障；在海关统计工作中，只有准确的商品归类才能保证国际贸易统计的准确性，为国家的宏观调控和贸易政策的调整提供可靠的依据；在海关监管工作中，只有准确的商品归类才能使国家对进出口商品的各项管理措施得到实施。在其他业务领域（如检验检疫），商品归类同样发挥着重要作用。

目前，国际上通用的进出口商品分类体系是《商品名称及编码协调制度》（以下简称《协调制度》）。同时《协调制度》分类目录还作为国家之间贸易谈判及关税减让的基础，也是实施多双边贸易协定及有关贸易管制措施的基础，如反倾销措施、保障措施，我国与部分国家签署的《亚太贸易协定》，内地与香港、澳门签署的 CEPA 等，只有正确的商品归类才能保证正确地实施这些贸易管制措施，才能使受惠国在关税减让中真正得到优惠。

《协调制度》分类目录还作为麻醉药品、化学武器、臭氧层消耗物质及进出口许可证、配额等监控商品的基础，只有正确的商品归类才能保证这些商品得到有效的监控。

《协调制度》被 200 多个国家和地区用作海关关税和国际贸易统计的基础，国际贸易中 98% 以上的商品按照《协调制度》的标准分类，《协调制度》因此成为商品的通用经济语言，也是国际贸易不可或缺的工具。

《协调制度》将商品分成 21 类、97 章，由商品名称、编码、注释组成，在所有章之前还有归类总规则作为归类的基本原则。

由于进出口商品数不胜数，而《协调制度》中的编码有 1000 多个四位数品目、5000 多个六位数子目，故并不是一个编码简单地对应一项商品。进出口商品归类就是根据商品的特性和归类的原则，将每一项进出口商品归入《协调制度》中的正确编码（我国在《协调制度》的基础上又增加了本国子目，共有 8000 多个八位数子目，故我国进出口商品需归入正确的八位数编码）。归类的正确与否取决于商品知识的丰富和归类技能的掌握程度。

"进出口商品归类"是研究进出口商品的科学分类及在《协调制度》分类体系中进出口商品归类方法的一门课程。其具体研究内容为《协调制度》归类总规则，《协调制度》分类目录的结构特点和规律，《协调制度》分类目录各类、章、品目、子目的内容，以及在此基础上对进出口商品归类的原则和方法。

商品成千上万，错综复杂，要科学地分类和准确地归类，是一项十分复杂的工作。除了对归类技能的掌握之外，为达到对具体进出口商品正确归类的目的，还需要以商品知识为基础，即当对某一具体商品进行归类时，需要对该商品的性质、组成、原理、结构、加工、用途等某一方面或某几方面准确定性（有时还要定量），才能正确归类。因此，"进出口商品归类"的研究方法是将商品知识与归类技能两方面结合起来。由此可见，进出口商品归类是以化学、物理学、电子学、材料学等学科为基础，并广泛涉及自然科学、工程技术等多个领域的知识。

第二节 《商品名称及编码协调制度》

一、《协调制度》概述

(一) 国际贸易商品分类

商品分类是指以商品为对象,按照商品的某些特性(如成分、结构、原理、功能、用途等)进行划分,以使不同商品之间形成一定清晰关系的行为。

早期的国际贸易商品分类目录是因为对进出本国的商品征收关税而产生的,其结构较为简单,或是按货物名称字母顺序排列成表,或是按货物名称笔画排列成表。后来随着社会化大生产的发展,进出口商品品种与数量的增加,除了税收的需要,人们还要了解进出口贸易情况,即还要进行贸易统计。在《协调制度》产生前,世界上存在两种主要的商品分类目录,即《海关合作理事会商品分类目录》和《国际贸易标准分类目录》。

1. 《海关合作理事会商品分类目录》(CCCN)

海关合作理事会[①]于1950年制定了《布鲁塞尔公约》中的《海关税则商品分类目录》,并于1959年9月11日生效,其后在1965年、1972年、1978年等多次加以修订。该目录于1974年更名为《海关合作理事会商品分类目录》(Customs Co-operation Council Nomenclature,简称CCCN),它是一个系统的商品分类体系,共有21类(Section)、99章(Chapter)、1011个品目(Heading)。截止到1987年,世界上有150多个国家和地区以它为基础制定了本国(地区)海关税则。

2. 《国际贸易标准分类目录》(SITC)

联合国为便于进行统计工作,由联合国秘书处主持,在1950年草拟了联合国《国际贸易标准分类目录》(Standard International Trade Classification,简称SITC)。它是国际贸易统计和联合国各有关机构贸易统计中重要的商品分类目录。该目录将所有国际贸易商品分成10类、63章、233组、786个分组,其中435个分组又细分成1573个附属目,其余351个分组不分细目,这样共有1924个基本统计项目,各国可依据本国需要进一步细分任何一个基本项目。

(二) 《协调制度》

用于海关税则的CCCN和用于国际贸易统计的SITC这两大商品分类目录的不同,使得一种商品有时在一次国际贸易过程中要使用多次不同的编码,给国际贸易带来极大的不便。关心国际贸易的人士逐渐意识到,迫切需要统一贸易商品分类目录。虽然前面这两种分类目录均为国际贸易的商品分类目录,但两个分类目录用途不同,分类体系、结构和编码方法不一致,于是海关合作理事会和联合国统计委员会经过协商,认为有必要建立一套既满足海关税则和贸易统计需要,又可包容运输及制造业等要求的通用国际商品分类目录,即后来所称的《商品名称及编码协调制度》(Harmonized Commodity Description and Coding System,简称《协调制度》或HS)分类目录。它是在《海关合作理事会商品分

[①] 现为世界海关组织,英文简称WCO。

目录》和《国际贸易标准分类目录》的基础上,协调国际上多种商品分类目录而制定的一部多用途的国际贸易商品分类目录。经过多年的努力,该目录于 1983 年 5 月定稿。1983 年 6 月,海关合作理事会第 61/62 届会议通过了《商品名称及编码协调制度国际公约》及其附件《商品名称及编码协调制度》。《协调制度》分类目录于 1988 年 1 月 1 日起正式生效。

该分类目录广泛应用于海关税则、国际贸易统计、原产地规则、国际贸易谈判（如世界贸易组织关税减让表）、运输费用及统计、贸易管制（如对废物、麻醉药物、化学武器等的管制）、风险管理等多个领域,所以《协调制度》又被称为"国际贸易的语言"。目前已有 200 多个国家、地区和经济体采用《协调制度》目录作为海关税则和贸易统计目录。

随着新产品的不断出现和国际贸易结构的变化,《协调制度》一般每隔若干年就要修订一次。《协调制度》自 1988 年生效以来,进行了多次修订,形成了 1988 年、1992 年、1996 年、2002 年、2007 年、2012 年、2017 年和 2022 年版本[①]。

（三）《商品名称及编码协调制度国际公约》

由于在以前众多的国际通用商品分类目录实施后难以统一执行的一个主要原因是没有一个国际公约来约束,故为保障《协调制度》分类目录实施后统一执行,在制定《协调制度》的同时,还制定了《商品名称及编码协调制度国际公约》（以下简称《协调制度国际公约》）,并将《协调制度》作为该公约的附件。

该公约除前言外,共有 20 条规定,主要对缔约方的权利、义务,世界海关组织协调制度委员会（HSC）的工作和职权,海关合作理事会的作用,公约的缔结、生效、退出、修改、争议的裁定等事宜作了规定。例如,前言部分主要阐述了《协调制度》的制定宗旨是便利国际贸易,强调《协调制度》能适合多方面用途,保证它能适应技术及贸易的发展；缔约方有权利派代表参加协调制度委员会并有表决权,对协调制度委员会提出的修正案有权表示反对；缔约方不承担关税税率方面的任何义务等。

我国于 1992 年 6 月加入了《协调制度国际公约》。

（四）《商品名称及编码协调制度注释》

《商品名称及编码协调制度注释》（以下简称《协调制度注释》）是经海关合作理事会正式批准的对《协调制度》的官方解释,它不是《协调制度国际公约》的组成部分,而是《协调制度》不可缺少的辅助性文件,在对商品归类时,它可帮助人们正确理解《协调制度》。

《协调制度注释》按《协调制度》体系的分类顺序为每一个品目的范围作了注释,列出应包括和排除的主要商品,明确一些特定子目的范围,对有关商品从外观、性能、生产方法及用途等多方面进行具体描述,以确保大部分商品都能得到准确的归类。

《协调制度注释》于 1986 年出版发行,并与《协调制度》的各个版本同步修订。我国海关将《协调制度注释》翻译后称为《进出口税则商品及品目注释》,并在《中华人民

---

① 由于 1992 年版只做了个别文字表述方面的改动,并未做实质性修订,故 1996 年版被视为《协调制度》的第二版,目前使用的 2022 年版为《协调制度》第七版。

共和国海关进出口货物商品归类管理规定》（海关总署令第 252 号）中将其规定为我国对进出口货物进行归类的依据之一。

二、《协调制度》的结构

《协调制度》由三部分组成：归类总规则，类注释、章注释及子目注释，品目和子目。

（一）归类总规则

国际贸易中的商品成千上万，在商品分类目录中不可能一一列出。为使每一个商品都能归入这个分类目录中，同时又能使每一个商品仅与目录中单一的品目（或子目）一一对应，必须采用一定的规则来保证，这个规则便是归类总规则。归类总规则作为《协调制度》商品归类的总的指导原则，是商品归类的法律依据，任何商品的归类都必须遵守归类总规则。

（二）类注释、章注释及子目注释

注释的作用在于准确限定子目、品目、章或类的范围，保证商品归类的唯一性和正确性。注释分为类注释（位于类标题下，用于品目的归类）、章注释（位于章标题下，用于品目的归类）和子目注释（位于类、章标题下，用于子目的归类），常见的形式有：

1. 排他法：用排除性条款列举某个子目、品目、章或类不包括的商品。如第三章的注释一"本章不包括：（一）品目 0106 的哺乳动物"，说明品目 0106 的"哺乳动物"不归入第三章。

2. 定义法：用一般定义法来限定某个子目、品目的范围或解释子目条文、品目条文及章、类中出现的专业术语（或名词）。如第十一类的注释五根据外观和结构对品目5204、5401 和 5508 的缝纫线进行了定义，第二十二章的子目注释对"汽酒"进行了定义，第七十二章的注释一（五）对"不锈钢"进行了定义。

3. 列举法：分为全部列举和不完全列举。

全部列举指全部具体列出某个品目或某组品目所包含的商品，在这种注释中出现"只""仅"等限定性的文字。如第三十一章的注释二"品目 3102 只适用于下列货品……"第三十六章的注释二"品目 3606 所称'易燃材料制品'，只适用于……"

不完全列举指未全部具体列出某个品目所包含的商品。如第二十五章的注释四"品目 2530 主要包括：未膨胀的蛭石……"

4. 其他：如第十一类的注释二规定了"混纺材料"的归类原则，第十五类注释五规定了"贱金属合金"的归类原则，第四十八章注释八限定了归入品目 4803 至 4809 的纸及纸板的尺寸规格，等等。

（三）品目和子目

《协调制度》将成千上万种商品根据不同的生产部门（行业）分成不同的类，类下又根据商品的自然属性或用途（功能）分成不同的章。如第一类包括活动物、动物产品，按商品属性分成五章（第一章至第五章）；第二类包括植物产品，按商品属性分成九章（第六章至第十四章）。《协调制度》共分为 21 类、97 章，其中第七十七章为空章（即不含任何商品，保留为将来使用），余下的 96 章含有不同种类的商品。另外还有两章即第九十八章、第九十九章为部分缔约方实现特别管理时使用。如加拿大海关税则中，第九十八章为非商业的特殊商品管理目录，第九十九章为特定商品的目录；我国海关设置了专为统计所使用的第二十二类第九十八章"特殊交易品及未分类商品"。

某些章内又按加工程度和自然属性分成分章，如第七十一章按加工程度分成三个分章：

第一分章　天然或养殖珍珠、宝石或半宝石；

第二分章　贵金属及包贵金属；

第三分章　珠宝首饰、金银器及其他制品。

由于商品众多，无法将商品一一按其名称具体列出，故每一章（或分章）内的商品及其编码以品目来表示。每一个品目（Heading）都由两部分组成：品目号（Heading No.）和品目条文（Terms of the heading）。例如"0101 马、驴、骡"，前面的数字"0101"是品目号，后面的"马、驴、骡"是品目条文。

品目号以四位数字编码来表示，前两位数字表示该品目所在的章，如第一章写成"01"，第二章写成"02"，第二十五章写成"25"；后两位数字表示该品目在该章的顺序，如第一章的第一个品目号写成"0101"，第一章的第二个品目号写成"0102"，第二十五章的第18个品目号写成"2518"。当然也会出现因修订问题而产生空号的现象，如"2527"的空号是在2002年版修订时删除原品目造成的。

2022年版《协调制度》共有1228个品目。这些品目中的一部分又被细分出若干子目。每一个子目（Subheading）同样由两部分组成：子目号（Subheading No.）和子目条文（Terms of the subheading）。

品目下的一级子目（又称一杠子目）以五位数字编码来表示，即在该品目四位数字编码的基础上再加上第五位数字。如品目0801下的第一个一级子目写成"0801.1"，代表"椰子"；第三个一级子目写成"0801.3"，代表"腰果①"。当然同样也会出现因多次修订而产生空号的现象。

至于那些兜底的一级子目（"其他"）则尽量以数字"9"表示，而不用实际的顺序号，因用"9"的好处是可以在不改变现行子目编码（结构）的情况下插入新的子目。如品目0805兜底的一级子目（其他）写成"0805.9"。对于机电产品，若最后一个一级子目为"零部件"时，则兜底的一级子目改用数字"8"表示。如品目8438的最后一个一级子目"8438.9"为"零件"，所以其兜底的一级子目（其他机器）写成"8438.8"。

一级子目下的二级子目（又称二杠子目）的编码方式同一级子目。

品目下或一级子目下若没有再细分，则用数字"00"或"0"表示，以便子目统一为六位数字。

《协调制度》最多分为二级子目，所以《协调制度》商品编码有六位数字。2022年版《协调制度》共有5609个子目。

《协调制度》分类目录的结构示意见图0-1。

---

① "腰果"又被细分出二级子目"未去壳"（0801.31）与"去壳"（0801.32），所以有时为了需要，也可以将"腰果"用六位数编码笼统表示为0801.30。再如，对于"花生"的细分子目，可以表示为品目1202的"花生"被细分为1202.30"种用"与1202.40"其他"。对于八位数的本国子目也同样如此。

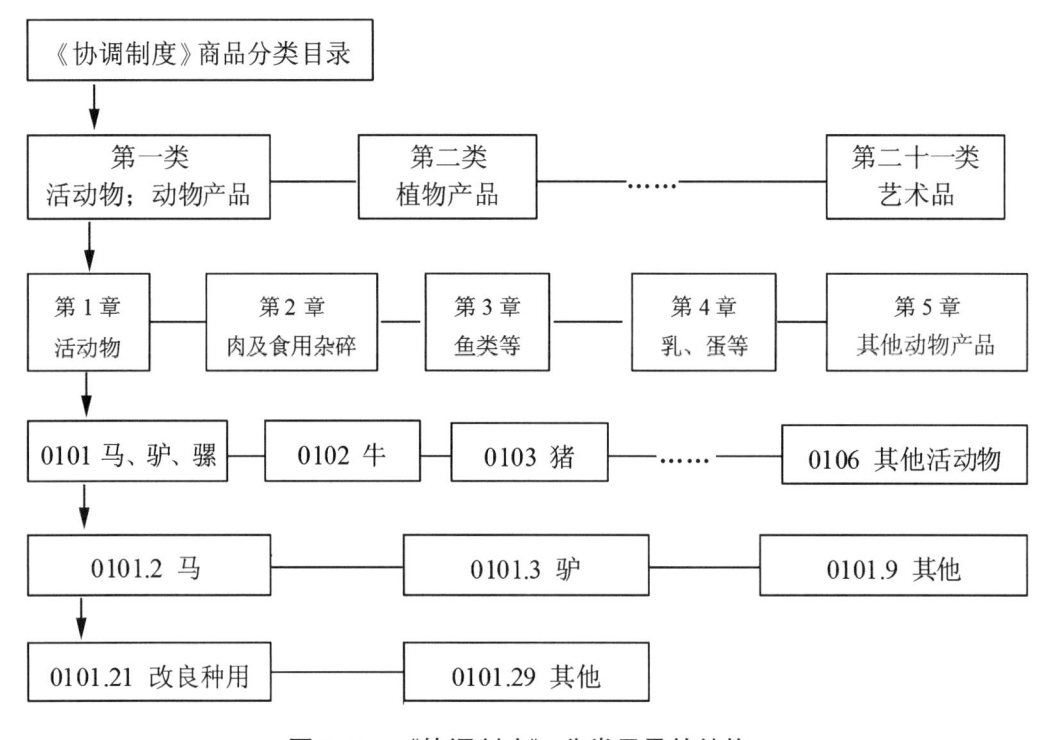

```
《协调制度》商品分类目录
         │
  ┌──────┼──────────────────┐
第一类          第二类      ……   第二十一类
活动物；动物产品  植物产品            艺术品
  │
┌─┬───┬───┬───┐
第1章 第2章 第3章 第4章 第5章
活动物 肉及食用杂碎 鱼类等 乳、蛋等 其他动物产品
  │
┌──┬──┬──┐
0101 马、驴、骡  0102 牛  0103 猪  ……  0106 其他活动物
  │
┌──┬──┐
0101.2 马  0101.3 驴  0101.9 其他
  │
┌──┐
0101.21 改良种用  0101.29 其他
```

图 0-1 《协调制度》分类目录的结构

三、《协调制度》在我国的应用

（一）我国海关进出口商品分类目录

我国海关于 1980 年采用《国际贸易标准分类目录》，并以其为基础编制我国的统计目录；于 1985 年采用《海关合作理事会商品分类目录》，并以其为基础编制我国的税则目录。1991 年 6 月，国务院关税税则委员会审议通过了以 1992 年版《协调制度》为基础的《中华人民共和国进出口税则》（以下简称《税则》）和《中华人民共和国海关统计商品目录》（以下简称《统计目录》），并从 1992 年 1 月 1 日起开始生效。

《税则》和《统计目录》是在我国海关进出口商品分类目录的基础上，分别加上进出口税率和计量单位编制而成。根据我国关税和海关统计的需要，我国海关进出口商品分类目录采用八位数字编码，其中前六位与《协调制度》编码完全一致，第七、八两位是在《协调制度》二级子目的基础上细分的三级子目（又称三杠子目）和四级子目（又称四杠子目），所以第七、八两位所对应的子目又称为本国子目[①]。目前，我国海关进出口商品分类目录共有 8000 多个本国子目（2022 年版《税则》共有 8930 个八位数编码）[②][③]。

另外，为满足统计需要，在《统计目录》中增加了第二十二类（第九十八章）"特殊

---

① 根据我国进出口商品的实际情况，一般每年都会对本国子目进行适当调整。
② 我国海关将《税则》中的八位数编码称为税则号列（Tariff Item），简称税号。
③ 由于我国贸易管制政策的实际情况，我国海关进出口商品分类目录的八位数编码已不能满足进出口管理的需要，故目前进出口报关时需要根据海关要求按《中国海关报关实用手册》中的十位数编码来填报。

交易品及未分类商品"。

下面以品目0203为例说明我国商品分类目录的结构：

```
0203            鲜、冷、冻猪肉      ← 品目
                -鲜或冷的：         ← 一级（一杠）子目
                --整头及半头：      ← 二级（二杠）子目
0203.1110       ---乳猪            ← 三级（三杠）子目（本国子目）
0203.1190       ---其他
0203.1200       --带骨的前腿、后腿及其肉块
0203.1900       --其他
                -冻的：
                --整头及半头：
0203.2110       ---乳猪
0203.2190       ---其他
0203.2200       --带骨的前腿、后腿及其肉块
0203.2900       --其他
```

品目0203的分类结构也可解释如下：

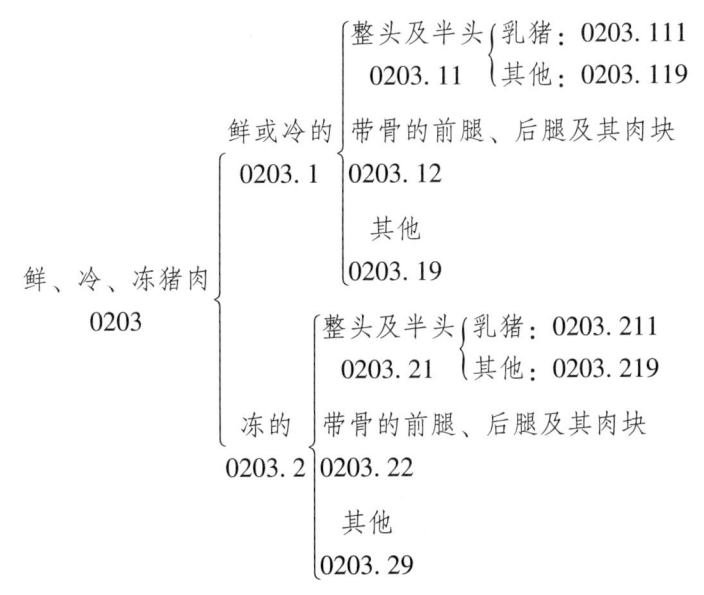

$$
\text{鲜、冷、冻猪肉 }0203 \begin{cases} \text{鲜或冷的 }0203.1 \begin{cases} \text{整头及半头 }0203.11 \begin{cases}\text{乳猪：}0203.111\\ \text{其他：}0203.119\end{cases} \\ \text{带骨的前腿、后腿及其肉块 }0203.12 \\ \text{其他 }0203.19 \end{cases} \\ \text{冻的 }0203.2 \begin{cases} \text{整头及半头 }0203.21 \begin{cases}\text{乳猪：}0203.211\\ \text{其他：}0203.219\end{cases} \\ \text{带骨的前腿、后腿及其肉块 }0203.22 \\ \text{其他 }0203.29 \end{cases} \end{cases}
$$

在三级子目至四级子目中（即编码的第七位至第八位）："其他"或兜底的子目与一级子目或二级子目相似，一般也是用"9"表示，因用"9"表示可以使本国子目在不改变现行子目编码结构的情况下插入新的子目。另外，《协调制度》子目下或本国三级子目下若没有再细分，则用数字"00"或"0"表示。

下面以品目0710为例说明如何增加新的本国子目：

```
0710            冷冻蔬菜（不论是否蒸煮）
                ......
                -其他蔬菜
0710.8010       ---松茸
```

0710.8020 ---蒜薹及蒜苗（青蒜）

0710.8030 ---蒜头（我国《税则》2004年版新增加的商品）

0710.8040 ---牛肝菌（我国《税则》2012年版新增加的商品）

0710.8090 --- 其他

（二）我国海关对《协调制度》发展的贡献

《协调制度》自1988年正式实施以来，经历了多次修订，以使《协调制度》能够跟上新技术、新产品的发展，能够更好地满足日益增长的环境保护、粮食安全等方面的要求。

在《协调制度》制定与修订的过程中，各缔约方也在想方设法为本国争取经济利益。目前，发达国家在《协调制度》的参与程度方面较发展中国家更为深入。

随着我国对外贸易的发展，我国在国际经贸舞台上发挥着越来越重要的作用。如何利用《协调制度》作为一项政策工具，参与国际经济贸易的合作与竞争、维护国家利益，是摆在我国海关面前的一项艰巨任务。自1992年加入《商品名称及编码协调制度的国际公约》以来，我国海关积极参与国际事务，维护国家利益，提升中国海关影响力。

1. 积极竞选机构重要职位

2018年3月，我国海关代表甘露女士当选世界海关组织协调制度委员会主席，这是我国海关人员在协调制度事务上首次担任如此重要的职务，提高了我国海关归类业务的国际影响力。

2. 在《协调制度》修订与政策制定中贡献中国智慧

在《协调制度》第四次审议循环（即《协调制度》修订形成2012年版本）的过程中，我国海关向世界海关组织提出了为"登机桥""百合花"增设子目以及修改"普洱茶"注释的三项提案并成功纳入2012年版《协调制度》中。

以"登机桥"为例，我国"登机桥"出口量占全球40%左右，但由于"登机桥"并未在《协调制度》中列名，各国对其归类税号比较混乱，造成我国生产的"登机桥"出口时经常遭到进口方海关的归类质疑与审查，并且由于各国海关对其归类不一致、不明确，进口方监管政策与税率变动经常会给出口企业出口带来很大困扰。通过专门为"登机桥"在《协调制度》中列名，可以解决该商品的归类争议问题，给我国相关出口企业打开方便之门、抢占国际市场铺设了道路。

再如，"百合花"是我国鲜花出口量非常大的品种，该商品的归类并不难，也不会存在争议。但由于《协调制度》没有对"百合花"列名，导致相关行业与主要出口企业无法准确了解国际市场的统计数据，对企业进一步拓展国际市场带来不利影响。通过我国海关的积极争取，"百合花"成功在2012年版《协调制度》中列名，使得我国相关出口企业能够知晓该商品在相关国家的进出口数据变动情况，为进一步拓展国际市场提供了便利。

在《协调制度》第五次审议循环中，我国海关自主提出或与其他国家或国际组织共同提出的多项修订建议获得采纳，如为"辅酶Q10""三氯蔗糖""竹藤产品""纯电动汽车""纯电动自行车及摩托车"增设《协调制度》子目，为"建筑用陶瓷产品""气压或液压传动阀"修订品目等提案，被成功列入2017年版《协调制度》。

在《协调制度》第六次审议循环中，我国海关提出的不锈钢真空保温容器、微生物油脂、汽车车窗、集成电路检测设备、钢结构集成模块建筑、通信用天线等提案，以及联合欧盟、世界海关组织秘书处、国际可再生能源署提出的3D打印机、无人机、太阳能产品等修订提案，全部获得协调制度委员会通过。

以上事件标志着我国在《协调制度》国际规则制定上获得了更大的话语权，将有助于我国相关产业突破国际贸易壁垒，为我国产品竞逐国际市场赢得更大空间。

3. 在归类争议中显示中国力量

根据《商品名称及编码协调制度的国际公约》的规定，各缔约方对商品的归类争议可以向协调制度委员会（HSC）提出议案，经缔约方代表讨论并表决形成归类决定（classification decisions）。

我国海关通过多年的归类实践，对《协调制度》分类结构、归类规则的理解愈加深入，归类技术水平不断提高，已经从归类的"跟随者"逐渐转变为归类的"引领者"。

例如，2018年我国出口民用无人机占全球市场份额的80%以上。对于深圳大疆公司出口的照相无人机，不同国家的归类不同：有的国家按相机归类，有的国家按飞机归类，而后者的进口"门槛"远高于前者。对此，我国海关积极推动世界海关组织协调制度委员会就型号为"大疆 PHANTOM 4 PRO+"的无人机归类重新审议，经过我方代表事先精心准备，会上据理力争，以严密的规则运用、专业论证和逻辑推理，终于成功说服部分国家代表，将该商品确定为"会飞的照相机"而不是"会照相的飞机"，经过表决，将该商品按照相机归类，从而使其在进入目标市场时可以享受较低关税，同时规避相关国家严苛的市场准入门槛。

第三节　进出口货物商品归类的海关管理

为了规范进出口货物的商品归类，保证商品归类结果的准确性和统一性，根据《中华人民共和国海关法》《中华人民共和国进出口关税条例》，海关总署发布了海关总署令第252号《中华人民共和国海关进出口货物商品归类管理规定》。

一、归类决定

海关总署可以根据有关法律、行政法规规定，对进出口货物作出具有普遍约束力的商品归类决定。进出口相同货物，应该适用相同的商品归类决定。商品归类决定由海关总署对外公布。

作出商品归类决定所依据的法律、行政法规及其他相关规定发生变化的，商品归类决定同时失效。商品归类决定失效的，应当由海关总署对外公布。

海关总署发现商品归类决定需要修改或存在错误的，应当及时予以修改或撤销。撤销商品归类决定，应当由海关总署对外公布。被撤销的商品归类决定自撤销之日起失效。

二、归类裁定

在海关注册登记的进出口货物经营单位，可以在货物实际进出口的3个月前，向海关总署或者直属海关书面申请就其拟进出口的货物预先进行商品归类裁定。

海关总署自受理申请之日起60日内作出裁定并对外公布。

归类裁定具有普遍约束力，但对于裁定生效前已经办理完毕裁定事项的进出口货物，不适用该裁定。

三、归类预裁定

根据《中华人民共和国海关预裁定管理暂行办法》（海关总署令第236号），在货物实际进出口前，申请人可以向海关申请归类预裁定。具体办法如下：

（一）申请人资格

预裁定的申请人应当是与实际进出口活动有关，并且在海关注册登记的对外贸易经营者。

（二）申请时间及受理单位

申请人应当在货物拟进出口3个月前向其注册地直属海关提出预裁定申请。特殊情况下，申请人确有正当理由的，可以在货物拟进出口前3个月内提出预裁定申请。

（三）申请程序及要求

1. 申请人向海关提交《中华人民共和国海关预裁定申请书》（以下简称《预裁定申请书》）及与归类有关的商品资料，一份"预裁定申请书"应当仅包含一项商品的归类。
2. 申请人所提交的材料如果需要海关为其保守商业秘密的，应当以书面方式向海关提出要求，并且列明需保密的具体内容。海关按照国家有关规定承担保密义务。
3. 申请人应当对提交材料的真实性、准确性、完整性、规范性承担法律责任。
4. 海关自收到《预裁定申请书》及相关材料之日起10日内审核决定是否受理该申请，制发《中华人民共和国海关预裁定申请受理决定书》或者《中华人民共和国海关预裁定申请不予受理决定书》。

申请材料不符合有关规定的，海关制发《中华人民共和国海关预裁定申请补正通知书》。申请人未在规定期限内提交材料进行补正的，视为未提出预裁定申请。

5. 海关自受理之日起60日内制发《中华人民共和国海关预裁定决定书》（以下简称《预裁定决定书》）。

（四）有效期及有效范围

1. 《预裁定决定书》自送达之日起生效，有效期为3年。但对于其生效前已经实际进出口的货物没有溯及力。
2. 《预裁定决定书》在全国范围内有效。

（五）异议

申请人对预裁定决定不服的，可以向海关总署申请行政复议；对复议决定不服的，可以依法向人民法院提起行政诉讼。

（六）《预裁定决定书》的使用

申请人在预裁定决定有效期内进出口与预裁定决定列明情形相同的货物，应当按照预裁定决定的税号申报，海关予以认可。

四、其他管理要求

纳税义务人对海关确定的商品归类有异议的，可以申请行政复议。

因商品归类引起退税或者补征、追征税款，以及征收滞纳金的，按照有关法律、行政法规及海关总署规章的规定办理。

违反《中华人民共和国海关进出口货物商品归类管理规定》，构成走私行为，违反海关监管规定行为或者其他违反《中华人民共和国海关法》行为的，由海关依照《中华人民共和国海关法》和《中华人民共和国海关行政处罚实施条例》的有关规定予以处理。构成犯罪的，依法追究刑事责任。

习近平总书记强调，坚持依法治国、依法执政、依法行政共同推进，坚持法治国家、法治政府、法治社会一体建设，全面深化法治领域改革，统筹推进法律规范体系、法治实施体系、法治监督体系、法治保障体系和党内法规体系建设，推动中国特色社会主义法治体系建设取得历史性成就。依法治国、依法执政、依法行政是一个有机整体。因此，对于违反海关规定的行为，由海关依照相关规定予以处理。构成犯罪的，要依法追究刑事责任。

第四节 归类总规则

进出口商品归类是指按照一定的规则，将进出口商品归入已有进出口商品归类目录中的具体位置（某一品目或子目）的行为。

《协调制度》确定了进出口商品归类必须遵守的六条总规则。

一、规则一

（一）条文内容

"类、章及分章的标题，仅为查找方便而设；具有法律效力的归类，应按品目条文和有关类注或章注确定，如品目、类注或章注无其他规定，按以下规则确定。"

（二）条文解释

1. 尽管《协调制度》系统地将商品按类、章（部分章内还设有分章）分类，每类、章、分章标有标题，并使这些标题尽可能地概括该类、章、分章所包含的商品，但是由于各类、章、分章所包含的商品种类繁多，类、章、分章的标题不可能将其一一列出而全部包括进去，例如第八十六章的标题是"铁道及电车道机车、车辆及其零件；铁道及电车道轨道固定装置及其零件、附件；各种机械（包括电动机械）交通信号设备"，但实际上，除了上述商品外，本章还包括章的标题所没有列出的"集装箱"。

由于类、章、分章的标题只是一个大概，无法规定具体内容，即同一类的商品在不同条件下可能有不同的分类，而这种情况在标题上是无法得到体现的，因此，类、章、分章的标题所列出的商品也有可能不归入该类、章、分章，例如第一章的标题是"活动物"，但实际上，马、牛、羊等活动物归入本章，而鱼、甲壳动物、软体动物及其他水生无脊椎动物这些活动物却归入第三章。

另外，标题之间还会产生交叉，例如"塑料鞋"既属于第三十九章标题"塑料及其制品"所列的商品，又属于第六十四章标题"鞋靴、护腿和类似品及其零件"所列的商品，所以仅根据这两章的标题无法确定"塑料鞋"应归入第三十九章还是第六十四章。

综上所述，类、章、分章标题只为方便查找，本身不是归类的依据。

2. 归类的法律依据应该是品目条文和类注、章注。

【例1】用于饲养观赏的金鱼

【归类分析】根据归类总规则一"具有法律效力的归类，应按品目条文和有关类注或章注确定"的规定，由于金鱼符合0301品目条文"活鱼"的规定，故该商品应归入品目0301。

【例2】针织女式胸衣

【归类分析】如果直接看标题，似乎符合第六十一章的标题"针织或钩编的服装及衣着附件"而可以归入第六十一章，但因为标题不是归类依据，所以应根据品目条文和类注、章注来确定。按第六十一章注释二（一）、第六十二章注释一和6212品目条文的规定，该商品应归入品目6212。

3. 如果按品目条文、类注或章注还无法确定归类，则按下面的其他规则（规则二、三、四）确定品目的归类。

二、规则二

（一）条文内容

"（一）品目所列货品，应视为包括该项货品的不完整品或未制成品，只要在进口或出口时该项不完整品或未制成品具有完整品或制成品的基本特征；还应视为包括该货品的完整品或制成品（或按本款可作为完整品或制成品归类的货品）在进口或出口时的未组装件或拆散件。

（二）品目中所列材料或物质，应视为包括该种材料或物质与其他材料或物质混合或组合的物品。品目所列某种材料或物质构成的货品，应视为包括全部或部分由该种材料或物质构成的货品。由一种以上材料或物质构成的货品，应按规则三归类。"

（二）条文解释

1. 规则二（一）规定，品目所列货品的范围不仅限于品目条文本身，还应扩大为包括不完整品、未制成品，条件是它们要具有完整品或制成品的基本特征。

其中，不完整品指货品缺少某些部分，不完整；未制成品指货品尚未完全制成，需进一步加工才成为制成品。

【例3】缺少轮子的轿车

【归类分析】缺少轮子的轿车属于轿车的不完整品，由于仍具有轿车的基本特征，所以仍应按轿车归入品目8703。

【例4】初制成型的塑料瓶，为管状的中间产品，其一端封闭而另一端为带螺纹的瓶口，瓶口可用带螺纹的盖子封闭，螺纹瓶口下面的部分准备膨胀成所需尺寸和形状

【归类分析】该产品属于塑料瓶的未制成品，由于已经具有塑料瓶的基本特征，故仍按塑料瓶归入品目3923。

但是，"基本特征"的判断有时是很困难的，例如，缺少了多少零部件的电视机仍具有电视机的基本特征，仍可以按电视机归类？由于商品的繁杂，寄希望于通过制定几条一刀切的规则来确定货品的基本特征是行不通的，因此对于具体的某种不完整品或未制成品，需要综合结构、性能、价值、作用等方面的因素进行具体分析才能确定。但作为一般原则，可以这样判断：

对于不完整品而言，主要是看其关键部件是否存在，如压缩机、蒸发器、冷凝器、箱体这些关键部件如果存在，则可以判断为具有冰箱的基本特征。如果情况复杂，运用以上办法仍然难以判断时（如只有压缩机、蒸发器、冷凝器三大部件，没有箱体，但又有其他一些次要零部件），实践中常采用价值判断方法，即如果不完整品的价值占到完整品价值的60%及以上，一般就可以认为具有完整品的基本特征。

对于未制成品而言，主要看其是否具有制成品的特征，如齿轮的毛坯，如果从其外形上基本能看出齿轮的模样，则可以判断为具有齿轮的基本特征。

另外，各国海关当局可根据本国的实际情况，制定一些具体规定来解决某些货品的基本特征的确定问题。

2. 规则二（一）规定，品目所列货品的范围还应扩大为包括其未组装件或拆散件，以及以未组装或拆散形式报验的不完整品或未制成品，只要按照本规则第一部分的规定，它们可作为完整品或制成品看待。

未组装件或拆散件指货品尚未组装或已拆散，例如尚未组装的活动房屋的各种预制件，尚未组装的灯具的各个部件，已拆散的旧机床。

【例5】缺少车座的各部分未组装的自行车

【归类分析】缺少车座又未组装的自行车属于以未组装件形式报验的自行车的不完整品，由于仍具有自行车的基本特征，故仍应按自行车归入品目8712。

3. 鉴于第一类至第六类各品目的商品特征，规则二（一）一般不适用于第一类至第六类的商品。

4. 规则二（二）规定，品目所列材料或物质，还应扩大到在该材料或物质中可以加入其他材料或物质；同样道理，品目所列由某种材料或物质构成的货品，也应扩大到包括加入了其他材料或物质所构成的货品。其条件是加入其他材料或物质并不改变原来材料或物质或其所构成货品的基本特征。

【例6】涂蜡的木质热水瓶塞子

【归类分析】涂蜡的木质热水瓶塞子是在木质热水瓶塞子的基础上又加入了蜡，根据总规则二（二）的规定，品目4503"天然软木制品"的范围还应扩大为在天然软木的基础上加入了其他材料或物质所构成的货品，故该产品仍应归入品目4503。

但是，如果由一种以上材料或物质构成的货品看起来可以归入两个或两个以上品目时，则应按规则三归类。

5. 只有在规则一无法解决时，方能运用规则二。例如品目1503的品目条文规定为"液体猪油，未经混合"，则混合了其他油的液体猪油，不能运用规则二（二）而归入品目1503。

三、规则三

(一) 条文内容

"当货品按规则二(二)或由于其他原因看起来可归入两个或两个以上品目时,应按以下规则归类:

(一)列名比较具体的品目,优先于列名一般的品目。但是,如果两个或两个以上品目都仅述及混合或组合货品所含的某部分材料或物质,或零售的成套货品中的某些货品,即使其中某个品目对该货品描述得更为全面、详细,这些货品在有关品目的列名应视为同样具体。

(二)混合物、不同材料构成或不同部件组成的组合物以及零售的成套货品,如果不能按照规则三(一)归类时,在本款可适用的条件下,应按构成货品基本特征的材料或部件归类。

(三)货品不能按照规则三(一)或(二)归类时,应按号列顺序归入其可归入的最末一个品目。"

(二) 条文解释

如果货品可归入两个或两个以上品目时,则应按顺序运用以下规则归类:

1. 具体列名优先于一般列名(简称"具体列名"原则)。

"具体列名"与"一般列名"如何比较?一般来说:

(1) 列出品名比列出类名更具体,例如塑料碗就比塑料制品更具体。

(2) 如果一个品目所列名称更为明确地述及某一货品,则该品目要比所列名称不那么明确地述及该货品的其他品目更具体。

【例7】小轿车用安全玻璃(不带边框及其他装置)

【归类分析】小轿车用安全玻璃涉及品目7007的"安全玻璃"和品目8708的"汽车零、附件",因品目7007的"安全玻璃"列名比品目8708的"汽车零、附件"更具体,故应归入品目7007。

但是,如果涉及的货品属于混合物或组合物或零售成套货品时,则当两个或两个以上品目都仅述及混合物或组合物所含的某部分材料或物质,或零售成套货品中的某些货品时,则"具体列名"原则失效,应当用规则三(二)或(三)来解决。

【例8】由一面是塑料,另一面是硫化橡胶的复合材料制成的传动带

【归类分析】该传动带属于不同材料的组合物,不能因为品目4010"硫化橡胶制的传动带或输送带"是具体列名,而第39章并无传动带的列名,据此运用规则三(一)将该传动带归入品目4010,而应该运用规则三(二)或(三)进行归类。

2. 对于混合物、不同材料的组合物或不同部件的组合物及零售成套货品,当规则三(一)不能解决时,按其"基本特征"归类(简称"基本特征"原则)。

【例9】由面饼、调味包、塑料小叉构成的碗面

【归类分析】由于其中的面饼构成了这个零售成套货品的基本特征,所以应按面条归入品目1902。

这里所称的"零售成套货品",必须同时符合下列三个条件:
(1) 由至少两种可归入不同品目的不同物品构成;
(2) 为了某项需求或某项专门活动而将几件产品或物品包装在一起;
(3) 其包装形式适于直接销售而货物无须重新包装。

不符合以上三个条件时,不能看成是规则三(二)中的零售成套货品。

【例10】包装在一起并一同出售的手表(不锈钢表壳)与打火机

【归类分析】由于手表与打火机的搭配不符合以上第二个条件,所以只能分开归入品目9102和9613。

按"基本特征归类"的思路在《协调制度》中体现在很多方面,然而"基本特征"的判断是一个非常困难的现实问题。

例如,按摩浴缸是看成附加了按摩功能的浴缸,还是以浴缸的形式承载按摩的功能?前一种观点致使按浴缸归类(例如塑料制浴缸归品目3922),后一种观点致使按按摩器具归类(品目9019)。

再如,咖啡、糖、牛奶以及其他成分的混合食品,按咖啡(品目2101)、糖食(品目1704)还是奶制品(品目1901)归类?寄希望于制定一个标准是不现实的(因为商品太多了),而仅仅按咖啡、糖、牛奶中的重量百分比最高的归类也是不合适的(因为它们各自味感不同,重量多少不能决定各自特征的重要程度),更多则需要根据产品的用途、包装形式、食用(饮用)方式等,参考多数人的习惯、偏好来考虑。比如制成糖果形式按糖果出售的,一般考虑作为不含可可的糖食归入品目1704;制成袋装(或罐装)并标注"咖啡"字样的冲饮产品,一般考虑作为咖啡制品归入品目2101。

我们还可以举出更多的例子。总之,按"基本特征"判断需要根据商品所含材料或部件的性质、体积、数量、重量、价值以及用途、销售渠道、使用者的习惯等来确定。这种需要根据商品多方面特性的客观事实综合形成主观的判断,难免会产生归类争议,最终只能依赖于多数人的意见来确定。例如,各地海关意见不同时,由海关总署发布归类决定;不同国家海关有争议时,由世界海关组织召开会议投票解决(如前述按摩浴缸最终投票归入品目9019)。

3. 当规则三(一)和(二)都解决不了时,按号列顺序归入其可归入的最后一个品目(简称"从后归类"原则)。

【例11】等量的大麦与燕麦的混合麦

【归类分析】由于大麦与燕麦含量相等,按"基本特征"无法确定,因此应"从后归类",即按品目1003与品目1004中的后一个品目1004归类。

4. 在运用上述规则三时必须注意,只有规则一与规则二解决不了时,才能运用规则三。

【例12】超过一百年的古钱币

【归类分析】超过一百年的古钱币看起来似乎既可归入品目9705,又可归入品目9706,但不能直接运用规则三(三)"从后归类"的原则而归入品目9706,而是应该首先运用规则一。规则一规定"应按品目条文和有关类注或章注确定",即根据第九十七章注释五(二)"品目9706不适用于可以归入本章其他各品目的物品"的规定,既可归入9701至9705中的一个品目,又可归入品目9706的货品,应归入品目9701至9705,所以该古钱币应归入品目9705。

四、规则四

(一) 条文内容

"根据上述规则无法归类的货品,应归入与其最相类似的货品的品目。"

(二) 条文解释

由于时代的发展,科技的进步,可能会出现一些《协调制度》在分类时无法预见的情况,这时按以上各规则仍无法归类的货品,只能用最相类似的货品的品目来替代,所以总规则四的实质是"替代原则",即用"最相类似的商品"替代"待归类的商品"进行归类。这里的"最相类似"指名称、结构、特征、功能、用途等因素,需要综合考虑才能确定。

不过,由于《协调制度》并不是简单地按商品的名称来排列,并且往往在必要的地方有起"兜底"作用的"其他"品目来安排未列名的商品,例如对于第八十四章的机器的归类,如果某机器未在本章有关品目列名,则仍可以归入品目 8479 "本章其他品目未列名的具有独立功能的机器及机械器具",因此本条规则的设立可以使归类总规则更为严密,但在实际归类时需要运用本条规则的情况一般很少。

五、规则五

(一) 条文内容

"除上述规则外,本规则适用于下列货品的归类:
(一) 制成特殊形状仅适用于盛装某个或某套物品并适合长期使用的照相机套、乐器盒、枪套、绘图仪器盒、项链盒及类似容器,如果与所装物品同时进口或出口,并通常与所装物品一同出售的,应与所装物品一并归类。但本款不适用于本身构成整个货品基本特征的容器。
(二) 除规则五 (一) 规定的以外,与所装货品同时进口或出口的包装材料或包装容器,如果通常是用来包装这类货品的,应与所装货品一并归类。但明显可重复使用的包装材料和包装容器可不受本款限制。"

(二) 条文解释

为了保护、运输、储存的需要,进出口商品往往带有包装容器和包装材料,可以将这些包装容器和包装材料分成两种情况:
1. 同时符合以下条件的包装容器:
(1) 特殊形状或专用;
(2) 适合长期使用;
(3) 与所装物品一同进口或出口;
(4) 与所装物品通常一同出售。
例如照相机套、乐器盒、枪套、绘图仪器盒、项链盒及类似容器,由于是专门按所要盛装的物品进行设计的，并且适合长期使用，如果与所装物品同时进口或出口（不论是否为了运输方便而与所装物品分开包装），并且通常与所装物品一同出售，则应与所装物品一并归类。当然，如果上述容器单独报验，则应按该容器归入相应品目。

【例13】装有金项链的首饰盒

【归类分析】首饰盒符合以上条件，故应与项链一起按项链归入品目7113。

但是，如果容器构成了整个货品的基本特征，则本款规定不适用。

【例14】装有普通茶叶的银制茶叶罐

【归类分析】该茶叶罐相对于茶叶来说比较贵重，构成了整个货品的基本特征，因而不能与茶叶一并归类，而应与茶叶分开，分别归入品目7114和0902。

2. 除上述以外的通常用于包装有关货品的包装容器和包装材料，例如用于装电视机的纸箱和塑料泡沫，如果与所装货品同时进口或出口，则上述包装容器和包装材料应与所装货品一并归类。当然，如果上述包装容器和包装材料单独报验，则应按该容器和包装材料归入其相应品目。

但是，如果是明显可重复使用的包装材料和包装容器，则本款规定不适用。

【例15】装有液化煤气的煤气罐

【归类分析】由于该煤气罐具有明显可重复使用的特性，因此不能与液化煤气一并归类，而应与液化煤气分开归类。

六、规则六

（一）条文内容

"货品在某一品目项下各子目的法定归类，应按子目条文或有关的子目注释以及以上各条规则来确定，但子目的比较只能在同一数级上进行。除本商品目录条文另有规定的以外，有关的类注、章注也适用于本规则。"

（二）条文解释

当商品的品目确定后，就需要进一步确定其子目的归类，规则一至五的基本原则也适用于子目的归类：

1. 首先按子目条文和子目注释确定。例如，羊毛制的电暖毯在归入品目6301项下的子目时，应按子目条文"电暖毯"而归入子目6301.1000。由动物肝制成的均化食品在归入品目1602项下的子目时，应按第十六章子目注释一"归类时该子目优先于品目1602的其他子目"的规定而归入子目1602.1000。

2. 如果按子目条文、子目注释还无法确定子目归类，则按以上各条规则（规则二、三、四、五）确定，如按"具体列名""基本特征""从后归类"的原则等来确定子目的归类。

但是，确定子目时，应遵循"同级比较"的原则，即一级子目与一级子目比较，二级子目与二级子目比较，依此类推。除此之外，由于各品目项下在细分子目时是先分出一级子目，然后再在一级子目的基础上分出二级子目，依此类推，因此在确定子目时，应先确定一级子目，然后再确定二级子目，依此类推。

【例16】中华绒螯蟹种苗

【归类分析】根据总规则一，中华绒螯蟹种苗应归入品目0306。在归入品目0306项下子目时，应按以下步骤进行：

（1）先确定一级子目，即将两个一级子目"冻的""活、鲜或冷的""其他"进行比较后归入"活、鲜或冷的"（因为种苗肯定是"活的"）；

（2）再确定二级子目，即将二级子目"岩礁虾及其他龙虾""螯龙虾""蟹""挪威海螯虾""冷水小虾及对虾""其他小虾及对虾""其他"进行比较后归入"蟹"；

（3）最后确定三级子目，即将两个三级子目"种苗"与"其他"进行比较后归入"种苗"。

所以，中华绒螯蟹种苗应归入子目0306.3310。

3. 子目注释并不多，有些子目涉及的问题类注、章注中已有，为了不至于重复，有关的类注、章注也适用于确定子目。

【例17】铑的废碎料

【归类分析】根据总规则一，铑的废碎料应归入品目7112。在归品目7112项下的子目时，根据第七十一章注释四（二）"所称'铂'，是指铂、铱、锇、钯、铑及钌"的规定，应按"铂及包铂的废碎料"而归入子目7112.9210。

但是，当子目条文或子目注释与类注、章注不一致时，子目条文或子目注释应优先于类注、章注。

【例18】铑粉

【归类分析】根据总规则一，铑粉应归入品目7110。在归品目7110项下的子目时，却不能根据第七十一章注释四（二）"所称'铂'，是指铂、铱、锇、钯、铑及钌"的规定而将其按"铂粉"归入子目7110.1100，因为第七十一章子目注释二规定"子目7110.11及7110.19所称'铂'，可不受本章注释四（二）的规定约束，不包括铱、锇、钯、铑及钌"，即品目7110项下对于子目"铂"的范围，该章子目注释与章注不一致，在这种情况下，应按子目注释的规定归入子目7110.3100。

【例19】不锈钢太阳能烧烤架

【归类分析】该产品主要材质为不锈钢，在野外使用太阳能加热而不是电力加热，故应归入品目7321。下面重点分析子目的归类。

品目7321项下的子目结构如下（2007年之前的版本）：

7321　非电热的钢铁制家用炉、灶（包括附有集中供暖用的热水锅的炉）烤肉架、烤炉、煤气灶、加热板和类似非电热的家用器具及其零件：
　　　　－炊事器具及加热板：
7321.11　－－使用气体燃料或可使用气体燃料及其他燃料的
7321.12　－－使用液体燃料的
7321.13　－－使用固体燃料的
　　　　－其他器具

……

①该烧烤架属于炊事器具，故应归入一级子目7321.1。

②在确定二级子目时遇到问题。由于二级子目是按照加热所使用的燃料的状态分成气体（包括既可以使用气体，又可以使用液体或固体的炊事器具）、液体、固体三种燃料类

型,而太阳能既不属于气体,也不属于液体和固体,所以三个二级子目条文都不符合,这样一来,就面临二级子目无法归类的困境。

③根据总规则六"货品在某一品目项下各子目的法定归类,应按子目条文或有关的子目注释以及以上各条规则来确定",即在确定二级子目时,由于该产品不符合二级子目7311.11、7321.12、7321.23的规定,但必须且只能在这三个子目中进行选择时,需要运用总规则四来解决。由于在"气体""液体""固体"三者之间,相比较而言,"气体燃料"与太阳能更接近(即"最相类似"),故可归入子目7321.13。

④该产品的归类是运用总规则四的典型例子。但是,在实际工作中运用总规则四的情况非常少,原因就是运用总规则四的前提是运用前面的规则无法归类,这实际上意味着原先的分类存在"漏洞"或"瑕疵"。从此例的归类可以看出,当初在设置一级子目7321.1项下的二级子目时是有局限性的,即当初只考虑到炊具所用的除电能之外,就只有气体、液体、固体三种形态的燃料,根本没有考虑到使用太阳能,从而导致了不得不用"使用气体燃料的烧烤架"替代"太阳能烧烤架"确定二级子目的情况。

⑤随着技术的发展,某些新产品的出现可能对原有的归类提出"挑战",这样就必须尽快对原有分类进行修改。

对此,自《协调制度》2007版开始,将品目7321项下的子目结构调整如下:

7321 非电热的钢铁制家用炉、灶(包括附有集中供暖用的热水锅的炉)烤肉架、烤炉、煤气灶、加热板和类似非电热的家用器具及其零件:
- 炊事器具及加热板:
7321.11 - - 使用气体燃料或可使用气体燃料及其他燃料的
7321.12 - - 使用液体燃料的
7321.19 - - 其他,包括使用固体燃料的
- 其他器具
......

这样一来,在归类时就可以运用总规则一、六,将太阳能烧烤架归入子目7321.19(无须运用总规则四)。

思考与练习

思考题:

1. 我国对外贸易在国际经贸舞台上发挥着越来越重要的作用,如何利用《协调制度》作为一项政策工具,参与国际经贸的合作与竞争,维护国家利益,是摆在我国海关面前的一项艰巨任务。结合课程学习,谈谈个人认识

2. 海关是国家进出境监督管理机关,海关的监督管理是国家行政执法活动。结合课程学习,谈谈对依法治国、依法执政、依法行政的认识

商品归类题:

1. 鲑鱼子酱

2. 手提式电动剪子，专用于剪羊毛
3. 管形铆钉，钢铁制，用于鞋子、提包
4. 一个盒子，内装一支圆珠笔和一只不锈钢钥匙圈
5. 汽车座椅，牛皮面
6. 一套幼儿用的纸盒包装的餐具，内有餐巾环、小勺、叉、碗，全部为不锈钢制成
7. 电动剃须刀装于皮套中并一同出售
8. 塑料肥皂盒，内装一块香皂
9. 晾晒衣服用的衣架，该衣架支撑衣服的部位为木制，但挂钩为铁制
10. 机织全棉印花毛巾被，非刺绣

第一类　活动物；动物产品

【内容提要】
在本类中，将学习以下内容：
进出口常见的动物、动物产品的商品知识，以及活动物、动物产品的分类。重点是本类的动物产品与第四类的动物产品的归类区别。

一、本类商品范围

本类商品包括活动物和动物产品。

《协调制度》将活动物基本分成两部分：

$\begin{cases}马、驴、骡、牛、猪、羊、家禽及第三章以外的其他活动物…………第一章\\ 鱼、甲壳动物、软体动物及其他水生无脊椎动物………………………第三章\end{cases}$

《协调制度》将动物产品分成简单加工和复杂加工，其中简单加工的动物产品归在第一类，它们分别是：

$\begin{cases}由第一章的活动物加工得到的肉及食用杂碎……………………………第二章\\ 由第三章的活动物加工得到的食用产品…………………………………第三章\\ 一般作为食用的其他动物产品，如乳、蛋、蜂蜜、燕窝等………………第四章\\ 一般不作为食用的动物产品，如骨头、羽毛等…………………………第五章\end{cases}$

二、本类商品归类方法

活动物的归类一般并不困难，难的是动物产品的归类。本类的动物产品一般只能进行简单加工，对于复杂加工的产品，如果是加工成的动物油脂，则归入第三类；如果是加工成的动物油脂之外的其他产品，则归入第四类。例如，生的冻牛肉归入本类的第二章，而牛油则归入第三类的第十五章，炸牛排则归入第四类的第十六章。

由此可见，动物产品归类的关键是根据动物产品的加工程度，判断是一种可以归入本类的简单加工，还是应归入后面其他类（如第四类）的进一步深加工。由于第二章至第五章的动物产品种类比较多，各有关章的产品加工程度规定的标准也各不相同，因此具体到某一种动物产品，比如"鸡"，加工到什么程度属"简单加工"可以归入第二章，加工到什么程度属超出"简单加工"的范围而应归入第十六章呢？一般情况下，应首先查第二章的品目条文与相应的章注、类注，如果相符则归入第二章，否则归入第十六章。

【例1】用盐腌制的咸鸡

【归类分析】经查第二章的品目条文与章注、类注得知，其加工程度符合品目0210"肉及食用杂碎，干、熏、盐腌或盐渍的"的规定，故应归入品目0210。

【例2】油炸鸡腿

【归类分析】经查第二章的品目条文与章注、类注得知，其加工程度已超出第二章的范围，故应归入品目1602。

【例3】青口贝，经100℃~120℃温度下瞬时热处理（但并不致其烹煮）后冷冻真空包装

【归类分析】烫洗是一种热处理方法，在第三章的品目条文与章注、类注中均没有提到这种加工方法，但这种烫洗仅是在运输或冷冻之前的瞬时热处理，目的是使青口贝容易开壳或使其保持稳定，关键是这种处理并不致青口贝被烹煮，仍然保持青口贝是一种"生的"状态，故仍应视为是一种"简单加工"，故按"冻的软体动物"归入品目0307。

第一章　活动物

一、本章商品范围

本章包括除下列之外的活动物：

第三章的鱼、甲壳动物、软体动物及其他水生无脊椎动物；

品目3002的培养微生物及类似产品；

流动马戏团、动物园或其他类似巡回展出用的动物。

本章的活动物按种类分类，其结构规律如下：

```
        ┌ 马、驴、骡··················0101
        │ 牛························0102
牲畜 ───┤ 猪························0103
        └ 羊························0104
家禽····································0105
其他····································0106
```

二、本章商品归类方法

（一）活动物的归类

品目0101～0105是列名的动物，如果是以上品目未列名的动物，需要根据本章注释一的规定，将鱼、甲壳动物、软体动物及其他水生无脊椎动物归入第三章，其他的才能归入品目0106。

【例】活的冷冻红虫（俗称鱼虫），长约2毫米，用做观赏鱼的食物

【归类分析】鱼虫不属于品目0101～0105的动物，也不属于第三章的鱼、甲壳动物、软体动物及其他水生无脊椎动物，故应作为"其他活动物"归入品目0106。

（二）"改良种用"动物的归类

本章各品目中一般都设有"改良种用"子目，该子目所列仅指由各国主管部门认定为"纯种"的种用动物。我国规定须由省级及以上有关主管部门出具证明进行认定。

第二章　肉及食用杂碎

一、本章商品范围

本章包括由第一章活动物所产生的或仅经简单加工的供人食用的肉及食用杂碎，以及由肉及食用杂碎制得的供人食用的粗粉和细粉，但昆虫是个例外（活的昆虫归入第一章，

可食用的死昆虫归入第四章）。按加工方法分类，其结构规律如下：

$$鲜、冷、冻\begin{cases}0101\sim0104\ 的动物的肉 \cdots\cdots\cdots\cdots\cdots\cdots\cdots\cdots\cdots0201\sim0205\\0101\sim0104\ 的动物的食用杂碎 \cdots\cdots\cdots\cdots\cdots\cdots\cdots\cdots\cdots0206\\0105\ 的动物的肉及食用杂碎 \cdots\cdots\cdots\cdots\cdots\cdots\cdots\cdots\cdots0207\\0106\ 的动物的肉及食用杂碎 \cdots\cdots\cdots\cdots\cdots\cdots\cdots\cdots\cdots0208\end{cases}$$

干、熏、盐腌、盐渍 ⋯⋯⋯⋯⋯⋯⋯⋯⋯⋯⋯⋯⋯⋯⋯⋯⋯⋯⋯⋯0210

细粉、粗粉 ⋯⋯⋯⋯⋯⋯⋯⋯⋯⋯⋯⋯⋯⋯⋯⋯⋯⋯⋯⋯⋯⋯⋯⋯⋯0210

二、本章商品归类方法

（一）本章商品的加工

本章的商品一般只能进行简单加工，对于复杂加工的产品，如果是加工制得的油脂，应归入第三类，动物油脂之外的产品则应归入第四类。

下列状态的肉及食用杂碎一般视作简单加工：

1. 本章有关品目条文中提到的加工：

（1）鲜的（包括运输途中用盐临时保藏的肉及食用杂碎）；

（2）冷的，即产品温度一般降至0℃左右，但未冻结的；

（3）冻的，即冷却到产品的冰点以下，使产品全部冻结的；

（4）盐腌、盐渍、干制或熏制的。

以上除了新鲜的以外，其他加工都是对肉及食用杂碎的简单处理，目的是储藏、保存。

2. 本章有关品目条文中未提到的加工：

（1）切割、剁碎（绞碎）的肉及食用杂碎；

（2）不同品目相互混合的肉及食用杂碎；

（3）清洗甚至是烫洗或作类似处理，但未经烹煮的肉及食用杂碎；

（4）为了肉及食用杂碎的口感需要，用解肽酶（例如，木瓜酶）进行嫩化的处理，以及在肉或食用杂碎表面撒糖或糖水的处理。

以上加工也只是简单处理，并不对肉及食用杂碎造成实质性的改变，也不会使肉及食用杂碎具有特定的口味。以上加工方式加工的产品也包括在本章之中。

但是用非本章所列加工方法制作或保藏的肉或食用杂碎，例如用面糊或面包屑包裹，加香蕈或用胡椒和盐等调味的肉及食用杂碎；用任何方法烹制（煮、蒸、烤、炸、炒）的肉或食用杂碎，应作为超出本章简单加工范围的复杂加工，应归入第十六章。

另外，由于品目0210的品目条文并未对其加工加以限制，因而适合供人食用的肉及食用杂碎的细粉或粗粉，不论是否经烹煮，均归入品目0210。

（二）肉及杂碎的归类

杂碎一般指动物的内脏（如心、肝、胃等）及尾巴、蹄、爪、耳朵、头等。肉是指杂碎之外的可食用部分，如腿肉、腹肉、背肉等，可带皮或去皮，可带骨或去骨。

动物的杂碎一般按其用途可分为以下几种情况：

1. 主要供人食用的杂碎，如头、耳、尾、脚、心等；
2. 专供制药用的杂碎，如胎盘、胆囊等；
3. 既可供人食用又可供制药用的杂碎，如肾、肝、甲状腺等；
4. 可供人食用或有其他用途的杂碎，如皮张等。

其中，只有适合供人食用的杂碎才能归入本章，而不适合供人食用的杂碎则不能归入本章。具体如下：

1. 对于主要供人食用的杂碎，如果其状态适合供人食用，则归入本章；不适合供人食用的（如因为运输等原因造成变质使得其不能供人食用），不能归入本章。

2. 对于专供制药用的杂碎，如为鲜、冷、冻或用其他方法临时保藏的，归入品目0510；如经干制的，则归入品目3001。

3. 对于既可供人食用又可供制药用的杂碎，如为临时保藏（例如，用甘油、丙酮、酒精、甲醛、硼酸钠临时保藏）以供药用的，归入品目0510；如经干制供药用的，归入品目3001。其他适合供人食用的，归入本章；不适合供人食用的，归入品目0511。

4. 对于可供人食用或有其他用途的杂碎，如果适合供人食用的，可归入本章；如果不适合供人食用的，一般归入品目0511或其他章（如第四十一章）。

5. 肠、膀胱、胃、血在一部分国家或民族的生活习惯中不作为食用，而在另外一部分国家或民族的生活习惯中却可能作为食用。根据本章注释二的规定，不管事实上是否作为食用，一律按不可食用的归入第五章。

【例1】猪大肠，经清洗后切成段并用塑料盒包装后冷冻保藏，供食用

【归类分析】根据本章注释二的规定，猪大肠应归入品目0504。

【例2】晒干的猪肉皮，供食用

【归类分析】由于该猪肉皮是供食用的，故应归入本章品目0210。

（三）肉及杂碎制得的粗粉、细粉的归类

可供食用的肉及杂碎制得的粗粉和细粉归入品目0210，而不适合供人食用的肉及杂碎制得的粗粉和细粉应归入第二十三章。

第三章　鱼、甲壳动物、软体动物及其他水生无脊椎动物

一、本章商品范围

本章包括活的鱼、甲壳动物、软体动物及其他水生无脊椎动物，以及由这些活动物所产生的或仅经简单加工的供人食用的产品及其供人食用的细粉、粗粉、团粒：

本章的活动物及动物产品按种类和加工方法分类，其结构规律如下：

```
       ┌ 活 ……………………………………………0301
       │       ┌ 鱼 ………………………0302~0303
鱼 ┤ 鲜、冷、冻 ┤
       │       └ 鱼片、鱼肉………………………0304
       └ 干、熏、盐腌、盐渍 ………………………0305
┤ 甲壳动物 ………………………………………………0306
│ 软体动物 ………………………………………………0307
│ 其他水生无脊椎动物……………………………………0308
└ 细粉、粗粉、团粒………………………………………0309
```

二、本章商品归类方法

(一) 本章商品的加工

与第二章类似，本章的商品一般只能进行简单加工，对于复杂加工的产品，如果是加工制得的油脂（如鱼油），应归入第三类，动物油脂之外的产品则应归入第四类。

下列状态的鱼、甲壳动物、软体动物及其他水生无脊椎动物一般视作简单加工：

1. 与第二章相同的加工：

（1）鲜的（包括运输途中用盐临时保藏的肉及食用杂碎）；

（2）冷的，即产品温度一般降至0℃左右，但未冻结的；

（3）冻的，即冷却到产品的冰点以下，使产品全部冻结的；

（4）盐腌、盐渍、干制或熏制的。

以上除了新鲜的以外，其他加工都是对本章动物的简单处理，目的是储藏、保存。

上述状态的产品一般只是对鱼、甲壳动物、软体动物及其他水生无脊椎动物的简单处理，目的是储藏、保存。因此，包装时加有少许糖或几片月桂叶，经清洗、切割、剁碎、绞碎、磨碎等加工，不同品目产品的混合，都应归入本章。

但是用非本章所列加工方法制作或保藏的产品，例如，用面糊或面包屑包裹的鱼片，经烹制（煮、蒸、烤、炸、炒）的产品，应作为超出本章简单加工范围的复杂加工，因而应归入第十六章。

2. 与第二章相同，本章还包括如下方式加工的产品：

（1）为了加工处理的方便而在熏制前或熏制过程中进行了热处理（烹煮），但未使其失去熏制特征的鱼、甲壳动物、软体动物及其他水生无脊椎动物；

（2）蒸过或用水煮过的带壳甲壳动物。

【例1】冻煮全蟹，将蟹在45℃水温中漂烫2秒左右，称重装入泡沫箱，带箱冷冻

【归类分析】在45℃水温中漂烫2秒是一种瞬时热处理，这种处理并不致蟹被烹煮，不影响其归类，故该商品仍然应按简单加工处理的甲壳动物归入品目0306。

【例2】盐渍海蜇皮，由新鲜海蜇经一定比例的盐、矾进行浸渍，经2个月时间泡制而成，其中加矾是为了脱水，加盐和矾是所有捕捞海蜇必须经过的加工工艺

【归类分析】从该产品的制作工艺看，食盐在海蜇中主要起保藏作用，明矾仅起辅助脱水作用，因此该产品仍属于第三章的加工范畴，故应归入品目0308。

(二) 鱼的归类

1. 本章的鱼不包括属于哺乳动物的鱼，如鲸鱼。
2. 鱼、鱼片、鱼肉的区别：

（1）品目 0302~0303 的鱼，包括整条、去头、去肚或切成带骨鱼块的鱼。

（2）品目 0304 的鱼片，指顺鱼脊骨平切的长条肉片。它们构成鱼的左边或右边，但鱼头、鱼肠、鱼鳍（脊鳍、臀鳍、尾鳍、腹鳍、胸鳍）和鱼骨（脊骨、胸骨或肋骨、鳃骨或镫骨等）已去除，两边也不连接（例如，在背部或腹部连接）。有时为了使肉成片或便于随后切成薄片，鱼片会带有鱼皮，这不影响它的归类。同样，由于清理不彻底而残存的细刺骨或其他细鱼骨也不影响它的归类。另外，还包括切割成块的鱼片。

（3）品目 0304 的其他鱼肉，指去骨鱼肉（不论是否绞碎）。与鱼片一样，由于清理不彻底而残存的少量鱼骨不影响鱼肉的归类。

(三) 甲壳动物的归类

甲壳动物是节肢动物门的一个亚门，有两对触角，以鳃呼吸。供食用的甲壳动物有各种虾和蟹。虾和蟹归入品目 0306。

品目 0306 中的虾细分成"岩礁虾及其他龙虾""螯龙虾""蟹""挪威海螯虾""冷水小虾及对虾""其他小虾及对虾""其他"。应注意各自含义及所包含的虾的品种范围，有时仅依据中文名称是不够的，必要时应该查找进出口税则中相应的英文名称和拉丁文名称，例如，这里的小虾并不是指"小的"虾，而是指属于"shrimp"的虾。

【例 3】如图 1-1 所示的活的食用小龙虾

图 1-1　活的食用小龙虾

【归类分析】图 1-1 中的小龙虾是存活于淡水中一种像龙虾的甲壳类动物，学名克氏原螯虾，也叫红螯虾或者淡水小龙虾。它与子目 0306.3100①"岩礁虾及其他龙虾"中的"龙虾"（sea crawfish）不同，也与子目 0306.3200 的"螯龙虾"（lobster）不同，故应归入子目 0306.3990。

(四) 软体动物的归类

软体动物是动物界的第二大门，身体柔软，左右对称，不分节，由头部、足部、内脏囊、外套膜、贝壳五部分组成，常见的有蜗牛、田螺、扇贝、蛤蜊、墨鱼、鱿鱼、章鱼

---

① 这里的二级子目"岩礁虾及其他龙虾"尽管在《税则》中并没有编码数字，但可以表述为子目 0306.31 或 0306.3100。本书其他地方对子目的表述与此类同。

等。软体动物归入品目 0307。

（五）其他水生无脊椎动物的归类

其他水生无脊椎动物指甲壳动物、软体动物以外的水生无脊椎动物。它们无骨骼或仅有外骨骼，无真正的内骨骼和脊椎骨，常见的有海胆、海参、海蜇等。其他水生无脊椎动物归入品目 0308。

（六）细粉、粗粉、团粒的归类

从鱼、甲壳动物、软体动物和其他水生无脊椎动物制得（不论是否经烹煮）的细粉、粗粉及团粒，适合供人食用的，归入品目 0309；不适合供人食用的，按饲料归入品目 2301（例如用作鸡饲料的鱼粉）。

第四章　乳品；蛋品；天然蜂蜜；其他食用动物产品

一、本章商品范围

本章包括除第二章、第三章外的可食用的动物产品，按重要程度分为乳品、禽蛋、蜂蜜和其他四个部分。其结构规律如下：

```
┌乳品 ·················································· 0401~0406
│禽蛋 ·················································· 0407~0408
│蜂蜜 ·················································· 0409
└其他 ·················································· 0410
```

二、本章商品归类方法

（一）乳品的归类

乳（milk），又名奶，是哺乳动物从乳腺中分泌出来的白色不透明液体。乳是多种营养素的混合物，成分复杂，主要有水、脂肪、蛋白质、乳糖、矿物质、维生素、酶等。以乳为原料可以生产出各种乳制品，主要品种有奶油、消毒乳、炼乳、乳粉、酸乳、干酪、冰淇淋等。

1. 乳及奶油

未浓缩及未加糖（或其他甜物质）的乳及奶油归入品目 0401，浓缩或加糖（或其他甜物质）的乳及奶油归入品目 0402。常见的乳及奶油有下列品种：

（1）消毒乳：由原料乳经预处理，再经加热杀菌而制得。按加工要求不同，可分为巴氏灭菌乳和超高温灭菌乳。

（2）炼乳：由原料乳经预处理、加热杀菌后经真空浓缩而制得，一般浓缩至乳固体含量提高 2~2.5 倍。按加糖与否，分为甜炼乳与淡炼乳。

（3）乳粉：由原料乳经预处理、加热杀菌后经真空浓缩，再经喷雾干燥而制得，一般

8份鲜乳可制得1份乳粉。根据需要，可加工成全脂乳粉、全脂加糖乳粉、半脱脂乳粉、脱脂乳粉，等等。

（4）奶油（cream）：乳经奶油分离机分离后得到的含脂率高的部分为奶油，不含脂肪的部分为脱脂乳。

2. 酸乳、酪乳、结块、发酵、酸化的乳及奶油

酸乳、酪乳、结块、发酵、酸化的乳及奶油归入品目0403。常见的有下列品种：

（1）酸乳（yogurt）：由原料乳接入专用菌种，再经保温发酵而制得。为了增加花色品种，可在酸乳中加入糖、水果、坚果、可可、巧克力、调味香料、咖啡或咖啡提取物、其他植物或植物的部分、谷物或面包制品，只要产品仍保留酸乳的基本特征。

酸乳的一般加工工艺如下：

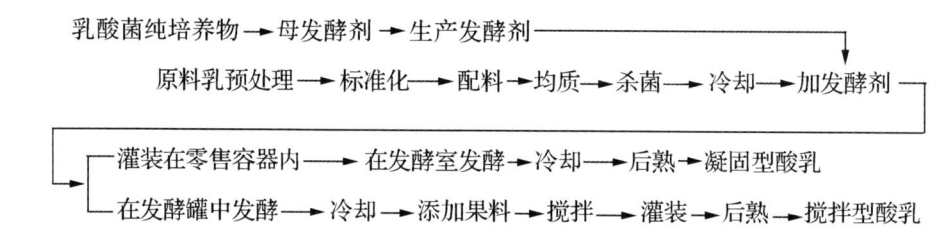

```
乳酸菌纯培养物→母发酵剂→生产发酵剂─────────────────────┐
                                                              ↓
原料乳预处理→标准化→配料→均质→杀菌→冷却→加发酵剂─┤
┌─────────────────────────────────────────────────────────────┘
├→灌装在零售容器内→在发酵室发酵→冷却→后熟→凝固型酸乳
└→在发酵罐中发酵→冷却→添加果料→搅拌→灌装→后熟→搅拌型酸乳
```

图1-2 乳酸加工工艺

（2）酪乳（buttermilk）：在黄油生产过程中，将成熟后的奶油置于搅拌器中搅拌（利用机械的冲击力，使脂肪球膜破坏而形成奶油颗粒，这一过程称为搅拌），搅拌时分离出的液体称为酪乳。

3. 乳清

乳清归入品目0404。

乳清（whey）：干酪加工的副产品，液态，略带黄绿色，主要含乳糖，还含有少量蛋白质、维生素和矿物质。将乳清浓缩烘干即得乳清粉。

根据本章注释四的规定，乳糖含量（以干燥无水乳糖计）超过95%的乳清制品应归入品目1702。

根据本章注释四的规定，乳清经浓缩并加入乳或乳脂制成的产品，若同时具有下列三种特性，则视为乳酪归入品目0406：

（1）乳脂含量干重在5%及以上；

（2）所含干质成分重量在70%以上，但不超过85%；

（3）已成型或可以成型。

4. 从乳中提取的脂和油

从乳中提取的脂和油归入品目0405。常见的有下列品种：

（1）黄油（butter）：奶油经成熟、搅拌、压炼而制成的乳制品称为黄油。黄油是一种油包水型的乳状物。

黄油的一般加工工艺如下：

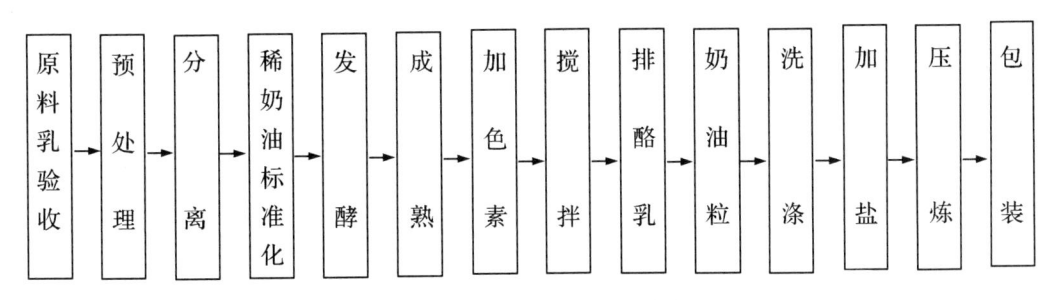

原料乳验收 → 预处理 → 分离 → 稀奶油标准化 → 发酵 → 成熟 → 加色素 → 搅拌 → 排酪乳 → 奶油粒 → 洗涤 → 加盐 → 压炼 → 包装

图 1-3　奶油生产工艺流程

根据本章注释三的规定，品目 0405 的黄油是指乳脂含量必须在 80% 及以上，但不超过 95%，乳的无脂固形物最大含量不得超过 2%，以及水的含量最大不得超过 16%。

（2）乳酱（dairy spreads）：经加工制成的油包水型可涂抹的乳状物，乳脂含量在 39% 及以上，但小于 80%。

（3）其他从乳提取的脂和油，例如乳脂（butterfat）、乳油（butteroil）、脱水黄油（dehydrated butter）等。

归类时注意：

（1）黄油必须是完全用乳制得，如果由动物、植物油、脂或者其混合油、脂制成的与天然黄油相类似的"黄油"，则应作为人造黄油归入品目 1517。

（2）含乳脂以外其他脂或者含乳脂少于 39% 的"乳酱"，则不再归入品目 0405，而是按具体情况归入品目 1517 或 2106。

5. 乳酪及凝乳

乳酪及凝乳归入品目 0406。

乳酪（cheese）：又称奶酪、干酪、芝士。由原料乳加发酵剂进行乳酸发酵，然后加凝乳酶进行凝固。凝结的部分即是凝乳（curd），而液态部分即是乳清。去除乳清再经加工即可制得干酪。干酪是一种高蛋白高脂肪的营养食品，在全世界的乳制品中产量最大。按含水量的多少，可分为软质干酪、半硬质干酪、硬质干酪、特硬干酪。

天然干酪的一般加工工艺如下：

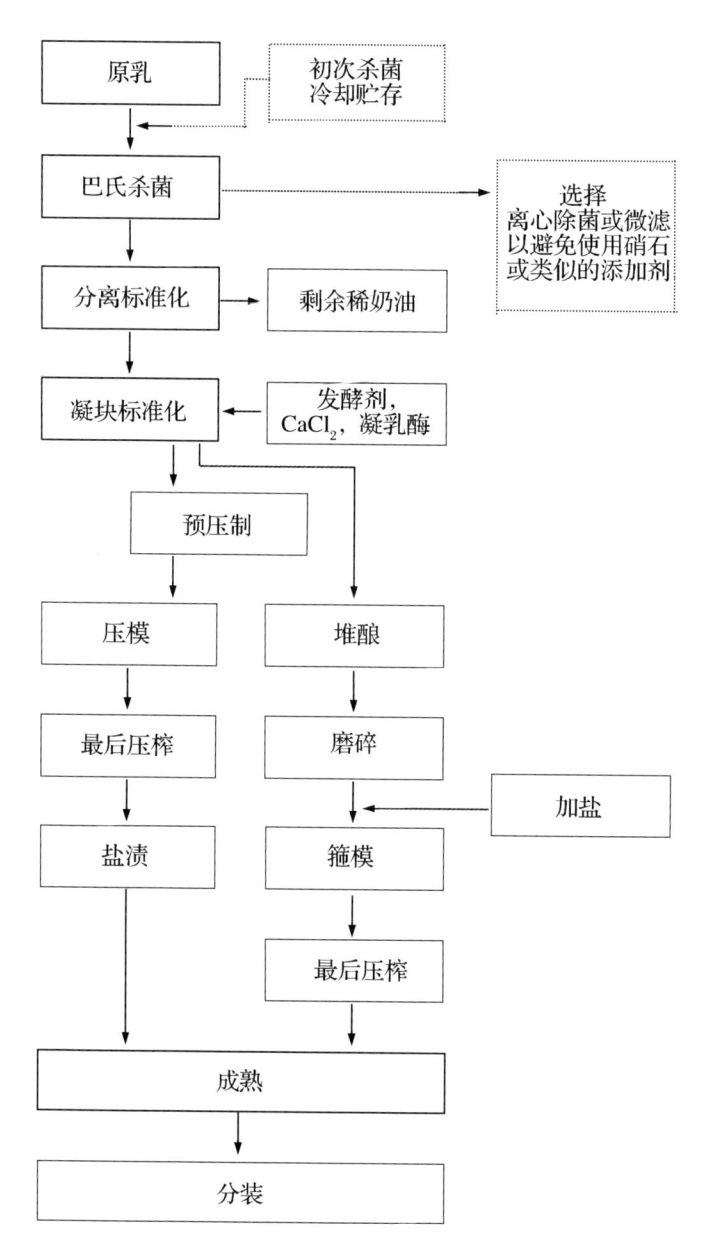

```
    ┌─────┐      ┌──────────┐
    │ 原乳 │◀─ ─ │初次杀菌  │
    └──┬──┘      │冷却贮存  │
       │         └──────────┘
       ▼
  ┌─────────┐         ┌──────────┐
  │ 巴氏杀菌│────────▶│选择      │
  └────┬────┘         │离心除菌或微滤│
       │              │以避免使用硝石│
       ▼              │或类似的添加剂│
  ┌──────────┐        └──────────┘
  │分离标准化│──▶ 剩余稀奶油
  └────┬─────┘
       ▼
  ┌──────────┐     ┌──────────┐
  │凝块标准化│◀────│发酵剂,   │
  └────┬─────┘     │CaCl₂,凝乳酶│
       ▼           └──────────┘
    ┌──────┐
    │预压制│
    └──┬───┘
   ┌───┴───┐
   ▼       ▼
┌────┐  ┌────┐
│压模│  │堆酿│
└──┬─┘  └──┬─┘
   ▼       ▼
┌──────┐ ┌────┐
│最后压榨│ │磨碎│◀── 加盐
└──┬───┘ └──┬─┘
   ▼       ▼
┌────┐  ┌────┐
│盐渍│  │箍模│
└──┬─┘  └──┬─┘
   │       ▼
   │    ┌──────┐
   │    │最后压榨│
   │    └──┬───┘
   └───┬───┘
       ▼
    ┌────┐
    │成熟│
    └──┬─┘
       ▼
    ┌────┐
    │分装│
    └────┘
```

图1-4 天然干酪加工工艺

6. 乳品的添加成分

（1）品目0401~0404的乳品，除含有天然乳成分（例如，添加维生素或矿物盐的乳）外，还可以含有乳品液态运输时为保持其天然浓度而加入的少量稳定剂（例如，磷酸二钠、柠檬酸三钠、氯化钙）及少量抗氧剂或乳中一般没有的维生素。这些乳品还可含有加工所需的少量化学品（例如，碳酸氢钠），成粉状或粒状的乳品可含有防结素（例如，磷脂、无定形二氧化硅）。

根据品目条文的规定，品目0402~0404的乳品除了上述的添加剂外，还可含有糖（或其他甜物质）。而品目0403的乳品还可含有香料、坚果、水果（包括果肉及果酱）或可可。

（2）品目0405~0406的乳品，只要具有品目所列产品的特征，可以添加较多的其他成分。例如：

根据本章注释二的规定，品目0405的黄油中不含添加的乳化剂，但可含有氯化钠、食用色素、中和盐及无害乳酸菌的培养物。

乳酱可含有某些配料，例如，无害乳酸菌培养物、维生素、氯化钠、糖、动物胶、淀粉、食用色素、香料、乳化剂、增稠剂和防腐剂。

乳酪加有肉、鱼、甲壳动物、草本植物、调味香料、蔬菜、水果、坚果、维生素、脱脂奶粉等后，如果仍保持乳酪特征的，其归类不受影响。

裹面糊或面包屑的乳酪，不论是否预煮，只要仍保持乳酪的特征，仍应归入品目0406。

（3）以乳品为基本成分制成的食品（例如某些婴儿配方奶粉）则超出了本章的范围，一般归入品目1901，而冰淇淋及其他冰制食品则归入品目2105。

（二）禽蛋的归类

禽蛋按是否带壳而分别归入品目0407和0408。这两个品目的禽蛋都可以进行一定的加工，例如带壳禽蛋可经腌制（如咸鸭蛋、皮蛋）或烹煮加工，而去壳禽蛋及蛋黄则可经干、冻、蒸过或水煮过、模制成型或用其他方法保藏的加工。

注意，蛋白不归入本品目，而应归入品目3502。

（三）蜂蜜的归类

蜂蜜，不论是否经离心分离或带有蜂巢碎块，均归入品目0409。但是蜂蜜中如果加糖或其他任何物质，则不能归入品目0409。例如，蜂蜜中加有蜂王浆，应作为经加工的蜂产品归入品目2106；蜂蜜中加有人造蜜，应归入品目1702。

（四）其他可食用动物产品的归类

未在第一类其他品目列名的可食用动物产品，归入品目0410。常见的有鳖或海龟蛋、燕窝等。另外，随着食物的多样性变化，某些昆虫也进入了一些人的食谱，这些可供食用的死的昆虫也应归入品目0410（活昆虫归入品目0106）。

【例】蜂胶

【归类分析】蜂胶是由蜜蜂从植物芽孢或树干皮伤处采集来的树脂，与蜜蜂上颚腺的分泌物、蜂蜡、少量花粉等混合而形成的一种具有芳香气味和黏性的胶状固体物质，属于天然蜂产品，故应归入子目0410.9029。

第五章　其他动物产品

一、本章商品范围

本章包括一般不适合食用的动物产品，并且必须是未经加工或仅经简单加工的动物产品。按不同部位和用途分类，其结构规律如下：

毛发	0501~0502
肠、膀胱、胃	0504
羽毛	0505
坚硬部位	0506~0508
香料、药料用动物产品	0510
其他	0511

二、本章商品归类方法

(一) 加工

本章的动物产品一般也只能进行品目条文和章注所规定的加工，否则不能再归入本章。例如：

未经加工的人发（根据本章注释二规定，仅按长度而未按发根和发梢整理的人发也属于未经加工的人发）归入品目0501。但经洗涤外的其他加工（例如染色、漂白、卷曲或为制作假发进行加工）及已按发根和发梢整理，则应归入品目6703。

经过简单加工（例如，洗涤、漂白、染色或消毒，或松扎成捆或紧扎成束）的制刷用兽毛归入品目0502。但根据本章注释一（四）规定，如果进一步加工成不需分开或仅经简单加工即可直接装于帚或刷上的产品，则应归入品目9603。

经过简单处理（即洗涤、消毒或为了保藏而作处理）的羽毛、羽绒归入品目0505。但如果进一步加工（例如，漂白、染色、卷曲），则应归入品目6701。

未经加工或仅简单整理（洗涤、简单切削）的珊瑚归入品目0508。但如果进一步加工，则应归入品目9601。

(二) 制药用的动物产品的归类

根据品目0510条文的规定，对于专供制药用的动物的腺体或其他产品，如为鲜、冷、冻或用其他方法临时保藏的，归入品目0510；如经干制或萃取的，则归入品目3001。

(三) 其他动物产品的归类

品目0511"其他品目未列名的动物产品"是指无法归入其他品目的动物产品。例如，胚胎、鱼鳞、动物血、生皮的边角料等。

【例】冷冻鲶鱼鳔，以鲶鱼的鳔为原料，经清洗、包装、冷冻而成，主要用于食用

【归类分析】鱼鳔是鱼的内脏，但可供食用，故归入品目0303。

思考与练习

商品归类题：

1. 冻牛蛙腿，1000克/袋
2. 可用于制药的干海马

3. 供食用的活甲鱼
4. 鲜猪肝
5. 冻鸡胗（鸡肫）
6. 干鱼翅
7. 鲜海蜇
8. 荷兰乳牛即溶全脂奶粉（脂肪含量28%，未加糖）
9. 咸鸭蛋（带壳，且用水煮熟）
10. 鸭绒（用于制作羽绒服或羽绒被）

第二类　植物产品

【内容提要】
在本类中，将学习以下内容：
进出口常见的植物产品的商品知识及其分类。重点是本类的植物产品与第四类的植物产品的归类区别。

一、本类商品范围

本类商品包括活植物和植物产品。主要按照植物的用途分类,其结构规律如下:

种植或装饰用植物	第六章
蔬菜	第七章
水果、坚果	第八章
咖啡、茶、调味香料	第九章
谷物	第十章
谷物加工产品	第十一章
工业用的植物、其他食用植物	第十二章
植物液汁	第十三章
其他植物	第十四章

二、本类商品归类方法

与第一类的动物产品类似,本类的植物产品一般只能进行简单加工。对于复杂加工的产品,如果是加工成的植物油脂,则归第三类;如果是加工成的植物油脂之外的其他产品,则归第四类。例如,生花生归入本类的第十二章,而花生油则归入第三类的第十五章,炒熟的花生则归入第四类的第二十章。

由此可见,植物产品归类的关键是根据植物产品的加工程度,判断是一种可以归入本类的简单加工,还是应归入后面其他类(如第四类)的进一步深加工。

那么,如何判断某种植物产品的加工是否属于"简单加工"呢?一般情况下仍是首先在第二类相应章的有关品目条文与章注、类注中查找,如果相符,则视为"简单加工"而归入本类,否则视为其加工程度已超出允许范围,应作为深加工而归入第四类。

【例1】晒干的蘑菇

【归类分析】根据第七章注释二规定,蘑菇属于蔬菜。经查第七章的品目条文与章注、类注得知,其加工程度符合品目0712"干蔬菜,整个、切块、切片、破碎或制成粉状,但未经进一步加工的"的规定,故应归入品目0712。

【例2】蘑菇罐头,以蘑菇为原料,经清洗、切片、水煮、加调料、杀菌、罐装制成

【归类分析】经查第七章的品目条文与章注、类注得知,其加工程度超出第七章的范围,故应归入品目2003。

第六章 活树及其他活植物;鳞茎、根及类似品;插花及装饰用簇叶

一、本章商品范围

本章主要包括适于种植或装饰用的各种活植物,装饰用的插花和花蕾、簇叶、枝干及植物其他部分,以及由此制成的花束、花篮、花圈及类似品。按不同用途分类,其结构规

律如下：

$$\text{种植用}\begin{cases}\text{球根植物}\cdots\cdots\cdots\cdots\cdots\cdots\cdots\cdots\cdots\cdots\cdots\cdots\cdots\cdots\cdots\cdots0601\\\text{其他}\cdots\cdots\cdots\cdots\cdots\cdots\cdots\cdots\cdots\cdots\cdots\cdots\cdots\cdots\cdots\cdots\cdots\cdots\cdots0602\end{cases}$$

$$\text{装饰用}\begin{cases}\text{花（花蕾）}\cdots\cdots\cdots\cdots\cdots\cdots\cdots\cdots\cdots\cdots\cdots\cdots\cdots\cdots0603\\\text{其他}\cdots\cdots\cdots\cdots\cdots\cdots\cdots\cdots\cdots\cdots\cdots\cdots\cdots\cdots\cdots\cdots\cdots\cdots\cdots0604\end{cases}$$

二、本章商品归类方法

（一）种植用植物的归类

种植用植物必须是活的植物，不管是处于休眠状态，还是处于生长或开花时期。明显不适合再栽种（例如，根被锯除或根被沸水灼死）的天然圣诞树则不能归入品目0602，而应归入品目0604。

种植用植物分成球根与其他，前者归入品目0601，后者归入品目0602。

1. 球根

某些植物具有膨大的变态根或变态茎，它们能以休眠状态度过不良环境，待条件适宜后再重新萌芽生长。根据其变态形状又分为：

（1）鳞茎类：地下茎呈鱼鳞片状，如百合、水仙等。洋葱也是一种鳞茎。

（2）块茎类：地下茎呈不规则的块状或条状，如马蹄莲、仙客来、大岩桐、晚香玉等。马铃薯也是一种块茎。

（3）块根类：地下主根肥大呈块状，根系从块根的末端生出，如大丽花等。

（4）球茎类：地下茎呈球形或扁球形，外面有革质外皮，如唐菖蒲、香雪兰等。

（5）根茎类：地下茎肥大呈根状，上面有明显的节，新芽着生在分枝的顶端，如美人蕉、荷花、睡莲、玉簪等。

但是，根据本章注释一的规定，属于第七章的这些球根植物（例如，马铃薯、洋葱、青葱、大蒜）不归入本章。

2. 其他

品目0601所列货品以外的种植用植物归入品目0602，包括各种供种植用植物（例如，苹果树）及其幼苗，活的植物根，无根插枝、接穗，供移植用的蔬菜秧，蘑菇菌丝，等等。

【例】如图2-1所示的水仙球

图2-1 水仙球

【归类分析】该水仙球属于处于休眠状态的鳞茎，因而应归入品目0601。

(二）装饰用植物的归类

装饰用植物按有无花（花蕾）而分别归入品目0603和0604，带有花或花蕾（例如，木兰花及某种蔷薇花）的树枝、灌木枝也归入品目0603。

用花或花蕾制成的花束、花圈、花篮及类似品仍应归入品目0603；用簇叶、树木、灌木、其他植物等制成的花束、花圈、花篮及类似品仍应归入品目0604，但是如果是带花或花蕾的，则应归入品目0603。

新鲜的装饰用植物如果经过干、染色、漂白、浸渍或其他方法处理则仍应归入品目0603，例如玫瑰干花。

主要用做香料、药料、杀虫、杀菌或类似用途的花、花瓣及花蕾，以及植物的其他部分，如果其报验时的状态已不适合制花束或作装饰用，则不能归入本章，而应归入品目1211。

第七章　食用蔬菜、根及块茎

一、本章商品范围

本章包括供人食用的蔬菜、根及块茎及它们经简单加工的产品。按加工方法分类，其结构规律如下：

```
┌ 鲜、冷 ·······························································0701～0709
│ 冻 ···································································0710
┤ 暂时保藏 ·····························································0711
│ 干 ···································································0712～0713
└ 其他根茎、块茎 ·····················································0714
```

二、本章商品归类方法

（一）蔬菜的范围

由于各个国家或民族生活习惯的不同，可能造成对哪些属于蔬菜的认识不同，一般可根据主要的生活习惯来考虑。另外，《协调制度》对某些植物用本章注释二来规定为蔬菜。例如，蘑菇一般在植物学上将其作为菌类，但根据本章注释二的规定，应将蘑菇作为蔬菜来归类。

【例1】干的甜玉米

【归类分析】甜玉米，根据第十章注释二和第七章注释二的规定，应将其作为蔬菜来归类，而不能作为第十章的谷物归类，故干的甜玉米应作为"干蔬菜"归入品目0712。

（二）蔬菜的加工

本章的蔬菜只能进行品目条文所规定的简单加工，而对于复杂加工的产品，则应归入第四类。下列状态的蔬菜视为简单加工：

1. 鲜的。

2. 冷的，指产品的温度一般已降至0℃左右，但未冻结。

3. 冻的，指产品已冷却到本身冰点以下并且已经全部冻结，包括冻前加有盐或糖的蔬菜和冻前蒸过或用水煮过的蔬菜。

4. 暂时保藏。在运输或贮存时仅为暂时保藏而进行处理（例如，存于二氧化硫气体、盐水、亚硫酸水或其他防腐液中），但不适于直接食用的蔬菜，它们主要用做食品工业的原材料。

另外，除条文另有规定的以外，本章的蔬菜还可以经清洗、切片、切碎、切丝、捣碎、磨碎、去皮或去壳的加工。对于某些蔬菜，为了保持新鲜，采取短时间用蒸汽或热水快速对蔬菜进行处理，但并不使其具有"烹煮"的性质，仍然是一种"生"的蔬菜，同样视为简单加工。

但若超出本章简单加工范围，则应归入第四类。例如，经特别处理（例如，用苏打液或经乳酸发酵处理）的油橄榄、泡菜、小黄瓜及青豆等，以其他方法烹煮过的蔬菜，与其他物料一起制作成"配餐"的蔬菜。

【例2】冷冻盐水青刀豆，以新鲜刀豆为原料，经筛选、清洗、盐水浸泡、漂烫杀菌、速冻等工艺制成

【归类分析】该商品符合0710 "冷冻蔬菜（不论是否蒸煮）"的规定，故应归入品目0710。由于刀豆属于"豇豆属"的"豆类蔬菜"，故应归入子目0710.2290。

（三）蔬菜粉的归类

蔬菜经干制后即成为干蔬菜，经破碎、研磨即成蔬菜粉，但有一些粉状蔬菜根据本章注释三的规定，不归入本章品目0712。例如，辣椒粉通常是作为调味香料而应归入品目0904，马铃薯细粉、粗粉、粉末、粉片、颗粒及团粒应归入品目1105；用品目0713的干豆磨成的细粉、粗粉及粉末应归入品目1106，而制成品目1102~1104所列形状的甜玉米则应归入品目1102~1104。

第八章 食用水果及坚果；柑橘属水果或甜瓜的果皮

一、本章商品范围

本章包括通常供人食用的水果、坚果及柑橘属果皮或甜瓜（包括西瓜）皮。它们可以经过简单加工处理。按加工方法和种类分类，其结构规律如下：

```
┌ 鲜的、干的 ┌ 坚果 ·················································· 0801~0802
│          └ 水果 ·················································· 0803~0806
│ 其他鲜的水果 ························································ 0807~0810
│ 冻的水果和坚果 ······················································ 0811
┤ 暂时保藏的水果和坚果 ················································ 0812
│ 干的 0807~0810 的水果 ··············································· 0813
│ 什锦坚果或干果 ······················································ 0813
└ 果皮 ································································ 0814
```

根据本章注释二的规定，上述"鲜"的水果、坚果包括"冷"的水果、坚果在内。

二、本章商品归类方法

（一）本章商品的加工

与上一章类似，本章的水果、坚果及柑橘属果皮或甜瓜（包括西瓜）皮只能进行品目条文所规定的简单加工。例如，鲜、冷、冻（不论是否事先蒸过或用水煮过或含有甜物质）、干（包括脱水、蒸干或冻干）、暂时保藏（例如，不适合直接食用的使用二氧化硫气体、盐水、亚硫酸水或其他防腐液）。这些加工一般只是对水果、坚果的简单处理，目的是储藏、保存。因此，本章的果实如果仅加入少量的糖，不影响其归类；而冷冻水果及坚果为了抑制氧化，防止解冻时变色，可以加糖或其他甜物质，甚至还可以加盐。本章的水果及坚果还可以切片、切碎、切丝、去核、捣浆、磨碎、去皮或去壳、烫漂。但若超出本章简单加工范围，则应归入第四类。

【例】糖炒栗子

【归类分析】栗子属于坚果，但经过糖炒加工则超出了第八章的范围，故应归入品目 2008。

（二）什锦坚果或干果的归类

品目 0813 的什锦坚果或干果包括本章各种坚果或干果的混合品（包括归入同一品目的坚果或干果的混合品）。因此，它包括鲜或干的什锦坚果、什锦干果，以及鲜或干的坚果与干果的混合品。

第九章　咖啡、茶、马黛茶及调味香料

一、本章商品范围

本章包括咖啡、茶、马黛茶和调味香料。本章结构比较简单，按不同商品分类，其结构规律如下：

咖啡……………………………………………………………………………0901
茶………………………………………………………………………………0902
马黛茶…………………………………………………………………………0903
调味香料…………………………………………………………………0904~0910

二、本章商品归类方法

(一) 咖啡的归类

1. 咖啡的加工

一般作饮料用的是咖啡的种子,即将咖啡果实经一定方法将果皮、果肉、种子分离,取得生咖啡豆。生咖啡豆含碳水化合物、蛋白质、脂肪、无机盐等。咖啡因是咖啡的特有成分,咖啡因从化学结构上看是一种生物碱,也称咖啡碱,具有兴奋和利尿等作用。不论制造何种咖啡,生咖啡豆必须经过焙炒才能使咖啡产生香味。为了满足不同需要,可在制造过程中将咖啡中的咖啡碱去除。

2. 咖啡的归类

品目0901包括咖啡果、生咖啡豆(不论是否去皮,不论是否去除咖啡碱)、焙炒咖啡豆(不论是否磨碎,不论是否去除咖啡碱)及加工过程中产生的壳和皮。但超过品目0901范围的加工,如速溶咖啡则应归入品目2101。

多年以前,人们就开始研究咖啡的代用品。比较常见的是将菊苣根焙炒、磨碎,然后与咖啡按一定比例混合,就能制得咖啡代用品。只有含有咖啡的咖啡代用品才能归入品目0901。

(二) 茶的归类

1. 茶的概念

从茶属植物获得的各种不同的茶归入品目0902。但是虽名为"茶",却不是用茶属植物的叶制得的马黛茶(又称巴拉圭茶,是生长在南美洲的冬青属灌木的干树叶,用于泡制仅含少量咖啡的饮料)则不能作为茶归入品目0902,而应归入品目0903。

【例1】菊花茶,由菊花晒干后包装而成,冲泡后饮用

【归类分析】该菊花茶虽然名称为"茶",但其实际上只是一种可冲泡后饮用的植物,与"茶"没有关系,不能按"茶"归入品目0902,而应归入品目1212。

2. 茶的加工和分类

经不同工艺制成的商品茶一般可分为绿茶、红茶、青茶、黑茶、黄茶、白茶等。
绿茶是将茶叶经杀青、揉捻、干燥等工序制得;
红茶是将茶叶经萎凋、揉捻、发酵、干燥等工序制得;
青茶是将茶叶经萎凋、做青、杀青、揉捻、干燥等工序制得;
黑茶是将茶叶经杀青、揉捻、渥堆、干燥等工序制得;
黄茶是将茶叶经杀青、揉捻、闷黄、干燥等工序制得;
白茶是将茶叶经萎凋、干燥等工序制得。

3. 茶的归类

《协调制度》按照茶的加工把茶分成两类:子目090210、090220绿茶(未发酵)和子

目090230、090240红茶（已发酵）及半发酵茶（或称部分发酵茶）。

由于绿茶是不经氧化的茶类，又称不发酵茶，所以应归入子目090210或090220；红茶属于氧化的茶类，又称全发酵茶，所以应归入子目090230或090240；青茶又称乌龙茶，界于绿茶和红茶之间，又称半发酵茶，所以应归入子目090230或090240；黑茶、黄茶属于发酵茶，而白茶则属于轻微发酵茶，所以应归入子目090230或090240。

另外，在茶的加工过程（例如，发酵过程）中加入精油（例如，柠檬油或佛手柑油）、人造香精、各种芳香植物的某部分或果实（例如，茉莉花、干橙皮或干丁香）的茶，也应归入本品目。

【例2】茉莉花茶

【归类分析】茉莉花茶是用茶为原料，用茉莉鲜花窨制而成，所以仍应归入品目0902。

(三) 调味香料的归类

1. 调味香料的概念

调味香料是富含精油及芳香素的植物产品（包括籽仁等），由于其特有的味道，主要用做调味品。

但是，根据本章注释二的规定，本章不包括荜澄茄椒或品目1211的其他产品。因此，有些果实、籽仁及植物部分虽然也能用做调味香料，但是更多的是用于制造香料及药物，例如，肉桂果、迷迭香、野莱乔桀那、罗勒、琉璃苣、海索草，以及各种薄荷、芸香及鼠尾草、丁香树皮及树叶等，它们应归入品目1211。

2. 调味香料的归类

(1) 单一调味香料

单一调味香料按品目条文归入品目0904至0910。

根据本章注释一的规定，品目0904至0910所列产品，如果添加了其他物质，只要仍保持了这些品目所列产品的基本特性，其归类应不受影响。例如：

①添加谷物粉、面包干粉等"稀释剂"，以便于调制食品时确定所加分量及使得香料容易搅拌均匀。

②添加食物着色剂。

③添加增强香料味道的物质（如谷氨酸钠）。

④添加少量盐或化学抗氧剂等，用以保存香料并延长其调味效力。

另外，添加本身具有调味作用的其他章的物质，只要所加分量并不影响调味香料的基本特征，仍应归入本章。

(2) 混合调味香料

根据本章注释一的规定，品目0904至0910所列产品的混合物，应按下列规定归类：

①同一品目的两种或两种以上产品的混合物仍应归入该品目。

【例3】一种调味料，由胡椒粉（按重量计占70%）与辣椒粉（按重量计占30%）混合而成

【归类分析】胡椒粉与辣椒粉都在同一品目0904，故其混合物仍应归入品目0904。由于胡椒粉含量高，故应归入子目0904.1200。

②不同品目的两种或两种以上产品的混合物应归入品目0910。

【例4】一种调味料，由胡椒粉（按重量计占30%）与豆蔻粉（按重量计占70%）混合而成

【归类分析】该调味料是品目0904的胡椒粉与品目0908的豆蔻粉的混合物，故应归入品目0910。

③根据本章注释一的规定，对于混合调味香料，如果添加了其他物质，只要仍保持了这些品目所列产品的基本特性，其归类应不受影响。具体情况，与（1）中的单一调味香料相同。

（3）混合调味品

混合调味品不同于品目0904至0910的调味香料及混合调味香料。混合调味品虽然也含有一种或多种归入第九章以外其他章的香料或调味料，但与上述（1）（2）不同，各种香料比例表明其基本特征已超出第九章所规定范围，因此应归入品目2103。

第十章 谷　物

一、本章商品范围

本章包括未经去壳或其他加工的谷物（稻米除外，可经过去壳、碾磨、上光、磨光、半熟或破碎加工），不论是否成捆或成穗。按谷物的种类分类，其结构规律如下：

小麦及混合麦	1001
黑麦	1002
大麦	1003
燕麦	1004
玉米	1005
稻谷、大米	1006
食用高粱	1007
其他	1008

二、本章商品归类方法

本章的归类比较简单。不过，下列情况在归类时要注意：

第一，品目1001的混合麦不是指所有由不同的麦子混合（例如，黑麦与燕麦混合）的产品，而是指小麦与黑麦的混合物，其混合比率一般为二比一。

第二，根据本章注释二的规定，品目1005的玉米不包括甜玉米，甜玉米应作为蔬菜归入第七章。

第三，品目1007仅包括名为食用高粱的品种（例如，白高粱、棕高粱、中国高粱），其籽实可供人作为谷物食用。其他高粱，如饲料高粱应作为饲料用植物归入品目1214，制糖用高粱应作为其他供食用的植物产品归入品目1212。

第四，不同"属"的杂交谷物，如用小麦（禾本科小麦属）与黑麦（禾本科黑麦属）杂交得到的黑小麦，应作为其他谷物归入品目1008。

第十一章 制粉工业产品；麦芽；淀粉；菊粉；面筋

一、本章商品范围

本章包括以第十章的谷物（包括第七章的甜玉米）为原料，经碾磨加工及按本章各品目所列方法（例如，麦粒发芽、提取淀粉或面筋等）加工的产品。此外，本章还包括以品目0701、0713、0714、第八章产品为原料，经以上方法（或类似方法）加工的产品。按加工方法和原料的不同分类，其结构规律如下：

```
        ┌ 谷物 ┬ 细粉 ·········································· 1101～1102
        │      ├ 粗粒、粗粉、团粒 ······························ 1103
 碾磨 ──┤      └ 其他形状 ······································ 1104
        ├ 马铃薯的粉 ············································ 1105
        └ 0713、0714、第八章产品的粉 ···························· 1106

         ┌ 麦芽 ·················································· 1107
 其他加工┼ 淀粉、菊粉 ············································ 1108
         └ 面筋 ·················································· 1109
```

二、本章商品归类方法

（一）谷物碾磨产品的归类

根据第二类注释及本章注释二、三的规定，谷物碾磨产品按以下步骤确定归类（以下表中的参数为标准）：

表 4-1　不同谷物碾磨产品分类指标

谷物 (1)	淀粉含量 (2)	灰分含量 (3)	通过下列孔径筛子的比率	
			315 微米 (4)	500 微米 (5)
小麦及黑麦	45%	2.5%	80%	-
大麦	45%	3%	80%	-
燕麦	45%	5%	80%	-
玉米及高粱	45%	2%	-	90%
大米	45%	1.6%	80%	-
荞麦	45%	4%	80%	-

1. 首先，除了谷物胚芽（整粒、滚压、制片或磨碎）均归入品目1104外，淀粉含量超过第（2）栏的指标并且灰分含量不超过第（3）栏的指标的，可归入品目1101～1104。不符合上述指标的，应作为制粉工业残渣归入品目2302。

2. 其次，符合第（4）栏或第（5）栏规定过筛率指标的，属于品目1101、1102的细粉。

3. 再次，玉米产品，用2毫米孔径的金属丝网筛过筛，通过率按重量计不低于95%的；其他谷物产品，用1.25毫米孔径的金属丝网筛过筛，通过率按重量计不低于95%的，属于品目1103的粗粒、粗粉。谷物碾磨后通过直接挤压或加入按重量计比率不超过3%的黏合剂制成的粒状产品属于品目1103的团粒。

4. 最后，不符合3中的指标的，则作为其他形状归入品目1104。其中，滚压、制片的谷物片（例如，通过用蒸汽加热或在加热滚筒之间碾轧大麦或燕麦而得到的大麦片或燕麦片）归入子目1104.1000，其他去壳、制成珠粒状、切片或粗磨的谷物则归入子目1104.2000。

5. 上述产品可加入改良用的极少量抗氧剂、乳化剂或维生素。但是，经进一步加工或为使其成为食品而加入了其他物质的细粉则不再归入本品目（通常归入品目1901）。

（二）其他碾磨产品的归类

谷物以外的其他产品指品目0701的马铃薯，品目0713的干豆，品目0714的西谷茎髓及植物根茎、块茎，第八章的水果、坚果、果皮，它们可以用碾磨的方法，也可以用其他方法加工成品目1105、1106条文所述的各种不同形状的"粉"。

与谷物碾磨产品一样，上述"粉"中也可加入改良用的极少量抗氧剂、乳化剂或维生素。

【例】干椰粉，又称椰浆粉，由新鲜椰子经压榨成椰浆，再经喷雾干燥制成，无其他添加物质，用作食品添加料

【归类分析】椰子属于品目0801的坚果，故干椰粉应归入子目1106.3000。

（三）其他加工产品的归类

其他加工产品是指品目1107的麦芽，品目1108的淀粉、菊粉和品目1109的面筋。

麦芽是将麦粒发芽得到的；淀粉是用玉米、高粱、小麦等谷物和马铃薯、木薯等通过浸泡、磨碎，将蛋白质、脂肪、纤维等非淀粉物质分离除去而得的；菊粉是从菊芋、大丽花根及菊苣根提取而得的；面筋是用面粉通过简单水分法使其与其他成分（淀粉等）分离制得的。

第十二章　含油子仁及果实；杂项子仁及果实；工业用或药用植物；稻草、秸秆及饲料

一、本章商品范围

本章包括的商品比较杂，主要是一些工业用途的植物。按用途的不同分类，其结构规律如下：

$$\left\{\begin{array}{l}\text{榨油用}\left\{\begin{array}{l}\text{含油子仁及果实} \cdots\cdots 1201\sim1207 \\ \text{含油子仁及果实的粉} \cdots\cdots 1208\end{array}\right. \\ \text{做种用} \cdots\cdots 1209 \\ \text{酿酒用} \cdots\cdots 1210 \\ \text{药用、香料用、农药用} \cdots\cdots 1211 \\ \text{其他食用的植物} \cdots\cdots 1212 \\ \text{饲料用的植物} \cdots\cdots 1213\sim1214\end{array}\right.$$

二、本章商品归类方法

（一）含油子仁及果实的范围的确定

有很多植物的子仁及果实是含油的，但能否作为本章的含油子仁及果实归类取决于其主要用途。因此，品目1201至1207包括供提取食用或工业用油脂的各种子仁及果实（不论其报验时是否准备用于榨油、播种或其他用途），但不包括某些可以榨油，但主要作其他用途的子仁及果实，例如，杏仁、桃仁、李仁（品目1212）及可可豆（品目1801）。另外，根据本章注释一的规定，本章的含油子仁及果实也不包括品目0801或0802的产品及油橄榄。

【例1】西瓜子

【归类分析】西瓜子是含油的，在我国通常作食用，但在西方国家则较少作为零食来食用，由于西瓜子含油，故应作为含油子仁归入品目1207。

（二）植物种子的归类

植物的种子并不都归入品目1209。根据本章注释三的规定，下列各项即使作种用，也不归入品目1209：

1. 豆类蔬菜或甜玉米（第七章）；
2. 第九章的调味香料及其他产品；
3. 谷物（第十章）；
4. 品目1201至1207和1211的产品。

【例2】苹果种子

【归类分析】由于苹果种子属于苹果树的种子，故应归入品目1209。

【例3】种用西瓜子

【归类分析】由于西瓜子归入品目1207，故根据本章注释三（四）的规定，种用西瓜子不应归入品目1209"种植用的种子"，而应归入品目1207。

（三）药用、香料用、农药用的植物的归类

品目1211包括主要用做香料、药料、杀虫、杀菌、杀寄生虫或类似用途的植物产品。它们可以是完整的，也可以是部分品，例如，皮、根、梗、叶、花、果等，并且可以经过简单加工，如干、切割、捣碎、磨碎、研粉或去壳的，或用酒精浸渍的，均归入本品目。

但下列植物，即使可以作香料、药料、杀虫、杀菌、杀寄生虫或类似用途，也不能归入品目1211：

1. 其他品目列名更为具体的植物产品。例如，晒干的橘子皮，因其在品目0814已有列名，所以即使在某种情况下可作药用，也不能归入品目1211。再如丁香，因其在品目0907已有列名，所以即使在某种情况下可作香料用，也不能归入品目1211。

2. 用于提取第十五章固定油类的子仁及果实，因其主要用途是提取油脂的，即使这些油脂还可用作香料、药料、杀虫、杀菌、杀寄生虫或类似用途，仍应归入品目1201至1207。

3. 超过品目1211简单加工范围的植物产品。

（1）经混合或制成一定剂量或零售包装的供治病或防病用药品，如果经确定是一种药品（药品与非药品的区别，参见第三十章的有关内容），则应按药品用途归入品目3003或3004。

（2）经混合或制成零售包装的香料产品，应按用途归入品目3303~3307。

（3）经混合或制成零售包装的杀虫药、杀菌剂或类似产品，应按用途归入品目3808。

（4）经混合（由本品目的不同种类植物或植物某部分构成的混合物，或由本品目的植物或植物某部分与其他章的植物产品构成的混合物）的产品，直接用做饮料香精或用于制造饮料的调制精汁的产品，应按用途归入品目2106。

第十三章　虫胶；树胶、树脂及其他植物液、汁

一、本章商品范围

本章的植物产品主要包括天然的树脂，植物的液汁及用植物产品制得的胶液和增稠剂。其结构规律如下：

```
┌虫胶···································································1301
│树胶、树脂、树胶脂及油树脂·······················································1301
└植物液汁·······························································1302
```

二、本章商品归类方法

（一）虫胶、树胶、树脂、树胶脂及油树脂的归类

1. 虫胶

虫胶是由昆虫在几种热带树上分泌的树脂物质。

2. 树胶、树脂、树胶脂及油树脂

天然的树胶、树脂、树胶脂及油树脂都是植物分泌液，它们遇空气会固化。其相互之间的区别在于：

（1）树胶为黏性物质，无气味，无味道，稍溶于水，燃烧时不熔化，无气味。例如，阿拉伯树胶。

（2）树脂不溶于水，稍有气味，导电性能差，带有负电荷，加热即变软，甚至可完全熔化。烧之火焰带烟，有特殊气味。例如，龙血树脂。

(3) 树胶脂，是不同比例的树胶和树脂的混合物，因而可部分溶于水，一般具有刺激的特殊气味和味道。例如，没药。

(4) 油树脂是一种渗出液，其成分主要为易挥发的树脂物质。其中的香树脂则是以安息香酸或肉桂酸化合物含量高为特征的油树脂。例如，秘鲁香脂。

上述天然产品还可以经洗涤、提纯、漂白、捣碎或研粉，但不得经进一步处理。例如，加水加压处理成为可溶于水的树胶和树胶脂，则归入品目1302；经硫酸处理成为可溶性树胶，则归入品目3506；经热处理成为可溶于干性油的树脂，则归入品目3806。

(二) 植物液汁的归类

1. 植物液汁及浸膏

植物液汁及浸膏是植物自然渗出、从切口流出或用溶剂提取的植物产品。例如，从漆树的切口处所得的树液（称为日本或中国漆）；从可乐果所得，主要用于制饮料的可乐果浸膏；用热水加压对甘草的干根提汁后加以浓缩制得的甘草液汁及浸膏；用有机溶剂从各种除虫菊植物的花中提取而得的除虫菊浸膏；用水或酒精对人参提取得到的人参精。

液汁可以增稠或固化，浸膏是用溶剂萃取的产品，可以是液体、浆状或固体。

2. 品目1302的植物液汁和浸膏与品目3301的精油、香膏及提取的油树脂的区别

与品目3301相比，品目1302的植物液汁和浸膏中除了含挥发性的芳香成分以外，所含的其他植物物质（例如，叶绿素、鞣酸、苦味素、碳酸化合物和其他提取物）的比例也很高。

3. 果胶、果胶酸盐及果胶酸酯

果胶是从苹果、梨、榅桲、柑橘、甜菜等的余渣中提取的多糖物质，在制果酱及其他蜜饯中主要作凝固剂。果胶酸盐为果胶酯酸的盐，而果胶酸酯为果胶酸的盐，它们的性能和用途与果胶大致相同。

4. 用植物产品制得的胶液及增稠剂

用植物产品制得的胶液及增稠剂具有在冷水中会膨胀，在热水中会溶解，并且冷却后会生成均质无味的胶体的特点。它们主要代替明胶用于制造食品、纺织品浆料和纸张上光料，澄清某些液体，培养细菌，制药及制化妆品。例如，从某些海藻提制而成的琼脂；加水加压或用其他方式处理树胶或树胶脂，使其可溶于水而制成的增稠剂。

第十四章 编结用植物材料；其他植物产品

一、本章商品范围

本章主要包括两方面的内容：作编结用的植物和不能归入第二类其他章的植物。因此本章结构比较简单，其规律如下：

编结用 ·· 1401
其他用途 ·· 1404

二、本章商品归类方法

(一) 本章植物材料与第十一类的纺织材料的区别

下列两种情况的植物材料应作为纺织材料归入第十一类：

1. 主要供纺织用的植物材料或植物纤维，不论其加工程度如何。

例如，棉短绒因太短，不能纺纱，但由于纤维素含量高，是理想的无烟火药、人造纤维（例如，人造丝）及纤维素塑料的原料，所以应归入本章，且不论是天然或洗净、漂白、染色、脱脂的，均归入本章；而椰壳纤维（椰子皮纤维）适于纺织用，所以应作为纺织材料归入品目5305。

2. 经过处理使其只能作为纺织原料用的植物材料。

例如，品目1401编结用的植物材料，如果经碾轧、捣碎、梳理或其他纺前加工，应作为纺织材料归入品目5303或5305。针茅的茎及叶，不论是否天然、漂白或染色，但未做纺前加工的，归入品目1404；经辊压、捣碎或作为纺织纤维进行梳理的纺前加工的，应归入品目5305。

(二) 品目1404 其他植物产品的范围

本品目包括《协调制度》其他品目未列名的所有植物产品。例如：

1. 主要作填充或衬垫用的植物材料，如木棉（木棉科植物各种树的种子外面包裹的淡黄色或浅棕色绒毛）、植物毛（从某些矮棕榈树的树叶所得）。

2. 主要供制帚、制刷用的植物材料，如帚用高粱、龙舌兰纤维。

3. 主要供制染料或鞣料用的植物原料，如木、皮、根、果实、浆果及种子、茎、梗、叶及花、地衣等，这些材料可以未经处理，也可以经洁净、干燥、磨碎或研粉（不论是否压紧）。

4. 用于雕刻的硬种子、硬果核、硬果壳、坚果，如椰子壳。这些物料主要用于制造纽扣、珠子、念珠及其他花哨小商品。

5. 主要用于制造纸浆的针茅，用于纺织品整理的未装镶的绒草头，用于制人造花、绘画的日本米纸等。

(三) 本章商品的加工

本章商品只能进行简单加工，超过简单加工的范围，则一般按其用途归入其他有关章的品目。

1. 对于品目1401的植物编结材料，除未加工谷物草秆不归入本品目外（品目1213），经洗涤、劈条、剥皮、磨光、漂白、染前处理、染色、涂漆处理，均归入本品目。

本品目的货品也可以切段，不论是否圆端（例如，制饮料吸管的草，制钓竿的棒，准备染色的竹子等），或分成便于包装、储存、运输等的稍有扭绞的捆或束。但如果进行了超过上述范围的加工，则不能归入本品目。例如，捻搓成条用以代替缏条的本品目所列植物材料应归入品目4601，用草编成的席子应归入品目4601。

2. 对于品目1404的其他植物，也是同样做法。

例如，制帚、刷用的植物材料，不论是否切割、漂白、染色或梳理（纺前梳理除外），也不论是否成绞成束，一律归入本品目，但不包括不用分拆（或只需简单加工）即可装于帚、刷上的已加工好的成束、成簇的材料（品目9603）。

用于制作染料或鞣料的植物原料归入品目1404，但如果加工成染料植物浸膏，则应归入品目3203。

用于雕刻的硬种子、硬果核、硬果壳、坚果，如果已经雕刻，则应归入品目9602。

3. 经过处理使其只能作为纺织原料用的植物材料，应归入第十一类［见上述（一）］。

思考与练习

商品归类题：

1. 浸泡在亚硫酸水中的黄瓜
2. 炒熟的袋装开心果
3. 鲜辣椒
4. 辣椒干
5. 西红柿种子
6. 瓜尔胶
7. 冷冻马铃薯（蒸煮过）
8. 由肉桂、丁香、肉豆蔻、八角茴香、干姜按一定比例混合而成的调味料（已磨成粉）
9. 黑木耳（干制，500克袋装）
10. 马铃薯淀粉

第三类 动、植物或微生物油、脂及其分解产品；精制的食用油脂；动、植物蜡

【内容提要】

在本类中，将学习以下内容：

进出口常见的动物、植物油脂的归类方法。重点是动物、植物油脂经不同加工方法处理后的归类区别。

第十五章　动、植物或微生物油、脂及其分解产品；精制的食用油脂；动、植物蜡

一、本章商品范围

本章包括不论供食用、技术或工业用（例如，供制肥皂、蜡烛、润滑剂、清漆或涂料用）的动、植物或微生物油、脂，油、脂的分解产品，以及动、植物蜡。按加工和品种的不同分类，其结构规律如下：

```
         ┌ 粗榨、精制 ┌ 动物油脂 ·············· 1501~1506
         │           └ 植物、微生物油脂 ······ 1507~1515
         │ 化学改性 ┌ 氢化等 ················ 1516
   油、脂 │         └ 氧化等 ················ 1518
  ┤      │ 混合的食用油脂 ···················· 1517
         │ 进一步加工的食用油脂 ·············· 1517
         └ 进一步加工的非食用油脂 ············ 1518
   粗甘油 ······································ 1520
   动、植物蜡 ·································· 1521
   残渣 ········································ 1522
```

二、本章商品归类方法

（一）未经化学改性的油、脂的归类

以动、植物或微生物为原料加工得到的油、脂，归入品目1501~1515。

动、植物或微生物油、脂大多是含脂肪酸（例如，软脂酸、硬脂酸及油酸）甘油的酯类。这些动、植物或微生物油、脂成分复杂，因此可以通过分离加工得到它们的分离品，但是必须是不引起油、脂化学结构的任何变化的分离加工。例如，通过压榨、倾析及过滤进行干分离，溶剂分离，借助表面活性剂分离。品目1504、1506~1515也包括这些动、植物或微生物油、脂的分离品。

粗加工得到的动、植物或微生物油、脂往往杂质较多，因此可以进行精制或纯净加工（例如，澄清、洗涤、过滤、脱色、脱酸、脱臭加工）。经精制或纯净加工的油、脂仍与其相应的油、脂归入同一品目。例如，初榨的豆油归入子目1507.1000，精制的豆油则归入子目1507.9000。这里的"初榨"也包括溶剂萃取（只要在颜色、气味、味道方面与压榨油无异）。

【例1】 大豆色拉油，将大豆毛油经脱胶、脱色、脱酸、脱臭、脱蜡、脱脂等工序制造而成

【归类分析】 经以上工序加工的大豆油属于精制大豆油，故应归入子目1507.9000。

1. 动物油、脂的归类

（1）猪的油、脂

猪的油、脂的归类涉及第二章、第十五章，应该按照加工程度来判断归类。

①未炼制或用其他方法提取的肥猪肉（不带瘦肉的）、猪脂肪（主要指猪脏腑周围的脂肪），并且属于鲜、冷、冻、干、熏、盐腌或盐渍的，归入品目0209。

②经炼制或用其他方法提取（例如，压榨或溶剂提取）的猪脂肪，归入品目1501，包括由猪的脂肪组织炼制得到的猪油和由猪的骨头、废料及剩料（舌、肚、碎料等）或废碎皮制得的猪脂肪。

③将品目1501的猪油或其他炼制猪脂肪进行压榨（在加热的油槽中放置3~4天，使猪油硬脂的晶体形成，然后将这些晶粒团块进行压榨，使油和硬脂分开）而得到的白色固体脂肪（即猪油硬脂）或冷榨而得到的淡黄色液体（即液体猪油），归入品目1503。

（2）牛、羊的油、脂

①牛、羊脂肪，不管是否经炼制或用其他方法提取（例如，压榨或溶剂提取），均归入品目1502。其中，经炼制的产品称为牛、羊油脂（Tallow）。

②将品目1502的牛、羊脂肪用与上述的猪油或其他炼制猪脂肪相似的方法处理，即得到食用脂油和非食用脂油，归入品目1503。其中，食用脂油是一种白色或淡黄色固态软稠脂肪，非食用脂油是一种淡黄色液体产品。提取食用或非食用脂油后所剩较硬的物质，即是油硬脂，通常是一种白色坚硬易碎的饼状或片状产品，也归入品目1503。

（3）鱼、海生哺乳动物的油、脂

从某些鱼类或海生哺乳动物（例如，鲸鱼、海豚、海豹）的躯体、肝或废料中制得的油、脂及其分离品，归入品目1504。

（4）其他动物的油、脂

除猪、家禽、牛、羊、鱼、海生哺乳动物以外的所有动物的油、脂及其分离品，不论是否精制，但未经化学改性，归入品目1506。

例如，从马、熊、兔、海龟等制取的脂肪，通过压榨或用溶剂从煮熟的蛋黄中制得的蛋黄油，应归入品目1506。

2. 植物、微生物油、脂的归类

本章所称植物、微生物油、脂是指固定植物、微生物油、脂。固定植物、微生物油、脂是指这些油、脂具有不分解、不易被蒸馏、不会挥发及不被过热蒸汽带走（但会被分解及皂化）等特征。相反，品目3301的植物精油则大多数是挥发性的。

除可可脂、可可油应归入品目1804外，固定植物、微生物油、脂归入品目1507~1515。

（1）具体的某一种植物油、脂按品目条文的列名归入相应品目。例如，豆油归入品目1507，花生油归入品目1508。

（2）品目1509的油橄榄油就是生活中所称的橄榄油，是从油橄榄中（olive）提取的油。品目1509项下又细分为特级初榨油橄榄油、初榨油橄榄油、其他初榨油橄榄油、其他油橄榄油。其区别为：

①初榨指仅用机械或其他物理方法处理，即处理范围仅包括洗涤、倾析、离心分离或过滤；

②特级初榨油橄榄油是在特定条件下获得的油，比初榨油橄榄油、其他初榨油橄榄油质量、价格更高，其果味浓郁，颜色为清澈的浅黄至绿色，其游离酸度每100克不超过

0.8 克；初榨油橄榄油比特级初榨油橄榄油稍差一些，也具有独特的果味，颜色为清澈的浅黄至绿色，其游离酸度每 100 克不超过 2.0 克；而其他初榨油橄榄油，其游离酸度每 100 克超过 2.0 克，一般不适合供人食用。

③其他油橄榄油是用上述初榨油经过精炼而得的油，即精炼油橄榄油，颜色为清澈、透明的浅黄色，不含沉淀物，但没有特定的气味或味道，其游离酸度每 100 克不超过 0.3 克。也包括精炼油橄榄油和适合食用的初榨油橄榄油的混合油，颜色为浅黄至绿色，其游离酸度每 100 克不超过 1 克。

（3）品目 1509 的油橄榄油与品目 1510 的其他橄榄油的区别在于：前者是从油橄榄制得的；后者是从提取油橄榄油后剩下的残渣中（这种残渣仍然含有少量油）再用溶剂萃取制得的橄榄渣油，以及品目 1509 的油橄榄油与品目 1510 的橄榄渣油混合的油。另外，根据本章注释二的规定，归入品目 1509 的油橄榄油必须是仅用机械或其他物理方法（例如，压榨）处理油橄榄制得的，而如果是用溶剂提取的，则应归入品目 1510 "其他橄榄油"。

（4）品目 1511 的棕榈油与品目 1513 的棕榈仁油的区别在于：前者是从油棕榈的果肉中制得的，后者是从油棕榈的果实仁中制得的。

（5）除了品目 1507~1514 中列名的植物油、脂及其分离品（不论是否精制）外，其他未列名的植物油、脂及其分离品（不论是否精制），例如亚麻子油、玉米油、蓖麻油、桐油、芝麻油，归入品目 1515。

（6）微生物油脂是近年来发展起来的油脂新品种，是通过从产油微生物（包括酵母、真菌、微藻和细菌等）中提取油脂获得的。其成分是甘油酯的混合物，也被称为单细胞油脂（SCO），其主要含有多不饱和脂肪酸（例如，花生四烯酸和亚油酸），它们在室温下是液态的。

（二）经化学改性的油、脂的归类

化学改性是指动、植物或微生物油、脂及其分离品，经化学加工后改变了化学结构，以改善其某些方面的性能（如熔点、黏性），但这些产品必须仍然保持其原有的基本结构，不能进行改变其原有的组织和晶体结构的进一步加工。

例如，动、植物或微生物油、脂及其分离品，全部或部分氢化、相互酯化、再酯化或反油酸化，不论是否精制，但未经进一步加工，应归入品目 1516。动、植物或微生物油、脂及其分离品，经过熟炼、氧化、脱水、硫化、吹制或在真空、惰性气体中加热聚合，以及用品目 1516 以外的其他化学方法改性的，应归入品目 1518。

（三）混合的油、脂的归类

油、脂的混合有四种情况：
1. 不同的动物油、脂及其分离品的混合；
2. 不同的植物油、脂及其分离品的混合；
3. 不同的微生物油、脂及其分离品的混合；
4. 动物和植物、微生物油、脂及其分离品的混合。

这些混合的油、脂如果供食用，应归入品目 1517；如果不能食用，则归入品目 1518。

【例2】 食用调和油，由豆油、菜子油、玉米油等按一定比例混合制成

【归类分析】 食用调和油是几种植物油的混合，可供食用，故应归入品目1517。

（四）变性的油、脂的归类

变性是指在油、脂中加入变性剂（例如，鱼油、酚、石油、松节油、甲苯、水杨酸甲酯），尽管所加变性剂的剂量很小（通常不超过1%），但能使油、脂酸败、发酸、发苦、刺鼻，从而使其不能供食用。

根据本章注释三的规定，品目1518不包括仅仅变性的油、脂及其分离品，这些货品应归入其相应的未变性油、脂及其分离品的品目。例如，加入变性剂的豆油仍应归入品目1507。

（五）油、脂的分解产品的归类

油、脂分解可制得粗甘油，如果纯度在95%以下（以干燥产品的重量计），归入品目1520；如果纯度在95%及以上（以干燥产品的重量计），则作为化工产品（一种有机化合物）归入品目2905。

（六）动、植物蜡的归类

动、植物蜡主要由含有某些醇（鲸蜡醇之类的丙三醇除外）的某些高级脂肪酸（软脂酸、蜡酸、肉豆蔻酸）的酯类组成，并含有一定比例的游离状态的上述酸和醇，还含有某些碳氢化合物。蜡通常比油脂硬。

动物蜡包括虫蜡（主要有蜂蜡、虫胶蜡、白蜡）及鲸蜡。植物蜡则是从某些植物中得到，如巴西棕榈蜡、小烛树蜡、墨西哥树蜡等。

归入品目1521的天然的动、植物蜡可以精制、漂白或着色。但是，上述蜡的混合蜡则不能再归入本章。这些混合蜡是指下列情况：

1. 两种或两种以上不同种类的动物蜡的混合；
2. 两种或两种以上不同种类的植物蜡的混合；
3. 动物蜡与植物蜡的混合；
4. 动物蜡或植物蜡与矿物蜡或人造蜡的混合；
5. 以一种或多种蜡为基料，与脂肪、树脂、矿物或其他材料（颜料除外）的混合。

这些混合蜡通常归入第三十四章。

思考与练习

商品归类题：

1. 甘油沥青
2. 零售的精制花生油
3. 鱼肝油
4. 棕榈蜡

第四类　食品；饮料、酒及醋；烟草、烟草及烟草代用品的制品；非经燃烧吸用的产品，不论是否含有尼古丁；其他供人体摄入尼古丁的含尼古丁的产品

【内容提要】

在本类中，将学习以下内容：

熟悉本类各章与第一类、第二类有关动、植物原料的对应关系，掌握食品、饮料、酒、醋、烟、饲料的归类。

其中，重点是动物、植物的不同加工对归类的影响。

一、本类商品范围

本类包括主要以动物、植物为原料加工得到的食品、饮料、酒、醋、动物饲料、烟草等。按所加工的产品的不同分类，其结构规律如下：

动物产品··第十六章
糖··第十七章
可可··第十八章
谷物产品··第十九章
其他植物产品··第二十章
杂项产品··第二十一章
饮料、酒、醋··第二十二章
饲料··第二十三章
烟··第二十四章

二、本类商品归类方法

本类商品主要由第一类的动物产品与第二类的植物产品经过超出了第一类、第二类的加工程度或加工范围所得到。

本类商品与第一类的动物产品、第二类的植物产品的区别见第一类、第二类的有关部分的内容。

本类各章商品是用不同的原料加工制成的，各章商品其特点不同，详见各章内容。

第十六章 肉、鱼、甲壳动物、软体动物及其他水生无脊椎动物、以及昆虫的制品

一、本章商品范围

本章包括超出第二章、第三章及品目0504所列加工范围的，通过加工肉、食用杂碎、血、鱼、甲壳动物、软体动物及其他水生无脊椎动物所得的食品。按品种分类，其结构规律如下：

香肠··1601
肉、食用杂碎、动物血、昆虫······························1602
精、汁··1603
鱼··1604
甲壳动物、软体动物及其他水生无脊椎动物的制品············1605

二、本章商品归类方法

(一) 加工

本章食品必须是可供食用的,其原料主要来自第二章、第三章的肉、食用杂碎、鱼、甲壳动物、软体动物及其他水生无脊椎动物,还包括品目0511的血、品目0504的杂碎、品目0410的昆虫,但其加工程度更高。具体参见第一类相关部分的内容。

(二) 本章食品与归入第四类其他章食品的区别

根据本章注释二的规定,本章的食品按重量计必须含有20%以上的香肠、肉、食用杂碎、动物血、昆虫、鱼、甲壳动物、软体动物或其他水生无脊椎动物及其混合物,对于含有两种或两种以上前述产品的食品,则应按其中重量最大的产品归入第十六章的相应税号。

【例1】由肉(占25%)、鱼(占10%)与蔬菜(占15%)、面条(占45%)、调味汁(占5%)等组成的罐头食品

【归类分析】由于肉与鱼的重量超过了20%,因此应归入第十六章。又由于肉的重量超过了鱼的重量,所以应按肉的产品归入品目1602。

但是根据本章注释二的规定,对于品目1902所列的包馅食品,品目2103所列的调味汁及其制品、混合调味品和品目2104所列的汤料及其制品、均化混合食品,仍应分别归入上述有关品目,而不管其中是否含有或含有多少香肠、肉、食用杂碎、动物血、昆虫、鱼、甲壳动物、软体动物或其他水生无脊椎动物及其混合物。

【例2】猪肉青菜馅的水饺,20只/袋

【归类分析】由于水饺属于品目1902的包馅食品,故不必区分其中含有多少比例的猪肉,直接归入品目1902。

(三) 子目1602.1000的"均化食品"的理解和运用

根据本章子目注释一的规定,子目1602.1000的"均化食品",是指同时满足以下三个条件的品目1602的食品:

1. 仅以肉、食用杂碎或动物血、昆虫为基料;
2. 经精细均化制成专供婴幼儿食用或营养用;
3. 零售包装(每件净重不超过250克)。

【例3】一种婴儿罐头食品,主料是牛肉,外加盐、食用油等调料一起打成糊状制成,500克/瓶

【归类分析】尽管该产品专供婴儿食用,但因为超过了250克,故不能按均化食品归入子目1602.1000,只能按普通牛肉罐头归入子目1602.5010。

(四) 肉、鱼、甲壳动物、软体动物或其他水生无脊椎动物的精及汁的归类

肉汁,是通过压榨生肉而得。

鱼、甲壳动物、软体动物或其他水生无脊椎动物的汁,是通过压榨生的鱼、甲壳动物、软体动物或其他水生无脊椎动物而得。

肉精，是肉类经加压蒸煮后，其液汁通过过滤或离心分离脱脂所得的浓缩品（肉精根据浓缩程度不同，可以是固体，也可以是液体）。

鱼、甲壳动物、软体动物及其他水生无脊椎动物的精，是通过浓缩鱼、甲壳动物、软体动物或其他水生无脊椎动物的汁而得。

其中，"精"用于制造某些配制食品，例如，汤料（不论是否浓缩）及调味汁。"汁"主要作为营养食品。

肉、鱼、甲壳动物、软体动物或其他水生无脊椎动物的精及汁归入品目1603。但是，如果以肉、鱼等精与脂肪、动物胶及盐等混合配制成含肉、鱼等精的汤料及其制品，则应归入品目2104。

第十七章　糖及糖食

一、本章商品范围

本章主要包括糖及糖食，还包括人造蜜、焦糖、糖蜜。其结构规律如下：

```
⎧ 糖 ·················································· 1701~1702
⎨ 糖蜜 ················································ 1703
⎩ 糖食 ················································ 1704
```

二、本章商品归类方法

（一）糖的归类

食用糖使用量较大的是甘蔗糖和甜菜糖，它们来源于第十二章的甘蔗和甜菜。

如果是化学纯糖，需要比较本章与第二十九章的品目2940。根据本章注释二的规定，对于化学纯的蔗糖、乳糖、麦芽糖、葡萄糖及果糖，仍归入本章（其中，固体化学纯蔗糖归入品目1701，其他归入品目1702），其他的化学纯糖则归入品目2940。如果是化学纯糖以外的糖，则按以下情况进行分析：

1. 固体糖

（1）甘蔗糖、甜菜糖

固体甘蔗糖、甜菜糖归入品目1701。

其中，甘蔗原糖和甜菜原糖归入子目1701.10（原糖又称粗糖，一般用于加工精制糖，其所含杂质较多，外观呈棕色，蔗糖含量在97%左右）。根据本章子目注释一规定，《协调制度》中的原糖是指其蔗糖含量以干燥时的重量计，旋光读数低于99.5°。其他固体甘蔗糖、甜菜糖（例如砂糖、绵白糖、方糖）按是否加有香料或着色剂而分别归入子目1701.91和1701.99。

市场上常见的食糖按颜色可分为红糖、黄糖和白糖。颜色深浅不同，是因为制糖过程中除杂质的程度不一样。红糖是未经精制的粗糖，颜色很深；黄糖则含有少量矿物质及有机物，因此带有颜色；白糖是精制糖，纯度很高（其中，白砂糖颗粒均匀整齐、糖质坚硬、松散干燥；绵白糖结晶颗粒细小，外观质地绵软、潮润）。

【例】如图4-1所示的"方糖"，主要用于配合咖啡的饮用，是用细晶粒精制砂糖为原料压制成的方块状的高级糖产品

图 4-1　方糖

【归类分析】该方糖为精制砂糖压制而成，不属于原糖，故应归入子目1701.99。

（2）其他糖

其他固体糖有乳糖、葡萄糖、果糖、麦芽糖，以及从甘蔗或甜菜以外其他原料（例如一种糖槭树）提取的蔗糖及其他糖，不论是否含有添加的香料或色料。它们应归入品目1702。

但是，由于商品乳糖主要是从乳清制得，如果按重量计干燥无水乳糖含量在95%及以下的，应作为乳清制品归入品目0404［见第四章注释四（一）］。

2. 其他形状的糖

其他形状的糖指糖浆（例如，甘蔗或甜菜糖浆、乳糖浆、葡萄糖浆、果糖浆），它们可以是将糖溶于水制得，也可以是在糖提纯的过程中所得的糖汁及糖浆。根据1702品目条文的规定，这些糖浆只有在未加香料或着色剂时，才能归入品目1702，如果加入了香料或着色剂，则应归入品目2106。

（二）人造蜜与糖蜜的归类

人造蜜是仿天然蜂蜜的产品，一般以蔗糖、葡萄糖或转化糖为基料，并加入香料或色料混合制成。人造蜜及人造蜜与天然蜜的混合品均归入品目1702。

糖蜜是提取或精制糖后所剩的物质（例如，甜菜糖或甘蔗糖提取或精制后，或在玉米提取果糖后所剩的正常副产品），为棕色或黑灰色胶粘物质，含有大量不易结晶的糖。糖蜜可经脱色、着色或加香料的加工。糖蜜的主要用途是作为蒸馏酒精或酒精饮料（例如，从甘蔗糖蜜制得的朗姆酒）的原料，用做牲口饲料及咖啡代用品，有时也用于提取糖。糖蜜归入品目1703。

（三）糖食的归类

糖食，是以糖（糖浆）为主要原料，添加香料、果料、乳制品、凝胶剂及其他辅料，按一定工艺制成的固体或半固体甜味食品。例如，硬糖果、软糖果、蛋白杏仁糖果、口香糖、果仁糖果、糖果包装的果子冻及果子膏，用蔗糖、蔗糖浆制得的软糖膏（用于制软糖、糖果及巧克力等的糖馅）。

以糖（糖浆）为原料制得的糖食归入品目1704，而以合成甜味剂替代糖做原料制得的"糖食"（主要供糖尿病患者用）则不属于本章的糖食，因而不能归入品目1704，而应归入品目2106。

第十八章　可可及可可制品

一、本章商品范围

可可及可可制品的归类比较特别，例如可可豆并不归入第二类，可可油和可可脂也并不按植物油脂归入第三类，故本章包括可可豆及以可可豆为原料加工得到的除章注一所列以外的一系列的可可产品。按可可的加工分类，其结构规律如下：

$$\left\{\begin{array}{l}可可豆 \cdots\cdots\cdots\cdots\cdots\cdots\cdots\cdots\cdots\cdots\cdots\cdots\cdots\cdots\cdots\cdots\cdots\cdots 1801\\ 废料 \cdots\cdots\cdots\cdots\cdots\cdots\cdots\cdots\cdots\cdots\cdots\cdots\cdots\cdots\cdots\cdots\cdots\cdots\cdots\cdots 1802\\ 可可膏 \cdots\cdots\cdots\cdots\cdots\cdots\cdots\cdots\cdots\cdots\cdots\cdots\cdots\cdots\cdots\cdots\cdots\cdots 1803\\ 可可脂、可可油 \cdots\cdots\cdots\cdots\cdots\cdots\cdots\cdots\cdots\cdots\cdots\cdots\cdots 1804\\ 可可粉 \cdots\cdots\cdots\cdots\cdots\cdots\cdots\cdots\cdots\cdots\cdots\cdots\cdots\cdots\cdots\cdots\cdots\cdots 1805\\ 可可食品 \cdots\cdots\cdots\cdots\cdots\cdots\cdots\cdots\cdots\cdots\cdots\cdots\cdots\cdots\cdots\cdots 1806\end{array}\right.$$

二、本章商品归类方法

（一）可可的加工

要掌握本章的归类，首先需要对可可的加工过程有一定的了解。

可可豆是可可树的种子，大量存在于可可果内。可可豆经焙炒易于去壳，容易粉碎，便于浓缩及改善香味。焙炒后，将壳、皮、胚芽和破碎的可可仁（可可碎粒）分开。

可可膏通过碾磨焙炒可可豆（已除净壳、皮和胚芽）而得，其产品呈固态片状、团状或块状。这种状态的可可膏虽可制糖食，但通常用于生产可可脂、可可粉及巧克力。

可可脂、可可油是可可豆中的脂肪物质，通常用热压可可膏或整颗可可豆制得。

可可粉通过粉化半脱脂的可可膏而得。

巧克力主要由可可膏及糖或其他甜物质组成，通常加有香料及可可脂，也有用可可粉及植物油替代可可膏的，有时还加入乳、咖啡、榛子、杏仁、橘皮等。

（二）含有可可，但不归入本章的商品

根据本章注释一的规定，本章不包括品目 0403、1901、1904、1905、2105、2202、2208、3003、3004 的制品。例如：

1. 裹巧克力的饼干及其他烘焙糕饼（品目 1905）。
2. 按重量计含全脱脂可可不超过 6% 的膨化或焙炒谷物（品目 1904）。
3. 含有任何比例可可的冰淇淋及其他冰制食品（品目 2105）。
4. 即可饮用的含可可饮料（例如，可可奶油），不论是否含酒精（第二十二章）。

【例】白巧克力

【归类分析】白巧克力是由糖、可可脂、奶粉及香料组成，因不含可可（可可脂仅是可可中的脂肪成分，不能看成是可可），所以不能归入本章，而应作为不含可可的糖食归入品目1704。

第十九章　谷物、粮食粉、淀粉或乳的制品；糕饼点心

一、本章商品范围

本章包括通常用做食品的许多调制产品，其原料来源于：

第一，第十章的谷物、第十一章的产品、其他章的植物质食物粉（例如，谷物粉、果粉、其他植物粉）；

第二，品目0401至0404的货品。

根据利用这些原料制得的产品的特点分类，其结构规律如下：

谷物粉、淀粉、乳制的食品	1901
面食	1902
珍粉	1903
膨化、烘炒、预煮的谷物	1904
烘焙食品	1905

二、本章商品归类方法

本章产品主要来源于谷物，所以应根据各品目所用原料的不同及各品目的主要特征来确定归类。

（一）品目1901包括的产品

1. 用品目1107的麦芽作为原料，经浓缩其水溶液制得的麦精。

2. 用粗粒、细粉、粗粉、淀粉或麦精为基料制成的其他品目未列名的调制食品（可加入其他配料，如乳、糖、蛋、脂、油、香料、色料、维生素、果子或其他物质，以增强其营养价值）。

根据本章注释二的规定，这里的"粗粒"是指品目1103的谷物粗粒；"细粉、粗粉"是指第十一章的品目1101、1102、1103的谷物细粉、粗粉及粉末，以及其他章的植物细粉、粗粉及粉末，如大豆粉，但是品目0712、1105、1106的蔬菜、马铃薯、干豆的细粉、粗粉及粉末除外。

例如，由蛋粉、奶粉、麦精及可可粉组成的调制食品，用奶粉和麦精（不论是否加糖）制成的麦精乳，揉好的面团等。

【例1】如图4-2所示的一种面粉，由小麦面粉、糖、玉米糖浆混合制成，粉状，1千克/袋

图 4-2 面粉

【归类分析】该产品符合品目 1901 "细粉、粗粒、粗粉、淀粉或麦精制的其他品目未列名的食品"，故应归入子目 1901.9000。

3. 用品目 0401 至 0404 的货品制成的其他品目未列名食品。

与品目 0401 至 0404 的货品的区别在于，除含乳以外，还含有品目 0401 至 0404 所不允许添加的辅料。

【例 2】一种供婴幼儿食用的营养配方奶粉，500 克/袋，其配方中除含乳以外，还含有谷物片、酵母等辅料

【归类分析】该营养奶粉的组成超出了品目 0402 的范围，故应归入子目 1901.1010。

(二) 品目 1902 的面食

品目 1902 的面食是以硬麦粗粉或面粉、玉米粉、米粉、土豆粉等（也可加入其他配料，如菜泥、蛋、乳、维生素、色料、香料等）为原料制成的未发酵食品。

面食一般经下列制作过程：将上述的粉（或混合粉）先用水混合，然后揉成面团，揉好的面团通过挤出后经切割、滚轧后切割、压制、模制等方法加工成为特定形状（例如，管状、条状、丝状、蛤壳状、星状、字母状等）。例如，面条、通心粉等。

品目 1902 的面食可以煮熟，也可以包馅，例如制成饺子、馄饨、包馅的汤团等。这里所称的包馅可以完全包裹（例如，饺子），也可以是一端张开的（例如，一种锥形的裹肉和奶油的面卷），甚至可以是层叠的。

【例 3】如图 4-3 所示的炸土豆片，由马铃薯经清洗、去皮、切片、油炸、调味、装袋制成

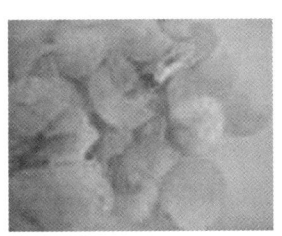

图 4-3 炸土豆片

【归类分析】该产品由马铃薯切片后油炸制成，属于马铃薯的加工产品，故应归入品目 2005 "其他未冷冻蔬菜，用醋或醋酸以外的其他方法制作或保藏的"。注意该产品并不是由马铃薯粉制成的面食，故不能归入品目 1902。

(三) 品目 1905 的烘焙食品

品目 1905 的烘焙食品是以谷物细粉、酵素、盐等（也可含有其他成分，例如，淀粉、豆粉、麦精、乳、糖、蛋、脂肪、水果、可可、肉、鱼等）为原料经烘焙制成的食品。

烘焙食品一般经下列制作过程：将上述的粉先用水混合，揉成面团，然后制成一定形状，再经烘烤成食品，如面包干、吐司及类似的烤面包，糕饼点心，意大利馅饼，等等。

品目 1905 所称的"烘焙"应理解为包括烘焙、烘烤或油炸的在内。除此之外，品目 1905 的烘焙食品也包括预烘焙的，但未烘焙的不能归入本品目。例如，未烘烤的比萨饼应归入品目 1901。

【例4】 馒头

【归类分析】《协调制度》最初主要由西方国家制定，故在对商品进行分类的过程中参照的是西方社会的生活习惯。由于西方国家主食以面包、面条为主，没有中国人生活中常见的馒头、包子等食品，故《协调制度》中不但没有对馒头等类似食品列名，而且也没有相关归类规定。由于品目 1902 是未发酵面食，品目 1905 的面包是经烘焙的发酵面食，而馒头是用水蒸气蒸熟的发酵面食，这就造成馒头的归类困难并由此产生了很大的归类争议。我国海关倾向于认为馒头属于"蒸出来的面包（steamed bread）"，即与面包比较接近，主张归入品目 1905。但目前各国对此归类也不一致，有品目 1901"细粉制的其他品目未列名的食品"、1902"面食"、1905"面包、糕点、饼干及其他类似烘焙糕饼"三种不同的归类，所以，馒头、包子等用水蒸气蒸熟的发酵面食的归类有待于世界海关组织对其明确。

(四) 品目 1904 包括的产品

1. 膨化或烘炒食品：用第十章和第十一章的谷物和谷物产品（如玉米、小麦、大米、大麦等，并可加入其他配料，如盐、糖、麦精、水果或可可等）经膨化或烘炒制得的一系列食品，如爆米花、爆麦花等。

【例5】 如图 4-4 所示的玉米片，以玉米片为原料经烘炒、调味制成，可做早餐用

图 4-4　玉米片

【归类分析】 该产品原料为品目 1104 的玉米片，经烘炒加工，故应归入子目 1904.1000。

2. 预煮或其他方法制作的食品：用第十章和第十一章的谷粒、谷片或经其他加工的谷粒，经全煮熟、半煮熟或经其他方法加工的食品（可加入其他配料），如速食米饭等。

但根据 1904 的品目条文的规定和品目 1901 的范围，用谷物的细粉、粗粒及粗粉制成的食品则应归入品目 1901。

(五) 品目 1903 的珍粉

品目 1903 的珍粉是用木薯淀粉为原料制成的食品，一般用于做汤、布丁或营养食品。其制作过程为：用水将淀粉调至稠浆状，倒入滤网或带孔盘中，浆一滴滴漏出时落入温度为 120℃ 至 150℃ 的金属板上，成为小圆粒或小粉片。有时还将这些小圆粒或小粉片压碎或制成粒状。另一种方法是将淀粉浆倒入蒸汽加热的容器内使其凝结成形。

另外，用西米淀粉、马铃薯淀粉或类似淀粉（例如，从竹竿、欧白及和丝兰植物提取的淀粉）可制得类似的珍粉代用品。

本章的食品常常可以添加一些配料，但添加下列配料后，归类时应注意：

如果配料中含有可可，根据品目 1901 的条文规定及本章注释三的规定：

品目 1901 中，对于细粉、粗粉、淀粉或麦精制的其他品目未列名的食品，要求不含可可或按重量计全脱脂可可含量低于 40%；对于品目 0401 至 0404 所列货品制的其他品目未列名的食品，要求不含可可或按重量计全脱脂可可含量低于 5%。

不符合以上条件的含可可食品，应作为可可制品归入第十八章的品目 1806。

品目 1904 不包括按重量计全脱脂可可含量超过 6% 或完全裹巧克力的食品，以及品目 1806 的其他含可可食品。

如果配料中含有香肠、肉、食用杂碎、动物血、鱼、甲壳动物、软体动物或其他水生无脊椎动物及其混合物，根据本章注释一（一）的规定，除了品目 1902 的包馅面食外，如果上述配料超过了 20%，则应归入第十六章。

第二十章　蔬菜、水果、坚果或植物其他部分的制品

一、本章商品范围

本章包括加工超出第七章、第八章、第十一章及《协调制度》其他章所列加工范围的蔬菜、水果、坚果及植物其他食用部分。按加工方法和品种分类，其结构规律如下：

```
┌ 用醋加工·····················································2001
│ 糖渍加工·····················································2006
│ 果酱、果冻、果泥、果膏·······································2007
│              ┌ 番茄·········································2002
│              │ 蘑菇及块菌···································2003
│ 其他加工 ┤ 蔬菜 ┤      ┌ 冷冻·································2004
│              │      │ 其他 ┤
│              │      └ 未冷冻·······························2005
│              └ 其他·········································2008
└ 水果汁、蔬菜汁·················································2009
```

二、本章商品归类方法

（一）本章品目条文中涉及商品的范围

蔬菜：根据章注三的规定，本章品目条文（指品目 2001、2004、2005）中所称蔬菜的具体范围是指第七章的产品及用第七章的产品制成的品目 1105、1106 的粉。

水果：指第八章的水果。

坚果：指第八章的坚果。

植物的其他食用部分：指不属于蔬菜、水果、坚果的，但可以供食用的植物的其他部分。例如，品目 1212 中的果核、果仁，品目 1202 的花生，品目 0910 的姜，等等。

（二）不同加工产品的归类

1. 用醋加工

品目 2001 的用醋或醋酸制作或保藏，是指主要用醋或醋酸制作或保藏，但不论是否含有盐、调味香料、芥末、糖或其他甜物质，还可含有油或其他添加剂。例如，糖醋黄瓜。

2. 糖渍加工

品目 2006 的糖渍加工，是先用开水处理蔬菜、水果、坚果、果皮或植物其他部分（可将产品软化以利于糖的渗透），然后将产品放入糖浆中反复加热至沸点，使糖浆逐渐浓缩，直至完全浸透产品，使其耐于保藏。例如，糖渍的整果（樱桃、核桃等）、果瓣或果块（柑橘、菠萝等）、果皮（柠檬皮、柑橘皮等）、植物其他部分（当归、姜、甘薯等）及花（紫罗兰、含羞草等）。

3. 烹煮加工得到的果酱、果冻、果泥、果膏

根据本章注释五的规定，品目 2007 所称"烹煮制成的"，是指在常压或减压状态下，通过热处理减少产品中的水分或其他方法增加产品黏稠度制得的。

常见的有下列几种：

（1）果酱

果酱是通过将整果、果肉、某些蔬菜（例如，南瓜、茄子）或其他产品（例如，姜、玫瑰花瓣）用几乎等量的糖来烹煮制得的。冷却后为浓厚酱状物，带有果肉碎块。

（2）果冻

果冻是将水果汁和糖煮沸后冷凝而成，呈冻状，透明，无果肉碎块。

（3）果泥

果泥是用过筛果肉或坚果粉加糖或不加糖烹煮后制成的，呈较浓的酱状物。果泥不同于果酱，其果子含量更高，质地更为细腻。

（4）果膏

果膏是用果泥经蒸发加工制得的固体或接近固体的产品。

根据本章注释二的规定，品目 2007 不包括制成糖食或巧克力糖食的果冻、果膏，它们应归入品目 1704 或品目 1806。

【例1】一种果泥，含苹果 78%、蓝莓 20% 及少量果糖、维生素 C，以均化制作专供六个月以内的婴儿食用，125 克/瓶

【归类分析】果泥应归入品目2007，并且由于符合本章子目注释二的规定，故应归入子目2007.1000。

4. 其他方法加工

其他方法加工是指超出第七、八、十一章加工范围且不属于以上方法的加工。例如：

（1）德式泡菜，通过将盐腌卷心菜丝半发酵制得，如果是未冷冻的，归入品目2005；如果是冷冻的，则归入品目2004。

（2）马铃薯细粉制成的长方形薄片产品，是以马铃薯细粉为原料，加盐和少量味精以及连续增湿、增稠使其部分糊精化制成，如果是未冷冻的，归入品目2005；如果是冷冻的，则归入品目2004。

（3）糖泡栗子，是用糖保藏并浸于糖浆中制得的（注意，不同于品目2006的糖渍加工），归入品目2008。

（4）杏仁、花生经干炒或用油烘炒（不论是否含或裹植物油、盐、香料、调味香料及其他添加剂），归入品目2008。

根据本章注释二的规定，品目2008不包括制成糖食或巧克力糖食的糖衣杏仁或类似品，它们应归入品目1704或品目1806。

【例2】一种玻璃瓶装的食品，将无花果洗净，用糖/酒浸泡，最后灭菌处理，125克/瓶。

【归类分析】无花果是一种水果，经过上述处理后，在第二十章中没有列名的品目可归，故应按"用其他方法制作的其他品目未列名的水果"归入品目2008。

（三）水果汁、蔬菜汁的归类

根据本章注释六的规定，品目2009的水果汁（包括酿酒葡萄汁）、蔬菜汁按容量计酒精浓度必须不超过0.5%，否则应归入第二十二章。另外，根据本章注释四的规定，干重量在7%及以上的番茄汁应归入品目2002。

1. 提取

水果汁及蔬菜汁一般通过压榨新鲜水果或蔬菜制得（不论压榨前是否经破碎或碾磨，或用冷水、热水或蒸汽处理）。压榨得到液汁后通常经澄清、过滤、除气、消毒等处理，即得到清澈透明未发酵的液体。当然，某些液汁（例如，从杏、桃、番茄等肉质水果制得的液汁）可以仍含有悬浮或沉淀的纤细果肉。

另外，还可以从干果中制取果汁（这些干果必须是新鲜时含有果汁的果实）。例如，梅脯汁，是将梅脯放入浸提器，放水加热几小时后将汁提出。

2. 浓缩

提取的水果汁、蔬菜汁可以进行浓缩加工（不论是否冷冻），甚至可以为结晶体或粉末状。

3. 复制

在浓缩汁中加入不超过非浓缩汁正常含量的水制得的复制汁仍归入品目2009。

4. 混合

同类或不同类的水果汁与水果汁之间、蔬菜汁与蔬菜汁之间、水果汁与蔬菜汁之间的混合汁仍归入品目2009。

5. 添加物质

品目2009的水果汁或蔬菜汁，只要仍保持其原有特征，可含有下列物质，不论这些物质是生产过程所产生的或是专门加入的：

（1）糖；

（2）其他天然或合成的甜味剂，但所加剂量不得超过正常的甜度所需；

（3）为保存液汁或防止液汁发酵的添加产品（例如，二氧化硫、二氧化碳、酶）；

（4）标准剂（例如，柠檬酸、酒石酸），为恢复生产过程毁损的成分而添加的产品（例如，维生素、色素）及为"固定"香味而添加的产品（例如，在柑橘粉或柑橘晶内加山梨醇）。

但是，如果加入了某种成分（柠檬酸、从果子提取的精油等），其量明显不同于天然果汁中各种成分之间正常比例的水果汁，则不能归入本品目，因为在这种情况下，该水果汁已失去其原有特征。

另外，蔬菜汁可含有添加的盐、调味香料或香料。

6. 水果汁或蔬菜汁与饮料的区别

如果在正常的水果汁或蔬菜汁中加入水（或在浓缩汁中加入的水超出复制原天然汁所需的量），其稀释品即具有品目2202所列饮料的特征。

另外，水果汁或蔬菜汁中充入的二氧化碳含量超过水果汁或蔬菜汁在处理加工（用二氧化碳加压储藏）时所需的正常含量，则也不再按品目2009的水果汁或蔬菜汁归类，而应归入品目2202。

第二十一章 杂项食品

一、本章商品范围

本章包括不能归入其他章的食用产品。由于本章是杂项，因此其结构规律不明显，所涉及的主要商品如下：

```
┌ 经加工的咖啡、茶、马黛茶 ·························· 2101
│ 酵母、发酵粉 ······································ 2102
│ 调料 ············································· 2103
┤ 汤料、均化混合食品 ································ 2104
│ 冰制食品 ········································· 2105
└ 其他未列名食品 ···································· 2106
```

二、本章商品归类方法

（一）经加工的咖啡、茶、马黛茶的归类

归入本章的咖啡、茶、马黛茶是指加工程度超出第九章的品目0901、0902规定的加工产品。

【例1】速溶咖啡，将咖啡浸提并脱水或经浸提后冷冻及真空干燥的产品

【归类分析】由于其加工程度已超出了品目0901的简单加工的范围，所以应归入子目2101.1100。

(二) 咖啡代用品的归类

咖啡代用品是指其虽然不是咖啡，但可用于替代、仿制咖啡或用于掺入咖啡内的各种烘炒产品，有时人们仍把它们称为"咖啡"，但在"咖啡"两字之前加上其基本物料的名称（例如，大麦"咖啡"、麦芽"咖啡"、橡果"咖啡"）。

根据本章注释一（二）的规定，已经烘焙的咖啡代用品归入品目2101，但含咖啡的烘焙咖啡代用品应归入品目0901（即含咖啡的烘焙咖啡代用品仍看做以咖啡为主）。

(三) 咖啡、茶、马黛茶的浓缩精汁与以咖啡、茶、马黛茶的浓缩精汁为基本成分或以咖啡、茶、马黛茶为基本成分的制品的区别

咖啡精汁及浓缩品，是指用真咖啡（不论是否去咖啡碱）制得或用真咖啡与任何比例的咖啡代用品混合制得，呈液状或粉状，通常浓缩程度很高。

茶或马黛茶的精汁及浓缩品，加工方法与以上咖啡所述情况相同。

以咖啡、茶或马黛茶精汁或浓缩品为基本成分的制品，是指以咖啡、茶、马黛茶的精汁或浓缩品（而不是以咖啡、茶、马黛茶本身）为基本原料制成的制品，包括加有淀粉或其他碳水化合物的精汁等。

以咖啡、茶、马黛茶为基本成分的制品，是指以咖啡、茶、马黛茶为基本原料，加上其他成分制成的制品。

【例2】"1+2"速溶咖啡，在速溶咖啡中添加少量奶粉、糖混合制成，可直接冲泡饮用而无须另外添加牛奶、糖

【归类分析】"1+2"速溶咖啡属于以咖啡为基本成分的制品，故应归入子目2101.1200。

(四) 酵母的归类

酵母是以糖类、淀粉和其他工农业副产品为原料，用发酵培养法生产的微生物制品。人类很早就开始利用酵母制作发酵食品和酿酒。

1. 酵母的分类

酵母分为活性酵母与非活性酵母，前者可引起发酵（例如，啤酒酵母、酿酒酵母、发面酵母），后者则不具发酵力（例如，用于添加在食品中提高营养或用于增加食品风味的食品酵母，用于饲料中蛋白质补充的饲料酵母）。

2. 发酵粉

发酵粉不同于酵母，是由化工产品（例如，碳酸氢钠、酒石酸、碳酸铵、磷酸盐）混合而成。在适当的条件下，发酵粉会释放出二氧化碳，因而用于面团的发酵。

酵母归类时要区别是活性酵母还是非活性酵母，前者归入子目2102.1000，后者归入子目2102.2000。发酵粉则归入子目2102.3000。

(五) 均化混合食品的归类

与第十六章、第二十章的均化食品不同的是，本章品目2104是指均化混合食品，即

该均化混合食品必须有两种或两种以上的基本配料,其他条件与第十六章、第二十章的均化食品相同。

【例3】 由猪肉（占50%）、鱼（占20%）、蔬菜（占20%）为基本配料,再加上其他必要的添加剂,经精细均化制作的婴幼儿食品,220克/瓶

【归类分析】 该婴幼儿食品符合本章注释三的规定,故应作为均化混合食品而归入子目 2104.2000。

（六）其他未列名食品的归类

所有不能归入《协调制度》其他品目的食品,只能归入品目 2106。例如：

1. 加蜂王浆的天然蜂蜜。
2. 以碳酸氢钠、甘草甜或甘草精为基料混合而成的饮料粉。
3. 制造各种无酒精饮料或酒精饮料用的无酒精或酒精制品（不是以芳香物质为基料的）。这些制品是用品目 1302 的植物精汁与乳酸、酒石酸、柠檬酸、磷酸、防腐剂、发泡剂、果汁等混合制成,全部或部分含有某种饮料特有味道的香料组分。
4. 以糖为基料的膏,加有相当的脂肪,有时还加乳或坚果,不适于直接制糖食,但可作巧克力、夹心饼干、馅饼、糕点等的馅或夹心料。
5. 含替代糖的合成甜味剂（例如,山梨醇）的甜食、橡皮糖及类似品（特别是供糖尿病人用）。
6. 由糖精及某种食物（例如,乳糖）组成的制品（例如,甜味片）,用于增加甜味。
7. 人参精与其他配料（例如,乳糖或葡萄糖）的混合物,用于制造人参"茶"或其他饮料。

第二十二章　饮料、酒及醋

一、本章商品范围

本章包括供饮用的产品（水、饮料、酒）及醋,本章主要产品按是否含酒精及酒精的来源分类,其结构规律如下：

```
┌水·······································································2201~2202
│无酒精饮料·······························································2202
│           ┌发酵·····················································2203~2206
│酒精饮料 ┤
│           └蒸馏·····················································2207~2208
└醋·········································································2209
```

二、本章商品归类方法

（一）水的归类

自然界有各种各样的水,其中海水因为含盐而归入品目 2501,普通的天然水和天然的

矿泉水应归入品目2201，这些水可经过澄清或纯净处理，但是根据本章注释一（三）的规定，如果进一步处理成蒸馏水、导电水及类似的纯净水，则应归入品目2853。

在水中可以加一些添加物质。其中，人造矿泉水是参照天然矿泉水的组成与特性生产出来的，因此人造矿泉水仍然与天然矿泉水一起归入品目2201；在普通饮用水中充入二氧化碳气体制成的汽水也归入品目2201。

但是，加味或加糖（或其他甜物质）的水（例如，柠檬水、橘子水、"可乐"饮料），则不再归入品目2201，而应归入品目2202。

（二）饮料的归类

饮料是供直接饮用的，归入品目2202。但如果是用于冲泡的饮料粉（或颗粒）或者还需要用水稀释才能饮用的，则不作为饮料归类。

归入品目2202的有两部分商品：

加味、加糖或其他甜物质的水，例如可乐、柠檬水、甜汽水等；

饮料，例如咖啡饮料、可可饮料、含乳（牛奶）饮料、果汁饮料等。

（三）酒的归类

1. 酒的分类

世界各地的酒有成千上万种，酿酒所用原材料和酒的酒精含量也有很大差异。以生产原料对酒进行分类，大致可分为谷物酒、香料草药酒、水果酒、奶蛋酒、植物浆液酒、蜂蜜酒和混合酒七大类。以酒精含量的不同进行分类，又有低度酒、中度酒和高度酒之分。以酒的性质来加以划分，可以将它们归为三大类：发酵酒类，包括葡萄酒、啤酒、米酒和苹果酒等；蒸馏酒类，包括威士忌酒、白兰地酒、俄得克酒、朗姆酒、伏特加酒和中国的白酒等；再制酒类，包括金酒、利口酒、味美思酒、苦味酒等。

2. 酒的归类

（1）酒精浓度按容量计不超过0.5%，应作为无酒精饮料归入品目2202。

（2）发酵酒归入品目2203~2206。

按品种分，用麦芽酿造的啤酒归入品目2203，用葡萄酿造的葡萄酒归入品目2204（葡萄酒与植物根、叶、果等的浸剂或各种香料配制成的酒，例如，味美思酒归入品目2205），用其他原料酿造的酒（例如，用苹果酿造的苹果酒，用蜂蜜酿造的蜂蜜酒，用米酿造的米酒，用棕榈树的液汁酿造的棕榈酒）归入品目2206。

另外，品目2203~2206中的各种不同发酵酒的混合酒（例如，啤酒与苹果酒的混合）以及发酵酒与无酒精饮料的混合物（但混合后必须酒精浓度按容量计>0.5%，例如，柠檬水与啤酒的混合）归入品目2206。

（3）通过蒸馏葡萄酒、果酒或发酵的其他植物产品得到的蒸馏酒，以及以食用酒精或其他蒸馏酒为主酒，配以各种调香材料，并经过甜化处理的利口酒（例如，意大利杏红利口酒、法国茴香利口酒、荷兰蛋黄酒）应归入品目2208。

（4）无醇啤酒（non-alcoholic beer，也称"无酒精啤酒"）是啤酒家族中的一个新成员，指酒精浓度按容量计≤0.5%的啤酒。工业上主要通过两种方法生产无醇啤酒：一种是物理脱醇法，即在正常生产啤酒的基础上，通过反渗透、透析或蒸发等方法脱醇；另一种是通过控制发酵减少酒精产生的生物法。

无醇啤酒具有普通啤酒的色泽、香味和泡沫等特征，但根据本章注释三"品目2202所称'无酒精饮料'是指按容量计酒精浓度不超过0.5%的饮料"的规定，无醇啤酒不属于第22章的酒，而应作为饮料归入品目2202。

【例】52度的茅台酒

【归类分析】茅台酒属于蒸馏酒中的白酒，故应归入子目2208.9020。

（四）酒精的归类

酒精的化学名称是乙醇，可由含糖的原料发酵后蒸馏制得或人工合成制得。根据第二十九章注释二（二）规定，乙醇尽管是一种有机化合物，但不归入第二十九章，而应归入本章。

酒精在归类时以浓度划分，酒精浓度按容量计≥80%时，归入品目2207；酒精浓度按容量计<80%时，归入品目2208。

改性乙醇[①]（酒精），是指在酒精中掺入其他有害成分，使得这样的酒精不能再供食用而只能供工业用。归类时，改性乙醇（酒精）不分酒精浓度的高低，一律归入品目2207。

（五）酿酒葡萄汁的归类

酿酒葡萄经压榨得到酿酒葡萄汁，如果不加抑制，该葡萄汁会自然发酵，其中的糖则转化为酒精。如果在酿酒葡萄汁中加入酒精或采取其他措施，则能够抑制其发酵。

归类时以酿酒葡萄汁中的酒精浓度划分，酒精浓度按容量计>0.5%时，归入品目2204；酒精浓度按容量计≤0.5%时，归入品目2009。

（六）醋的归类

醋是经酿造得到的，而醋的代用品是以水稀释醋酸再用焦糖或其他色素着色得到的。醋及醋的代用品均归入品目2209。但是，根据本章注释一（四）的规定，浓度>10%（按重量计）的醋酸应作为有机化合物归入品目2915。

第二十三章　食品工业的残渣及废料；配制的动物饲料

一、本章商品范围

本章包括食品加工业在对动物原料和植物原料加工过程中所产生的残渣及废料，它们主要用做动物饲料，但有些也适于供人食用，某些产品（例如，酒糟、粗酒石、油渣饼）则用于工业。按饲料的来源分类，其结构规律如下：

---

① 品目2207中的改性乙醇（《协调制度》英文原文为denatured ethyl alcohol）称为变性乙醇更合适，因为改性一般是指经化学变化使得在保持原有基本结构前提下改变了化学结构的一种处理，例如品目1518的氧化油脂就是一种化学改性（《协调制度》英文原文为chemically modified），而变性是指加入变性剂使其不能供食用的一种处理。

｛ 动物的 ··· 2301
　　　 植物的 ·· 2302~2308
　　　 配制的 ··· 2309

二、本章商品归类方法

本章的产品多数是做饲料用的，但也不尽然。例如，芝麻、椰子肉等的油渣饼及残渣是非常好的动物饲料，蓖麻子的油渣饼及残渣则不适于做动物饲料，但却可用做肥料，苦杏仁及芥子饼则可用于提取精油，蔗渣（甘蔗榨汁后所剩的纤维部分）可用于造纸。因此，在归类时要注意，除了品目2308~2309要求必须是做饲料用外，其他品目（2301~2307）只要符合品目条文的规定即可，而不管其具体用途如何。

本章产品主要由第一类的动物原料和第二类的植物原料得到，因此归类时要注意相互之间的区别：

对于动物产品，一般情况下不适于供人食用的未经加工的动物产品应归入第五章，而通过加工动物产品（除骨、角、壳等外）所得的细粉、粗粉和团粒，适于供人食用的仍归入第二章或第三章，不适于供人食用的则归入本章品目2301。

对于植物产品，已在第二类列名的应归入其相应品目。例如，谷物脱粒时产生的谷壳，应归入品目1213，而大米漂白时脱出的皮则应归入本章品目2302；饲料甜菜、饲料胡萝卜应归入品目1214，而甜菜叶或胡萝卜叶则应归入本章品目2308。

第二十四章　烟草、烟草及烟草代用品的制品；非经燃烧吸用的产品，不论是否含有尼古丁；其他供人体摄入尼古丁的含尼古丁的产品

一、本章商品范围

本章包括烟草及烟草制品及不含烟草的烟草代用品的制品。按照烟草的加工分类，其结构规律如下：

　　｛烟草、烟草废料 ··· 2401
　　　　　　　｛ 经燃烧吸用 ｛ 雪茄烟、卷烟 ······························ 2402
　　　烟草制品｛　　　　　　　 其他 ··· 2403
　　　　　　　 其他 ·· 2403
　　　 含烟草或尼古丁，非经燃烧吸用（电子烟）······················· 2404
　　　 含尼古丁，其他方式摄入 ··· 2404

二、本章商品归类方法

1. 烟草与烟草制品的归类

本章的烟草是指各种种植的烟草，为天然状态（整株或烟叶）、已制过或已发酵的烟叶，归入品目2401。

烟草制品是由烟叶经加工得到的产品，如制成的卷烟、雪茄烟，制成的烟斗或卷烟用烟，鼻烟，烟草和甘油混合制成的阿拉伯水烟料，等等。

烟草代用品的制品是指由不含烟草但具有某些烟草作用的其他物质组成的代用品的制品。

"均化"或"再造"烟草，是将精细切磨的烟叶、烟草废料或粉末聚合而成，不论是否附在衬背上（例如，用烟柄的纤维素片做衬背），通常为矩形片状或条状，可整片使用或切丝、切碎。

烟草精汁，是用潮润烟叶通过压力或用水煮废烟所提取的液汁，主要用于制杀昆虫或寄生虫的药物。

除了卷烟、雪茄烟归入品目 2402 外，上述其他产品都归入品目 2403。

2. 电子烟的归类

电子烟（见图 4-5，左边为烟具，右边为装入烟具内的烟油）是通过电子加热、化学反应、碳热源或其他方式使"烟弹（或称烟油）"受热后产生烟雾或挥发性气体，供吸烟者吸用的新一代兴起的烟草产品。与传统香烟不同，其特点是吸烟者用燃烧之外的其他"非经燃烧"的方式来吸用烟雾。这种电子烟所用的"烟弹"或"烟油"归入品目 2404，前提条件是必须含有烟草（或再造烟草、烟草代用品）或尼古丁（或尼古丁代用品）。

要注意的是，电子烟的烟具及类似的个人电子雾化设备是一种电子器具，而不是与本章烟草相关的产品，应归入品目 8543 "其他品目未列名的电气装置"。

原味　黄油　冰　薄荷　草莓

图 4-5　电子烟

3. 以其他方式摄入的含尼古丁的产品的归类

除吸用外，通过咀嚼、溶解、嗅闻、透皮吸收等其他任何方式将尼古丁摄入人体的含尼古丁但不含烟草的其他产品，归入品目 2404。

例如，含有尼古丁的戒烟口香糖，该口香糖使用方式是通过咀嚼摄入人体，故应归入子目 2404.9100。

【例】一次性的电子烟

【归类分析】一次性电子烟设计为产品或电池耗尽后即丢弃的商品（不可反复充填或充电），即其电子装置比较简单，作为电子烟"器具"的重要性降低，烟油的重要性升高，则烟油成为该产品的基本特征，故归入品目 2404。

思考与练习

商品归类题：

1. 以鱼和蔬菜为基本配料（其中鱼占30%），制成细腻糊状、专供婴儿食用的食品，200克装

2. 猪肉松，200克/袋

3. 化学纯蔗糖

4. 火腿肠（淀粉占70%，精瘦肉占25%，其他占5%，人造肠衣）

5. 方便面（零售袋装）

6. 五香炒花生仁（塑料袋装，每件净重500克）

7. 酒心巧克力（每盒净重2.5千克）

8. 酿酒葡萄汁（未发酵，未加酒精，50升桶装，白利糖度值20）

9. 配制鱼食（呈颗粒状，零售包装）

10. 煮熟的猪肝罐头

第五类 矿产品

【内容提要】

在本类中,将学习以下内容:

1. 了解矿产品的分类特点;
2. 各种矿产品的归类。

其中,重点是矿产品加工对归类的影响。

本类包括无机矿产品（第二十五章、第二十六章）和有机矿产品（第二十七章）。

其中，无机矿产品一般为天然状态，或只允许有限的加工方法；有机矿产品不仅包括天然状态的煤、矿物油，还包括它们的蒸馏产品及用任何其他方法获得的类似产品。其结构规律如下：

{ 盐、硫磺、泥土及石料、石膏、石灰及水泥等 ……………… 第二十五章
各种金属矿砂、矿渣等 ……………………………………… 第二十六章
矿物燃料、矿物油及其蒸馏产品 …………………………… 第二十七章

第二十五章　盐；硫磺；泥土及石料；石膏料、石灰及水泥

一、本章商品范围

本章包括天然状态的矿产品，或只允许有限加工的矿产品，其结构规律如下：

{ 盐、未焙烧的黄铁矿、硫磺、天然石墨 …………………………… 2501～2504
各种天然砂、土、石料、石膏、石灰等 …………………………… 2505～2522
水泥、水泥熟料 ………………………………………………………… 2523
石棉、云母、天然冻石、天然硼酸盐、长石等 …………………… 2524～2529
其他品目未列名的矿产品（包括稀土金属矿） …………………… 2530

二、本章商品归类方法

本章的货品一般为天然状态或只经过有限加工，若经进一步加工，一般常归入第六十八章，如本章的大理石、石棉等若经深加工（超出本章所允许的加工范围）后要归入第六十八章。

本章的矿物一般情况为混合物，但也有两个例外：纯氯化钠（2501.0020）、纯氧化镁（2519.9091）仍归入本章。

归入品目 2517 的矿物（用做混凝土粒料、铺路等的卵石、碎石）优先于本章其他品目（见本章注释三）。

（一）本章矿产品所允许的加工方法

1. 本章注释一规定，本章包括天然状态的矿产品，或只允许下列加工方法：经洗涤（包括用化学品清除杂质而不改变矿物本身结构）、砸碎、磨碎、研粉、淘洗、细筛、粗筛，以及用浮选、磁选或其他机械或物理方法（不包括结晶法）。

2. 本章货品不得经过焙烧、煅烧、混合或超出品目所列的加工范围，但品目条文及本章注释四另有规定的除外，如品目 2507 的品目条文规定高岭土不论是否煅烧，说明高岭土可不受上述条件（即章注一）的限制。

3. 本章还包括一些天然状态或加工状态已超出上述允许范围且具体列名的矿产品，如纯氯化钠、精制硫、熔凝和烧结的镁氧矿等。

4. 如果通过再结晶使产品提纯、制作成形或雕刻等其他方法加工的上述产品，一般

归入以后有关章内（如第二十八章、第六十八章等）。

（二）部分矿产品及其制品的归类

1. 盐（氯化钠）的归类

普通盐、食用盐和纯氯化钠归入品目2501；

加调味料的盐，如芹盐应作为调味品归入品目2103；

装于安瓿的氯化钠注射液应作为药品归入品目3004；

每颗重量不低于2.5克的培养氯化钠晶体归入品目3824；

氯化钠光学元件归入品目9001。

2. 黄铁矿的归类

黄铁矿俗称硫铁矿，呈淡黄色粒状或块状，有金属光泽，分为未焙烧的黄铁矿和已焙烧的黄铁矿。

未焙烧的黄铁矿主要用于提炼硫，因此按非金属矿归入品目2502；而已焙烧的黄铁矿因已失去硫，主要成分为三氧化二铁，所以按铁矿砂归入品目2601。

3. 硫磺的归类

品目2503"各种硫磺"与品目2802"升华硫磺、沉淀硫磺及胶态硫磺"的区别：

品目2503是品目2802之外的各种硫磺，不受本章注释一的限制，可以是自然状态的硫磺，也可以是洗涤含硫炉气时作为副产品回收的粗硫磺，还可以是通过快速蒸馏粗硫再冷凝而制得的精制硫。

品目2802包括升华硫磺、沉淀硫磺及胶态硫磺。其中，升华硫磺是通过慢慢蒸馏粗硫，接着使其冷凝成固态（即用升华方法）所得的纯度很高（99.5%左右）、淡黄色细粉状的硫磺；沉淀硫磺是用酸与金属多硫化物化学反应而获得的，纯度也很高（99.5%左右），但比升华硫磺更精细，颜色更淡；胶态硫磺为白色粉末，能悬浮于水中，与水混合后成乳剂。

注意，如果将硫磺制成零售形状或包装作为杀菌剂来使用，则根据第六类注释二的规定，应归入品目3808。

4. 石墨及其制品的归类

天然石墨按列名归入品目2504。

人造石墨（与天然石墨极为相似，但纯度较高而表观比重较低）按列名归入品目3801。

切成特殊形状、经表面加工等制成的石墨制品，则不能再归入本章。如果非电气用，则归入第六十八章；电气用，则归入第八十五章。

5. 石英的归类

石英是硅石的天然结晶体，必须符合下面两个条件才归入品目2506：

（1）品种和质量都不适合于制造宝石；

（2）天然状态，或加工范围未超出第二十五章注释一。

若是用于制造宝石的石英，则归入第七十一章。

6. 高岭土及其他黏土的归类

高岭土又称陶土，是一种高级的白色或近乎白色的黏土，用于陶瓷和造纸工业。高岭土（不论是否煅烧）按列名归入品目2507。

膨润土、脱色土、耐火黏土等普通黏土（不论是否煅烧）按列名归入品目2508。

膨润土指从火山灰中所得的黏土，主要用做型砂的配料、精炼油料的过滤剂和脱色剂，以及纺织品的脱脂剂。

如果将黏土经热或化学品进行处理，使其表面结构改变而制成活性黏土，则视为超出本章的加工范围而应按列名归入品目3802"活性天然矿产品"。

7. 白垩、磷酸钙的归类

白垩是一种天然碳酸钙，主要成分为水生微生物的壳，按列名归入品目2509。

天然磷酸钙，不论是否磨成粉（但不能煅烧），按列名归入品目2510。

如果是经煅烧或超出清除杂质范围的热处理的磷酸钙，则应作为肥料归入第三十一章；

如果是经提纯成为纯净的磷酸钙，则应按化工品归入品目2835。

8. 大理石、花岗岩的归类

大理石、花岗岩在建筑上应用很多，有各种不同的颜色。根据品目条文的规定，原状（指仅按石料天然劈开的石块或石板，其表面通常起伏凸凹不平）、粗加修整或仅以切、锯或其他方法加工成矩形的块状、板状的大理石、花岗岩分别归入品目2515、2516，但粒状、碎片或粉状的大理石、花岗岩应归入品目2517。

经进一步加工，超出本章所允许加工范围的大理石、花岗岩归入第六十八章。

9. 镁氧矿的归类

常见的镁氧矿有菱镁矿（天然碳酸镁）、熔凝镁氧矿（电熔镁）、碱烧镁氧矿（轻烧镁）、烧结镁氧矿（重烧镁）、煅烧水镁石等，它们均归入品目2519。

烧结镁氧矿又称重烧镁，指通过高温（1400℃~1800℃）煅烧镁氧矿制得的产品。

碱烧镁氧矿又称轻烧镁，指通过相对低的温度（900℃以下）煅烧菱镁矿制得的产品。

根据第二十八章注释三（一）规定，化学纯氧化镁仍归入品目2519（而不归入品目2825"其他金属氧化物"）。

与氯化钠培养晶体类似，每颗重量不低于2.5克的氧化镁培养晶体（光学元件除外）归入品目3824。

10. 生石膏、熟石膏、硬石膏的归类

生石膏是一种天然水合硫酸钙，通常为白色，性脆。

熟石膏是煅烧后经部分或全部脱水的生石膏。

硬石膏是一种天然无水硫酸钙，用于生产硫酸或某种类型的熟石膏。

生石膏、熟石膏、硬石膏均归入品目2520，但石膏制品应归入第六十八章。

11. 硅酸盐水泥及其制品的归类

硅酸盐水泥的生产过程如下：

（1）石灰石的开采

石灰石是制造水泥的主要原料，制造1吨水泥需1.2~1.6吨石灰石。

（2）水泥原料与配制

石灰石矿通常与页岩、泥土、砂石或铁等矿石层相混合，运送至碎石厂进行压碎，再接着运至生料磨系统，依照特定的组成成分，按比例混合磨制，形成水泥的生料。

（3）匀和储存—生料磨系统

为使原料能在旋窑系统内充分燃烧，除了考虑组成的成分外，配料的适当与否及生料的细度都是决定性的因素。

(4) 煅烧与急冷—旋窑系统

水泥的生料经过旋窑系统的预热分解，然后经过熟料急冷系统，变成熟料。

(5) 加工研磨—水泥磨系统

熟料还要经过最后的加工研磨才能变成水泥，因为水泥是由96%的熟料加入4%的石膏研磨而成。水泥磨系统必须将粉粒研磨成适当大小，才能让水泥发挥出最大的抗压强度。水泥磨制好后包装运销。

水泥熟料指用天然含有或人工掺入适当比例黏土的石灰石烧结而得的半成品，按列名归入品目2523。

硅酸盐水泥为水泥熟料经磨细后制成的产品，其基本成分为碳酸钙（$CaCO_3$）、二氧化硅（SiO_2）、三氧化二铝（Al_2O_3）和三氧化二铁（Fe_2O_3）的组合，归入品目2523。

硅酸盐水泥的制品应归入第六十八章。

12. 石棉及石棉制品的归类

石棉是用某些岩石分解而成的一种天然矿物质。

岩石状的天然石棉、天然石棉纤维及搅打或洗涤的石棉纤维（不论是否按长度进行分拣），以及石棉粉片、粉末及废料归入品目2524。

经进一步加工（梳理、染色等）的石棉纤维及石棉制品归入第六十八章。

13. 云母及云母制品的归类

云母指天然的复杂硅酸铝类矿物质，其特点是易于剥成有光泽的各种颜色透明的弹性薄片，有白云母、金云母、黑云母等。

天然云母、云母厚片、云母薄片和云母废料及粉末归入品目2525。

用云母厚片或云母薄片切割或模冲成形的制品归入第六十八章。

14. 萤石的归类

萤石又称氟石，为天然氟化钙，是带有不同颜色条纹的硬石块或各种颜色的集块晶体，主要用于提取氢氟酸及在冶炼工业中用做助熔剂，归入品目2529。

15. 归入品目2530的"其他矿产品"

蛭石是一种与云母相关的矿物，其颜色与云母类似，但粉片通常小于云母。

海泡石是一种质量极轻的多孔水合硅酸镁矿，有白色、淡黄色、灰色或粉红色。

琥珀是一种坚硬的半透明，呈黄色、橘黄色或浅褐色树脂的化石，用来制造珠宝和其他装饰物。

黑玉是一种密质的褐煤，颜色墨黑，容易雕琢，光泽度高，用于制作珠宝首饰，但在《协调制度》中不属于宝石。

稀土金属矿归入品目2530，不能误按金属矿产品归入第二十六章。

第二十六章 矿砂、矿渣及矿灰

一、本章商品范围

本章包括各种冶金工业（用于提取第十四类的贵金属和第十五类的贱金属）的金属矿

砂、矿渣及矿灰。

本章不仅包括冶炼金属所剩的熔渣、矿灰,还包括其他矿渣及矿灰,如品目2621的海草灰,焚化城市垃圾所产生的灰、渣等。

本章共有21个品目,其结构规律如下:

$$\begin{cases} 铁矿砂 \cdots\cdots\cdots\cdots\cdots\cdots\cdots\cdots\cdots\cdots\cdots\cdots\cdots\cdots\cdots\cdots\cdots\cdots\cdots\cdots\cdots\cdots\cdots 2601 \\ 其他贱金属及贵金属矿砂\cdots\cdots\cdots\cdots\cdots\cdots\cdots\cdots\cdots\cdots\cdots\cdots 2602\sim 2617 \\ 冶炼金属所产生的熔渣及其他矿渣、矿灰\cdots\cdots\cdots\cdots\cdots\cdots 2618\sim 2621 \end{cases}$$

二、本章商品归类方法

(一) 品目2601~2617所含矿砂的范围

矿砂指与相关的物质共存于矿藏之中并被一起开采出来的含金属矿物,以及在脉石中的天然金属。

精矿指为方便日后的金属冶炼或减少运输费用而采用专门方法除去部分或全部异物的矿砂。

品目2601~2617只限于下列金属矿砂及精矿:

1. 其种类用于冶金工业中提炼第十四类或第十五类的金属、水银及品目2844所列金属的矿物,即使这些矿物实际上不用于冶金工业。

2. 未经非冶金工业正常方法处理的。

但是,下列矿物不归入本章:

1. 镁尽管是第十五类的贱金属,但用于提炼镁的矿物不归入本章,即白云石归入品目2518,菱镁矿归入品目2519,光卤石归入品目3104。

2. 其他品目已经列名的矿物。例如,未焙烧黄铁矿已经在品目2502中列名。

3. 矿物中所含金属无商业提炼价值的。例如,土色料中也含有金属成分,但不具有提炼其中金属的商业价值,故应归入品目2530。再如宝石主要用于装饰,不具有提炼其中金属的可能,故应归入第七十一章。

4. 从其脉石或杂矿石中分选出来的天然金属(例如,金属块或金属粒)及天然合金,归入第十四类或第十五类。

(二) 本章矿砂所允许的加工方法

1. 物理或物理—化学加工,包括破碎、磨碎、磁选、重力分离、浮选、筛选、分级、矿粉造块(如通过烧结或挤压等制成粒、球、砖、块状,不论是否加入少量黏合剂)、干燥、煅烧、焙烧以使矿砂氧化、还原或使矿砂磁化等(但不得使矿砂硫酸盐化或氯化等)。

2. 化学加工(如溶解加工),主要为清除不需要的物质。

(三) 混合矿砂的归类

含有一种以上矿物的矿砂及精矿,应根据归类总规则第三条(二)款或(三)款归类,即混合矿砂按构成该矿砂"基本特征"的那种矿砂归类,当无法确定"基本特征"时,按"从后归类"原则归类。

但是,"基本特征"往往较难确定,需根据开采价值、含量(品位)、开采成本、目的等多种因素综合考虑,有时可参考相关的国家标准。例如含有 A、B 两种金属的矿砂,如果其中 A 品位达到了开采标准,但 B 品位达到了精矿标准,则通常可认为 B 构成混合矿砂的基本特征,可按 B 矿砂归类。

(四)冶炼钢铁所产生的熔渣的归类

1. 冶炼钢铁所产生的粒状熔渣(如用出高炉后就倒入水中的液体浮渣制得粒状熔渣,又称熔渣砂)归入品目 2618,其他熔渣、浮渣、氧化皮及其他废料归入品目 2619。

2. 品目 2619 的"废料"与品目 7204 的"钢铁废碎料"的区别在于:前者是在冶炼钢铁时产生的,后者是在钢铁加工过程或使用废弃后产生的。

3. 经破碎并粗略分级的筑路熔渣符合品目 2517 条文规定,故归入品目 2517。

(五)其他矿渣、矿灰的归类

1. 含有金属或其化合物、砷(不论是否含有金属)并用于提取或生产砷或金属及其化合物的矿渣、矿灰及残渣,归入品目 2620。

例如,制取或精炼金属后所剩的电解槽泥渣及电镀泥渣,蓄电池淤渣,金属电解精炼所产生的块状残渣,生产硫酸铜所产生的残渣,仅适合于提取金属或生产化工品的废催化剂,熔炼锌、铅或铜时产生的烟道尘、矿灰及残渣等。

2. 品目 2620 的"残渣"与第十五类的"金属废碎料"的区别在于:前者是处理矿砂或冶金中间产品时所得或从不属机械加工金属的电解、化学或其他工序所得,而后者是在金属加工过程或使用废弃后产生的。

3. 根据本章注释一的规定,主要用于回收贵金属的含贵金属或贵金属化合物的废碎料,应归入品目 7112。

4. 其他矿渣及矿灰归入品目 2621。

这些渣、灰既可通过加工矿砂或冶炼金属获得,也可通过加工其他材料(如海草、城市垃圾等)或用其他方法获得。例如,海草灰,在榨糖工业中通过焚烧、洗涤等方法处理甜菜糖蜜残渣所得的粗钾盐,焚化城市垃圾所产生的灰、渣等。

第二十七章 矿物燃料、矿物油及其蒸馏产品;沥青物质;矿物蜡

一、本章商品范围

本章主要包括煤及其他矿物燃料、石油、从沥青矿物提取的油及其蒸馏产品和类似品,还包括矿物蜡及天然沥青物质。

本章不包括单独的已有化学定义的有机化合物或处于商业纯状态的化工品(归入第二十九章),但有两种有机化合物除外:纯甲烷和纯丙烷仍归入本章的品目 2711。

本章共有 16 个品目,其结构规律如下:

```
┌ 煤 ·········································································· 2701~2703
│ 煤的干馏产品 ······························································ 2704~2708
│ 原油 ········································································ 2709
┤ 成品油、石油气 ···························································· 2710~2711
│ 矿物蜡、沥青等其他产品 ················································ 2712~2715
└ 电力 ········································································ 2716
```

二、本章商品归类方法

(一) 煤的归类

煤是古代植物埋藏在地下经历了复杂的生物化学和物理化学变化逐渐形成的固体可燃性矿产。其形成过程为：在地表常温、常压下，由堆积在停滞水体中的植物遗体经泥炭化作用或腐泥化作用，转变成泥炭或腐泥；泥炭或腐泥被埋藏后，由于盆地基底下降而沉至地下深部，经成岩作用而转变成褐煤；当温度和压力逐渐增高，再经变质作用转变成烟煤至无烟煤。

根据煤化程度，煤可分为煤、褐煤和泥煤。泥煤最差，褐煤介于泥煤与煤之间。泥煤与褐煤无光泽，煤有暗淡至金属光泽。煤、褐煤和泥煤分别按列名归入品目 2701~2703。

(二) 煤的干馏产品及其归类

1. 煤的干馏

煤在隔绝空气的条件下（称为干馏）加热、分解，生成固体、气体、液态三种形态，分别是焦炭（或半焦炭）、煤气、煤焦油。

焦炭（或半焦炭）、煤气、煤焦油按列名分别归入品目 2704~2706。

煤焦油可由煤经高温干馏制得，也可由煤经低温干馏或由褐煤或泥煤经干馏制得，前者主要含芳族成分（例如苯、酚、萘、蒽等），后者除了含有这些芳族成分外，还含有更为大量的脂肪族化合物。

2. 煤焦油的分馏

（1）将高温煤焦油进一步分馏加工就得到以芳族化合物为主要成分的油，例如苯、甲苯、混合二甲苯及溶剂石脑油、萘、蒽、酚、甲酚、二甲苯酚、吡啶、喹啉及吖啶碱、杂酚油等，这些芳族化合物是化工产业重要的基础原料，这些产品都归入品目 2707。

但要注意的是，这些油中的芳族化合物是粗产品，纯度不高，如果对其进一步精制，得到单独的已有化学定义的纯净化合物或商品纯化合物，则应归入第二十九章（见本章注释一）。

通过加工石油或其他方法制得以芳族成分为主的类似油，也归入品目 2707。

（2）将低温煤焦油进一步分馏加工也能得到上述类似产品。另外，由于低温煤焦油中还含有脂肪族化合物，所以通过分馏也可以得到脂肪族化合物，这些同样是粗产品，即使其中含有芳族成分，但非芳族成分重量超过芳族成分。低温煤焦油分馏得到的非芳族成分重量超过芳族成分的产品归入品目 2710。

【例】92%纯度的苯

【归类分析】92%纯度的苯属于粗苯①，故应归入品目2707。

（三）成品油及其归类

1. 石油的炼制

石油的炼制指将原油用蒸馏的方法分离成轻重不同馏分的产品油的过程。

2. 成品油主要有石油溶剂与化工原料、石油燃料、润滑剂。其中，石油燃料主要包括汽油、煤油、柴油、重质燃料油等。以下对常用成品油作简单介绍：

汽油的沸点范围（又称馏程）为30℃~205℃，主要由四碳和十二碳烃类组成，用做汽车、飞机等的燃料。

柴油的沸点范围有180℃~370℃和350℃~410℃两类。前者称为轻柴油，后者称为重柴油，主要用于柴油机的燃料。

5~7号燃料油是按油的运动黏度分类的（100℃时），如5号燃料油的运动黏度为5.0~14.9平方米/秒，6号燃料油的运动黏度为15.0~50平方米/秒，7号燃料油的运动黏度>185平方米/秒。

煤油的沸点范围为150℃~250℃，挥发性比汽油低，比柴油高。主要用于各种喷灯、汽灯、汽化炉及煤油炉的燃料。

重质燃料油又称重油，用做锅炉、轮船及工业炉的燃料。

溶剂油指用于香精、油脂、试剂、橡胶加工、涂料工业做溶剂或清洗仪器、仪表、机械零件的油。

润滑油指起润滑作用的油，如内燃机用机油、齿轮油、液压油、汽轮机油、电器绝缘油、压缩机油等。

润滑脂俗称黄油，是润滑剂加稠化剂制成的固体或半流体，用于不宜使用润滑油的轴承、齿轮部位。

成品油归入品目2710，但含有生物柴油的混合油的归类见第三十八章有关部分。

（四）气态烃的归类

由天然气或石油可制得甲烷及丙烷、乙烷及乙烯、丙烯、丁烷、丁烯及丁二烯等气态烃，这些产品都归入品目2711。

但要注意的是，这些气态烃是粗产品，纯度不高，如果对其进一步精制，得到单独的已有化学定义的纯净化合物或商品纯化合物，则应归入第二十九章（见本章注释一）。具体标准为：甲烷及丙烷不论是否纯净的，均归入品目2711（见本章注释一）；丙烯、丁烯、丁二烯，纯度低于90%的归入品目2711（纯度在90%及以上的归入品目2901）；乙烷、乙烯、丁烷，纯度低于95%的归入品目2711（纯度在95%及以上的归入品目2901）。

（五）沥青的归类

从煤焦油或其他矿物焦油所得的沥青归入品目2708。

石油沥青归入品目2713。

---

① 具体纯度标准请参考2022年版《进出口税则商品及品目注释》。

天然沥青（地沥青）归入品目2714。

以天然沥青（地沥青）、石油沥青、矿物焦油沥青为基本成分的沥青混合物归入品目2715。

沥青制品（如成卷的沥青）则超出了本章范围，应归入第六十八章。

思考与练习

商品归类题：

1. 经煅烧的菱锶矿
2. 铈矿
3. 液化天然气
4. 液化煤气
5. 香烟打火机用液化气（其成分是液化丁烷，包装容器容积120立方厘米）

第六类 化学工业及其相关工业的产品

【内容提要】

化工产品种类繁多,在进出口贸易中占有非常重要的地位。在本类中,将学习以下内容:

1. 化工产品在《协调制度》中的分类特点;
2. 化工产品归类原则和具体方法。

由于无机化合物和有机化合物的归类需要根据其分子结构来判断,这种判断需要专业化学知识,故在课堂教学中不做要求,只需了解它们归类的一般方法。

本类重点是第一部分与第二部分的归类区别,以及第二部分各章的归类规律和特点。

一、本类商品范围

本类包括化学工业及其相关工业的产品。

《协调制度》将化工产品及其相关工业的产品分成两部分：

第一部分：第二十八章至第二十九章，主要为单独的已有化学定义的化学品。

| 化学元素及无机化合物 ······················第二十八章
| 有机化合物 ·····································第二十九章

第二部分：第三十章至第三十八章，主要为按用途分类的化工品及相关工业的产品。

| 药品 ··第三十章
| 肥料 ··第三十一章
| 着色料 ···第三十二章
| 香料、化妆品 ································第三十三章
| 洗涤用品 ·····································第三十四章
| 蛋白类产品 ··································第三十五章
| 易燃材料制品 ································第三十六章
| 摄影用品 ·····································第三十七章
| 其他 ··第三十八章

二、本类商品归类方法

（一）本类第一部分与第二部分的归类区别

一般情况下，如果一种化工品是单独的化学元素及单独的已有化学定义的化合物（包括无机化合物和有机化合物），则应归入第二十八章或第二十九章；如果不符合这一点，而是由几种不同化学成分混合配制而成，则主要按其用途归类，归入第三十章至第三十八章，如果按其用途找不到相符的品目条文或有关的章注、类注的规定，则归入化工产品的"未列名"品目3824。当然，品目条文、章注、类注另有规定的除外。

例如，"硫代硫酸钠"可用于摄影中，起定影作用，如果仅是硫代硫酸钠一种成分，则应归入子目2832.3000。只有当硫代硫酸钠中再配上其他成分制成定影剂，才能按其用途归入子目3707.9010。再如"氯化钾"不归入品目2827，因第二十八章注释三（三）另有规定。

下面介绍如何判断一种化工品是否符合"单独的化学元素及单独的已有化学定义的化合物"。

1. 单独的化学元素和单独的已有化学定义的化合物指由一种分子组成的物质。其中，化学元素由一种元素组成，如硫磺（由硫一种元素组成）、氧气（由氧一种元素组成）；化合物由两种或两种以上的元素组成，如二氧化硫（由氧和硫两种元素组成的无机化合物）、甲醇（由碳、氢、氧三种元素组成的有机化合物），各元素的比例是固定的（例如，二氧化硫中氧和硫的比例是2∶1），并且其分子具有确定的结构。

2. 根据第二十八章注释一和第二十九章注释一有关条款的规定，含有杂质或溶于水的单独化学元素和单独已有化学定义的化合物仍归入第二十八章和第二十九章。

那么，什么才能被认为是"杂质"呢？

"杂质"，仅指那些在制造过程（包括纯化过程）中直接产生的存在于单项化学化合物中的物质。这些物质是由于制造过程中的种种原因而产生的，例如：未转化的原料，存在于原料中的杂质，制造过程（包括纯化过程）中所使用的试剂，副产品。

但是，如果这些物质是为了改变产品的一般用途而适合于某些特殊用途，故意在产品中残留下来的，便不得视作允许存在的杂质。例如，为使乙酸甲酯更适合于作溶剂之用而故意留有甲醇，这种产品即不归入第二十九章（应归入品目3814）。还有，如果为了使产品改变一般用途，专门适合于某些特殊用途而故意加入了某些物质，所加入的物质不得视为可允许含有的杂质。

另外，这些元素和化合物如果溶于水以外的溶剂，就不得归入第二十八章和第二十九章。例如，溶于苯、氨的酒精溶液，溶于氢氧化铝的胶态溶液的氯氧化碳，应归入品目3824。

3. 上述单独的已有化学定义的元素及化合物，如果为了安全、保存或运输的需要溶于水以外的溶剂或加入了稳定剂，以及为了识别和安全需要加入了抗尘剂、着色剂、气味剂或催吐剂，只要不使产品改变其一般用途而适合于某些特殊用途，则仍应归入本章。例如，加入硼酸稳定的过氧化氢仍归入品目2847；但与催化剂混合的过氧化钠（为了产生过氧化氢用）不归入第二十八章，而应归入品目3824。

4. 根据第二十九章注释一（二）的规定，第二十九章还包括同一有机化合物的异构体混合物，但无环碳氢异构体（立体异构体除外）的混合物除外。例如，由于邻硝基甲苯与对硝基甲苯属于异构体，则邻硝基甲苯与对硝基甲苯的混合物仍应归入第二十九章。

（二）"优先"归类原则

根据本类注释一的规定，涉及品目2844、2845和2843、2846、2852的化工品应优先归类。具体为：

1. 凡符合品目2844、2845的商品，在整个《协调制度》范围内优先归类，即除了放射性矿砂归入第五类外，所有的放射性化学元素、放射性同位素及这些元素与同位素的化合物（不论无机或有机，也不论是否已有化学定义），即使本来可能归入其他品目，也一律归入品目2844。

【例1】放射性氯化钠

【归类分析】氯化钠在品目2501中有列名，但放射性氯化钠同时符合品目2844的规定，故根据第六类注释一（一）的规定，应"优先"归入品目2844。

【例2】放射性甘油

【归类分析】甘油的化学名称是丙三醇，故可归入品目2905"无环醇"，但放射性甘油也符合品目2844的规定，故根据第六类注释一（一）的规定，应"优先"归入品目2844。

对于非放射性同位素及其化合物（不论无机或有机，也不论是否已有化学定义），一律归入品目2845而不归入其他品目。例如，碳的同位素应归入品目2845，而不归入品目2803。

2. 凡符合品目2843、2846、2852的商品，在第六类范围内优先归类，即除了品目2844、2845外，只要符合品目2843（胶态贵金属、贵金属汞齐、贵金属的无机或有机化合物)、2846（稀土金属、钇、钪及其混合物的无机或有机化合物)、2852（汞的无机或有机化合物）的商品，应归入这三个品目中，而不归入第六类的其他品目。

【例3】硝酸银，已制成零售包装供摄影用

【归类分析】该产品符合品目3707"摄影用未混合产品，定量包装或零售包装可立即使用的"，但也符合品目2843"贵金属的无机或有机化合物"，故根据第六类注释一（二）的规定，应"优先"归入品目2843。

【例4】硫化汞

【归类分析】尽管硫化汞可看成是品目2830的硫化物，但由于同时又属于汞的无机化合物，故根据第六类注释一（二）的规定，应"优先"归入品目2852。

（三）零售包装的化工品的归类

根据本类注释二的规定，如果一种化工品在形式上比较特殊，即制成一定剂量或制成零售包装并同时符合品目3004、3005、3006、3212、3303、3304、3305、3306、3307、3506、3707、3808的规定，则应优先归入上述品目。

【例5】零售包装的碱性染料

【归类分析】该产品不能按子目3204.1300碱性染料的列名归类，因其处于一种特殊的形式——零售包装且符合品目3212的规定，因此应归入子目3212.9000。

【例6】零售包装的作胶用的糊精

【归类分析】尽管糊精在品目3505有列名，但由于已经制成零售包装，根据第六类注释二的规定，应"优先"归入品目3506。

（四）配套的化工品的归类

根据本类注释三的规定，对于由两种或两种以上单独成分配套的货品，其部分或全部成分属于本类范围以内，混合后则构成第六类或第七类的货品，应按混合后产品归入相应的品目，但其组成成分必须同时符合下列条件：

1. 其包装形式足以表明这些成分不需经过改装就可以一起使用的；
2. 一起报验的；
3. 这些成分的属性及相互比例足以表明是相互配用的。

【例7】一种胶水由三种组分配套组成（并不包装在一起），其中甲组分是丙烯酸聚氨酯树脂，乙组分是安息香乙醚，丙组分是活性稀释剂，进口报验时，甲、乙、丙组分有一定比例，进口后使用时按该比例配合后使用

【归类分析】该产品尽管甲、乙、丙三种组分分开包装，但由于符合上述三个条件，则应按照甲、乙、丙组分混合后构成的货品——胶水，将它们一并归入品目3506。

第二十八章　无机化学品；贵金属、稀土金属、放射性元素及其同位素的有机及无机化合物

一、本章商品范围

本章包括单独的化学元素及单独的已有化学定义的无机化合物（条文另有规定的除

外)。对于无机化合物,《协调制度》按其化学分子结构排列,其结构规律如下:

$$\left\{\begin{array}{l}\text{元素} \cdots\cdots\cdots\cdots\cdots\cdots\cdots\cdots\cdots\cdots\cdots\cdots\cdots\cdots\cdots\cdots\cdots\cdots 2801\sim2805 \\ \text{无机酸、非金属氧化物} \cdots\cdots\cdots\cdots\cdots\cdots\cdots\cdots\cdots\cdots 2806\sim2811 \\ \text{非金属卤化物、非金属硫化物} \cdots\cdots\cdots\cdots\cdots\cdots 2812\sim2813 \\ \text{无机碱、金属氧化物} \cdots\cdots\cdots\cdots\cdots\cdots\cdots\cdots\cdots\cdots 2814\sim2825 \\ \text{无机盐} \cdots\cdots\cdots\cdots\cdots\cdots\cdots\cdots\cdots\cdots\cdots\cdots\cdots\cdots 2826\sim2842 \\ \text{杂项} \cdots\cdots\cdots\cdots\cdots\cdots\cdots\cdots\cdots\cdots\cdots\cdots\cdots\cdots\cdots\cdots 2843\sim2853\end{array}\right.$$

二、本章商品归类方法

(一) 元素的归类

元素分为非金属元素和金属元素。非金属元素(例如碳、硫等)按品目条文的列名而归入品目2801~2804;金属元素中的贵金属和贱金属主要作为材料使用而归入第十四类和第十五类,其余碱金属、碱土金属、稀土金属、钪、钇和汞归入品目2805;放射性元素、同位素由于其特殊性则应分别归入品目2844、2845。

(二) 无机化合物的归类

无机化合物在本章是按照其分子结构的特点来排列的,所以归类时必须首先了解其分子结构的特点,然后才能正确归类(有关分子结构类型见阅读材料)。

【例1】硫酸铵

【归类分析】硫酸铵从其分子结构来看属于硫酸盐,可以归入品目2833,但根据本章注释三(三)"本章不包括第三十一章注释二、三、四或五所述的产品"以及第三十一章注释二(一)"符合下列任何一条规定的货品:……4. 硫酸铵,不论是否纯净"的规定,故硫酸铵应作为氮肥归入品目3102。

【例2】三氯氧化磷

【归类分析】三氯氧化磷的分子结构是$POCl_3$,是由非金属元素(磷)与氧和卤素形成的化合物,属于非金属卤氧化物,故应归入品目2812。由于三氯氧化磷属于品目2812项下列名的二级子目"氧氯化磷",故应归入子目2812.1200。

【例3】磷酸氢钠铵

【归类分析】磷酸氢钠铵的分子结构是$NaNH_4HPO_4 \cdot 4H_2O$,属于一种复盐,根据本章注释五"除条文另有规定的以外,复盐及络盐应归入品目2842"的规定,故磷酸氢钠铵应归入子目2842.9090。

第二十九章 有机化学品

一、本章商品范围

本章包括单独的已有化学定义的有机化合物。《协调制度》主要按有机化合物化学分子结构而排列，其结构规律如下：

```
┌烃 ·············································································· 2901~2902
│烃的卤化、磺化、硝化、亚硝化衍生物 ········································· 2903~2904
│                         ┌醇 ····················································· 2905~2906
│                         │酚 ····················································· 2907~2908
│烃的含氧基化合物 2905~2918│醚 ····················································· 2909~2911
│                         │醛 ····················································· 2912~2913
│                         │酮 ····················································· 2914
│                         └酸 ····················································· 2915~2918
│无机酸酯 ······································································· 2919~2920
│烃的含氮基化合物 ······························································ 2921~2929
│有机—无机化合物 ······························································ 2930~2931
│杂环化合物 ····································································· 2932~2934
│磺胺 ············································································· 2935
│                 ┌维生素 ······················································· 2936
│                 │激素 ························································· 2937
│                 │苷 ···························································· 2938
│其他杂项 2936~2942│生物碱 ······················································· 2939
│                 │化学纯糖 ····················································· 2940
│                 │抗菌素 ······················································· 2941
└                 └其他 ························································· 2942
```

二、本章商品归类方法

与上一章类似，有机化合物在本章也是按照其分子结构的特点来排列的，所以归类时必须首先了解其分子结构的特点，然后才能正确归类（有关分子结构类型见阅读材料），并且有机化合物的分子结构比无机化合物更加复杂。

（一）品目的归类

【例1】苯甲酸甲酯

【归类分析】苯甲酸甲酯的分子式是 $C_6H_5COOCH_3$，根据本章注释五（一）"本章第一分章至第七分章的酸基有机化合物与这些分章的有机化合物构成的酯，应归入有关分章的最后一个品目"的规定，苯甲酸甲酯可看成是由苯甲酸 C_6H_5COOH（品目2916）与甲醇 CH_3OH（品目2905）所形成的酯，故应用"从后归类"的办法归入品目2916。

【例2】氰基乙酰胺

【归类分析】氰基乙酰胺的分子式是 $CN—CH_2CONH_2$，既能看成是品目2922的"羧基酰胺基化合物"，又能看成是品目2926的"腈基化合物"，根据本章注释三"可以归入本章两个或两个以上品目的货品，应归入有关品目中的最后一个品目"的规定，故应归入品目2926。

【例3】抗坏血酸

【归类分析】抗坏血酸的分子结构如图所示：

既可看成品目2932的"仅含氧杂原子的杂环化合物"，也可看成品目2936的"天然或合成再制的维生素"（抗坏血酸是维生素C），根据本章注释三"可以归入本章两个或两个以上品目的货品，应归入有关品目中的最后一个品目"的规定，故应归入品目2936。

【例4】卡巴多抗菌素

【归类分析】卡巴多（Carbadox），化学名称为2-（喹喔啉-2-亚甲基）肼-羧酸甲酯-N，N'-二氧化物，分子结构为 。从其分子结构的类型来看，属于2933的"仅含有氮杂原子的杂环化合物"；从其功能来看，是一种抗菌素（对大肠杆菌、沙门氏杆菌、志贺氏菌及变形杆菌等革兰阴性菌有效）。似乎可以运用"从后归类"原则将其归入品目2941"抗菌素"，但是，品目2941"抗菌素"仅限于活微生物分泌出来的具有杀死其他微生物或抑制其他微生物生长的物质及其化学改性产物或由化学合成得到的上述产物，而卡巴多并不符合上述规定，故应按其分子结构的类型归入品目2933。

（二）子目的归类

子目归类的依据主要是本章子目注释一、二，即：

"一、属于本章任一品目项下的一种（组）化合物的衍生物，如果该品目其他子目未明确将其包括在内，而且有关的子目中又无列名为'其他'的子目，则应与该种（组）化合物归入同一子目。

二、第二十九章注释三不适用于本章的子目。"

【例5】氯乙醇

【归类分析】氯乙醇的分子式是$ClCH_2CH_2OH$，属于无环醇的卤化衍生物，故应归入品目2905"无环醇及其卤化、磺化、硝化或亚硝化衍生物"。根据本章子目注释一的规定，由于一级子目2905.5"无环醇的卤化、磺化、硝化、亚硝化衍生物"已明确将其包括在内，故应归入一级子目2905.5，并最终归入子目2905.5900。

【例6】对氯苯甲醇

【归类分析】对氯苯甲醇可表示为p—Cl—C_6H_4—CH_2OH，属于芳香醇的卤化衍生物，故应归入品目2906"环醇及其卤化、磺化、硝化或亚硝化衍生物"。由于一级子目并没有"环醇的卤化、磺化、硝化或亚硝化衍生物"的列名，并且也没有一级子目"其他"，故根据本章子目注释一的规定，应将该芳香醇的卤化衍生物与其芳香醇归入同一子目2906.2。二级子目2906.21是苄醇即苯甲醇，但由于有2906.29"其他"，故对氯苯甲醇应归入二级子目2906.29，而不能按苯甲醇归入子目2906.21。

【例7】氰苯咪哌啶

【归类分析】氰苯咪哌啶的分子结构是：

符合品目2933"仅含有氮杂原子的杂环化合物"，故应归入品目2933。

尽管氰苯咪哌啶分子结构中既含有氢化的吡啶环［符合一级子目2933.3"结构上含有一个非稠合吡啶环（不论是否氢化）的化合物"］，又含有一个苯并咪唑环（属于一级子目2933.9"其他"），但不能轻易运用第二十九章注释三"可以归入本章两个或两个以上品目的货品，应归入有关品目中的最后一个品目"的规定而"从后归类"归入子目2933.90，因为本章子目注释二规定"第二十九章注释三不适用于本章的子目"。故氰苯咪哌啶应归入子目2933.30"结构上含有一个非稠合吡啶环（不论是否氢化）的化合物"。

第三十章　药　品

一、本章商品范围

本章包括医药用品。按其性质分类，其结构规律如下：

用于医疗的人体或动物制品……………………………………3001
用于医疗的血制品等……………………………………………3002
药品…………………………………………………………3003～3004
用于医疗的辅助用品……………………………………………3005
其他………………………………………………………………3006

二、本章商品归类方法

（一）用于医疗的人体或动物制品的归类

用于医疗的人体或动物制品有以下几类：

1. 腺体及其他器官（例如，脑、脊髓、肝、肾、脾、胰腺、乳腺等），但必须是已制成干燥的，才能归入本章的品目 3001；其他情况，只能按动物产品归入第一类的有关品目。具体情况见第二章的有关部分。

2. 腺体、其他器官及其分泌物的提取物归入品目 3001。但如果将这些提取物进一步加工（如提纯）而得到已有化学定义的单独化合物及第二十九章的其他产品，如氨基酸、维生素、激素等，则应按化工品归入第二十九章。

3. 肝素及其盐归入品目 3001。肝素是哺乳动物体内含的一种黏多糖，它与蛋白质结合在一起存在于肠黏膜、肺、肝等器官内。肝素与蛋白质分离提取后，具有抗凝血等多种生理活性。

4. 其他，例如用于永久移植的骨骼、器官及其他人体或动物组织，它们一般装入无菌包装并标有使用说明等，归入品目 3001。

以上用于医疗的人体或动物制品，如果具有品目 3003 或 3004 所列药品特征，则应归入品目 3003 或 3004。

(二) 血液及其制品的归类

1. 血液

血液包括人血与动物血，但普通的动物血应该按不可食用的动物产品归入品目 0511，只有用于医疗（治病、防病或诊断用）的动物血才能归入品目 3002。

2. 血份

血液的组成比较复杂，通过一定的方法可以得到各种血份及其制品，如血浆、凝血酶、纤维蛋白原、纤维蛋白、血液球蛋白、血清球蛋白及血红蛋白、血液白蛋白等。另外，从对某些疾病具有免疫力或已获免疫力的人或动物血液中可制得抗血清，以上产品归入品目 3002。

根据本章注释一（八）的规定，如果血液白蛋白不作治疗及预防疾病用，则应按普通的白蛋白归入品目 3502。

3. 疫苗、毒素、病毒、培养微生物（不包括酵母）及类似产品

疫苗（包括人用和动物用）、毒素、病毒、培养微生物（不包括酵母）及其类似产品归入品目 3002。要注意的是，以上所列的产品，不作为品目 3003 或 3004 的药品看待，所以不论是否已配定剂量或制成零售包装，也不论是否成散装或分成小包装，一律归入本品目。例如，人血白蛋白针剂不按药品归入品目 3004，而应按"血份"归入品目 3002。

(三) 免疫制品、细胞培养物的归类

1. 免疫制品

根据本章注释二的规定，"免疫制品"是指直接参与免疫过程调节的多肽及蛋白质，例如，单克隆抗体（MAB）、抗体片段、抗体偶联物及抗体片段偶联物、白介素、干扰素（IFN）、趋化因子及特定的肿瘤坏死因子（TNF）、生长因子（GF）、促红细胞生成素及集落刺激因子（CSF）。供治疗疾病用或作免疫试验用的产品应归入本组。免疫制品中最重要的是单克隆抗体（在培养基或腹水中培养的无性繁殖杂交肿瘤细胞经精选后制得的特异性免疫球蛋白）。

根据本章注释一（九）的规定，用作诊断试剂的免疫制品归入品目 3822，用作其他

用途（治疗或实验试剂等）的免疫制品归入品目3002。

2. 细胞培养物

细胞培养物是人工培养的细胞（包括人类或动物的细胞）。

如果通过操作使细胞原来的生物特性被实质性改变，从而使其具有特定的医学作用（如用于治疗癌症、糖尿病等），则作为"细胞治疗产品"归入子目3002.5100；如果未经上述操作，为改变细胞的生物特性，则作为一般的细胞培养物归入子目3002.5900。

（四）药品的归类

1. 药品的确定

本章的药品指防治人类或动物疾病的内服或外用药品。药品具有预防、治疗某种疾病的作用，但是当食物中的某种成分被用于防治其缺乏症时，也就有了一定的药的作用，所以要对药品下一个严格的定义是比较困难的。必要时可参考国家有关药品主管部门的认定意见。

例如，主要由糖、芳香剂、薄荷醇、桉叶油素等组成的润喉糖，尽管具有滋润喉咙的作用，但不足以治病，所以应按糖果归入品目1704。如果是含有药性物质（芳香剂除外）的润喉糖、咳嗽糖，每粒糖中所含的药性物质已具有治病或防病的作用，则可按照药品归类。

【例1】如图6-1所示的蜂胶软胶囊，长期服用，具有抗氧化与保护心脑血管、增强免疫功能、抗病毒、预防肿瘤的功效，150粒/瓶

图6-1 蜂胶软胶囊

【归类分析】某些宣传具有防病、治病效果的食物或饮料，如营养品、糖尿病食品、强化食品、滋补饮料等，以及尽管在食品或饮料中加有药性物质，但所加入的药性物质仅仅是为了保证产品的营养平衡，增加能量供给和营养价值，或改善产品的味道，这样的商品还保持着食品或饮料的特征，不能按照药品归类。故根据本章注释一（一）的规定，蜂胶胶囊不能按照药品来归类，而应归入品目2106"其他品目未列名的食品"。

【例2】鹿茸精注射液，能增强肌体活力及促进细胞新陈代谢，用于神经衰弱、食欲不振、营养不良、性机能减退及健忘症等，2毫升/支

【归类分析】根据本章注释一（一）的规定，如果某种滋养品供静脉摄入（静脉注射或静脉滴注），则因为其特殊性而可以按药品归类，故该产品应归入品目3004。

【例3】加有治头皮屑成分的洗发剂

【归类分析】根据本章注释一（五）的规定，具有治病或防病作用的化妆盥洗品，不能按照药品归类，故该产品仍然应按洗发剂归入品目3305。

【例4】如图6-2所示的戒烟贴,含有尼古丁成分,使用时贴于手腕部位,起戒烟作用

图6-2 戒烟贴

【归类分析】根据本章注释一(二)的规定,用于帮助吸烟者戒烟的制剂不能按药品归类,因为严格来讲,戒烟不属于治病的范围,故戒烟贴应作为"经皮肤摄入的含尼古丁产品"归入子目2404.9200。

2. 药品的归类

(1)已配定剂量或制成零售包装的药品应归入品目3004。已配定剂量是指药品在内服或外用时其所需的剂量已为生产厂家配定,从而使得用户使用起来非常方便,例如已将药品制成片剂、安瓿、胶囊剂、扁囊剂、滴剂、锭剂等形式,其剂量直接标注于药品上或其包装和说明书上。例如,剂量为0.2克的阿司匹林药片就属于已配定剂量的药品。

已制成零售包装是指其包装形式,尤其是所附的说明(注明适应症、用法、用量)明显为不需重新包装即可直接售给用户(个人、医院等)。例如,20毫升装的眼药水就属于已制成零售包装的药品。

(2)未配定剂量或制成零售包装,并且是由混合产品制成的治病或防病用药品应归入品目3003。例如,由曲安奈德、硫酸新霉素及甘油等成分混合制成的某皮肤药,如果未配定剂量或制成零售包装,则应归入品目3003。

(3)未配定剂量或制成零售包装,并且是由非混合产品制成的治病或防病用药品应归入第二十八章或第二十九章。例如,未配定剂量也未制成零售包装的阿司匹林(化学名称为邻乙酰水杨酸)应归入子目2918.2210。

以上所述"混合产品"与"非混合产品"具体可根据本章注释三的规定来判断。

(五)用于医疗的辅助用品的归类

供医疗、外科、牙科或兽医用的辅助用品是指软填料、纱布、绷带、橡皮膏及类似物品,归类时分几种情况分别考虑:

1. 已经药物浸涂的以上物品,例如,浸渍碘或水杨酸甲酯等的软填料,浸、涂药物的橡皮膏等,应归入品目3005。

2. 未经药物浸涂的以上物品,但已制成零售形式或零售包装供医疗、外科、牙科或兽医用,应归入品目3005。例如,未经药物浸涂的软填料及纱布,倘若它们不需重新包装,只能直接出售(例如,受所附标签或特殊折叠方式所限)给用户(个人、医院等)用于医疗、外科、牙科或兽医方面,则仍应归入品目3005。

3. 未经药物浸涂的以上物品,但未制成零售形式或零售包装供医疗、外科、牙科或兽医用,则不能归入品目3005。例如,未制成零售形式或包装的供医疗用的橡皮膏应归入品目5906。

(六) 安慰剂和临床试验试剂盒的归类

药品的研制是一个漫长的过程，科研人员研制出的新药需要经过严格的试验和严格的审批才能走向市场，供病人使用。药品临床试验需要用到安慰剂和盲法（或双盲法）临床试验试剂盒。

安慰剂在外观上模仿药品，但里面不含药物活性成分，其形式可以是片剂、液体、注射剂和贴片等，这些是已配定剂量的。

盲法（或双盲法）临床试验试剂盒（即成套的临床试验药物）仅用于盲法医学试验，包括试验药物、相关安慰剂或者两者皆有，其目的是对药物进行隐匿，使得试验数据更具有科学性。

上述安慰剂和盲法（或双盲法）临床试验试剂盒，如果有进口国药品监管部门（我国为国家药品监督管理局）同意进行临床试验的许可，则归入品目3006。反之，非用于经许可的临床试验的安慰剂和盲法（或双盲法）临床试验试剂盒，应根据其不同的成分和形式，分别归入其他品目（例如，品目1704"糖食"、2106"其他未列名食品"等）。

要注意的是，根据本章注释四的规定，即使安慰剂和临床试验试剂盒同时符合其他品目规定，也应优先归入品目3006。例如，用于经许可临床试验的成套疫苗应归入品目3006，而不能按疫苗的列名归入品目3002。

(七) 其他医药用品的归类

根据本章注释四的规定，外科手术使用的无菌材料（如缝合材料、止血材料）、用于病人人体的诊断试剂（如病人服用的X光检查造影剂、体检时涂于身体体表的润滑剂）、急救药箱、化学避孕药物、过期药物、造口术用品归入品目3006。

第三十一章 肥 料

一、本章商品范围

肥料是能够改善土壤性质、提高土壤肥力的一类物质。《协调制度》中的肥料一般要具有肥效元素氮、磷或钾。本章包括通常作天然或人造肥料用的绝大多数产品，其结构规律如下：

```
            ┌ 动物、植物肥料·····················································3101
            │                   ┌ 氮肥·············································3102
            │          ┌ 单一肥料┤ 磷肥·············································3103
            │ 矿物、化学肥料     │ 钾肥·············································3104
            └          └ 复合肥料·······················································3105
```

二、本章商品归类方法

（一）动物、植物肥料的归类

天然肥料当未制成片及类似形状或每包毛重不超过 10 千克时，应归入品目 3101。

这里的天然肥料包括动物肥料（如海鸟粪）、植物肥料（如适于作肥料用的腐烂植物产品）和动物肥料与植物肥料的混合肥料，另外还包括动植物产品经混合或化学处理制成的肥料。

（二）矿物、化学肥料的归类

肥料可分为单一肥料和复合肥料。前者指仅含氮、磷或钾中一种肥效元素的肥料，后者指含氮、磷或钾中两种或三种肥效元素的肥料。

1. 单一肥料应按照其所含的肥效元素（氮、磷或钾）而分别归入品目 3102、3103、3104，条件是：

（1）未制成片及类似形状或每包毛重不超过 10 千克；

（2）如果是单独的已有化学定义的化合物，必须符合本章注释二（一）、三（一）、四（一）规定。

【例1】50 千克包装的硝酸铵肥料

【归类分析】硝酸铵肥料是单一肥料——氮肥，并且该肥料属于单独的已有化学定义的化合物，由于硝酸铵符合本章注释二（一）的规定，因此应归入品目 3102。

【例2】50 千克包装的氯化铵肥料

【归类分析】氯化铵肥料也是单一肥料——氮肥，并且该肥料属于单独的已有化学定义的化合物，但由于氯化铵不符合本章注释二（一）的规定，因此不能归入品目 3102，而应该作为无机化合物归入品目 2827。

2. 复合肥料应归入品目 3105，但是如果是单独的已有化学定义的化合物，则必须符合本章注释五规定，才能归入品目 3105。

【例3】用做肥料的磷酸钾

【归类分析】磷酸钾含有磷、钾两种肥效元素，由于不符合本章注释五规定，所以不能归入品目 3105，而应该作为无机化合物归入品目 2835。

（三）天然肥料与人造肥料的混合肥料的归类

天然肥料与人造肥料的混合肥料应作为"其他肥料"归入品目 3105。

（四）制成片及类似形状或每包毛重不超过 10 千克的肥料的归类

属于品目 3101~3105 的肥料，如果将其制成片及类似形状或包装成每包毛重不超过 10 千克时，应作为"制成片及类似形状或每包毛重不超过 10 千克的本章各项货品"而归入品目 3105。

第三十二章 鞣料浸膏及染料浸膏；鞣酸及其衍生物；染料、颜料及其他着色料；油漆及清漆；油灰及其他类似胶粘剂；墨水、油墨

一、本章商品范围

本章包括用于鞣制及软化皮革的鞣料，也包括植物、动物或矿物着色料及有机合成着色料，以及用这些着色料制成的大部分制剂（油漆、陶瓷着色颜料、墨水等），还包括干燥剂及油灰等各种其他制品。其结构规律如下：

```
           鞣料 ························································ 3201～3202
                     ┌ 动物植物 ············································ 3203
              ┌ 天然 ┤
              │      └ 矿物 ··················································· 3206
         色料 ┤      ┌ 有机 ··················································· 3204
              │ 合成 ┤
              │      └ 无机 ··················································· 3206
              └ 色淀 ······················································· 3205
                          ┌ 陶瓷等工业用 ······································ 3207
                          │              ┌ 合成聚合物为基本成分 ┌ 非水介质 ···· 3208
         色料的部分制剂 ┤ 油漆 ┤                              └ 水介质 ········ 3209
                          │      └ 其他 ··············································· 3210
           其他 ························································· 3211～3215
```

二、本章商品归类方法

（一）鞣料的归类

动物生皮需经过一系列的加工处理才能成为可加以利用的皮革，其中的一个重要的加工过程就是用鞣料进行鞣制。在鞣制过程中，鞣料与裸皮中的蛋白质（胶原）结合而使生皮转变成为皮革。

鞣料按照来源可分为植物鞣料（品目3201）和合成鞣料（品目3202）。前者是由能够提取具有工业价值的鞣料的植物经提取得到的；后者是由化学合成得到的，包括无机鞣料和有机鞣料。生产上有时将植物鞣料与合成鞣料混合使用，对于植物鞣料与合成鞣料的混合物应归入品目3202。另外，根据本章注释一（一）的规定，如果某种鞣料属于单独的已有化学定义的化合物，则应归入第二十八章或第二十九章的相应品目。

（二）着色料的归类

着色料一般包括染料与颜料，两者的区别在于颜料为在整个染色过程中能保留其结晶或微粒形状的色料，而染料在溶解或蒸发过程中晶体结构会消失（尽管在染色的后阶段晶体结构会恢复）。染料主要用于各种纤维的染色，也用于纸张、皮革、木材等方面；颜料

主要用于油漆、油墨、塑料、橡胶、搪瓷等方面。

按照来源，着色料可分为天然着色料和合成着色料。

1. 天然着色料

天然着色料包括动物、植物、矿物着色料。

动物着色料是从某些动物中加工得到的，如从乌贼的墨囊制得的乌贼染料。

植物着色料是从某些植物中加工得到的，如从各种葡萄皮中制得的葡萄霜，从靛蓝植物中制得的天然靛蓝。

矿物着色料是从某些矿物中加工得到的，如将煤和硅藻土混合物加以煅烧制得的硅黑。

动物、植物着色料应按品目条文的列名归入品目3203，而矿物着色料由于没有在本章有关品目条文列名，所以应按"其他着色料"归入品目3206。

2. 合成着色料

合成着色料包括无机着色料和有机着色料。

（1）无机着色料是由无机物为主要成分组成的，例如，由经表面处理的二氧化钛组成或由二氧化钛与硫酸钙、硫酸钡或其他物料混合组成的钛白粉，由氧化铬与其他物料混合组成的绿色色料。

（2）有机着色料包括有机染料和有机颜料，其中有机染料的分类有两种不同的方法：

根据化学结构，一般可分为偶氮染料、蒽醌染料、硝基染料、喹啉染料、靛类染料、吖啶染料等。例如，茜素是一种可用于棉的染色的红色染料，按其分子结构属于一种蒽醌染料。

根据使用性能，一般可分为分散染料、酸性染料、媒染染料、碱性染料、直接染料、还原染料（又称瓮染料）、活性染料、氧化染料、硫化染料、冰染染料等。例如，还原蓝RSN就是一种蓝色的还原染料。

有机着色料应按品目条文的列名归入品目3204，而无机着色料由于没有在本章有关品目条文列名，所以应按"其他着色料"归入品目3206。

对于有机着色料，在归入品目3204下的子目时《协调制度》有以下规定：

①报验时处于既可用做瓮染料也可用做颜料的，应按瓮染料归入子目3204.15。

②其他可归入子目3204.11至3204.17中两个或多个具体列名子目的，应归入有关子目的最后一个子目。

③既可归入子目3204.11至3204.17中的某一具体列名子目又可归入"其他"子目3204.19的有机合成着色料，应归入具体列名的有关子目项下。

有机合成着色料混合物及以其为基本成分的制剂应按下列原则归类：

①归入同一子目的两种及以上产品的混合物，应归入相同的子目内。

②归入不同子目（3204.11至3204.19）的两种及以上产品的混合物，应归入"其他"子目3204.19项下。

3. 色淀

色淀是将动物、植物着色料或有机合成着色料（不论是否能溶于水）固定在一种通常为矿物质（例如，硫酸钡、硫酸钙、氧化铝、瓷土、滑石、硅石、硅质化石土、碳酸钙等）的基底上而制成的。例如，胭脂红色淀、黄木色淀。

色淀按品目条文的列名归入品目3205。

4. 以着色料为基本成分的制品

以上品目 3203～3206 除了包括各种类型的着色料外，还包括除品目 3207、3208、3209、3210、3212、3213 及 3215 以外的以着色料为基本成分的制品，这些制品用于任何物料的着色或用做色料制剂的拼料。

例如，分散于水介质或水与水溶溶剂混合组成的介质中的天然珍珠颜料应作为天然动物着色料的制品归入品目 3203，有机合成着色料与较大量的表面活性产品或有机黏合剂混合的混合物（用于塑料的整体着色或作为织物印花制品的拼料）应作为有机着色料的制品归入品目 3204。

【例1】 由胭脂红色淀分散于塑料中制成的色母粒

【归类分析】 该产品为以色淀为基本成分的制品，根据本章注释三的规定，应作为色淀的制品归入品目 3205。

5. 制造油漆用的颜料（包括金属粉末或金属粉片），分散于非水介质中呈液状或浆状的

当为了制造油漆而将颜料（包括金属粉末及粉片）分散于非水介质（例如，干性油、石油溶剂、树胶、木松节油、硫酸盐松节油或清漆）中形成的浓缩分散体（呈液状或浆状），应归入品目 3212。

6. 零售形状及零售包装的染料或其他着色料

当将染料或其他着色料制成零售形状（例如，球、片及类似形状）或零售包装（例如，袋装粉、瓶装液），例如，主要供家庭染衣服、染鞋用的"家庭染料"，实验室用的对显微制剂染色的特种染料等，应归入品目 3212。

7. 发光体

发光体指在光线作用下能产生发光效应（荧光或磷光）的产品。

按化学组成的不同，发光体分为有机发光体和无机发光体。例如，罗丹明 B，是一种能产生红色荧光的有机发光体；经特殊处理的具有发光性能的钨酸钙，则是一种无机发光体。

荧光增白剂是一种吸收紫外线后能产生蓝色可见光并因此使白色产品增白的产品，一般是有机合成的产品。

根据品目条文（3204 和 3206）的规定，发光体（包括有机发光体和无机发光体）和荧光增白剂不论是否已有化学定义，均应归入品目 3204 或 3206。

8. 单独的已有化学定义的化学元素及化合物

根据品目 3203、3204、3206 及本章注释一（一）的规定，动物、植物着色料，有机合成着色料，不论是否已有化学定义，均应归入品目 3203 或 3204；其他着色料，如果是单独的已有化学定义的化学元素及化合物，则应归入第二十八章的有关品目（发光体除外）。

(三) 油漆的归类

油漆是不溶性着色料（主要为矿物颜料、有机颜料或色淀）或金属粉片或粉末的分散体。它们悬浮于一种由黏合剂（这种黏合剂起成膜作用，故称为成膜剂）分散或溶解于介质所组成的载体中，其他成分如干燥剂、增稠剂、表面活性剂、稀释剂或填充剂及防结皮剂可根据具体用途适量加入到载体中。

清漆是指不加颜料的透明漆。

根据成膜剂、介质的不同种类，油漆及清漆的归类可分成以下三种情况：

1. 成膜剂由合成聚合物（例如，酚醛树脂、氨基树脂、聚硅氧烷、环氧树脂及合成橡胶）或化学改性天然聚合物（例如，纤维素化学衍生物或天然橡胶的化学衍生物）组成，介质为非水介质。这种油漆归入品目3208。

2. 成膜剂与1的情况相同，但介质为水介质（指水或水与水溶性溶剂的混合物）。这种油漆归入品目3209。

3. 其他油漆，即成膜剂是由上述1、2以外的成分组成的或者是没有介质的油漆，应归入品目3210。

【例2】黑色氯丁橡胶可剥漆，由氯丁橡胶与黑色颜料、助剂、有机溶剂混合调配而成

【归类分析】氯丁橡胶属于合成聚合物，有机溶剂属于非水介质，故该油漆应归入品目3208。

（四）其他有关产品的归类

1. 配制的催干剂

为了使油漆或清漆加速干燥，通常要使用催干剂，归入品目3211的催干剂需由干燥剂与其他成分配制而成。如果是单独的已有化学定义的化合物，则通常应归入第二十八章或第二十九章。

2. 嵌缝胶及类似胶粘剂、漆工用填料、非耐火涂面制剂等

嵌缝胶及类似胶粘剂、漆工用填料、非耐火涂面制剂等应归入品目3214。这些商品通常呈浆糊状（或使用时调制成糊状），一般在施用后即行硬化。

（1）安装玻璃用油灰、接缝用油灰、树脂胶泥、嵌缝胶及其他类似胶粘剂，主要用于堵塞、封闭或嵌填缝隙。

品目3214的胶粘剂与品目3506黏合剂的区别见第三十五章有关内容。

（2）漆工用填料，与（1）中的产品不同的是，它们通常是涂布在较大面积的表面上。漆工用填料通常用于物体表面（例如，室内墙面）上漆前准备工序，即填平凹凸不平的表面，表面的缝隙、孔洞或砂眼。例如，供油漆打底用的腻子。

（3）涂门面、内墙、地板、天花板等用的非耐火涂面制剂，也是通常涂布在较大面积的表面上，主要作用是防水并改善外观。

【例3】一种用于密封火花塞的胶粘剂，双组分，组分一是硅酸钠及硅酸钠钾的水溶液，组分二是填料（石英粉、石棉纤维）。使用时将两种组分混合起来

【归类分析】根据第六类注释三的规定，如果报验状态符合该类注的条件，则应将两个组分按混合后的产品（胶粘剂）一并归入品目3214。

【例4】沥青酚醛防水涂料，由酚醛树脂、沥青和其他添加剂配制而成，主要用于屋面防水

【归类分析】该产品符合品目3214"非耐火涂面制剂，涂门面、内墙、地板、天花板等用"，故应归入品目3214。

3. 印刷油墨及其他墨类

印刷油墨是将颗粒精细的颜料（黑色或有色颜料，黑色油墨所用的颜料通常是炭黑，

彩色油墨则为有机或无机颜料）与一种载体混合制得。其中的载体是由天然树脂或合成聚合体组成，分散于油或溶于有机溶剂中，为了使其具有所要求的性能，还含有少量的添加剂。

从印刷油墨的组成来看，与油漆有一定的相似之处，但施用方法不同。印刷油墨应归入品目 3215。

其他墨类包括：书写用或绘图用墨水、墨汁、圆珠笔用油墨、油印机用墨、印台或打印色带用墨水等。

但复印机或打印机用墨粉（或称碳粉）却不按油墨归入品目 3215，因为它是由一种调色剂（炭黑和热塑树脂的混合物）与载体（外包乙基纤维素的砂粒）混合组成，实际上属于品目 3707 的显影剂，故应归入品目 3707（见第三十七章的有关内容）。

第三十三章　精油及香膏；芳香料制品及化妆盥洗品

一、本章商品范围

本章包括香料、香料制品及化妆盥洗品，其结构规律如下：

$$\left\{\begin{array}{l}\text{天然香料}\cdots\cdots\cdots\cdots\cdots\cdots\cdots\cdots\cdots\cdots\cdots\cdots\cdots\cdots\cdots\cdots\cdots\cdots\cdots\cdots\cdots\cdots\cdots 3301\\ \text{混合香料}\cdots\cdots\cdots\cdots\cdots\cdots\cdots\cdots\cdots\cdots\cdots\cdots\cdots\cdots\cdots\cdots\cdots\cdots\cdots\cdots\cdots\cdots\cdots 3302\\ \text{化妆盥洗品}\cdots\cdots\cdots\cdots\cdots\cdots\cdots\cdots\cdots\cdots\cdots\cdots\cdots\cdots\cdots\cdots\cdots\cdots 3303\sim3307\end{array}\right.$$

二、本章商品归类方法

（一）香料的归类

香料分为天然香料和人造香料。天然香料又分为动物性香料和植物性香料，人造香料分为从精油中分出的单离香料和化学合成香料。

品目 3301 包括以下香料：

1. 精油：来自植物，通过多种方法（如压榨法、蒸馏法、萃取法等）制得，它们通常具有复杂的组分，含有各种比例的醇、醛、酮、酚、酯、醚及萜烯。大多数精油是挥发性的，如柠檬油、茉莉花油等。

浸膏：溶剂萃取再减压蒸发溶剂得到的固体或半固体物质，一般不直接用做调香，而是加工成净油，如黑加仑浸膏。

净油：除去浸膏中的植物蜡即得净油，如茉莉净油。

2. 香膏：通过用有机溶剂或超临界流体萃取干燥的非多孔天然植物树脂材料或干燥的天然动物树脂状材料而制得，主要由不挥发性物质构成。香膏主要在香料、化妆品、肥皂或表面活性剂等工业中用做定香剂。例如，阿魏香膏、麝香香膏等。

3. 提取的油树脂：溶剂或超临界流体萃取多孔天然植物材料（通常是调味香料和芳香植物）制得，含挥发性的芳香素和不挥发性的芳香素，这些芳香素使芳香植物具有特征香味。例如，辣椒油树脂、胡萝卜油树脂等。

4. 其他：包括用脂肪、固定油、凡士林、石蜡等通过花香吸取法、浸渍法萃取植物或花朵制得的含浓缩精油的脂肪、固定油、凡士林、蜡及类似品；用分馏法或其他方法从精油分离出来的萜烯副产品；用蒸汽蒸馏植物提取精油时所得馏出物的含水部分（有少量精油的存在，水馏液仍具有香味）及精油的水溶液。

（二）混合香料的归类

归入品目3301的香料只能是单一的香料，而如果是混合香料则应归入品目3302。混合香料具体指下列情况：

1. 多种香料的混合，即精油混合物、香膏混合物、提取的油树脂混合物、合成芳香剂的混合物及它们相互之间的混合物。例如，茉莉油与柠檬油的混合物。

2. 一种或多种香料与添加的稀释剂或载体（例如，植物油、葡萄糖或淀粉）的混合物。

3. 一种或多种香料与其他章的产品（例如，调味香料）的混合物，但其中的这些香料必须构成混合物的基本成分。

【例1】一种玫瑰花香精，配方为玫瑰醇、二苯醚、苯乙醇等

【归类分析】香料常配成香精来使用。香精是利用天然和合成香料，凭精湛的调香技术而调配成的香气和谐、令人喜爱的混合物，它不是直接的消费品，而是添加在其他产品中的配套原料，加入量虽很小，但与加香产品的质量、档次关系密切。由于香精是由多种香料加上其他组分混合配成，所以应按香料混合物归入品目3302。

（三）化妆盥洗品的归类

1. 香水及花露水归入品目3303，它们主要用于使人体散发香气，可制成液态、膏状或固态（包括条状）。

2. 美容、化妆及护肤品归入品目3304。可分为：

（1）唇用化妆品，如唇膏。

（2）眼用化妆品，如眼睑膏、染眉毛（或睫毛）油、画眉笔等。

（3）指（趾）甲化妆品，如指（趾）甲膏、指（趾）甲油、指（趾）甲清洗剂等。

（4）其他美容品或化妆品及护肤品，如扑面粉、婴儿爽身粉、美容霜、粉底霜、营养霜、润肤油、防晒油或晒黑油等。

3. 护发品归入品目3305，本品目指专供人的头发用的洗发剂、烫发剂、定型剂、染发剂、护发剂（如润发油）等。注意，在某些洗发剂、护发剂中即使含有辅助性的药效及消毒成分，且这些成分具有治疗和预防疾病的作用，也不能按药品归入第三十章（见第三十章的有关内容）。

4. 口腔用品归入品目3306，包括洁齿品（如牙膏、假牙清洗剂）、口腔清洁用品（如漱口剂）、假牙模膏（或粉）及单独零售包装的牙线。

【例2】"液体口香糖"，20克/支，成分为食用酒精、香精、阿斯巴甜、甘油、山梨醇等，使用时喷于口腔，起清新口气的作用

【归类分析】该产品用于口腔，属于口腔卫生用品，故应归入品目3306。

5. 其他化妆盥洗品归入品目3307，包括两方面的内容：

（1）品目3307条文列名的剃须用制剂、人体除臭剂及止汗剂、泡澡用制剂、脱毛剂、

室内除臭剂。

（2）本章注释四所指的室内散香用制品，隐形眼镜片或假眼用药水，用香水或化妆品浸渍、涂布或包覆的纸、絮胎、毡呢及无纺织物，动物用盥洗品等。

第三十四章　肥皂、有机表面活性剂、洗涤剂、润滑剂、人造蜡、调制蜡、光洁剂、蜡烛及类似品、塑型用膏、"牙科用蜡"及牙科用熟石膏制剂

一、本章商品范围

本章主要包括通过工业处理各种油、脂或蜡而得的产品（例如，肥皂、润滑剂、调制蜡、光洁剂、蜡烛），也包括某些人造产品，如表面活性剂、表面活性制品及人造蜡。其结构规律如下：

$$\begin{cases} 处理油、脂而得 \begin{cases} 肥皂\cdots\cdots\cdots\cdots\cdots\cdots\cdots\cdots\cdots\cdots\cdots\cdots\cdots\cdots 3401 \\ 表面活性剂\cdots\cdots\cdots\cdots\cdots\cdots\cdots\cdots\cdots\cdots 3402 \\ 润滑剂\cdots\cdots\cdots\cdots\cdots\cdots\cdots\cdots\cdots\cdots\cdots\cdots 3403 \end{cases} \\ 处理蜡而得 \begin{cases} 人造蜡\cdots\cdots\cdots\cdots\cdots\cdots\cdots\cdots\cdots\cdots\cdots\cdots 3404 \\ 光洁剂、擦洗膏\cdots\cdots\cdots\cdots\cdots\cdots\cdots\cdots 3405 \\ 蜡烛\cdots\cdots\cdots\cdots\cdots\cdots\cdots\cdots\cdots\cdots\cdots\cdots\cdots 3406 \\ 塑型用膏\cdots\cdots\cdots\cdots\cdots\cdots\cdots\cdots\cdots\cdots\cdots 3407 \end{cases} \end{cases}$$

二、本章商品归类方法

（一）表面活性剂

1. 结构：表面活性剂分子由亲水基和疏水基组成。例如，十二烷基羧酸钠的分子中含有疏水基十二烷基和亲水基羧酸根离子。

$$\underbrace{CH_2-CH_2-CH_2\cdots\cdots CH_2-CH_2-\overset{O}{\underset{O}{C}}}_{\text{疏水基（亲油基）}}\ \underbrace{Na^+}_{\text{亲水基}}$$

表面活性剂分子在水中能自动定向地吸附于水溶液—空气的界面处，亲水基伸向水溶液而疏水基伸向空气，这样，表面活性剂通过界面吸附而形成的单分子膜在界面处起到隔离的作用，使得空气和水溶液的接触面显著减小，从而使水的表面张力急剧下降。

2. 定义：根据本章注释三的规定，品目3402所称"有机表面活性剂"，是不符合化学定义的有机化合物，温度在20℃时与水混合配成0.5%浓度的水溶液，并在同样温度下搁置一小时后与下列规定相符的产品：

（1）成为透明或半透明的液体或稳定的乳浊液而未离析出不溶解物质；

(2) 将水的表面张力降低到 45 达因/厘米及以下。

3. 作用：表面活性剂具有乳化、增溶、分散、渗透、湿润、发泡、洗净等作用，故可用做乳化剂、破乳剂、渗透剂、发泡剂、消泡剂、湿润剂、分散剂、抗静电剂等，广泛应用于食品、纺织、医药、农药、化妆品、采矿等领域。

4. 分类：表面活性剂通常按离子类型分类，在水中能电离成离子的为离子型表面活性剂，不能电离成离子的为非离子型表面活性剂（如壬基酚聚氧乙烯醚）。在离子型表面活性剂中，再按显示表面活性部分所带电荷的种类而分成阴离子型表面活性剂（如十二烷基苯磺酸钠）、阳离子型表面活性剂（如氯化十八烷基三甲基铵）和两性表面活性剂（如十二烷基二甲基甜菜碱）。

5. 归类：表面活性剂归入品目 3402。其中，阴离子型表面活性剂归入子目 3402.1100，阳离子型表面活性剂归入子目 3402.1200，两性表面活性剂归入子目 3402.1900，非离子型表面活性剂归入子目 3402.1300。

（二）肥皂

肥皂是一类阴离子型表面活性剂，起洗涤、去污作用。其成分为脂肪酸的盐，其中脂肪酸中的碳原子一般在八个以上。根据本章注释二的规定，品目 3401 仅指水溶性肥皂，所以该品目的肥皂是脂肪酸的碱金属（主要是钠或钾，前者形成的肥皂属于硬皂，后者形成的肥皂属于软皂），也有用氨及某些有机碱如乙醇胺制成的特殊用途的肥皂。

（三）表面活性剂制品

归入品目 3402 的表面活性剂制品包括：

1. 两种或两种以上的表面活性剂的相互混合物（例如，磺基蓖麻醇酸酯与磺化烷基萘或硫酸化脂肪醇的混合物）。

2. 表面活性剂在一种有机溶剂中的溶液或分散体（例如，溶于环己醇的硫酸化脂肪醇溶液）。

3. 以表面活性剂为基本成分的其他混合物（例如，含有一定比例肥皂的表面活性剂制品，如含有硬脂酸钠的烷基苯磺酸盐）。

表面活性剂制品具有清洁、润湿、乳化或分散作用，因而用在许多工业上。例如，纺织工业用的润湿剂、乳化剂、缩绒助剂及增艳剂，皮革或毛皮工业用的脱脂剂、湿润剂（供染色用）、均染剂，造纸或合成橡胶工业用的分散剂，采矿工业用的浮选助剂等。

但是，含有表面活性剂的制品，如果该制品本身并不需要表面活性功能或表面活性功能仅起辅助作用，则不归入品目 3402，而应归入其他品目。

【例 1】褪光泽剂，纺织工业上用以减少纺织品的表面光泽，由颜料（氧化钛、氧化锌、锌钡白等）的悬浮液组成，并加入纤维素醚、明胶、表面活性剂

【归类分析】该褪光泽剂中尽管含有表面活性剂，但该表面活性剂在褪光泽剂中起使该液体稳定的作用，即仅起辅助作用，所以不能看成是表面活性剂制品而归入品目 3402，应归入品目 3809。

（四）洗涤剂（包括助洗剂）及清洁剂

归入品目 3402 的洗涤剂（包括助洗剂）及清洁剂有两种情况：

1. 以有机表面活性剂为基料的

由有机表面活性剂或肥皂或它们之间的混合物为主要组分,加上一种或数种辅助组分(如增效助剂、助促进剂、填料、着色剂、香料、杀菌剂等辅助剂)制成。

其中,洗涤剂主要用于洗衣服、碗、碟或厨房用具等,助洗剂用于浸泡(预洗)、漂洗或漂白衣服及家庭用纺织品等,清洁剂用于清洁地板、窗户或其他表面等。

2. 不以有机表面活性剂为基料的(可含有少量的肥皂或其他表面活性剂)

例如,含有硫酸氢钠或次氯酸钠与磷酸三钠混合物的专用于清洁卫生设备、煎炸锅等的清洁剂;以碳酸钠或苛性苏打等碱性物质为基料,用于乳品厂或酿酒厂的去油污剂或清洁剂。

但是,尽管含有有机表面活性剂,下列情况却不再归入品目3402:

1. 根据本章注释一(三)的规定,含肥皂或其他有机表面活性剂的洗发剂、洁齿品、剃须膏及泡澡用制剂,不应作为洗涤剂归入品目3402,而应分别归入品目3305、3306及3307。

2. 根据品目3401的规定,有机表面活性产品及作肥皂用的制剂,条状、块状、模制形状,不论是否含有肥皂;洁肤用的有机表面活性产品及制剂,液状或膏状并制成零售包装的,不论是否含有肥皂;用洗涤剂或肥皂浸渍、涂布或包覆的纸、絮胎、毡呢及无纺织物,这些产品应归入品目3401。

【例2】如图所示的洗手液

图 6-3 洗手液

【归类分析】该洗手液符合品目3401"洁肤用的有机表面活性产品及制品,液状或膏状并制成零售包装的,不论是否含有肥皂"的规定,故应归入子目3401.3000。

另外,生活中常用的零售包装的沐浴露(沐浴剂),如果是以有机表面活性剂制成的,同样也应归入子目3401.3000。

(五)润滑剂的归类

根据3403品目条文的规定,以石油或从沥青矿物提取的油类为基本成分(按重量计达到70%及以上)的制剂不归入品目3403,一般应归入品目2710。

品目3403包括两类产品:

1. 润滑剂及以润滑剂为基本成分的产品

【例3】以聚硅氧烷等为基料的合成润滑剂

【归类分析】合成润滑剂符合品目3403的规定,故应归入品目3403。

2. 用于纺织材料、皮革、毛皮或其他材料油脂处理的制剂

一般由矿物油或脂肪物质与表面活性剂(如磺基蓖麻醇酸盐)混合而成,用于润滑、软化、油化或脂化纺织品、皮革、生皮、毛皮等。

(六) 人造蜡及调制蜡的归类

1. 人造蜡（又称合成蜡）

人造蜡指由化学法制得的"具有蜡特性"的有机产品，例如，聚乙烯蜡，天然蜡（如褐煤蜡）经部分或全部化学改性而得的蜡。但是根据2712品目条文的规定，如果由化学法制得的具有与品目2712产品相类似的蜡，仍应归入品目2712。

"具有蜡特性"是指同时符合下列两个条件：

（1）滴点在40℃以上；

（2）在温度高出滴点10℃时用旋转黏度测定法测定其黏度不超过10泊（或10000厘泊）。

另外，这些产品通常具有下列性质：

（1）轻轻擦磨即出现光泽；

（2）其稠度及溶解度主要取决于温度；

（3）温度为20℃时，一些蜡已柔软并可揉捏（但不粘手，也不呈液态）（软蜡），另一些蜡为脆性（硬蜡），它们并不透明，但可为半透明体；

（4）温度高于40℃时，熔化而不分解；

（5）温度刚高出熔点时不易拉成丝；

（6）它们是电和热的不良导体。

2. 调制蜡

（1）将两种或两种以上不同种类的动物蜡、植物蜡、其他蜡或不同种类的蜡（动物蜡、植物蜡或其他蜡）混合而得的"具有蜡特性"的产品（例如，不同种类的植物蜡的混合物及某种矿物蜡与某种植物蜡的混合物），但不包括不同种类的矿物蜡的混合物。

（2）以一种或多种蜡为基料加入脂肪、树脂、矿物质或其他物料制得的"具有蜡特性"的产品（例如，由石蜡和聚乙烯混合而成的蜡，由石蜡和硬脂酸混合而成的用做制蜡烛原料的蜡）。

但是，根据本章注释五的规定，即使"具有蜡特性"，但属于品目1516、3402、3823的产品，仍应归入这些品目。另外，本品目的人造蜡及调制蜡如果混于、分散于（悬浮或乳化于）或溶解于某种液体介质中，则不能归入本品目，应按其用途归入品目3405、3809等。

（七）光洁剂、擦洗膏的归类

品目3405的光洁剂、擦洗膏具有以下特点：

1. 组成：以蜡、研磨料或其他物料为基料。

2. 用途：用于鞋靴、家具、地板、车身、玻璃或金属（银器、铜器等）等的光洁，用于炊具、洗涤盆、瓷砖、炉具等的擦洗及去污，以及皮革上光等类似用途。

3. 形式：通常呈液态、膏状、粉状、片状、条状等，也包括用这些制剂浸渍、涂面或包覆的纸、絮胎、毡呢、无纺织物、泡沫塑料或海绵橡胶。

例如，由浸渍于松节油或乳化于水中的蜡组成并通常加有着色料的抛光蜡及光洁剂，由极软的抛光材料（如白垩或硅藻土悬浮于石油溶剂及液体肥皂的乳浊液中）组成的金属及玻璃光洁剂，含有金刚石粉的金属等的抛光、加工或精磨用的抛光剂，由极为精细的砂末与碳酸钠及肥皂的混合物组成的去污粉。

第三十五章　蛋白类物质；改性淀粉；胶；酶

一、本章商品范围

本章包括蛋白类物质、改性淀粉、胶、酶。其结构规律如下：

```
        ┌ 酪蛋白·············································3501
        │ 白蛋白·············································3502
   蛋白 ┤ 适于作胶的蛋白·····································3503
   ┤    └ 其他蛋白···········································3504
   │ 改性淀粉················································3505
   │ 其他品目未列名的调制胶··································3506
   └ 酶······················································3507
```

二、本章商品归类方法

（一）蛋白质的归类

蛋白质是由多种氨基酸结合而成的高分子化合物，是生物体的一种主要组成物质，也是生命活动的基础。具有催化作用的各种酶和调节生理机能的某些激素都是蛋白质。蛋白质也是动物界重要的营养物质，广泛存在于肉类、蛋类、乳类、豆类、谷类等中。蛋白质种类繁多，其分类也有多种方法。

1. 按来源可分为动物蛋白、植物蛋白、微生物蛋白。
2. 按分子形状可分为球状蛋白和纤维状蛋白。
3. 按溶解性可分为水溶蛋白、盐溶蛋白（溶于盐溶液）、醇溶蛋白（溶于乙醇）、硬蛋白（不溶于水、盐、稀酸、稀碱、乙醇）等。
4. 按化学组成可分为单一蛋白和结合蛋白。前者仅含氨基酸，如白蛋白、球蛋白、谷蛋白、硬蛋白等；后者还含有其他物质（称为辅基），如核蛋白（与核酸结合）、糖蛋白（与糖类结合）、磷蛋白（含磷）、色蛋白（与色素结合）等。

《协调制度》将蛋白质分成酪蛋白（包括其衍生物，如酪蛋白酸钠、酪蛋白酸铵、氯化酪蛋白、溴化酪蛋白）、白蛋白（包括其衍生物，如铁白蛋白盐、溴化白蛋白）、作胶的蛋白、其他蛋白（包括其衍生物，如谷蛋白、球蛋白、角蛋白、核蛋白等），分别归入品目3501、3502、3503和3504。

已制成药品的蛋白质，根据本章注释一（二）的规定，应归入第三十章；血纤维蛋白原、血纤维蛋白、血球蛋白及血清球蛋白、人体正常免疫球蛋白及抗血清（特殊免疫球蛋白），以及治病、防病用的血清白蛋白，应归入品目3002（见该章有关部分）。

（二）胶的归类

1. 酪蛋白胶归入品目3501，动物胶（如明胶、鱼鳔胶、骨胶、皮胶）归入品目

3503，以淀粉、糊精或其他改性淀粉为基本成分的胶（例如，由糊精与氯化镁等混合组成的糊精胶，用氢氧化钠处理淀粉而得的淀粉胶）归入品目 3505，其他品目未列名的调制胶及黏合剂（例如，用化学方法处理天然树胶而得的胶，以硅酸盐等为基料的黏合剂，由橡胶、有机溶剂、填料、硫化剂及树脂的混合物组成的黏合剂）归入品目 3506。

以上各品目的胶，如果制成净重不超过 1 千克的零售包装，则一律归入品目 3506。

2. 品目 3214 的胶粘剂与品目 3506 的黏合剂的区别：品目 3214 的胶粘剂（mastics）在某些情况下也有将物体的组成部分牢固地黏结起来的作用，但与品目 3506 的黏合剂（adhesives）的不同之处在于它们施用时是以厚层涂敷，从而能够更有效地达到堵塞、封闭或嵌填缝隙的作用，而后者主要起的是将不同材料或物体黏结在一起的作用。

【例1】一种白胶，以聚醋酸乙烯酯、邻苯二甲酸二丁酯、辛醇等为原料组成的白色乳胶状产品，广泛用于木器、胶合板等的粘接，5 千克/桶

【归类分析】该产品是一种黏合剂，故应归入品目 3506"其他品目未列名的调制胶及其他调制黏合剂"。

【例2】如图 6-4 所示的双面胶，由基材（薄薄的棉絮纸）、黏合剂（丙烯酸树脂）、隔离纸（也叫离型纸，使用时揭去）三部分组成

图 6-4 双面胶

【归类分析】由于使用时表面的离型纸被揭去，基材也只起承载胶粘剂的作用，故该产品不能按材料（纸）归类，而应按起主要作用的黏合剂归入品目 3506"其他品目未列名的调制胶及其他调制黏合剂"。

（三）酶的归类

酶是生物体产生的蛋白质，具有引起和调节活性细胞内外特殊化学反应的性能。细胞新陈代谢包括的所有化学反应几乎都是在酶的催化下进行的，如动物的细胞就含有几千种酶，所以酶也被称为生物催化剂。

按化学结构分类，酶可分为由单一蛋白质组成的酶（例如，胃蛋白酶、胰蛋白酶、尿素酶）和由蛋白质结合一个起辅助因素作用的低分子量非蛋白质化合物组成的酶（例如，抗坏血酸氧化酶中的铜，丙酮酸脱羧酶中的二磷酸硫胺素）。

《协调制度》将酶及其他品目未列名的酶制品（例如，由添加有葡萄糖或其他食物的分解蛋白酶组成的嫩肉用的酶制品；含明胶、膨润土等的果胶酶制成的澄清啤酒、葡萄酒用的酶制品）归入品目 3507。

第三十六章 炸药；烟火制品；火柴；引火合金；易燃材料制品

一、本章商品范围

本章包括炸药，引爆所需的辅助产品，产生光、声、烟、火焰或火花的制品。其结构规律如下：

```
┌ 发射药·················································3601
│ 配制炸药···············································3602
│ 爆炸配件···············································3603
│ 烟火制品···············································3604
│ 火柴···················································3605
└ 其他易燃材料制品·······································3606
```

二、本章商品归类方法

（一）与本章所列商品有关但属于单独的已有化学定义的化合物的归类

单独的已有化学定义的化合物，除了下列两项外，应归入第二十八章或第二十九章：

1. 制成片、条或类似形状供作燃料用的聚乙醛、六亚甲基四胺（六甲撑四胺）及类似物质；

2. 直接灌注香烟打火机及类似打火器用的液体燃料或液化气体燃料，其包装容器的容积不超过300立方厘米。

（二）炸药的归类

炸药分为发射药和配制炸药，前者主要供猎枪、火器、火箭用，例如由硝酸钾或硝酸钠、硫及木炭混合物制成的黑色火药，以硝化纤维素为基料与其他产品和二苯胺等稳定剂混合制成的无烟药等；后者包括烈性炸药（如以TNT为基料的混合物制成的黑索莱炸药）和起爆炸药（如以叠氮化铅为基料的混合物制成的起爆炸药），它们燃烧时反应比发射药更为剧烈。前者归入品目3601，后者归入品目3602。

（三）爆炸配件的归类

这里所称的爆炸配件是指为炸药引爆所需的安全导火索、雷管、引爆器管，它们应归入品目3603，但未装任何炸药或易燃药的物品（小帽、管、电装置等）不归入本章，这些物品应根据其属性归入相应的品目。

（四）易燃材料制品的归类

品目3606的易燃材料制品仅指由下列易燃材料制得的产品：

1. 聚乙醛、六亚甲基四胺（六甲撑四胺）及类似物质，已制成片、棒或类似形状作燃料用的；以酒精为基本成分的固体或半固体燃料及类似的配制燃料。

2. 直接灌注香烟打火机及类似打火器用的液体燃料或液化气体燃料，其包装容器的容积不超过 300 立方厘米（例如，容积为 250 立方厘米装的香烟打火机用的液化丁烷气体）。

3. 树脂火炬、引火物及类似品。

【例】固体酒精，以酒精为基料并含有胶凝物质、纤维素衍生物

【归类分析】"固体酒精"属于以酒精为基本成分的半固体燃料，根据本章注释二（一）的规定，应归入品目 3606。

第三十七章　照相及电影用品

一、本章商品范围

本章主要包括在某种基材（如纸、纺织物、塑料等）上涂有感光乳剂而制得的照相及电影用的感光材料，以及在此基础上经曝光、冲洗的产品。按感光、冲洗的过程及基材的不同而分类，其结构规律如下：

```
         ┌ 纸、纸板、纺织物以外材料 ┌ 硬片及平面软片 ············ 3701
未曝光 ┤                            └ 卷状软片 ················· 3702
         └ 纸、纸板、纺织物 ································· 3703
已曝光未冲洗 ····································· 3704
已曝光已冲洗 ································· 3705～3706
摄影用化学品 ···································· 3707
```

二、本章商品归类方法

（一）未曝光的摄影用品的归类

本章所称"摄影"，是指光或其他射线作用于感光面上直接或间接形成可见影像的过程。

摄影用品包括照相用品与电影用品。其中，照相用品既包括一般民用的照相用品，也包括工业上照相印刷等用的照相制版硬片，还包括缩微照相、显微照相、天文照相、宇宙线照相、航空摄影等用的特种硬片及软片等。

对于未曝光的摄影用品，应根据该摄影用品所用的基材来分类，其中以纸、纸板及纺织物以外任何材料制成的（例如，玻璃、金属或石板、塑料等）归入品目 3701 或 3702，以纸、纸板及纺织物制成的归入品目 3703。

但是，一次成像片（不管是平片还是卷片）的归类比较特别。一次成像片可以当场拍成完整的正像相片，它由底片、正片、显影剂构成，其中的底片可由不同的材料制成（例如，塑料、纸、纸板或纺织物），正片由经特殊处理的纸带制成。归类时不管其底片由什

么材料制成，一律归入品目 3701 或 3702。

至于品目 3701 与 3702 的区别，则主要看该摄影用品的形状。感光硬片及平面软片归入品目 3701，而卷状的感光软片则归入品目 3702。

（二）已曝光的摄影用品的归类

未曝光的摄影用品被光线、其他具有足够能量使感光材料起必要反应的射线（γ射线、X 射线、紫外线及近红外线）及粒子（或核子）射线照射后即被曝光。

曝光后未经冲洗的归入品目 3704。

由品目 3701、3702 的摄影用品被曝光后经冲洗的，归入品目 3705 或 3706；而由品目 3703 的摄影用品被曝光后经冲洗的，则不再归入本章，其中以纸、纸板为基材的应归入第四十九章的印刷品，以纺织物为基材的应归入第十一类的纺织品。

（三）摄影用化学品的归类

直接用于产生摄影影像、蓝图等的化学产品应归入品目 3707，如感光乳剂、显影剂、定影剂、调色剂（用以改善影像色彩）、去污渍剂（用以去除显影、定影等过程中产生的污渍）等，但非直接用于产生摄影影像、蓝图等的辅助产品（例如，贴相片的胶水，底片或正片保护及上光用的漆）则不能归入本品目。

复印用碳粉，一般由颜料（如炭黑）与树脂及其他添加剂混合制成，在复印、激光打印时起显影形成文字、图像的作用，故应作为显影剂归入品目 3707。

第三十八章　杂项化学产品

一、本章商品范围

本章是"杂项"化学产品，即不能归入第六类中前面各章的化学产品，一律归入本章。

本章所包括的化学产品，除了本章注释一（一）所列另有规定的以外，不包括单独的已有化学定义的元素及化合物，它们通常应当归入第二十八章或第二十九章。

由于本章是"杂项"，所以其结构规律不明显。

二、本章商品归类方法

（一）活性产品的归类

品目 3802 的活性产品是指以碳或其他天然矿物质（例如，硅藻土、黏土、铝土矿）为原料，经某种方法处理（例如，用热、化学品等进行处理）使得其表面结构改变，从而具有某些特定性质（例如，脱色、吸气或吸湿、催化、离子交换或过滤）的产品。由此可制得化学吸附剂、催化剂、离子交换剂、过滤剂、脱色剂、干燥剂等。

但是，如果某种天然矿物质的活性能力是天然的，即未经过改变表面结构的处理，则仍应按天然的矿产品归入第二十五章，而不能归入品目 3802。如果是以化学产品为原料，经处理制得的活性产品,例如,用品目 2818 的水合氧化铝,通过控制加热处理,使其失去大部分水分而制得的活性矾土,则仍应归入品目 2818,而不能归入品目 3802。

(二) 农药的归类

这里的"农药"是泛指,包括用于杀灭致病病菌、害虫(蚊子、飞蛾、蟑螂等)、苔藓、霉菌、杂草、鼠类等的一系列产品,也包括通过驱赶、引诱、化学绝育等手段达到驱赶、减少、杀灭害虫目的的化学产品。但具有药物(包括兽用药)基本特性的消毒剂、杀虫剂等则应按药品归入品目 3003 或 3004。

满足以下条件的"农药"归入品目 3808:

1. 制成零售包装(例如,金属容器或纸板盒),或其形状已明显表明通常供零售用(例如,圆球形、片剂形或板状)。

制成这些形状的产品可以是混合物,也可以是非混合物。非混合产品主要是已有化学定义的化合物。例如,萘或 1,4-二氯苯如果不制成上述形状,则应归入第二十九章。

2. 制成制剂,不论其形状如何。例如,滴滴涕(DDT)溶于溶剂得到的 25% 乳油,食物(小麦粒、糠、糖蜜等)与毒剂混合而成的毒饵。

3. 制成制品。例如,经硫处理的带条、杀虫灯芯及蜡烛(供住宅等的消毒、熏蒸用),捕蝇纸,果树用的涂油带等。

品目 3808 还包括满足以上条件的用以抑制或促进植物生理进程的抗萌剂及植物生长调节剂,它们的作用是破坏植物生长或增强植物生长活力并提高作物收成。

【例 1】 1.25% 灭害灵气雾剂,含 1.0% 三氯杀虫酯、0.25% 氰戊菊酯及脱臭煤油,主要用于杀灭蟑螂、蚊子、苍蝇等,可用于餐厅、厨房及公共场所,600 毫升气雾罐包装

【归类分析】 该产品是一种农药,并且含有多种成分,故应归入品目 3808。

(三) 纺织、造纸、制革及类似工业用的"助剂"的归类

这里的"助剂"是指通常用于纱线、织物、纸、纸板、皮革及类似材料的处理或整理的一系列产品。

如果这样的"添加剂"属于"单独的已有化学定义的化合物",则一般归入第二十八章或第二十九章。

如果这样的"助剂"在《协调制度》其他品目已有列名,则按列名的品目归类。例如,用于纺织材料、皮革、毛皮或其他材料的油脂处理制剂,应根据其组成而归入品目 2710 或 3403;用于皮革处理的调制色料应归入第三十二章,等等。

如果这样的"助剂"在《协调制度》其他品目未列名,则应归入品目 3809。

例如,以天然淀粉物质、胶粘物质、明胶、酪蛋白、植物胶或松香等为基料制成的上浆剂;以甘油、咪唑啉衍生物等为基料制成的软化剂;以天然或合成高分子化合物为基料制成的填充剂;以蜡、聚乙二醇的乳剂为基料制成的增光剂,用来增强纺织品表面的光泽;以铵盐为基料制成的阻燃剂;其他还有防皱折剂、防收缩剂、抗水剂、去油剂、增湿剂、上光剂、防水剂等。

【例 2】 以联苯或苯、苯酚、羟基甲苯甲酸衍生物为基料制成的染色助剂

【归类分析】 染色助剂可用来加速印染过程,但染色助剂不是染料,故不能归入第三十二章,应按纺织工业用的"助剂"归入品目 3809。

【例3】以酪蛋白、淀粉、动物胶、纤维素衍生物等制成的黏合剂,用来粘纸张表面涂料混合物中的颜料微粒

【归类分析】该产品尽管叫黏合剂,但并不是用于材料或物体的黏结,而是去除纸张涂料中多余的颜料微粒,故应按造纸工业用的"助剂"归入品目3809。

(四) 用于矿物油的配制"添加剂"的归类

品目3811的添加剂必须符合两个条件:

1. 用于矿物油或与矿物油同样用途的其他液体。这里的"矿物油"包括原油、汽油、润滑油等,而"与矿物油同样用途的其他液体"主要包括以醇类(例如,酒精—汽油混合燃料)为基料的燃料及合成润滑剂(例如,以聚硅氧烷为基本成分制成的润滑剂)。

2. 用以消除(或减少)所不需要的性能,或者赋予(或增强)所需要的性能。例如,用于原油的防腐蚀添加剂,用于汽油的抗震剂、氧化抑制剂、除垢剂、防胶剂(用以防止胶物质在汽化器及发动机入口中形成),用于润滑油的黏度改良剂、去垢剂、分散剂、防锈剂、氧化抑制剂等。

要注意的是,如果这些"添加剂"属于"单独的已有化学定义的化合物",则一般归入第二十八章或第二十九章。

(五) 橡胶或塑料用"添加剂"的归类

品目3812的橡胶或塑料用添加剂,包括橡胶促进剂、橡胶或塑料用增塑剂、橡胶或塑料用抗氧制剂及其他稳定剂,并且它们必须是混合物。如果属于"单独的已有化学定义的化合物",则一般归入第二十八章或第二十九章。例如,用做增塑剂的邻苯二甲酸二辛酯应归入品目2917。

1. 橡胶促进剂又称为硫化促进剂,可缩短硫化时间,降低硫化温度,减少硫化剂用量,提高橡胶的物理性能,如二苯胍、二硫代氨基甲酸盐类、二硫化四烷基秋兰姆、六亚甲基四胺、巯基苯并噻唑等。

2. 增塑剂是在橡胶或塑料工业中,用以提高可塑性和流动性能,并使产品具有柔韧性的添加剂,如邻苯二甲酸二丁酯、邻苯二甲酸二辛酯、磷酸三甲酚酯、癸二酸二辛酯等。

3. 抗氧剂用于防止橡胶或塑料的硬化或老化,如以 N-萘胺为基本成分的制剂等。

4. 其他稳定剂,用于控制反应速度,保持化学平衡,提高橡胶或塑料产品的耐热性、耐光性等。

(六) 其他品目未列名的有机复合溶剂及稀释剂的归类

单独的已有化学定义的溶剂及稀释剂通常归入第二十九章;《协调制度》其他品目已具体列名的溶剂及稀释剂也应归入其相应品目,如石油溶剂归入品目2710,脂松节油或木松节油或硫酸盐松节油归入品目3805,等等。

如果是其他品目未列名的有机复合溶剂及稀释剂则应归入品目3814,如含丙酮、乙酸甲酯、甲醇的混合溶剂,含乙酸乙酯、丁醇、甲苯的混合溶剂,等等。这些有机复合溶剂及稀释剂主要用于配制油漆或用做机械零件等的去油脂剂。

（七）催化剂的归类

能引起或促进化学反应，其自身的组成和数量在反应前后保持不变的物质称为催化剂。催化剂一般具有选择性，即一种催化剂一般只对某一类反应具有明显的加速作用，对其他的反应则加速作用很小或没有加速作用。

1. 催化剂如果纯粹由单独的已有化学定义的化合物组成，则一般归入第二十八章或第二十九章。

2. 催化剂如果纯粹由金属或金属合金组成，则归入第十四类或第十五类。

3. 橡胶硫化用的配制橡胶促进剂，尽管也属于催化剂，但因为品目3815是"其他品目未列名的催化剂"，故应优先归入品目3812。

4. 其他催化剂归入品目3815。例如，由有机过氧化物的有机溶液制成的"自由基催化剂"，由乙酸钙与三氧化锑的混合物制成的"缩聚反应催化剂"；由某些金属化合物为活性物质，分散负载在载体（如活性炭、硅藻土、硅胶、硅化石粉）上制成的"载体催化剂"。

5. 与催化剂相类似的反应引发剂、反应促进剂的归类与催化剂相同。

（八）生产半导体元件的某些材料的归类

根据第二十八章注释八的规定，经掺杂（按比例掺入微量硼、磷等）用于电子工业的化学元素（硅或硒），如果拉制后未经加工或呈圆筒状或棒状，应归入品目2804；如果经进一步加工成圆片、薄片或类似形状，则应归入品目3818。但是，如果再经进一步加工（例如，经选择扩散加工），则应作为半导体元件归入品目8541。

另外，经掺杂（按比例掺入少量锗、碘等）用于电子工业的化合物（硒化镉、硫化镉、砷化铟等）也归入品目3818。

（九）液压传动用液体的归类

闸用液压油及其他液压传动用液体，如果按重量计石油或从沥青矿物提取的油类含量在70%及以上，应归入品目2710；如果不含石油或从沥青矿物提取的油类（例如，由蓖麻油、2-乙氧基乙醇与丁醇混合物组成的液压传动用液体），或者尽管含有石油或从沥青矿物提取的油类，但按重量计石油或从沥青矿物提取的油类的含量低于70%，则应归入品目3819。

（十）实验用试剂的归类

实验用试剂不仅包括诊断试剂，还包括除了用于检测或诊断以外的其他分析试剂。诊断和实验室用试剂可用于医疗、兽医、科研或工业实验室的诊断、分析，使用场所范围很广，包括医院、工厂，甚至还可以在家庭使用。

1. 品目3822的"诊断试剂"与品目3006中的"诊断试剂"的区别在于：前者用于体外（如体外验血、验尿用的试剂），后者用于体内。

2. 归入品目3822的实验用试剂还必须符合下列条件：

（1）附于衬背上。例如，浸渍或涂布了一种或多种诊断或实验用试剂的纸、塑料或者其他材料（作为衬背或载体），如石蕊试纸、pH试纸、极谱纸或预涂布的免疫测定板。

(2) 如果未附于衬背上,则必须是含有一种以上成分的"配制"试剂,否则一般归入第二十八章或第二十九章。

3. 血型试剂(blood grouping reagent)是用于血型鉴定的试剂,归入品目3822,这些试剂直接用于血型试验,根据血细胞或血清的特征来确定血型。

(十一) 工业用脂肪醇等的归类

品目3823包括工业用单羧脂肪酸,精炼所得的酸性油,工业用脂肪醇。

1. 工业用单羧脂肪酸

单羧脂肪酸指由羧基与脂肪烃基连接而成的一元羧酸,包括饱和脂肪酸和不饱和脂肪酸,前者如软脂酸$CH_3(CH_2)_{14}COOH$、硬脂酸$CH_3(CH_2)_{16}COOH$,后者如油酸$CH_3(CH_2)_7CH=CH(CH_2)_7COOH$。

工业用单羧脂肪酸是由天然油、脂经皂化或水解处理后得到的产品,一般由于工业生产中杂质较多,纯度相对不高。所以,纯度在85%以下(以干燥产品的重量计)的油酸及纯度在90%以下(以干燥产品的重量计)的其他脂肪酸,归入品目3823;而经过进一步精炼,纯度在上述标准以上的,则应归入第二十九章的相应品目。

2. 精炼所得的酸性油

对粗榨油进行精炼过程中得到的皂料,经用无机酸分解,即得到游离脂肪酸含量很高的"精炼所得的酸性油"。

3. 工业用脂肪醇

脂肪醇是由羟基与脂肪烃基连接而成的醇,如硬脂醇$CH_3(CH_2)_{16}CH_2OH$、月桂醇$CH_3(CH_2)_{10}CH_2OH$等。

工业用脂肪醇一般由工业脂肪酸经还原反应制得。与上述1相似,归入品目3823的是纯度在90%以下(以干燥产品的重量计)的工业用脂肪醇,而纯度在90%及以上(以干燥产品的重量计)的脂肪醇,则应归入第二十九章的相应品目。

(十二) 生物柴油的归类

根据本章注释七的规定,生物柴油是指从动植物油脂(不论是否使用过)得到的用做燃料的脂肪酸单烷基酯。作为生物柴油归类有三个要素:来源于动植物油脂,做燃料使用,主要成分是脂肪酸单烷基酯。

动植物油脂的主要成分是脂肪酸的甘油酯,通过与某些一元醇(如甲醇、乙醇)酯化反应,从而得到脂肪酸单烷基酯。

如果将生物柴油与石油成品油进行混合,当石油含量≥70%时,应归入品目2710;当石油含量<70%时,应归入品目3826。

(十三) 其他化学产品的归类

不能归入第六类中前面各章的化学产品,又未在本章其他品目列名的化学产品,其归类方法如下:

1. 如果属于化学工业及其相关工业的废物,则应归入品目3825。
2. 其他未列名的化学工业及其相关工业的化学产品,则应归入品目3824。

【例4】以碳酸钠、硅酸钠、鞣酸等为基料制成的防垢剂，用于防止锅炉中水垢的形成

【归类分析】由于不能归入第六类中其他品目，故按"其他品目未列名的化学工业及其相关工业的化学产品"归入品目3824。

【例5】混合惰性气体，其中氙气15%、氦气35%、氖气50%，装于钢瓶

【归类分析】该混合惰性气体为3种稀有气体的混合物，不是单独的元素，不符合第二十八章注释一（一）的规定，不能归入第二十八章，故应作为"未列名的化工产品"归入品目3824。

思考与练习

商品归类题：

1. 安乃近原药，10千克桶装
2. 感冒退热冲剂，含大青叶、板蓝根、连翘等，18克/袋
3. 对苯二甲酸钠
4. 化学纯的乙醇
5. 磷酸钙肥料，50千克装
6. 磷酸氢二铵（NH_4)$_2HPO_4$，5千克包装
7. 洗衣粉用的荧光增白剂
8. 由硫化镉和少量硫酸钡混合而成的黄色颜料
9. 以聚醋酸乙烯酯为基本成分，加上颜料、有机溶剂制的防锈漆
10. 苦杏仁油
11. 剃须膏
12. 美容香皂
13. 500毫升瓶装洗涤精，用于清洗餐具
14. 500毫升瓶装空气清新剂
15. 湿纸巾，将无纺布用含有有机表面活性剂的化学成分处理后再经灭菌处理而成，零售包装
16. 500毫升瓶装羊毛衫洗涤剂
17. 彩色135胶卷，35毫米×156厘米
18. 彩色显影液
19. 医用X光片，规格20厘米，成卷
20. 由70%邻苯二甲酸二辛酯和30%邻苯二甲酸二壬酯制的增塑剂

第七类 塑料及其制品；橡胶及其制品

【内容提要】

塑料、橡胶在生产、生活和进出口贸易中，占有非常重要的地位。在本类中，将学习以下内容：

1. 熟悉在《协调制度》中作为材料的分类特点；
2. 根据塑料、橡胶的各种形状判断其加工程度；
3. 各种常见塑料、橡胶的归类。

其中，重点是初级形状的共聚物和聚合物混合体的归类。

塑料和橡胶是有机高分子物质，其分子量从几千到几十万甚至几百万。高分子由于分子量很大，分子间作用力的情况与低分子大不相同，所以具有与低分子不同的物理和化学性能（如强度、韧性、弹性等）。

本类只有两章，即"塑料及其制品"（第三十九章）和"橡胶及其制品"（第四十章）。

本类的有机高分子物质除天然的以外，是以第六类中的第二十九章的有机化合物为原料聚合得到的。例如，用品目2901（第六类）的乙烯为原料聚合可得到品目3901（第七类）的聚乙烯塑料粒子。反之，第六类某些章的有关品目的化工产品是由本类的有机高分子物质为原料配制得到的。例如，以橡胶（第七类）、有机溶剂、填料和其他添加剂配制得到的调制黏合剂应归入品目3506（第六类）；以合成树脂（第七类）、有机溶剂、颜料、干燥剂、填充剂等配制得到的油漆应归入品目3208（第六类）。

塑料和橡胶作为材料，经加工所得到的制品在很多情况下并不能归入本类，而应归入其他有关类。例如，塑料制仿首饰应归入品目7117（第十四类），塑料制的表壳应归入品目9111（第十八类），橡胶制的帽子应归入品目6506（第十二类），具体情况由第三十九章注释二和第四十章注释二的"排除条款"决定。

第三十九章　塑料及其制品

一、本章商品范围

塑料是指品目3901至3914的材料，这些材料能够在聚合时或聚合后在外力（一般是热力和压力，必要时加入溶剂或增塑剂）作用下通过模制、浇铸、挤压、滚轧或其他工序制成一定的形状，成形后除去外力，其形状仍保持不变。

塑料的种类很多，各有其特殊的物理、化学等性能，分类方法也多种多样。

按照用途的不同，塑料可分为通用塑料和工程塑料。前者用途广、产量大、价格低，如聚乙烯、聚丙烯、聚氯乙烯、聚苯乙烯、聚氨酯等；后者适用于工程结构、机械部件、化工设备等工业用途，如聚碳酸酯、聚酰胺、ABS树脂等。

按照受热后的性能，塑料可分为热塑性塑料和热固性塑料。前者可反复加热软化成形而制成制品，如聚乙烯、聚苯乙烯、聚酰胺等；后者可通过或已通过化学或物理方法（例如，加热）制成不熔性产品，如环氧树脂、不饱和聚酯等。

本章包括塑料及其制品，根据塑料的加工而分为两个分章：第一分章包括初级形状的聚合物，第二分章包括废碎料及下脚料、半制品及制成品。

在第一分章中，根据聚合物取得的不同而分为合成聚合物与天然聚合物（包括经化学处理的天然聚合物）。

在第二分章中，品目3915包括塑料的废碎料及下脚料；品目3916至3925包括塑料的半制品或列名的塑料制品；品目3926是"篮子"品目，它包括其他品目未列名的塑料制品。

本章按加工程度排列，其结构规律如下：

```
┌初级形状 3901~3914 ┌合成 ·················································· 3901~3911
│                   │天然 ┌纤维素 ············································ 3912
│                   │     └其他 ·············································· 3913
│                   └离子交换剂 ············································· 3914
┤废料 ······················································································ 3915
│半制品 ················································································· 3916~3921
└制成品 ················································································· 3922~3926
```

二、本章商品归类方法

(一) 初级形状的聚合物的归类

品目 3901 至 3914 是初级形状的聚合物，根据本章注释六的规定，这里的"初级形状"是指：

1. 液状及糊状，包括分散体（乳浊液及悬浮液）及溶液；
2. 不规则形状的块、团、粉（包括压型粉）、颗粒、粉片及类似的散装形状。

但是，根据本章注释二（五）的规定，如果品目 3901 至 3913 的产品溶于挥发性有机溶剂，并且溶剂的重量超过溶液重量的 50%，这样形成的溶液（胶棉除外）应归入品目 3208。

聚合物根据来源不同，可分为合成聚合物与天然聚合物。

1. 合成聚合物归入品目 3901~3911

（1）定义

合成聚合物是指将有机单体物质（低分子）加以聚合（化学合成）而制得的聚合物（高分子）。

根据本章注释三的规定，只有符合下列条件，才能按合成聚合物归入品目 3901 至 3911：

①温度在 300℃ 时，压力转为 1013 毫巴后减压蒸馏出的液体合成聚烯烃以体积计<60% 的货品（品目 3901 及 3902）；

②非高度聚合的苯并呋喃—茚树脂（品目 3911）；

③平均至少有五个单体单元的其他合成聚合物；

④聚硅氧烷（品目 3910）；

⑤甲阶酚醛树脂（品目 3909）及其他预聚物。

这里的预聚物又称预聚体，是单体经初步聚合的产物，预聚物一般不直接使用，用在单体难以一次完全聚合成聚合物而需要先制成预聚物，再进一步聚合后，成为更高分子量的聚合物。预聚物的聚合度较小，根据上述规定，预聚物按聚合物归类。

【例1】商品名为"平平加 O"的化工品

【归类分析】经查资料，该商品的分子结构为 $RO(CH_2CH_2O)_nCH_2CH_2OH$，其中 $R=C_{12}\sim_{18}$ 烷基，$n=15\sim16$。由于其单体单元（$n=15\sim16$）超过五个，故该商品是一种合成聚合物。

但根据第三十九章注释二（六）的规定，由于该商品是一种有机表面活性剂，故应归入品目 3402。

(2) 分类

聚合物可分为均聚物与共聚物。前者由一种单体聚合而成,例如,由乙烯聚合而成的聚乙烯;后者由两种或两种以上的单体共同聚合,生成同一高分子结构中含有两种或两种以上单体单元的聚合物,例如,由乙烯与丙烯聚合而成的乙烯—丙烯共聚物。

但是,根据本章注释四的规定,"所称'共聚物',包括在整个聚合物中按重量计没有一种单体单元的含量在95%及以上的各种聚合物",因此,在《协调制度》中,由96%的丙烯单体单元及4%的乙烯单体单元组成的聚合物,不属于共聚物(有关单体、单体单元的概念见阅读材料)。

(3) 均聚物的归类

由于本章3901~3911的品目列名很大部分是按聚合物的单体来列名的,故均聚物的归类相对比较简单。

【例2】聚乙烯

【归类分析】聚乙烯是一种均聚物,其单体是乙烯,属于乙烯聚合物,故如果是初级形状的聚乙烯应归入品目3901"初级形状的乙烯聚合物"。

【例3】聚四氟乙烯

【归类分析】聚四氟乙烯是一种均聚物,其单体是四氟乙烯,而四氟乙烯属于卤化烯烃,故初级形状的聚四氟乙烯应归入品目3904"初级形状的氯乙烯或其他卤化烯烃聚合物"。

(4) 共聚物的归类

①品目的确定

根据本章注释四的规定,除条文另有规定的以外,共聚物应按聚合物中重量最大的那种共聚单体单元所构成的聚合物归入相应品目。为此,聚合物所含的归入同一品目的共聚单体单元,应整体视作一种单一的共聚单体单元对待。如果没有任何一种共聚单体单元重量为最大,则共聚物应按号列顺序归入其可归入的最末一个品目。具体方法为:首先将属于同一品目下的单体单元的含量相加,然后按含量高的品目归类,如果含量相等则"从后归类"。

【例4】初级形状的氯乙烯—乙酸乙烯酯共聚物,其中氯乙烯单体单元占55%(重量百分比)

【归类分析】因为氯乙烯单体单元的聚合物归入品目3904"初级形状的氯乙烯或其他卤化烯烃聚合物",乙酸乙烯酯单体单元的聚合物归入品目3905"初级形状的乙酸乙烯酯或其他乙烯酯聚合物",现氯乙烯单体单元的含量超过了乙酸乙烯酯单体单元,故应归入品目3904。但如果含有55%的乙酸乙烯酯单体单元,则归入品目3905。

【例5】由45%乙烯、35%丙烯及20%异丁烯的单体单元组成的初级形状的共聚物

【归类分析】由于丙烯及异丁烯单体单元的聚合物均归入品目3902"初级形状的丙烯或其他烯烃聚合物",两者合起来占共聚物的55%,超过了乙烯单体单元(其所构成的聚合物归入品目3901"初级形状的乙烯聚合物"),故应归入品目3902。

②子目的确定

子目的归类应先判断在同级子目中是否有列名为"其他"的子目。

例如,品目3901项下有一级子目3901.9"其他",而品目3909项下则没有列名为"其他"的一级子目。

其他级别的子目也是如此。例如,一级子目3904.6"氟聚合物"项下由于有二级子

目3904.69 "其他"，则一级子目3904.6项下二级子目的归类同样应符合以下A部分的相关规定。

【例6】 请判断品目3907项下的一级子目中是否有列名为"其他"的子目

【归类分析】 品目3907的列目如下（仅列出一级子目）：

3907　初级形状的聚缩醛、其他聚醚及环氧树脂；初级形状的聚碳酸酯、醇酸树脂、聚烯丙基酯及其他聚酯：

　　10 — 聚缩醛

　　20 — 其他聚醚

　　30 — 环氧树脂

　　40 — 聚碳酸酯

　　50 — 醇酸树脂

　　60 — 聚对苯二甲酸乙二酯

　　70 — 聚乳酸

　　90 — 其他聚酯

由于该品目包括很多类聚合物，而聚酯只是其中一类，故这里的"其他聚酯"只是聚酯中的"其他"子目，而不是整个品目的"兜底"子目，故品目3907项下的一级子目中没有列名为"其他"的子目。

A. 在同级子目中有一个"其他"子目的

a. 子目所列聚合物名称冠有"聚"字的（例如，聚乙烯及聚酰胺-6,6），是指列名的该种聚合物单体单元含量在整个聚合物中按重量计必须占95%及以上。

【例7】 由15%乙烯、85%氯乙烯的单体单元组成的初级形状的共聚物

【归类分析】 由于子目3904.10"聚氯乙烯，未掺其他物质"和3904.20"其他聚氯乙烯"都是指氯乙烯单体单元必须占95%及以上，而该产品中的氯乙烯单体单元只占85%，故应归入子目3904.4000"其他氯乙烯共聚物"。

b. 子目中有具体列名的共聚物（如子目3901.9010的乙烯—丙烯共聚物，子目3903.3000的丙烯腈—丁二烯—苯乙烯，但子目3904.4000的其他氯乙烯共聚物不属于这种情况），是指该种共聚单体单元含量在整个聚合物中按重量计占95%及以上。

【例8】 由61%的氯乙烯、35%的乙烯乙酸酯和4%的马来酐的单体单元组成的初级形状的共聚物

【归类分析】 由于氯乙烯和乙烯乙酸酯两者的单体单元含量合计在整个聚合物占96%，故应归入具体列名的子目3904.3000"氯乙烯—乙烯乙酸酯共聚物"。

【例9】 由60%的苯乙烯、30%的丙烯腈和10%的甲苯乙烯的单体单元组成的初级形状的共聚物

【归类分析】 由于苯乙烯和丙烯腈两者的单体单元含量合计在整个聚合物中仅占90%，没有达到95%，故不能归入子目3903.2000"苯乙烯—丙烯腈共聚物"，而应归入子目3903.9000"其他"。

c. 其他共聚物，应按聚合物中重量最大的那种单体单元所构成的聚合物归入该级其他相应子目（归入同一子目的聚合物单体单元应作为一种单体单元对待）。

具体方法为：首先将属于同一级子目下的单体单元的含量相加，然后按含量高的子目归类，如果含量相等则"从后归类"。

【例10】由40%的乙烯和60%的丙烯的单体单元组成的初级形状的乙烯—丙烯共聚物

【归类分析】由于丙烯单体单元超过了乙烯单体单元,并且丙烯单体单元没有达到95%,故应作为一种丙烯共聚物归入一级子目3902.30"丙烯共聚物",然后按列名归入三级子目3902.3010"乙烯—丙烯共聚物"。

【例11】由45%的乙烯、35%丙烯和20%的异丁烯的单体单元组成的初级形状的共聚物

【归类分析】由于丙烯单体单元超过了异丁烯单体单元,故应归入一级子目3902.30"丙烯共聚物",又由于乙烯和丙烯单体单元含量合计在整个聚合物中仅占55%,没有达到95%,故不能归入三级子目3902.3010"乙烯—丙烯共聚物",只能归入三级子目3902.3090"其他"。

B. 在同级子目中没有列名为"其他"子目的

当同级子目中没有列名为"其他"子目时,共聚物在归入子目时直接按聚合物中重量最大的那种单体单元所构成的聚合物归入该级相应子目(归入同一子目的聚合物单体单元应作为一种单体单元对待)。

具体方法为:首先将属于同一级子目下的单体单元的含量相加,然后按含量高的子目归类,如果含量相等则"从后归类"。

【例12】含有聚碳酸酯和聚对苯二甲酸乙二酯的单体单元的初级形状的共聚物

【归类分析】含有聚碳酸酯和聚对苯二甲酸乙二酯的单体单元的初级形状的共聚物,如果前者单体单元大于后者单体单元,则应归入子目3907.40"聚碳酸酯";如果后者单体单元大于前者或两者相等,则应归入子目3907.60"聚对苯二甲酸乙二酯",因为在一级子目中没有列名为"其他"的子目。

(5) 聚合物混合体的归类

聚合物混合体是指由两种或两种以上不同的聚合物(既可以是均聚物,也可以是共聚物)通过机械混合而形成的产物。例如,将聚乙烯与聚丙烯按一定比例混合在一起就属于一种聚合物混合体。

①品目的确定

根据本章注释四的规定,除条文另有规定的以外,聚合物混合体与共聚物一样,也应按聚合物中重量最大的那种共聚单体所构成的聚合物归入相应品目。

【例13】由重量百分比为60%的聚苯乙烯与40%的聚乙烯组成的初级形状的聚合物混合体

【归类分析】聚苯乙烯属于品目3903"初级形状的苯乙烯聚合物",聚乙烯属于品目3901"初级形状的乙烯聚合物",由于苯乙烯单体单元的含量超过了乙烯单体单元的含量,故应归入品目3903。

②子目的确定

根据本章子目注释一的规定,聚合物混合体应按单体单元比例相等、种类相同的聚合物归入相应子目。

A. 在同级子目中有一个"其他"子目的

具体方法与共聚物归类方法相类似。

【例14】由重量百分比为96%的聚乙烯和4%的聚丙烯组成,比重大于0.94的初级形状的聚合物混合体

【归类分析】由于乙烯单体单元占整个聚合物含量的95%以上，故应归入子目3901.2000"聚乙烯，比重在0.94及以上"。

【例15】由重量百分比为70%的聚苯乙烯与30%的聚丙烯腈组成的初级形状的聚合物混合体

【归类分析】由于苯乙烯和丙烯腈两者的单体单元含量合计在整个聚合物超过了95%，故应归入具体列名的子目3903.2000"苯乙烯—丙烯腈共聚物"。

【例16】由重量百分比为60%的聚酰胺-6和40%的聚酰胺-6,6组成的初级形状的聚合物混合体

【归类分析】由于聚合物中两者都属于子目3908.1000"聚酰胺-6、-11、-12、-6,6、-6,9、-6,10或-6,12"，但两者的单体单元含量均未达到整个聚合物含量的95%及以上，故应归入子目3908.9000"其他"。

B. 在同级子目中没有列名为"其他"子目的

具体方法与共聚物归类方法相类似。

【例17】由重量百分比为80%的聚碳酸酯和20%的聚对苯二甲酸乙二酯组成的初级形状的聚合物混合体

【归类分析】由于聚碳酸酯属于一级子目3907.4000，聚对苯二甲酸乙二酯属于一级子目3907.60，但在一级子目中没有列名为"其他"的子目，故应按单体单元最高的聚碳酸酯归入子目3907.4000。

（6）化学改性聚合物的归类

化学改性聚合物是指聚合物主链上的支链通过化学反应发生了变化的聚合物。例如，聚乙烯经氯化反应（化学改性）得到的氯化聚乙烯。其归类方法如下：

①品目的确定

根据本章注释五的规定，化学改性聚合物应按未改性的聚合物的相应品目归类。例如，氯化聚乙烯应按未改性的聚乙烯归入品目3901。

②子目的确定

子目的归类同样根据在同级子目中是否有列名为"其他"的子目而不同。

A. 在同级子目中有一个"其他"子目的

根据本章子目注释一（一）3的规定，当在同级子目中有子目"其他"时，化学改性聚合物如无具体列名，应归入子目"其他"。

【例18】氯化聚乙烯

【归类分析】由于在品目3901项下有一级子目3901.90"其他"，且无氯化聚乙烯的具体列名，故化学改性的氯化聚乙烯应先归入一级子目3901.90，再归入三级子目3901.9090"其他"。

B. 在同级子目中没有列名为"其他"子目的

根据本章子目注释一（二）2的规定，当在同级子目中没有子目"其他"时，化学改性聚合物则只能按相应的未改性聚合物的子目归类。

【例19】乙酰化酚醛树脂

【归类分析】乙酰化酚醛树脂属于酚醛树脂的化学改性聚合物，因为在品目3909项下没有一级子目"其他"，所以化学改性的乙酰化酚醛树脂应按未改性的酚醛树脂归入子目3909.4000"酚醛树脂"。

2. 天然聚合物归入品目 3912~3913

与合成聚合物不同，天然聚合物不是由低分子聚合得到的高分子聚合物，而是指天然的高分子聚合物与经化学改性加工的天然高分子聚合物，包括：

（1）纤维素及其化学衍生物

纤维素是高分子聚合物，来源于木材、棉花、棉短绒、麦草、稻草、芦苇、麻、甘蔗渣等。一般是将这些原料用亚硫酸盐或碱溶液经过一系列处理而制得纤维素。

纤维素的化学衍生物（即化学改性的纤维素）是将纤维素通过一定的化学反应而得到的产物，主要包括两类：纤维素醚与纤维素酯。例如，纤维素酯中比较重要的乙酸纤维素（又称醋酸纤维素），是以乙酸酐和乙酸在催化剂（例如，硫酸）存在的情况下处理纤维素（通常是棉籽绒或溶解级化学木浆）而制得。其他纤维素酯还有硝酸纤维素（硝化纤维素）、乙酸丁酸纤维素及丙酸纤维素等。

纤维素醚中比较重要的有羧甲基纤维素、甲基纤维素、羟乙基纤维素、乙基纤维素等。

（2）其他

具体包括：

①其他品目未列名的天然聚合物。例如，藻酸（主要存在于海藻中的一种多糖醛酸）、葡聚糖（一种由葡萄糖结合而成的多糖）、糖原（又称牲粉、动物淀粉，是由葡萄糖结合而成的一种支链多糖）、壳多糖（主要存在于动物贝壳中的一种多糖）及木质素（存在于植物中的一种芳香族高分子化合物）等。

②其他品目未列名的化学改性天然聚合物。例如，硬化蛋白质、天然橡胶的化学衍生物（氯化橡胶、盐酸橡胶、氧化橡胶）等。

3. 离子交换剂归入品目 3914

归入品目 3914 的是以品目 3901 至 3913 的聚合物为基本成分的初级形状的离子交换剂。

离子交换剂是含有活性离子基团（通常有磺基、羧基、酚基或氨基）的交联聚合物，一般为颗粒状。这些活性离子基团使聚合物与电能溶液接触时能够用自己的离子与溶液中所含的离子（相同的正或负离子）交换。可用于水的软化，牛奶的软化，色谱分析，从酸溶液中回收铀，从肉汤培养基中回收链霉素，以及其他各种工业用途。

【例20】 苯乙烯系强碱性季胺Ⅰ型阴离子交换剂，由苯乙烯与二乙烯苯进行悬浮共聚，然后在催化剂作用下与氯甲醚进行反应，再与三甲胺进行胺化反应，即可制得阴离子交换剂，其外观为淡黄色至金黄色球状颗粒，主要用于水处理，还可用于糖的精制和脱色等方面

【归类分析】 该产品是聚合物形成的阴离子交换剂，符合品目 3914 的规定，故应归入品目 3914。

（二）塑料的废碎料及下脚料的归类

明显不能再作为原用途使用的破损塑料物品，以及制造加工过程中产生的废料（刨花、粉屑、边角料等）应作为塑料的废碎料及下脚料归入品目 3915。

但是，根据本章注释七的规定，如果由单一种类的热塑性材料的废碎料及下脚料加工成初级形状，则不再归入品目 3915，而是归入品目 3901 至 3914 的相应品目。

【例21】 由回收的饮料瓶（材质是聚对苯二甲酸乙二酯）打碎后再重新制成的废料

粒子

【归类分析】通过查阅资料得知，聚对苯二甲酸乙二酯属于热塑性塑料，并且该回收瓶料只有聚对苯二甲酸乙二酯一种材料，故根据本章注释七的规定，由这样的废料加工成的粒子（初级形状）应归入品目 3907。

（三）塑料的半制品的归类

半制品是指加工成以下形状的塑料产品：

1. 单丝（截面直径超过 1 毫米），归入品目 3916，而截面直径不超过 1 毫米的单丝应作为化学纤维长丝归入第五十四章。

2. 条、杆、型材及异型材，是具有相同或重复横截面的产品，不论是否经表面加工，但未经其他加工，归入品目 3916。

3. 管及其附件（例如，接头、肘管、法兰），归入品目 3917。

根据本章注释八的规定，所称"管子"是指：

（1）香肠用肠衣（不论是否捆扎或经其他进一步加工的）及其他扁平管。

（2）一般用于输送、引流或分配气体或液体的中空制品（例如，园艺用波纹管、多孔管），不论是半制品或制成品，只要其内横截面为圆形、椭圆形、矩形（长宽比不超过 1.5 倍）及正多边形；不符合该条件的，应作为异型材归入品目 3916。

对于塑料管子要求满足用于输送、引流或分配气体或液体这一条件，目前还存在一定争议。实践中一般掌握除非塑料管不能用于输送气体或液体（如易泄漏，一般比较少见），否则只要满足上述管子的外形特征即可按塑料管归类，原因是塑料管是否实际用于输送气体或液体以及塑料管是否还可以转用于其他用途，不在海关监管范围之内。

4. 扁平形状（表观宽度不超过 5 毫米的扁条应归入第五十四章），具体为：

（1）铺地品与糊墙品，归入品目 3918。

（2）自粘的（3918 以外），归入品目 3919。这里的"自粘"是指塑料表面（单面或双面）涂有胶水（黏合剂），在常温下无需润湿或加入其他助剂，仅用手指或手按压，即可永久牢固地粘着在其他物体上。

（3）其他，非泡沫及未用其他材料强化、层压、支撑或用类似方法合制的，归入品目 3920。

（4）其他，归入品目 3921。

其中，品目 3918 的铺地品是成卷或砖瓦状的；品目 3919 并不限定表面形状；品目 3920~3921 仅指未切割或只简单切割成矩形（包括正方形）的板、片、带、膜、箔及正几何形块（根据本章注释十），而如果切割成矩形（包括正方形）以外的其他形状，一般应按塑料制品归类。

【例22】如图7-1所示的塑料板,已根据餐桌的尺寸裁剪成1.8米×1.2米规格

图7-1 餐桌用矩形塑料板

【归类分析】该塑料板切割成矩形,属于塑料半制品,故应归入品目3920。

【例23】如图7-2所示的塑料鼠标垫

图7-2 塑料鼠标垫

【归类分析】该鼠标垫由于已经成为制品形状,故不能按塑料板归入品目3920,而应按塑料制品归入品目3926。

(四)塑料的制成品的归类

塑料的制成品基本上是按照该制品的用途归类的。

1. 卫生洁具,归入品目3922。

归入该品目的卫生洁具一般永久固定于房舍内或某一地点上,通常与供水系统或下水道相连接,如浴缸、洗涤槽;还包括类似规格及用途的其他卫生洁具,如便携式坐浴盆、婴儿浴盆及野营用的盥洗设备。但肥皂盘、毛巾架、牙刷架、卫生纸架、毛巾钩等则不能作为本品目的卫生洁具,它们如果是供永久固定安装在墙内、墙上或建筑物的其他地方,应归入品目3925"建筑用品",否则归入品目3924"盥洗用具"。

2. 包装或运输用品,归入品目3923。

归入该品目的包括容器(例如,盒、箱、包、桶、罐、瓶等)、卷轴、纡子、筒管及类似品,另外还有塞子、盖子及类似品。

3. 餐具(例如,餐盘、汤碗、刀、叉等)、厨房用具(例如,水盘、厨用壶、贮藏罐、擀面杖等)、其他家庭用具(例如,烟灰缸、热水瓶、垃圾箱、窗帘、台布等)及卫生或盥洗用具(例如,痰盂、便盆、肥皂盘、毛巾架、牙刷架、卫生纸架等),归入品目3924。

4. 建筑用品(符合本章注释十一规定的建筑用塑料制品,例如,门、窗及其框架,阳台、栏杆、窗板、百叶窗等),归入品目3925。

5. 其他(即其他品目未列名的塑料制品,例如,围裙、腰带、雨衣、小雕塑品及其他装饰品、螺丝、螺栓等),归入品目3926。

（五）配套的货品的归类

根据本类注释一的规定，对于由两种或两种以上单独成分配套的货品，其部分或全部成分属于本类范围以内，混合后则构成第六类或第七类的货品，应按混合后产品归入相应的品目，但其组成成分必须同时符合下列条件：

1. 其包装形式足以表明这些成分不需经过改装就可以一起使用的；
2. 一起报验的；
3. 这些成分的属性及相互比例足以表明是相互配用的。

【例24】由两种组分配套的胶粘剂，甲组分为聚氨酯预聚体，乙组分为丙三醇、蓖麻油等成分，两者配合使用，起密封作用

【归类分析】如果甲、乙组一起报验，它们的包装形式也是明显一起使用的（不需经过改装），则符合本类注释一的规定，应按照甲、乙组分混合后构成的货品——胶粘剂，归入品目3214（第六类）。

（六）塑料与织物及其他材料的复合物的归类

塑料与纺织品的复合制品及塑料与纺织品以外其他材料（例如木材、纸张、金属）的复合制品的归类，基本原则是判断以哪种材料为主，则按该种材料归类，当然这种判断可能是比较复杂的，参见本教材有关类、章的内容。

第四十章 橡胶及其制品

一、本章商品范围

本章包括橡胶（包括天然橡胶、巴拉塔胶、古塔波胶、银胶菊胶、糖胶树胶及类似的天然树胶、合成橡胶、从油类中提取的油膏）原料、半制品及制品。

本章商品按加工程度排列，其结构规律如下：

```
                    ┌ 生橡胶 ┌ 天然橡胶 ················ 4001
                    │        └ 合成橡胶 ················ 4002
          ┌ 初级形状或板片带 ┤ 再生橡胶 ················ 4003
          │         │ 橡胶废料 ························ 4004
   未硫化 ┤         └ 复合橡胶 ························ 4005
          │
          └ 其他形状 ································· 4006
   已硫化 ┌ 硫化橡胶 ······························· 4007~4016
          └ 硬质橡胶 ····································· 4017
```

二、本章商品归类方法

（一）未硫化橡胶的归类

未硫化橡胶应按照橡胶的分类及加工的形状进行归类。

1. 形状的判定

（1）初级形状

根据本章注释三的规定，品目4001、4002、4003及4005所称"初级形状"，只限于下列形状：

①液状及糊状，包括胶乳（不论是否预硫化）及其他分散体和溶液；

②不规则形状的块、团、包、粉、粒、碎屑及类似的散装形状。

但是，根据本章注释五（一）的规定，由于品目4001、4002不适用于与有机溶剂相混合的橡胶，因此品目4001、4002不包括上述"其他分散体和溶液"这样的"形状"。

（2）板、片、带

根据本章注释九的规定，品目4001、4002、4003、4005所称"板""片""带"，仅指未切割或只简单切割成矩形（包括正方形）的板、片、带及正几何形块，不论是否具有成品的特征，也不论是否经过印制或其他表面加工（例如，印制、压纹、整体着色、表面着色），但未切割成其他形状或进一步加工。

2. 橡胶的分类

（1）天然橡胶

天然橡胶由从含橡胶的植物（主要是三叶橡胶）得到的胶乳经加工而成。其化学成分是高分子量的聚异戊二烯。

①天然胶乳的采集

天然胶乳是由橡胶树经"割胶"流出的乳白色液体。胶乳存在于橡胶树皮内的乳管中，采集时，割开一个切口，由于乳管被割破，胶乳便沿着割线方向向下流出。由于天然胶乳在割采后几小时便会自行凝结，为了使其稳定，防止变腐或凝结，以利保存，因此需要加入一定量的氨进行稳定，然后送往浓缩胶乳厂和干胶制胶厂。

②制胶方法和分类

A. 天然胶乳由于制胶方法的不同，可以制成浓缩胶乳、烟胶片、白绉片或褐绉片、风干胶片、技术分类天然橡胶等。此外，还可以制成黏度稳定橡胶、易操作橡胶、纯化天然橡胶、充油天然橡胶、炭黑共沉橡胶等。

a. 浓缩胶乳：为了便于运输，用各种方法（例如，离心法、蒸浓法、澄清法等）浓缩而制得。

b. 烟胶片：将天然胶乳用酸（例如，加入1%的乙酸或0.5%的甲酸）使其凝结，即可获得板块状或连续带状的凝结胶乳。然后，根据加工方法不同，可得到不同的产品。如将胶条送入滚轧机，轧出条纹（目的是增加蒸发面以利于干燥），当胶条从滚轧机出来时即切成片，然后将胶片放入烟熏室（烟熏的目的是使胶片干燥）进行烟熏，所得到的产品即为烟胶片。

c. 风干胶片：胶乳中加入化学催干剂，然后加酸凝固、压片、风干，所得到的产品即为风干胶片。由于其颜色比烟胶片浅，适用于制浅色橡胶产品。

d. 绉片：分为白绉片和褐绉片。白绉片是在胶乳中加入漂白脱色剂，然后加酸凝固、压片、热空气干燥，适用于制浅色橡胶产品；褐绉片是用比较差的天然胶乳原料（如落地胶），再经凝固、压片、干燥而制得，质量较差，只能用来做质量要求不高的橡胶产品。

e. 技术分类天然橡胶（TSNR）：由胶乳经凝固，加工成颗粒状，再经处理、检验并按照一定要求分成不同质量等级。判断是否是技术分类天然橡胶,必须凭随附的生产国主管当局出具的检验证书,列明橡胶的等级、规格及检验结果。

B. 天然橡胶通过采取一些特定的技术措施,可以进一步改善原来存在的某些缺点,以提高其加工性能和质量。但是对于这些未硫化的初级形状或板、片、带形状的天然橡胶,在归类时应注意:

根据本章注释五的规定:

"(一) 品目 40.01 及 40.02 不适用于任何凝结前或凝结后与下列物质相混合的橡胶或橡胶混合物:

1. 硫化剂、促进剂、防焦剂或活性剂(为制造预硫胶乳所加入的除外);
2. 颜料或其他着色料,但仅为易于识别而加入的除外;
3. 增塑剂或增量剂(用油增量的橡胶中所加的矿物油除外)、填料、增强剂、有机溶剂或其他物质,但以下(二)款所述的除外;

(二) 含有下列物质的橡胶或橡胶混合物,只要仍具有原料的基本特性,应归入品目 40.01 或 40.02:

1. 乳化剂或防粘剂;
2. 少量的乳化剂分解产品;
3. 微量的下列物质:热敏剂(一般为制造热敏胶乳用)、阳离子表面活性剂(一般为制造阳性胶乳用)、抗氧剂、凝固剂、碎裂剂、抗冻剂、胶溶剂、保存剂、稳定剂、黏度控制剂或类似的特殊用途添加剂。"

【例1】炭黑共沉橡胶颗粒

【归类分析】炭黑共沉橡胶是由天然胶乳与炭黑共沉淀而制得,因而不能归入品目 4001,而应作为"未硫化的复合橡胶"归入品目 4005。

但下列天然橡胶由于只是加入了微量的本章注释五(二)所允许的添加剂,并且仍具有原料的基本特性,故仍然可以归入品目 4001:热敏性胶乳、阳性胶乳、抗冻天然胶乳、恒粘橡胶、易操作橡胶、纯化橡胶、胶清橡胶、抗结晶橡胶等。

(2) 合成橡胶

为了补充天然橡胶的不足,可用化学合成的方法生产合成橡胶。合成橡胶由单体聚合而成。例如,丁苯橡胶是由苯乙烯与丁二烯聚合而成,氯丁橡胶是由 2-氯-1,3-丁二烯聚合而成,丁腈橡胶是由丁二烯与丙烯腈聚合而成。

根据本章注释四的规定,下列物质才能作为合成橡胶:

①不饱和合成物质,符合章注四第(一)款关于硫化、延伸及回复要求的(用硫磺硫化使其不可逆地变为非热塑物质,这种物质能在 18℃~29℃ 之间被拉长到其原长度的三倍而不致断裂,拉长到原长度的两倍时,在五分钟内能回复到不超过原长度的一倍半)。

例如,氯丁橡胶是由 2-氯-1,3-丁二烯聚合而成的不饱和合成物质,其分子结构为 $\left[CH_2-\underset{\underset{Cl}{|}}{C}=CH-CH_2\right]_n$。其他还有很多的不饱和合成物质,如丁苯橡胶、丁二烯橡胶、丁基橡胶、丁腈橡胶、异戊二烯橡胶、乙丙非共轭二烯橡胶、丙烯腈—异戊二烯橡胶等。所有这些物质必须符合上述关于硫化、延伸及回复的要求,才能作为合成橡胶归类。

②聚硫橡胶(TM),这是一种饱和合成物质,由脂族二卤化物与多硫化钠反应制得。

③下列各种产品,只要其符合章注四第(一)款关于硫化、延伸及回复的要求:

A. 改性天然橡胶,将橡胶与塑料接枝共聚或混合而制得。此类橡胶通常是在聚合催化剂作用下使可聚合单体固定在橡胶上,或使天然橡胶胶乳和合成聚合物胶乳共沉淀制得。

例如,将天然橡胶胶乳与甲基丙烯酸甲酯进行接枝共聚,所得共聚物就属于这种情况。

B. 解聚天然橡胶,在特定的温度下进行机械加工(捶击)而制得。根据分子量的大小,呈油膏至蜂蜜状,其物理机械性能大幅度降低。

C. 不饱和合成物质与饱和合成高聚物的混合物。例如,丁腈橡胶和聚氯乙烯的混合物。

此外,未硫化的初级形状或板、片、带形状的合成橡胶,归类时与天然橡胶相类似,同样也应按照本章注释五的规定,确定在什么情况下可归入品目4002,在什么情况下应作为复合橡胶归入品目4005。

【例2】充油丁苯橡胶

【归类分析】充油丁苯橡胶是在丁苯胶乳中加入环烷油或芳烃油共凝聚而制得,根据章注五的规定,可以归入品目4002。

【例3】丁苯炭黑母胶块

【归类分析】丁苯炭黑母胶是在丁苯胶乳中加入炭黑共凝聚而制得,根据章注五的规定,不能归入品目4002,而应作为"未硫化的复合橡胶"归入品目4005。

(二)硫化橡胶的归类

硫化是指橡胶大分子与硫磺或其他硫化剂(例如,氯化硫)发生化学反应,交联成为立体网状结构,使橡胶从主要为塑性状态转化为弹性状态的过程。硫化是橡胶加工中的一道重要工序,橡胶经过硫化,可以得到定型的具有实用价值的橡胶制品。为了进行硫化,除加入硫化剂外,通常还要加入其他物质,如促进剂、活性剂、防焦剂、增塑剂、增量剂、填料、增强剂及其他本章注释五(二)款所述的添加剂。经过硫化后的橡胶称为硫化橡胶。

硫化橡胶(包括半制品和制品,不包括硬质橡胶)按照其加工形状的不同及用途的不同而归入4007~4016的相关品目。

1. 半制品

(1)线、绳

根据本章注释七的规定,品目4007的硫化橡胶线,其任一截面的尺寸应不超过5毫米。如果其任一截面的尺寸超过5毫米,应作为带、杆或型材及异型材归入品目4008。

绳是由多股线组成的,不论其每股线的粗细程度如何。

(2)板、片、带

根据本章注释九的规定,品目4008所称"板""片""带",其含义与品目4001、4002、4003、4005中一样,仅指未切割或只简单切割成矩形(包括正方形)的板、片、带及正几何形块,不论是否具有成品的特征,也不论是否经过印制或其他表面加工(例如,印制、压纹、整体着色、表面着色),但未切割成其他形状或进一步加工。

【例4】成卷的橡胶门垫,商场出售时按购买者所需要的尺寸裁剪

【归类分析】该门垫仅通过将硫化橡胶板切成长方形而制得,故不应按橡胶制品归入品目4016,而应作为硫化橡胶板归入品目4008。

(3) 杆、型材、异型材

与上述"板、片、带"的情况类似，根据本章注释九的规定，品目 4008 所称"杆、型材、异型材"，仅指不论是否切割成一定长度或表面加工，但未经进一步加工的该类产品。

(4) 管

对于完全由硫化橡胶制成的管子，应归入品目 4009。对于硫化橡胶与其他材料（纺织物、金属等）组成的管子，如果其基本特征是硫化橡胶材料的，仍应归入品目 4009。例如，橡胶中嵌有一层或多层纺织物的硫化橡胶管，外面包绕有薄的织物套及嵌心的硫化橡胶管，管外或管内加有金属螺旋线的硫化橡胶管，均应归入品目 4009。

【例5】水龙管，材料是表面用胶乳涂层的尼龙织物

【归类分析】由于该管子的基本特征是纺织材料，故应归入品目 5909。

2. 制品

硫化橡胶制品按照用途的不同来归类。例如，传动带归入品目 4010，轮胎归入品目 4011～4012，内胎归入品目 4013，卫生及医疗用品归入品目 4014，服装归入品目 4015，其他制品归入品目 4016。

（三）硬质橡胶的归类

硬化是指用高比份（每 100 份橡胶对 15 份以上）的硫磺使橡胶硫化而制得，其特点是非常硬实、弹性较差、机械强度高。经过硬化后的橡胶称为硬质橡胶。

硬质橡胶（包括半制品、制品、废碎料）都应归入品目 4017。

（四）再生橡胶的归类

再生橡胶是以各种化学或机械方法使旧橡胶制品（特别是轮胎）或硫化橡胶废碎料软化（脱硫）并除去不需要的物质制得。这类产品因含有残留的硫磺或其他硫化剂而比新橡胶质量差。

初级形状或板、片、带状的再生橡胶，不论是否混有新橡胶或其他添加物质，只要产品具有再生橡胶的基本特征，应归入品目 4003。

（五）橡胶的废碎料及下脚料的归类

根据本章注释六的规定，品目 4004 所称"废碎料、下脚料"，是指在橡胶或橡胶制品生产或加工过程中因切割、磨损或其他原因明显不能按橡胶或橡胶制品使用的废橡胶及下脚料。例如，不能再翻新的磨损橡胶轮胎，以及由其制得的碎料。

除硬质橡胶的废碎料及下脚料应归入品目 4017 外，其他橡胶（不管是未硫化橡胶还是硫化橡胶）的废碎料及下脚料应一律归入品目 4004。

（六）橡胶与织物及其他材料的复合物的归类

对于橡胶与纺织材料及其他材料的复合制品的归类，基本原则是判断以哪种材料为主，则按该种材料归类，当然这种判断可能是比较复杂的，参见本教材有关类、章的内容。

思考与练习

思考题：

1. 简述初级形状的共聚物的归类方法
2. 简述能够归入品目 3915 的塑料废碎料或下脚料的条件
3. 简述塑料半制品与制成品的区别

商品归类题：

1. 聚乙烯与聚丙烯两种粒子的混合物（两者重量比各占 50%）
2. 聚乙烯加工过程中产生的碎屑与聚丙烯加工过程中产生的碎屑的混合物（两者重量比为 2∶1）
3. 低密度聚乙烯保鲜膜
4. 聚碳酸酯（40%）溶于甲苯（60%）的溶液
5. 50%乙烯、40%乙酸乙烯酯、10%苯乙烯的共聚物粒子
6. 尼龙-6 粉
7. 一种塑料粒子，由 60%的聚酰胺-6 和 40%的聚酰胺-6,6 混合后造粒而成
8. 丁二烯橡胶胶乳
9. 蜜胺树脂制的碗
10. 氯乙烯—苯乙烯共聚粒子，其中按单体单元计算，氯乙烯占 40%，苯乙烯占 60%
11. 聚甲基丙烯酸甲酯板，规格：80 厘米×200 厘米
12. 一种用于铺在屋顶起防水作用的材料，宽 1.5 米，长 15 米，厚 2 毫米，由丁苯橡胶制成

第八类 生皮、皮革、毛皮及其制品；鞍具及挽具；旅行用品、手提包及类似容器；动物肠线（蚕胶丝除外）制品

【内容提要】

在本类中，将学习以下内容：

1. 熟悉《协调制度》中皮革、毛皮及其制品的分类方法；

2. 根据生皮的种类、加工方法和加工程度确定皮革制品和毛皮制品的归类。其中，重点是皮革制品的归类。

皮革工业是轻工业的支柱产业之一，与之相关的产业包括制革业、制鞋业、皮革服装业、皮具业、皮革制品业和毛皮业等。我国是皮革生产大国，产量和出口量均居世界首位。

本类包括生皮、皮革、毛皮及其制品，分为三章，即第四十一章的生皮及皮革、第四十二章的皮革制品和第四十三章的毛皮、人造毛皮及其制品。

本类商品的原料是第一类活动物被宰杀后剥下的生皮，对生皮进行保藏、鞣制及整饰等加工后的产品属于本类的商品，所以第八类的商品是在第一类商品的基础上经过进一步加工获得的产品。其中，制革的生皮归入第四十一章，生皮鞣制后的皮革也归入第四十一章，皮革制品归入第四十二章，这两章之间存在先后加工顺序的关系；生毛皮、已鞣毛皮、毛皮制品、人造毛皮及其制品归入第四十三章，该章内品目也按加工顺序编排。

但是，根据有关注释的规定，有些皮革制品和毛皮或人造毛皮的制品不归入本类。例如，皮鞋应归入第六十四章，毛皮帽子应归入第六十五章。

第四十一章 生皮（毛皮除外）及皮革

一、本章商品范围

本章包括适合加工皮革的生皮、生皮鞣制后制得的湿革和干革（坯革）、成品革及再生皮革。

本章的生皮适合于经鞣制加工成皮革，包括不带毛的生皮（如蛇皮、鳄鱼皮）和带毛的生皮（如生牛皮、生马皮），具体范围可参照本章注释一（三）的规定，否则应作为毛皮原料归入第四十三章，如水貂皮、狐皮等。此外，根据本章注释一（二）的规定，带羽毛或羽绒的鸟皮不归入本章，如未经加工，或仅经洗净、消毒或保藏处理，应归入品目0505；如已超出上述加工程度，如经漂白、染色、卷曲等加工，应归入品目6701。

经过鞣制、鞣制后进一步加工的成品皮革，可用于加工成皮革制品。

本章按商品的加工顺序排列，其结构规律如下：

| 生皮··4101~4103
| 经鞣制的湿革、干革··································4104~4106
| 鞣制后经进一步加工的成品皮革···········4107、4112、4113
| 油鞣皮革、漆皮及层压漆皮、镀金属皮革·······················4114
| 再生皮革，皮革或再生皮革的边角废料························4115

有关生皮的结构与性质、皮革的加工工艺可参阅阅读材料。

二、本章商品归类方法

（一）生皮归入品目4101~4103

本章的生皮可带毛或不带毛，可成张或半张、成条、成块，并适合于加工成皮革。这类生皮应归入品目4101~4103，其中，生牛皮和生马皮归入品目4101，绵羊生皮和羔羊生皮归入品目4102，其他生皮归入品目4103。需要注意的是，不是所有的带毛生皮都归入本章。根据本章注释一（三）的规定，牛（包括水牛）、马、绵羊及羔羊（不包括阿斯特拉罕、喀拉科尔、波斯羔羊或类似羔羊，印度、中国或蒙古羔羊）、山羊或小山羊（不包括也门、蒙古或中国西藏的山羊及小山羊）、猪（包括野猪）、小羚羊、瞪羚、骆驼（包括单峰骆驼）、驯鹿、麋、鹿、狍或狗的带毛生皮应归入本章，主要作为皮革的原料，其他的带毛生皮应归入品目4301，主要作为毛皮的原料。

生皮可以是新鲜的，也可以是经过盐渍、干燥、石灰浸渍、浸酸等方法进行短期防腐处理的，还可进行清洁、剖层，或经退鞣（包括预鞣）加工，这类加工主要是为了保藏，鞣制前经处理可以恢复成生皮的状态，故仍按生皮归类。

但是，食用动物皮作为食用杂碎不归入本章，其中未烹煮的归入品目0206或0210，已烹煮的归入品目1602。生皮的边角废料不适合加工成皮革，也不归入本章，应作为其他动物产品归入品目0511。

（二）经鞣制但未经进一步加工的皮革归入品目4104~4106

生皮用不同的鞣料经各种鞣制方法加工后的不带毛皮革是湿革，经干燥（也称半硝处理）后可制成干革（也称坯革）。未经进一步加工的湿革和干革分别归入品目4104~4106，这三个品目的皮革分别对应品目4101~4103的三类生皮。

其中，子目4104.1111的"蓝湿"牛皮革是指用铬盐鞣制的牛皮革，呈蓝色，并保持湿润柔软状态。

品目4104项下的"全粒面未剖层革"是指未被剖层的皮革；"粒面剖层革"则是被剖两层或多层皮革的靠外表面含有粒面的一层皮革，即俗称的"头层革"。

（三）鞣制后经进一步加工的皮革归入品目4107、4112及4113

在鞣制处理后，皮革通常需作进一步处理以清除表层疵斑，使其更加柔软及具有更好的防水性等。这些加工包括软化、加脂、削薄、着色、压花、上光、抛光、磨绒、打蜡、染黑、釉光、印花等。成品皮革可用于加工各类皮革制品。

根据生皮的分类方法，成品皮革分别归入品目4107、4112及4113。

【例】整张的牛皮手套革，由蓝湿牛皮经过削薄、搅打、软化、拉伸及去除不合格部分等工序制得，用于生产手套。

【归类分析】该商品属于鞣制后经进一步加工的牛皮革，应归入品目4107。再根据整张和未剖层的特点归入子目4107.1110。

（四）油鞣皮革、漆皮及层压漆皮、镀金属皮革归入品目4114

油鞣皮革是利用鱼油或动物油鞣制，再经过干燥、去油、清洁、磨里等加工制得。这类皮革通常以正面起绒除去粒面层的绵羊或羔羊肉面剖层皮为原料。油鞣皮革的特点是柔软可洗，一般呈黄色，主要用于制造手套、洗革等，大动物（鹿等）的皮经过类似处理后可用于制衣服和挽具等。品目4114既包括全油鞣皮革，也包括甲醛与油鞣结合鞣制的皮革，这类皮革往往为白色。

漆皮是在皮革表面涂一层清漆或大漆，或在皮革表面覆盖一层塑料膜的皮革，其表面光亮如镜面，涂层或塑料膜的厚度不超过0.15毫米。

层压漆皮是在皮革表面覆盖一层塑料片,其厚度超过 0.15 毫米,但不超过总厚度的一半,其表面光洁。表面覆盖的塑料片厚度超过 0.15 毫米,且超过总厚度一半的皮革,应以塑料为基本特征归入第三十九章。

镀金属皮革是在皮革表面涂金属粉末或覆盖金属箔的皮革。

(五)再生皮革、皮革的边角废料及皮革粉末归入品目 4115

再生皮革以真皮革或皮革纤维为基本成分,制造方法包括:用黏合剂将皮革边角料胶合而成;用高压将皮革边角料压合而成;将皮革边角废料水解为细纤维,所得的皮浆经过滚压制成皮张。再生皮革可以染色、压花、抛光、粒面或压印、起绒,也可涂清漆或镀金属。

皮革或再生皮革的边角废料包括:在皮革制品加工过程中产生的皮革边角废料,适于制再生皮革、胶水、肥料等;废旧的皮革制品,不能再作原用途使用;在皮革磨光及磨里加工中产生的皮革粉屑,可用做肥料或用以制造人造起毛皮革、再生皮革铺地制品等;研磨皮革废料所得的皮革细粉,用于制造仿麂皮织物或作为塑料的填料等。归入品目 4115 的边角废料应不适合加工成皮革制品,否则应按成品皮革归类。

以皮革以外其他材料为基本成分的仿皮革不归入本章,应归入其他相应的章。例如,塑料仿皮革归入第三十九章,橡胶仿皮革归入第四十章,纸及纸板仿皮革归入第四十八章,涂层纺织品归入第五十九章。

第四十二章 皮革制品;鞍具及挽具;旅行用品、手提包及类似容器;动物肠线(蚕胶丝除外)制品

一、本章商品范围

本章主要包括皮革或再生皮革加工成的制品,但品目 4201 和品目 4202 也包括某些用其他材料制成但具有皮革产品特征的制品。本章还包括肠线(蚕胶丝除外)、肠膜、膀胱或筋腱制品。但具有其他章商品基本特征的某些皮革制品应归入其他各章。

本章结构如下:

$\begin{cases} 皮革制品 \cdots\cdots\cdots\cdots\cdots\cdots\cdots\cdots\cdots\cdots\cdots\cdots\cdots\cdots\cdots\cdots\cdots\cdots\cdots 4201\sim4205 \\ 动物肠线等制品 \cdots\cdots\cdots\cdots\cdots\cdots\cdots\cdots\cdots\cdots\cdots\cdots\cdots\cdots\cdots\cdots 4206 \end{cases}$

二、本章商品归类方法

(一)皮革制品的归类

1. 鞍具及挽具归入品目 4201

鞍具及挽具主要指缰绳、辔、挽绳、马用护膝垫、眼罩和护蹄,马戏团动物的装饰品,动物的口套、颈圈、挽绳及饰物,鞍褥、鞍垫及马褡裢,制成特殊形状专门供骑马用的毯子,狗外套等。这些商品可用皮革、再生皮革、毛皮、纺织物或其他材料制成。

但是，单独报验的挽具配件或装饰物，如马镫、马嚼子、马铃铛及类似品、带扣等，均不归入本章，如为贱金属制成，则一般归入第十五类。此外，鞭子、马鞭由于在品目6602已有具体列名，故也不归入品目4201。

2. 衣箱、公文包、手提包等各类容器归入品目4202

归入品目4202的商品主要是衣箱、提箱、公文箱、眼镜盒、旅行包、手提包等各类容器，其材料可以是皮革或再生皮革，也可以是某些其他材料。

根据品目4202的条文，这些容器包括两类，两类容器所用的材料不同。一类容器是衣箱、提箱、小手袋、公文箱、公文包、书包、眼镜盒、望远镜盒、照相机套、乐器盒、枪套等。根据本章注释三（一）的规定，这类容器只要不是非供长期使用的带把手塑料薄膜袋和编结材料制品，均应归入品目4202。另一类容器是旅行包、食品保温包、化妆包、手提包、运动包、购物袋、钱包、瓶盒、首饰盒、文具盒等，这类容器必须是用皮革或再生皮革、塑料片、纺织材料、钢纸或纸板制成，或者全部或主要用上述材料或纸包覆而制成，其他材料（如贱金属）制的不归入品目4202。

由于品目4202容器所用的材料可以是皮革或再生皮革，也可以是某些其他材料，因此，容器的归类应优先考虑品目4202，而不是优先按制成的材料来归类。符合品目4202品目条文及注释三排除的容器，应归入品目4202，否则归入其他有关章。

【例1】木制的衣箱（旅行用）

【归类分析】一方面，木制的衣箱符合品目4202条文，考虑归入品目4202；另一方面，该商品也是木制品，按制成的材料考虑归入第四十四章。根据第四十四章注释一（五）的规定，该章不包括品目4202的物品，故该商品不归入第四十四章，应归入品目4202，子目为4202.1900。

【例2】牛皮革制钱包

【归类分析】钱包在品目4202品目条文中有具体列名，且材料也符合品目条文和章注三的规定，故归入品目4202。在确定子目时，钱包一般放置在口袋或手提包内，符合子目4202.3000的描述，故归入子目4202.3100。

【例3】藤条编结的提箱

【归类分析】尽管品目4202条文中包括"提箱"，但第四十二章注释三（一）将编结材料制品排除在品目4202以外，因此该提箱不归入品目4202，应归入品目4602，并根据材料归入子目4602.1200。

3. 皮革或再生皮革制的衣服及衣着附件归入品目4203

皮革或再生皮革制的衣服包括上衣、大衣等，还包括衣着附件，如分指手套、连指手套、露指手套、围裙、袖套、背带、腰带、子弹带、紧身褡及腕带等。

皮革与毛皮组合的手套，根据第四十三章注释二（三）的规定，用皮革与毛皮或用皮革与人造毛皮制成的分指手套、连指手套及露指手套，应作为皮革手套归入品目4203。

皮革制服装上可用其他材料进行装饰，如在皮革衣服上装一个毛皮领子，只要装饰物不构成服装的基本特征，仍按皮革衣服归入品目4203。

但是，用皮革增强的纺织服装应按纺织服装归入第六十一章或第六十二章，板球或曲棍球护胫、击剑面罩及胸铠等运动保护器具，应按体育用品归入第九十五章。

4. 皮革或再生皮革的其他制品归入品目4205

除了本章上述品目或其他各章列名的皮革或再生皮革制品，应归入品目4205。这类商品包括机器的传动带或输送带、机械装置及仪器的皮革零件、行李标签、磨剃刀的皮带、靴带、皮垫子（归入品目4201的鞍褥除外）、书籍封皮、切成一定形状用于制皮革制品的未列名皮革或再生皮革片等。

需要注意的是，如皮革制品具有其他章商品的基本特征时，则该皮革制品应归入其他有关的章。例如，皮鞋归入品目6403，皮帽归入品目6506，皮鞭归入品目6602，皮表带归入品目9113，皮沙发归入品目9401，皮革制球类归入品目9506，皮纽扣归入品目9606，等等。

（二）动物内脏制品的归类

肠线（蚕胶丝除外）、肠膜、膀胱或筋腱制品归入品目4206，包括由洁净的动物肠经搓捻制成的羊肠线，主要用于制球拍、渔具和机器零件，还包括膀胱制品（例如，烟袋）及筋腱制成的机器传动带及制传动带的编带等。

第四十三章　毛皮、人造毛皮及其制品

一、本章商品范围

本章包括与毛皮加工有关的商品，包括生毛皮、已鞣制的毛皮、毛皮制品，还包括人造毛皮及其制品。

应该注意，带羽毛或羽绒的整张或部分鸟皮，根据本章注释二（一）的规定，不能作为生毛皮归入本章，应根据加工程度不同归入品目0505或6701。

本章商品按加工顺序编排，其结构如下：

$\begin{cases} 生毛皮\cdots\cdots\cdots\cdots\cdots\cdots\cdots\cdots\cdots\cdots\cdots\cdots\cdots\cdots\cdots\cdots\cdots\cdots4301 \\ 已鞣毛皮\cdots\cdots\cdots\cdots\cdots\cdots\cdots\cdots\cdots\cdots\cdots\cdots\cdots\cdots\cdots\cdots4302 \\ 毛皮制品\cdots\cdots\cdots\cdots\cdots\cdots\cdots\cdots\cdots\cdots\cdots\cdots\cdots\cdots\cdots\cdots4303 \\ 人造毛皮及其制品\cdots\cdots\cdots\cdots\cdots\cdots\cdots\cdots\cdots\cdots\cdots\cdots4304 \end{cases}$

二、本章商品归类方法

（一）生毛皮归入品目4301

根据第四十一章注释一（三）的规定，本章的生毛皮是除品目4101~4103带毛生皮外的其他带毛生皮，这些带毛生皮适合用于加工成毛皮。例如，水貂生皮，由于第四十一章注释一（三）中所列归入第四十一章生皮的动物中未包括水貂，故水貂生皮应归入品目4301。

归入品目4301的生毛皮，可以是天然状态的毛皮，也可以是经过清洁及为了防腐而经干制或盐腌等处理的毛皮，只要未经鞣制加工，都应作为生毛皮。毛皮的碎片以及头、尾、爪等部分，只要是生皮，也归入品目4301。但明显不能作皮货用的毛皮废料，不归入品目4301，应作为其他动物产品归入品目0511。

(二) 已鞣的毛皮归入品目 4302

根据本章注释一，所称"毛皮"是指已鞣的各种动物的带毛毛皮，归入品目 4302。

生毛皮鞣制的原理与制革基本相同，但由于毛皮是带有毛被的产品，制革则是去掉毛被的产品，在实际生产中前者需要保毛而后者需要去毛，因此在工艺方式上有较大差异。为了改善外观或使之仿充高级毛皮，还可对毛进行处理，例如，漂白、渗色或"套色"（即用刷子作表面染色）、染色、梳理、修剪及上光。

毛皮可以是未缝制的，也可以是缝制的，即由两张或多张皮或碎皮缝制而成，一般不加其他材料制成矩形、梯形或十字形。这是一种半成品，需要再进一步加工才能成为毛皮制品。用于制作毛皮外衣或夹克的毛皮片也应归入品目 4302。

需要注意的是，不归入品目 4301 的某些带毛生皮（如小马皮、小牛皮及绵羊皮），带毛经过鞣制后的产品也应归入品目 4302。

(三) 毛皮制品归入品目 4303

对品目 4302 的毛皮进一步加工即可制成品目 4303 的毛皮制品，包括服装及衣着附件（皮手筒、女用披肩、衣领等）。它们主要用毛皮、以毛皮作衬里或以毛皮作面的材料制成，这类服装的归类需依据本章注释四的规定。以毛皮衬里或作面的衣服及衣着附件，应按毛皮衣服归入品目 4303。但含毛皮领子的纺织服装，由于毛皮领子仅作为装饰物，该服装应按纺织服装归入第十一类。此外，根据本章注释二（三）的规定，用皮革与毛皮制成的分指手套、连指手套及露指手套应归入品目 4203，而不按毛皮手套归类。

由毛皮制成的或毛皮构成主要特征的各种其他制品及其零件也可以归入品目 4303。例如，小地毯、床罩、未装填的坐垫套、罩套、手提包，供机器、机械器具或工业用的物品及附件。

(四) 人造毛皮及其制品归入品目 4304

根据本章注释五的规定，"人造毛皮"是以毛、发或其他纤维黏附或缝合于皮革、织物或其他材料之上而构成的仿毛皮。

本章的人造毛皮与纺织品中的"仿毛皮"的加工方法不同。纺织品中的"仿毛皮"，是纺织纱线通过特殊的织机织造出双层织物，将纱线剖开后成为带绒毛的纺织品，或用针织的方法，通过拉毛制成"长毛绒"针织物，它们表面虽也带有绒毛，但与本章所称的"人造毛皮"是不同的商品。纺织品中的"仿毛皮"应归入第十一类。

品目 4304 包括人造毛皮及其制品。

【例】皮革为面、人造毛皮衬里的大衣

【归类分析】根据本章注释四的规定，应按人造毛皮衣服归入子目 4304.0020。

思考与练习

商品归类题：

1. 经退鞣处理的去毛成张的猪皮

2. 成条、鲜的带毛生牛皮
3. 压有鳄鱼皮花纹的再生皮革
4. 鱼油鞣制并经过压纹的鹿皮
5. 全粒面剖层牛皮成品革边角料，可用于加工钱包
6. 牛皮革制普通手套
7. 再生皮革制小提琴盒
8. 塑料制隐形眼镜盒
9. 绵羊毛皮制成的方向盘套，套装于汽车方向盘上使用
10. 宽度为 4 毫米的聚丙烯扁条编结而成的购物袋

第九类　木及木制品；木炭；软木及软木制品；稻草、秸秆、针茅或其他编结材料制品；篮筐及柳条编结品

【内容提要】

在本类中，将学习以下内容：

1. 熟悉《协调制度》中木、软木及其他编结材料制品的分类方法；
2. 木、软木及其他编结材料制品的归类。

其中，木及木制品的归类是学习重点，各类木质地板的归类是学习的难点。

本类商品包括木材、软木及其制品、编结材料制品。其结构如下：

$$\left\{\begin{array}{l}\text{木材、经加工的板材及其制品}\cdots\cdots\cdots\cdots\cdots\cdots\cdots\cdots\text{第四十四章}\\ \text{软木及软木制品}\cdots\cdots\cdots\cdots\cdots\cdots\cdots\cdots\cdots\cdots\cdots\text{第四十五章}\\ \text{编结材料制品}\cdots\cdots\cdots\cdots\cdots\cdots\cdots\cdots\cdots\cdots\cdots\cdots\text{第四十六章}\end{array}\right.$$

本类商品的原材料主要来自第二类的植物，是对植物材料（尤其是树木）加工后的产品及制品，其加工程度已超过第二类商品的加工程度，所以这两类商品之间存在加工顺序的关系。例如，松树归入第六章，将树干锯下后作为木材归入本类第四十四章，木材加工而成的木门按木制品也归入第四十四章；编结用的植物材料如藤条、柳条归入第十四章，将藤条编结成篮筐则归入本类第四十六章。

但是，根据有关注释的规定，有些植物产品已经具有其他章商品的特征，应归入其他章。例如，红木制床应按家具归入品目9403，藤条编结而成的藤椅应按坐具归入品目9401。

第四十四章 木及木制品；木炭

一、本章商品范围

本章包括未加工的木材、木材的半制品及普通的木制品。

根据本章注释六的规定，本章各品目中所称的"木"，也包括竹及其他木质材料。

本章商品按产品加工程度排列，即原料、半制品、制成品。其结构规律如下：

$$\left\{\begin{array}{l}\text{未加工或粗加工木材}\cdots\cdots\cdots\cdots\cdots\cdots\cdots\cdots\cdots\cdots\cdots4401\sim4406\\ \text{加工的木材}\cdots\cdots\cdots\cdots\cdots\cdots\cdots\cdots\cdots\cdots\cdots\cdots\cdots\cdots4407\sim4409\\ \text{压制的板材及强化木}\cdots\cdots\cdots\cdots\cdots\cdots\cdots\cdots\cdots\cdots\cdots4410\sim4413\\ \text{木制品}\cdots\cdots\cdots\cdots\cdots\cdots\cdots\cdots\cdots\cdots\cdots\cdots\cdots\cdots\cdots\cdots4414\sim4421\end{array}\right.$$

二、本章商品归类方法

（一）木材的品种

《协调制度》将木材分成针叶木和非针叶木两类。为了准确归类，必须了解这两类木材的范围。

1. 针叶木

针叶木在植物分类学上属于裸子植物亚门，包括松、杉、柏。其特点是叶为针状（如落叶松、云杉、冷杉等）或细鳞片状（如侧柏、圆柏和福建柏等），习惯上也包括扇形叶的银杏。绝大多数为常绿树，一般比较耐寒，分布在较高的山区。树干通直高大，易得大材。年轮明显，木质清晰匀净，纹理顺直，木节较小，容易加工。木质部没有导管，只有管胞，所以木材学上称为无孔材。针叶木往往密度较小，材质较松软，通常称为软材。子目注释三所列的"云杉-松木-冷杉"和子目注释四所列的"铁杉-冷杉"都是来源于混合林的木材，均属于针叶木的范畴。

2. 非针叶木

非针叶木是指除了针叶木以外其他树种的木材，主要是阔叶木。阔叶木在植物分类学上是被子植物亚门的双子叶纲。阔叶木的树叶宽阔，在热带、亚热带地区多数为常绿树，在温带和亚温带多数为落叶树。绝大多数树种的木质部都具有导管，木材称为有孔材。大多数阔叶木密度较大，强度较高，材质坚硬，因此俗称硬材。阔叶木有显著的年轮，一般纹理不甚匀直，木节多，胸径较小，不易制得大材。阔叶木较难加工，其胀缩、变形、翘曲、开裂均较针叶木明显。有些阔叶木树种，经加工后常出现美丽的纹理，这种树材（如水曲柳、榆木、核桃楸等）适于做装饰用料、家具、胶合板等。有些阔叶木树种，年轮较难辨认，材色洁白或浅淡，适于做胶合板之面板，如椴木等。

非针叶木的树种很多，包括水曲柳、榆木、核桃楸、桦木、椴木、栎木、杨木、樟木、楠木及泡桐木等，也包括热带木。本国子目注释列出了热带木包括的树木种类。红木是我国特有的木材名称，一般是指明清以来稀有硬木家具中所用木材，常用于加工成具有古色古香风格的传统家具。根据国家标准 GB/T 18107-2017，红木是指紫檀属、黄檀属、柿属、崖豆属及铁刀木属五个属树种的心材，具体分为紫檀木类、花梨木类、香枝木类、黑酸枝木类、红酸枝木类、乌木类、条纹乌木类和鸡翅木类八类共 29 个树种。红木绝大多数是从东南亚、热带非洲和拉丁美洲进口的。

（二）未加工或粗加工的木材的归类

1. 木材的废碎料及木片或木粒归入品目 4401

木废碎料包括锯木厂或刨削车间的废品，生产中的废料、破碎板、树皮及刨花，木工及细木工的其他废碎料等。这些木废碎料一般不能作木材用，主要用于制纸浆（造纸）、木质碎料板、纤维板及做柴火用。

木片或木粒是用机械方法将木材制成小片或小粒，主要用于制纸浆、纤维板及木质碎料板等。

子目 4401.31 所称的"木屑棒"是指由刨花、锯末及碎木片直接压制而成或加入不超过 3% 的黏合剂黏聚而成的圆柱状产品，直径不超过 25 毫米，长度不超过 100 毫米，如图 9-1 所示。如果直径超过 25 毫米，应作为"木屑块"归入子目 4401.32。

图 9-1　木屑棒

2. 木炭归入品目 4402

木炭是木材在隔绝空气的条件下经炭化而得，深褐色或者黑色，一般用做燃料。

3. 原木归入品目 4403

原木是砍伐后呈天然状态的木材。它们通常被砍掉树枝，剥去树皮，并削去隆凸部分。产品包括可锯木材，电线杆，不削尖及未劈开的木桩，用于生产贴面薄板的圆木段，

4. 箍木、木劈条、削尖的木桩、粗加修整的木棒及木片条等归入品目 4404

箍木为柳树、榛树、桦树等的木劈条，用于制造桶箍、栅栏等。箍木一般成捆或成卷。

木劈条为纵向劈开的树干或树枝，主要用做园艺或农业的支撑物，也用于栅栏。

削尖的木桩（包括栅栏桩），为圆木杆或劈开的木杆，其端部削尖但未经纵锯，也可以去皮或用防腐剂浸渍。

粗加修整但未车圆、弯曲或经其他方式加工的木棒，其长度及粗细明显适于制造手杖、鞭子柄、高尔夫球棍、伞具、工具把柄、扫帚柄等。

木片条经刨片、旋切，有时还锯成柔软平整、又窄又薄的木片条，可用做编结材料，也可用于制筛、片条盒、片条篮、药丸盒、火柴盒等。此外，还包括制火柴梗、鞋靴木钉的类似木片条。

5. 木丝、木粉归入品目 4405

木丝为卷成或缠成团状的细薄丝条，其尺寸及厚度规则，并有一定的长度，用特种刨床刨削圆木制得，主要供包装或填塞之用。

木粉是锯末、刨花或其他木废料经碾磨或锯末经筛滤所得的粉末，比锯末更细小、规则。

6. 铁道及电车道枕木归入品目 4406

（三）已加工木材的归类

这类木材是由上述作为原料的木材（尤其是品目 4403 的原木）经过锯、削、切片、旋切、刨片、砂光、端部结合等加工而得到的，归入品目 4407～4409。其中，厚度超过 6 毫米的加工木材归入品目 4407；厚度不超过 6 毫米的加工木材归入品目 4408；任何一个边、端或面加工成连续形状的木材归入品目 4409。

将木材加工成单板的方法有锯切、刨切和旋切三种。锯切法效率高，但原木出材率较低，表面也不光洁。

旋切时通常先将圆木蒸煮或用热水浸泡，然后将圆木置于旋切机刀片下绕轴心转动，圆木便切成一片连续的薄板，如图 9-2 所示。旋切是应用最广泛的单板制作方法。

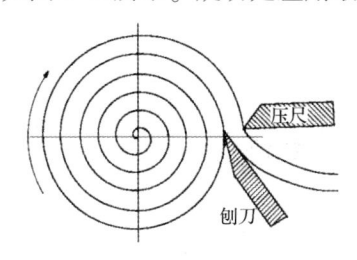

图 9-2　旋切加工示意图

刨切时木材通常先经蒸煮或用热水浸泡，然后将木材放于与切刀相对的位置，每次木材被推向固定的切刀（或切刀被推向木材），切刀将木材剪切成薄板，如图 9-3 所示。采用刨切法可切出非常薄的薄板，薄板的表面有非常漂亮的木纹，适合于饰面。

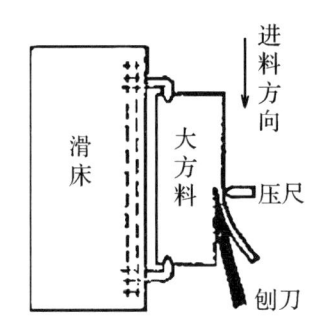

图 9-3　刨切加工示意图

归入品目 4407~4409 的加工木材可以经过端部结合，即在木材的端部利用胶合方法将木材接长。主要的端部结合方式是斜接和指榫接合，如图 9-4 所示。其中，斜接是在板材端部加工成斜面，然后相互胶合的一种接长方法；指榫接合是用类似交叉手指的拼接方式将短木块的两端黏合在一起，是应用最广泛的一种木材接长方法，它既保证了一定的胶合面积，又减少了木材的损耗，在较小的胶合长度下，可达到较高的接合强度，同时也便于机械化生产。

品目 4408 的木材除了可以接长之外，还可以接宽，一般是将窄板的边与边用胶带、胶水黏合在一起，横向拼接成宽的大板。

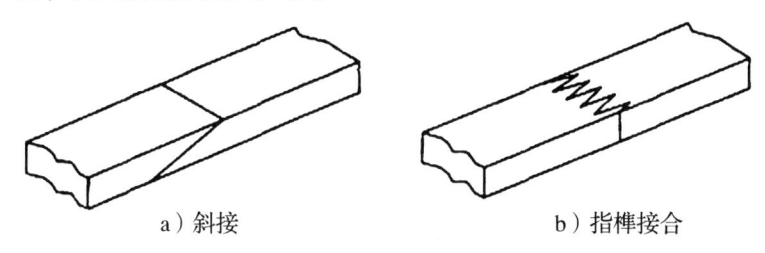

a）斜接　　　　　　　　b）指榫接合

图 9-4　木材端部接合示意图

任何一边、端或面制成连续形状的木材归入品目 4409。连续形状包括舌榫、槽榫（如图 9-5 所示）、半槽榫、斜角、V 形接头、珠榫、缘饰、刨圆等。

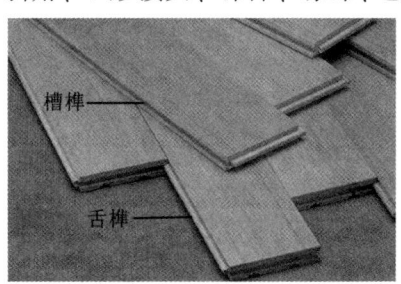

图 9-5　舌榫和槽榫示意图

(四) 压制的板材及强化木的归类

压制的板材包括木质碎料板、纤维板、胶合板及强化木等，须通过人工用机械、化学或物理的方法加工、处理制得。加工板材归入品目 4410~4413。

1. 木质碎料板及其他类似木质材料板归入品目 4410

木质碎料板通常是以木片、木粒或其他木质材料（如蔗渣、竹子、秸秆、亚麻或大麻的碎片）为原料，与有机黏合剂混合并经热压而制成的板材，又称刨花板。木质碎料板生产是利用废材解决工业用材短缺，进行木材综合利用的重要途径之一。其原料来源丰富，工艺简单，成本低，污染小，用途广泛。

由于木质碎料板以木片、木粒为原料，因此通常可用肉眼在其边缘上看出其所含的木片、木粒或其他碎片，如图9-6所示，这也是木质碎料板与纤维板的区别所在。根据本章注释四的规定，木质碎料板如果加工成品目4409所述的连续形状，或经弯曲、穿孔、制成瓦楞形、切割或制成矩形或正方形以外的其他形状，只要不具有其他品目商品的特征，均应归入品目4410。

图9-6 木质碎料板

2. 木纤维板或其他木质材料纤维板归入品目4411

木纤维板通常是以机械纤维分离或汽爆处理的小木片或其他已纤维分离的木质纤维素材料（如以蔗渣或竹子制得的材料）为原料，通过毡合、纤维自身的黏着特性或者加入有机黏合剂将纤维紧密黏聚在一起，也称密度板。纤维板可以是单层板，也可以是几层纤维板黏合在一起的多层板。

根据生产工艺的不同，木纤维板分为干法纤维板和湿法纤维板。干法纤维板包括中密度纤维板（MDF），是将热固性树脂添加到干木质纤维中并通过热压黏聚而成，可用于制家具、内装饰，还可用于建筑等。湿法纤维板是模仿造纸的工艺，以水作为纤维运输和板坯成型的介质，经高温热压制成。由于水的表面张力和塑化作用可以将木质纤维黏结在一起，因此湿法纤维板的生产不需要黏合剂或少用黏合剂，但生产中用水量大，也会产生环境污染。

木纤维板中的纤维一般只能在显微镜下才能辨认出来。同样，根据本章注释四的规定，木纤维板如果加工成品目4409所述的连续形状，只要不具有其他品目所列商品的特征，均应归入品目4411。

3. 胶合板、单板饰面板及类似的多层板归入品目4412

胶合板是用三层及以上薄板层叠胶合及压制而成，通常相邻两层的纹理垂直排列，从而使木板各个方向上的强度接近，如图9-7所示。胶合板通常由三层及以上奇数层的薄板压制而成，俗称"三合板""五合板"等。需要注意品目4408项下"饰面用单板""制胶合板用单板"和品目4412项下"胶合板"三者归类差异。其中，品目4408项下的"饰面用单板"一般由刨切木材或者多层板制得，单板较薄，用于覆盖在多层板表面，起装饰作用；"制胶合板用单板"也是单板，一般由旋切木材制成，厚度比"饰面用单板"厚，但不超过6毫米，各层胶粘后可制成品目4412的"胶合板"。由此可见，前两者属于单层板，归入品目4408项下，两者加工方法、厚度和发挥的作用不同；而"胶合板"属于多层板，归入品目4412。

图 9-7　胶合板

单板饰面板由一层饰面用薄板在压力作用下胶粘于一个通常为较次木质的底板上组合而成的木板。

类似多层板包括木块芯胶合板、侧板条芯胶合板、板条芯胶合板和用其他材料代替木芯板的胶合板。其中，木块芯胶合板、侧板条芯胶合板和板条芯胶合板由木块、木板条或小木方胶合在一起组成，板芯较厚，表面盖有外层板，又称"细木工板"。三种板材的区别在于木板条的宽度不同：侧板条芯胶合板的板条最窄，宽度为 5~7 毫米；木块芯胶合板的板条宽度为 7~25 毫米；板条芯胶合板的板条较宽，宽度为 30~75 毫米，上述三种板材均归入子目 4412.5，结构如图 9-8 所示。这类胶合板非常坚硬牢固，使用时无须框架和衬背。用其他材料（如一层或多层的木质碎料板、纤维板、胶合在一起的木废料、石棉或软木）代替木芯板制成的胶合板也归入品目 4412。

同样，根据本章注释四的规定，胶合板及类似多层板如果加工成品目 4409 所述的连续形状，一般也归入品目 4412。

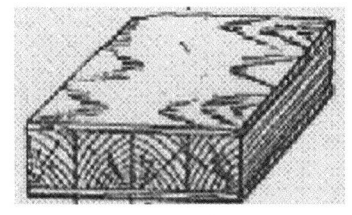

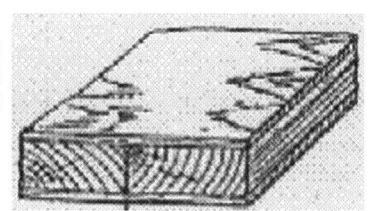

a）木块芯胶合板　　　b）侧板条芯胶合板　　　c）板条芯胶合板

图 9-8　木块芯胶合板

【例 1】一种板材，厚 12 毫米，由两面是针叶木包饰面，中间层为木质碎料板（厚 8 毫米）胶合而成

【归类分析】该板由三层组成，属于多层板，应归入品目 4412。其材料不是竹材，中间层的厚度超过 6 毫米，且非单板层积材和木块芯胶合板，故归入一级子目 4412.9000。该板表层都是针叶木，应归入二级子目 4412.9900。最后根据含有一层木质碎料板，将该板归入三级子目 4412.9940。

4. 强化木归入品目 4413

根据本章注释二，强化木是经化学或物理方法处理，从而增加了密度或硬度并改善了机械强度、抗化学或抗电性能的木材。其加工过程分为浸渍和压缩两道工序。浸渍是将热固性树脂或金属熔液填充到木材内部，再通过压缩进一步提高木材的密度和强度。强化木通常用于制造齿轮、梭子、轴承及其他机械零件、推进器、绝缘体及其他电气货品。

(五) 木制品的归类

根据本章注释三的规定，这些制品可以用木材、木质碎料板、纤维板、层压板或强化木等加工而成。

1. 木制的画框、相框、镜框等归入品目4414

镶有玻璃的木制画框和相框，仍按画框和相框归入品目4414。但装有镜子的镜框，则以镜子为基本特征归入品目7009。若画框中装有画作时，根据第九十七章注释六的规定，已装框的油画、粉画及其他绘画、版画、拼贴画及类似装饰板，如果框架的种类及价值与作品相称，应与作品一并归类。如果框架的种类及价值与作品不相称，应分开归类。

2. 包装木箱、板条箱及圆桶归入品目4415

这类商品主要是在包装及运输过程中起到保护作用的容器，与品目4202的物品有区别，这些容器可以没有盖，可以是未经组装或部分组装但具有完整容器基本特征的不完整容器。

3. 木制箍桶及零件归入品目4416

品目4415中的圆桶及类似的包装容器，是指非箍制的圆桶及琵琶桶，经简单钉装而成。品目4416中的圆桶、大桶、琵琶桶，仅限于箍制的容器，即桶体是由开有槽沟的桶板组成，桶面和桶底固定于槽沟上，整个桶用木箍或金属箍箍紧制成。

4. 木制的工具归入品目4417

这类工具包括木槌、木耙、木叉、木铲等。根据本章注释五的规定，装有第八十二章注释一所述材料制成的刀片、工作刃、工作面或其他工作部件的工具不归入品目4417，而应归入第八十二章。

5. 建筑用木工制品归入品目4418

建筑用的木工制品包括细木工制品及普通木工制品。细木工制品主要是建筑用的装配件，如门、窗、百叶窗、楼梯、门窗框架等。普通木工制品是指用于建筑结构上的或用于脚手架、拱门支撑等的木工制品，如梁、椽、柱等。

建筑用普通木工制品还包括蜂窝结构木镶板，它与品目4412所述的木块芯胶合板的外观相似，但形成板芯的木方或板条彼此之间留有平行或格子形式的间隔。某些镶板仅由四边用一内部框架隔开的两片面板组成，中间的空隙可填塞隔音或隔热材料（如软木、玻璃棉、木浆或石棉）。面板可用木头、木质碎料板或类似板、纤维板或胶合板制成。该木镶板也可用贱金属盖面。这类镶板重量较轻，但很坚固，用做隔板、门板，有时还用于制造家具。

已拼装成地板（包括拼花地板）或地砖的实木块、板条及缘板等，如图9-9所示，也归入品目4418。此外，用木块、板条、缘板等在一层或多层支撑木料上拼装而成的地板，称为"多层"拼花地板，其顶层（耐磨层）通常由两排或多排板条拼装的地板制成，也归入品目4418。

图 9-9　已装拼的地板

6. 木制餐具及厨房用具归入品目 4419

木制的餐具或厨房用具，如匙、叉、沙拉勺、菜碟、罐、调味盒、擀面杖、碗、切板、筷子等，归入品目 4419。

7. 镶嵌木、装珠宝用的木制盒子、木制小雕像等归入品目 4420

装珠宝或刀具用的木制盒子和小匣子虽然也是容器，但不符合品目 4202 的规定，故应归入品目 4420。

品目 4420 还包括木制小雕像及其他装饰品，但它们是批量生产的，用于进出口贸易；而品目 9703 的"各种材料制的雕塑品原件"，当然可以用木材制作，但品目 9703 只包括雕塑品原件，不包括批量生产的。

8. 其他木制品归入品目 4421

其他木制品，如卷轴、筒管、兔笼、鸟笼、狗屋、梯子、招牌、牙签、衣架、搓衣板、熨衣板、刀具木柄等，归入品目 4421。

但是，根据本章注释一的规定，若木制品具有其他章商品的特征，则应归入其他章。例如，木鞋归入品目 6405，木制首饰归入品目 7117，木制乐器归入第九十二章，木制钟壳归入品目 9112，木制坐具归入品目 9401，木制家具归入品目 9403，木制玩具归入品目 9503，木制纽扣、铅笔、烟斗、梳子归入第九十六章等。

（六）地板的归类

地板是一种常用的室内地表面装饰材料，以前主要是由实木加工而成。近年来，随着人造板及其表面装饰和深加工技术的发展，各种木质材料的地板逐渐增多，给地板的归类带来了较大的难度。根据材料和结构的不同，木质地板分为实木地板（分为平口地板、企口地板、已装拼地板、集成地板等）、实木复合地板、强化复合地板、竹地板等。

对于厚度超过 6 毫米的实木地板条，无论是否经过端部结合，如果其任何一边、端或面未制成连续形状（即平口实木地板），应归入品目 4407；如果其任何一边、端或面制成连续形状（即企口实木地板），应归入品目 4409。已装拼地板，是利用小实木块、板条及缘板等拼接成的地板，也包括用木块在一层或多层支撑木材上拼装而成的地板（即"多层"拼花地板），已装拼地板应按加工的木制品归入品目 4418 项下，常见马赛克地板的图案如图 9-10 所示。实木集成地板，如果仅经过端部结合（增加长度）且其任何一边、端或面制成连续形状，应归入品目 4409；如果既有端部结合又有拼接（增加宽度），应归入品目 4418。

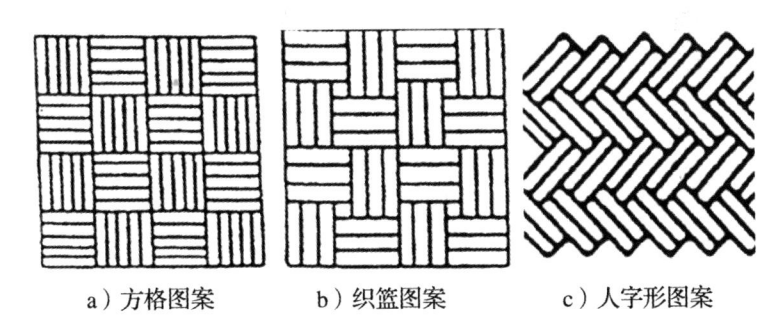

a）方格图案　　　b）织篮图案　　　c）人字形图案

图 9-10　常见马赛克地板的图案

强化复合地板由耐磨层、浸渍树脂的纸、芯层（高密度纤维板或刨花板）和平衡层四层组成，商品名称为"复合地板"或"强化地板"。从加工方法来看，该地板不是品目4413 的强化木加工而成，应按芯层材料归类，芯层是纤维板的归入品目 4411，芯层是木质碎料板的归入品目 4410。

实木复合地板由多层实木板交错层压或以胶合板为基材，表层黏结优质硬木板热压而成，板面呈长方形，边缘开有槽榫。这种地板既克服了实木地板易变形的缺陷，又具有实木地板舒适的优点，并且节约了大量珍贵木材。对于符合品目 4412 "胶合板、单板饰面板及类似的多层板"结构的实木复合地板，应归入品目 4412。对于由细木板条经侧接而成的实木复合地板，应按"已拼装的地板"归入品目 4418。

竹地板是以竹子为原料，经过高温高压制成，质地坚硬，并减少了木材的使用量。根据本章注释六，本章各品目中的"木"也包括竹及其他木质材料。因此，竹地板的归类思路和方法与木地板基本相同。如果是单层竹板加工而成的（比较少见），两边和端部有槽榫结构，应按连续形状的木材归入品目 4409；如果是已经装拼的竹地板，则归入品目 4418。

【例 2】 强化复合地板，规格 700×190×10 毫米，由耐磨层（三氧化二铝膜）、表层（印有木纹的纸）、基层（干法生产的中密度纤维板，密度 0.85 克/立方厘米，厚 9.5 毫米）、背板平衡层（一种纸）经树脂浸渍后高温强压复合而成，边、端制成榫接企口以便安装

【归类分析】 该地板不属于"已装拼地板"，不能归入品目 4418。该地板也不是用强化木加工而成，也不归入品目 4413。尽管该地板由四层组成，但除了基层是第四十四章的纤维板外，其他各层都不是本章的木质材料，故不能按多层板归入品目 4412。该地板应按基层的纤维板为基本特征归入品目 4411，且本章注释四规定了纤维板可以加工成如榫接企口的连续形状，再根据加工方法、密度和厚度归入子目 4411.1419。

【例 3】 一种竹地板（表面和侧面见图 9-11 所示），总厚度 15 毫米，宽 92 毫米，长 1850 毫米，由三层组成，每层厚约 5 毫米。加工工艺如下：先将竹条端接以获得适当的长度，再将五根竹条水平铺好，如此叠成三层，然后涂上胶水，放入机器压制形成板坯，最后将板坯的四周制成连续形状（即板的一个边缘和一端是榫舌，另一边缘和另一端是凹槽，以便于在地面安装）。地板顶层涂有抗磨损和抗划伤的涂层和油漆，底层有两条沿着其长度延伸的浅槽，以防止地板翘曲

图 9-11　竹地板的表面和侧面

【归类分析】由于该竹地板经过上下层叠加工，超出了品目 4409 的范围，故不能归入品目 4409，并且这种竹地板的每层结构是由多根竹条横向拼接而成，不符合品目 4412 的"胶合板、单板饰面板及类似的多层板"，属于"已装拼的多层竹地板"，故应归入子目 4418.7320。

第四十五章　软木及软木制品

一、本章商品范围

软木几乎全部来自生长在欧洲南部或非洲北部的栓皮槠树的外层树皮。软木质轻而富有弹性，可压缩性强，柔软，有不透水、抗腐蚀、绝热及隔音等特征。

本章包括各种形状的天然软木及其半制成品和制成品、压制软木及其制品，并按软木产品的加工程度排列，其结构如下：

```
┌天然软木·················································4501
│天然软木半制成品·········································4502
│天然软木制品·············································4503
└压制软木及其制品·········································4504
```

二、本章商品归类方法

（一）天然软木及其制品

天然软木及其制品归入品目 4501~4503，按加工程度区分其归类。

1. 未加工或简单加工的天然软木归入品目 4501

未加工的软木呈从栓皮槠树采剥下来时的曲形厚皮状。其简单加工，包括表面经刮擦或用其他方法清理（如烧焦表面处理），而有裂缝的表层仍然保留，或清理软木的边，除掉不合用部分（修边软木）。用杀菌剂处理、经沸水或蒸汽处理后再压平的软木也归入品目 4501。

2. 加工的天然软木归入品目 4502

这类天然软木可以经以下加工：

（1）用锯或其他方法将栓皮的表皮（外层树皮）全部除去。

（2）用锯或其他方法将表皮（树皮）及内皮（栓皮）切成大致平行的状态。

若切成矩形（包括正方形）以外其他形状的块、板、片、条，应作为软木制品归入品目 4503。

用纸或织物增强的软木片也归入品目 4502，如用于香烟滤嘴的成卷的极薄软木片条。

3. 天然软木制品归入品目 4503

天然软木制品包括：

（1）天然软木制的各种塞子，是指制成边角磨圆的直角圆柱体、锥体圆柱体或矩形棱柱体的天然软木塞。塞子可经染色、抛光、涂蜡、穿孔，有时还可装有金属、塑料等的帽盖。但倒水塞、量器塞及软木塞仅作为附属部分的其他制品则应根据制品的种类或制品的材料所具有的主要特征归入相应品目。

（2）天然软木的圆片、垫片及薄片，用于瓶颈内部的软木衬或壳。

（3）切割成矩形（包括正方形）以外其他形状的块、板、片及条状的天然软木，救生圈、渔网的浮子、浴室防滑垫、桌垫、打字机垫及其他垫。

（4）各种柄类（刀柄夹等）、垫圈及密封垫，但不包括品目 8484 所列的各式成套垫圈及密封垫。

（二）压制软木及其制品

压制软木通常是将软木碎、软木粒或软木粉用以下任一方法高温加压制得：

1. 加入黏合物质（如未硫化橡胶、胶、塑料、焦油、明胶）；
2. 不加黏合物质而将温度升至约 300℃，利用软木中的天然树胶起黏合剂的作用。

压制软木保留了大部分天然软木的特性，但在比重、抗张强度或抗压强度等方面的性能优于天然软木。它适用于直接模制成任何尺寸或形状，更为广泛地用做建筑材料，如制镶板、砖、瓦，模制成一定形状（圆桶形、壳形等）用于热水管或蒸汽管的绝热或保护，用于石油输油管道的衬里，用于建筑工业中的膨胀接头及用于生产滤器。

第四十六章　稻草、秸秆、针茅或其他编结材料制品；篮筐及柳条编结品

一、本章商品范围

除丝瓜络制品以外，本章包括经交织、编织或类似方法将未纺材料组合起来的半制成品及某些制成品。

本章商品按产品的加工程度排列，其结构如下：

用编结材料编结或联结成的半制成品及制成品 ……………………………4601
用编结材料直接编成或品目 4601 所列货品制成的制品；丝瓜络制品 ……4602

二、本章商品归类方法

1. 编结材料的概念

根据本章注释一的规定，本章的编结材料包括稻草、秸秆、柳条、竹、藤、灯芯草、

芦苇、木片条、其他植物材料扁条，还包括未纺的天然纺织纤维、塑料单丝及扁条、纸带等，但不包括皮革、再生皮革、毡呢或无纺织物的扁条、人发、马毛、纺织粗纱或纱线及第五十四章的单丝和扁条。有些植物材料可直接使用，有些植物材料可经加工处理（例如，劈开、拉拔、削皮等，或用蜡、甘油等浸渍），使其更适合于编结、交织或类似加工。

须指出的是，本章所指的编结材料，就其材料本身不归入本章，而是归入其他章，但把这些编结材料编结成半制品或制成品时应归入本章。

2. 用编结材料编成的缏条及类似品归入品目 4601

用数股编结材料通过手工或机器纵向交织而成的无经条和纬条的产品，通过其性质、颜色、厚度、股数及交织方法的变化，可获得不同的装饰效果。这些缏条可将两边缝合或用其他方法结合起来，成为宽条。上述商品主要用来生产女帽，也用于制某些家具、鞋子、席子、篮筐或其他容器。这些商品可含有主要为缝合或加强需要而使用的纺织纱线，不论其是否带有装饰作用。

3. 成片的编结材料和缏条归入品目 4601

直接用编结材料制成的产品是将多股条带编织（通常以经纬织物的结法编织）而成，或将多股条带平行并排成片，然后用连线或条带打横将其连结起来。本商品可用纺织物或纸张加强、衬背或衬里。对于用编结材料平行连结成片的制品用的连结物，可以是编结材料，也可以是纺织纱线或其他某些材料，包括席子及席料（铺地制品等）；粗席料，如用于园艺的秸秆席；用柳条等编的屏板或镶板，它是将编结材料产品放平压紧，然后用贱金属丝规则交织连结而成的建筑镶板。

4. 篮筐、柳条编结品归入品目 4602

这类商品包括用编结材料直接编成的制品或用品目 4601 的已组合产品制成的制品。例如，篮筐、驮篓，包括鱼筐及果筐；用木片交织而成的类似篮筐或箱盒；旅行袋及衣箱；手提包、购物袋及类似品；捕虾篓及类似品，鸟笼及蜂箱；托盘、瓶架、餐具、厨房用具及其他家用器具；将长缏条绕成方形或圆形等，然后用线连结制成的席子。

应当注意的是，根据本章注释二的规定，用编结材料加工成的物品，如果具有其他章商品的基本特征，应按其基本特征归入其他有关章。例如，用编结材料制成的草帽归入第六十五章，草鞋归入第六十四章，藤椅归入第九十四章等。

另外，品目 4602 的制品包括筐、篓、篮、箱、包、袋、盒等编结制品。虽然品目 4202 也包括箱、包、袋、盒等制品，但它们不是用编结材料及用编结的方法加工成的，这是品目 4602 与品目 4202 的区别。

5. 丝瓜络制品归入品目 4602

丝瓜络制品，如丝瓜络制手套、垫片等，归入品目 4602。

思考与练习

商品归类题：

1. 烧烤用竹炭
2. 榉木加工而成的带槽企口板，铺地板用，厚度 12 毫米
3. 塑木粒，是一种由 40% 的塑料和 60% 的木屑粉混合黏聚而成的木粒，呈棕黄色圆

颗粒状，用于加工成门框、窗框、踢脚线及装饰线条等塑木制品

4. 表层为巴栲红柳桉木薄板，其他两层为针叶木薄板制成的三合板，每层薄板厚度为 1 毫米

5. 大型马尾松雕刻柱，长 4 米，直径 70 厘米以上，由马尾松经自然干燥后经化学防腐、防蛀处理，再经人工雕刻成龙形花纹的圆柱，出口后细磨上漆，作为寺庙的柱子使用

6. 竹篾编结的鸟笼

7. 带有铝盖的热水瓶塞（天然软木制）

8. 竹制牙签

9. 檀香木制梳子

10. 灯芯草编结的草席

第十类 木浆及其他纤维状纤维素浆；回收（废碎）纸或纸板；纸、纸板及其制品

【内容提要】

在本类中，将学习以下内容：

1. 熟悉《协调制度》中纸浆、纸或纸板及其制品、印刷品的分类方法；
2. 纸浆、纸或纸板及其制品、印刷品的归类。

其中，纸或纸板的归类是学习重点，尺寸和加工与纸张归类之间的关系是学习的难点。

造纸术是我国古代的四大发明之一。今天,制浆造纸工业已成为国民经济的基础产业之一,是新闻出版、印刷、商品包装和其他工业领域等许多部门配套必用的重要原料工业,与社会经济发展和人民生活息息相关。本类商品主要是与制浆造纸行业和印刷行业有关的产品。其结构如下:

纸浆及回收纸或纸板 ································第四十七章
纸(板)及其制品 ································第四十八章
印刷品 ································第四十九章

本类商品的原料是纸浆,纸浆归入第四十七章,纸浆经过抄造后可以制得各种纸(板),对各种纸(板)进一步加工可制得纸(板)的制品及印刷品等,纸(板)及其制品归入第四十八章,印刷品归入第四十九章。因此,本类三章的商品显然是按加工顺序编排的,这对理解本类三章的商品范围及掌握这三章商品的归类有一定的帮助。

经加工制得的纸(板)的各种制品大部分归入本类,但某些经加工的纸(板)及其制品的特征属于其他章时,则应归入其他章。例如,感光纸应作为摄影用品归入品目3703,pH试纸应作为实验用的试剂归入品目3822。

第四十七章 木浆及其他纤维状纤维素浆;回收(废碎)纸或纸板

一、本章商品范围

本章商品主要包括造纸用的各种纸浆,通过对各种植物材料或植物质纺织废料中获得的纤维素纤维进行机械的、化学的、半化学的处理,加工成机械木浆、化学木浆、半化学木浆等。也可把含有水的纸浆过滤后制成湿的或干的,成块状、卷状或呈粉末状及粉片状,成张大包捆扎的。纸浆是造纸的基本原料,纸浆的品质优劣,对纸的品质有重要的影响。制浆方法详见阅读材料。

本章包括各种纸浆及回收(废碎)纸或纸板,其结构如下:

机械木浆 ································4701
化学木浆,溶解级 ································4702
碱木浆、硫酸盐木浆,但溶解级的除外 ································4703
亚硫酸盐木浆,但溶解级的除外 ································4704
用机械与化学方法联合制得的木浆 ································4705
其他纤维状的纤维素浆 ································4706
回收(废碎)纸或纸板 ································4707

二、本章商品归类方法

(一)机械木浆归入品目4701

机械木浆是用机械力量将木材紧压在旋转的磨石上进行碾磨,将木材离解或研磨成木质纤维获得木浆。机械木浆的加工可参阅阅读材料。木材未经预蒸汽处理而研磨生产出来的木浆称为白机械木浆，其纤维脆弱、易断裂。碾磨前木材经预蒸汽处理，可得到褐色、韧度较大、纤维较长的木浆，称为褐色磨木浆，一般用来制包装纸或纸板。

（二）溶解级的化学木浆归入品目 4702

化学木浆是先将木材切成木片或木粒，然后用化学试剂处理，去除了大部分木素和其他非纤维素物质制得。化学木浆包括烧碱法木浆、硫酸盐木浆和亚硫酸盐木浆。化学木浆的加工可参阅阅读材料。

通过大量的化学及生化反应可加工得到溶解级的化学木浆。"溶解级"的含义参见本章注释的规定，这类木浆经过专门的精制和提纯，是质量较好的纸浆，除了可以用于造纸，还可以用于生产塑料和再生纤维素纤维。因此，尽管品目 4703 的碱木浆或硫酸盐木浆及品目 4704 的亚硫酸盐木浆也是化学木浆，但不同于品目 4702 的化学木浆，是非溶解级的化学木浆。

（三）非溶解级的碱木浆或硫酸盐木浆归入品目 4703

碱木浆或硫酸盐木浆是用强碱溶液蒸煮木片状的木材制得的。碱木浆用的蒸煮液是氢氧化钠溶液，硫酸盐木浆用的蒸煮液是经添加了硫化钠的氢氧化钠溶液。氢氧化钠和硫化钠的溶液对纤维原料的作用比较缓慢，纤维受损程度小，强度较好，一般用来制造工业用纸，如纸袋纸、高级包装纸、绝缘纸、电容器纸等，也用于生产吸水产品（如婴儿纸尿布），以及具有高抗撕裂度、抗张强度和耐破度的牛皮纸。

须注意的是，归入品目 4703 的碱木浆或硫酸盐木浆是除溶解级规定以外的。

（四）非溶解级的亚硫酸盐木浆归入品目 4704

亚硫酸盐法制浆一般使用酸性溶液，使用的化学试剂是亚硫酸氢钙、亚硫酸氢镁、亚硫酸氢钠等。该方法广泛用于处理云杉纤维。该浆中的纤维较长，强度较高，较柔软，用于制造各种书写或印刷纸、薄页纸、防油纸、高光泽透明纸等。

类似地，归入品目 4704 的亚硫酸盐木浆是除溶解级规定以外的。

（五）用机械与化学联合法制得的木浆归入品目 4705

用机械与化学联合法制得的木浆属于两阶段制浆法，首先用化学方法处理，再用机械方法磨解。相比于化学制浆法，该方法得浆率高，化学试剂耗用量低，且适合阔叶木制浆。

（六）其他纤维素浆归入品目 4706

这类纸浆的原料是除了木材以外的植物材料（如秸秆、竹、棉短绒）及回收纸或纸板，经清洁、筛分及精化等一系列机械、化学或机械化学工序制得纸浆。

（七）回收纸或纸板归入品目 4707

纸或纸板的废品包括削、切、剪、撕的废纸或纸板、旧报纸和旧杂志、校样、报废印刷品及类似废料。

但是，主要用于回收贵金属的含贵金属的废碎纸或纸板不归入品目4707。例如，含银或银化合物的废碎感光纸或纸板归入品目7112。

第四十八章　纸及纸板；纸浆、纸或纸板制品

一、本章商品范围

除条文另有规定外，本章所称"纸"包括纸板，一般而言，定重超过200克/平方米或厚度大于0.1毫米的纸称为纸板。

本章包括各类纸或纸板、用纸浆或纸（板）制成的制品。但有些经加工的纸及其制品由于其特征已属于其他章所包括的产品，应归入其他章，详见本章注释二的规定。

本章商品按加工顺序编排品目，其结构如下：

未经涂布的纸···4801~4805
经进一步加工但未经涂布的纸·································4806~4808
经涂布的纸···4809~4811
特殊用途的纸··4812~4814
纸制品··4816~4823

二、本章商品归类方法

（一）纸（板）归类的基本方法

纸（板）是由纸浆经抄造制成的，纸的加工过程可参阅阅读材料。

纸张的归类应根据《协调制度》对纸张的分类来确定，即根据加工程度判断是纸张还是纸制品。纸（板）归入品目4801~4814，纸制品归入品目4816~4823。在纸（板）的归类中，往往涉及纸张的规格、形状、加工方法及用途等。

1. 纸张规格与归类

纸（板）归类与纸（板）规格的关系由本章注释八规定。根据本章注释八，品目4803至4809七个品目中，所称的"成条或成卷的"纸，其宽度必须超过36厘米，即大规格的纸。所称"成张的"纸，形状是矩形（包括正方形），其长度必须超过36厘米，且未折叠的宽度应超过15厘米，也是大规格的纸。

不符合上述规格的纸可称为小规格的纸（板），即品目4813、4818及4823条文中所称的"一定尺寸"的纸。

相应地，上述七个品目以外的其他品目的"成卷或成张的"纸（板）则没有规格的要求。

【例1】成卷的宽度为90厘米的牛皮纸

【归类分析】由于牛皮纸的宽度超过36厘米，符合本章注释八"成卷的"要求，故归入品目4804。

【例2】成卷的宽度为30厘米的半透明纸

【归类分析】由于该半透明纸的宽度不超过36厘米，不符合本章注释八"成卷的"要求，故不能按"成卷的半透明纸"归入品目4806，而应按切成"一定尺寸的"其他纸归入品目4823。

【例3】成卷的宽度为16厘米的自粘胶粘纸，是在原纸的表面涂布有机胶粘剂加工而成

【归类分析】尽管该自粘胶粘纸的宽度小于36厘米，不符合注释八"成卷的"要求，但品目4811的条文为"成卷或成张矩形（包括正方形）的任何尺寸的经涂布、浸渍、覆面、染面、饰面或印花的纸"，表明该品目的纸可以是任何尺寸的，因此该自粘胶粘纸应归入品目4811。

2. 纸张加工方法与归类

根据加工方法不同，纸（板）可以分成两类：未经加工的纸归入品目4801~4805，加工的纸归入品目4806~4811。

例如，宣纸为手工抄造的纸，应按未经加工的书写及印刷用途的纸归入品目4802；成卷的宽度为37.6厘米的复写纸，是用混有炭黑或其他着色材料的物质涂布的纸，应作为加工的纸归入品目4809。

根据本章注释三，品目4801~4805的未经加工的纸可以经过研光、高度研光、釉光及类似处理、仿水印、表面施胶，还包括用各种方法本体着色或染成斑纹等加工，由于上述加工并未改变纸的基本特征，因此经过上述加工的纸（板）仍按未经加工的纸归类。

3. 纸张形状与归类

纸（板）的形状也会影响纸（板）的归类。根据本章注释八，本章的"成卷或成张的"纸必须是指矩形（包括正方形）的纸（板）。如果将纸（板）加工成矩形以外的形状，就是品目4818及4823条文中所称的切成"一定形状"的纸，这类纸没有规格的大小之分，一般作为纸制品归类。

【例4】直径为10厘米的圆形滤纸

【归类分析】该滤纸为圆形，应按切成一定形状的纸归入子目4823.2000，而不能归入子目4805.4000。

4. 纸张用途与归类

纸（板）的归类还跟用途有关。如品目4812~4814分别是纸浆制的滤块、卷烟纸、壁纸及窗用透明纸，这些纸是从用途角度分类的。

当然，纸张的归类还可能涉及纸张的纤维成分、重量、亮度、厚度、灰分含量、耐破度、抗撕裂度、粗糙度、抗张强度和抗压强度等，有关纸张对上述指标的要求参见本章有关的章注和子目注释。

（二）未经涂布的纸的归类

未经涂布的纸归入品目4801~4805，这些纸品保留自然的外观及结构，未经涂布及其他各种加工。如果经过涂布，纸表面的不平整特征则被涂料遮盖而消失，涂料形成一层新的、平滑的非纤维素表面。

1. 新闻纸归入品目4801

《协调制度》中的新闻纸应满足本章注释四的规定，即所含用机械或化学—机械方法

制得的木纤维不少于全部纤维重量50%的未经涂布的报刊用纸，未施胶或微施胶，每面粗糙度超过2.5微米，重量不小于40克/平方米，但不超过65克/平方米，成条或成卷的，宽度超过28厘米；成张矩形（包括正方形），一边超过28厘米，另一边超过15厘米。因此，不满足上述要求的所谓"新闻纸"就不能按新闻纸归类，如未经涂布一般应按书写及印刷用途的纸归入品目4802。

2. 其他书写及印刷用途的纸、未打孔的穿孔纸、手工纸归入品目4802

归入品目4802的纸是书写、印刷或类似用途的未经涂布的纸（板），未打孔的穿孔卡片及穿孔纸带纸，这类纸应符合本章注释五的定义。直接用手工制得的任何尺寸或形状的毛边手工制纸也归入品目4802。上述纸成条状、卷状或成张矩形（包括正方形），任何尺寸均可归入品目4802。如果切成其他形状，则往往作为纸制品归入本章其他品目。

这类纸及纸板可经本章注释三所述的工艺加工，例如，本体着色或染成云石纹、砑光、高度砑光、釉光、仿水印或表面施胶。经其他方法加工的纸及纸板不归入品目4802，一般归入品目4806~4811。

各种原纸也可以归入品目4802，如光敏、热敏、电敏纸或纸板的原纸及原纸板，壁纸原纸；还包括书写、印刷或其他绘画用的纸，如杂志及书籍印刷纸、胶版印刷纸、明信片纸、标签纸、封面纸、绘画纸、笔记本纸、信笺纸、复印纸、油印纸、账簿纸、信封纸、表格纸、支票、邮票、钞票或类似用途的证券纸等。

3. 大规格的卫生用纸归入品目4803

卫生纸、面巾纸、餐巾纸及类似的家庭或卫生用纸，纤维素絮纸及纤维素纤维网纸，归入品目4803。归入品目4803的卫生用纸是符合本章注释八规定的大规格的纸，不符合注释八规格的卫生类用纸应归入品目4818，不符合注释八规定的纤维素絮纸及纤维素纤维网纸应归入品目4818、4819或4823。

纤维素絮纸及纤维素纤维网纸是由层数不一的多层松散毡合的纤维素纤维构成，其纤维素纤维层极薄，在潮湿状态下辊压在一起，干燥后各层易分离。其中，纤维素絮纸由稀松结构的纤维素纤维绉网组成，起皱率大于35%；纤维素纤维网纸由紧密结构的纤维素纤维绉网组成，起皱率小于35%。

品目4803的商品除本章注释三规定允许的加工范围以外，还可以经起皱、压纹、压花、打孔、染面、饰面或印花等加工。

4. 大规格的牛皮纸归入品目4804

大规格的牛皮纸归入品目4804，牛皮纸及纸板应符合本章注释六的规定，其所含用硫酸盐法或烧碱法制得的纤维不少于全部纤维重量的80%。并且，归入品目4804的牛皮纸应该符合本章注释八的规定，如已切成其他尺寸或形状，一般归入品目4823。

牛皮纸及纸板中的主要品种有牛皮衬纸、袋用牛皮纸及其他供包装和包裹用的牛皮纸。"牛皮衬纸"及"袋用牛皮纸"的定义，参见本章子目注释一及二。品目4804的牛皮纸可经过本章注释三所述的加工，经其他加工的一般归入品目4807、4808、4810或4811。

5. 其他大规格未加工纸归入品目4805

品目4805商品的规格应符合本章注释八的规定，包括品目4801至4804以外的其他纸（板），其加工程度不超过本章注释三所列范围。

这类纸包括：

（1）半化学的瓦楞纸，定义参见本章子目注释三；

（2）多层纸及纸板，以两层或多层湿纸浆压制而成，其中至少有一层纸浆在特征上与其他层有差别，这些差别可以是因所用纸浆的性质或生产方法不同或加工程度不同所造成的；

（3）亚硫酸盐包装纸，定义参见本章子目注释六；

（4）滤纸及纸板（包括茶袋纸）；

（5）毡纸及纸板；

（6）吸墨纸。

（三）经加工但未经涂布的纸的归类

1. 大规格的透明纸归入品目 4806

植物羊皮纸、防油纸、描图纸、半透明纸及其他高光泽透明或半透明纸归入品目 4806，这类纸一般经过加工使其具有不同程度的透明性、防水性或防油性。品目 4806 的纸应为符合本章注释八规定的大规格的纸。

植物羊皮纸是将优质未施胶及无填料的纸在硫酸中浸泡数秒后制得，酸的作用使部分纤维转化成胶化纤维素，因而具有胶质的不渗透性。当经过上述处理的纸被完全冲洗并干燥后，所得产品的强度大大超过原产品，呈半透明状，具有抗油脂性能，并不透水和气体。植物羊皮纸可用于包装炸药，作油脂及其他食品的保护性包装、渗透及渗析工艺中的薄膜、证书纸及类似纸、某些用途的描图纸及图样纸，也用于制贺卡等。植物羊皮纸板还可用于制造灯罩及旅行用容器等。

防油纸，一般用亚硫酸盐纸浆制得，纸浆在水中经长时间拍打，纤维细化并水解。该纸呈半透明状，并在很大程度上防止油脂渗透。其外观和用途类似于植物羊皮纸，防水性能较植物羊皮纸弱。但其价廉，特别适于作油脂食品的包装。

描图纸与防油纸相类似，其高透明度也是纸浆经长时间拍打的结果。

玻璃纸，即一种高光泽透明纸，其制造方法与防油纸相同，但在制造的最后阶段，通过把纸置于高度砑光机的加热滚筒之间反复湿化及加压上光，使纸获得特有的透明度及高密度。

高光泽透明纸或半透明纸主要是不着色的，也可制成有色的，其不渗透性虽较植物羊皮纸或防油纸差，但也可作食品、糖果等的保护性包装，用于制信封的透明纸窗，切成纸条后可作如巧克力等的精美包装材料。

根据上述透明纸的加工方法，在纸张抄造后经过涂布、浸渍或类似处理而具有防油或防水性能的纸，不能归入品目 4806，这类纸往往作为涂布加工纸归入品目 4809 或 4811。

2. 大规格的复合纸及纸板归入品目 4807

根据品目条文，品目 4807 的复合纸是以黏合剂将两层及以上纸或纸板黏合制成的纸及纸板。品目 4807 纸张的规格应符合本章注释八的规定。这些产品可用各种纸或纸板制得，其胶粘剂可以是动物质、植物质或矿物质的（如糊精、动物胶、焦油、树胶、沥青、胶乳）。复合纸所用的黏合剂如能兼作防水材料，如焦油黏合的双层牛皮纸，只要其仍具有纸的基本特征，仍归入品目 4807。

纸与纸以外的其他材料复合而成的纸及纸板，不符合复合纸的定义，不能归入品目 4807。

3. 大规格的机械加工纸归入品目 4808

机械加工纸包括瓦楞纸、皱纹纸、压纹纸、穿孔纸等，特点是在纸张抄造过程中或以后，经过机械加工，使纸面不再平整或均一。大规格的机械加工纸归入品目 4808。

瓦楞纸及纸板是在加热及蒸汽作用下将纸通过带槽的滚子加工而成。它们可以是单层瓦楞纸（纸板），也可单面或双面用平面纸（纸板）盖面。重型的纸板是由瓦楞纸或纸板与平面纸或纸板间隔连续层叠制成，多用于造瓦楞纸箱，也用做保护性包装材料。

皱纹纸是趁纸网潮湿时经机械方法处理制得，或将抄造好的纸张通过两个绉面滚筒压纹制得。经过上述处理后，纸的外表呈沟纹状并具有高弹性。纤维素絮纸及纤维素纤维网纸起皱纹，一般是通过压缩纸网工艺制得，不作为皱纹纸归类，而应归入品目 4803、4818 或 4823。皱纹纸通常经过着色，并以单层或多层用于制造各种物品（如水泥袋及其他包装材料、装饰带）。

压纹纸是表面制成明显不平整的纸品，一般在纸张抄制后，将潮湿或干燥的纸通过两个带有凹或凸图案的滚筒之间滚压制得，或通过带有凹或凸花纹的金属板压印而得。这些产品在品质及外观上差异较大，包括通称为浮花纸的纸、压印各种皮革纹理的纸、麻面纸（包括用布面滚筒压制而成的）。它们可用于制造某种书写纸、糊墙纸，作盒衬及盒面，作书本装订用纸等。

穿孔纸是以机械方法将纸或纸板在干燥状态下用冲模冲击孔洞的纸及纸板，所穿的孔可形成一定图案或仅为规则间隔，包括直线穿孔以便于撕成一定尺寸的纸。根据本章注释十一的规定，用于提花机或类似机器用的穿孔纸卡和穿孔纸板卡，不归入品目 4808，应作为纸制品归入品目 4823。

【例 5】一种压纹高级书信纸，表面压有仿大理石花纹，由亚硫酸盐纸浆制得，787 毫米×1092 毫米，35 克/平方米

【归类分析】该纸张虽作书写用途，但经过压纹加工，超出了本章注释三允许的加工范围，故不能归入品目 4802，应按压纹纸归入品目 4808，子目为 4808.9000。

（四）经涂布的纸的归类

1. 大规格的复写纸、自印复写纸及其他拷贝或转印纸归入品目 4809

品目 4809 包括经涂布、浸渍或其他加工赋予纸张复写或转印等功能的纸。

复写纸是用混有炭黑或其他着色材料的脂肪物质或蜡性物质涂布（有时浸渍）的纸，供用笔或打字机将原文复印在普通纸上。

自印复写纸也称无碳复写纸，在上页纸的背面涂含有发色剂的微胶囊，在下页纸的表面涂显色剂，在压力的作用下微胶囊中的力敏色素和油溶液溢出，与下层纸上的显色剂接触后发生颜色反应，形成文字图案。由于该纸对压力敏感，又称压敏记录纸。

热敏转印纸的一面涂有热敏材料，在用红外线复印机复印时，涂层中的染料可转印到一张普通纸上（热转印工序），从而获得原文的副本。

品目 4809 纸的规格应符合本章注释八的规定，即大规格的，如不符合应归入品目 4816。

2. 涂布无机物质的纸归入品目 4810

纸及纸板单面或双面涂布高岭土、硫酸钡、硅酸镁、碳酸钙、氧化锌及金属粉等无机物质后，应归入品目 4810。这些商品包括用于书写、印刷或类似用途的纸及纸板，含打印

机或感光复印设备用纸（此类轻质涂布纸的定义参见本章子目注释七）、牛皮纸及纸板，以及多层纸及纸板，这些纸及纸板必须是以无机物质涂布的。

归入品目4810的产品成条状、卷状或成张矩形（包括正方形），规格可以是任何尺寸。如切成任何其他形状，应归入本章其他品目。

【例6】铜版纸，是以100%的漂白化学木浆抄造而成的铜版原纸为纸基，表面涂布约20克/平方米的以高岭土为主要成分的白色涂料，并经超级压光加工而成，尺寸880毫米×1230毫米，是一种供铜版印刷的高级美术印刷纸

【归类分析】该铜版纸经过表面涂布以高岭土为主要成分的涂料，属于涂布加工纸，且高岭土为无机物质，应归入品目4810，再根据纤维成分和纸张规格归入子目4810.1900。

3. 经涂布、浸渍、覆盖、染面、饰面或印花的纸归入品目4811

品目4810以外的涂布纸及纸板（包括单面或双面既涂布无机物质又涂布其他材料的纸及纸板），应归入品目4811，浸渍纸、用塑料覆盖或涂布的纸（塑料层厚度不超过总厚度的一半）、表面着色的纸，以及印有花纹、文字或图画的纸，也归入品目4811，但如果所印的文字或图画构成基本特征的，应按印刷品归入第四十九章。

这类纸张成条状、卷状或成张矩形（包括正方形），规格可以是任何尺寸。如切成任何其他形状，应归入本章其他品目。

需要注意的是，品目4809及品目4816的复写纸、自印复写纸及转印纸等，尽管也是涂布无机物以外的物质，但由于在其他品目有具体列名，故不归入品目4811。

在涉及品目4801~4811的纸张的归类中，还应注意注释七的有关规定。根据本章注释七，除品目条文另有规定的以外，符合品目4801至4811中两个及两个以上品目规定的纸或纸板、纤维素絮纸及纤维素纤维网纸，应按号列顺序归入有关品目中的最末一个品目，即"从后归类"。

【例7】热敏传真纸，规格210毫米×30米，在热敏原纸上涂布由胶粘剂、显色剂、无色染料组成的发色层。当热敏纸遇到发热的打印头时，显色剂与无色染料发生反应而变色并形成图文

【归类分析】该热敏传真纸是在原纸表面涂布有机物加工而成，且不属于品目4809及4816所称的转印纸，符合品目4811经无机物以外材料涂布加工的纸，故归入品目4811，再根据涂布物质归入子目4811.9000。

【例8】牛皮纸板浸渍石蜡后再加工成瓦楞纸板

【归类分析】该纸张的加工既符合品目4811的浸渍加工纸，又符合品目4808的瓦楞纸，根据本章注释七，应"从后归类"，归入品目4811。

（五）其他用途的纸的归类

1. 纸浆制的滤块、滤板及滤片归入品目4812

这类物品是由高纤维含量的植物纤维（棉花、亚麻、木材等）不用黏合材料压制成块、板或片状的产品，其纤维呈疏松附着状态。滤块也可用两块或多块经加工并净化过的纸浆所制得的滤板压制而成。滤块可在过滤器中用于澄清液体（如葡萄酒、烈性酒、啤酒及醋），不论其规格或形状如何，均归入品目4812。

须注意的是，用于过滤液体的其他纸不归入品目4812，如化学过滤实验用纸，由于不

是用纸浆压制而成,不归入品目4812,应归入品目4805或4823。

2. 成小本或管状的卷烟纸归入品目4813

所有的卷烟纸(包括滤嘴纸),不论其规格及形式如何,均归入品目4813。其形状一般为成本、成管状、成卷的。卷烟纸常有直纹或水印,品质优良(常用大麻或亚麻碎布浆制成),极薄,但相当坚韧,不加填料或仅稍加特种填料。卷烟纸一般用白纸制得,也可着色。

3. 壁纸及窗用透明纸归入品目4814

壁纸应符合本章注释九的规定,包括三种情况:

(1)适合作墙壁或天花板装饰用的成卷的壁纸及类似品,宽度不小于45厘米,但不超过160厘米,并符合注释中所规定的四种表面加工;

(2)适合作墙壁或天花板装饰用的经上述加工的纸边及纸条,不论是否成卷;

(3)由几幅拼成的壁纸,贴在墙上可组成印刷的风景或图案。

既可做铺地制品,也可做壁纸的以纸或纸板为底的产品,应归入品目4823。

窗用透明纸是由又薄又硬的高光泽透明或半透明纸制得,印有各种装饰性图案,通常着色以仿彩色玻璃,用于装饰或仅起减弱玻璃透明度作用。还可印有广告、展示等性质的文字和图画。该纸品可以是成卷的,也可以裁成可即供粘于窗或门玻璃上的各种尺寸或形状的,有时还涂胶。

(六)纸制品的归类

这类商品包括纸、纸板、纤维素絮纸及纤维素纤维网纸(不属于品目4802、4810~4814的货品),成卷或成张,所切尺寸不符合本章注释八的规定,即小规格的;切成矩形(包括正方形)以外任何形状的纸品,以及纸浆、纸、纸板、纤维素絮纸及纤维素纤维网纸制成的制品。上述商品归入品目4816~4823。

1. 小规格的复写纸、自印复写纸及其他拷贝或转印纸、油印蜡纸或胶印版纸归入品目4816

归入品目4816的复写纸如为成卷的或成张的,其规格不符合本章注释八的规定,或切成矩形(包括正方形)以外的其他任何形状。这类纸一般为盒装。

根据复印方式不同,这些纸可分为以下两类:

(1)通过将纸上涂布物或浸渍物全部或部分转印到另一表面上复制原文的纸,包括复写纸或类似的拷贝纸、自印复写纸、热敏打印纸。

(2)用其他方法复印的拷贝纸、油印蜡纸或胶印版纸,包括无衬油印蜡纸及衬背油印蜡纸、胶印版纸及胶印版。

2. 信封、素色明信片及通信卡片、内装纸制文具的盒子或袋子归入品目4817

这类物品包括用于通信的纸或纸板制文具,如信封、封缄信片、素色明信片。这类物品可印上地址、姓名、商标、装潢、徽记、姓名首字母等,但所印内容仅从属于文具的用途。

内装各种纸制文具的纸或纸板制的盒子、袋子及夹子也归入品目4817。

3. 小规格的卫生纸、卫生或医院用品、衣服及衣着附件归入品目4818

这类物品通常用品目4803的纸制成,包括宽度不超过36厘米的成条或成卷,任一边长不超过36厘米的成张矩形。切成矩形(包括正方形)以外的其他任何形状的卫生纸及类似纸、家庭或卫生用纤维素絮纸及纤维素纤维网纸。

纸浆、纸、纤维素絮纸或纤维素纤维网纸制的家庭、卫生或医院用品、衣服及衣着附件也归入品目4818。

4. 纸制包装容器、卷宗盒、信件盘归入品目4819

箱、盒、匣、袋及其他包装容器，通常用于包装、运输、存储或商品销售。还包括特种用途的纸袋，如真空吸尘器用袋、旅行呕吐用袋、唱片盒及唱片套等。这类物品可经印刷，只要其主要特征仍为品目4819的包装容器。例如，印有易引起儿童兴趣的图画的巧克力盒或各种食品盒均归入品目4819，但纸制的旅行容器由于在品目4202有具体列名，不归入品目4819。

办公室、商店及类似场所使用的卷宗盒、信件盘、公文盒、储物盒及类似品，也归入品目4819。

5. 纸制的各种本子及文具用品、样品簿、粘贴簿及书籍封面归入品目4820

纸制的本子包括登记本、账本、笔记本、订货本、收据本、信笺本、记事本、日记本、练习本、活动封面、文件夹、卷宗皮、多联商业表格纸、页间夹有复写纸的本等。这些物品有的印有相当多的内容，但只要这些内容是附属于其主要用途的，仍可归入品目4820而不归入第四十九章。例如，表格还需要手工或打字填写，日记还需要写作。但支票簿由于已具备了信用特征，不能作为纸制品归入品目4820，应作为印刷品归入品目4907。

此外，集邮册和相册应按粘贴簿归入品目4820。

6. 纸制的标签归入品目4821

各种纸标签归入品目4821，可以通过粘贴或用线绳等方法附于各种物品、包装物件等之上。这些标签可以是素色或印有各种文字或图画，也可上胶，配备系带、扣子、挂钩及其他紧固件，或以金属或其他材料加强，还可以打排孔或制成大张或小本子。

但是，由单面或双面以一层薄纸覆面的硬贱金属片制成的"标签"，不能归入品目4821，这类标签应以贱金属片为基本特征归入第十五类。

7. 纸制的筒管、卷轴及纡子归入品目4822

用于缠绕纱线的筒管、小管、卷轴、纡子、锥形纱管及类似芯子，归入品目4822，还包括用于缠绕布匹、纸张或其他材料的圆柱芯。

8. 切成一定尺寸或形状的其他纸及其他纸制品归入品目4823

本章其他品目未列名的纸、纸张、纤维素絮纸及纤维素纤维网纸，成卷或成张的，其规格不符合本章注释八的规定，或切成矩形（包括正方形）以外的其他任何形状，均归入品目4823。

本章其他品目未列名的纸制品也归入品目4823。例如，纸或纸板制的盘、碟、盆、杯及类似品，提花机或类似机器用的穿孔纸及纸板卡片，服装纸样、模型及样板，纸扇等。

某些纸及其制品由于基本特征已属于其他章的特征时，应归入其他相应的章。例如，香水纸归入品目3307，肥皂纸归入品目3401，感光纸归入品目3703，捕蝇纸归入品目3808，石蕊试纸归入品目3822，纸纱线归入品目5308，纸帽归入品目6506，纸伞归入品目6601，纸制人造花归入品目6702，砂纸归入品目6805，纸灯罩归入品目9405等。

（七）其他归类注意点

1. 分清几对品目或子目所列纸（板）的区别

（1）品目4803与品目4818的卫生纸、家庭或卫生用纸。

品目4803纸是符合本章注释八要求的大规格的，而品目4818的纸是小规格的。
（2）品目4809与品目4816的复写纸及拷贝纸。
品目4809的复写纸及拷贝纸是大规格的，而品目4816的纸是小规格的。
（3）子目4805.4000与子目4823.2000的滤纸。
子目4805.4000的滤纸是矩形的，并且是大规格的，而子目4823.2000的滤纸是矩形小规格的或者切成矩形以外的形状。

2. 混合纸浆制成纸的归类

纸及纸板主要是由第四十七章的纤维素纤维纸浆毡合成片构成。但有些纸品是由上述纤维素纤维与其他材料混合组成，如果按重量计以其他材料为主，则不能按纸张归入第四十八章。

【例9】茶袋纸，由40%纤维素纤维与60%纺织纤维混合组成

【归类分析】由于茶袋纸中纺织纤维含量超过纤维素纤维，不能按纸张归入第四十八章，应按以纺织纤维为基本特征的商品归类，并作为无纺织物归入品目5603。

3. 纸张与印刷品的区别

归入第四十八章的纸张及纸制品一般未经印刷，经印刷的印刷品一般归入第四十九章。但第四十八章的某些纸张可以经过印刷，只不过还需经过书写才构成印刷品的特征，故仍按纸张归入第四十八章。印有图案、文字或图画的纸及其制品，如果所印图案、文字或图画作为其主要用途，应归入第四十九章。

例如壁纸，根据本章注释九的规定，可以印有图案，但仍以纸张为基本特征归入品目4814。纸制的标签，即使经过印刷，也作为纸制品归入品目4821。

第四十九章　书籍、报纸、印刷图画及其他印刷品；手稿、打字稿及设计图纸

一、本章商品范围

本章包括各种印刷品，这些印刷品以其所印的花纹图案、文字或图画为基本性质及用途。

本章的印刷品一般是印刷在纸张上，但也可以印刷在其他材料之上，只要以其所印的花纹图案、文字或图画为基本性质及用途。

除较常见的印刷品（如书籍、报纸、小册子、图画、广告品）以外，本章还包括印刷的转印贴花纸，印刷或图画明信片、贺卡，日历、地图、设计图表及绘画，邮票、印花税票及类似票证，不透明底基缩微本。

本章结构如下：

$\begin{cases} \text{一般印刷品（书籍、报纸、杂志、儿童图画书）} \cdots\cdots\cdots 4901\sim4903 \\ \text{其他印刷品（乐谱、地图、邮票、明信片、日历等）} \cdots\cdots\cdots 4904\sim4911 \end{cases}$

二、本章商品归类方法

根据本章注释二的规定，本章所称"印刷"不仅包括以普通手工印刷（如雕版印刷

或木版印刷）或机械印刷（如活版印刷、胶版印刷、平版印刷、照相凸版印刷等）的几种方法复制，还包括用复印机复制，在计算机控制下打印绘制，压印、冲印（如照片）、感光复印、热敏复印或打字，不论印刷文字的形式如何（如任何一种字母、数字、速记符号、莫尔斯电码或其他电码符号、盲字、音乐符号、图画及图解）。本章还包括以手工绘制的类似品（包括手绘地图及设计图表），以及手稿或打字稿的复写本。

（一）普通印刷品的归类

1. 书籍、小册子及散页印刷品归入品目 4901

各种书籍及小册子归入品目 4901，如各类文学作品、教科书、字典、百科全书、黄页电话簿、儿童书籍等，由几页读物组成甚至是单页的散页印刷品也归入品目 4901。

根据本章注释三，装订成册的报纸、杂志和期刊具有书籍的特征，应归入品目 4901。

根据本章注释四，附有说明文字，每页编号以适于装订成册的整集美术、绘画等作品的印刷复制品，以及随同成册书籍带说明文字的图画附刊，也应归入品目 4901。

但是，没有说明文字的印刷图画及图解，不能归入品目 4901，应作为其他印刷品归入品目 4911。主要作广告用的各种出版物，如商业目录、同业公会出版的年鉴、旅游宣传品等，也不归入品目 4901，应归入品目 4911。儿童图画书、绘图或涂色书由于在品目 4903 已有具体列名，也不归入品目 4901。

2. 报纸、杂志及期刊归入品目 4902

报纸、杂志及期刊以连续的系列形式定期用同一刊名予以出版，各期印刷的内容不同，因此不能按书籍归入品目 4901，而应归入品目 4902。这类出版物可以不装订，也可以用纸装订，但如果用纸以外的其他材料装订或在同一封面内装订有一期以上的，则不归入品目 4902，应作为内容固定的印刷品归入品目 4901。大型著作的节选，有时按周、半月等在一段预定的时期内分期连载，不应视为期刊，应归入品目 4901。

3. 儿童图画书、绘画或涂色书归入品目 4903

这类印刷品仅限于为儿童兴趣及娱乐或指导儿童进入初级教育阶段而编辑的画册。根据本章注释六，其图画构成主要内容，而文字内容辅助于图画。这类图画书包括诸如图片字母册及故事情节由一系列图画来表达，每幅图画都有解说词或扼要叙述的连环画册，还包括主要由带说明文字的图画组成，供儿童写字或做其他练习的儿童手工书。

故事连环画虽然也是以图画为主、文字为辅，但其用途不是主要供儿童阅读，故不能归入品目 4903，应按书籍归入品目 4901。

（二）其他用途印刷品的归类

1. 乐谱原稿或印本归入品目 4904

乐谱原稿或印本这类物品，归入品目 4904。

2. 各种印刷的地图及类似图表归入品目 4905

这类物品包括各种地图、海图等，可以呈单张或折叠状，或各页汇集装订成书状（如地图册），还包括印刷球仪（如地球仪、月球仪或天体仪）。但立体的浮雕地图及球仪应按教学器具归入品目 9023，手绘地图按手稿归入品目 4906，附带有地图的书籍以书籍为主要特征归入品目 4901，航空测量或地貌照片应按照片归入品目 4911，印有地图的 T 恤衫应按纺织服装归入品目 6109。

3. 手绘的设计图纸原稿、手稿、用照相复印或用复写纸誊写的上述物品复制件归入品目 4906

这类物品包括工业设计图纸，如建筑师及工程师的设计图纸，还包括供广告宣传用的绘画或素描（如时装绘画、招贴图样、陶器、墙纸、首饰、家具的图案）。必须注意，只有手绘或手书原稿及感光纸的照相复制品或用复写纸复制的副本，才可归入品目 4906。因此，印刷的设计图纸不归入品目 4906，地图应归入品目 4905，其他的归入品目 4911，打字稿的复印机复制本归入品目 4901 或 4911。

4. 邮票、印花税票、印有邮票或印花税票的纸品、钞票、空白支票、股票等归入品目 4907

这类商品的特征是一经有关当局发行（有时需有签章才能生效），即具有超过其内在价值的信用价值。

邮票，只有国内新发行的且未经使用的邮票才能归入品目 4907，若已使用过的及不论是否使用过的国外发行邮票均按收藏品归入品目 9704。

印花税票，一般用于附贴在法律、商业等文件上，有时附贴在货物上，作为已缴付票值所示金额的政府税收的凭证。

已盖邮戳的信封、封缄卡片、明信片等，也归入品目 4907。

钞票，即由政府及其授权银行发行的各种面额本票，该票在发行国或其他地方作为货币使用，归入品目 4907。但是，作为收集品及珍藏品的钞票应归入品目 9705。空白支票、股票、债券、信用证、汇票、旅行支票、提货单、地契及股息票等，均应归入品目 4907。

但用证券纸印制并编有序号的彩票不归入品目 4907，而应按其他印刷品归入品目 4911。

5. 转印贴花纸归入品目 4908

转印贴花纸由平版印刷或其他方法印在轻质吸水纸上的图画、图案或字母组成，用淀粉及树胶等涂布以便承印本身涂有胶粘剂的印记。当把这种经过印刷的纸湿润，并贴在玻璃、陶器、木材、金属、石料或纸等表面上轻轻压紧，印有图画的涂层便转移到该表面上。

以品目 3207 的釉料印刷的釉转印贴花纸也归入品目 4908。这类物品还包括刺绣品及针织品转印贴花纸，其纸上图案是用色料勾出轮廓的，通常用加热熨斗平压可转印到纺织品表面上。

6. 印刷明信片、贺卡归入品目 4909

美术明信片是印有明信片标志的卡片，其一面的全部或大部印有图片，归入品目 4909。不具有明信片标志的类似产品应作为图片归入品目 4911，印有邮票的明信片应作为印有邮票的纸品归入品目 4907，其印刷内容仅附属于主要用途的素色明信片作为纸制品归入品目 4817。

圣诞卡、新年卡、生日卡或类似卡片也归入品目 4909，其中一面或几面印有图片。

7. 印刷的日历归入品目 4910

各种日历，不论其印于纸（板）、纺织物或其他材料上，只要所印日历构成这些商品的基本特征，均归入品目 4910。但有日历又可记日记的记事本应以记事本为基本特征归入品目 4820。

8. 其他印刷品归入品目 4911

本章其他品目未列名的印刷品归入品目 4911，包括照片及印刷图片。对于已镶框的图片及照片，如果是图片或照片构成物品的主要特征，应归入品目 4911，否则应按框架属性，作为木材、金属等制品归入相应的品目。

这类物品还包括：广告印刷品（包括海报），主要以广告为目的的年刊及类似出版物，各种商品目录册及旅游宣传品；载有马戏节目、体育赛事、歌剧、戏剧或类似表演消息的小册子；示意地图；解剖学、植物学等的示教图表及图解；电影票、戏票、音乐会票、火车票及其他入场券；无邮票的集邮大型张及印有图画的首日封；彩票、"刮擦幸运卡"、销售抽彩券及奖券。

某些印刷品是需要手工或打字来填写内容的，只要其具有印刷品的主要特征（参见第四十八章注释十二），仍归入品目 4911。因此，只需填写某些内容（例如，日期及姓名）的印刷表格、空白的联券旅行票据（例如，飞机票、火车票及客车票）、通函、身份证明文件和身份证等，也归入品目 4911。

另外，商店招牌或橱窗用的带印刷图画或文字内容的字母、数字、标志及类似符号，如果用陶瓷、玻璃或贱金属制成的，应分别归入品目 6914、7020 及 8310；如果带有照明装置的，应按灯具归入品目 9405。

【例】神州行充值卡，长 8.6 厘米，宽 5.4 厘米，材料为 PVC（聚氯乙烯）。卡正面印有"中国移动通信神州行充值卡"及"￥100"字样，卡背面印有使用步骤、注意事项、系列号及使用期限，但"系列号"及"使用期限"所对应的数字还未印刷。该卡进口后，打上系列号及相应的密码，即可在装有预付费卡的手机上作 100 元话费使用

【归类分析】该充值卡是将文字印刷在塑料片上，根据第七类注释二，印有文字的塑料及其制品，如果所印花纹作为其主要用途，应归入第四十九章。该商品正反两面都经过印刷，其内容明确了商品的用途和使用方法，具备了印刷品的主要特征，应归入第四十九章，子目为 4911.9990。

思考与练习

商品归类题：

1. 用机械与化学方法联合制得的木浆
2. 棉短绒制成的纸浆
3. 经研光处理的书写纸，A4 规格（21 厘米×29.7 厘米），80 克/平方米，化学木浆制得
4. 成卷的植物羊皮纸，宽 30 厘米
5. 圆形滤纸，直径 12 厘米，化学过滤实验用
6. 捕鼠纸板，在原纸上涂布胶粘剂，用以粘住老鼠，2 张/袋
7. 素色明信片
8. 印有邮票的明信片
9. 奥运福娃邮票，未使用

10. 带日历的记事本
11. 一张上海地图
12. 单面涂塑的白卡纸，采用漂白化学机械浆制成，用于制造食品级用纸杯，成卷，克重 200 克/平方米
13. 多联式纸质空白海运提单，印有表格及标注等多项内容
14. 手绘的设计图纸
15. 装订成册的《读者》杂志

第十一类　纺织原料及纺织制品

【内容提要】
在本类中，将学习以下内容：
1. 熟悉《协调制度》中纺织纤维、纱线、纺织物、纺织制品的分类；
2. 纺织纤维、纱线、纺织物及纺织制品的归类方法。

其中，纺织纤维的归类、纱线的归类、机织物的归类、服装的归类等是学习重点，混纺纺织物的归类方法及根据加工方法和加工程度判断纺织物的属性及其归类是学习的难点。

一、概述

纺织工业是我国国民经济的传统支柱产业和重要的民生产业，人们常说的"衣食住行"，就将纺织产品放在非常重要的位置。纺织业也是我国国际竞争优势明显的产业，2021年，我国纺织产品的出口额达到3155亿美元，占我国出口总额的9.36%，仅次于机电产品。

传统意义上的"纺织"加工过程是"纺"和"织"的总称，其中"纺"是指纺纱，"织"是指织布。纺织的加工对象是纤维集合体，使用的手段有机械的，也有化学的。纺织加工有两重含义：狭义的纺织是指纺纱和织布；广义的纺织则包括纺织加工的全过程，从各种纤维原料到纺成纱线，再通过机织、针织等工艺织成织物，并对织物进行染整加工，直到再加工成包括服装在内的各种纺织制品。纺织加工的具体过程详见阅读材料。现代的纺织产品，除了做衣料之外，还供装饰、工业、医疗、军事等用途，与人民生活和国家建设关系密切。

（一）纺织纤维

1. 纺织纤维的分类

纤维通常是指直径为几微米到数十微米，长度比直径大上千倍甚至更多的柔软细长物质，有连续长丝和短纤之分。其中，长度达到数十毫米以上，具有一定的强度、一定的可挠曲性和相互纠缠抱合性能而可以生产纺织制品（如纱线、绳带、机织物、针织物等）的纤维，称作纺织纤维。

从来源角度分类，纺织纤维可分为天然纤维和化学纤维两大类。天然纤维是自然界里原有的或从经人工种植的植物中、人工饲养的动物毛发和分泌液中获取的纤维，主要有丝、毛、棉、麻等。化学纤维是用天然的或合成的高聚物为原料，经化学加工而成，简称化纤。根据原料和制造方法的不同，化纤又分为人造纤维与合成纤维。

（1）天然纤维
①动物纤维，如蚕丝、羊毛；
②植物纤维，如棉花、苎麻。
（2）化学纤维
①人造纤维
A. 再生纤维素纤维，如粘胶纤维、铜氨纤维、醋酸纤维；
B. 再生蛋白质纤维。
②合成纤维
A. 聚酰胺纤维（锦纶或尼龙）；
B. 聚酯纤维（涤纶）；
C. 聚丙烯腈纤维（腈纶）；
D. 聚乙烯醇纤维（维纶）；
E. 聚丙烯纤维（丙纶）；
F. 聚氯乙烯纤维（氯纶）；
G. 聚氨酯纤维（氨纶）。

2. 天然纤维的结构与性质

（1）蚕丝纤维

蚕丝的种类较多，应用最广的是桑蚕丝，其他称为野蚕丝的有柞蚕丝、蓖麻蚕丝、蜘蛛丝等。蚕茧经过剥茧、煮茧、缫丝等工序可制得生丝。一粒蚕茧所缫得的生丝长650～1200米，是天然纤维中唯一可获得长丝的纤维。对于疵茧废丝，很难通过缫丝获得长丝，可以通过绢纺工艺加工成绢丝。

蚕丝纤维的结构由两根平行的丝素外包丝胶构成，单根丝素的截面形状近似三角形。除去丝胶的蚕丝称为精练丝。蚕丝纤维呈乳白色，耐酸不耐碱，织物光泽柔和，手感滑爽，吸湿透气。

（2）毛纤维

天然动物毛纤维的种类很多，主要是绵羊毛、羔羊毛，简称羊毛。这类毛的品质好，纺织价值高，是毛纺织物最主要的原料。其他如山羊绒、骆驼毛、兔毛等也用于加工毛纺织品。

羊毛从羊体上剪下时，一般粘连成一个完整毛被，称为套毛。如剪下时成零散的状态，称为散毛。在脱毛季节用铁梳子从羊身上梳下的毛称为抓毛。羊毛纤维具有天然的卷曲，赋予其良好的弹性。羊毛纤维的截面一般为圆形，表面覆盖着具有方向性的鳞片，在湿热及化学试剂作用下，经机械外力反复挤压，纤维集合体逐渐收缩、紧密和毡化，称为羊毛的毡缩性。羊毛的毡缩性可以用于毡呢的加工，但也会使毛织物在洗涤中发生尺寸缩小的问题。羊毛长度五至十几厘米，是一种短纤维。毛纤维耐酸不耐碱，弹性好，保温、吸湿及透气性好，染色性好。

山羊绒是从山羊身上梳取下来的绒毛，又称"喀什米尔"（Cashmere）或"开司米"，是一种贵重的纺织原料。山羊绒的平均细度为14～16微米，是动物纤维中最细的，长度为35～45毫米，具有细、轻、柔软、滑糯、保暖性好的优点，一般用于制作羊绒衫、羊绒围巾、羊绒花呢、羊绒大衣呢等高档纺织品。

马海毛（Mohair）为安哥拉山羊毛，原产于土耳其的安哥拉省。马海毛的细度为10～90微米，长度为120～150毫米。马海毛很少卷曲，表面光滑，具有蚕丝般的光泽，强度高，具有良好的弹性，不易收缩也难毡缩，容易洗涤。

（3）棉纤维

棉纤维是天然纤维的主体，约占天然纤维的3/4以上。棉纤维是长在棉籽上的单细胞物质，带有棉籽的棉纤维叫做"籽棉"，用轧花机从籽棉上分离下来的棉纤维称为"皮棉"。根据棉纤维的品质，适于纺纱的，并经过初步清洁可作为纺织原料的为"原棉"，不适于纺纱供其他用途的为"棉短绒"。棉纤维细软，呈洁白、乳白或淡黄色，纵向有天然的转曲，横截面呈腰圆状，有空心中腔，具有良好的保暖性，一般长度为30～50毫米。棉纤维耐碱不耐酸，吸湿及透气性好，染色性好。

（4）麻纤维

麻纤维是从各种麻类植物取得的纤维的统称，包括韧皮纤维（如苎麻、亚麻、黄麻、红麻、大麻、苘麻）和叶纤维（如剑麻、蕉麻）。

韧皮纤维是从麻植物茎部剥皮、刮青获得原麻，原麻再经生物或化学脱胶成为麻纤维。韧皮纤维的单纤维是一个植物单细胞，呈束状，两端封闭，中间是中腔。其中，苎麻纤维的横截面呈椭圆形，表面有节，单纤维长度为20～250毫米，最长可达600毫米，可采用单纤维纺纱；亚麻纤维的横截面呈多边形，表面有裂节，单纤维较短，平均长度为10～26毫米，在纺纱加工中用的都是工艺纤维（束纤维）。

叶纤维是从单子叶植物的叶上获得的维管束纤维，这类纤维比较粗硬，纤维长，强度高，耐海水侵蚀，适于制作绳缆、粗麻袋等。

麻纤维耐碱不耐酸，强度较好，弹性差，吸湿及透气性好，染色性好。

3. 化学纤维的分类

根据所采用的原料和加工方法的不同，化学纤维可以分为合成纤维和人造纤维两类。

合成纤维是以从石油、煤、天然气等制得的低分子化合物（单体）为原料，经化学合成为高聚物，再经纺丝成纤维。主要的合成纤维包括聚酯纤维（我国的商品名为"涤纶"，下同）、聚酰胺纤维（"尼龙"或"锦纶"）、聚丙烯腈纤维（"腈纶"）、聚乙烯醇纤维（"维纶"）、聚丙烯纤维（"丙纶"）、聚氨酯纤维（"氨纶"）等。

人造纤维以天然聚合物为原料，经化学处理再生制成，又称再生纤维。虽经过化学处理，但人造纤维与原聚合物在化学组成上基本相同。人造纤维包括再生纤维素纤维和再生蛋白质纤维，其中应用较成功的是再生纤维素纤维。再生纤维素纤维是利用木材、棉短绒、甘蔗渣、芦苇等含纤维素的物质，经过化学处理加工成为黏液，经纺丝机的喷丝头喷丝、凝固而成为纤维，常见的有粘胶纤维、醋酸纤维、铜氨纤维、Lyocell纤维等。再生蛋白质纤维的研究早已开始，已用过的蛋白质有牛奶蛋白、蚕蛹蛋白、大豆蛋白和花生蛋白等。纯蛋白质的再生纤维由于制取困难及存在纤维强度低等问题，成功的产品并不多。可行的加工方法有两种，一种方法是将蛋白质与其他高聚物进行共混纺丝，另一种方法是将蛋白质与其他高聚物进行接枝共聚。由再生纤维的定义，再生蛋白质纤维的组分应该完全或绝大部分为蛋白质；虽没有严格的含量限制，但蛋白质含量至少在80%以上；含量在20%～80%的，应该是混合或复合纤维；低于20%的只能是蛋白质改性纤维。事实上，目前市面上的一些所谓的再生蛋白质纤维由于蛋白质含量偏低，并不是真正意义上的再生蛋白质纤维。如所称的"大豆蛋白纤维"，其大豆蛋白的含量仅为15%～35%，称不上再生蛋白质纤维。

常见化学纤维的结构和性质可参阅阅读材料。

（二）纱线

将纺织纤维（不论是长丝还是短纤维）制成纱线的过程称为纺纱加工。将梳理过的纤维条加捻可以得到单纱，简称纱。用两根或两根以上的单纱并合、加捻可以得到股线或缆线，简称线。纱和线是两个不同的概念。纱线既是商品，又是纺织物生产的原料。

1. 纱线的加工

由于纤维有长丝和短纤维两种状态，所以纺纱加工也有两种方法。

对于短纤维，如棉、麻、毛、蚕丝短纤及化纤短纤，需经过开松、除杂、梳理、并合、牵伸等工序制成纤维条，再将纤维条加捻制成一根细长的、有一定强度的单纱，在单纱的基础上再制成线。

对于长丝，如蚕丝及化纤长丝，用两根或两根以上的长丝直接并合、加捻就可以制成纱，再制成线。与短纤维纺纱相比，长丝纱线的加工较简单。

不同纤维的纺纱工艺，包括绢纺、毛纺、棉纺、麻纺和化纤纺纱等，存在一些差异，详见阅读材料。

纺纱过程中一般都要加捻，使纤维之间紧密抱合，赋予纱线一定的强度。加捻涉及捻向和捻度两个概念。加捻的方向称为捻向，若顺时针方向加捻，称为"S"捻；逆时针方向加捻，称为"Z"捻。纱线单位长度中所加的捻回数，称为捻度，即加捻的程度，常以纱线10厘米或者每米长度内的捻回数来表示。

2. 纱线的分类

由纺织纤维加工的纱线呈多样性，包括不同类型的纤维、不同的成纱加工、不同的纱线结构等。因此，必须了解纱线的科学分类。

（1）按纱线的体系分类，纱线有纱、线之分

纱，亦称单纱，由短纤维经纺纱加工，使短纤维沿轴向排列并经加捻而成。

线，是由两根或两根以上的单纱合并加捻制成的股线，股线再合并加捻为复捻股线。缝纫线是常见的股线。由芯纱、饰线和固纱加捻组合而成，具有各种不同的特殊结构、性能和外观的为花式线。粗松螺旋花线即为花式线。

（2）按纤维组成分类，纱线分为纯纺纱线、混纺纱线和伴纺纱线

纯纺纱线是由一种纤维纺成的纱线，如棉纱线、毛纱线、涤纶变形纱、粘胶纱等。

混纺纱线是由两种或两种以上的纤维混合纺纱或合股而成的纱线，如涤/棉纱、麻/粘纱等。制成混纺纱线的目的是增加纱线的品种，改善纱线的品质。例如，65%的涤纶短纤与35%的棉纤维均匀混合后纺成的纱线，兼具涤纶的不易皱和棉的吸湿性、透气性好的优点。

伴纺纱线是由可溶性纤维与短纤维伴纺而成的纱线，如水溶性维纶伴纺纱。伴纺是一种纺织过程中的混纺，但最终结果是该组分会退出或部分退出纱体。

（3）按用途分类，纱线分为加工用纱线和成品用纱线

加工用纱线包括机织用纱、针织用纱、编织用纱、起绒用纱、缝编用纱等。机织用纱分经纱和纬纱，经纱用于机织物纵向，要求强力较高，捻度较大，往往为线；纬纱用于机织物横向，对强力的要求稍低，较柔软。针织用纱供织制针织物用，要求洁净、粗细均匀、手感柔软。编织用纱要求强度高、光洁、弹性好，往往用线。起绒织物的起绒用纱，要求纱松软，纤维弹性好。用于非织造布的缝编纱线，要求柔软，表面毛糙，便于握持纤维网。

成品用纱线是可以直接使用的纱线，如产业用增强帘子线、缝纫线、绣花线、标签线、装饰线等。

3. 纱线的细度

纱线的粗细用纱线的细度来表示。纱线的细度，一般不用直径或截面积等表示。这是因为纱线表面有毛羽，截面形状不规则且易变形，测量直径或截面积不仅误差大，而且比较麻烦。因此，广泛采用的细度指标是与截面积相关的间接指标，分为定长制和定重制两类。定长制包括线密度和公制旦数，定重制包括公制支数和英制支数。

（1）线密度

线密度是国际单位制采用的纤维或纱线的细度指标。它表示1000米的纱线在公定回潮率下的重量克数，以 $Ntex$ 表示，单位是特克斯（tex，简称特）。例如，1000米的棉纱，重10克，其线密度即为10特。特数越大，表示纱线越粗。比1特更细的纱常用"分特"表示，1分特（dtex）= 0.1特（tex）。

单纱线密度的表示，如14特单纱写作14tex。股线线密度用单纱线密度×合股数表示，

如单纱线密度为14tex，合股数为2，则写作14tex×2。不同线密度的纱合股，其线密度以单纱线密度相加来表示，如18tex+16tex。

（2）公制支数

公制支数是我国毛纺及毛型化纤纯纺或混纺纱线的细度惯用的计量单位，是指在公定回潮率下，1克纱线所具有的长度的米数，以 N_m 表示，单位是公支。其数值越大，表示纱线越细，支数越高。

公制支数（支数）与线密度（tex）的关系为：

$$N_m = \frac{1000}{N_{tex}}$$

股线公制支数的表示：若组成股线的单纱支数相同，则以单纱的公制支数除以合股数来表示，如48/2公支；若组成股线的单纱支数不同，股线的公制支数则按下式计算：

$$N_m = \frac{1}{1/N_{m1} + 1/N_{m2} + \cdots + 1/N_{mn}}$$

式中，N_{m1}、N_{m2}、$\cdots$、N_{mn} 为各单纱的公制支数。

（3）英制支数

英制支数是我国计量棉纱线及棉型纱线细度曾用的指标。目前，仍有许多国家和地区在使用该细度指标。英制支数是指在英制公定回潮率下，1磅重的棉纱线所具有长度的840码的倍数，以 N_e 表示，单位是英支。英制支数也属于定重制，其数值越大，表示纱线越细，支数越高。

股线的英制支数以单纱支数除以合股数表示，如60/2英支。

需要注意的是，棉纤维的英制公定回潮率和我国的公定回潮率有一些差异，分别为9.89%和8.50%。因此，英制支数（英支）与线密度（tex）之间的换算关系为：

$$N_e = \frac{C}{N_{tex}}$$

式中，C 为换算常数，对于纯棉纱线，$C=583.1$；对于纯化纤纱，$C=590.5$。

（4）旦尼尔数

旦尼尔数又称旦数，常用于表示蚕丝长丝、化纤长丝的细度（纤度）。它表示9000米长的纤维或纱线在公定回潮率下的重量克数，以 N_{den} 表示，单位是旦尼尔，简称旦。旦数越大，表示纱线越粗。旦尼尔数（旦）与线密度（tex）之间的换算关系为：

$$N_{den} = 9N_{tex}$$

4. 纱线的染整

纱线由纤维加工而成，纤维本身有一定的自然色泽，带有自然色泽的纤维纺成的纱线也具有自然色泽的特征。根据需要，可以对纱线进行漂白，在漂白的基础上，再进行染色、印色等处理，其他还可经烧毛、丝光、润滑等处理，制成各种表面特征的纱线。其目的是增加纱线的花色、品种，并为后道工序"织造"作准备。

（三）纺织物

纱线除了自身的用途外，大部分被用于织成织物，统称纺织物。制造织物有多种方法，最常见且数量最多的织物是机织物，其次是针织物，这两种织物在整个纺织品中占很大的比例。其他还有毡呢、非织造布、网眼薄纱织物、花边织物等。

1. 机织物

机织物是在织机上由经纱和纬纱相互垂直并按照一定组织交织形成的，其英文为"woven fabric"，亦可译为"梭织布"。

（1）织造原理

织造的原理如图11-1所示。经纱从织轴上引出，绕过后梁，穿过经停片、综丝眼和钢筘到达织口，与梭子引入的纬纱线垂直交织成织物，织物卷绕在卷布辊上。经纱与纬纱交织时，综框分别作上下运动，使穿入综丝眼中的经纱分成两层，形成梭口，以便把纬纱引入梭口。当纬纱引过经纱层后，由筘座上的钢筘打紧。为了使织造连续进行，已织完的织物要引离工作区，而织轴上的经纱要进入工作区。织造的过程由开口、引纬、打纬、卷取和送经五个基本过程组成。

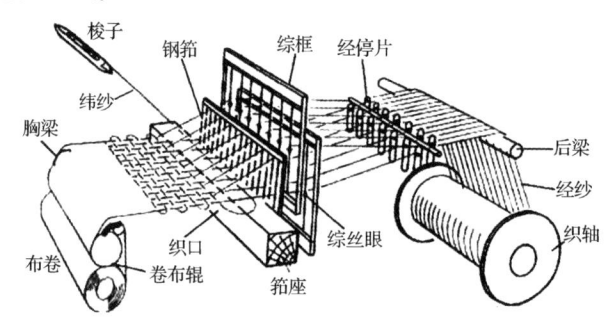

图11-1 机织物织造原理图

（2）机织物组织结构

机织物中经纬纱相互交织的规律，称为织物组织，它是织物设计的一项重要内容，直接影响织物的外观风格和内在质量。学习和掌握机织物组织能更好地理解和区分各种机织物，以便正确归类。

在机织物中，经纱和纬纱的交叉点称为组织点。经纱浮于纬纱上面的为经组织点，纬纱浮于经纱上的为纬组织点。当经组织点和纬组织点的沉浮规律达到循环（重复）时，称为一个组织循环。

机织物组织可用织物组织图表示，通常用方格纸来表示。组织图的纵行表示经纱，横行表示纬纱，每一个方格表示一个组织点，代表经组织点的方格涂上颜色，而代表纬组织点的方格则为空白。

机织物的组织结构非常复杂，可分成原组织、小花纹组织、复杂组织、大花纹组织四大类。

①原组织

原组织是各类组织中最简单、最基本的组织，是构成一切织物组织的基础。原组织可分为平纹组织、斜纹组织、缎纹组织三种，通常称为三原组织。

A. 平纹组织

平纹组织是所有组织中最简单的，经纬纱一沉一浮交替变化，由两根经纱和两根纬纱组成一个组织循环，每个组织循环内有两个经组织点和两个纬组织点，如图11-2所示。平纹组织可用分数$\frac{1}{1}$来表示，读作"一上一下"，其中分子表示每根经纱上的经组织点数，分母则表示该经纱上的纬组织点数。分子与分母的书写次序表示在组织图的第一根经纱线上经组织点与纬组织点的排列顺序（自下而上）。

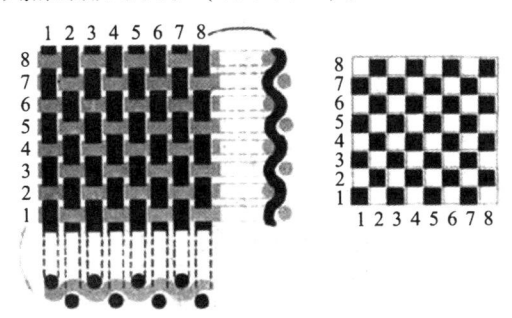

图 11-2　平纹组织图

平纹织物交织点多，质地坚牢，表面平整，正反两面的外观相同。其缺点是手感较硬，缺乏弹性。

B. 斜纹组织

经纬组织点在织物表面连续倾斜构成斜向纹路的组织，称为斜纹组织，如图 11-3 所示。

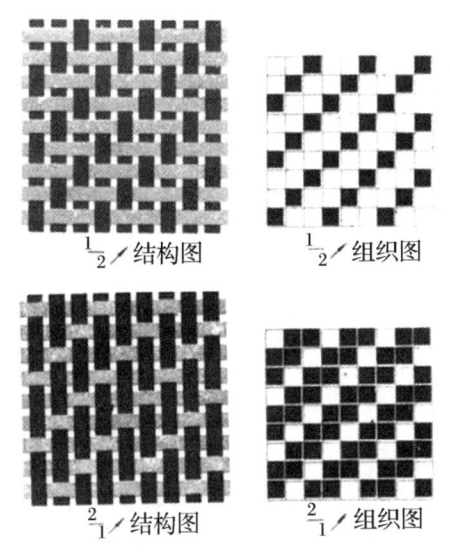

图 11-3　斜纹组织图

根据斜向的不同，斜纹有左斜纹和右斜纹之分。斜纹组织可分为经面斜纹组织和纬面斜纹组织，当斜纹线由经纱较长的浮点组成时，称为经面斜纹；由纬纱较长的浮点组成时，称为纬面斜纹。斜纹组织的一个组织循环至少由三根经纬纱组成。斜纹组织也采用分数形式表示。例如，$\frac{2}{1}$↗读作"二上一下右斜纹"，表示斜纹组织的一个组织循环由三根经、三根纬组成，每根经纱上都有两个经组织点和一个纬组织点，斜纹向右上方倾斜，如图11-3所示。

斜纹组织的织物表面有明显的斜向纹路，有正反面之分，织物光泽和柔软度较平纹好。

C. 缎纹组织

缎纹组织中，相邻两根经纱或纬纱上的单独组织点均匀分布但不连续。缎纹组织可分为经面缎纹和纬面缎纹两种，它是三原组织中最复杂的一种。缎纹组织中的相邻两根经或纬的交织点之间，相隔一定的纱线数，叫做飞数。缎纹组织的一个组织循环中最少有五根经纬线数，也可以用分数表示。与斜纹组织不同的是，缎纹组织的分子代表一个组织循环的经纬数，分母则代表飞数。如$\frac{5}{2}$经面缎纹，读作"五枚二飞经面缎纹"，如图11-4所示。

图11-4 五枚二飞经面缎纹组织图

缎纹织物的特点是表面光滑而富有光泽，手感柔软，缺点是不太牢固，不耐磨，表面容易起毛。缎纹组织在丝绸织品中应用较多，在棉布中有直贡缎和横贡缎，在呢绒中有直贡呢等。

②小花纹组织

小花纹组织是以原组织为基础，把组织点加以变化而得来的，或者将两种以上的组织联合应用，并加以变化而成。它包括变化组织和联合组织两类。

A. 变化组织

变化组织是在三原组织的基础上变化而成的组织，可分为平纹变化组织（包括经重平组织、纬重平组织、方平组织）、斜纹变化组织和缎纹变化组织三类组织。

B. 联合组织

联合组织是由两种或两种以上的原组织或变化组织按照一定的方式联合而成的组织，这种组织已不具有原组织的特征，而具有了新的外观效果，常见的有绉组织、蜂巢组织、透孔组织和条格组织等。

③复杂组织

原组织、变化组织和联合组织，虽然种类已很多，但这些组织的织物都是由单一系统的经纱和单一系统的纬纱构成，而在复杂组织的经纬纱中，至少有一种是由两个或两个以上系统的纱线组成的。

复杂组织可以增加织物的厚度而表面致密，或改善织物的透气性而结构稳定，或提高织物的耐磨性而质地柔软。按照其构造的性质和形成的方法不同，复杂组织可分为二重组织、双层组织（包括管状组织、双幅织和多幅织组织、表里换层和接结双层组织等）、起绒组织、毛巾组织和纱罗组织等。二重组织可制织较厚的高级精梳毛织物、毛毯等，双层组织可制织厚大衣呢、造纸毛毯、水龙管等织物，起绒组织用于制织灯芯绒、平绒、丝绒等，毛巾组织可制织毛巾织物，纱罗组织可制织纱罗织物。有关起绒织物、毛巾织物和纱罗的结构特点可参见第五十八章的有关内容。

④大花纹组织（提花组织）

在纺织物上要获得由经纬交织而形成的大花纹花样，就需要由大花纹组织来完成。大花纹组织的组织循环很大，花纹也较复杂，只能在提花机上织造。在提花机上，经纱的上下运动规律不像普通织机上仅由几个综框来实现，而是每根经纱由各自独立的综丝单独控制，因而可以织制非常复杂的大花纹。大花纹组织主要用于丝织品，如各种丝绸提花面料及丝绸被面、带有风景画的纺织物等，还用于沙发布、枕巾等。

2. 针织物

利用织针将纱线沿经向或纬向编织成线圈，再将线圈串套连接而形成的织物，称为针织物。线圈是针织物的基本结构单元，也是该织物区别于其他织物的标志。

由于针织物结构中的线圈在外力作用下有较大的变形能力，使得织物有较大的延伸性和弹性，质地松软，有良好的抗皱性和透气性，穿着舒适，一般用于制内衣、袜子、手套等。但针织物有脱散性，尺寸难控制，易勾丝，纬平针织物还有明显的卷边现象。

按编结方式不同，针织物可分为纬编与经编两大类。按其组织结构的不同，又可分成基本组织和花色组织。基本组织包括原始组织和变化组织。原始组织是针织物中最基本的组织，如纬编平针、罗纹、经编编链、经平、经缎等。变化组织是在原始组织的线圈纵行或横列之间配置另一个或几个基本组织的线圈组合而构成，如纬编的双罗纹及经编的经绒等。花色组织的结构较为复杂，它可使针织物具有特殊结构和美丽的花纹，如起绒针织物、压针针织物、添纱针织物等。

（1）纬编针织物

纬编针织物是由一根（或几根）纱线沿针织物的纬向顺序地弯曲成圈，并由线圈依次串套而成的针织物。这些织物的组织结构较松，有一定的间隙，较易朝各个方向拉伸，当一根纱线断后，往往产生"抽丝"现象。

纬编针织物包括平针、罗纹、起绒、压针等织物。平针织物（如图11-5所示）的正面是类似八字形的均匀纵向条纹，反面是横向圆弧形线圈。因它正反两面不同，故称它为单面针织物。纬平针织物的横向伸缩性比纵向大两倍，主要缺点是易卷边和脱散。纬平针织物应用于汗衫、袜子、手套等。

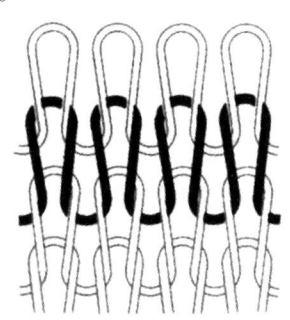

图11-5　纬平针组织图

（2）经编针织物

经编针织物是由一组或几组平行的纱线同时沿织物经向顺序成圈并相互穿套连接形成的针织物。经编针织物具有良好的横向弹性和延伸性，纵向尺寸稳定，质地柔软，脱散性小，透气性好，可加工内衣、外衣等。

经编针织物的基本组织有经平组织、经缎组织（如图11-6所示）和编链组织。

图 11-6　经缎组织图

对比以上两图，纬编针织物中的纱线沿着织物的纬向排列，而经编针织物中的纱线则沿着经向排列，这是两类针织物各自的结构特征。

3. 非织造布

传统的纺织物（如机织物、针织物）的加工一般都要经过纺纱和织造两道工艺，共十几道工序，工艺流程长，生产成本高。于是，人们尝试利用较短的工艺流程将纤维加工成片状织物，非织造布应运而生。

非织造布（Nonwovens）是指定向或随机排列的纤维通过摩擦、抱合、黏合或这些方法组合而制成的片状物、纤网或絮垫。其纤维可以是天然纤维或化学纤维，可以是短纤、长丝或现场形成的纤维状物。我国曾称其为无纺布、无纺织物，1984 年由纺织工业部定名为"非织造布"，我国台湾地区和日本称作"不织布"。

非织造布的生产工艺可以分成三个工序：纤维成网、纤维网加固和后处理。纤维成网是非织造布生产的专有工序，纤维网中纤维的排列形式有平行排列、交叉排列和随机排列等。纤维网的加固保证了所加工的织物具有一定的机械性能，常用的加固方法有黏合法、缝编法、针刺法、水刺法等。后处理是指烘燥、染色、印花、轧花、涂层等，以赋予产品特殊的外观和性能。非织造布加工工艺可参见阅读材料。

非织造布的特点是表面均匀平整且有小孔隙，略有皱纹，布身柔软，厚薄均匀，但非织造布的强度较机织物和针织物为低。白色的非织造布一般可用做服装、帽、鞋里衬布、装裱布，印染后的非织造布可用于装饰，如贴墙布、家具装饰布。非织造布还可用做纱布、织物整理底布、过滤布、人造革底布、军用服装布、路基布等。

4. 织物染整

由带自然色泽的纱线织成的纺织物也是自然色泽的，大多需要经过染整加工，以美化织物的外观，提高织物服用性能。织物染整过程包括练漂、染色、印花、整理四个工序。

（1）练漂

练漂的目的是通过化学的或物理的手段，如烧毛、退浆、煮练、漂白、丝光等工序，去除织物上的天然杂质及纺织过程中附加的浆料，有利于后续加工的顺利进行，或借丝光工序使织物获得稳定尺寸和耐久光泽。

棉麻织物是放在高温烧碱溶液中煮练；羊毛及毛织物须经洗呢、碳化处理；丝织物须经初练和复练，进一步除去丝胶；化纤织物也要经过煮练，以除去织造过程中加入的浆料。

漂白的目的是除去色素，使织物具有必要的白度，同时也可除去织物上的残留杂质。棉麻织物漂白一般用氧化剂；毛织物可不必漂白而直接染色，但对于白度要求较高的白色织物，如白色女式呢、凡立丁、华达呢等需要进行漂白，常用氧化剂或还原剂进行漂白；丝织物经精练后，光泽和洁白度已有显著的改善，如要更高的洁白度时，须经漂白处理，一般也用氧化剂；化纤织物中粘胶织物的漂白方法基本与棉布相同，合成纤维织物一般不需漂白。

（2）染色

染色是染料和纤维发生物理和化学的结合，使织物染上颜色的过程。染色除要求色泽均匀外，还要求具有良好的染色牢度，包括日晒、气候、皂洗、汗渍、摩擦等牢度。

（3）印花

印花和染色都是使染料和纤维发生染着作用，两者的不同在于染色是使织物整幅地染上一种染料，而印花是各种染料对织物的局部发生染着作用，所以印花可以看做局部染色后的效果，使织物形成各种颜色的花纹图案。

（4）整理

织物经练漂、染色、印花后，还可通过物理的或化学的方法，如涂布、浸渍、包覆、层压、丝光、上光、拉绒、起皱、缩绒、烧毛等处理，增加花色和品种，这样的加工过程叫做整理。例如，对机织物表面进行涂层，可以赋予织物一定的防水透湿性能。

一般的织物由未经染整的纱线织成后，经漂白、染色及印花等处理，加工成成品织物，即先织后染。如果先把纱线经漂白、染色及印色等处理，用不同颜色的染色纱线或同一颜色不同深浅的染色纱线织成机织物，该织物呈现出带色的格子或条子效果，这种先染后织的机织物称为色织机织物。

针织物除本色产品外，一般也需要进行染整，主要工序有煮练、碱缩、漂白、染色、印花、整理等。但针织物是成圈织物，质地较稀，形态稳定性差，因此在染整各工序使用的设备需在无张力或低张力的状态下进行。

（四）纺织制品

成品织物经进一步加工可制得纺织制品，其中最常见的是各种服装及衣着附件。

纺织制品也包括各种家用纺织品，如床上、餐桌、盥洗、厨房用的织物制品，窗帘及帐幔，还包括货物包装用袋、帐篷、风帆及其他野营用品，产业用纺织品等。

二、本类商品范围

本类包括纺织工业用的原料（丝、毛、棉、麻、化纤等）、半制成品（如纱线及机织物），以及用这些半制成品制成的物品（如服装、床单、帐篷、地毯等）。

本类按加工程度及品种分为两大部分，其结构规律如下：

第一部分是基本的纺织商品，包括第五十章至第五十五章，共六章，按纤维的种类分章。各章中的品目，按纺织加工过程由纤维原料、普通纱线至普通机织物的顺序排列。

蚕丝（蚕丝、纱线及机织物） ················第五十章
羊毛、动物细毛或粗毛（动物毛、纱线及机织物） ········第五十一章
棉花（棉纤维、纱线及机织物） ················第五十二章
其他植物纺织纤维（麻纤维、纱线及机织物） ·········第五十三章
化学纤维长丝（化纤长丝、纱线及机织物） ···········第五十四章
化学纤维短纤（化纤短纤、纱线及机织物） ···········第五十五章

第二部分是一些特殊的纺织物及经加工的纺织制品，按功能和用途分章，包括第五十六章至第六十三章，共八章。除品目5809及5902以外，品目一级所列产品，不区分纺织原料。品目下的子目，按纤维原料细分。

絮胎、毡呢及无纺织物；特种纱线；线、绳、索、缆及其制品……第五十六章
地毯及纺织材料的其他铺地制品…………………………………………第五十七章
特种机织物；簇绒织物；花边；装饰毯；装饰带；刺绣品……………第五十八章
浸渍、涂布、包覆或层压的纺织物；工业用纺织制品…………………第五十九章
针织物及钩编织物…………………………………………………………第六十章
针织或钩编的服装及衣着附件……………………………………………第六十一章
非针织或非钩编的服装及衣着附件………………………………………第六十二章
其他纺织制成品；成套物品；旧衣着及旧纺织品；碎织物……………第六十三章

三、本类商品归类方法

（一）纺织纤维的归类

《协调制度》中纺织纤维的范畴包括各种天然纤维和化纤短纤，不包括化纤长丝。因此，纺织纤维主要归入第五十章至第五十三章及第五十五章中各章的前面部分。

蚕丝纤维……………………………………………………………………5001~5003
羊毛、动物细毛及动物粗毛纤维…………………………………………5101~5105
棉纤维………………………………………………………………………5201~5203
麻纤维及其他植物纤维……………………………………………………5301~5305
化纤短纤……………………………………………………………………5501~5507

纺织纤维的归类主要涉及两个方面，即纤维的属性、纤维的加工状态。

由于纺织纤维按纤维类别归入不同的章，因此，首先需要准确判断纤维的属性。天然纤维的判断并不难，化学纤维的判断往往有一定的难度。由有机单体经聚合反应制成合成聚合物再纺成的纤维，是合成纤维；而对天然聚合物进行化学处理再纺丝得到的纤维，是人造纤维。人造纤维的一个重要特征在于其化学组成与原聚合物基本相同，并不因化学处理而发生改变。此外，合成纤维一般以"聚×纤维"方式命名，相应的我国商品名往往为"×纶纤维"。

例如，聚乳酸（PLA）纤维，是从玉米中提取淀粉，进行发酵后得到乳酸，乳酸经聚合反应获得聚乳酸，最后经过纺丝得到聚乳酸纤维，俗称"玉米纤维"。该纤维虽来自天然物质玉米，并经发酵和化学反应，但其主要成分是聚乳酸，其结构和组成已完全不同于玉米原料中的淀粉，故不属于人造纤维。由于纤维加工包含了乳酸单体聚合得到聚乳酸，聚乳酸再纺丝得到纤维，其加工工艺符合合成纤维的生产工艺，故聚乳酸纤维应按合成纤维归类。

纤维的加工状态主要有未梳和已梳两种，这是针对短纤维而言的。未梳的纤维中，纤维处于杂乱的状态，例如成包、团状、层状、卷状等。一旦经过梳理机的梳理作用，纤维就变得有条理，主要沿着须条的轴向排列，称为纤维条，但未经加捻加工。纤维条一旦经

过加捻使纤维之间紧密抱合，就构成了纱线。所以，纺纱过程中的棉条、毛条、粗纱等均属于已梳的纤维。

需要指出的是，并不是所有的纤维都归入第十一类的纺织纤维，如果具有其他章商品的基本特征就应归入相应的章。例如，纺织行业中一般将石棉纤维作为天然纤维中的矿物纤维，但《协调制度》将岩石状的石棉归入品目2524，而加工过的石棉纤维归入品目6812。再如，木棉纤维不按棉纤维归入第五十二章，主要作为填充或衬垫用的植物材料，归入品目1404；玻璃纤维是以玻璃为原料经拉丝成形的纤维，应归入品目7019；碳纤维是以化纤为原料经高温碳化加工制成，应归入品目6815。

（二）纺织纱线的归类

1. 纺织纱线的归类思路

第十一类的纺织纱线包括第五十章至第五十五章的普通纱线及第五十六章的特种纱线，因此，纱线的归类首先需要判断是普通纱线还是特种纱线。

特种纱线主要是第五十六章品目5604~5607所列的纱线，具体包括品目5604的用纺织材料包覆的橡胶线及绳，用橡胶或塑料浸渍、涂布、包覆或套裹的纺织纱线及纺织扁条；品目5605的含金属纱线；品目5606的粗松螺旋花线、绳绒线、纵行起圈纱线；品目5607的线、绳、索、缆。特种纱线的加工方法、结构特点及归类分析详见第五十六章。

除了第五十六章特种纱线以外的纱线，视为普通纱线，按纤维原料不同，一般归入第五十章至第五十五章中各章的中间部分。

蚕丝纱线	5004~5006
羊毛、动物细毛及动物粗毛纱线	5106~5110
棉纱线	5204~5207
麻纱线及其他植物纤维的纱线	5306~5308
化纤长丝纱线	5401~5406
化纤短纤纱线	5508~5511

（1）缝纫线的归类

缝纫线是一种常见的纱线。棉缝纫线、化纤长丝缝纫线和化纤短纤缝纫线分别归入品目5204、5401及5508。缝纫线的归类必须符合本类注释五的规定，即缝纫线必须满足如下三个条件：绕于线轴、纱管等芯子上，含纱芯的重量不超过1000克；缝纫线是上过浆的；其终捻为Z捻。

作为缝纫线，必须是股线或缆线，而不能是单纱。所称"上过浆的"，是指经过了适当的整理加工，提高缝纫线的耐磨性能或耐热性能，防止静电的形成，并改善其外观。这种加工往往使用以聚硅氧烷、淀粉、蜡、石蜡等为基料的物质。

（2）高强力纱的归类

高强力纱是指断裂强度较高的纱线，原料一般是化学纤维。纱线的断裂强度一般用细度为1特克斯的纱线拉断所需力的大小来表示，单位是厘牛顿/特克斯。

高强力纱的断裂强度应大于本类注释六所规定的标准。对于尼龙、其他聚酰胺或聚酯制的单纱，标准是60厘牛顿/特克斯，股线则为53厘牛顿/特克斯；对于粘胶纤维制的单纱和股线，标准为27厘牛顿/特克斯。对于尼龙和聚酯的高强力纱，应按合成纤维长丝纱线归入品目 5402，而粘胶高强力纱应按人造纤维长丝纱线归入品目 5403。高强力纱往往用于生产轮胎帘子线、传送带和安全带等。

需要指出的是，随着科技的发展，一些高性能的新型化纤不断被研制出来，其强度已远超本类注释六所设定的标准。例如，超高分子量聚乙烯纤维 Spectra 1000，其断裂强度高达 309 厘牛顿/特克斯，理应被称作"高强力纱"，但由于注释六未提及聚乙烯纤维的标准，就不能按高强力纱归类，这是不太合理的。

归入第五十章至五十五章中的普通纱线，根据各章的要求，按规定的细度、纤维成分、捻度、强度、结构（单纱或股线）、精梳或粗梳、供零售或非供零售等要求确定其归类。

2. 供零售用纱线

普通纱线在归入第五十章至第五十五章（第五十三章除外）时，都须区分"供零售用"和"非供零售用"，判断依据是本类注释四的规定，即根据其包装形式、纱线的种类和重量加以区分。

注释四共有两款，其中第（一）款对"供零售用"纱线做了明确的界定，如表 11-1 所示。

表 11-1　供零售用纱线的标准

包装方式	纱线类型	供零售用的条件
绕于纸板、线轴、纱管或类似芯子上	1. 蚕丝、绢丝或化纤长丝纱线	重量（包括芯子）不超过 85 克
	2. 其他纱线	重量（包括芯子）不超过 125 克
绕成团、绞或束	1. 细度在 3000 分特以下的化纤长丝纱线、蚕丝或绢丝纱线	重量不超过 85 克
	2. 细度在 2000 分特以下的其他纱线	重量不超过 125 克
	3. 其他纱线	重量不超过 500 克
绕成绞或束，每绞或每束中有若干用线分开使之相互独立的小绞或小束	1. 蚕丝、绢丝或化纤长丝纱线	每小绞或小束的重量相等且不超过 85 克
	2. 其他纱线	每小绞或小束的重量相等且不超过 125 克

需要说明的是，上述纱线类型中所称的纤维种类，应包括相应纤维的纯纺纱线及以该纤维为基本特征的混纺纱线（混纺纱线的归类原则将在后面详述）。如绢丝 60% 和涤纶短纤 40% 的混纺纱线，应作为绢丝纱线归类。

第（二）款所列"各项不按上述（一）款规定办理"，共有四种情况。均应视作"非供零售用"纱线，且在运用过程中应该优先运用第（二）款，在第（二）款不适用的情况下才运用第（一）款。第（二）款的四种情况如下：

（1）各种纺织材料制的单纱，但下列两种除外：①未漂白的羊毛或动物细毛单纱；②漂白、染色或印色的羊毛或动物细毛单纱，细度在 5000 分特以上。

（2）未漂白的多股纱线或缆线：①丝或绢丝制的，不论何种包装；②除羊毛或动物细毛外其他纺织材料制，成绞或成束的。

(3) 漂白、染色或印色丝或绢丝制的多股纱线或缆线，细度在 133 分特及以下。

(4) 任何纺织材料制的单纱、多股纱线或缆线：①交叉绕成绞或束的；②绕于纱芯上或以其他方式卷绕，明显用于纺织工业的。

上述四种情况所列的纱线，其细度、加工程度及包装形式明显不适合零售，往往需要进一步加工，或者明显适用于织造、刺绣等工艺加工成纺织物，所以均作为"非供零售用"的纱线归类。

【例1】 莱赛尔（Lyocell）/棉单纱，由莱赛尔短纤 65% 和棉 35% 混纺而成

【归类分析】 根据混纺规定，该纱线是以莱赛尔短纤为基本特征的单纱，而莱赛尔短纤纤维是一种人造纤维，故按人造纤维短纤纱线归入第五十五章。再运用类注四判断其零售状态，由于该纱线是人造纤维短纤纱线，符合第（二）款第一种情况，故应按人造纤维短纤的"非供零售用"纱线归入品目 5510。

3. 纱线混纺的归类原则

由两种或两种以上不同纤维按一定百分比均匀地混合在一起后纺成的纱称为混纺纱，由两根或两根以上的混纺纱并捻而成的线，或者由每根不同纤维的纱并捻而成的线，统称为混纺线。混纺纱线在归类中需要判断构成基本特征的纤维种类，判断的依据是第十一类注释二，具体规定如下：

(1) 按混纺纱线中重量百分比最大的那种纤维归类。

【例2】 涤纶短纤 65% 与棉 35% 的混纺纱线

【归类分析】 由于涤纶短纤的重量百分比大，应以涤纶短纤为主要特征归入第五十五章涤纶短纤的纱线。

(2) 当各纤维重量百分比相等时，则按排列后能归入最后的章及品目的那种纤维归类，即"从后归类"。

【例3】 涤纶短纤 50% 与棉 50% 的混纺纱线

【归类分析】 因两种纤维的重量百分比相同，棉纤维归入第五十二章，涤纶短纤归入第五十五章，按"从后归类"原则，应归入第五十五章。

(3) 当组成混纺纱线中同时有第五十四章的化纤长丝、第五十五章的化纤短纤及其他章的纤维时，应将第五十四章和第五十五章的纤维百分比相加后作为总的化纤百分比对待，然后再与其他章的纤维百分比作比较，按重量百分比大的那种纤维归类。

【例4】 涤纶短纤 25%、尼龙长丝 35% 及羊毛 40% 的纱线

【归类分析】 尽管羊毛纤维含量最大，但不能以羊毛纱线归类，应先将涤纶短纤与尼龙长丝的百分比相加，共计 60%，比羊毛百分比多，故按化纤纱线归类；而化纤中尼龙长丝百分比高于涤纶短纤，最后确定该纱线以尼龙长丝为主要特征归入第五十四章。

(4) 当组成混纺纱线中有属于同一章或同一品目的不同纤维和其他章或其他品目纤维时，应将属于同一章或同一品目纤维的百分比相加后作为该章或该品目的总纤维百分比，然后再与其他章或其他品目的纤维百分比作比较，按重量百分比大的那种纤维归类。

【例5】 亚麻 30%、苎麻 30% 及棉 40% 的混纺纱线

【归类分析】 尽管棉纤维含量最大，但该纱线不能以棉纱线归类，应先将在同章的亚麻和苎麻的百分比相加，共计 60%，高于棉的含量，应按麻纤维归类，而两种麻纤维的百分比相等，根据"从后归类"原则，最后确定该混纺纱线以苎麻为主要特征归入品目 5308。

织物及纺织制品中涉及多种纤维混纺时,其归类原则同上。需要注意的是,如果织物及纺织制品中含有马毛粗松螺旋花线或含金属纱线,虽然这两种纱线本身也是由不同纤维原料组成,但在归类时均应作为一种单一的纺织材料对待。

4. 普通纱线与"线、绳、索、缆"的区别

普通纱线一般归入第五十章至第五十五章中,包括单纱、多股纱线或缆线。"线、绳、索、缆"应归入品目5607。两者的主要区别是细度不同,其依据是第十一类注释三。

注释三有两款,注释三(一)对"线、绳、索、缆"做了明确的规定,一般细度较大,如表11-2所示。不符合表11-2细度标准的,一般归入第五十章至第五十五章中的普通纱线。

注释三(二)中列有五种情况不按注释三(一)规定办理,即不按"线、绳、索、缆"归类,且注释三(二)应该优先于注释三(一)运用。因此,羊毛纱线如果用金属线加强,应归入品目5607,否则都归入第五十一章。

表11-2 "线、绳、索、缆"的归类条件

种类	归类标准
丝或绢丝制[a]	细度在20000分特以上
化学纤维制[a]	细度在10000分特以上
亚麻或大麻制	加光或上光的,细度在1429分特及以上
	未加光或上光的,细度在20000分特以上
椰壳纤维制	三股及以上的
棉或其他植物纤维制	细度在20000分特以上
用金属线加强的	任何情况
编织的纺织纱线	紧密编织,结构紧密

a:品目5006的蚕胶丝、未加捻或捻度每米少于5转的复丝纱线,以及第五十四章的单丝和第五十五章的化纤长丝丝束在任何情况下均不归入品目5607。

(三)纺织物的归类

根据加工方法的不同,纺织物包括机织物、针织物、非织造布、编结物等,不同纺织物的结构各不相同。因此,纺织物的归类首先要根据纺织物的结构特征及加工方法准确判断是何种纺织物,再根据《协调制度》中纺织物的分类方法确定其归类。

1. 机织物的归类

机织物是由相互垂直的经纱和纬纱按一定的规律相互交织而成。机织物的归类可能涉及五个方面的因素:组织结构、纤维原料、表面特征、幅宽及重量。

机织物的归类首先考虑幅宽的影响。第五十八章注释五定义了"狭幅机织物",一般是指幅宽不超过30厘米的机织物,也包括压平宽度不超过30厘米的圆筒机织物。符合上述规定的机织物应按狭幅机织物归入品目5806,但流苏状的狭幅机织物不归入品目5806,应归入品目5808。

对于非狭幅的机织物,再根据织物组织判断其是特种机织物还是普通机织物。特种机

织物归入第五十八章的品目 5801~5803，包括品目 5801 的起绒机织物及绳绒织物、品目 5802 的毛巾织物及类似的毛圈机织物和品目 5803 的纱罗，否则，按普通机织物归入第五十章至第五十五章，并根据纤维原料和重量百分比确定相应的章和品目，具体包括：

蚕丝机织物 ·· 5007
羊毛、动物细毛及动物粗毛的机织物 ·· 5111~5113
棉机织物 ·· 5208~5212
麻机织物及其他植物纤维的机织物 ··· 5309~5311
化纤长丝机织物 ··· 5407~5408
化纤短纤机织物 ··· 5512~5516

根据前述机织物的知识，第五十八章的特种机织物是利用复杂组织加工而成的。如品目 5801 的起绒机织物是利用复杂组织中的起绒组织加工而成，其产品有灯芯绒、平绒、丝绒等。品目 5801 还包括表面同样满绒毛的绳绒织物。品目 5802 的毛巾织物及类似的毛圈机织物利用复杂组织中的毛巾组织加工而成，其表面有纱线起圈的特征。品目 5803 的纱罗织物则利用复杂组织中的纱罗组织加工而成。

需注意的是，对于上述由底布和绒毛或毛圈面构成的起绒机织物和毛圈机织物，根据本类子目注释二（二）2 的规定，在确定其子目归类时，可不考虑底布纤维材料的属性，而考虑绒面或毛圈面纤维材料的属性。

对于归入第五十章至第五十五章的普通机织物，首先根据本类注释二对混纺纤维的规定确定以何种纤维为主归入相应的章，相关规定同前述混纺纱线，此处不再赘述。但是，金属线机织物、用品目 5605 的含金属纱线织成的机织物或以含金属纱线为主的混纺机织物，如果用做衣着或装饰用途，应归入品目 5809。

织物组织对普通机织物归类的影响体现在子目中，且仅在第五十二章和第五十五章子目中有三个列名："平纹""三线或四线斜纹"及"其他"。其中，平纹组织专指三原组织中的平纹组织一种，不包括变化平纹组织；"三线或四线斜纹"仅指如图 11-7 所示的几种斜纹组织。第五十二章子目 5209.42 及 5211.42 的粗斜纹布，除了经面三线斜纹及经面四线斜纹组织以外，还包括经面四线破斜纹布，但不包括双面斜纹。除"平纹""三线或四线斜纹"以外，其他组织都按"其他"归类，包括小花纹组织和大花纹组织。根据本类注释九的规定，第五十章至第五十五章的普通机织物还包括由若干层平行纱线以锐角或直角相互层叠，在纱线交叉点用黏合剂或以热黏合法黏合而成的织物。

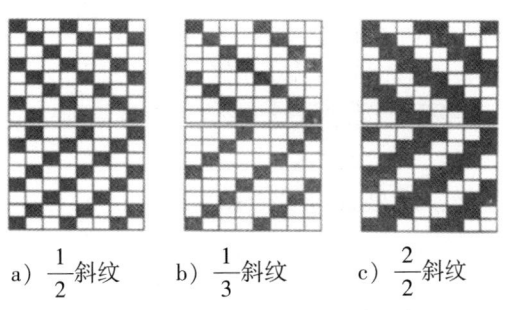

a) $\frac{1}{2}$ 斜纹　　b) $\frac{1}{3}$ 斜纹　　c) $\frac{2}{2}$ 斜纹

图 11-7　三线或四线斜纹组织图

此外，织物的染整加工赋予织物不同的表面特征，也会影响机织物的子目归类。机织物的表面特征包括五种，即未漂白、漂白、染色、色织和印花，相关规定参见本类子目注释一（四）~（八）。未漂白机织物是用未漂白纱线织成后未经漂白、染色或印花的机织物，又称坯布。漂白机织物是经漂白、染白或用白浆料处理的机织物，或者全部或部分用漂白纱线织成的机织物。染色机织物是指染成白色以外的其他单一颜色或用白色以外的其他有色整理剂处理的机织物，亦可用单一颜色的着色纱线织成。色织机织物则用各种不同颜色纱线或同一颜色不同深浅纱线织成，亦包括用未漂白或漂白纱线与着色纱线织成的机织物及用夹色纱线或混色纱线织成的机织物。印花机织物是成匹印花的机织物，也包括用刷子或喷枪、经转印纸转印、植绒或蜡防印花等方法印成花纹图案的机织物。

除了上述加工外，机织物的加工还包括丝光、磨绒、烂花、植绒、浸渍、涂布、包覆及层压等。如磨绒是用砂磨辊使织物表面产生一层短绒毛的整理工艺。磨绒虽能在机织物的表面产生一层绒毛，但磨绒机织物不是用复杂组织织制而成的，因此不能作为起绒机织物归入品目5801，仍按原机织物归类，即磨绒不影响机织物的归类。静电植绒是在静电场作用下，将短纤维植入到含有黏合剂的底布上。根据本类子目注释一（八）的规定，通过植绒印成花纹图案的普通机织物仍按普通机织物归类，表面特征是印花。如果在机织物的表面全部植绒，是在其表面覆盖一层绒毛，应归入品目5907。浸渍、涂布、包覆或层压等加工也会影响机织物的归类。根据第五十九章注释一的规定，第五十章至第五十五章的普通机织物、品目5803的纱罗和品目5806的狭幅机织物，经过浸渍、涂布、包覆或层压加工，应归入第五十九章。

2. 针织物及钩编织物的归类

针织及钩编织物应归入第六十章，详见第六十章的归类分析。

3. 其他织物的归类

毡呢归入品目5602，非织造布（无纺织物）归入品目5603，详见第五十六章的归类分析。

网眼薄纱和花边均归入品目5804，标签、徽章归入品目5807，编带和装饰带归入品目5808，刺绣品归入品目5810，被褥状纺织品应归于品目5811。这些织物的结构特征及归类分析详见第五十八章。

工业用途的帘子布应归入品目5902，详见第五十九章的归类分析。

（四）纺织制品的归类

纺织制品必须符合本类注释七的规定，经下列各种加工的，为"制成的"的纺织制品：

1. 裁剪成除正方形或长方形以外的其他形状的，即为纺织制品。反之，如仅裁剪成正方形或长方形的织物，仍按纺织物归类。例如，裁剪成圆形的台布，即使未经缝边加工，也应作为制品归类。

2. 呈制成状态，无须缝纫或其他进一步加工即可使用的某些纺织物。如某种毛巾，在织造过程中每隔一定间距便有一小截未织造的经纱，这类织物仅需简单剪断分隔的经纱即可成为一块一块的毛巾，这类毛巾应按制成品归类。

3. 裁剪成一定尺寸，至少有一边为带有可见的锥形或压平形的热封边，其余各边经本类注释七其他各项加工的，应作为纺织制品。但是，为防止剪边脱纱而用热切法或其他简单方法处理的织物，不按纺织制品归类。

4. 已缝边或滚边的织物，以及在任一边带有结制流苏的织物，应按纺织制品归类。如经缝边的床单，即使是长方形的，但应按纺织制品归类。但是，为防止剪边脱纱而锁边或用其他简单方法处理的织物，不按纺织制品归类。

5. 裁剪成一定尺寸并经抽纱加工的织物，应按纺织制品归类。抽纱是指织布后仅简单抽去某些经纱或纬纱而未对织物做进一步加工，经这样处理的成匹材料通常供进一步加工成女内衣。

6. 缝合、胶合或用其他方法拼合而成的织物，应按纺织制品归类。

7. 针织或钩编成一定形状，不论是单件还是以若干件相连成幅的，都应按纺织制品归类。

符合注释七规定的纺织制品应归入本类第二部分，即第五十六章至第六十三章，具体归类如下：

1. 絮胎制品归入品目5601。

2. 纺织材料制成的渔网及其他网归入品目5608，用纱线、纺织扁条或线、绳、索、缆制成的其他品目未列名的物品归入5609。

3. 地毯及纺织材料的铺地制品归入第五十七章。

4. 手工装饰毯、手工针绣嵌花装饰毯归入品目5805。

5. 灯芯、炉芯、打火机芯及烛芯归入品目5908，纺织材料制的水龙软管归入品目5909，纺织材料制的传动带或输送带归入品目5910，其他专门技术用途的纺织制品归入品目5911。

6. 服装及衣着附件归入第六十一章和第六十二章。其中，以针织物或钩编织物为面料加工的服装及衣着附件归入第六十一章，以针织物或钩编织物、絮胎以外的纺织物为面料加工的服装及衣着附件归入第六十二章（品目6212的商品除外）。

7. 其他纺织制成品归入第六十三章，如毯子、床上织物制品等。但被子和枕头等有填充物的床上用织物制品应按寝具归入品目9404。

在确定上述纺织制品的子目时，往往根据其纤维材料的种类来区分。根据第十一类子目注释二（一）的规定，含有两种或两种以上纺织材料的纺织制品，应参照该类注释二对第五十章至第五十五章或品目5809的此类纺织材料产品归类的规定来确定归类。例如，由50%涤纶短纤与50%棉混纺机织物制成的男衬衫，由于涤纶短纤归入第五十五章，棉纤维归入第五十二章，两种纤维含量相等，因为第五十五章在第五十二章之后，按"从后归类"的原则，应按以涤纶短纤为特征的机织物制成的男衬衫归类，应归入子目6205.3000。

随着科技水平的不断发展，智能纺织品的应用范围越来越广泛。这类纺织品往往装有传感器和驱动器，能够感知来自环境的温度、光强和污染等信号，最终使用各种基于织物的、灵活的、微型化的执行器对环境信号做出反馈。智能纺织品在我们的日常生活中发挥着重要作用，涉及健康监测、个人防护、军事、交通、能源和娱乐等领域。这些纺织品既有可穿戴的，例如集成LED照明或音频设备的服装，发热手套或袜子；也有不可穿戴的，例如用于测量土方工程产生的形变和应变的装有传感器的土工布。

根据本类注释十五，装有化学、机械或电子组件的纺织品、服装和其他纺织物，如果具有本类商品的基本特征，应归入本类相应品目中。

第五十章 蚕 丝

一、本章商品范围

蚕丝的种类较多，应用最广的蚕丝主要是桑蚕丝，其他称为野蚕丝的有柞蚕丝、蓖麻蚕丝、蜘蛛丝等。本章包括丝的原料、普通纱线和机织物及蚕胶丝。

本章商品按加工顺序（纤维、纱线、机织物）编排品目，其结构如下：

```
┌ 丝原料··························································· 5001~5003
┤ 丝或绢丝纱线····················································· 5004~5006
└ 丝或绢丝机织物··················································· 5007
```

二、本章商品归类方法

（一）丝原料的归类

1. 适于缫丝的蚕茧归入品目 5001

能够通过缫丝工艺获得长丝的蚕茧，归入品目 5001。但不能缫丝的蚕茧应归入品目 5003。

2. 未加捻的生丝归入品目 5002

蚕茧经过剥茧、煮茧、缫丝等工序可制得生丝。其中，利用机器缫制的生丝为厂丝，用手工方法缫制的生丝为土丝，而以桑蚕双宫茧为原料缫制的桑蚕丝为双宫丝。

由于单根茧丝极细，通常为 4~20 根并合而成生丝。在缫丝过程中可以对生丝进行适当的加捻，但其加捻程度一般较低，捻度较高的生丝应作为丝纱线归入品目 5004。

3. 废丝归入品目 5003

不适于缫丝的蚕茧、茧衣、缫丝过程中产生的废丝、废丝脱胶或精梳时所得的产品、丝落绵、精梳落绵及回收纤维等，均应作为废丝归入品目 5003。

（二）丝纱线或绢丝纱线的归类

蚕丝纱线包括全部用蚕丝纤维纺成的纱线，也包括用蚕丝与其他纤维混纺，但以蚕丝为基本特征的纱线。对于混纺纱线，应按第十一类注释二的规定进行归类。

归入本章的纱线，其细度应不超过 20000 分特，否则根据注释三应作为"线、绳、索、缆"归入品目 5607。

本章纱线的归类，还有"供零售用"及"非供零售用"的区别，因此在具体归类时，应按第十一类注释四的规定确定。

1. 非供零售用的丝纱线归入品目 5004

用品目 5002 的长丝状生丝加捻纺成的纱线，即丝纱线，包括单纱及股线。非供零售用的丝纱线归入品目 5004。

2. 非供零售用的绢纺纱线归入品目 5005

用品目 5003 的丝落绵或其他废丝所纺成的纱线，即绢纺纱线。非供零售用的绢纺纱线归入品目 5005。其中，用丝落绵纺制的纱线称为䌷丝纱线，通常由不超过 5 厘米长度参差不齐的纤维纺成，强度较低，表面不够平滑规则，色泽暗淡，是绢纺纱线中质量较差的品种。

3. 供零售用的丝纱线及绢纺纱线、蚕胶丝归入品目 5006

供零售用的丝纱线及绢纺纱线归入品目 5006。蚕胶丝也归入品目 5006，它是在蚕准备吐丝织茧时将其浸于稀释的醋酸中杀死，然后将蚕的丝腺抽出拉伸制得。蚕胶丝的长度一般不超过 50 厘米。

（三）丝机织物或绢丝机织物的归类

用丝纱线、䌷丝纱线及其他绢丝纱线织成的机织物常被称作丝绸。丝绸的品种很多，按组织结构（平纹、斜纹、缎纹、纱罗、提花等）、生产工艺（生织、熟织、经纬加捻或不加捻等）、织物质地（轻、重、厚、薄等）和织物表面特征（未漂白、漂白、染色、印花、色织等）等不同，将丝绸分为绡、纺、绉、绸、缎、锦、绢、绫、罗、纱、葛、绨、绒、呢十四大类。各类丝织物的加工方法与结构特征可参阅阅读材料。

丝机织物或绢丝机织物归入品目 5007。但是，不是所有的丝或绢丝机织物都归入品目 5007。幅宽不超过 30 厘米的丝或绢丝机织物应按狭幅机织物归入品目 5806，丝绸中的绒类应按起绒机织物归入品目 5801，纱类和罗类应按纱罗归入品目 5803。

第五十一章　羊毛、动物细毛或粗毛；马毛纱线及其机织物

一、本章商品范围

本章包括羊毛、动物细毛或动物粗毛的原料及纺成的普通纱线和织成的普通机织物，以及作为羊毛、动物毛归类的混纺材料。马毛纱线及其机织物也归入本章。

羊毛、动物细毛或动物粗毛三类毛纤维所包含的范围由本章注释一、二、三作出了规定。

本章商品按其加工顺序（纤维、纱线、机织物）编排品目，其结构规律如下：

毛纤维··5101~5105
毛纱线··5106~5110
毛机织物··5111~5113

二、本章商品归类方法

（一）毛纤维的归类

1. 未梳的羊毛归入品目 5101

根据本章注释一，羊毛是指绵羊或羔羊身上长的天然纤维。因此，山羊毛不属于羊

毛，不能按羊毛来归类，应按动物粗毛归类。归入品目 5101 的羊毛，必须未经梳理，可以是从羊皮上剪下的剪毛，也可以是从经发酵或化学处理的皮上拔下的拔毛、灰退毛或皮板毛。

羊毛含有羊毛脂及油脂物质，还带有许多杂质（杂草、泥土等），需脱脂、清洗、除杂。含脂羊毛是尚未水洗或用其他方法清洗的含有羊毛脂的羊毛。剪前水洗毛是将羊身上的羊毛或毛皮上的羊毛先用冷水洗涤，然后再剪或拔的羊毛，这种羊毛并非完全洁净的。脱脂羊毛是用热水、肥皂、洗涤剂等洗涤或用挥发性溶剂处理，脱去大部分羊毛脂及泥土的羊毛。碳化羊毛是利用羊毛耐酸而植物杂质不耐酸的特性将羊毛通过硫酸液浸渍与烘干，使草杂变成易碎的炭质，再经压碎和开松分离而去除草杂的羊毛。

2. 未梳的动物细毛或动物粗毛归入品目 5102

根据本章注释二，动物细毛是指羊驼毛、美洲驼毛、驼马毛、骆驼毛、牦牛毛、安哥拉山羊毛（马海毛）、西藏山羊毛、喀什米尔山羊毛（开司米）或类似山羊毛、家兔毛（包括安哥拉兔毛）、野兔毛、海狸毛、河狸鼠毛或麝鼠毛。但普通山羊毛不是动物细毛，应按动物粗毛归类。

动物细毛一般较柔软、挺直。其中，羊驼毛、美洲驼毛、驼马毛、骆驼毛、牦牛毛、安哥拉山羊毛、喀什米尔山羊毛（开司米）或类似山羊毛、安哥拉兔毛一般较细长，可以像羊毛一样纺成纱线，也可用于制假发或玩偶毛发。其他动物细毛，如野兔毛、普通家兔毛、海狸毛、河狸鼠毛及麝鼠毛，通常不适于纺纱，可以用于制毡、制衬垫或作为填塞料等。

根据本章注释三，"动物粗毛"是指注释一和注释二未提及的其他动物的毛，但不包括马科及牛科动物的鬃毛及尾毛（作为"马毛"归入品目 0511）、猪鬃或猪毛、獾毛及其他制刷用兽毛（品目 0502）。动物粗毛一般用于纺制粗支纱或机织物、制毡或地毯，也用做衬垫或填塞料。

只有未经梳理的动物细毛和动物粗毛才可归入品目 5102，但洗涤、漂白、染色或人工卷曲不影响其归入品目 5102。

3. 羊毛及动物细毛或粗毛的废料归入品目 5103

羊毛、动物细毛或粗毛的废料，包括从原毛、水洗毛、粗梳毛、精梳毛一直到纺成纱线、织成机织物或针织物等产品的各道生产工序中所回收的废毛，还包括旧褥垫的毛。从精梳过程中清除下来的短纤维为落毛，是最重要的废毛。废毛归入品目 5103。

4. 羊毛及动物细毛或粗毛的回收纤维归入品目 5104

回收纤维是将针织物、机织物等的废碎料拉松而得，或在纺纱、机织、针织等生产过程中产生的废纱线拉松而得。

5. 已梳的羊毛及动物细毛或粗毛归入品目 5105

梳理是清理纤维，使之大致平行排列呈梳条状，并将纤维中仍含有的杂质清除，即毛条。毛条包括粗梳毛条和精梳毛条。精梳的目的是进一步去除短纤维和植物杂质，提高纱线或织物的品质。

精梳片条也归入品目 5105，这种羊毛一般是洗净的，它利用精纺毛条生产线的部分机器（粗梳机及精梳机）通过机械方法清除羊毛中的植物杂质。从精梳出来的长毛条经牵伸并拉断成不规则蓬松毛片，随即将毛片打成大包。该产品为短纤维长度（平均纤维长度不到 45 毫米），适于纺制毛型纱或棉型纱，但不适于精纺。因此，精梳片毛在纺前必须重复梳理。

在梳理前的经各种加工的原料毛按"未梳"的毛归类，经梳理加工后但未经加捻成纱线的毛纤维，按"已梳"的毛归入品目 5105。"已梳"毛的状态，常是纤维条或片毛状，包括绕在筒管上的粗纱。

（二）毛纱线的归类

毛纱线归入品目 5106~5110，这类纱线包括纯纺的，也包括混纺的，混纺的应按第十一类注释二的规定办理。

这类纱线不论细度大小，但需按第十一类注释四的规定确定"非供零售用"或"供零售用"。此外，毛纱线还有粗梳与精梳之分。

1. 非供零售用的粗梳羊毛纱线归入品目 5106

粗梳羊毛纱线一般是由 20~60 毫米的较短纤维纺制而成，或由较长纤维和较短纤维混纺而成，这些纤维并不平行排列，而是交错着相互混合，纺出的纱线不如精纺毛纱均匀、光洁，一般捻得较松，也较粗。粗梳羊毛纱线通常绕于筒管或锥形筒管上。

非供零售用的粗梳羊毛纱线归入品目 5106，其状态和重量由第十一类注释四规定。

2. 非供零售用的精梳羊毛纱线归入品目 5107

精纺羊毛纱线是用精梳羊毛粗纱纺制的纱线，一般是用 60 毫米以上较长的羊毛加工而成，其外观平滑，截面规则，纤维平行排列，纱线较细，且杂质和短纤均在精梳过程中被清理去除。

3. 非供零售用的动物细毛纱线归入品目 5108

动物细毛纱线用已梳动物细毛的粗纱纺制而成，主要用于织造某些轻质衣着用的针织物或机织物、大衣或毯子用针织物或机织物，以及丝绒织物或仿毛皮。

4. 供零售用的羊毛或动物细毛的纱线归入品目 5109

供零售用的羊毛或动物细毛的纱线归入品目 5109，其状态及重量应符合第十一类注释四所列的"供零售用"纱线的规定。

5. 动物粗毛或马毛的纱线（包括马毛粗松螺旋花纱）归入品目 5110

动物粗毛纱线及马毛纱线应归入品目 5110，这些纱线用于生产某些机织物、中间衬料及技术用途的物品。马毛线也可用以棉线或其他线螺旋缠绕（捆扎）平行排列的马毛制成的，称为马毛粗松螺旋花纱。

（三）毛的机织物的归类

归入本章机织物的幅宽应超过 30 厘米，否则按狭幅机织物归入品目 5806。从织物组织角度看，本章的机织物应为除第五十八章特种机织物以外的普通机织物。毛机织物还有粗梳和精梳之分。

1. 粗梳羊毛或粗梳动物细毛的机织物归入品目 5111

粗梳羊毛和动物细毛的机织物是用粗梳的羊毛或动物细毛纱线织成，商业上常把这类机织物称作粗纺呢绒。粗纺呢绒的种类详见阅读材料。粗纺产品大部分是冬季用产品，以素色为主，一般是平纹、斜纹及斜纹变化组织，以斜纹类组织为主。染整工艺特别是缩绒和起毛是粗纺产品区别于精纺产品的主要特征，粗纺呢绒产品具有呢面丰满、紧密，绒毛覆盖经纬毛纱线，手感厚实、保暖性好等优点。

2. 精梳羊毛或精梳动物细毛的机织物归入品目 5112

精梳羊毛和动物细毛的机织物是用精梳的羊毛或动物细毛纱线织成。这类机织物品种繁多，详见阅读材料，适合制春秋季的服装，包括精纺呢绒的各品种料子、家具布等。精梳毛织物不经缩绒和起毛，织物表面平滑，可明显见到经纬纱线的织纹。

3. 动物粗毛或马毛的机织物归入品目 5113

动物粗毛的机织物和马毛的机织物分别用品目 5102 的动物粗毛和品目 5110 的马毛纱线织成，这类机织物归入品目 5113。马毛机织物也可用品目 0503 的单股马毛织成，该织物用手工在特种织机上织造，由于马毛很短（20 至 70 厘米），这些薄纱一般是小块的，主要用做筛网。动物粗毛机织物用做家具或装饰衬料、衣着的衬里等，其他马毛布大多也用做服装衬里。

第五十二章　棉　花

一、本章商品范围

本章包括从原料到机织物各个生产阶段的棉纤维产品，即原棉、已梳棉、普通棉纱线及普通棉机织物。

但是，某些产品由于具有其他章商品的基本特征而不归入本章，如棉短绒归入子目 1404.2000，经药物浸渍或零售用的药棉和绷带归入子目 3005.9010。

本章按棉纺织加工过程中产品（纤维、纱线、机织物）的加工顺序编排，其结构如下：

棉纤维……………………………………………………5201～5203
棉纱线……………………………………………………5204～5207
棉机织物…………………………………………………5208～5212

二、本章商品归类方法

（一）棉纤维的归类

棉纤维的归类须注意其加工状态，即未梳的或已梳的。

1. 未梳的棉花归入品目 5201

未梳的棉花包括刚采摘下的籽棉和仅经轧制的皮棉（其中仍含有一定数量的荚屑、叶子或泥土），经洗净、漂白、染色或脱脂的棉纤维也归入品目 5201。

国际贸易中的原棉都是打成紧压棉包的皮棉，皮棉经开棉机或清棉机清理后，成为蓬松、连续的棉片，再经梳棉、并条、粗纺、精纺成棉纱。归入品目 5201 的棉纤维一般长度为 10～50 毫米，而长度不超过 5 毫米的棉短绒应归入子目 1404.2000，长度不超过 5 毫米的棉纤维屑、纤维粉末及球结则归入子目 5601.3000。

2. 废棉归入品目 5202

废棉包括棉花在纺前加工、纺纱、机织、针织等生产过程中所得的废棉，以及从拉松的棉废品中所得的废棉。废棉中往往含有油污物质、尘土或其他杂质，经洗净、漂白或染色后可用于纺纱，也可供其他用途。

3. 已梳的棉花归入品目 5203

已梳的棉花包括粗梳或精梳的棉花，不论是否进行了纺前加工，即从梳理后至棉条的各产品都属于已梳的棉花，但没有经纺纱的加捻加工。

粗梳的主要目的是清理棉纤维，使之大致平行均匀，并把纤维中仍含有的杂质全部或大部分清除。粗梳后的纤维呈棉网（棉卷）状，棉网汇聚成棉条。

精梳加工主要适用于长绒棉的纺制，是将附在纤维上的短纤维及剩余少量杂质清除，仅留下平行排列的长纤维。

不论是否精梳的棉条通过并条机及粗纱机进行一系列的并条及牵伸加工，使棉条成为粗纱。需要注意的是，尽管粗纱的直径比较细，有时也稍加捻度，但尚未纺制成纱线，仍归入品目 5203。

（二）棉纱线的归类

归入本章的棉纱线，其细度应不超过 20000 分特，否则应根据第十一类注释三作为"线、绳、索、缆"归入品目 5607。本章纱线也不是第五十六章的特种纱线。

对于本章的棉纱线，在归类时首先需要判断其是缝纫线（按第十一类注释五的规定）还是其他纱线。缝纫线归入品目 5204，而其他纱线在确定品目时，需根据棉纤维的含量及纱线是否供零售用（按第十一类注释四的规定），子目归类时还需要区分单纱或股线、粗梳或精梳及纱线的细度。如果是混纺的，要根据第十一类注释二的规定办理。

1. 棉制缝纫线归入品目 5204

缝纫线应符合第十一类注释五所规定的形状及条件，如为供零售用的缝纫线，还应符合注释四对"供零售用"纱线的规定。

2. 非供零售用的棉纱线归入品目 5205 和 5206

非供零售用的棉纱线归入品目 5205 和 5206，按重量计含棉量在 85% 及以上的归入品目 5205，含棉量在 85% 以下的归入品目 5206。在子目归类时需区分单纱或股线、粗梳或精梳及纱线的细度。

3. 供零售用的棉纱线归入品目 5207

供零售用的棉纱线应符合第十一类注释四所规定的形状及条件。

【例1】棉 60%、涤纶短纤 40% 混纺精梳单纱，细度为 200 分特，非供零售用

【归类分析】根据第十一类注释二的规定，该混纺纱应按以棉为主的纱线归类。该纱线不是缝纫线，不归入品目 5204，应按其他纱线归类。由于棉纤维的含量低于 85%，且非供零售用，应归入品目 5206。由于该纱线是精梳的单纱，则归入子目 5206.2000，再根据其细度 200 分特归入子目 5206.2300。

【例2】全棉染色二股线，绕在线轴上，总重 125 克，上过浆，由两根单纱并合以逆时针方向（Z）加捻而成

【归类分析】该线符合第十一类注释五的三个条件，属于缝纫线，应归入品目 5204。再根据第十一类注释四，该纱线绕在线轴上，其重量不超过 125 克，为供零售用的纱线，应归入子目 5204.2000。

(三) 棉机织物的归类

归入本章机织物的幅宽应超过30厘米，否则按狭幅机织物归入品目5806。并且，起绒机织物（如灯芯绒）、毛巾织物及纱罗等应按特种机织物归入第五十八章。归入本章的机织物应为除了第五十八章特种机织物以外的普通机织物。棉机织物的种类详见阅读材料。

本章棉机织物的归类，涉及含棉量的百分比、织物重量、表面特征（未漂白、漂白、染色、色织、印花）、织物组织（平纹、斜纹及其他）等。如果是混纺的，应按第十一类注释二的规定办理。

【例3】由棉50%、涤纶短纤30%和亚麻20%混纺的印花机织物，三上一下斜纹组织，每平方米重量180克，幅宽108厘米。

【归类分析】根据第五十八章注释五，该机织物不是狭幅机织物，不归入品目5806。该机织物利用斜纹组织织制而成，也不属于第五十八章的特种机织物，应按普通机织物归类。根据第十一类注释二，该机织物以棉为主，主要跟涤纶短纤混纺，含棉量低于85%，重量不超过200克/平方米，应归入品目5210。该织物有印花效果，归入子目5210.5000。再根据其组织是四线斜纹，归入子目5210.5910。

第五十三章 其他植物纺织纤维；纸纱线及其机织物

一、本章商品范围

本章包括除棉以外的植物纺织纤维、普通纱线和普通机织物、纸纱线及其机织物。本章商品是以纺织加工过程的加工顺序编排，其结构如下：

植物纤维·······················5301~5305
纱线·························5306~5308
机织物························5309~5311

二、本章商品归类方法

(一) 植物纤维的归类

这类纤维是除了棉以外的其他植物纺织纤维，如亚麻、苎麻、大麻、黄麻等，这些纤维是生的或者沤制、打成的、粗梳或精梳的，以及其他纺前加工的，也包括这些纤维的短纤和回收纤维。

1. 亚麻纤维、亚麻短纤及废麻归入品目5301

亚麻纤维存在于亚麻植物茎外韧皮中，韧皮中纤维由胶质紧密黏合成束。用于纺织时，须将纤维相互分离，还要把纤维与胶质分开，即脱胶加工。

2. 大麻纤维、大麻短纤及废麻归入品目5302

大麻纤维存在于大麻植物的韧皮上，通过类似于亚麻的一系列加工获得。

3. 黄麻及其他纺织用韧皮纤维、短纤及废麻归入品目 5303

这类韧皮纤维包括黄麻、槿麻、苘麻、菽麻、荨麻等。

4. 椰壳纤维、蕉麻、苎麻及其他品目未列名的纺织用植物纤维、短纤、落麻及废料归入品目 5305

其他品目未列名的纺织用植物纤维及苎麻纤维归入品目 5305。这些纤维大多比纺织用韧皮纤维更粗、更厚。

应当注意，本章的各种纤维主要是从麻类植物茎皮中取得的，适合作纺织原料。第十四章中包括的主要是植物材料，而不是纤维，即使其中有列名的纤维，但不适合做纺织纤维，也不归入本章。

（二）麻纱线的归类

本章纱线的归类与纱线细度有关，对于较粗的纱线（第十一类注释三的规定）应作为"线、绳、索、缆"归入品目 5607，不符合第十一类注释三细度要求的纱线才能归入第五十三章。本章的纱线不论是否供零售用，也不论是否漂白、染色、印色（苎麻纱线除外）。

1. 亚麻纱线归入品目 5306

亚麻纱线包括用品目 5301 的亚麻纤维粗纱经纺制而成的单纱及股线。

2. 黄麻纱线或其他纺织用韧皮纤维纱线归入品目 5307

黄麻纱线包括用品目 5303 的黄麻或其他纺织用韧皮纤维梳条纺制而成的单纱或股线。

3. 其他植物纺织纤维纱线、纸纱线归入品目 5308

其他植物纺织纤维纱线包括用品目 5302 的大麻、品目 5304 或 5305 的植物纺织纤维或不归入第十一类的植物纤维（特别是第十四章的纤维，如木棉或短龙舌兰纤维）纺制而成的纱线，不论是单纱或是多股纱线。

纸纱线是将潮湿的纸条或涂料纸条纵向搓捻或摩擦加捻而得的单纱及股线，不论是否供零售用，也不论是否为线、绳、索、缆状，均归入品目 5308，但编结的绳、索或缆归入品目 5607。

（三）麻机织物的归类

归入本章机织物的幅宽应超过 30 厘米，否则按狭幅机织物归入品目 5806。并且，起绒机织物（如灯芯绒）、毛巾织物及纱罗等应按特种机织物归入第五十八章。归入本章的机织物应为除了第五十八章特种机织物以外的普通机织物。

本章的机织物不论织物组织和每平方米的重量如何，但与纤维含量和表面特征有关。如果是混纺的，应按第十一类注释二的规定办理。

1. 亚麻机织物归入品目 5309

亚麻机织物可用于制作夏服、床单、被套等，也用于制褥垫套、袋子、油布、船帆等。其中，亚麻帆布有防水性，可作帐篷、炮衣、坦克罩、背包等。

2. 黄麻或其他纺织韧皮纤维机织物归入品目 5310

黄麻织物用于制麻袋或用做包装材料、油漆布的底、家具布等。

3. 其他纺织用植物纤维机织物、纸纱线机织物归入品目 5311

这些织物主要用于包装、帐篷、油布、袋子、桌布、地席或油漆布的底布等。

纸纱线机织物也归入品目5311，但用纸条交织而成的机织物不归入品目5311，应按编结材料制品归入品目4601。

第五十四章　化学纤维长丝；化学纤维纺织材料制扁条及类似品

一、本章商品范围

本章包括的化学纤维分为两类，一类是合成纤维，包括聚酰胺纤维、聚酯纤维、聚丙烯腈纤维、聚丙烯纤维、聚氯乙烯纤维、聚氨酯纤维等；另一类是人造纤维，包括粘胶纤维、醋酸纤维、铜氨纤维、莱赛尔纤维等。本章化学纤维都是长丝状的，即由纺丝机的喷丝头的小孔喷出形成的连续纤维。

《协调制度》规定，品目5402至5405的一根长丝（单丝）或品目5402、5403的两根及以上长丝（复丝），不论是否加捻抱合的，都视为"单纱"。因此，本章的商品包括化学纤维长丝纱线和机织物，包括以化纤长丝为主的混纺纱线和混纺机织物，品目5404或5405的单丝和扁条及其机织物。

本章包括长丝丝束，但符合第五十五章注释一定义的长丝丝束不归入本章，两者用途不同。本章的长丝丝束一般用于生产香烟滤嘴，而第五十五章的长丝丝束则用于生产化纤短纤。

本章按加工顺序（纱线、机织物）编排品目，其结构如下：

长丝纱线··5401~5406
长丝的机织物··5407~5408

二、本章商品归类方法

（一）长丝纱线的归类

归入本章的纱线，其细度应不超过10000分特，否则根据第十一类注释三，应按"线、绳、索、缆"归入品目5607。本章纱线也不是第五十六章的特种纱线。

对于本章的化纤长丝纱线，在归类时首先需要判断其是缝纫线（按第十一类注释五的规定）还是其他纱线。缝纫线归入品目5401，其他纱线归入品目5402~5406。其次，需要判断其是否供零售用（按第十一类注释四的规定），供零售用的归入品目5406，其他纱线归入品目5402~5405。然后在确定其他纱线品目时，需区分是合成纤维还是人造纤维纺制及单丝的细度，子目归类时还需要根据纱线的细度、捻度来确定，以及区分高强力纱、变形纱线或其他普通纱线。

对于混纺纱线，要分清成分并按第十一类注释二的规定确定构成主要特征的纤维，尤其当混纺纱线中同时有第五十四章和第五十五章及其他章的纤维时，应将第五十四章及第五十五章的纤维百分比相加后再与其他章进行比较。

【例1】某非供零售用的纱线，按重量计，尼龙-6长丝35%，涤纶短纤25%，精梳羊

毛40%，捻度为60转/米

【归类分析】该纱线中的化纤长丝与短纤分别归入第五十四章和第五十五章，百分比相加后超过了羊毛的百分比，应按化纤归类。其中，尼龙–6长丝的百分比高于涤纶短纤，所以该纱线应按尼龙–6长丝纱线归入品目5402，再根据捻度和纤维种类归入子目5402.5110。

1. 化纤长丝纺制的缝纫线归入品目5401

缝纫线应符合第十一类注释五所规定的形状及条件，并根据注释四的规定确定供零售用或非供零售用。

2. 非供零售用的化纤长丝纱线及细度在67分特以下的化纤单丝归入品目5402和5403

（1）高强力纱归入子目5402.1、5402.2或5403.1

高强力纱需符合第十一类注释六的规定。其中，聚酰胺纤维的高强力纱归入子目5402.1，聚酯纤维的高强力纱归入子目5402.2，粘胶纤维的高强力纱归入子目5403.1。

（2）高强力纱以外的变形纱线归入子目5402.3、5403.3或5403.4

变形纱线是指用机械或物理方法（例如，加捻、退捻、假捻、压缩、起皱纹、热定形或几种方法结合）对长丝纱线进行变形加工，改变其外观和结构，赋予其弹性或蓬松的特征。经变形加工后，长丝纱线中纤维由伸直的状态变成卷曲的状态，纱线具有良好的弹性或蓬松性。

变形纱线可以分为弹力丝和非弹性膨体纱两类。弹力丝是指变形后长丝纱沿轴向有伸缩性的变形纱，加工方法包括假捻变形、假编变形、刀口变形和填塞箱变形等。弹力丝又分为高弹丝和低弹丝两种，高弹丝以锦纶为主，用于弹力衫裤、袜类等；低弹丝有涤纶、丙纶、锦纶等，其中涤纶低弹丝多用于外衣和室内装饰布，丙纶低弹丝多用于织物和地毯。非弹性膨体纱是指长丝变形后仅有体积蓬松而无轴向伸缩性的变形纱，如喷气变形丝、腈纶膨体纱等。腈纶膨体纱是将高收缩率纤维与正常收缩率的腈纶按比例混合纺纱，经热松弛处理（蒸汽或沸水处理）后，高收缩率纤维产生纵向回缩（可收缩17%~20%）形成纱线的中心，而低收缩率的纤维收缩小，弯曲蓬松在纱线的表面。膨体纱柔软蓬松，织成的产品不仅保暖性好，而且特别柔软，适用于针织内衣及绒线等。

合成纤维长丝的变形纱线（高强力纱除外）归入子目5402.3；人造纤维长丝的变形纱线（高强力纱除外）在品目5403项下没有列名，按单纱或股线分别归入子目5403.3或5403.4。

归类时要注意，第十一类注释十三所称的弹性纱线与变形纱线不同，这些纱线（如氨纶）的弹性是由于其特殊的内部分子结构所决定的，并不是由后道工序加工而得到的，因此不属于变形纱线。

（3）合成纤维长丝普通单纱归入子目5402.4、5402.5

除5402.1~5402.3外的合成纤维长丝单纱，根据捻度不同归类，其中捻度不超过50转/米的单纱归入子目5402.4，捻度超过50转/米的单纱归入子目5402.5。这类单纱还包括细度在67分特以下的合成纤维的单丝。

其中，子目5402.4600的部分定向聚酯纱线一般是呈扁平状，不直接用于织造成织物，还须经过拉伸加工成为全拉伸丝（Fully Drawn Yarn，简称FDY），或者通过拉伸—变形加工成为拉伸变形丝（Drawn Textured Yarn，简称DTY）。部分定向纱线也称为预取向丝

(Pre-Oriented Yarn，简称POY）。

（4）人造纤维长丝普通单纱归入子目5403.3

除5403.1外的人造纤维长丝单纱，归入子目5403.3。这类单纱还包括细度在67分特以下的人造纤维的单丝。

（5）合成纤维及人造纤维长丝普通股线分别归入子目5402.6和5403.4。

3. 细度在67分特及以上的化纤单丝和纺织扁条归入品目5404和5405

化纤单丝可以是任何截面形状的，其截面尺寸不超过1毫米，且细度在67分特及以上。纺织材料制的扁条是扁平状的，直接挤压成形或用宽条或薄片切割成形，这类扁条的宽度不超过5毫米。其中，合成纤维的单丝和扁条归入品目5404，人造纤维的单丝和扁条归入品目5405。多股的或绞花的扁条及类似品也归入上述两个品目。

需注意的是，截面尺寸超过1毫米的化纤单丝或表观宽度超过5毫米的扁条，应按塑料的单丝和扁条归入第三十九章。

此外，供零售用的化纤长丝纱线归入品目5406。

（二）长丝机织物的归类

归入本章机织物的幅宽应超过30厘米，否则按狭幅机织物归入品目5806。并且，起绒机织物（如灯芯绒）、毛巾织物及纱罗等应按特种机织物归入第五十八章。归入本章的机织物应为除了第五十八章特种机织物以外的普通机织物。化纤长丝机织物的种类可参阅阅读材料。

本章的机织物不论织物组织和每平方米的重量如何，都与纤维含量和表面特征有关。如果是混纺的，应按第十一类注释二的规定办理。

1. 合成纤维长丝纱线的机织物归入品目5407

合成纤维长丝纱线的机织物及用品目5404的合成纤维单丝或扁条纺制的机织物，归入品目5407，可用做服装面料和里料、窗帘布料、家具布、帐篷织物、降落伞织物等。

2. 人造纤维长丝纱线的机织物归入品目5408

人造纤维长丝纱线的机织物及用品目5405的人造纤维单丝或扁条纺制的机织物，归入品目5408。

第五十五章　化学纤维短纤

一、本章商品范围

本章包括短纤状或某些长丝丝束状的化学纤维，也包括短纤维经加工制得的普通纱线和普通机织物。化纤长丝或短纤的废料（包括落棉、废纱及拉松的废碎化纤布）也归入本章。

本章的产品按加工顺序编排品目，其结构如下：

化纤短纤······5501～5507
化纤短纤纱线······5508～5511
化纤短纤机织物······5512～5516

二、本章商品归类方法

（一）短纤的归类

化学纤维短纤的生产通常分为两个阶段，首先是制得长丝丝束，即纺丝液从喷丝头挤压喷出，收集起来成为丝束，这些丝束可直接拉伸并切成短段，或经过洗涤、漂白、染色等加工后再进行拉伸并切成短段，成为长丝丝束。然后，再将长丝丝束切成长度为25毫米至180毫米之间的短纤维。

本章的短纤归类时要分清是合成纤维短纤还是人造纤维短纤，以及是否经过梳理。

1. 化纤长丝丝束归入品目5501、5502

长丝丝束是把由喷丝头喷出的长丝集成的丝束大约切成2米以上100米以下的一定长度的产品。但这些产品必须符合本章注释所规定的规格，即丝束的长度超过2米，捻度小于5转/米，每根单丝的细度小于67分特，丝束总细度大于20000分特，且合成纤维长丝丝束需经过拉伸处理。这些产品的主要用途是把它们再切成纺织上可使用的短纤维，它们只是生产化纤短纤的中间产品，应归入本章。其中，合成纤维的长丝丝束归入品目5501，人造纤维的长丝丝束归入品目5502。

需要注意的是，不满足章注对长丝丝束五条规定中任何一条的丝束都不能归入品目5501及5502。例如，总细度不超过20000分特的合成纤维长丝条和人造纤维长丝条，应按合成纤维纱线和人造纤维纱线分别归入品目5402和品目5403。各种细度的未拉伸化纤长丝也归入品目5402或5403。单丝细度在67分特及以上，截面尺寸不超过1毫米的化纤长丝条归入品目5404或5405，截面尺寸超过1毫米的则按塑料单丝归入第三十九章。每根单丝的细度小于67分特，但长度不超过2米的长丝丝束，应作为化纤短纤归入品目5503或5504。

2. 未梳的化纤短纤归入品目5503、5504

化纤短纤由化纤长丝丝束切短获得，其状态是杂乱无章的，尚未经过梳理，也包括长度不超过2米，每根单丝细度小于67分特的化纤长丝丝束。长度超过2米的合成纤维或人造纤维长丝丝束不能作为化纤短纤归类，丝束总细度不超过20000分特的作为长丝纱线归入品目5402或5403，丝束总细度超过20000分特的归入品目5501或5502。

3. 化纤废料归入品目5505

化纤废料包括化纤长丝的废料，各道加工工序中产生的短纤废料，如纤维卷、落绵、小碎片，断裂、打结缠乱的废纱线，拉松废碎化纤布而成的纤维。

4. 已梳的化纤短纤归入品目5506、5507

已梳的化纤短纤包括经粗梳、精梳或其他纺前加工的化纤短纤，为后续的加捻成纱线做准备。粗梳后可以获得蓬松的粗梳纤维条，经精梳后制得精梳条子。

（二）短纤纱线的归类

归入本章的纱线，其细度应不超过10000分特，否则根据第十一类注释三，应按"线、绳、索、缆"归入品目5607。本章纱线也不是第五十六章的特种纱线。

对于本章的化纤短纤纱线，在归类时首先需要判断其是缝纫线（按第十一类注释五的规定）还是其他纱线。缝纫线归入品目5508，其他纱线归入品目5509~5511。其他纱线在确定品目时，需分清以合成纤维短纤为主还是以人造纤维短纤为主（第十一类注释二的规定），是供零售用还是非供零售用（第十一类注释四的规定）。子目归类时还需要根据纤维的含量、单纱还是股线加以确定。

1. 化纤短纤纺制的缝纫线归入品目5508

缝纫线应符合第十一类注释五所规定的形状和条件。

2. 非供零售用的化纤短纤纺制的纱线归入品目5509、5510

这类纱线包括用品目5506或5507的合成纤维或人造纤维短纤的纤维条纺成的纱线（缝纫线除外），不论是单纱或多股纱线，也包括以合成纤维或人造纤维短纤为主的与其他纤维混纺的纱线。

3. 供零售用的化纤短纤纺制的纱线归入品目5511

"供零售用"的纱线应符合第十一类注释四规定的形状或条件。

（三）短纤机织物的归类

归入本章机织物的幅宽应超过30厘米，否则按狭幅机织物归入品目5806。并且，起绒机织物（如灯芯绒）、毛巾织物及纱罗等应按特种机织物归入第五十八章。归入本章的机织物应为除第五十八章特种机织物以外的普通机织物。

本章机织物的归类，涉及化纤短纤的百分比、织物重量、表面特征（未漂白、漂白、染色、色织、印花）、织物组织（平纹、三线或四线斜纹及其他）等。本章的机织物归入品目5512~5516，其中以合成纤维短纤为基本特征的机织物归入品目5512~5515，以人造纤维短纤为基本特征的机织物归入品目5516。

化纤短纤大部分用来与其他短纤混合后织制成混纺织物。混纺织物可以在原料阶段进行混合，或者用两根或两根以上不同纤维制成的条子进行混合并条，纺成混纺纱线，也可用两根或两根以上不同原料的纱并合成混合线，再经织造成混纺机织物。经纬纱以不同纤维的纱线织成的织物称为交织织物，实际上也是混合原料机织物的品种之一。混纺机织物的归类按第十一类注释二的规定。

中长化纤织物是用两种或多种中等长度（50~75毫米）化纤短纤混纺织制的仿毛型织物，可以利用略加改进的棉纺设备纺制，加工工艺比毛纺的简单，成本较低。其成分有涤粘混纺、涤腈混纺等，品种有平纹呢、华达呢、隐条呢、花呢及各种色织、提花织物，可做各种服装。

1. 合成短纤在85%及以上的机织物归入品目5512

这类机织物不论织物组织及每平方米的重量，但子目归类要根据纤维重量百分比及表面效果确定，并分清合成纤维的品种。这类机织物包括各式各样的服装面料、窗帘布料或其他家具布及桌布料、毯类、毛巾料等。

2. 合成短纤在85%以下，主要或仅与棉混纺的机织物归入品目5513、5514

这类机织物是指合成短纤主要与棉混纺的机织物，重量不超过170克/平方米的归入品目5513，重量超过170克/平方米的归入品目5514。子目的归类需区分织物的表面效果及织物组织。

3. 合成短纤纺制的其他机织物归入品目5515

这类机织物主要包括各类合成短纤混纺并以合成短纤为基本特征的机织物，如中长纤维的料子与仿毛中长纤维料子、腈毛混纺的毛料等。

4. 人造纤维短纤纺制的机织物归入品目 5516

这类机织物主要包括人造纤维短纤纯纺或混纺的机织物，如粘胶纤维短纤纺制的"人造棉"布料的机织物、粘毛混纺的毛料、粘棉混纺的布料等。

【例】涤纶短纤 30%、粘胶短纤 20%、棉 50%的混纺印花平纹机织物，每平方米重 150 克，幅宽 98 厘米。

【归类分析】该机织物的幅宽超过 30 厘米，不归入品目 5806。该机织物为平纹织制，不属于第五十八章的特种机织物，应按普通机织物归类。该混纺机织物中有两种化纤短纤同在第五十五章，相加的百分比为 50%，与棉的百分比相等，根据第十一类注释二的"从后归类"原则，应归入第五十五章。在两种化纤短纤中涤纶短纤的百分比多，所以，该机织物以涤纶短纤为基本特征且主要与棉混纺，重量不超过 170 克/平方米，应归入品目 5513，再根据印花效果和平纹组织归入子目 5513.4100。

第五十六章 絮胎、毡呢及无纺织物；特种纱线；线、绳、索、缆及其制品

一、本章商品范围

本章包括一些特殊的纤维产品，这些产品不是通过常规的纺纱和织造工艺加工而成，而是由纤维直接成网并适当加固制成，包括絮胎、毡呢和无纺织物。本章还包括利用特殊的原料、工艺制成的特种纱线，以及线、绳、索及其某些制品。本章的结构如下：

$\left\{\begin{array}{l}\text{絮胎、毡呢和无纺织物}\cdots\cdots\cdots\cdots\cdots\cdots\cdots\cdots\cdots\cdots\cdots\cdots 5601\sim5603 \\ \text{特种纱线}\cdots\cdots\cdots\cdots\cdots\cdots\cdots\cdots\cdots\cdots\cdots\cdots\cdots\cdots\cdots\cdots 5604\sim5607 \\ \text{线、绳、索、缆结制的网料及其产品}\cdots\cdots\cdots\cdots\cdots\cdots\cdots 5608\sim5609\end{array}\right.$

二、本章商品归类方法

传统纺织物的加工一般是通过纤维纺成纱线，再利用纱线织成机织物、针织物及编织物等。本章纺织物的加工方法与传统的纺织物明显不同，是利用纤维成网并适当加固而成，根据纤维之间结合力强弱分为絮胎、毡呢和无纺织物。因此，本章纺织物的归类需根据其加工方法和结构特征加以区分。

本章还包括特种纱线，由于特种纱线在纤维原料、加工工艺或结构等方面与第五十章至第五十五章的普通纱线明显不同，因此，特种纱线的归类需根据纱线的加工方法、细度及结构特征等与普通纱线加以区分。本章还包括一些由线、绳、索、缆加工的制品。

（一）絮胎、毡呢和无纺织物的归类

絮胎、毡呢和无纺织物都是平面状的纺织物，与机织物和针织物利用纱线织成的传统加工方法不同，它们没有经过纺纱和织造的加工，而是利用纤维直接成网并适当加固。其中，絮胎归入品目 5601，毡呢归入品目 5602，无纺织物归入品目 5603。

除了品目 5601 包括部分的絮胎制品以外，品目 5602 的毡呢和品目 5603 的无纺织物只能是材料状态，而不具有纺织制品的特征，如成匹的或从大幅的毡呢及无纺织物裁剪下来但未经其他加工的矩形织物，不论是否折叠或包装（例如，作零售包装）。

1. 絮胎、毡呢和无纺织物的区分

絮胎是把粗梳纤维网或气流成网法形成的纤维网数层相叠，然后压紧以增强纤维的抱合力制得。与无纺织物相比，絮胎内的纤维之间结合较弱，很容易分离。絮胎一般由棉纤维或由人造纤维短纤加工而成。但是用胶粘剂处理并渗入其内层的絮胎，即使其内部纤维很容易分离，由于其加工方法符合无纺织物的加工，应按无纺织物归入品目 5603。

毡呢是把数层纺织纤维网片相互叠层，经湿润（一般用蒸汽或热肥皂水处理）、施压及摩擦或打呢，利用动物毛的毡缩性使纤维相互纠缠联结，成为厚度均匀的呢片。毡呢远比絮胎结实，其纤维很难分离，而且明显不同于经纬交织的绒缩机织物。由于毡呢是利用动物毛的毡缩性加工而成的，其原料主要是羊毛或其他动物毛，或者是动物毛与其他纤维的混合纤维。

根据本章注释二的规定，无毡缩性的植物纤维或化纤短纤利用针刺方法加工的织物，以及通过缝编工序增强抱合力的纺织纤维网状织物，也按毡呢归入品目 5602。

无纺织物即非织造布，是将纺织纤维定向或任意取向并黏合而成的片状或网状织物。无纺织物的加工详见阅读材料。

需要注意的是，作为无纺织物归类的针刺产品，仅限于以长丝为主的纤维网或者以其他黏合方法为主、针刺为辅所制得的短纤网。因此，短纤维网针刺法制得的纺织物不能作为无纺织物归类，应按毡呢归入品目 5602。

2. 无纺织物与纸的区分

有些无纺织物在外观上近似于纸、纸板和纤维素絮纸，但纸张主要是用木质材料的纸浆加工而成，而无纺织物是用各种纺织纤维加工而成，并且纸张抄造中一般不需要加固，而无纺织物一般都需经过化学黏合、热压等加固处理以增强纤维之间的结合力。

3. 毡呢、无纺织物与其他材料的复合材料的归类

毡呢可以用各种塑料或橡胶浸渍、涂层、包覆、层压或加强（如用纺织纱线或金属丝加强），只要仍具有毡呢产品的基本特征（参照本章注释三的规定）。毡呢可以在一面或两面用纸、纸板、纺织物等覆盖，还包括通过正常毡合方法制成后再用焦油或类似物质浸渍制成的油毛毡。

根据本章注释三的规定，用各种塑料或橡胶浸渍、涂层、包覆或层压的无纺织物，只要仍具有无纺织物的基本特征，均应归入品目 5603。但是，完全嵌入塑料或橡胶之内的无纺织物，以及两面均用塑料或橡胶涂布、包覆的无纺织物，应以塑料或橡胶为基本特征，分别归入第三十九章或第四十章。用纺织物或其他任何材料薄片通过胶粘、缝合等工艺覆盖于无纺织物的一面或两面，只要其具有无纺织物的基本特征，仍归入品目 5603。

【例】椰棕垫，以椰壳纤维为原料，通过机器将椰壳纤维均匀铺设、喷胶（使其固化）、硫化（使其具有一定的弹性）、切割而制成床垫，规格为 190 厘米×120 厘米×20 厘米，3 千克/平方米。

【归类分析】该产品虽为床垫，但不符合品目 9404 对床垫的描述，故不归入品目 9404。该产品为椰壳纤维加工而成，加工中未经过纺纱和织造工序，而是由椰壳纤维经随机铺网并喷胶加固制成，属于无纺织物的加工方法，应归入品目 5603。

(二) 特种纱线的归类

第五十章至第五十五章的纱线不包括品目 5604~5606 的特种纱线，这些特种纱线在第五十六章中有具体列名，因此它们不能归入第五十章至第五十五章的纱线中。

1. 用纺织材料包覆的橡胶绳、处理过的纺织纱线归入品目 5604

这类物品包括：用纺织材料包覆的橡胶线（单股）及橡胶线制的橡胶绳（多股），如橡皮筋；用橡胶或塑料浸渍、涂布、包覆或套裹的纺织纱线及品目 5404 或 5405 的扁条及类似品。对于浸渍、涂布或包覆的纱线等，用肉眼应能辨出其经过浸渍、涂布或包覆的。这些产品可用于制造运动球拍、钓鱼线、带子、家具布、外科缝线、用塑料套裹纺织纱线制成的晒衣绳等。

2. 含金属纱线归入品目 5605

含金属纱线归入品目 5605，可以是由混有金属线或扁条的纺织材料纺成的纱线，也可以是用金属以电淀积法敷涂或黏合剂黏合一层金属粉的工艺制成的各种纺织纱线（包括单丝、扁条及类似品和纸纱线）。上述产品通常用于制造装饰带、花边、花式线绳、抗静电织物及防辐射织物等。

需要注意的是，并不是所有含金属的纱线都归入品目 5605。根据第十一类注释三，用金属线增强的纱线应归入品目 5607，其中的金属线通常较粗，仅作增强用而无装饰用途；而品目 5605 含金属纱线中的金属丝条一般较细，可与任何纺织材料纺成纱线，主要作装饰用途。

3. 粗松螺旋花线、绳绒线及纵行起圈纱线归入品目 5606

粗松螺旋花线通常以一根或数根纺织纱线为芯，用一根或数根其他纱线螺旋卷绕于该纱芯上制成。最常见的是纱芯完全用线包裹的，但有些纱芯是用线螺旋间隔绕裹的。用其他材料作纱芯的粗松螺旋花线，如具有纺织品的基本特征，仍可归入品目 5606。粗松螺旋花线常用做装饰线或制装饰带。

绳绒线一般由两股或两股以上绞捻在一起的纺织纱线及其夹住的短纱线头构成，纱线与短纱线头几乎成直角。因此，外观看起来在整条线上都簇满了绒毛，类似于奶瓶刷子的结构。植绒绳绒线是把纺织短绒在高压静电场作用下使其附着在涂有胶水的纺织纱线的纱芯上制得的。绳绒线主要用于织造绳绒织物或各种装饰带。

纵行起圈纱线是用圆筒针织机纺制的空心纱线，扁平时宽度为 1.5~2 毫米。这种纱线用于制造流苏及其他纺织附件，还可在普通织机上织造机织物。

需要注意的是，马毛粗松螺旋花线不归入品目 5606，而应归入品目 5110；含金属的螺旋花线归入品目 5605。

4. 线、绳、索、缆归入品目 5607

这类产品包括：线、绳、索、缆，不论是否编织而成，归类时应按第十一类注释三的规定进行分析，以金属线加强的纺织纱线一律归入品目 5607；编织或编结的线、绳、索、缆，通常是管状编带，且为紧密编织。

线、绳、索、缆可用做捆扎绳，或用于打包、牵引、装货等。

(三) 线、绳、索、缆结制的网料和其他物品的归类

1. 线、绳或索结制的网料，纺织材料制成的渔网及其他网归入品目 5608

这类产品包括：

（1）线、绳或索结制的网料，这些物品仅是一段段的网料，即手工或机械织造的网眼结织物，它们不同于用品目 5607 的线、绳或索制成的品目 5804 的网眼织物。

（2）纺织材料制成的渔网及其他网，其网眼可以通过结制而成或用其他方式制成。制成的网可直接编制成形或用网料拼合而成。

需要注意的是，这类制成的网仅限于《协调制度》其他品目未列名的网，包括渔网、伪装网、购物网袋、网球网兜、足球网兜、吊床网布、防昆虫网等。但是，运动用网，如球门网、网球网、捞鱼网等应归入第九十五章。

2. 用纱线、纺织扁条及线、绳、索、缆制成的其他物品归入品目 5609

这类商品包括用纺织纱线、纺织扁条及品目 5607 的线、绳、索、缆制成的物品，但《协调制度》其他品目已具体列名的物品除外。例如，裁成段并在一端或两端制成环套的纱线、绳索等，或装有端头、环、钩等的纱线、绳索等（如鞋带、晒衣绳、拖缆）；船艇碰垫、卸货垫、绳梯、装货吊索等。

但是，具有其他章中所列货品特征的物品不归入品目 5609。例如，用编带制成的鞋带应归入品目 6307，体操吊环用绳作为体育用品归入第九十五章。

第五十七章　地毯及纺织材料的其他铺地制品

一、本章商品范围

本章包括使用时以纺织材料作面的地毯及纺织材料的其他铺地制品，也包括具有纺织材料铺地制品特征（如具有铺地制品的厚度、硬挺性及强度）但作其他用途（如挂在墙上、铺在桌面上或作其他装饰用途）的物品。

本章按各种加工方法制成的地毯编排，其结构如下：

```
┌结织栽绒地毯……………………………………………………………5701
│机织地毯………………………………………………………………5702
│簇绒地毯………………………………………………………………5703
│毡呢地毯………………………………………………………………5704
└其他地毯………………………………………………………………5705
```

二、本章商品归类方法

根据本章注释一，本章包括的"地毯及纺织材料的其他铺地制品"是指使用时必须是以纺织材料作面的铺地制品，也包括具有纺织材料铺地制品特征但作其他用途的物品。因此本章不包括用其他材料作面的地毯，例如，塑料地毯（第三十九章）、橡胶地毯（第四十章）、植物材料的编结地毯（第四十六章）等不归入本章，应按材料归入相关的章。

本章的地毯及铺地制品的加工方法与普通机织物（第五十章至第五十五章）及某些特种机织物的加工方法相同，但地毯及铺地制品与机织物的根本区别在于厚度、硬度及牢度，它们只能作地毯及铺地制品的用途，可以是制成的（即直接制成一定尺寸、镶边、加衬、加穗、拼合等），呈小方地毯、床边地毯、炉边地毯形状的，或是呈供布置房间、走廊、过道或楼梯的毯料形状，不论是大段供剪裁的或是制成的。地毯还可以经浸渍或用机织物、无纺织物、海绵橡胶或泡沫塑料做衬背。

根据本类子目注释二（二）2 的规定，对由底布和绒面或毛圈面构成的纺织品，在归类时应不考虑底布的属性，而按绒面或毛圈面所用纤维的属性归类。因此，本章子目所列的纤维是指绒面的纤维属性。

本章的地毯及铺地制品若单独进口，即使其用途是装在汽车、轮船或飞机上的，也不按汽车、轮船或飞机的零部件归类，根据具体列名优先的原则，应按本章的地毯及铺地制品归类。

根据本章注释二的规定，本章不包括铺地制品衬垫，即置于地板与地毯之间的粗糙织物或毡呢衬垫，这些商品按其构成材料归类。本章也不包括品目 5904 的列诺伦（油漆布）及其他以织物为底布加以涂层或盖面的铺地用品、品目 5805 的手织装饰毯以及手工针绣嵌花装饰毯、品目 5602 的毡呢、第五十章至第五十五章中的粗厚的但不是地毯特征的机织物。

1. **结织栽绒地毯归入品目 5701**

结织栽绒地毯是用绒纬至少在一根紧经上绕一圈打结或绞扭，嵌入的紧地纬将绒纬固定不动而成。这种打结或绞扭方式是结织栽绒地毯的特征，也包括把绒纬结织于疏松的机织底布上制成的某些地毯。这类地毯大多是按一定尺寸手工织成，用不同颜色的纬绒组成图案，但也有用机械织机制成的。

2. **未簇绒或未植绒的机织地毯归入品目 5702**

机织地毯的表面是用附加经纱在织物正面形成毛圈，如毛圈不割绒，就形成具有毛圈的地毯；如割绒则成为绒头地毯。这类地毯的绒头是简单地圈在纬线之下，没有打结。此外，也可以使用一根共同绒线来织成两块织物，织成后割绒即得两块绒头地毯。

绳绒地毯（绒面使用绳绒线制作的地毯）、单层机织地毯（没有线圈或绒头，但比较厚实，明显用做铺地制品）、门蹭垫及蹭垫料、毛巾布垫及类似浴室垫等也归入品目 5702。

3. **簇绒地毯归入品目 5703**

簇绒地毯是用簇绒机生产的，即用一套针和钩的设备把纱线插入预先织好的底布上以产生毛圈，割绒后可产生簇绒。形成绒头的纱线通常用橡胶或塑料涂层的方法固定，并在涂层干燥以前用稀松机织材料辅助衬背，或用泡沫橡胶衬底。簇绒地毯与品目 5802 簇绒织物的区别在于其硬挺性、厚度和强度必须适于作铺地用。

【例】人造草坪，以聚丙烯为基底，以聚丙烯人造草（表观宽度 5 毫米以下的）为叶片通过簇绒加工制成，主要用于铺设足球场，如图 11-8 所示

图 11-8 人造草坪

【归类分析】该草坪所用材料是宽度不超过 5 毫米的聚丙烯扁条,属于品目 5404 的纺织材料扁条,因此该草坪以纺织材料做面,根据本章注释一应作为纺织材料铺地制品归入第五十七章。根据簇绒加工归入品目 5703,再根据材料归入子目 5703.3100。

4. 未簇绒或未植绒的毡呢地毯归入品目 5704

毡呢是按品目 5602 的加工方法形成,这类地毯包括毡呢瓦,通常用羊毛或其他动物毛制成。针刺毡呢制的纺织材料铺地制品,一般在背面用橡胶或塑料涂布或浸渍以提高产品强度或使其具有防滑性能。

5. 其他地毯归入品目 5705

本章未列名的地毯及纺织材料铺地制品归入品目 5705,包括:

(1) 粘绒地毯,即将绒面黏合于底基上或者直接将黏合剂作为底基黏合起来构成的地毯。

(2) 无纺地毯,即将一层粗梳的纺织纤维通过有槽滚筒之间碾压卷曲毛圈,然后用橡胶、塑料等厚层涂布作为底基将毛圈加以固定,或者用类似的胶粘剂将毛圈粘于底布上制成的地毯。

(3) 植绒地毯,即把纺织纤维垂直植于涂有橡胶、塑料等的纺织底布上制成的地毯。

(4) 针织地毯及地毯料,这些地毯一般具有割绒地毯的外观,有时则像裘皮。

第五十八章 特种机织物;簇绒织物;花边;装饰毯;装饰带;刺绣品

一、本章商品范围

本章商品包括除第五十章至第五十五章的普通机织物以外的特种机织物、网眼织物、花边、装饰毯、编带、装饰带、刺绣品、被褥状纺织品及其他织物,这些织物的制造方法、表面特征等都与普通机织物和针织物不同。

除品目 5809 以外,本章所包括的各种纺织产品在品目范围内可以由任何纺织原料加工而成。归入本章的商品,主要包括材料状态的纺织物,也包括部分达到第十一类注释七所述"制成"状态的纺织物。

本章商品的结构如下:

{特种机织物···5801~5803
其他特殊织物及产品···5804~5811

二、本章商品归类方法

本章商品的归类，需要区分特种机织物与其他织物，特种机织物归入品目 5801~5803，其他织物归入品目 5804~5811。本章的织物一般是成匹的材料状态，并非"制成的"，不属于纺织制品。如品目 5802 的毛巾织物，是材料状态，已制成的用于洗脸的毛巾、洗澡的浴巾，应作为盥洗用的织物制品归入品目 6302。但品目 5805 的手工装饰毯，即使是制成品也可以归入品目 5805。

（一）特种机织物的归类

特种机织物虽然也是由经、纬纱线织成的，但它们与第五十章至第五十五章的仅由一系统经纱与一系统纬纱利用一般组织织成的机织物不同，本章的特种机织物往往由一系统经与二系统纬、二系统经与一系统纬、二系统经与二系统纬再加一系统经，经特殊的加工方法织成，因此，特种机织物具有特殊的表面特征及效果。如灯芯绒、平绒和丝绒织物表面有绒毛，毛巾织物表面有毛圈，纱罗织物表面有横向条状稀松孔眼。

1. 起绒机织物及绳绒机织物归入品目 5801

起绒机织物由至少三组纱线构成，其中一组经纱和一组纬纱（地经和地纬）交织构成底布，另一组经纱或纬纱（绒经或绒纬）经割断后耸立在织物表面形成绒面。绒面可以是绒头，也可以是毛圈（与毛巾上的毛圈的加工方法不同），可以布满织物的整个表面或部分表面，或单面或双面。起绒组织的地组织用以固结毛绒根部和保证织物具有一定的强度。根据起绒毛纱线的属性不同，起绒机织物分为纬起绒织物和经起绒织物两类。

由绒纬、地纬两个系统的纬纱和一个系统的经纱交织，可以形成纬起绒织物。地经与地纬一般用平纹、斜纹等简单组织作地组织。绒纬具有较长的纬浮线。纬起绒织物在整理加工时割断绒纬形成毛绒。灯芯绒（又称条子绒）为常见的纬起绒织物（如图 11-9 所示），由于固结绒纬的位置相对集中，从而在织物表面形成一条一条的绒毛。利用纬起绒也可以在织物表面形成布满绒毛的平绒和丝绒，只需在组织设计时使绒纬的组织点按一定的规律均匀排列，经浮点彼此错开。

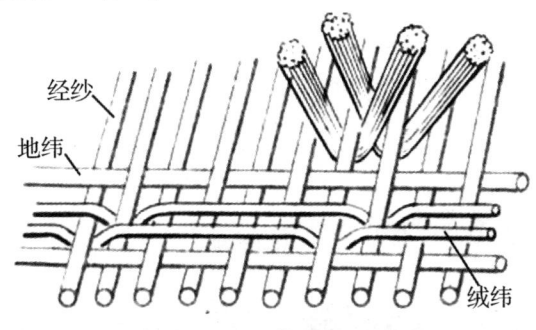

图 11-9 灯芯绒结构图

织物表面由经纱形成绒毛的织物为经起绒织物。经起绒织物如果双层织制，绒经便接结在上下两层织物之间，然后从两层中间将绒经割断。被割断的绒经松散后构成毛绒，并且形成两幅独立的起绒织物（如图 11-10 所示）。经起绒织物也可用起毛杆单层织制，绒经在起毛杆上形成的毛圈被割断后形成毛绒（如图 11-11 所示）。常见的天鹅绒、长毛绒均用经起绒组织织制。

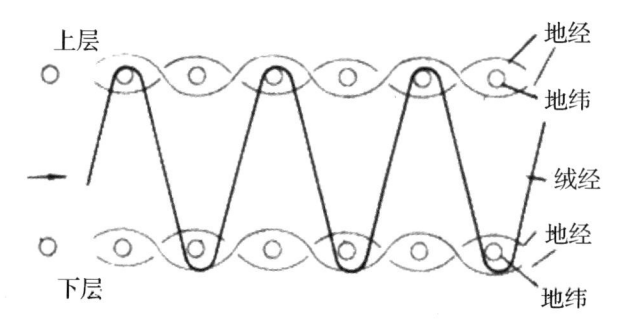

图 11-10 双层织制经起绒结构图

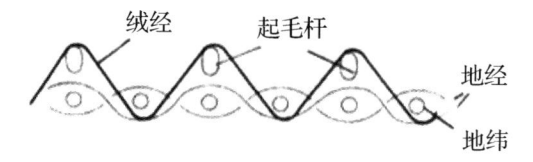

图 11-11 单层起毛杆织制经起绒结构图

根据本章注释二的规定，未将浮纱割断而使表面无竖绒的纬起绒织物也归入品目5801。但经过磨绒或拉绒等处理的普通机织物，如绒布，不能按起绒机织物归入品目5801，一般应按原织物归入第五十章至第五十五章。

绳绒织物与品目5702的绳绒地毯极为相似，其绒面（一般为双面）由绳绒纱线织造形成。一般是在织造底布时，通过在经纱中附加或插入一组不同长度和颜色的绳绒纬纱制成。

起绒机织物及绳绒织物有素面的或花式的，可经拷花加工、仿裘皮加工（仿羔羊皮、仿豹皮）。许多织物与品目5702的地毯生产方法相同，但品目5801的织物主要供装饰或衣着之用，而不作铺地制品用，所以用料精细，底布非常柔软。

2. 毛巾织物及簇绒织物归入品目 5802

毛巾织物是由毛、地两个系统的经纱与一个系统的纬纱交织而成。较紧的地经纱和纬纱交织构成底布，较松的毛经纱与纬纱交织，并通过特殊的打纬运动形成毛圈，即不是每纬都打紧定位，而是先将几根纬纱只打到离织口一定距离处，接着下一纬将几根纬纱打紧定位（如图 11-12 所示）。毛圈可均匀地覆盖织物的整个表面，或构成条纹、格子、菱形或复杂的图案，用于制毛巾、浴衣、睡衣、盥洗用品等。归入品目5802的毛巾织物是成匹的材料状态，而不是制成品。

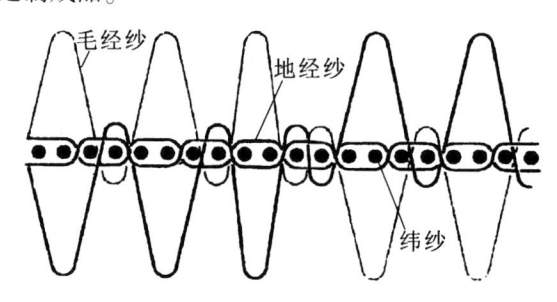

图 11-12 毛巾织物结构图

簇绒织物也归入品目5802，它是通过一组针与钩的设备将纱线插入已织成的纺织底布上形成毛圈，经割绒后成簇绒织物。该织物与品目5703的簇绒地毯生产方法相同，但本品的硬挺性、厚度及强度都不如地毯，不适于作铺地制品。簇绒织物的底布可以是机织物、针织物或钩编织物、毡呢、无纺织物等。

3. 纱罗归入品目5803

纱罗是由地、绞两个系统经纱和一个系统的纬纱用特殊综丝使经纱相互扭绞而交织的织物。其中，当绞经每改变一次左右位置仅织入一根纬纱的组织，称为纱组织；当绞经每改变一次左右位置织入三根或三根以上奇数根纬纱的组织，称为罗组织，如图11-13所示。

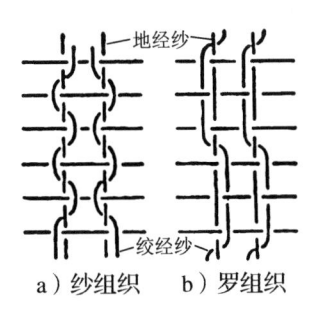

图11-13 纱罗结构图

用纱组织或罗组织作花纹织制的织物，称为提花纱罗织物。纱罗织物的表面具有清晰匀布的纱孔，织物轻薄，透气性好，适于做夏季服装、蚊帐、窗帘等。

（二）其他特殊织物及产品的归类

1. 网眼薄纱、其他网眼织物及花边归入品目5804

网眼薄纱及其他网眼织物不是利用机织、针织或钩编方法加工而成的，而是利用各种特殊的加工方法制成。例如，有由经纱与纬纱构成的，其一半纬纱与另一半纬纱各成斜角绕于每根经纱上形成网眼，如图11-14a）所示，网眼呈六边形或菱形；也有由三组纱线构成的特种网眼薄纱，一组是经纱，一组是构成图案的纱，一组是绞经纱，如图11-14b）所示；还有由平行经纱、网眼纱及接经纱三组纱线构成的网眼织物，如图11-14c）所示。

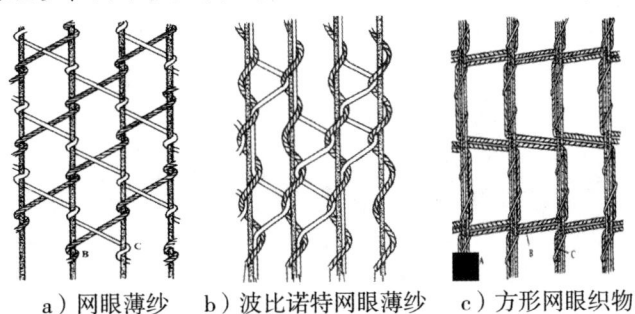

图11-14 网眼织物结构图

网眼织物可用于制窗帘、床罩及家用装饰布、面纱、女式服装、刺绣品等。根据本章注释四的规定，用品目5608的线、绳、索结制的网状织物不归入品目5804。

花边是一种无明显经、纬纱线的观赏或装饰用的透孔织物，其复杂图案是由纱线相互绞扭形成。花边的主要特征是图案不是在底布上加工而成的，与网眼薄纱、纱罗或其他疏松机织物不同，花边没有明显的经纱和纬纱，它织造时常使用单根纱线。如果不止使用一根纱线时，该纱线仍起同样作用。花边有手织的，也有机器加工的。

以手工或机器针织而成的任何透孔织物不归入品目5804，而作为针织物或钩编织物归入第六十章。花边制品也不归入品目5804，一般根据其基本特征归类，归入第六十二章或第六十三章，如花边黑丝披巾归入品目6214，妇女衣着上的花边覆肩及衣领作为衣着零件归入品目6217，花边台布作为餐桌用的织物制品归入品目6304。

2. 手织装饰毯及手工针绣嵌花装饰毯归入品目5805

手织的或在底布上手工针绣的装饰毯归入品目5805，一般是具有完整、独立图案的成幅毯。

手织装饰毯是用织机把经纱绷紧，然后用不同颜色的纬纱与其交织，将其覆盖，从而产生图案并成为机织物。与普通机织物所用的工艺相反，它的各色纬纱的长度是按照所产生的图案来决定的，纬线长度并不超过整幅织物的宽度，经纱被一根根依次排列的各色纬纱所覆盖，纬纱的松线露于图案的背面。这一织法造成经纱上未经交织的间隙通常用线缝合加固。这类毯包括"哥白林"、"弗朗德"、"奥步生"或"波威"型装饰毯。

手工针绣嵌花装饰毯的特征是用织物作底布（通常为方格网眼帆布），在底布上用针绣法把大量五颜六色的纱线按设计图案绣上制成。与品目5810的刺绣品相反，本品的底布可能除了边缘以外，全部都被针绣纱线所覆盖。根据针绣方式的不同，针迹也有各种名称，如小针脚、粗针脚、十字绣、双十字绣等。

归类时需注意区分装饰毯与第五十七章地毯的区别。装饰毯是用各段长度及颜色不同的短纱线（有的长度小于装饰毯的宽度）作为纬纱，并按一定的组织织入经纱中，从而产生图案；而第五十七章的机织地毯的加工方法与普通机织物相同，其纬纱是同一根连续的纱线来回织入经纱中织成。由于加工方法不同，装饰毯在强度、厚度和结构上明显不适合作地毯之用，而地毯在厚度、硬挺度、强度和结构上明显适合做地毯之用，有些也可作装饰用途。

装饰毯主要作装饰之用，挂于墙上或铺于椅子软垫面上等。缝边、镶边、衬里等的装饰毯仍应归入品目5805，但制成的物品，如晚会手提包、软垫、拖鞋等，均不归入品目5805，而应按制成品的基本特征归类。

3. 狭幅机织物归入品目5806

根据本章注释五的规定，符合如下规格的机织物应按狭幅机织物归入品目5806。

（1）幅宽不超过30厘米的机织物。幅宽是指在织机上织成织物的宽度，两侧有织成的、胶粘的或用其他方法制成的布边。这类织物一般是用织带机织成的，通常几条带子同时织造，也可以是从宽幅机织物剪成并且两边都有假边，或一边是正常织边而另一边是假边。无假边的裁剪机织物不能作为狭幅机织物归类，仍按原机织物归类。

（2）压平宽度不超过30厘米的圆筒机织物。这类机织物是一次织造而成的，不是缝合或黏合形成的管状机织物。

（3）从机织物横向裁下的狭条构成的斜裁滚条布，未折边时的宽度不超过30厘米。由于这类织物是从宽幅织物上裁下来的，因而没有布边。

因此，只要幅宽不超过30厘米的机织物都应归入品目5806（不包括第五十九章的纺织物），包括幅宽不超过30厘米的第五十章至第五十五章的普通机织物及第五十八章的特种机织物。幅宽超过 30 厘米的机织物分别按第五十章至第五十五章的普通机织物及第五十八章的特种机织物归类。因此，机织物归类时必须明确其幅宽。但流苏状的狭幅织物归入品目 5808。

狭幅机织物主要是带子和带状织物，带子可用于内衣、女式衣着、帽子及花式衣领，也可用做勋章绶带、装饰性捆扎材料等；带状织物可用于鞍具、挽具，也可用于制带料、腰带或椅座等。

包扎匹头用带也归入品目 5806，其幅宽通常从几毫米到 1 厘米，用黏合剂粘制成有经纱而无纬纱的狭幅织物，主要用于捆扎包裹或制女帽帽鞭。

4. 非绣制的纺织材料制标签及徽章归入品目 5807

这类商品包括纺织材料制的标签（包括针织标签），即标有专门题词或花纹的有使用价值的标签，用做衣着、褥垫、帐篷、玩具或其他货品的标签。其还包括纺织材料制的徽章及类似品，包括通常缝在衣服外面的徽章、肩章等，如中国海关肩章。这些货品必须是非刺绣的，成匹或成条，或切成一定尺寸或形状成为独立件的，但未加工成制成品。

5. 成匹的编带，非绣制的装饰带，流苏、绒球归入品目 5808

编带是用纱线或第五十四章的单丝、扁条等沿对角线方向交织而成。在扁平编带中，其纱线沿着"Z"字形或其他更为复杂的方式成斜角从一边到另一边。在管状编带中，其纱线沿着螺旋形方向配置。管状编带可以有一条纺织纱芯。编带包括系带（如靴带或鞋带）、空心绳、饰带、装饰线、纺织丝带等，用于某些服装或装饰品的镶边或装饰。

这类编带不同于品目 5607 的编织品或编结品，它们编得较为松散，结构亦不够紧密。

棉芯丝绳及类似绳也归入品目 5808，其类似于粗松螺旋花线的嵌芯产品，但芯线更粗，由在螺旋编织加工过程中加捻的一束线或纺织粗线组成。棉芯丝绳用于装饰制成品、晨衣腰带、窗帘拉绳等。

各种尺寸、形状的流苏及装饰绳的花式端头、绒球等也归入品目 5808。

6. 用于衣着、装饰及类似用途的金属线机织物及含金属纱线的机织物归入品目 5809

用品目 5605 的含金属纱线织成的机织物及用第十四类或第十五类的金属线织成的机织物归入品目 5809，但这类织物必须用做衣料或用于装饰及类似用途，而且其他品目未具体列名。

金属线或含金属线与其他纺织纱线混合织成的织物，如果金属线或含金属线的重量超过所含任何一种其他纺织材料的重量，就应归入品目 5809。对此，含金属纱线应作为一种单一的纺织材料看待，其重量应以所含的纺织纤维及金属两者重量的总计作为其重量。

7. 成匹、成条或成小块图案的刺绣品归入品目 5810

刺绣品是用绣线在网眼薄纱、网眼织物、丝绒、带子、针织物或钩编织物、花边或机织物、毡呢或无纺织物的底布上进行加工，使底布上产生一种装饰性效果。绣线一般是纺织材料，也可使用其他材料，如金属丝、玻璃丝等。底布通常成为整个刺绣品的一部分，但在某种情况下，刺绣完成后用化学方法或剪刀将底布去掉，仅留下刺绣图案。刺绣品有手工制品，也有机制的。参见本章注释六对刺绣品的规定。

归入品目 5810 的刺绣品主要有下列三种：

（1）不见底布的刺绣品，即把底布去掉的刺绣品，因此，其材料全部用刺绣图案构成。

（2）刺绣后保留底布的刺绣品，其中绣线通常并不覆盖整个底布，而是仅覆盖图案表面或图案边缘。

（3）贴花刺绣品，是在纺织物或毡呢底布上用刺绣针或普通针把珠片、饰珠或纺织材料或其他材料制的装饰用花纹图案缝上的物品，也包括把用编带、绳绒线或其他装饰带等在底布上形成的一种图案缝上的物品。

根据第十一类子目注释二（二）3 的规定，刺绣品在归类时应只考虑底布的属性，但不见底布的刺绣品及其制品应根据绣线的属性确定归类。例如，在棉布上用丝线刺绣的刺绣品，应按棉刺绣品归类，而无须考虑棉和丝的重量百分比。

但是，手工针绣嵌花装饰毯不归入品目 5810，而归入品目 5805。

8. 被褥状纺织品归入品目 5811

被褥状纺织品是由面料和胎料组成的成匹纺织产品，包括以下两种情形：

（1）一层面料（通常为针织物、机织物或无纺织物）及一层胎料（如絮状的纺织纤维、毡呢、纤维素絮胎、泡沫塑料、海绵橡胶等）；

（2）两层织物夹着一层胎料。

各层材料通常是以并排直线或装饰图案式地缝合起来，但缝合应主要起绗缝作用，所构成的图案并不使产品具有刺绣品的特征，也可用打结、黏合剂黏合、热黏合或其他方式结合在一起，但产品须有被褥效果，即具有类似于缝合或缝编被褥的鼓胀蓬松效果。

这类产品可经浸渍、涂布或包覆，或者其中的织物经浸渍、涂布或包覆，经过上述加工的被褥状纺织品不归入第五十九章。

这些材料通常用于生产绗缝外套、被褥、床罩、褥垫、衣服、窗帘、坐垫、台布内垫等。

这类被褥状的纺织品只能是材料状态，不包括用它加工的制品。例如，用被褥状纺织品制成的床罩应按制品归入品目 6304，制成被子和枕头则按寝具归入品目 9404。

第五十九章　浸渍、涂布、包覆或层压的纺织物；工业用纺织制品

一、本章商品范围

本章的纺织物经过了浸渍、涂布、包覆或层压等加工，赋予其特殊的物理性能，如防水、防火、防皱等性能。本章还包括专门技术用途的工业用纺织品（又称"产业用纺织品"）。

需要注意的是，不是所有的纺织物经浸渍、涂布等加工后都归入本章。根据本章注释一的规定，除条文另有规定的以外，本章所称"纺织物"仅包括第五十章至第五十五章的普通机织物、品目 5803 的纱罗、品目 5806 的狭幅机织物、品目 5808 的成匹编带或装饰带及品目 6002 至 6006 的针织物或钩编织物。上述纺织物经过浸渍、涂布、包覆或层压加工后才有可能归入本章，而其他纺织物即使经过浸渍、涂布、包覆或层压加工，均不能归入本章。

本章结构如下：

{浸渍、涂布、包覆或层压的纺织物 ··5901~5907
工业用纺织制品 ··5908~5911

二、本章商品归类方法

(一) 浸渍、涂布、包覆或层压的纺织物的归类

1. 作书籍封面的用胶或淀粉涂布的纺织物、描图布、制成的油画布、作帽里硬衬布及类似硬挺纺织物归入品目 5901

用胶或淀粉等涂布的纺织物，一般是在平纹机织物表面施涂一层厚胶或厚淀粉物质，用于制造书籍封面、小匣、眼镜盒或刀具盒、刀鞘等。

描图布是精细紧密的机织物，经过处理（如用天然树脂处理）后织物表面光滑，稍透明，适于供建筑师、制图员等描图之用。

制成的油画布，通常由亚麻、大麻或棉花制成，上浆后其一面涂有混入其他物质（如氧化锌）的亚麻子油混合剂。

作帽里的硬衬布及类似硬挺纺织物，是用轻质的疏松纺织物浸以黏合剂及填充料（如混有高岭土的胶或淀粉物质）制得的硬挺纺织物。

2. 高强力纱制的帘子布归入品目 5902

帘子布，不论是否以橡胶或塑料浸渍，用于制造轮胎，由一组并列的长丝经线在特定的距离以纬线加以固定组成。经线总是由第十一类注释六规定的尼龙或其他聚酰胺、聚酯或粘胶纤维高强力纱线组成，而大间隔分布的纬线仅用于将经线固定下来，因而可由其他纱线组成。

3. 用塑料处理的纺织物归入品目 5903

用塑料浸渍、涂布、包覆或层压的非刚性纺织物归入品目 5903，不论每平方米重量多少及塑料的性质如何，还包括由品目 5604 的经塑料浸渍、涂布、包覆或套裹的纱线、扁条等制成的织物。

归入品目 5903 的纺织物必须符合本章注释二的规定。例如，用塑料对织物浸渍、涂布、包覆或层压，但如果用肉眼无法辨别出上述加工，即认为织物未经处理，这类产品不归入品目 5903，应按原织物归类。如用塑料浸渍、涂层后的纺织物是刚性的（15℃~30℃下，用手工将其绕于直径 7 毫米的圆柱体上会发生断裂）、纺织物完全嵌入塑料之中或在其两面均用塑料涂层或包覆等，应以塑料为基本特征归入第三十九章。

品目 5903 还包括本章注释三所述的"用塑料层压的纺织物"，它由一层或多层纺织物与一层或多层塑料片或膜以任何方式结合在一起。但层压织物不应与用塑料黏合剂将各层纺织物简单黏合而成的织物相混淆，后者通常按原纺织物归类。

用塑料处理的织物往往具有防水等性能，可用作装饰材料、手提包及旅行容器、服装、玩具、电器用品等。

【例1】一种牛津布，用尼龙短纤织成平纹机织物，染成黑色，然后在其一面（此面作为背面）薄薄地涂上聚氨基甲酸酯（肉眼可见涂层）以防止雨水渗透，用于制作箱包。

【归类分析】该商品为普通机织物表面经过塑料涂层加工，并且仅单面涂层，应归入品目 5903。再根据涂层材料为聚氨基甲酸酯，将其归入子目 5903.2090。

4. 亚麻油地毡及以织物为底布经涂布或覆面的铺地制品归入品目 5904

列诺伦，即亚麻油地毡，通过在一层纺织底布（通常为黄麻帆布）的一面涂上由氧化亚麻子油和树脂、胶及填充料（通常是软木粉）组成的浆料，可制成各种不同的厚度，用做铺地制品，也可用于覆盖墙壁、架子等。

以织物为底布加以涂层或盖面的铺地制品，是相当坚硬耐磨的材料，通过在纺织底布（包括毡呢）的一面施以涂层，将底布完全掩盖起来制成，所用的浆料通常由油与白垩组成，浆料涂布后再涂油漆。本品也可以由一层厚塑料层（如聚氯乙烯层），甚至仅直接在纺织底布上涂上几层油漆组成。

5. 糊墙织物归入品目 5905

糊墙织物需符合本章注释四的规定，是以纺织材料做面，固定在任何材料的衬背上或在背面上进行加工（浸渍或涂层以便于裱糊），适于装饰墙壁或天花板，且宽度不小于 45 厘米。

但是，用纤维短绒或粉末直接粘于纸上的糊墙品不归入本章，应归入品目 4814。由纺织纤维屑覆面机织物制成的糊墙品也不归入品目 5905，通常归入品目 5907。

6. 用橡胶处理的纺织物归入品目 5906

用橡胶浸渍、涂布、包覆或层压的纺织物需符合本章注释五的规定，重量超过 1500 克/平方米的，按重量计纺织材料含量在 50% 以上；而重量不超过 1500 克/平方米的，则无纺织材料含量的要求。这类商品还包括由品目 5604 的用橡胶浸渍、涂布、包覆或套裹的纱线、扁条或类似品制成的织物，以及平行纺织纱线与橡胶胶合或轧合的无纬织物，用于制造轮胎、橡胶管、传动带或输送带等。以纺织物作底布的橡胶粘带，如电气绝缘带，也归入品目 5906。

用橡胶处理的织物主要用于制防水衣着、放射性特种防护外套、充气物品、野营设备、卫生用品等。

7. 用其他材料处理的纺织物，作舞台、摄影布景用的已绘制画布，归入品目 5907

用塑料及橡胶以外的其他材料浸渍、涂布或包覆的纺织物需符合本章注释六的规定，包括涂焦油、沥青等的织物，涂蜡织物，用天然橡胶和樟脑为成分的混合剂涂层或浸渍的轻薄织物，用以油为基料的制剂涂层或浸渍的织物，涂硅酸盐使之不易燃的织物，用一种均匀的油漆或金属粉整幅涂布的织物，表面用胶水、塑料、橡胶或其他材料涂布后喷洒一层纺织纤维屑、软木粉、玻璃粉末、云母粉屑等的织物，用凡士林作为基料的胶粘剂或用其他胶粘剂浸渍的织物等。

已绘制画布也归入品目 5907，包括画有室内或室外景色或具有装饰效果的油画布及类似的纺织材料，供舞台布景、肖像背景或电影摄影布景等用。这类商品可以裁切成形，也可以成卷或装配在木框架或金属框架上。

（二）工业用纺织制品的归类

1. 用纺织材料制成的芯子，煤气灯纱筒及纱罩，归入品目 5908

纺织材料制成的芯子包括灯芯、炉芯、打火机芯和烛芯等，通常是长条棉制扁、圆、管状纺织物，机织、针织或编结的。这类芯子不论是否切成一定尺寸或配有便于插入的铁丝或金属包头，均归入品目 5908。

煤气灯纱筒通常用苎麻、棉花或粘胶丝通过针织而成细网眼狭幅圆筒状织物，可用化学品浸渍（主要用硝酸钍及硝酸铈浸渍）。煤气灯纱罩，可以是半制成品（如短圆筒状或袋状织物）或是制成品。

2. 纺织材料制的水龙软管及类似的管子归入品目5909

水龙软管（如消防水龙管）及类似用于输送液体的纺织材料制软管，通常是由棉花、亚麻、大麻或化学纤维织成或缝成管状的厚重紧密织物，可以用油、焦油或化学制剂涂层或浸渍，也可以用金属作护套或装上其他附件（例如，两管相接的紧固件、喷嘴等）。

3. 纺织材料制的传动带或输送带及带料归入品目5910

这些传动带和输送带是用于传送动力或输送货品，通常用羊毛、棉花、化学纤维等经机织或编结制成，可由两层或多层经机织粘合成，可以用亚麻子油、松焦油等浸渍，也可以用清漆、铅丹等涂布。其还包括用纺织材料的绳、索制成的可即供使用的传动带，它们可以是环形的，也可以是两端装有扣件的。

根据本章注释七的规定，厚度在3毫米以下的带料不归入品目5910，而应归入第五十章至第五十五章的普通机织物，或作为狭幅机织物归入品目5806，作为编带归入品目5808。但切成一定长度尺寸、两端首尾相接或装有扣件的传动带或输送带，不论其厚度多少，一律归入品目5910。此外，用橡胶浸渍、涂布、包覆或层压的纺织物制成的或用橡胶浸渍、涂布、包覆或套裹的纱线或绳制成的带子及带料也不应归入品目5910，应以橡胶为基本特征归入品目4010。

4. 专门技术用途的纺织产品及制品归入品目5911

归入品目5911的货品是专门技术用途的纺织产品及制品，必须符合本章注释八的规定，必须明显具有用于各种类型的机器、设备、装置或作为工具或工具零件的特征，特别适用于《协调制度》的有关条文明确规定应归入品目5911的纺织制品。

根据本章注释八，作专门技术用途的纺织产品及制品，只要不具有品目5908至5910产品的特征，均应归入品目5911，而不归入第十一类的任何其他品目，即品目5911的商品在第十一类中优先归类。

这类产品既可以是材料状态，即成匹、裁成一定长度或仅裁成矩形（包括正方形），具体包括本章注释八（一）所规定的六种纺织产品，还可以是制成品，即本章注释八（二）所列的作专门技术用途的纺织制品，如泵、电动机等用的垫片、垫圈，擦鞋机或其他机器的圆盘、套筒及垫子，榨油机的纺织袋，真空吸尘器用袋，空气过滤装置用的滤袋，发动机用滤油器等。

【例2】无纺布制过滤袋，材料为涤纶无纺布，外观为一端开口的袋状容器，口径17.5厘米，长度为48厘米，可直接用于工业液体过滤器、电镀设备等，起到过滤固体杂质的作用

【归类分析】该商品为无纺织物加工的制成品，可直接用于品目8421液体过滤装置，看似可以考虑按液体过滤装置的零件归入子目8421.9。但该商品符合本章注释八（二）所述的"专门技术用途的纺织制品"，根据第十六类注释一（五）的排除条款，该商品应归入品目5911，子目为5911.9000。

第六十章　针织物及钩编织物

一、本章商品范围

本章所包括的纺织物，其加工方式不同于以经纱和纬纱交织而成的机织物，而是通过一系列相互串联的线圈制成的。这些织物可以染色、印花或色织而成。

本章的针织物或钩编织物是材料状态的，包括成匹（如圆筒织物匹头）或简单裁成矩形的针织物或钩编织物，但经进一步加工成制成品的不归入本章。针织或钩编的标签、徽章及类似品不归入本章，应归入品目5807。针织地毯也不归入本章，应按地毯归入品目5705。

本章结构如下：

```
起绒针织或钩编织物······················································6001
按宽度和弹性纱线比例区分的针织或钩编织物······················6002~6004
其他经编织物·····························································6005
其他针织或钩编织物······················································6006
```

二、本章商品归类方法

针织物包括纬编针织物及经编针织物，其中经编针织物还包括缝编织物及经编机织成的织物。缝编织物的缝编工艺使用的机器与经编针织机相类似，通过尖头开口式导纱钩针及综丝进行工作。这些导纱钩针能在纺织纤维网、纱线层或底布（例如，一层机织物或塑料片）上利用织物的纱线形成线圈结构。经编机织成的织物，其经纱由一连串钩编线圈组成，该线圈能把纬纱定位，有时还构成花纹。

钩编织物是一般用手工通过钩针把一根连续长线钩成一系列的线圈，线圈与线圈相穿，按照线圈的不同编组方式而形成的素色织物或者具有紧密或透孔结构图案的装饰性织物。随着现代科技水平的提高，也有自动化程度高的自动钩编机替代手工操作，大大提高了生产效率。

针织或钩编织物也有各种组织，织物也可进行染整处理，具有未漂白、漂白、染色、印花、色织等表面特征。

1. 针织或钩编的起绒织物归入品目6001

归类时要注意起绒针织物与品目5801起绒机织物及品目5802毛圈机织物的区别。起绒针织物是在线圈结构的针织物基础上利用纱线产生绒毛效果，一般织物的弹性较好，而5801及5802的产品为特种机织物，其基本结构是经纬纱线交织结构，一般无弹性。

还应注意，品目6001的起绒织物有时也称为"人造毛皮"，但与品目4304的人造毛皮是不同的，区别在于加工方法不同。品目4304的"人造毛皮"是用纤维、毛发通过缝合、黏合在底布上形成的，而品目6001的产品是通过针织加工由纱线形成绒毛。

2. 弹性纱线或橡胶线含量在 5%及以上的针织物或钩编织物，根据宽度是否超过 30 厘米分别归入品目 6002、6004

这类针织物或钩编织物必须含有 5%及以上的弹性纱线或橡胶线。其中，"弹性纱线"需符合本类注释十三的规定，这些纱线可拉伸至原长的三倍而不断裂，并在拉伸至原长两倍后五分钟内可回复到不超过原长度一倍半。

这类针织物或钩编织物中，宽度不超过 30 厘米的，规格类似于品目 5806 的狭幅机织物，归入品目 6002，而宽度超过 30 厘米的归入品目 6004。

3. 宽度不超过 30 厘米的其他针织物或钩编织物归入品目 6003

这类针织物或钩编织物不含弹性纱线或橡胶线，或者上述纱线含量在 5%以下，且宽度不超过 30 厘米。

4. 其他经编织物归入品目 6005

宽度超过 30 厘米的经编织物，不含弹性纱线或橡胶线，或者上述纱线含量在 5%以下，归入品目 6005。

5. 其他针织物或钩编织物归入品目 6006

本章其他品目未包括的针织或钩编织物归入品目 6006。如宽度超过 30 厘米的纬编针织物或钩编织物，不含弹性纱线或橡胶线，或者上述纱线含量在 5%以下。

第六十一章　针织或钩编的服装及衣着附件

一、本章商品范围

本章的商品是针织或钩编的服装及衣着附件，包括大衣、西服套装、上衣、裤子、裙子、衬衫、内衣、T恤衫、背心、手套、袜子等，还包括服装和衣着附件的零件。但针织或钩编的胸罩、束腰带、紧身胸衣、吊裤带、吊袜带及类似品不归入本章，应归入品目 6212。

本章品目编排是由外衣到内衣（品目 6101 至 6108，在同一功能、款式范围内以先男装后女装排列），然后是 T 恤衫、套头衫、婴儿服装、运动服、特殊面料服装、其他服装、袜子、手套及其他衣着附件。

本章结构如下：

| 大衣至内衣的服装 …………………………………………………6101～6108
| T 恤衫、套头衫、婴儿服装、运动服及其他服装…………………6109～6114
| 衣着附件和零件 …………………………………………………6115～6117

本章的服装是由本类包括的各种纺织纤维加工而成，包括品目 5809 的金属线制织物。纺织纤维以外的各原料加工成的服装不归入本章，如塑料服装归入品目 3926，橡胶服装归入品目 4015，皮革服装归入品目 4203，石棉服装归入品目 6812，纸制服装归入品目 4818。旧衣着也不归入本章，应归入品目 6309。

二、本章商品归类方法

本章服装的归类一般按服装的功能和款式进行归类，但也有按用途归类的服装，如婴儿服装，还有按面料归类的服装，如品目6113所列的用塑料、橡胶或其他材料浸渍、涂布、包覆或层压的针织物制成的服装。

根据本章注释六的规定，婴儿服装在本章中优先归入品目6111，并且是第一优先。根据本章注释八的规定，用塑料、橡胶或其他材料浸渍、涂布、包覆或层压的针织物制成的服装（下文称之为"特殊面料制服装"）在本章中第二优先归类，归入品目6113。其他服装，则根据其功能和款式确定其基本特征分别归入品目6101~6110、6112及6114。其中，品目6101~6108是从外衣到内衣列名的服装，并区分男女式。品目6109、6110、6112分别为T恤衫、套头衫及开襟衫、运动服和滑雪服及游泳服，这三类服装不区分男女式。其他未列名的服装则归入品目6114。

针织或钩编的衣着附件及零件归入品目6115~6117。其中，袜子归入品目6115，手套归入6116，其他衣着附件（如披巾、围巾、手帕、领带等）归入品目6117，衣着零件也归入品目6117。

归类中需注意男女式服装的区别。根据本章注释九的规定，凡是门襟为左压右的服装，应视为男式；凡是门襟为右压左的服装，应视为女式。但式样已明显为男式或女式的服装无须考虑门襟的形式。对于无法区别男女式的服装，应按女式服装归类。

本章还包括各品目所列服装的不完整品或未制成品，只要这些产品具备了相应服装的基本特征，就可与完整品或制成品归类。但服装或衣着附件的针织或钩编的零件（品目6212的物品除外）应归入品目6117。如果经过某些加工（例如，缝边或形成领口）的针织物片或钩编织物片，准备用于制衣，但还未加工成服装或服装零件的，应按其他纺织制成品归入品目6307。

下面将根据服装归类的思路分别讨论各类服装的归类方法。

（一）婴儿服装及衣着附件的归类

本章注释六对婴儿服装及衣着附件做出了规定，是指身高不超过86厘米的幼儿的服装及衣着附件。我国纺织行业标准FZ/T 81014—2008对婴幼儿服装做出了规定，是指年龄在24个月及以内的婴幼儿使用的服装。归类中应注意两者的区别，前者是从婴儿身高加以限定的，而后者是根据婴幼儿的年龄加以限定的。显然，从身高角度加以区别更为合理。由于章注具有归类的法律效力，因此婴儿服装的归类应运用本章注释六，而不是我国的行业标准。

根据本章注释六，既可归入品目6111，也可归入本章其他品目的服装及衣着附件，应优先归入品目6111，而不归入其他品目。

【例1】全棉婴儿穿的袜子

【归类分析】尽管品目6115有袜子的具体列名，但该商品也可按婴儿的衣着附件归入品目6111。根据本章注释六，该商品应优先归入品目6111，而不能归入品目6115。再根据纤维材料归入子目6111.2000。

（二）浸渍、涂布或包覆等处理过面料制成服装的归类

用品目5903、5906或5907的经塑料、橡胶或其他材料浸渍、涂布、包覆或层压的针织物或钩编织物制成的服装应归入品目6113。这类服装经过浸渍、涂布或包覆等加工后，往往具有防水、防皱、防火等功能。这类服装包括雨衣、潜水服（不带呼吸装置）及防辐

射服等。

根据本章注释八的规定，既可归入品目6113，也可归入本章其他品目的服装，除品目6111所列的婴儿服装及衣着附件外，其余的应一律归入品目6113，即"特殊面料制的服装"应第二优先归类。因此，服装在归类中应明确其是否经过浸渍、涂层等加工，并以肉眼可辨别出作为标准。

需注意，如果用品目5903、5906或5907的三种面料加工成具有品目5811的被褥状纺织品后再制成的服装，不归入品目6113，一般作为防寒服装归入品目6101或6102。

【例2】男式上衣，用针织布经聚氨基甲酸酯涂层（肉眼可见涂层）的面料制成

【归类分析】尽管品目6103有男式上衣的列名，但该服装的面料是表面经过塑料涂层的针织物，即品目5903的面料，所以也可以归入品目6113。根据本章注释八，该服装应优先归入品目6113，而不归入品目6103，子目为6113.0000。

（三）挡风御寒类外套的归类

这类服装一般是穿着在其他衣服外面用以挡风御寒等的针织或钩编的服装，包括大衣、雨衣、短大衣、斗篷（包括雨披）、短斗篷、带风帽的防寒短上衣（包括滑雪短上衣）、防风衣、防风短上衣及类似品（如中大衣、厚重长大衣、带头兜斗篷、粗呢大衣、有腰带的双排钮大衣、风雪大衣、有胎料的背心）。男式的上述服装归入品目6101，女式的归入品目6102。用品目5811的成匹被褥状纺织产品所制的防寒外衣也归入品目6101、6102。

【例3】如图11-15所示的针织风衣，含涤纶52%、棉48%，针织起绒面料制成

图11-15 针织风衣

【归类分析】该服装由针织面料制成，应归入第六十一章。该服装的面料质地紧密，具有挡风御寒的特点，且门襟是左压右的，应按男式风衣归入品目6101，并根据第十一类注释二混纺的规定，以涤纶为基本特征归入子目6101.3000。

（四）上衣的归类

上衣是指人体上半身穿着的，前部全开襟，无扣或有扣（拉链除外，如果使用拉链，应按其他服装归入品目6114），长度不超过大腿中部，不适于套在其他外套、上衣之上的服装。其面料除袖子、贴边或领子外，可由三片或三片以上布料（其中两片为前襟）纵向缝合而成。符合上述要求的上衣，男式的归入品目6103，女式的归入品目6104。

（五）裤子及裙子的归类

裤子是穿于下半身的服装，一般由裤腰、裤腿、裤袋三部分组成。按裤管过膝与否，分为长裤、短裤。这里讨论的裤子主要是外穿类的长裤、护胸背带工装裤、马裤及短裤，

不包括内穿类的内裤及三角裤。其中，针织面料制的长裤、护胸背带工装裤、马裤及短裤，男式的归入子目6103.4，女式的归入子目6104.6。

裙子是围穿于下半身的女式服装，一般由裙腰和裙体构成。归类中的裙子类服装包括连衣裙、裙子及裙裤、长衬裙及衬裙等。连衣裙是上衣与裙子连成一体的服装，可从肩部长至膝盖或以下。针织的连衣裙归入子目6104.4。裙子及裙裤归入子目6104.5。衬裙是穿于长裙内的装饰性内裙，比外裙略短，裙脚及胸部通常采用花边和刺绣等装饰，以衬托外裙，长衬裙及衬裙应按内衣类服装归入子目6108.1。

（六）衬衫的归类

衬衫是指人体上身穿着并从领口处全开襟或半开襟的长袖或短袖衣服，其腰身以上可缝有口袋，有一衣领。男衬衫包括活络领衬衣、礼服衬衣、运动衫及普通衬衫。女衬衫包括罩衫、衬衣及仿男式女衬衫。衬衫从领口处前开襟，凡左襟搭在右襟上的视为男衬衫，反之为女衬衫。

根据本章注释四的规定，在腰围以下有口袋的服装、带有罗纹腰带及以其他方式收紧下摆的服装或其织物至少在10厘米×10厘米面积内沿各方向的直线长度上平均每厘米少于10针的服装，不能作为衬衫归入品目6105、6106。无袖服装也不归入品目6105。

因此，在腰围以下有口袋的衣服应作为男式或女式上衣归入品目6103或6104，或作为开襟衫归入品目6110。带有罗纹腰带或以其他方式收紧下摆的衣服以及其织物至少在10厘米×10厘米面积内沿各方向的直线长度上平均每厘米少于10针的衣服应作为挡风御寒类服装归入品目6101或6102，或作为开襟衫归入品目6110。男式无袖服装，应归入品目6109、6110或6114。

（七）内衣的归类

内衣是贴身穿的服装，包括内裤、三角裤、长睡衣、睡衣裤、浴衣、晨衣等，上述内衣，男式的归入品目6107，女式的归入品目6108。

但不是所有贴身穿的服装都按内衣归入品目6107、6108，如汗衫及内衣背心，由于在品目6109中具体列名，应归入品目6109。

（八）T恤衫、套头衫及开襟衫的归类

T恤衫是指针织或钩编的内衣类轻质服装，用棉纤维或化纤织成的非起绒针织物制成，不论是否带衣兜，有紧身长袖或短袖、无领、无扣、领口无门襟，而且有各种不同的领口形状（圆形、方形、船形或V形领口）。这类服装可以印制、针织或用其他方法加上广告、图画或文字进行装饰，其下摆通常缝边，但绝不带束带、罗纹紧腰带或其他方式收紧。T恤衫应归入品目6109，贴身穿的汗衫也归入品目6109。

套头衫是一种用于人体上半身穿着的，采用套头形式穿着的针织或钩编服装。开襟衫用于人体上半身穿着的针织或钩编服装，前胸全开襟或半开襟。套头衫和开襟衫一般穿在衬衫外及外衣内，也可当做外衣。套头衫及开襟衫归入品目6110。

需要注意的是，尽管T恤衫也是套头形式穿着，但T恤衫不能按套头衫归类。因为T恤衫是贴身穿的内衣类服装，而套头衫则不是贴身穿用的，这也是品目6109和品目6110的根本区别。此外，带帽的T恤衫已超出T恤衫的基本特征，且不具有本章其他品目所列

服装的特征，应按其他服装归入品目 6114。

【例 4】 如图 11-16 所示的全棉针织服装

图 11-16　针织服装

【归类分析】 该服装以针织物为面料，应归入第六十一章。该服装有领、有扣、开门襟，不符合 T 恤衫的要求，不能按 T 恤衫归类。该服装是半开襟的短袖服装，有衣领，未收紧下摆，符合衬衫的要求，应按衬衫归类。由于该服装的门襟是左压右的，故应按男式衬衫归入品目 6105，并根据纤维原料归入子目 6105.1000。

（九）背心的归类

背心是无袖上衣，有贴身穿着的，也有外穿的，有套头式的，也有开襟的。针织背心的归类包括三种情形：针织羽绒背心应按防寒服归入品目 6101 或 6102，内衣类的背心应归入品目 6109，外穿的背心（如马甲）应归入品目 6110，如图 11-17 所示。

a）羽绒背心　　　　b）内衣背心　　　　c）外穿背心

图 11-17　各种针织背心

（十）套装的归类

根据第十一类注释十四的规定，除了条文中有具体列名的成套服装外，不同品目所列的服装即使成套零售包装，仍应分别归入各自相应的品目。因此，成套服装的归类，首先要了解哪些套装是有具体列名的，如满足相应的归类条件，可以一并归类，否则应该分开归类。

套装是经过设计，上下装配套穿着的服装，一般由同色同料或造型格调一致的衣、裤、裙等相配而成。《协调制度》中涉及的套装包括西服套装、便服套装、睡衣裤、运动服、游泳服、滑雪服等。

1. 西服套装和便服套装的归类

西服套装及便服套装的归类规定如本章注释三（一）和（二）所述。西服套装由一件上半身穿着的外套或短上衣及一件下半身穿着的长裤、马裤、短裤、裙子或裙裤构成，还可以附带一件西服背心。上衣，除袖子外，衣身由四片或四片以上的面料经纵向缝合而成。西服背心的前片面料应与套装的面料相同，后片面料应与外套或短上衣的衬里料相同。便服套装由一件上半身穿着的衣服（套头衫及背心除外）及一件或两件不同的下半身穿着的长裤、护胸背带工装裤、马裤或短裤、裙子或裙裤构成。针织面料制的男式西服套装归入子目6103.1，女式的归入子目6104.1；男式便服套装归入子目6103.2，女式的归入子目6104.2。

【例5】女式套装，其中包括一件涤纶针织上衣，一条全毛机织哔叽制裤子

【归类分析】根据本章注释三的规定，便服套装各件面料质地、款式、颜色及构成必须相同。该套装中的上衣是针织面料，裤子是机织面料，不符合便服套装的要求。根据第十一类注释十四，上衣和裤子应该分别归类，上衣归入子目6104.3300，裤子归入子目6204.6100。

2. 睡衣裤的归类

睡衣裤由两件构成，即一件用于上半身穿着的睡衣和一条下半身穿着的睡裤，供睡眠或家居休息时穿用。其中，睡衣一般是全开襟的，有长袖和短袖两种。睡裤为裁剪简单的长裤或短裤，裤腰嵌装松紧带。睡衣裤应按内衣类服装归类，男式睡衣裤归入子目6107.2，女式的归入子目6108.3。

3. 运动服的归类

品目6112列名的运动服应该是两件套的，一件上衣和一件下装。上衣是到腰或稍过腰的长袖上衣，袖口处以罗纹带或松紧带、拉链或其他方式收紧，下摆一般也以类似方式或束带收紧，如果前身开襟或半开襟，则一般以拉链闭合，可带风帽、衣领及口袋。下装是一条紧身或松身的裤子，裤腰以松紧带、束带或其他方式收紧，腰围处因不开口，故没有纽扣或其他扣紧装置。裤脚一般长至脚踝，裤脚可以罗纹带或松紧带、拉链或其他方式收紧。运动服不区分男女式，均归入子目6112.1。

【例6】如图11-18所示的男式篮球运动套装，由100%吸湿快干涤纶针织面料制成

图11-18 篮球运动套装

【归类分析】该套服装由针织面料制成，应归入第六十一章。该套装由两件构成，供运动时穿着，但上衣为无袖，不符合运动服中上衣必须为长袖的要求，故不能按运动服归类。根据第十一类注释十四，该套装应该分别归类，上衣按内衣背心归入子目6109.9090，短裤归入子目6103.4300。

4. 游泳服的归类

游泳服是单件或两件套的游泳衣及游泳裤，不论是否有弹性，如图11-19所示。针织男式游泳服归入子目6112.3，女式的归入子目6112.4。

a）单件游泳服　　　　b）两件套游泳服

图 11-19　游泳服

5. 滑雪服的归类

根据本章注释七，从外观及织物质地来看，滑雪服主要是在滑雪时穿着的服装，可以是单件的滑雪连身服，除袖子及衣领外，可有口袋或脚带。其也可以是滑雪套装，即由两件或三件构成一套并作零售包装的下列服装：一件用拉链扣合的带风帽的厚夹克、防风衣、防风短上衣，也可附带一件滑雪背心，以及一条长裤、马裤或护胸背带工装裤。因此，单件的滑雪时穿着的上衣，由于不是连身服，不能作为滑雪服归类，往往按滑雪短上衣归入品目 6101 或 6102。

滑雪套装也可由一件连身服和一件可套在连身服外面的有胎料背心组成。

与其他套装类似，滑雪套装的各件面料质地、款式及构成必须相同，尺寸大小也须相互般配。但与其他套装不同的是，滑雪套装各件的颜色可以不同。

针织面料制的滑雪服归入子目 6112.2。

（十一）其他服装的归类

本章其他品目未列名的针织或钩编服装归入品目 6114，包括围裙、连身工作服、工作罩服及工人或外科医生等穿着的其他防护性衣服，教士或牧师的服装，专职人员或学者穿着的袍服，飞行员穿着的特种服装，某些运动、舞蹈或体操所需穿着的特种衣着。

（十二）衣着附件的归类

1. 袜子的归类

针织或钩编的连裤袜、紧身裤袜、长筒袜、短袜、循序减压袜（如用以治疗静脉曲张的长筒袜）及其他袜类，均归入品目 6115，无外缀鞋底的鞋类也归入品目 6115。

但是，婴儿的袜子不归入品目 6115，应作为婴儿的衣着附件优先归入品目 6111；非针织或非钩编的袜子应归入品目 6217。

2. 手套的归类

针织或钩编的各种手套，如分指短手套，露出部分手指的露指手套，仅把拇指分开的连指手套，防护手套及其他戴至前臂甚至上臂的长手套，均归入品目 6116。但婴儿用手套应归入品目 6111。

3. 其他制成的针织或钩编的衣着附件和零件的归类

本章其他品目或《协调制度》其他章未具体列名的针织或钩编衣着附件及零件归入品目 6117。这类商品主要包括披巾、头巾、面纱、领带及领结、吸汗垫布、垫肩、各种腰带及肩带、手笼、衣袖护套、护膝布、服装的口袋、袖子、领子、手帕、头带、服装的可拆卸衬里等,也包括非裁切成形的标签、徽章、军衔符号及类似品(品目5810的小块图案刺绣品除外),但通过裁切制成的此类物品应归入品目5807。此外,品目6212所列物品的零件不归入品目6117。

第六十二章　非针织或非钩编的服装及衣着附件

一、本章商品范围

根据本章注释一,本章服装所用的面料是除絮胎及针织物或钩编织物以外的任何纺织物,包括第五十章至第五十五章的普通机织物、第五十六章的毡呢和无纺织物、第五十八章的特种机织物和第五十九章经处理的纺织物。但是,品目6212的胸罩、束腰带、紧身胸衣、吊裤带等可以是针织或钩编的。

本章品目编排规律与第六十一章基本相同,也是由外衣到内衣(品目6201至品目6208,在同一功能、款式范围内以先男装后女装排列),然后是婴儿服装、特殊面料服装、运动服、其他服装、手帕、围巾、领带、手套及其他衣着附件。很多服装的款式要求与第六十一章是相同或相似的,因此,第六十一章的有关内容适当修改后即可运用于本章,本章的有关叙述也适当简化。

本章结构如下:

$\Big\{$ 大衣至内衣的服装 ································ 6201~6208
婴儿服装、运动服及其他服装 ····················· 6209~6211
衣着附件和零件 ···································· 6212~6217

二、本章商品归类方法

本章服装的归类一般也是按服装的功能和款式进行归类,但也有按用途归类的服装,如婴儿服装,还有按面料归类的服装,如品目6210所列的用毡呢、无纺织物,以及用塑料、橡胶或其他材料浸渍、涂布、包覆或层压的机织物制成的服装。

根据本章注释五,本章的婴儿服装及衣着附件第一优先归类,归入品目6209。根据本章注释六,品目6210特殊面料制服装第二优先归类。其他服装,则根据其功能和款式确定其基本特征归入相应的品目。其中,品目6201~6208是从外衣到内衣列名的服装,并区分男女式。运动服和滑雪服及游泳服归入品目6211,其他未列名的服装也归入品目6211。

非针织或非钩编的衣着附件及零件归入品目6212~6217。其中,胸罩、束腰带、紧身胸衣、吊裤带、吊袜带等归入品目6212,手帕归入品目6213,披巾、领巾、围巾、面纱等归入品目6214,领带和领结归入品目6215,手套归入品目6216,其他衣着附件归入品目6217,衣着零件也归入品目6217。

下面将根据服装归类的思路分别讨论非针织或非钩编服装的归类方法。

(一)婴儿服装及衣着附件的归类

非针织或非钩编的婴儿服装及衣着附件第一优先归入品目6209。

(二) 浸渍、涂布或包覆等处理过的面料制成服装的归类

用毡呢、无纺织物，以及品目 5903、5906 或 5907 的经塑料、橡胶或其他材料浸渍、涂布、包覆或层压的机织物制成的服装应第二优先归入品目 6210。这类服装包括雨衣、油布雨衣、不带呼吸装置的潜水服及防辐射服。

需注意，如果用品目 5903、5906 或 5907 的三种面料加工成品目 5811 的被褥状纺织品后再制成的服装，不归入品目 6210，一般作为防寒服装归入品目 6201 或 6202。

【例1】涤纶无纺布制男式一次性浴衣

【归类分析】一方面，该服装可以按男式浴衣归入品目 6207。此外，该服装是用品目 5603 的无纺织物加工而成，符合品目 6210 的描述。根据本章注释六，该服装应优先归入品目 6210，而不归入品目 6207，再根据纤维材料归入子目 6210.1030。

(三) 挡风御寒类外套的归类

这类服装一般是穿着在其他衣服外面用以挡风御寒等的非针织或非钩编的服装，男式的归入品目 6201，女式的归入品目 6202。用品目 5811 的成匹被褥状纺织产品所制的防寒外衣也归入品目 6201、6202。

(四) 上衣的归类

上衣的归类要求同第六十一章，男式的归入品目 6203，女式的归入品目 6204。

(五) 裤子及裙子的归类

非针织或非钩编的长裤、护胸背带工装裤、马裤及短裤，男式的归入子目 6203.4，女式的归入子目 6204.6。

非针织的连衣裙归入子目 6204.4，裙子及裙裤归入子目 6204.5，长衬裙及衬裙应按内衣类服装归入子目 6208.1。

【例2】如图 11-20 所示的真丝机织旗袍

图 11-20 真丝旗袍

【归类分析】该服装以机织面料加工而成，应归入第六十二章。该旗袍长至膝部，已构成连衣裙的特征，因此，该旗袍应作为连衣裙归入子目 6204.4，并根据纤维原料归入子目 6204.4910。

(六) 衬衫的归类

非针织或非钩编的男衬衫归入品目 6205，女衬衫归入品目 6206。

在腰围以下有口袋的服装不能按衬衫归类,应作为短上衣归入品目 6203 或 6204。此外,男式衬衫不能是无袖服装,女式衬衫不能带有罗纹收紧下摆。

(七) 内衣的归类

男式内衣包括汗衫及其他内衣背心、内裤、三角裤、长睡衣、浴衣、晨衣等,归入品目 6207。女式内衣包括汗衫及其他内衣背心、长衬裙、衬裙、三角裤、短衬裤、长睡衣、浴衣、晨衣等,归入品目 6208。

(八) 背心的归类

这里的背心主要是外穿式的背心,包括两种情形:机织羽绒背心应按防寒服归入品目 6201 或 6202,其他背心(如西服背心)应作为其他未列名的服装归入品目 6211。

(九) 套装的归类

与第六十一章类似,非针织或非钩编的套装包括西服套装、便服套装、睡衣裤、运动服、游泳服、滑雪服等。这些套装应该一并归类,其他成套服装应分开归类。

1. 西服套装和便服套装的归类

西服套装及便服套装的归类规定如本章注释三(一)和(二)所述。机织面料的男式西服套装归入子目 6203.1,女式的归入子目 6204.1;男式便服套装归入子目 6203.2,女式的归入子目 6204.2。

2. 睡衣裤的归类

非针织或非钩编的睡衣裤由睡衣加睡裤构成,应按内衣类服装归类,男式睡衣裤归入子目 6207.2,女式的归入子目 6208.2。

3. 运动服的归类

非针织或非钩编的运动服应该是两件套的,归类要求同第六十一章。男式运动服归入子目 6211.3,女式运动服归入子目 6211.4。

【例 3】如图 11-21 所示的男式运动套装,由 60%涤纶、40%棉机织面料制成

图 11-21 运动套装

【归类分析】该套服装由机织面料制成,应归入第六十二章。该套装由两件构成,供运动时穿着,上衣为长袖,符合运动服的归类要求,归入品目 6211,并根据纤维原料归入子目 6211.3320。

4. 游泳服的归类

游泳服是单件或两件套的游泳衣及游泳裤,机织男式游泳服归入子目 6211.1100,女式的归入子目 6211.1200。

5. 滑雪服的归类

滑雪服可以是单件的滑雪连身服，也可以是滑雪套装。机织面料制的滑雪服归入子目 6211.2。

（十）其他服装的归类

本章其他品目未列名的非针织或非钩编服装归入品目 6211，主要包括围裙、连身工作服、工作罩服及工人或外科医生等穿着的其他防护性衣服，教士或牧师的服装，专职人员或学者穿着的袍服，飞行员穿着的特种服装，某些运动、舞蹈或体操所需穿着的特种衣着（如击剑服、芭蕾舞裙、舞蹈练功紧身衣）。此外，单独报验的非针织或非钩编的马甲也归入品目 6211。

【例4】如图 11-22 所示的击剑服，由上衣、背心和裤子组成，用尼龙高强力纱机织面料加工，用于击剑运动时穿着

图 11-22 击剑服

【归类分析】该服装为体育运动时穿着，但根据第九十五章注释一（五），第九十五章不包括"第六十一章或第六十二章的纺织品制的运动服或特殊衣着（例如，击剑服或足球守门员球衣）……"，因此，该机织服装应归入第六十二章。该服装也不符合运动服的归类要求，不能按运动服归类，应按其他服装归入品目 6211。

【例5】如图 11-23 所示的万圣节连衣裙，涤纶机织面料制

图 11-23 万圣节连衣裙

【归类分析】该服装为节日穿服装，但具有服装的实用功能，故不应按节日用品归入品目 9505，应按纺织服装归入第十一类。由于其面料为机织物，应归入第六十二章，并作

为女式连衣裙归入品目6204。

(十一) 衣着附件的归类

1. 胸罩、束腰带、紧身胸衣、吊裤（袜）带等货品的归类

这类货品用以保持体形或作为某些其他衣着的支撑物，包括各种胸罩、束腰带、束腰胸衣、紧身胸衣、吊袜带、吊裤带、背带、束袜带等。这类物品可用包括针织或钩编织物在内的任何纺织材料制，归入品目6212。

2. 手帕的归类

手帕是正方形或近似正方形的，根据本章注释八的规定，其任一边长均不超过60厘米。手帕归入品目6213，可以是普通手帕，也可以是作为包头、围脖或腰饰的方巾。这些手帕及领巾经折边、卷边、滚边或带有经纬线构成的流苏，有直边或荷叶边。因此，品目6213的手帕与品目6214的围巾的归类区别主要在于形状及尺寸。根据本章注释八，正方形或近似正方形的围巾，如果每边均不超过60厘米，应作为手帕归类。任何一边超过60厘米的手帕，应作为围巾归入品目6214。

3. 披巾、领巾、围巾、披纱、面纱的归类

披巾，通常是正方形、三角形或圆形，其大小足以围裹头部及肩部。领巾及围巾，通常是正方形或长方形，用以围裹颈部。披纱，通常为网眼织物制的轻质披巾或领巾，妇女用以围裹头部及肩部。面纱，一般用轻薄、透明或网状的材料制成，也有用网眼织物制成的物品。上述货品归入品目6214。

4. 领带及领结的归类

领带及领结归入品目6215。裁剪成形供制造领带、领结用的织物由于具备了领带和领结的基本特征，也归入品目6215。

5. 手套的归类

用非针织或非钩编的纺织物制成的分指手套、连指手套及露指手套归入品目6216。

6. 其他制成的衣着附件和零件的归类

本章其他品目及《协调制度》其他章未具体列名的非针织或非钩编的衣着附件及零件归入品目6217。这类货品包括吸汗垫布、垫肩及其他衬垫、各种腰带及饰带、手笼、衣袖护套、肩章、臂章、服装口袋、袖子、领子、单独报验的雨衣及类似服装的可拆卸衬里等。

第六十三章 其他纺织制成品；成套物品；旧衣着及旧纺织品；碎织物

一、本章商品范围

本章包括用任何纺织物制成而且在第十一类其他章或《协调制度》其他章未具体列名的制品，如毯子、床单、毛巾、台布、窗帘、床罩、包装袋、帐篷、旧衣物等。

本章结构如下：

{ 其他纺织制成品……………………………………………………6301~6307
  成套物品 …………………………………………………………6308
  旧衣着及碎织物……………………………………………………6309~6310

二、本章商品归类方法

（一）其他纺织制成品的归类

1. 毯子及旅行毯归入品目6301

毯子及旅行毯是供御寒使用的，一般用羊毛、动物毛、棉或化纤制成厚重织物，表面常有丰厚毛绒。毯子四周的边缘通常以缝边或包边加固，或用流苏装饰。电暖毯尽管属于家用电热产品，但不归入第八十五章，应以毯子为基本特征归入品目6301。

2. 床上、餐桌、盥洗及厨房用的织物制品归入品目6302

床上用织物制品包括床单、枕套、被套、床垫套、毛巾被等。但有填充物的床上用品，如被子和枕头，不归入品目6302，应作为寝具归入品目9404。床罩也不归入品目6302，内部有填充物的床罩按寝具归入品目9404，其他床罩按装饰用织物制品归入品目6304。

餐桌用织物制品包括桌布、桌垫、台布、托盘垫布、餐巾、茶巾、餐巾袋、小垫布、杯垫等。但是，某些上述物品（例如，用花边、丝绒或锦缎等材料制成的台子中心的花饰垫布）不作为餐桌用织物制品归类，一般作为装饰用织物制品归入品目6304。

盥洗用织物制品包括毛巾、浴巾、沙滩巾、方巾及盥洗用手套。这些物品一般都是用品目5802的毛巾织物加工成为制品。

厨房用织物制品包括擦盘巾、玻璃器皿揩巾。但是，用粗厚织物制成的擦地板布、擦盘子布、洗碗布、抹布及类似的清洁用布不属于"厨房用织物制品"的范围，应归入品目6307。

3. 窗帘、帐幔、帘帷或床帷归入品目6303

这些物品主要是用于窗户、床上的遮掩物，是用织物加工而成的制品，包括窗帘、帐幔、帘帷等。但是，蚊帐不归入品目6303，应作为装饰用织物制品归入品目6304；室外用的遮阳篷由于在品目6306有具体列名，故也不归入品目6303。

4. 其他装饰用织物制品归入品目6304

装饰用的织物制品包括家庭、公共场所、剧院、教堂等用的物品，以及用于船舶、列车车厢、航空器、篷车式挂车、汽车等的类似品。归入品目6304的物品应该是本章以上各品目及品目9404以外的纺织制品，包括壁布、典礼上用的纺织饰物、蚊帐、床罩、垫子套、家具套、装饰性台布等。

5. 货物包装用袋归入品目6305

包装货物用袋通常是在货物的运输、储存或销售中使用的纺织包装袋，常用第五十三章的麻袋布制成及聚丙烯或聚乙烯机织物制成，可包装煤炭、谷物、面粉、土豆、咖啡等。品目6305的物品与品目4202的容器（也可用纺织材料做）是有区别的，品目6305的货物包装用袋是供装货运输使用，而品目4202的物品是日常用品。

6. 油毡布、天篷及遮阳篷、帐篷、风帆、野营用品归入品目 6306

品目 6306 的物品通常是用结实紧密的帆布制成的纺织品。油苫布一般用涂层的化纤织物制成或用厚实帆布制成，其四周经缝边并可配有洞眼、绳索、带子等。其他的天篷、帐篷、风帆等大都是用化纤织物制成。野营用品包括帆布桶、水袋、盥洗盆、铺地布、充气床垫、充气枕、充气坐垫（品目 4016 的物品除外）、吊床等（品目 5608 的物品除外）。

7. 其他制成品归入品目 6307

品目 6307 的物品是第十一类其他品目或《协调制度》其他章未列名的纺织制成品。这类物品主要包括擦地布，救生衣及安全带，服装裁剪样，旗帜，家用洗衣袋，汽车、机器、网球拍等用的罩套，雨伞和阳伞的罩套，用织物作扇面制成的扇子，外科医生在手术时所戴的织物面罩等。

（二）成套物品的归类

零售成套物品至少由一幅机织物与不论是否裁成一定长度的纱线（绣花丝线、毯绒纱线等）构成，用以制作小地毯、装饰毯、绣花台布、餐巾或类似纺织物品，该成套物品归入品目 6308。这些物品也可以带有如针、钩之类的附件。

需注意的是，品目 6308 仅指由机织物及纱线构成的零售成套物品，但还未制成小地毯、装饰毯、绣花台布、餐巾或类似纺织物品，因而与第五十七章的地毯、品目 5805 的装饰毯有区别。

（三）旧衣着、旧纺织品及碎织物的归类

1. 旧衣物归入品目 6309

旧衣物应符合本章注释三的规定。其范围包括两类物品，一类是用纺织材料制成的下列物品：衣着和衣着附件及衣着零件（如服装、披巾、领巾、袜子、手套及衣领），毯子及旅行毯，床上、餐桌、盥洗及厨房用的织物制品，装饰用织物制品；另一类是用除石棉以外其他任何材料（如皮革、橡胶、纺织材料、植物茎秆或塑料）制成的各种鞋靴及帽类。上述物品必须明显看得出穿用过，并以散装、捆装、袋装或类似的大包装形式报验，方能归入品目 6309。

由于注释三对"旧衣物"的商品范围做了限定，所以其他的"旧物品"不能按"旧衣物"归入品目 6309。例如，旧的地毯应该与"正常"的地毯一样归入第五十七章，旧的装饰毯应该作为"正常"的装饰毯归入品目 5805，旧的弹簧床垫应该与"正常"的弹簧床垫一样归入品目 9404，旧的包装货物用袋、油苫布、帐篷等野营用品，应按"正常"物品归类。

2. 碎织物及废线、绳、索、缆及其制品归入品目 6310

碎纺织物包括不能再清洁或修补的旧损、脏污、破碎的装饰物、衣着或其他旧纺织品，以及新织物的小碎料（如裁缝时剪裁下的碎料），用过或未用过的废线、绳、索或缆，以及旧线、绳、索、缆和这类材料的破旧制品。

这些物品一般只适于供回收（如拉松）其纤维（一般供再纺），以及用于制造纸张或塑料、抛光材料或作为工业生产上用的揩布（如机器揩布）。但所有其他的纺织废碎料及下脚料均不归入品目 6310，应归入第五十章至第五十五章的有关"废料"或"回收纤维"的品目中。

思考与练习

思考题：

1. 简述混纺纱线的归类原则。
2. 表面有绒毛的纺织物如何归类？
3. 如何区别纺织面料和纺织制成品？

商品归类题：

1. 喀什米尔山羊绒原料
2. 经染色的棉纤维条
3. 把亚麻皮浸泡在水中，清除皮的杂质打成后所得的亚麻纤维
4. 精梳羊毛条
5. 绢纺染色线，非供零售
6. 绕成团，总重 250 克，羊毛 55%、腈纶短纤 45% 混纺的精梳染色毛线，细度 250 特
7. 棉 60%、亚麻 40% 混纺精梳二股线，每根单纱细度为 200 分特，非供零售
8. 棉 40%、苎麻 30%、亚麻 30% 混纺漂白精梳单纱，细度为 240 分特，非供零售
9. 腈纶长丝膨体纱，非供零售
10. 色织交织提花织锦缎，尼龙长丝 50%、桑蚕丝 50%，幅宽 100 厘米
11. 在机织平纹棉布上经蜡防印花处理的蓝花布，140 克/平方米，幅宽 90 厘米
12. 蓝色三线斜纹布，涤纶短纤 50%、棉 50%，200 克/平方米，幅宽 110 厘米
13. 单头棉花棒，棒头一端为棉絮，棒身为木杆，主要用于产品擦拭洁净
14. 聚乙烯与聚丙烯双组分纤维，纤维为皮芯结构，聚乙烯构成纤维的皮层，含量为 65%，聚丙烯构成纤维的芯层，含量为 35%，纤维长度约 3 毫米，与绒毛纤维素浆混合后用于制造纸尿布
15. 用涤纶短纤制的无纺布，布面上用尼龙粒涂布后成的无纺衬，20 克/平方米
16. 棉纱线包覆橡胶线制橡皮筋
17. 细度为 3000 特的棉线
18. 丝制结织栽绒波斯地毯
19. 棉制成匹染色灯芯绒，已割绒，宽 114 厘米
20. 棉制毛巾织物，幅宽 30 厘米
21. 在棉布上用丝线制成的刺绣品
22. 用聚氯乙烯在涤纶机织物底布上单面涂布（肉眼可见涂层）后制成的人造革，成匹
23. 尼龙-6,6 高强力纱制帘子布
24. 涤纶长丝制消防水龙软管
25. 布袋除尘器用滤袋，一种以聚苯硫醚为滤料，表面采用聚四氟乙烯浸渍处理的纺织滤袋，580 克/平方米，直径 130 毫米，长 8 米
26. 棉制经编针织印花汗衫布，宽 50 厘米，成匹

27. 全棉针织婴儿内衣
28. 涤纶长丝机织物制男式羽绒背心
29. 涤纶无纺布制外科手术服
30. 印花机织物制正方形围巾，边长60厘米，按重量计，含棉花50%、绢丝50%
31. 棉氨混纺针织束腰胸衣，其中棉纤维90%、氨纶长丝10%
32. 羊毛针织分指手套
33. 正方形台布，涤纶短纤维无纺织物裁切而成（110克/平方米），塑料袋装
34. 全棉蓝白格子色织机织物制床单
35. 粘胶长丝制提花软缎床罩
36. 编带制成的鞋带
37. 睡眠用眼罩，其外表面为黑色尼龙针织面料，内表面为棉制无纺布，内衬丁苯橡胶海绵，用于旅行或者日常休息时避免光线照射

第十二类 鞋、帽、伞、杖、鞭及其零件；已加工的羽毛及其制品；人造花；人发制品

【内容提要】

鞋、帽、伞、杖等制品及其零件为人们日常生活中的常用品，在各国贸易往来中占有一定的比例。在本类中，将学习以下内容：

1. 熟悉此类商品在《协调制度》中的分类特点；
2. 常见鞋、帽及其零件的归类。

其中，重点是部分常见鞋、帽的归类。

本类商品主要是用第七类的塑料、橡胶，第八类的皮革、毛皮，第九类的木材，第十类的纸（板）及第十一类的纺织品作为原料经加工后制得。本类包括四章，每章包括一类特征相同或类似的商品。其结构规律如下：

```
┌鞋靴、护腿和类似品及其零件·················································第六十四章
│帽类及其零件····································································第六十五章
│雨伞、阳伞、手杖、鞭子、马鞭及其零件·······································第六十六章
└已加工的羽毛、羽绒及其制品；人造花；人发制品·······························第六十七章
```

第六十四章　鞋靴、护腿和类似品及其零件

一、本章商品范围

本章包括除石棉外任何材料制的各种类型的鞋靴、护腿和类似品及其零件，但不包括用易损材料（纸、塑料薄膜等）制成的无外绱鞋底的一次性鞋靴罩或套，这些制品应按其构成材料归类；也不包括本章注释一所列的鞋靴。

本章的鞋靴主要由鞋面和鞋底材料组成，可经过压模、注射模型、中空模塑、硫化定型、缝、铆、钉、旋、塞等方法加工而成。本章的鞋靴，不论其形状及尺寸如何或其式样是否适于专门用途，也不论其制造方法如何和用何种材料制成。

本章鞋靴主要按不同鞋底及鞋面材料的组合特征编排，其结构规律如下：

```
┌橡胶或塑料制外底及鞋面的防水鞋靴·············································6401
│橡胶或塑料制外底及鞋面的其他鞋靴·············································6402
│橡胶、塑料、皮革、再生皮革制外底，皮革或纺织材料制鞋面的鞋靴···6403～6404
│其他鞋靴········································································6405
└鞋靴零件········································································6406
```

二、本章商品归类方法

（一）鞋靴的归类

鞋靴的款式有简单的也有复杂的，有仅由数条长短可调的条、带构成的凉鞋，也有做工比较精细复杂的长靴。其一般由鞋底和鞋面组成，通常可归入第六十四章，而不用考虑鞋靴的大小、颜色及款式等因素。

对于鞋靴的归类：

首先，要明确它是否是本章注释一项下所列的商品，如果是，则应归入其他相应的章及品目。如已穿过的以黄牛皮做面、橡胶做底的皮鞋（散装形式），不应归入品目6403，而应归入品目6309。

其次，归入本章的鞋靴要按构成其外底及鞋面的材料分别归入品目6401~6405。如果鞋面或鞋底由两种及以上的材料构成，则按本章注释四的规定确定其中一种材料作为其基本特征的材料进行归类。鞋靴在归类时除了要分清鞋面及鞋底所用的材料外，还要分清鞋

面是否用缝、铆、钉、旋、塞或类似方法固定在鞋底上;如采用注射模型法制成,鞋面、鞋底材质均为橡胶的防水套鞋,应归入品目6401,而不是6402。

最后,再根据鞋的款式归入相应的子目。如装有金属防护鞋头,皮革做面、橡胶做底的短统靴,应归入子目6403.4000。

对于"运动鞋靴",第六十四章有子目注释规定,仅限于子目注释上所规定的商品范畴,即带有或装有鞋底钉、止滑柱、夹钳、马蹄掌或类似品的体育专用鞋靴,滑冰靴、滑雪靴及越野滑雪用鞋靴、滑雪板靴,角力靴,拳击靴及赛车鞋。这一点要特别引起注意,以免和市面上所称的"运动鞋"的鞋靴混淆起来,影响准确归类。另外,本章子目注释所称的"运动鞋靴"不包括类似的装有冰刀或轮子的滑冰鞋,它们应该根据本章注释一(六)归入品目9506。

【例1】 如图12-1所示的雪地靴(带毛绵羊皮翻转做面、橡胶做底)

图12-1 雪地靴

【归类分析】带毛的绵羊皮即为毛皮。因此,此款雪地靴应归入子目6405.9010。

【例2】 如图12-2所示的牛皮做面、橡胶做底的运动跑鞋

图12-2 运动跑鞋

【归类分析】此款鞋带有鞋底钉,并专用于运动员跑步时穿着。对照本章子目注释对"运动鞋靴"的定义,以及对比图片,得出该运动跑鞋符合本章子目注释"运动鞋靴"的定义。再结合其鞋面、鞋底材质及其功能,该运动跑鞋应按照其他运动鞋靴归入子目6403.1900。

(二)鞋靴零件的归类

鞋靴零件应归入本章品目6406,但此处的"鞋靴零件"根据本章注释二的具体规定,它仅指构成鞋的必备品,如鞋面、鞋底、后帮、硬衬等,而不包括可有可无的商品,如鞋钉、护鞋铁掌、鞋带、鞋眼等。例如,皮鞋用拉链,根据本章的章注不应作为本章的"鞋靴零件"归入品目6406,而应归入品目9607。

第六十五章 帽类及其零件

一、本章商品范围

本章包括帽坯、帽身及帽兜，以及各种款式帽子，不论用何种材料（石棉除外）制成及用途如何（日用、戏剧用、化妆用、防护用等），还包括任何材料制成的发网和帽类专用的零部件。但根据本章注释一的规定，本章不包括品目 6309 的旧帽类、品目 6812 的石棉制帽类，以及九十五章的玩偶帽、其他玩具帽或狂欢节用品。

本章的帽类可带有各种材料（包括第七十一章所列贵金属）制成的各式各样的装饰物。

本章结构规律如下：

```
┌ 毡呢模制的帽半制成品·················································6501
│ 编结的或用任何材料的条带拼制而成的帽半制成品·······················6502
│ 编结的或用任何材料的条带拼制而成的帽类·····························6504
│ 针织或钩编的及纺织物（条带除外）制成的帽类·························6505
│ 其他帽类（包括毡呢模制的帽类）·····································6506
└ 帽类零部件·······························································6507
```

二、本章商品归类方法

（一）帽子的归类

各种材料制的帽子主要归入本章，其中章注一所提的商品除外。本章包括的帽类不论大小、颜色、款式，但须分清制帽的方法及使用的材料。其中，毡呢制帽子的半制成品归入品目 6501，编结材料采用编结工艺编制或是任何材料的条带拼制而成的帽子的半制成品归入品目 6502。品目 6502 的商品经过进一步加工成帽子后，则相应归入品目 6504。品目 5602 项下的毡呢纺织品经过进一步加工制成的帽子归入品目 6505；当然，品目 6505 还包括其他纺织材料制成的帽子及任何材料制的发网。品目 6506 则是其他帽类。

在此需要注意的是，品目 6501 的毡呢与品目 5602 的毡呢，虽然它们的材料都可为各种动物毛或是动物毛与其他纤维（包括化学纤维）的混合材料，但它们的状态与加工方法还是有区别的。品目 5602 项下的毡呢是成匹或成张的，可经过染色、印花、浸渍、涂布等加工，但未经其他进一步加工；而品目 6501 项下的毡呢是半制品状的，如帽坯、帽兜等，其一般是在帽模上加工而成，也可经过染色、印花等处理。

品目 6504 的帽类可直接用任何材料的纤维或条带（主要是秸秆、芦苇、棕榈纤维、酒椰纤维、西沙尔麻、纸条、塑料条或木片条）编结而成。这些材料可采用各种编结方法，包括将一组纤维或条带从帽顶的中心向外射出，与其他纤维或条带交织后螺旋盘绕的"织法"。品目 6505 的帽类主要由纺织纱线相互串套而成，在织物结构实际形成过程中，先形成旧线圈，然后新的纱线穿过旧线圈，形成新的线圈。同时，品目 6505 的帽类亦可由手工通过钩针把一根连续长线钩成一系列的线圈，线圈与线圈相穿而成的织物制成。

【例】如图 12-3 所示的由 ABS 塑料粒子制成的安全帽

图 12-3　安全帽

【归类分析】该帽子的材质为 ABS，ABS 为一种塑料。因此，该塑料制的安全帽应该属于本章品目 6506 项下的商品，具体应归入子目 6506.1000。

（二）帽子配件的归类

帽子的配件，如帽圈、帽衬、帽套、帽帮、帽骨架、帽舌及帽颏带，主要归入品目 6507 项下，但品目 6507 不包括帽子的帽坯、帽身及帽兜，也不包括标签、别针、徽章、扣子、羽毛及人造花等。

第六十六章　雨伞、阳伞、手杖、鞭子、马鞭及其零件

一、本章商品范围

本章包括用各种材料制的伞、杖、鞭等物品；但不包括丈量用杖及类似品（品目 9017），火器手杖、刀剑手杖、灌铅手杖及类似品（第九十三章），第九十五章的货品（例如，玩具雨伞及阳伞）。

本章结构规律如下：

雨伞及阳伞（包括手杖伞、庭园用伞及类似伞）··············6601
手杖、带座手杖、鞭子、马鞭及类似品·····················6602
品目 6601 或 6602 所列物品的零件及装饰品·················6603

二、本章商品归类方法

（一）雨伞及阳伞的归类

品目 6601 的伞的主要功能是遮雨及阳光，各种雨伞、阳伞（如仪仗用伞、伞式帐篷、手杖伞及带座手杖式伞，露天餐馆、市场、庭园用伞及类似伞）归入品目 6601，不论其各部分（包括配件及装饰物）用何种材料制成。例如，伞面可用纺织物、塑料、纸等制成，还可刺绣、饰以花边、流苏或其他装饰物。手杖伞为一种有一硬套、外表像手杖的物

品。伞式帐篷由一把大伞和一幅"围幕"构成，围幕可以固定在地上（例如，通过桩钉固定的钟罩形帐篷，或通过沙袋在其内部压住围幕的帐篷），伞杆（杖）常用木头、藤枝、塑料或金属制成。庭园用伞包括非手持的固定在地面、台子或支架上的伞，如户外座椅、画架、庭园桌、测量台等用的伞及伞式帐篷。

明显专门用做玩具或用于狂欢节的伞不归入品目6601，而应归入第九十五章。品目6601也不包括伞套及类似品，不论是否一同报验，但未套在伞上。不具有伞或伞式帐篷特征的海滩帐篷应归入品目6306。

（二）手杖、鞭子的归类

手杖、鞭子等商品归入品目6602，品目6602货品可用任何材料制成；除普通的手杖以外，还包括带座手杖，专供残疾人及老人使用的拐杖等；也包括由把手及鞭条结合构成的各种鞭子及通常由把手和短皮革圈（而不是鞭条）构成的马鞭。

品目6602的手杖，包括藤枝或木头经旋切、弯曲或其他加工制成的手杖半制成品，但不包括仅粗加修整或车圆，适于制手杖的藤枝或木料（品目1401或第四十四章）。品目6602也不包括未制成手柄的坯件（品目6603），不包括高尔夫球棒、曲棍球杆、滑雪杖等（第九十五章）。

（三）伞、手杖、鞭子等的零件归类

伞、手杖、鞭子等的零件及装饰品归入品目6603，但根据本章注释二的规定，品目6603不包括纺织材料制的零件、附件及装饰品，以及任何材料制的罩套、穗缨、鞭梢、伞套及类似品，它们即使与雨伞、阳伞、手杖等一同报验，只要未装在一起，就应分别归类。例如，单独报验的布伞面，它是伞的零件，但不能归入品目6603，应按纺织制品归入品目6307。单独进口的尼龙布制伞套，也应按纺织制品归入品目6307；但该伞套如套在伞上与伞一并进口，则应按伞归入品目6601。

第六十七章　已加工羽毛、羽绒及其制品；人造花；人发制品

一、本章商品范围

本章包括对第五章中品目0505的货品经进一步加工后的羽毛、羽绒及其制品，各种材料（除本章注释三所列材料外）制的人造花、人发、纺织材料制的假发、假胡须、假睫毛及类似品，但不包括本章注释一所列货品，如人发制滤布（品目5911），花边、刺绣品或其他纺织物制成的花卉图案（第十一类），发网（品目6505）等。

本章结构规律如下：

羽毛、羽绒及其制品等··6701
人造花及制成的物品等··6702
作假发及类似品用的人发、纺织材料····································6703
假发、假胡须及类似品等··6704

二、本章商品归类方法

（一）羽毛、羽绒及其制品归类

羽毛、羽绒常用做填充物，如用于衣服或被子等。其除了常规的消毒、清洗或防腐处理外，有时还根据需要进行漂白、染色或卷曲等处理。前者一般归入品目0505，如在此基础上还经历了后者诸加工，则应考虑归入品目6701。如图12-4所示的经过消毒、清洗、漂白处理的鸭绒，应归入子目6701.0000。

图 12-4　鸭绒

羽毛、羽绒制成的制品，除《协调制度》另有规定的以外（如本章注释二），一般情况下也应归入品目6701，如装饰性羽毛制的扇子。

（二）人造花及其制品归类

人造花及其制成的物品主要用做装饰或用做帽、衣着等的饰物，可用纺织材料、毡呢、纸、塑料、橡胶、皮革、金属箔片、羽毛、贝壳或其他动物质材料等制成，除《协调制度》另有规定的以外（如本章注释三），其应归入品目6702。

【例1】如图12-5所示的玻璃制供室内装饰用的人造花

图 12-5　玻璃制人造花

【归类分析】根据六十七章注释三的注释，品目6702不包括玻璃制品。因此，该玻璃制的人造花不能归入品目6702，而应归入品目7013，具体子目为7013.9900。

（三）假发、假胡须、假眉毛及类似品的归类

随着人们对美的追求及表演造型的需求，假发、假睫毛、假眉毛等此类商品在人们生活中日益常见。此类商品绝大部分用人发、动物毛或纺织材料制成，对于商品的做工具有一定的精度要求，常用于个人打扮或是专业工作需要。

假发、假睫毛、假眉毛等此类商品，除《协调制度》另有规定的以外，一般情况下归入品目6704项下；至于子目，则应根据制作材料的纤维属性进行确定。

【例2】 如图12-6所示的真人发制的整头假发

图12-6 假发

【归类分析】 该假发的制成材料为真人发，根据归类总规则一，其应归入品目6704；再根据归类总规则六，将其归入子目6704.2000。

思考与练习

商品归类题：

1. 老北京布鞋，纺织材料做面、塑料做底
2. 一级头层黄牛皮制鞋面
3. 穿过的旧的皮鞋（蛇皮袋散装）
4. 带有鞋底钉的足球运动鞋，皮革做面、橡胶做底
5. 纺织材料做面、橡胶做底的体操鞋
6. 用秸秆编结而成的草帽
7. 不锈钢丝做的帽骨架
8. 无纺布（聚乙烯纺制）制护士帽
9. "天堂"牌折叠雨伞
10. 由木质把手、短皮革圈构成的马鞭
11. 不锈钢制的伞杆滑动件
12. 用于帽子装饰的单根染色羽毛
13. 经过卷曲处理，用于制造洋娃娃假发的涤纶短纤
14. 绢花（手工仿制花卉），人造丝制
15. 粘胶纤维制假睫毛

第十三类　石料、石膏、水泥、石棉、云母及类似材料的制品；陶瓷产品；玻璃及其制品

【内容提要】
　　石材制品、陶瓷产品、玻璃及其制品是我们日常家居装修、建筑等领域使用量较大的产品，在国际贸易中也占有一定的份额。在本类中，将学习以下内容：
　　1. 石材制品、陶瓷产品、玻璃及其制品的加工；
　　2. 熟悉石材制品、陶瓷产品、玻璃及其制品在《协调制度》中的分类特点；
　　3. 石材制品、陶瓷产品、玻璃及其制品的归类。

本类包括三章，其商品的原料是第二十五章的无机矿产品，经加工、烧制、熔融处理制成的产品及制品，其加工程度都超出了第二十五章的加工程度。第二十五章注释一的规定可明确区分与本类商品在归类上的不同点。

本类结构规律如下：

```
┌ 石料、石膏、水泥等材料的制品··················································第六十八章
┤ 陶瓷产品·····················································································第六十九章
└ 玻璃及其制品················································································第七十章
```

第六十八章的产品和制品是用第二十五章的石料、石膏、水泥、石棉、云母及类似材料制成的，大都是通过成形、模制加工（未经烧制），其加工程度超出了第二十五章注释一所描述的加工程度。

第六十九章的产品是用第二十五章的矿物黏土、高岭土、硅质化石粉等先调制成坯泥，再经成形、干燥，而后烧制后加工而成（品目6804的陶瓷研磨制品除外）。

第七十章的产品是用第二十五章的矿物砂、石英等原料经高温熔融后，制成玻璃及其制品。

第六十八章　石料、石膏、水泥、石棉、云母及类似材料的制品

一、本章商品范围

本章包括石料、石膏、水泥、石棉、云母及类似材料的制品。

本章的产品和制成品大都是通过加工（例如，成形、模制）改变了原来形状，但没有改变其原料的性质。有些产品是通过黏聚加工制得的，例如沥青制品或砂轮等某些产品，其中，砂轮是将黏合材料玻璃化黏聚碾磨料而成的。其他一些产品则是在高压釜内硬化而成的，如灰砂砖。本章还包括经过加工后，原材料起了根本变化的某些产品（例如，经熔炼而成的矿渣棉、熔化玄武岩等）。

本章结构规律如下：

```
┌ 石料制品······················································································6801~6803
┤ 研磨、摩擦制品·············································································6804~6805
└ 其他矿物材料（沥青、石膏、水泥、石棉、云母等）制品······6806~6815
```

二、本章商品归类方法

（一）石料制品归入品目6801~6803

1. 天然石料制的铺地石

天然石料（例如，砂岩、花岗岩、斑岩）常借助手工或机械方法将其进行切割、粗劈或切成块状，用于路面、阶梯等场所作为铺路石。砌石及扁平石的石面通常是矩形或正方形的，扁平石按其长度和宽度之比，厚度要薄些。砌石外观略呈立方形或斜截棱锥形。路

缘石可以是直的，也可以是弯的，其横截面通常是矩形的。上述天然石料制的长方砌石、路缘石、扁平石归入品目6801，但此品目不包括已加工的板岩及板岩或黏聚板岩的制品（应归入品目6803）。

此外，品目6801不包括用水泥、混凝土或人造石制成的路缘石等（归入品目6810）及陶瓷制的地砖（第六十九章）。另外，圆石子、卵石或未经成形加工的类似铺路石料应归入品目2517，如图13-1所示的用于公园等场所铺路的天然鹅卵石。

图13-1 铺路用的天然鹅卵石

2. 已加工的碑石或建筑用石

经加工的碑石或建筑用石制品通常是用品目2515、品目2516的石料制成的，对于品目6802来说，其也可用除板岩以外的其他任何天然石料制成（板岩制的已加工碑石或建筑用石归入品目6803）。

品目6802包括已加工的碑石或建筑用石及其制品。这类石在经过劈、锯，粗切成块、片、板状（石面为方形或长方形）以外，还须经过进一步加工，加工程度超出第二十五章注释一所列的正常采石场产品的加工范围，包括各种形状的石料、建筑用石料及其制品，如梯级、栏杆、梁托和支柱、门窗框架及过梁、门槛、窗台、石阶、壁炉台、界石、水槽、花瓶、碗、烟灰缸、十字架、动物雕刻像等。

【例1】批量生产的花岗岩制墓碑雕刻廊柱，加工工序：荒料→锯切→研磨→造型→手磨→检验→包装

【归类分析】此廊柱为批量生产（非艺术品），材质为花岗岩，加工程度超出了第二十五章注释一的规定，应该归入第六十八章。其为已加工的碑石，归入品目6802。由于其加工工艺非简单的切削或锯开，而是花岗岩的雕刻制品，故应归入子目6802.9319。

3. 已加工的板岩及其制品

板岩是具有板状结构、基本没有重结晶的岩石，其沿板理方向可以剥成薄片。板岩的颜色随其所含有的杂质不同而变化，通常为蓝灰色，但有时也为黑色或紫黑色。

天然板岩，如果为天然块状，或经劈、锯，粗切成块、板、片状的，均归入品目2514。如其加工程度超出了第二十五章注释一所述的范畴，如锯或切成矩形（包括正方形）以外的形状，打磨、抛光、切斜角、钻孔、涂清漆、涂瓷釉、模制或作其他装饰，则应归入本章品目6803。

品目6803包括经加工的天然板岩，包括经抛光或其他加工的物品，如墙砖、石板（用于铺路、建房、建化学设备等）、石槽、石池、石盆、壁炉台等；还包括明显用于铺屋顶、贴墙面或作防潮层用的板岩，有的可制成特殊形状；也包括黏聚的板石制品。

【例2】如图13-2所示的铺地砖（将天然板岩经过切割、打磨、抛光等工序加工而得）

图 13-2　铺地砖

【归类分析】 该铺地砖是将天然板岩进行切割，然后再进行打磨、抛光而得，加工工序超出了第二十五章注释一的范畴，应归入子目 6803.0010。

（二）研磨、摩擦制品归入品目 6804~6805

1. 石磨、石碾及类似品的归类

石磨和石碾，常用于压碎、磨碎、制浆等。例如，碾磨谷物（由上下两件构成）、将木料和石棉等物磨成浆状、造纸及混合颜料等用的石碾，此类商品归入本章品目 6804。另外需要注意的是，品目 6804 项下的石磨和石碾，通常是规模较大的。与此同时，品目 6804 还包括刀具、工具等磨刃用的磨石、砂轮、磨头、磨盘、磨齿等，带柄或不带柄的抛光石、磨刀石、油石等类似品。

品目 6804 包括的石磨、砂轮等不得装有支架，如果装有支架，不论是手推或脚踏操作的，应归入品目 8205；如果是机动的，则应归入第八十四章或第八十五章。需要注意的是，本品目某些研磨工具在某些情况下并不归入本品目，而应归入第八十二章。第八十二章仅包括当附上磨料后，所具有的切齿、沟、槽等仍保持其原形和功能的工具（即这些工具不同于本品目的货品，即使不附磨料也能使用）。因此，切齿涂有研磨料的锯子应归入品目 8202。同样，用以将玻璃片、石英片等切成圆片的顶钻，如果其工作刃未涂研磨料时是光滑的，应归入本品目；如果工作刃口呈锯齿状的（不论是否涂有研磨料），则应归入品目 8207。

【例 3】 如图 13-3 所示的碾磨轮，由合金基座与研磨齿轮构成。其中，金属基座固定在研磨设备上，研磨齿轮则由一定规格的金刚石颗粒和树脂通过高温成型在金属底座上。该碾磨轮安装于高速电机上，研磨齿轮与放于工作平台上的晶圆背面接触。通过电机的高速旋转，研磨齿轮对晶圆进行研磨，打磨多余的硅层，使晶圆达到要求的厚度。合金基座无打磨功能，仅用于承载打磨齿轮

图 13-3　碾磨轮

【归类分析】该碾磨轮由合金基座与碾磨齿轮构成，主要用于对晶圆进行研磨，打磨多余的硅层，其中合金基座无打磨功能，仅用于承载打磨齿轮。另外，由于碾磨齿轮由一定规格的金刚石颗粒和树脂通过高温成型在金属底座上，故应归入子目6804.2190。

2. 砂布、砂纸及类似品的归类

将粉碎的天然或人造研磨料（如金刚砂、刚玉、碳化硅、石榴石、浮石、燧石、石英、砂子及玻璃粉）用胶水或塑料粘于纺织材料、纸、纸板、钢纸、皮革或其他材料之上制成的砂布、砂纸及类似品，一般情况下归入本章品目6805，其状态为成卷、剪切成形（片、带、条、盘、弓形等）、线状或绳状的。

品目6805的货品主要用于（手工操作或机械操作）金属、木料、软木、玻璃、皮革、橡胶（硬化或非硬化）或塑料的修光或清洁，也用于清漆、真漆表面的磨光，还用于磨尖梳棉机针布。另外需要注意的是，如果是由具有一个坚实支座（例如，纸板、木、金属制）及一层密实黏聚研磨料而不是用研磨粉或粒构成的砂轮，以及类似结构的手工工具，则不能归入品目6805，而应归入品目6804。

【例4】抛光片，尺寸为圆盘形，直径127毫米，颜色为半透明；以塑料为底，上覆二氧化硅颗粒作为磨料。该抛光片用于研磨机上对光纤插芯及光纤阵进行研磨，起到使光纤插芯端面平滑，不沾污染物的作用，以提高光纤产品的合格率。该商品属于研磨机的耗材

【归类分析】该抛光片以塑料为底，表面覆二氧化硅颗粒作为磨料，用于研磨机上对光纤插芯及光纤阵进行研磨，起到使光纤插芯端面平滑，不沾污染物的作用，以提高光纤产品的合格率，属于砂布、砂纸的类似品，故该抛光片应归入子目6805.3000。

（三）石膏制品的归类

天然二水石膏（$CaSO_4 \cdot 2H_2O$）又称为生石膏，经过煅烧、磨细可得熟石膏。石膏是重要的工业原材料，在建筑、模型及其他相关领域应用非常广泛。除《协调制度》另有规定的以外，生石膏和熟石膏归入第二十五章品目2520。如石膏的加工程度超出了第二十五章注释一的规定，则此种石膏制品可考虑归入第六十八章品目6809。

品目6809包括着色或未着色的石膏或石膏材料制品。例如，灰泥（与胶水混合的石膏，模制后表面似大理石）、纤维灰泥（用短麻屑末等加强的石膏，一般与胶水混合）、明矾石膏（又称干固水泥），以及含有纺织纤维、木纤维、锯末、砂、石灰、矿渣、磷酸盐等的以石膏为基料的类似品。其也包括用于建筑或土木工程用镶板、平板、薄板或瓦，以及模制品（例如，镶件、塑像、圆花饰、圆柱、碗、瓶、装饰品、工业用型模等）。

但有些石膏制品根据其用途等特征，不归入品目6809，例如裁缝用的人体模型归入品目9618。

（四）石棉制品的归类

石棉是天然的纤维状的硅酸盐类矿物质的总称，其纤维结构非常特别，有时有丝绢光泽，颜色差异甚大，通常为白色，也有为灰色、青色、蓝色或深棕色的，主要性能为耐热及耐酸。岩石状的天然石棉、天然石棉纤维及搅打或洗涤石棉纤维，不论是否按长度进行分拣，均归入第二十五章品目2524。如品目2524的石棉经过了进一步加工，如梳理、染色等，则此种石棉纤维及石棉制品，如石棉制的纱线、织物、衣服、帽类、鞋靴等，应归

入本章品目 6812。

【例 5】 如图 13-4 所示的以石棉布做面、橡胶做底的鞋

图 13-4　石棉鞋

【归类分析】根据六十四章注释一（四）规定，石棉制的鞋不能归入第六十四章。上图这款鞋应按石棉制品归入第六十八章，应归入子目 6812.9100。

但也有部分石棉制品不归入品目 6812，举例如下：

（1）由石棉纤维和水泥或其他水硬性胶粘剂的均匀混合物组成的硬化物品（例如，屋顶用板和瓦，做家具用的薄板），归入品目 6811；

（2）以石棉为基本材料制的未装配摩擦材料及其制品（例如，片、卷、带、盘、圈垫），归入品目 6813，此类商品具有高摩擦系数及耐热、耐磨特性，可用做闸瓦、离合圆盘等的材料，用于各种车辆、起重机、挖泥机或其他机器上。

（五）碳纤维及其制品的归类

碳纤维（carbon fiber，简称 CF），是一种含碳量在 95% 以上的高强度、高模量的新型纤维材料。它是由片状石墨微晶等有机纤维沿纤维轴向方向堆砌而成，经碳化及石墨化处理而得到的微晶石墨材料。它通常是有机纤维经固相反应转变而成的聚合物碳，主要以有机聚合物（聚丙烯腈、粘胶、沥青、酚醛、聚乙烯醇、聚氯乙烯等）纤维为原料，在惰性气体保护下经高温碳化，再经表面处理等工序制成。碳纤维及非电气用的碳纤维制品，如碳纤维纱线、碳纤维织物、碳纤维板等，归入品目 6815。

【例 6】 如图 13-5 所示的碳纤维布

图 13-5　碳纤维布

【归类分析】根据第十一类注释一（十六）的规定，碳纤维及非电气用的碳纤维制品应该归入品目 6815，碳纤维布属于"碳纤维织物"的商品范畴，故归入子目 6815.1200。

第六十九章　陶瓷产品

一、本章商品范围

用坯泥成形后加以烧制是本章陶瓷产品的主要特征，可据此与第六十八章的不加烧制的矿物制品或石制品以及第七十章的玻璃原料完全熔化制成的玻璃制品加以区分。

陶瓷产品可分为陶器、瓷器、炻器三大类。

陶器的原料是陶土和黏土，其主要成分为高岭石，含杂质较多。陶器质地较粗，多孔、不透明，断面有吸水性，没有清晰音响，烧成温度（950℃~1165℃）一般较瓷品低，分为施釉与不施釉两种。它又可分为粗陶，如盆、罐、砖、瓦、陶管等；精陶，如日用精陶、美术陶器、釉面砖等。

瓷器的原料是瓷土（即高岭土），含杂质较少，另加长石和石英。瓷器坯体致密，基本不吸水，音响清澈，洁白，较薄者呈半透明，多为施釉产品。瓷器又分为细瓷，如日用细瓷、美术瓷、高压电瓷、高频瓷等；特种陶瓷，如氧化物瓷、压电陶瓷、磁性瓷、氮化物瓷、金属陶瓷等。其中，金属陶瓷及其制品不属于本章商品范畴，其应归入第八十一章品目8113。

炻器又称半瓷器或仿瓷器，它介于陶器和瓷器之间。这类瓷坯体较致密，吸水率低，不太透明，如表瓷、卫生陶瓷、化工陶瓷、低压电瓷、地砖、锦砖等均属此类。半瓷器或仿瓷器不作为瓷器，应作为陶器归类。

本章产品的主要特征是成形后加以烧制。因此根据其成分和烧制工序分类，其结构规律如下：

$$\begin{cases} 硅质化石粉或类似硅土制成的制品及耐火材料制品\cdots\cdots\cdots\cdots6901\sim6903 \\ 其他陶器、瓷器产品\cdots\cdots\cdots\cdots\cdots\cdots\cdots\cdots\cdots\cdots\cdots\cdots\cdots\cdots6904\sim6914 \end{cases}$$

二、本章商品归类方法

本章仅适用于成形后经过烧制的陶瓷产品。本章商品分为两个分章，根据本章注释一的规定，品目6901至品目6903（第一分章）的产品优先于品目6904至品目6914（第二分章）的产品归类。

（一）耐火产品的归类

耐火产品一般是指能耐1500℃及以上的高温，而且还能在此温度下进行工作，具有特殊性能的烧制物品。

其中，制成的耐火建材制品（如砖、瓦）归入本章品目6902，其他制品（如坩埚）归入本章品目6903，前者一般是永久性固定在建筑上的，而后者一般不是固定的。但因为管子、角管及类似的管子附件已经在品目6903列名，故即使它们是永久性安装在建筑物上的，也应归入品目6903。

【例1】如图13-6所示的瓷漏管，用于制造氢氰酸的反应器中，主要成分为高岭土

56%、氧化铝38%、二氧化硅6%，是耐火耐高温陶瓷，最高承受温度为1500℃~1600℃。反应器生产流程：将混合原料（乙烯、氨气、氧气）由反应器上部进入罐体，经过导流系统和分配器的充分混合后通过过滤网棉并升高温度，在高温状态下经过放置在瓷漏管上部的带有均匀小孔的耐高温隔热砖（瓷漏管配件）到达瓷漏管中，在瓷漏管中经催化剂与特定温度（980℃~1050℃）和压力的作用下进行反应，生成粗制的氰化氢，然后通过精馏装置制成氢氰酸。瓷漏管主要用途：放置于反应器中，催化剂放置于其管内，通过分配器和上部配件的分配，使原料混合物能与催化剂充分接触，均匀反应。

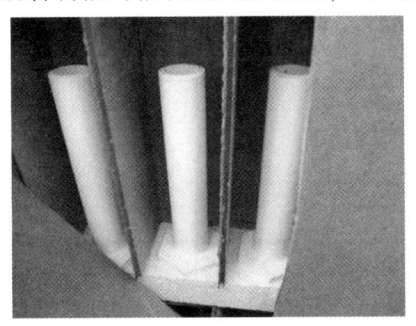

图 13-6　瓷漏管

【归类分析】该瓷漏管用在制造氢氰酸的反应器中，主要成分为高岭土56%、氧化铝38%、二氧化硅6%，为陶瓷产品；最高承受温度为1500℃~1600℃且其工作环境亦为高温条件下，属于耐火陶瓷制品。相比本章的其他品目，品目6901至品目6903的产品具有归类优先性，且该商品固定放置于反应器中，符合品目6902的商品描述，故应归入子目6902.9000。

（二）陶瓷贴面砖的归类

陶瓷贴面砖多以水泥胶粘剂或其他材料贴于墙等的表面上，目前市场上区分陶瓷贴面砖不再限于是否上釉，而是将基于孔隙度基础上的吸水率作为唯一区分标准。上述用途的陶瓷贴面砖（铺地用途的不在此处讨论），不论是否上釉都应归入品目6907。

完成贴面的镶嵌砖（马赛克）及类似砖应归入子目6907.30，完成贴面等工作最后工序所需的饰面陶瓷（finishing ceramics，例如腰线、踢脚线、阳角线等）应归入子目6907.40。其余陶瓷贴面砖可依据吸水率的不同分别归入子目 6907.21、6907.22、6907.23。

如图13-7所示，大块的为贴面或铺面砖，小块星状的为饰面陶瓷砖）

图 13-7　贴面（或铺面）陶瓷砖与饰面陶瓷砖

(三) 陶瓷制的铺地砖的归类

本章陶瓷制的铺地砖涉及两个品目：品目 6904 和品目 6907。品目 6904 的砖一般为建筑用砖、铺地砖、支撑或填充用砖等的非耐火陶瓷砖，如图 13-8a) 所示用于马路人行道的铺地砖。品目 6907 包括的贴面砖、铺面砖、炉面砖及墙面砖，从其表面规格来看，比品目 6904 建筑用砖更薄，如图 13-8b) 所示的家居卫生间用贴面砖。

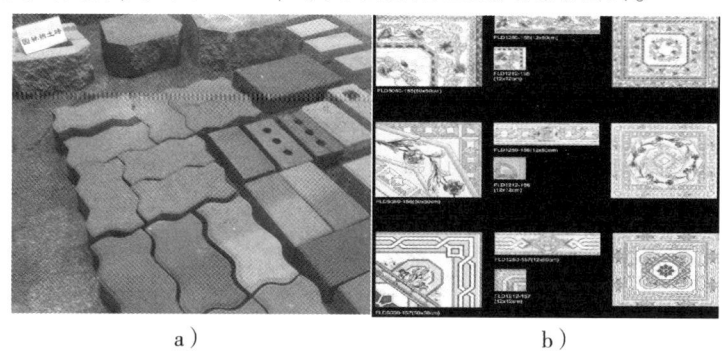

图 13-8　建筑用砖与卫生间贴面用砖

建筑用砖在建筑工程中起重要作用，构成建筑物的框架；贴面砖及铺面砖则多以水泥胶粘剂或其他材料贴于墙等的表面上。品目 6907 的物品是根据其形状和规格而不是根据成分归类的，因此那些既适于铺路又适于建筑的砖，不归入本品目，而应归入品目 6904。

(四) 技术用途陶瓷器的归类

技术用途陶瓷器除了既有耐高温性能，又能在高温环境下作业的耐火材料制品外，一般都归入品目 6909。品目 6909 包括的陶瓷产品品种范围较广，除以上提及的之外，相当一部分的实验室、化学或其他技术用途的陶瓷器也归入该品目。因此，部分非供高温工作用的陶瓷器件，即使是用耐火材料制成的，其仍应按非"耐火材料制品"归入品目 6909。

另外，某些用于第十六类第八十五章的电子元器件的陶瓷制零部件，应按其特性和用途酌情归入其下的相应品目。例如，品目 8533 至品目 8538 的电器装置（开关、接线箱、熔断器等），品目 8546 或品目 8547 的绝缘子及绝缘附件等。

【例 2】如图 13-9 所示的陶瓷导纱器（由铝矾土烧制而成）

图 13-9　铝矾土烧制的陶瓷导纱器

【归类分析】该导纱器尽管是纺织设备的零件，但根据第八十四章注释一（二）"本章不包括陶瓷材料制的机器或器具（例如，泵）及供任何材料制的机器或器具用的陶瓷零件（第六十九章）"，故应按陶瓷制品归入第六十九章。该产品由铝矾土烧制而成，虽然其为耐火材料制品，能耐高温工作，但其实际用途不是作为耐火材料用的，为非供高温工作用的物品，因此不能按耐火材料归入品目6903，而应按技术用途陶瓷器归入品目6909。

（五）陶瓷制卫生设备的归类

按照材质不同，陶瓷制卫生设备可分为陶制卫生设备和瓷制卫生设备。另外，根据是否可移动，又可将陶瓷制卫生设备分为固定陶瓷卫生设备和非固定陶瓷卫生设备。固定陶瓷卫生设备，如洗涤槽、脸盆座、浴缸、抽水马桶、小便池等，可归入本章品目6910，然后按照材质归入相应的子目。

但品目6910不包括小型浴室或卫生附件，如肥皂碟、海绵篮、牙刷架、毛巾钩、卫生纸架等，即使它们是固定在墙上的各种装置，也不包括便携式的卫生用品，如卫生桶、尿壶和便壶、痰盂、冲洗罐等。此类货品应根据材质（陶器或瓷器）酌情归入品目6911或品目6912。

（六）家用陶瓷制用具的归类

家用的陶瓷用具分为餐具、厨房用具及其他家用器具，如果此种器具是瓷制的，应归入本章品目6911；如果是其他陶瓷材料制的，如粗陶器、精陶器、仿瓷器，则应归入本章品目6912。

（七）炻器及其制品的归类

炻器又称半瓷器或仿瓷器，它介于陶器和瓷器之间，这类瓷坯体较致密，吸水率小，不太透明。半瓷器或仿瓷器由于还不具有瓷器的基本特征，因此不能作为瓷器归类，而应按照陶器归类。

对于本章的绝大多数品目来说，并没有按陶制或瓷制进行区分（除品目6911、品目6912外），而在子目方面则有部分税号是有区别的，如品目6909项下的6909.11是瓷制的。因此，如果是用于纺纱机上的炻器制成的导纱器（莫氏硬度为10），应归入子目6909.1200。对于炻器制成的餐具、厨房用具及其他家用或盥洗用具，应按陶制的归入品目6912。

第七十章　玻璃及其制品

一、本章商品范围

本章包括各种形状的玻璃及玻璃制品，但本章注释一所列物品除外。

玻璃是以不同比例的某种碱金属硅酸盐（硅酸钠或硅酸钾）与一种或多种钙或铅的硅酸盐相混合，并附加钡、铝、锰、镁等组成的一种熔融均匀混合物。玻璃是经高温融熔、成型、冷却而获得的透明或半透明、不透明的固体材料，其制作工艺流程如图13-10所示。

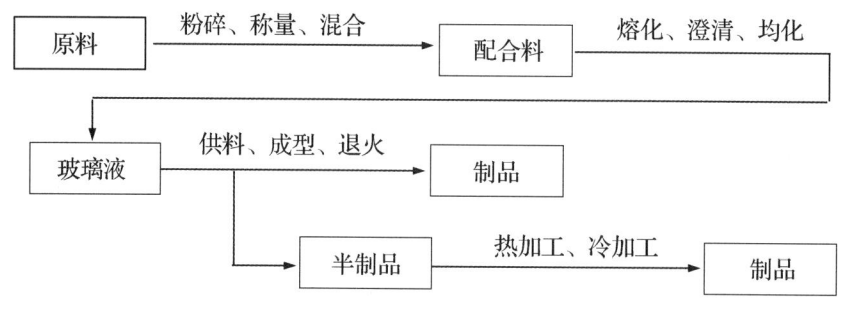

```
原料 ──粉碎、称量、混合──> 配合料 ──熔化、澄清、均化──>
                                                    │
        ┌───────────────────────────────────────────┘
        ▼
      玻璃液 ──供料、成型、退火──> 制品
        │
        └──> 半制品 ──热加工、冷加工──> 制品
```

图 13-10　玻璃制作工艺流程

玻璃按其组分不同有许多品种，例如铅晶质玻璃、氧化铅玻璃等。这些不同类型的玻璃可以是非晶性（非晶质）的，即全部透明的，也可以是全部结晶的，即不透明的。因此，本章还包括乳白玻璃或玻璃瓷、名为微晶玻璃的特征材料、具有低膨胀系数的玻璃（例如硼硅酸盐玻璃）。

《协调制度》所称"玻璃"，包括熔融石英及其他熔融硅石。

本章以加工顺序即材料至制品编排，其结构规律如下：

$$\begin{cases} 玻璃材料\cdots\cdots\cdots\cdots\cdots\cdots\cdots\cdots\cdots\cdots\cdots\cdots\cdots\cdots\cdots\cdots\cdots7001\sim7008 \\ 玻璃制品\cdots\cdots\cdots\cdots\cdots\cdots\cdots\cdots\cdots\cdots\cdots\cdots\cdots\cdots\cdots\cdots\cdots7009\sim7020 \end{cases}$$

二、本章商品归类方法

（一）玻璃球、棒及管的归类

实心玻璃球，一般通过模制或压制而成，或用双螺杆机制成，主要用做生产玻璃纤维的原料，也可用于制平版印刷板。玻璃棒或玻璃管，一般通过拉制或与吹制工艺相结合制成，可有多种用途，如用于化学及工业装置，用于纺织工业，进一步制成温度计、安瓿、电灯泡和电子管或装饰品等。

未经加工的玻璃球，即直接模制或压制而成的，以及类似的玻璃棒及玻璃管，即直接从拉制工序中制得或仅切割成段的（其端部可经简单磨平），归入本章品目7002。另外，本体加入荧光材料的玻璃管（不论是否切割成段），也归入品目7002。相反，如果玻璃球、棒及管不仅经过了拉制或吹制等相关加工，还经过了其他的进一步加工，制成了玻璃制成品或相关产品的零件，应根据产品特征及其用途归入与其相适应的品目（例如，品目7011、品目7017、品目7018或第九十章）。如已加工但不能确定其特定用途的，可归入品目7020。如压制成形后经过磨光，作某种瓶子的瓶塞用的玻璃球，则应归入品目7010；用于制作阴极射线管，两端进行过打磨处理且未封口的，管内涂有荧光材料硅酸锌的玻璃管，不归入品目7002，而应归入品目7011。又如，可用于制造路标牌、反光标志及电影银幕，或用于清洁飞机喷气发动机或金属表面的微型玻璃球（微小圆珠，直径不超过1毫米），应归入品目7018。

【例1】如图 13-11 所示的彩色玻璃玩具弹子

图 13-11　彩色玻璃玩具弹子

【归类分析】彩色玻璃玩具弹子虽为球状的玻璃制品，但其实为一种供人娱乐用的玩具，根据第七十章注释一（八）的规定，应归入第九十五章，因此，该商品归入子目 9503.0089。

（二）玻璃板材及类似品的归类

玻璃板材可根据其加工方法的不同分为铸制或轧制玻璃板材、拉制或吹制玻璃板材以及浮法玻璃板材。铸制或轧制的玻璃板、片归入品目 7003，拉制或吹制的玻璃板、片归入品目 7004，浮法玻璃板、片归入品目 7005。这三个品目的玻璃板、片，不论是否有吸收、反射或非反射层，也不论是否着色或镶色，都未经其他加工。对于如何理解"未经其他加工"，本章注释二对"已加工"做了相应的规定和解释。

品目 7003、品目 7004、品目 7005 的玻璃板、片可以在制造过程中制有孔眼，也可以嵌有金属丝。嵌丝玻璃几乎全都是将一层钢丝网嵌入正在被轧制的软玻璃中制成的。对玻璃进行嵌丝加工，可以防止玻璃破裂或打碎时其碎片造成的危险，从而使其适合于建筑用途。夹丝玻璃在品目 7003、品目 7005 中都有具体列名，如 7003.20——夹丝玻璃板、片，7005.30——夹丝玻璃。经过表面研磨或抛光处理的玻璃板、片，无论其是铸制、拉制或是浮法成型的，都应归入品目 7005。但如果其经过了弯曲、磨边、镂刻、钻孔、涂珐琅或其他加工，且未用其他材料镶框或装配的，则应归入品目 7006。

在玻璃板或片上镀上一层极薄的金属或金属氧化物，经过此种加工，该镀层可以赋予玻璃板或片一定的性能。如果该镀层可以使玻璃吸收红外线等光线或可以提高玻璃的反射性能或是防止光线在玻璃表面的反射，经过此种加工的玻璃板或片，仍可酌情归入本章品目 7003、品目 7004、品目 7005。如果是在玻璃的一面镀有金属（通常用银，有时用铂或铝），可使玻璃能清楚明亮地反照，该种商品则被视为"玻璃镜"，应归入本章品目 7009。有关品目 7009 的玻璃镜，不论是否镶框，都是按玻璃镜归类。品目 7009 中包括"车辆后视镜"，这是指若单独进口的"车辆后视镜"，即使说明是装于车辆上的，仍归入品目 7009。

（三）钢化和层压玻璃制的安全玻璃的归类

钢化玻璃可分为热钢化玻璃和化学钢化玻璃。热钢化玻璃，是通过将玻璃件再加热直到软化后（但软化程度还不足以使其变形）用适当方法使其迅速冷却制得。化学钢化玻璃，是用复杂的物理化学处理（如离子交换）使玻璃的强度、耐久性与挠性大大增强，这种处理可改变玻璃的表面结构。钢化玻璃由于加工时产生了均匀压应力，一旦制成便不能再进行加工了，因此，在回火前，总是按所需形状和规格直接制成成品。钢化玻璃的特点是撞击破裂后不会形成带锋利边缘的小碎块或崩裂，从而降低了伤人的危险。

层压玻璃是制成夹层形状的，即在两片或多片玻璃中层夹上一层或一层以上的塑料制品，在高热、高下压黏合而成。塑料夹层通常由醋酸纤维素、乙烯基或丙烯酸产品的薄片构成。有时还用一种特殊胶粘剂喷在玻璃内层的表面上再进行压合。还有一种方法是把塑料薄膜直接制在玻璃片上，然后加热加压使玻璃片黏合在一起。这种玻璃当被碎裂时，通常只有裂缝，无碎片飞出。

以上两种玻璃都不足以伤人，所以称为安全玻璃。它们主要用于汽车等交通运输工具的挡风玻璃和窗玻璃，工人或司机的护目镜，以及各种仪器、仪表、防爆窥视玻璃等。防弹玻璃也是一种特殊类型的层压玻璃。

品目7007"安全玻璃"一词只指钢化玻璃和层压玻璃，不包括如普通夹丝玻璃和选择吸收玻璃（例如，防眩玻璃、X射线防护玻璃）之类的防护性玻璃。

品目7007的安全玻璃，若装于其他物品上，构成了机器、用具或车辆零件的，应与有关机器、用具或车辆一并归类，若安全玻璃是单独进口的，即使说明是装于机器、用具或车辆上的，仍应归入品目7007。根据第七十章注释一（四）、（五）的相关规定，如安全玻璃制的前挡风玻璃、后窗或其他窗是带框的或是装有加热装置或其他电气或电子装置的，则不归入本章品目7007，而应按运输工具的专用零件归入相应的品目（例如品目8708的汽车零件）。

【例2】如图所示的"层压玻璃"板（规格1.5米×1.2米，用做小轿车的挡风玻璃）

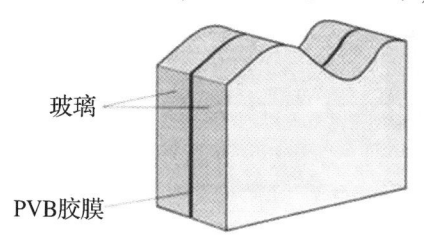

图13-12 压层玻璃板结构示意图

【归类分析】该玻璃板为两片玻璃中加上一层PVB胶膜。PVB胶膜化学名为聚乙烯醇缩丁醛薄膜，实为一种塑料薄膜。此种玻璃实为安全玻璃，符合品目7007对"层压安全玻璃"的定义，另外该玻璃规格1.5米×1.2米，用做小轿车的挡风玻璃，因此该商品归入子目7007.2190。

（四）多层隔热、隔音玻璃组件的归类

多层隔热、隔音玻璃组件，最常见的是由两块或多块玻璃（片玻璃、板玻璃、浮法玻璃、锤痕玻璃或教堂玻璃）组成，片与片之间夹有一层干空气或惰性气体，有时中间还有多个间隔。这些玻璃片用金属、塑料或其他接合材料将其边缘密封，使其成为一个完全密封件。另一种类型的多层隔热、隔音板是由两片玻璃夹有一层玻璃纤维构成的。

这些玻璃用于装配在窗户、屋顶等上，可以起到一定程度的隔热、隔音作用，还可减少冷凝作用。此种类型的玻璃组件归入本章品目7008。

(五) 玻璃制容器的归类

玻璃制的容器，可根据其最终用途分别归入本章品目 7010、品目 7013 以及品目 7017。品目 7010 包括的玻璃容器主要是商业上通常用于运输或盛装液体或固体产品的各种玻璃容器，如盛装葡萄酒的玻璃瓶。品目 7013 包括的玻璃容器主要是餐桌或厨房用玻璃器皿中的容器、盥洗用品中的容器、办公室用玻璃器具中的容器等，如玻璃制的婴儿喝奶用的奶瓶。品目 7017 包括主要供实验室、卫生及配药用的玻璃容器，不论有无刻度或标量，如玻璃制的蒸馏瓶、培养瓶、特种烧瓶、洗眼杯、压舌板、便壶、痰盂、吸杯等。

但也有部分玻璃制的容器，不归入本章上述品目（品目 7010、品目 7013、品目 7017）。如保温瓶或其他保温容器用的玻璃胆（品目 7020），商店专用的玻璃展示瓶、罐（品目 7020），供香水喷雾器用的瓶子等（品目 7013）、香水喷雾器（品目 9616）和保温瓶及其他保温容器（品目 9617）等。

【例 3】如图所示的玻璃制的无铅水晶高脚杯

图 13-13　玻璃制无铅水晶高脚杯

【归类分析】该水晶高脚杯为玻璃制，符合本章品目 7013 的规定，并且该高脚杯不含氧化铅，故应归入子目 7013.2800。

(六) 信号玻璃器及玻璃制光学元件的归类

信号玻璃器，供安装于能反光的路标或展览牌上，或用做自行车、汽车等的简单反射器。这类物品通常是凸面的、半球形的或是具有平行槽纹平面的，它们能将投射到它们身上的光线（如汽车前灯所投射的）加以反射，使人在黑暗中可以看到远处物体。未经光学加工的信号玻璃器归入本章品目 7014。光学加工是指先用粗研磨料研磨表面，然后逐步地用越来越细的研磨料对玻璃表面进行研磨，其加工顺序为粗磨、修整、磨平和抛光。经过光学加工的信号玻璃器则不能归入本品目，应按光学器件归入第九十章相应品目。

品目 7014 还包括在制作中虽未经光学加工，但能产生某种所需的光学效果的元件。这类元件主要包括汽车车头灯、停车灯、方向指示灯、自行车后灯、交通路灯、配电盘灯等的透镜及类似品，某些普通放大镜所用的镜片及类似品。但如果此类玻璃制光学元件已经过了光学加工，则亦不归入该品目，而应归入第九十章相应品目。呈弧面、弯曲、凹形或类似形状但未经光学加工的钟表玻璃及类似玻璃、视力矫正或非视力矫正眼镜用玻璃以及制造上述玻璃用的凹面圆形及扇形玻璃，同样属于玻璃制的光学元件，由于其在《协调制度》中有单独列名，应归入本章品目 7015；同样，如其经过了光学加工，则应归入第九十章的相应品目。

(七) 玻璃制建筑用块、砖、片、瓦及其制品的归类

有关建筑用及相关用途的块、砖、片、瓦及其制品可由不同的材料制成，它们的归类也不同。例如，水泥制块、砖、片、瓦及其相关制品应归入品目6810；天然石料制块、砖、片、瓦及其相关制品应归入品目6801或品目6802；石膏制块、砖、片、瓦及其相关制品应归入品目6809；用矿物黏合材料黏合植物材料或非木料等制的块、砖、片、瓦及其制品应归入品目6808；石棉水泥制块、砖、片、瓦及其相关制品应归入品目6811；耐火块、砖、片、瓦及其制品应归入品目6901、品目6902、品目6903；普通建筑用砖、片、瓦及其制品应归入品目6904、品目6905；塑料制板、片、膜、带、扁条等应归入品目3919、品目3920、品目3921；玻璃制的供建筑用的块、砖、片、瓦及其他制品，如建筑用玻璃装饰品（圆花窗、中柱等）、梯级及其竖板、栏杆球饰等，应归入本章品目7016。另外，品目7016还包括供镶嵌或类似装饰用的玻璃马赛克及其小件玻璃品。

(八) 玻璃纤维及其制品的归类

玻璃纤维是一种性能优异的无机非金属材料，其应用领域非常广泛。玻璃纤维及其制品可归入本章品目7019，本品目的玻璃纤维及玻璃纤维制品可具有以下几种形状：（1）散装玻璃棉；（2）梳条、粗纱、纱线和短切纤维；（3）薄片、纤维网、席、垫、板及类似无纺产品；（4）机织物，包括狭幅机织物。

同时，本品目还包括帘、幕和其他玻璃纤维机织物制品。但其他品目列名更为具体的玻璃纤维制品不归入本章品目7019，例如玻璃纤维制的光导纤维应归入品目9001。

【例4】玻璃纤维丙苯墙体网（如图13-14所示），该产品为卷状（带卷芯），塑料膜包装，克重60~300克/平方米，门幅为1~2米，呈网格状，其基材为玻璃纤维机织物，将合成化工乳液（分别为丙苯乳液、丙苯纳米共聚乳液、丙苯高聚物阻燃乳液、丙烯高聚物压敏胶）浸渍在玻璃纤维机织物上，并行整形、烘干、定型处理，后通过印刷、裁切、包装成品。产品主要用于墙体结构的增强与保护，以及其他建材制品的增强及大理石、花岗岩的表面保护。玻璃纤维墙体布用纱是根据不同客户的需要而定的，它的内在性质分为抗碱、无碱、中碱，单纤维直径一般在7~11微米之间。纺织的工序是先整经，再进行织造，都是用国内的新一代剑杆织机进行织造，它区别于一般织物的组织形式，是绞结而成的

图13-14 玻璃纤维墙体网

【归类分析】该商品加工方法为将合成化工乳液（分别为丙苯乳液、丙苯纳米共聚乳液、丙苯高聚物阻燃乳液、丙烯高聚物压敏胶）浸渍在玻璃纤维机织物上，并行整形、烘

干、定型处理，后通过印刷、裁切、包装成品。产品主要用于建材制品的增强及表面保护。该商品基材为玻璃纤维布，这构成了该商品的主要特征。但由于玻璃纤维墙体布用纱是根据不同客户的需要而定的，纺织的工序是先整经，再进行织造，区别于一般织物的组织形式，是绞结而成的。因此该织物非《协调制度》中所谓的经纱和纬纱垂直交织而成的"机织物"，而应是特种织物，故将其按照玻璃纤维的制品归入子目7019.9021。

思考与练习

商品归类题：

1. 大理石制马赛克，规格：5厘米×5厘米

2. 模制而成的沥青板，规格：1米×1.5米

3. 水泥预制板，由混凝土、水泥、钢筋浇铸而成

4. 石棉制消防服

5. 经纸板贴面的石膏板

6. 人造石墨制的轴承

7. 由硅藻土烧制而成的砖

8. 用于装在屋檐上的陶制屋顶瓦

9. 瓷制的泵，用于排水系统

10. 种植盆景的陶制花盆

11. 釉面瓷制分体坐便器，品牌TOTO

12. 陶制香炉

13. 玻璃切割过程中产生的玻璃碴

14. 经过压制而成的实心玻璃球，直径15厘米，可用于生产玻璃纤维

15. 无铅水晶玻璃制烟灰缸

16. 带有反射层的铸制夹丝玻璃板，规格：2米×1.5米

17. 镶塑料框的车辆后视镜

18. 玻璃制的安瓿，容量10毫升

19. 玻璃制的假珍珠

第十四类 天然或养殖珍珠、宝石或半宝石、贵金属、包贵金属及其制品；仿首饰；硬币

【内容提要】

随着人们生活水平的提高，珍珠、宝石、贵金属（金银等）及其制品消费日趋增长，其进出口业务量也在逐年呈上升趋势。在本类中，将学习以下内容：

熟悉珍珠、宝石、贵金属及其制品在《协调制度》中的分布；

掌握不同加工状态的珍珠、宝石、贵金属的归类特征。

其中，重点是贵金属及包贵金属、珠宝首饰、金银器以及仿首饰的归类。

第七十一章　天然或养殖珍珠、宝石或半宝石、贵金属、包贵金属及其制品；仿首饰；硬币

一、本章商品范围

本章包括三部分：

（一）未镶嵌或未成串（不论是否加工）的珍珠、宝石或半宝石；

（二）未锻造、半制成（如板、片等）或粉末状的贵金属、包贵金属；

（三）全部或部分用上述珍珠、宝石或半宝石、贵金属制成的制品（如首饰、金银器等）。

其中，前两部分货品为未制成品或半制成品，后一部分货品为制成品。本章按货品的属性和加工程度排列，其结构规律如下：

```
            ┌ 珍珠（未成串或镶嵌，天然或养殖的）·················7101
            │ 钻石（未镶嵌）···································7102
原材料及    │ 宝石或半宝石（未成串或镶嵌，天然或合成的）及其粉末···7103~7105
半成品      │ 银（未锻造、半制成或粉末状）及包银材料···········7106~7107
            │ 金（未锻造、半制成或粉末状）及包金材料···········7108~7109
            └ 铂（未锻造、半制成或粉末状）及包铂材料···········7110~7111
  贵金属或包贵金属的废碎料·······································7112
            ┌ 首饰及其零件·····································7113
            │ 贵金属或包贵金属制的金银器、贵金属或包贵金属的其他制品···7114~7115
成品        │ 珍珠、宝石或半宝石的制成品·······················7116
            │ 仿首饰···········································7117
            └ 硬币·············································7118
```

二、本章商品归类方法

（一）珍珠、宝石或半宝石的归类

珍珠是珍珠贝、珍珠贻贝这类海水或淡水软体动物的一种病态产物，由于外来刺激而使该动物产生一种分泌物，日久层叠而成。珍珠具有发亮的外壳，基本上由一种角质物包裹的多层碳酸钙构成。珍珠分为天然和养殖两种。

钻石又称金刚石，是一种特殊的宝石，极其坚硬，为高折射率的碳的结晶同素异形体，常近于无色，是迄今为止所发现的矿物质中最硬的一种。

品目 7103 的宝石（包括半宝石），是指凡能满足工艺要求的单矿物晶体，其成分基本为含有各种金属离子的氧化铝、氧化硅等。宝石品种有红宝石、绿宝石、蓝宝石、翡翠、方解石、猫眼、孔雀石、刚玉、萤石、石榴石、晶石、玉石、玛瑙、水晶、石英等。

合成的宝石，是指用化工方法制成的具有与天然宝石基本相同化学成分和晶体结构的

宝石，或不具有与相应天然宝石或半宝石相同化学成分和晶体结构，但由于其色泽艳丽、结构稳定及其硬度，而被首饰匠、金银匠用以替代天然宝石或半宝石使用的宝石。

再造的宝石及半宝石，指通过将天然宝石或半宝石的碎屑（通常已碎成粉末）加以黏聚、压制或熔融（一般要借助于喷焊器）等方法制得的宝石。

天然或养殖珍珠、钻石、宝石或半宝石、合成或再造的宝石或半宝石、天然或合成的宝石或半宝石的粉末，其具体归类思路如下：

1. 未成串或未镶嵌的珍珠（不论是否加工或分级）归入品目7101，已成串或已镶嵌的珍珠归入品目7116，但为便于运输而暂时穿成串的珍珠仍归入品目7101。

2. 未镶嵌的钻石（不论是否加工过或分级）归入品目7102，但已镶嵌的钻石按制成品归入第三分章的相应品目。

3. 未成串或未镶嵌的（不论是否加工或分级）天然、合成宝石或半宝石（钻石除外）和暂时穿成串的未分级的天然、合成宝石或半宝石（钻石除外）归入品目7103或品目7104，已穿成串的上述宝石或半宝石归入品目7116。

4. 天然或合成宝石或半宝石的粉末归入品目7105。

5. 天然或养殖珍珠、宝石及半宝石即使超过一百年仍归入本章。

【例1】如图14-1所示的天然珍珠、养殖珍珠和珍珠伪品

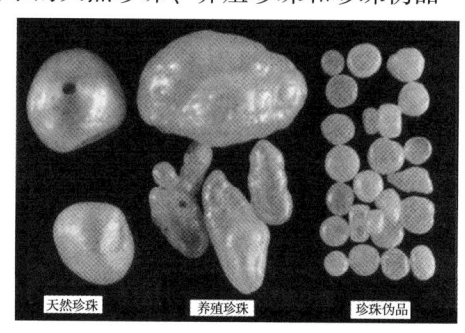

图14-1　天然珍珠、养殖珍珠和珍珠伪品

【归类分析】品目7101项下的天然和养殖珍珠，可以是未经加工的，也可以是经过简单加工的，如磨掉瑕疵、钻孔或锯切等。因此，上述天然珍珠应归入品目7101.1；养殖珍珠归入品目7101.2；珍珠伪品，则应按其材质归入其他相应的章及品目。

（二）珍珠、宝石或半宝石制品的归类

由珍珠、宝石或半宝石制成，但又不含贵金属或包贵金属的物品，归入品目7116。品目7116既包括珍珠、宝石或半宝石制成的个人装饰品及其他装饰品，例如用于手提包等的扣子和框架、梳子、刷子、耳环、链扣和饰扣及类似品；也包括全部或部分由珍珠、宝石或半宝石构成的其他物品，例如手镯、酒杯、小雕像和工艺品等，这类物品还可含有其他物料，包括作为小配件的贵金属或包贵金属。

需注意的是，仅是便于运输暂穿成串，未装配有金属或其他材料的未分级或已分级的珍珠和未分级的宝石或半宝石，不归入品目7116，而应归入品目7101、7103或7104。虽然品目7116的物品可含有作为小配件的贵金属或包贵金属，例如带有金搭扣的珍珠项链，但是对于所含贵金属或包贵金属超出了小配件范围的物品，例如带有金耳夹的耳饰，不归入品目7116，而归入品目7113。同时，经加工的宝石或半宝

石制品，用于钟、表的零件，也不归入品目7116，应归入第九十一章相应品目。

（三）贵金属合金的归类

贵金属指金、银和铂族金属（铂、铱、锇、钯、铑及钌）。

根据本章注释五的规定，含有贵金属的合金，只要其中任何一种贵金属的含量达到合金重量的2%，则应视为贵金属合金，并按以下规则归类：

（1）按重量计铂（或铂族）含量在2%及以上的合金，应视为铂合金（在此不考虑金或银的含量是否超过铂的含量）。

（2）按重量计金含量在2%及以上的合金，应视为金合金（在此不考虑银的含量是否超过金的含量，但铂或铂族含量要小于2%）。

（3）按重量计银含量在2%及以上的合金，应视为银合金（在此要求铂或铂族、金的含量要均小于2%）。

由此可知贵金属合金归类时需考虑如下优先顺序：

铂（或铂族）合金→金合金→银合金。

根据本章注释六的规定，贵金属还包括其合金，但不包括包贵金属或表面镀贵金属的贱金属或非金属。

因此，铂合金应归入品目7110，金合金应归入品目7108，银合金应归入品目7106。对于归入品目7110的铂合金，应按所含铂、铱、锇、钯、铑及钌中含量最大的一种金属归类。

而包贵金属则应视包覆的贵金属的具体属性归入品目7107、7109或7111，镀贵金属则应根据底料低价贵金属、贱金属或非金属的属性归入相应的品目。

（四）"未锻造"和"半制成"的贵金属的归类

"未锻造"和"半制成"的贵金属归入本章第二分章的有关品目。"未锻造"的贵金属与"半制成"的贵金属的加工程度不同。其中，"未锻造"包括贵金属的块状、粒状、锭状、铸条状、小球状等，"未制成"包括贵金属的条、棒、丝、板片及带、型材、管状等。

【例2】由金、银、钯组成的锭状合金，其中按含量计：金5%、银92%、钯3%

【归类分析】首先要判断该合金为何种贵金属合金，根据第七十一章注释四，铂族合金包括钯；再根据第七十一章注释五，钯含量为3%，超过了2%，因此，该贵金属合金为铂族合金。然后根据第七十一章注释六的规定，贵金属合金应按贵金属进行归类。因此，该铂族合金应归入本章品目7110。由于该合金为锭状，属于"未锻造"状态，故应归入子目7110.2100。

（五）包贵金属与镀贵金属的归类

《协调制度》所称的"包贵金属"指以贱金属为底料，在其一面或多面用焊接、熔接、热轧或类似机械方法覆盖一层贵金属的材料。

包贵金属还包括镶嵌贵金属的贱金属，如电气工业用的嵌有银条的铜板。

镀贵金属是在贱金属或非金属的表面通过电镀等化学方法覆盖一层贵金属制得的。

包贵金属与镀贵金属加工方式与归类的比较如表14-1所示。

表14-1 包贵金属与镀贵金属加工方式与归类的比较

类别	加工方式	归类
包贵金属	通过焊接、熔接、热轧等机械方法制得	按所包的贵金属（外层材料）归类
镀贵金属	通过电镀等化学方法制得	按被镀的材料（内层材料）归类

（六）首饰与仿首饰及其零件的归类

1. "首饰"全部或部分由贵金属或包贵金属制成，归入品目7113，但只适合于：

（1）个人用小饰物（不论是否镶嵌宝石）。例如，戒指、手镯、项圈、饰针、耳环、项链、表链（它不同于品目9113的表带）和其他做装饰用的链、怀表链及饰物、垂饰、领带夹、袖扣、饰纽、纽扣等，宗教性十字架，奖章和勋章，帽饰（针、扣、环等），手提包装饰品，腰带、鞋等用的扣子和滑圈，发夹、头饰、发梳和其他类似发饰。

（2）通常放置在衣袋、手提包或携带在身上的个人用品。例如，香烟盒、眼镜盒、香粉盒、口红管、小梳、口香丸盒、带链钱包、钥匙圈等。

品目7113的首饰所用材料适用于贵金属或包贵金属，以及由贵金属或包贵金属与珍珠、宝石或半宝石等材料组合或镶嵌的物品，所以金项链归入品目7113，而珍珠项链归入品目7116。

2. "仿首饰"不含珍珠、宝石或半宝石及贵金属或包贵金属，归入品目7117，但其只适用于上述"首饰"中的第一项货品，且不包括品目9606的纽扣及其他物品或品目9615的梳子、发夹及类似品。如铜制的戒指、塑料制的项链均视为仿首饰归入品目7117。

镀贵金属的物品或珍珠、宝石、贵金属仅作为小零件、小装饰品的上述"首饰"中的第（1）项货品不按首饰归类，但其仍可视为仿首饰。如镀金的铜制戒指仍按仿首饰归入品目7117，而不按首饰归入品目7113。但如果是上述"首饰"中的第（2）项货品，则不能视为仿首饰，不归入本章，如塑料制的眼镜盒应归入品目4202。

【例3】如图14-2所示的天然琥珀挂坠

图14-2 天然琥珀挂坠

【归类分析】首先，根据第二十五章注释四，确定琥珀为非宝石，因此该琥珀挂坠不能归入本章品目7116。其次，根据本章注释十一的规定，该琥珀挂坠不含天然或养殖珍珠、宝石、半宝石（天然、合成或再造）及贵金属或包贵金属，且挂坠符合本章注释九（一）的款式。最后，根据本章注释九、十一，确定该琥珀挂坠为"仿首饰"。故该商品应归入子目7117.9000。

3. 首饰零件，对于由贵金属或包贵金属制成的，归入品目7113，如镶嵌在饰针上由黄金制成的小块图案。对于由珍珠、宝石或半宝石制成的首饰零件，如果此零件具有了制成品的基本特征，则归入品目7116；如果是仅仅经过简单加工或分级，则应归入本章第一分章相应品目。对于仿首饰的零件，如该零件已具有了完整品的基本特征，则应归入品目7117；如不具有完整品的基本特征，则应按照材质归入相应的品目。

（七）金银器的归类

贵金属或包贵金属制的金银器归入品目7114，主要包括：

1. 餐具。例如，餐刀、切肉刀、汤匙、叉、长柄勺、盘子、碟和碗、水果盘、糖缸、咖啡壶、茶壶、茶杯或咖啡杯、酒杯、酒壶、酒具、装糕点、水果等的筐和架、鱼夹、糕点夹、冰酒桶、调味品瓶、糖钳、刀架、餐刀环、花饰瓶塞等。

2. 梳妆用具。例如，有柄镜、瓶和香粉盒（具有品目7113的香粉盒特征的除外）、刷子盒、衣刷、指甲刷、头发刷、梳等（品目7113的装饰性发梳、随身小梳及品目9616的香水喷雾器等除外）。

3. 办公室和写字台用品。例如，墨水瓶、墨水台、书档、镇纸、裁纸刀等。

4. 吸烟用具。例如，香烟盒、烟叶罐、烟灰缸、火柴盒架等（品目9613的香烟打火机和其他打火机和品目9614的烟斗、烟嘴等除外）。

5. 其他室内用品及类似物品。例如，室内装饰用的半身雕塑像、小雕塑像和其他雕塑像，珠宝盒，餐桌中心件，小花瓶、大花瓶，相框，灯具、灯台、烛台、枝形吊灯，壁炉台装饰品，装饰用碟盘，纪念章和大奖章（供个人佩戴的除外），体育比赛奖品，香炉等。

6. 宗教用品。例如，圣物箱、圣餐杯、荷花籽杯、圣体匣、耶稣十字架、烛台、灯具等。

（八）贵金属或包贵金属其他制品的归类

如前所述，贵金属或包贵金属制的首饰及其零件，归入品目7113；贵金属或包贵金属制的金银器及其零件，归入品目7114。除此之外，除了第七十一章注释二（一）及（三）所提到的商品外，其余贵金属或包贵金属制成的商品，应归入品目7115。

品目7115主要包括技术或实验室用的物品，例如，坩埚、烤钵和某些刮勺，作催化剂等用的铂或铂合金丝网布或格栅，未装配也不准备装配机械或热力设备的容器，电镀阳极。同时，还包括贵金属或包贵金属构成其基本特征的手提包等物品，这些物品也可镶嵌有珍珠、宝石、半宝石、珐琅等制成的配件或装饰品。

（九）贵金属或包贵金属的废碎料的归类

贵金属或包贵金属的废碎料归入品目7112，主要包括：

1. 焚化照相用胶片、印刷电路板等产生的含有贵金属或贵金属化合物的灰。

2. 造币厂或金匠、银匠和首饰匠等在工场机械加工贵金属或包贵金属时产生的废料、残屑。例如，成形、钻孔等加工产生的地脚、粉末、锉屑、刨屑等。

3. 不能再作原用途的破旧器具（餐具、金银器、丝网催化剂等）的废料。本品目不包括需要经过或不需要经过整修便能重新再作原用途使用的物品，以及不经回收加工便能转作其他用途的物品。

4. 含有金属形态或化合物形态贵金属（例如，卤化银）的照相用硬片、软片、纸、纸板或纺织物的废碎料。

5. 含有贵金属（例如，金或银）的电子电路板及类似载体的废碎料。

6. 冶炼、电解或化学生产过程中所产生的含有贵金属的残渣（例如，电解精炼及电镀时产生的熔渣、淤渣，照相定影槽中的银渣）。

（十）硬币的归类

不论是贵金属制成的还是贱金属制成的硬币，均归入品目7118。

思考与练习

商品归类题：

1. 天然的钻石粉末
2. 实验室用刮勺，铂合金制
3. 铜制镀金手镯
4. 天然珍珠项链
5. 18K 黄金制烟叶罐

第十五类　贱金属及其制品

【内容提要】
　　贱金属及其制品无论是在日常生活，还是在工业应用领域都具有举足轻重的地位。在本类中，将学习以下内容：
　　1. 熟悉此类商品在《协调制度》中的分布；
　　2. 了解贱金属加工工艺及其制品特征；
　　3. 各种常见贱金属及其制品的归类，如钢铁、铜等。
　　其中，重点是钢铁及其制品、贱金属制通用零件、贱金属制简单工具及制品的归类。

一、本类商品范围

本类包括贱金属及贱金属的大部分制品，按材料成分和制品属性分类，其结构规律为：

| 钢铁及其制品······第七十二至七十三章
| 有色金属、金属陶瓷及其制品······第七十四至八十一章
| 其他贱金属制品······第八十二章至八十三章

前两部分包含未制成品和制成品，按贱金属的属性分章，同一章内按加工程度由低到高排列为：

初级形状（如浇铸的锭状、未锻轧的块状等）→半制成品（如各种毛坯件、粗锻件等）→制成品。

其中将用途极为广泛的钢铁分为两章（第七十二章为钢铁的未制成品或半制成品，第七十三章为钢铁的制成品），其余均将同一贱金属的未制成品、半制成品与制成品列目于同一章内。

第三部分均为制成品，是按货品的功能及用途排列的。

二、本类商品归类方法

本类的贱金属大多是由第二十六章的金属矿砂经过冶炼等方法制得的，其合金、复合材料以及由其制成的通用零件、制成品等归类方法如下：

（一）贱金属合金的归类

贱金属相对于贵金属而言，是指那些比较常见又较易冶炼和提纯的金属，如铁、铜、铅、铝等。但本类所称的贱金属并不是指除了贵金属之外的所有金属，而是特指本类注释三所指的，具体是铁及钢、铜、镍、铝、铅、锌、锡、钨、钼、钽、镁、钴、铋、镉、钛、锆、锑、锰、铍、铬、锗、钒、镓、铪、铟、铌（钶）、铼及铊。相对来说，作为材料来使用，前面几种比较常见，后面几种比较少见。另外，《协调制度》所称的贱金属还包括贱金属合金（条文另有规定的除外）。

合金是指由两种或两种以上的金属元素或是一种金属元素和诸如硅、硼等非金属元素组成的具有金属特性的物质。金属粉末的烧结混合物、熔炼而得的不均匀紧密混合物（金属陶瓷除外）及金属间化合物严格来说不是合金，但依据本类注释五，它们也被视为合金。

1. 贱金属与贵金属的合金

此种合金中如果没有任何一种贵金属（金、银、铂）的重量达到合金重量的2%，那么按所含重量最大的贱金属归类。否则，应归入第七十一章。

【例1】块状非焊接用锡银合金，其中锡含量为99%，银含量为1%

【归类分析】此合金银含量为1%，没有达到2%，不能按贵金属合金归类，而应按锡合金归入第八十章。由于其为块状、非焊接用，故应归入子目8001.2090。

2. 贱金属与贱金属的合金

此种合金应按所含重量最大的一种金属归类，但另有规定的除外，如品目7202的铁

合金［见第七十二章注释一（三）］及品目 7405 的铜母合金（见第七十四章注释三）。

【例 2】 如图 15-1 所示的锭状铅锡合金，其中铅含量 75%，锡含量 25%

图 15-1　锭状铅锡合金

【归类分析】 由于该锭状合金为贱金属合金，其中铅的含量超过锡，故应按铅合金归入子目 7801.9900。

3. **本类的贱金属与非金属或品目 2805 的碱金属、碱土金属、稀土金属等构成的合金**

此类合金中若本类贱金属的总重量等于或超过其他元素的总重量，则应按本类的贱金属合金归类，否则通常应归入品目 3824。

（二）复合材料制品的归类

1. 含有两种或两种以上贱金属的制品，应按其所含重量最大的那种贱金属制品归类，但品目另有规定的除外，例如，带铜头的钢铁钉应归入品目 7415，即使所含的铜不是主要成分。

2. 对于部分由非金属构成的制品，若按照归类总规则的规定计算各种金属的比例时，应考虑下列三点：

（1）各种钢铁应视为同一种金属。例如，某种复合材料的管子中铜占 40%、不锈钢占 30%、硅锰钢占 30%，此时不锈钢和硅锰钢均属于合金钢，应合并计算，两者含量之和超过铜的含量，所以应按钢铁管归入第七十三章。

（2）作为某一种金属归类的合金，应视为一种金属。例如，由黄铜构成的铜制品应视为全部由纯铜构成的制品进行归类。

（3）品目 8113 的金属陶瓷，应视为一种贱金属。金属陶瓷是指金属与陶瓷成分以极细微粒不均匀结合而成的产品。金属陶瓷包括硬质合金（即金属碳化物与金属烧结而成）。

（三）"通用零件"的归类

贱金属制的"通用零件"在归类中要引起注意，即使它们做成了机器用的专用零件，也不能按机器零件归类，而应按贱金属制品归入第十五类相应章及相应品目，这点在第十六类注释一（七）、第十七类注释二（二）、第九十章注释一（六）等处均有规定。《协调制度》所称"通用零件"范围如下：

1. 品目 7307 的钢铁管子附件，品目 7312 的钢铁绳、缆等，品目 7315 的钢铁链，品目 7317 的钢铁制的钉、平头钉、图钉等，品目 7318 的钢铁制的螺钉、螺栓、螺母、铆钉、销、垫圈等及其他贱金属制的类似品。但不包括专用于医疗、外科、牙科或兽医的植入物（归入品目9021）。

2. 品目7320的贱金属制弹簧及弹簧片，但钟表发条除外（归入品目9114）。

3. 品目8301的各种锁及钥匙，品目8302的用于家具、门窗等的贱金属附件、架座、小脚轮等，品目8308的用于衣着、鞋等的贱金属制的扣、钩、环等，品目8310的贱金属制的各种标牌、铭牌及品目8306的贱金属制的框架及镜子等。

【例3】如图15-2所示的铬钢管套，其中铁含量78%，铬含量20%，碳含量1%，其他元素含量为1%，用于汽车发动机

图15-2　铬钢管套

【归类分析】该铬钢管套为管子的附件，根据其元素含量，可判断其为不锈钢制；根据第十五类的类注二可判断其为"通用零件"；再根据第十六类的类注一（七），该铬钢管套即使用于汽车发动机，也不能按发动机零件归入品目8409。因此，该铬钢管套应归入子目7307.2200。

（四）贱金属制品的优先归类原则

根据第十五类注释二的相关规定，具有第八十二章、第八十三章货品特性的贱金属制品优先按货品的属性归入这两章相应品目，而不按材料属性归入第七十三章至第八十一章（见第十五类注释二）。如铝合金制的易拉罐盖优先按货品属性归入品目8309，而不按材料属性归入第七十六章。

（五）贱金属废碎料的归类

所有金属废碎料，以及因破裂、切断、磨损或其他原因而明显不能作为原物使用的金属货品应按废碎料归类。对于还能用做原物使用的金属货品，不能按废碎料归类。

第七十二章　钢　铁

一、本章商品范围

本章包括生铁、镜铁、铁合金及其他冶炼钢铁的金属原料，锭状及其他初级形状产品、半制成品，用初级形状产品、半制成品经进一步加工制得的各种钢材（平板轧材、条、杆、角材、型材及异型材、丝等）。但本章不包括各种管材，管材应归入第七十三章。

本章按材料属性及加工程度（由低到高）分类，其结构规律如下：

| 原料，粒状及粉状产品 ··· 7201~7205
| 铁及非合金钢 ··· 7206~7217
| 不锈钢 ··· 7218~7223
| 其他合金钢，合金钢或非合金钢的空心钻钢 ························ 7224~7229

二、本章商品归类方法

（一）生铁、镜铁及铁合金的归类

1. 生铁、镜铁的归类

生铁是指把铁矿石放到高炉中冶炼而成的产品，主要用来炼钢和制造铸件，是无实用可锻性的铁碳合金。其按重量计含碳量≥2%，并可含有一种或几种下列含量范围的其他元素：铬≤10%，锰≤6%，磷≤3%，硅≤8%，其他元素合计≤10%。

镜铁指按重量计含锰量在6%~30%的铁碳合金，其他方面符合生铁中所列的标准。

初级形状且符合上述元素含量的生铁、镜铁归入品目7201，生铁和镜铁的颗粒与粉末归入品目7205。

2. 铁合金的归类

铁合金指铁与其他元素的合金，按重量计铁含量≥4%，并含有下列一种或几种元素：铬>10%，锰>30%，磷>3%，硅>8%，除碳以外的其他元素合计>10%，但最高含铜量≤10%。铁合金一般无实用可锻性，通常用于其他合金生产过程中的添加剂或在黑色金属冶炼中作除氧剂、脱硫剂及类似用途。

（1）对于只有一种元素超出本章注释一（三）规定的最低百分比的铁合金，应作为二元合金归入相应的子目。以此类推，如果有两种或三种合金元素超出了最低百分比的，则可分别作为三元或四元合金。其中，铁的含量不一定要超过其他金属的含量，只要在4%以上即可。

若铁合金中只有硅的含量超出本章注释一（三）规定的最低百分比（假设硅含量40%，即超过了8%），则称此铁合金为硅铁二元合金，归入子目7202.2900；若铁合金中有硅和锰两种元素超出本章注释一（三）规定的最低百分比（假设硅含量超过了8%，锰含量超过了30%），则称此铁合金为硅锰铁三元合金，归入子目7202.3000。

【例1】如图15-3所示的块状硅锰铁合金，其中铁含量为8%，锰含量为58%，硅含量为30%，含碳量为1.8%，其他元素为2.2%

图15-3　块状硅锰铁合金

【归类分析】根据本章注释一（三）的规定，该合金为铁合金；根据本章子目注释二，该合金为三元合金。因此，该商品应归入子目 7202.3000。

（2）在运用本规定时，本章注释一（三）所述的未列名的"其他元素"，按重量计单项含量必须超过 10%。

若铁合金中除硅的含量超出本章注释一（三）规定的最低百分比外，其他元素中只有钨含量超过了 10%，则称此铁合金为硅钨铁三元合金，归入子目 7202.8020。

3. 生铁、镜铁、铁合金各元素含量的比较

生铁、镜铁、铁合金含有铬、锰、磷、硅等一种或多种元素，但它们的含量范围不同，具体见表 15-1。

表 15-1 生铁、镜铁、铁合金各元素含量比较表

元素	生铁	镜铁	铁合金
铬	≤10%	≤10%	>10%
锰	≤6%	6%~30%	>30%
磷	≤3%	≤3%	>3%
硅	≤8%	≤8%	>8%
其他元素合计	≤10%	≤10%	>10%

（二）铁及非合金钢的"初级形状"及"半制成品"的归类

"初级形状"的范围：主要包括锭块、方块、团块、熟铁棒、板桩及熔融状态的钢等，这些产品是由冶炼好的熔融的钢水制得的。

"半制成品"的范围：主要包括大方坯、小方坯、圆材坯、厚板坯、薄板坯、外观粗糙的粗锻件（这些产品是由品目 7206 的初级形状产品经进一步加工制得的），角材坯、型材坯、异型材坯及所有通过连续铸造制得的实心产品。

【例2】一种称为"钢锭"的产品，由废铁熔化后经锻轧而成，其还需进一步加工成成品轧材。该"钢锭"规格为 115 毫米×115 毫米×6000 毫米，其成分为铁 98%、锰 0.8%、硅 0.5%，碳 0.2%，其他元素 0.5%

【归类分析】该产品虽名为"钢锭"，实为已经锻压的方坯，结合其成分和形状，应将其归入子目 7207.1100。

（三）平板轧材、条、杆、角材、型材、异型材、丝的归类

钢铁的主要原料为生铁、镜铁、铁合金等，根据是否含有其他金属元素可分为非合金钢和合金钢。钢铁可通过热塑成型或冷塑成型加工成平板轧材、条、杆、角材、型材、异型材、丝等成品，也可在此基础上经过进一步的表面处理。

本章结构分为四个分章，第一分章主要为原料，第二分章主要为非合金钢制的，第三分章和第四分章为合金钢制的，其中由于贸易环节不锈钢使用的频繁性，把不锈钢制的单独设为一分章，即为第三分章。由于第二、三、四分章税目编排具有一定的相似性，现以非合金钢制的为例，讨论本章相关品目编排的规律。

1. 非合金钢制平板轧材归入品目 7208~7212

符合条件：截面为矩形（正方形除外）且不符合《协调制度》中"半制成品"条件的实心轧制产品，外观为层叠的卷材或平直形状，但平直形状有如下尺寸要求：若其厚度<4.75毫米时，必须满足宽度至少为厚度的 10 倍；若厚度≥4.75毫米时，必须满足宽度超过 150 毫米，并且至少为厚度的两倍。

当产品有凸起式样（如凹槽、肋条形、格槽、珠粒、菱形）及穿孔、抛光或制成瓦楞形时，不影响其按非合金钢制的平板轧材归类。归类时考虑的因素：轧材的宽度，厚度，轧制方式（热轧还是冷轧），报验状态（卷材还是平直形状），表面有无镀层、涂层、包覆，是否还经其他进一步加工等。

对于矩形或正方形除外的其他规格的非合金钢平板轧材，可视为其宽度≥600毫米的产品，但不具有其他品目所列产品的特征。其具体归类方法如图 15-4 所示。

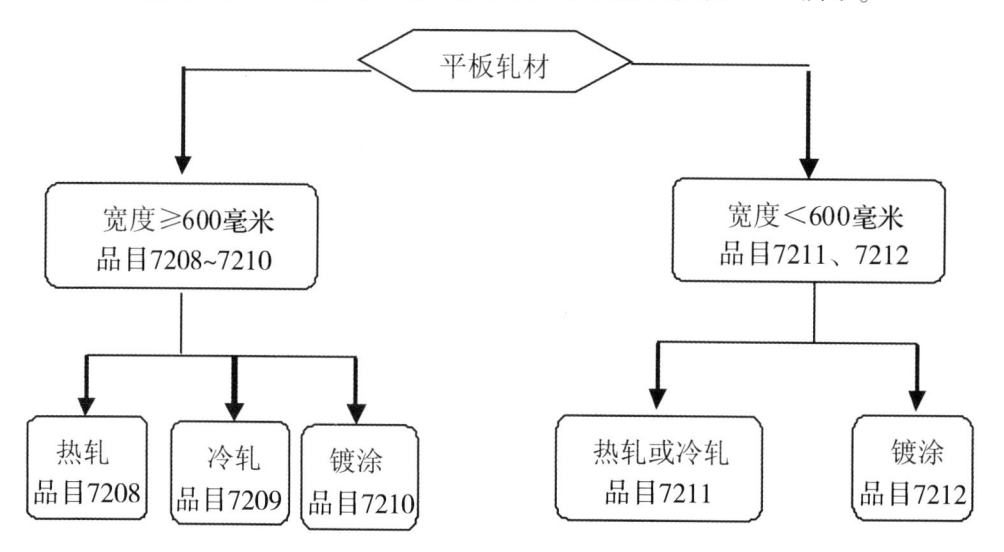

图 15-4 非合金钢制平板轧材归类方法

2. 非合金钢制条、杆归入品目 7213~7215

非合金钢制的不规则盘绕的热轧条、杆归入品目 7213，须其须符合如下条件：经热轧加工、不规则盘绕（非直条状）的实心产品，其截面不一定为圆形，也可是扇形、椭圆形、矩形（包括正方形）、三角形或其他外凸多边形（包括相对两边为弧拱形，另外两边为等长平行直线的"扁圆形"及"变形矩形"）。

非合金钢制的其他条、杆根据加工方式不同归入品目 7214~7215，须符合如下条件：全长截面呈圆形、扇形、椭圆形、矩形（包括正方形）、三角形或其他外凸多边形形状，且全长截面完全相同的非盘绕的（呈直条状或折叠捆状）条杆。若带有轧制过程中产生的凹痕、凸缘、槽沟或其他变形（钢筋）或轧制后扭曲的，不影响归类。

品目 7214 与品目 7215 的主要区别是加工方式的不同：品目 7214 的产品均为热成形加工，如热轧、锻造、热拉拔等，而品目 7215 的产品均为冷成形加工，如冷轧、冷挤压等。

3. 非合金钢制的角材、型材及异型材归入品目 7216

归入品目 7216 的非合金钢制的角材、型材及异型材，须符合如下条件：不符合本章注释（九）、（十）、（十一）、（十二）款或"丝"的定义，但其全长截面均为同样形状的实心产品。

角材、型材及异型材通常是通过对大方坯或小方坯进行热轧、热拉拔、热挤压、热锻造或锻造制得，也可经冷成形或冷加工制成，例如通过冷拉拔等；同时，也可在辊式机器中制得或在压力机中对片、板或带加工成形制得。

归入品目7216最常见的型材是工字、丁字、Ω形、Z形、U形（包括槽形）、钝角、锐角、直角等形状的钢铁。其内角可以是方的，也可以是圆的；突出的边缘可以是对称的，也可以是不对称的；可以是球缘的，也可以是非球缘的。

4. 非合金钢制丝归入品目7217

归入品目7217的非合金钢制的丝，须符合如下条件：全长截面均为同样形状，且不符合平板轧材定义的盘卷冷成形实心产品。

钢铁丝大部分是将品目7213的热轧条、杆通过拉丝模拉制而成的，但也可通过任何其他冷成形加工制得，例如冷轧。已经加工的钢铁丝，例如已卷曲的，仍应归入品目7217，只要它不具有其他品目所列制品或产品的特征。

钢铁丝的用途广泛，例如，制围篱、金属丝网布、金属网料、钉子、绳索、别针、针、工具及弹簧等。

【例3】非合金钢丝，盘卷状，经冷轧成型、镀锌、抛光制得，其截面为圆形，全长截面均相同（实心）。

【归类分析】该非合金钢丝，盘卷状，经冷轧成型制得，截面为圆形且均相同，符合本章注释一（十四）对"丝"的定义；同时，其是经过冷轧成型、镀锌、抛光加工制得。因此，该非合金钢丝应归入子目7217.2000。

5. 条杆类钢材中盘卷条杆、其他条杆、丝的区别与归类（见表15-2）

表15-2　部分条杆类钢材的区别与归类一览表

序号	钢材类别	成形或轧制方式	报验状态	归类
1	不规则盘卷的条杆	热轧	不规则盘卷	品目7213
2	其他条杆	热成形	笔直状态或折叠捆状	品目7214
3		冷成形、冷加工		品目7215
4	钢丝	冷成形	盘卷状态	品目7217

（四）电解沉积法、压铸法或烧结法所得的钢铁产品的归类

用电解沉积法、压铸法或烧结法所得的钢铁产品，可视为类似热轧产品，并按其形状、成分及外观归入本章的相应品目。

（五）空心钻钢的归类

根据第七十二章注释一（十五）的相关规定，空心钻钢须符合如下条件：最大外形尺寸在15~52毫米之间，最大内孔尺寸小于最大外形尺寸的1/2，适合钻探用的各种截面的空心条、杆。对于由合金钢或非合金钢制造的符合上述条件的产品归入品目7228，不符合以上条件的产品则归入品目7304。

第七十三章　钢铁制品

一、本章商品范围

本章只包括钢铁制品，是由第七十二章的产品经进一步加工制得的，主要包括钢铁的结构体、管子及管子附件、部分钢铁的通用零件及其制品（不包括第八十二章、第八十三章中具体列名或其他章列名的钢铁制品），其结构规律如下：

| 板桩、铁道用钢材、钢铁结构体 ················· 7301、7302、7308
| 管子、管子附件、空心异型材 ··················· 7303～7307
| 钢铁制的各种容器 ························· 7309～7311
| 钢铁丝制品（绳、缆、网等） ··················· 7312～7314
| 钢铁链及锚 ····························· 7315、7316
| 钢铁制的工业用零件（如钉、针、螺栓、螺钉、螺母、弹簧及片）7317～7320
| 钢铁制家用器具（如加热炉、厨房、餐桌及卫生器具制品）·········· 7321～7324
| 钢铁的铸造制品 ··························· 7325
| 其他未列名的钢铁制品 ······················· 7326

二、本章商品归类方法

（一）钢铁管及管子附件、空心异型材的归类

管指内、外表面形状相同，全长横截面也相同且只有一个闭合空间的同心中空产品。其截面可以是圆形、椭圆形的，也可以是矩形（包括正方形）、等边三角形或其他规则外凸多边形的。

空心异型材指内、外表面形状不同的空心产品（不符合《协调制度》"管"和"空心钻钢"的定义）。

1. 钢铁管的分类

按加工方式的不同可分为铸铁管、无缝钢管、焊接管及铆合管等。

铸铁管是在铸模中浇铸而成，或通过离心铸造制得的；无缝钢管是通过热轧钢锭得到空心坯件，然后再进行热穿孔和挤压等处理制得的；焊接管及铆合管是用平板轧材预先制成未闭合的管状，然后再通过焊接或铆合方法制得的。焊接管按焊缝的形式分为纵向的直焊缝和螺旋焊缝。

法兰为管子的附件，指管道上突出的边、缘或环圈，用于管道的连接。

2. 钢铁管及管子附件、空心异型材的归类

（1）钢铁管及管子附件归入品目7303～7307，其中归入品目7305的钢铁管的外径必须大于406.4毫米。全长边角已经磨圆的横截面非圆形的产品及带有法兰形端部的管子都可按管进行归类。这些产品不论是否两管相接、钻孔、缩腰、胀口、成锥形或装法兰、颈

圈或套环,且都可以经抛光、涂层、弯曲(包括盘管)、攻丝处理。

(2) 子目 7305.11 的纵向埋弧焊接管与子目 7305.12 的其他纵向焊接管的区别:

纵向埋弧焊接管是通过在压力机中成形或通过滚轧,然后用金属及防止金属在熔融时氧化的助熔剂进行电弧埋焊而制得的管,此种管焊接后有凸起的金属焊珠,且在成品管的外表面可以清楚地看到。其他纵向焊接管是通过用一系列成型轧辊将盘卷钢材连续成型后,不用焊料进行电阻焊接或电感焊接制得的管,焊接后的成品管外表面没有凸起的焊珠。

(3) 品目 7307 的对焊件指通过焊接法连接的管子附件。

(4) 装有龙头的管子附件不归入品目 7307,而应按龙头归入品目 8481。

(5) 本章不包括品目 8307 的钢铁制软管(它是由成形的金属带螺旋盘绕制成的或将表面平滑的管子经变形加工制得的)。

【例1】如图 15-5 所示的通过热轧钢锭得到的非合金钢制无缝钢管,规格:长 5 米,外径 8 厘米,内径 7.5 厘米,截面圆形,用于铺设下水管道

图 15-5 非合金钢制无缝钢管

【归类分析】该商品为经过热轧钢锭制得的无缝钢管,非合金钢制,根据其规格判断,不符合七十二章的"空心钻钢"的定义。其为无缝钢管,应归入品目 7304。根据其制作材质(非合金钢)、加工方式(热轧)和圆形截面,归入子目 7304.3990。

【例2】如图 15-6 所示的通过纵向埋弧焊接的铁质输油管道,规格:长 10 米,外径 0.8 米,内径 0.76 米,截面圆形,用于石油的管道输送

图 15-6 铁质输油管道

【归类分析】该管道材质为铁,经纵向埋弧焊接制得,截面为圆形,外径为 0.8 米,用于石油的管道输送,应归入子目 7305.1100。

(二) 钢结构体的归类

归入品目 7308 的钢结构体一般是由第七十二章的型材通过焊接制得的。除本品目所述的结构体及其部件外，本品目还包括井架及上层结构、可调或伸缩支柱、管状脚手架及类似设备、水闸门、船用桅杆、舷梯、栏杆、隔板等、阳台及走廊、百叶窗、门、拉门、已装配的围栏及栅栏、道口栏路杆及类似栏障、暖房构架及培育架、在商店、工厂、仓库等装配后作为固定设施的大型货架、摊架及搁物架、由金属片、角材、型材或异型材制成的机动车道防护栅栏等。

对于已加工（如钻孔、弯曲、开槽口）供构件用的部件（如经加工的平板轧材、带材、角材、型材、异型材及管），虽未焊接，仍归入本品目。但下列两种产品不能归入本品目：具有模具特征用于浇注混凝土的格板（归入品目 8480），明显作为机器零件的结构件（归入第十六类）。

(三) 钢铁容器的归类

1. 供商品运输、包装货物或固定安装在工厂等地盛装物料用的钢铁囤、柜、罐、桶、盒及类似容器归入品目 7309 和品目 7310，这些容器一般不用于家庭。但前者的容积要超过 300 升；后者的容积不超过 300 升且易于移动或搬动，常用于商业运输和包装货物。
2. 装压缩气体或液化气体用的钢铁容器归入品目 7311。
3. 钢铁制的手提箱归入品目 4202。
4. 家庭或厨房用的粗腰饼干桶、茶叶罐、糖罐及类似容器归入品目 7323。
5. 供个人或专业用的钢铁制香烟盒、粉盒、工具箱及类似容器归入品目 7325 或品目 7326。
6. 钢铁制的保险柜、保险箱、档案柜及类似物品归入品目 8303 或品目 8304。
7. 钢铁制的首饰盒归入品目 8306。

(四) "钢铁钉"的归类

普通钢铁钉、平头钉、图钉等归入品目 7317，但订书机用的订书钉归入品目 8305。

带有铜或铜合金钉头的钢铁钉、平头钉不应按钢铁制品归入品目 7317，而归入品目 7415，在此不考虑按重量计含铜量是否超过含铁量。

钢铁制螺钉、普通铆钉（实心的）等归入品目 7318，但对于管形铆钉和开口铆钉（这些产品主要用于衣着、鞋帽、帐篷、皮革制品等和工程技术上）则要归入品目 8308。

(五) "针"的归类

1. 手工缝针、手工织针、引针、钩针、刺绣穿孔锥及类似品归入品目 7319。
2. 安全别针、普通别针和大头针归入品目 7319。
3. 针织机、编带机、刺绣机等用的针归入品目 8448。
4. 缝纫机针归入品目 8452。
5. 鞋匠用的无眼锥子及皮革加工、办公室等用的穿孔锥型穿刺工具归入品目 8205。
6. 医疗、外科、牙科或兽医用的针归入品目 9018。

第七十四章 铜及其制品

一、本章商品范围

铜一般是从硫化铜矿砂中提取获得的。在提取过程中，必要时可将矿砂研磨成粉并对精选过的矿砂进行焙烧，然后再置于炉中熔炼出铜锍（由铜和铁的硫化物构成的产品）或粗铜块。铜锍经过转炉处理，可去除大部分的铁和硫，成为"泡铜"（因其表面粗糙起泡而得此名）。泡铜再经反射炉精炼，可得到炉精炼铜。炉精炼铜再经进一步电解精炼，可得到高纯度的铜。

本章包括铜冶炼的初级产品（铜锍或未精炼铜等）、铜粉、精炼铜及铜合金的半制成品、铜材以及结构较简单的铜制品。按加工程度由低到高排列，其结构规律如下：

$$\begin{cases} 铜的初级产品（如未锻轧的铜）及废料 \cdots\cdots 7401\sim 7406 \\ 各种铜材（条杆、丝、板、箔等）\cdots\cdots 7407\sim 7410 \\ 铜制品 \cdots\cdots 7411\sim 7419 \end{cases}$$

二、本章商品归类方法

（一）沉积铜与铜粉的归类

沉积铜（泥铜）指通过沉淀（置换沉淀）制得的产品，大多作为添加剂加入熔炉中，制取铜锍，有时也用于防污漆和农用杀菌剂。沉积铜是一种含有氧化物及不溶性杂质的极精细黑色粉末，归入品目7401。

铜粉是一种不含任何杂质的粉末，归入品目7406。

（二）常见铜合金的种类与归类

1. 铜锌合金（黄铜）指铜与锌的合金，按重量计含锌量应大于其他各种元素的单项含量，含镍量低于5%，含锡量低于3%，不论是否含有其他元素。

2. 铜锡合金（青铜）指铜与锡的合金，按重量计含锡量应大于其他各种元素的单项含量，含锡量≥3%时，含锌量可大于含锡量，但必须小于10%，不论是否含有其他元素。

3. 铜镍锌合金（德银）指铜、镍、锌的合金，按重量计含镍量≥5%，不论是否含有其他元素。

4. 铜镍合金（白铜）指铜与镍的合金，按重量计含锌量≤1%，若含有其他元素时，按重量计含镍量应大于其他各种元素的单项含量。

以上铜合金如未锻轧的，归入品目7403；如制成条、杆、型材、丝、板、片、带、管及管子附件等形状时，其归类思路与合金钢制产品相似。

（三）铜母合金的归类

铜母合金指按重量计含铜量超过10%且含有其他元素（其他元素的含量不一定必须低

于含铜量）的铜合金。该合金无实用可锻性，通常用做生产其他合金的添加剂或用做冶炼有色金属的脱氧剂、脱硫剂及类似用途。

铜母合金归入品目 7405，但按重量计含磷量超过 15% 的磷化铜则归入品目 2853。

(四) 铜板、片、带、箔的归类

铜板、铜片通常是将未锻轧的精炼铜经过热轧或冷轧制成，铜带可轧制而成或用铜片纵切制成。铜箔由铜加上一定比例的其他金属通过滚轧、锤锻或电解制成，其呈极薄的片状。根据厚度不同，铜板、片、带（厚度超过 0.15 毫米）归入品目 7409，铜箔（厚度不超过 0.15 毫米）归入品目 7410。

归入品目 7409、品目 7410 的铜板、片、带、箔的条件与钢铁的"平板轧材"有所不同。即成卷或非成卷的平面产品（品目 7403 的未锻轧产品除外），截面均为厚度相同的实心矩形（不包括正方形），不论边角是否磨圆（包括相对两边为弧拱形，另外两边为等长平行直线的"变形矩形"），并且符合以下规格：

1. 形状为矩形（包括正方形）的，要求厚度不超过宽度的 1/10；
2. 形状为非矩形或正方形的，无尺寸要求（但不具有其他品目所列产品的特征）。

第七十五章　镍及其制品

一、本章商品范围

本章包括镍的初级产品（镍锍及镍冶炼的中间产品）、未锻轧的镍、镍材及镍制品。按加工程度由低到高排列，其结构规律如下：

```
┌ 镍的初级产品及废料 ·············································· 7501~7504
┤ 各种镍材 ······························································ 7505~7506
└ 镍制品 ·································································· 7507~7508
```

二、本章商品归类方法

镍是一种相当坚硬的银白色金属，具有磁性、延展性和韧性，强度高且耐腐蚀和抗氧化，主要用于生产多种合金（特别是合金钢），通过电沉积法可作为其他金属的镀层，经锻轧的非合金镍则广泛用于制造化工设备。镍及镍合金还常用于铸币业。

有关镍材及镍制品的归类原则和方法与第七十四章的铜相似。

第七十六章　铝及其制品

一、本章商品范围

本章包括铝、铝合金及其结构较为简单的铝制品。按加工程度由低到高排列，其结构规律如下：

$$\begin{cases}铝的初级产品及废料\cdots\cdots\cdots\cdots\cdots\cdots\cdots\cdots\cdots\cdots\cdots\cdots\cdots\cdots\cdots\cdots 7601\sim 7603\\ 各种铝材\cdots\cdots\cdots\cdots\cdots\cdots\cdots\cdots\cdots\cdots\cdots\cdots\cdots\cdots\cdots\cdots\cdots\cdots\cdots\cdots\cdots\cdots 7604\sim 7607\\ 铝制品\cdots\cdots\cdots\cdots\cdots\cdots\cdots\cdots\cdots\cdots\cdots\cdots\cdots\cdots\cdots\cdots\cdots\cdots\cdots\cdots\cdots\cdots\cdots 7608\sim 7616\end{cases}$$

二、本章商品归类方法

（一）铝的提炼、性能及用途

铝主要是从铝土矿（一种天然水合氧化铝）中提炼而得。提炼分为两个阶段：第一阶段是把铝土矿变成纯氧化铝（即先将磨碎的铝土矿煅烧后用氢氧化钠处理，生成铝酸钠溶液，滤去溶液中的不溶杂质，再经煅烧制成白色粉末状的纯氧化铝）；第二阶段是通过电解法，从氧化铝中提炼出金属铝（又称电解铝），通过反复电解，可获得几乎完全纯净的铝。

铝是一种银白色金属，质轻，具有较好的延展性，易于滚轧、拉拔、锻造、模压，也可用于铸造等。铝是一种热和电的良导体，也是一种极好的反射体。

铝及铝合金广泛用于飞机、汽车或船舶制造业、建筑业、电力工业（制电缆）等。铝及铝合金还可用于制造各类容器（罐、槽、箱及桶等），生产家庭或厨房用具，制造铝箔等。

（二）铝及其制品的归类原则

1. 归入品目 7607 的"铝箔"的厚度（衬背除外）要求不超过 0.2 毫米，这与铜箔的要求不同（厚度不超过 0.15 毫米）。但衬有铝箔（即铝箔形成容器的内表层的），用于供牛奶、果汁或其他食品包装容器且保持纸或纸板基本特征的，应归入品目 4811。

2. 用铝箔切成的亮晶片应归入品目 8308，而不按铝的片状粉末归入品目 7603。

3. 供商品运输、包装货物或固定安装在工厂等地盛装物料用的铝制囤、柜、罐、桶、盒及类似容器，归入品目 7611 和品目 7612，这些容器一般不用于家庭。但前者的容积要超过 300 升；后者的容积不超过 300 升且易于移动或搬动，常用于商业运输和包装货物。

装压缩气体或液化气体用的钢铁容器归入品目 7613。

家庭或厨房用的粗腰饼干桶、茶叶罐、糖罐及类似容器归入品目 7615。

供个人或专业用的香烟盒、粉盒、工具箱及类似专用容器归入品目 7616。

铝制的装饰盒归入品目 8306。

4. 只有易拉罐和罐体归入品目 7612，而单独报验的易拉罐盖则应按贱金属的盖子归入品目 8309。

5. 只有非绝缘的铝制绞股线、缆才归入品目 7614，而绝缘的铝制电线、电缆，应归入品目 8544。

第七十七章 空章（保留为将来所用）

第七十八章 铅及其制品

一、本章商品范围

本章包括铅、铅合金及其制品，其结构规律相对比较简单。按加工程度由低到高排列，其结构规律如下：

- 未锻轧铅 ·· 7801
- 铅废碎料 ·· 7802
- 其他铅产品 ··· 7804~7806

二、本章商品归类方法

铅主要是从方铅矿中提炼而得的。铅是一种蓝灰色金属，质重，延展性极好，易熔，柔软（可轻易地用指甲在铅上刮出痕迹），广泛用于制造电缆、蓄电池、颜料、铸字合金和防 X 射线等材料。

有关铅及其制品的归类较为简单，可参考其他贱金属类似货品的归类。

第七十九章 锌及其制品

一、本章商品范围

本章包括锌、锌合金及其制品，其结构规律相对比较简单。按加工程度由低到高排列，其结构规律如下：

- 锌的初级产品及废碎料 ··· 7901~7903
- 各种锌材 ·· 7904~7905
- 其他锌制品 ··· 7907

二、本章商品归类方法

锌是一种浅灰色金属，在适当的温度下可以进行滚轧、拉拔、模锻、挤压等加工，还可用于浇铸。锌抗空气腐蚀能力较强，用于钢铁等其他金属的保护层（如热浸镀锌、电解镀锌等），也可以用于生产合金。

有关锌及其制品的归类较为简单，可参考其他贱金属类似货品的归类。

第八十章 锡及其制品

一、本章商品范围

本章包括锡、锡合金及其制品，其结构规律相对比较简单。按加工程度由低到高排列，其结构规律如下：

$$\begin{cases} 未锻轧锡及废碎料 \cdots\cdots\cdots\cdots\cdots\cdots\cdots\cdots\cdots\cdots\cdots\cdots\cdots\cdots 8001 \sim 8002 \\ 锡条、杆、型材及异型材或丝 \cdots\cdots\cdots\cdots\cdots\cdots\cdots\cdots\cdots\cdots 8003 \\ 其他锡产品 \cdots\cdots\cdots\cdots\cdots\cdots\cdots\cdots\cdots\cdots\cdots\cdots\cdots\cdots\cdots\cdots\cdots 8007 \end{cases}$$

二、本章商品归类方法

纯锡呈银白色，韧性不是很强，但具延展性，可用于铸造、锤锻、滚轧或挤压加工，抗大气腐蚀性能极强。锡主要用做钢铁等其他贱金属的镀锡（如制罐工业的马口铁）及制造合金（青铜等）、焊条、焊丝，纯锡或锡合金也可用于制造食品工业的器具及管子、蒸馏釜的顶盖、制冷设备、工业贮槽、贮罐、装饰品及餐具、玩具、锡箔或软管，等等。

焊锡一般情况下是一种铅锡合金，熔点低，主要用于连接强度要求较低的小零件（如仪器、仪表和电器零件等），一般成条状，由热浇注而成，所以从生产工艺和外观上看，属于未锻轧锡，应归入品目8001。锡条是经过辊压机进行压力和延展加工所得一定形状的成品，属于锻轧锡，应归入品目8003。但品目8003项下的锡条不得涂有焊剂，涂有焊剂的焊条应归入品目83.11。

锡及其制品的归类较为简单，可参考其他贱金属类似货品的归类。

第八十一章 其他贱金属、金属陶瓷及其制品

一、本章商品范围

本章包括二十一种贱金属（钨、钼、钽、镁、钴、铋、镉、钛、锆、锑、锰、铍、铬、锗、钒、镓、铪、铟、铌、铼及铊）及它们的合金和制品，金属陶瓷及其制品。按原料的不同分类，其结构规律如下：

$$\begin{cases} 前十一种金属 \cdots\cdots\cdots\cdots\cdots\cdots\cdots\cdots\cdots\cdots\cdots\cdots\cdots 8101 \sim 8111 \\ 后十种金属 \cdots\cdots\cdots\cdots\cdots\cdots\cdots\cdots\cdots\cdots\cdots\cdots\cdots\cdots\cdots 8112 \\ 金属陶瓷 \cdots\cdots\cdots\cdots\cdots\cdots\cdots\cdots\cdots\cdots\cdots\cdots\cdots\cdots\cdots\cdots\cdots 8113 \end{cases}$$

二、本章商品归类方法

归入本章的大多数金属一般常作为合金或碳化物使用，而直接使用纯金属的较少。这些合金的归类依据是本类注释五。

金属陶瓷是既有陶瓷成分（耐热、熔点高），又有金属成分的物质。其中，陶瓷成分通常为氧化物、碳化物、硼化物等，金属成分则为一种金属，如铁、镍、铝、铬、钴。金属陶瓷是通过烧结法、分散法或其他方法加工制得的。

金属陶瓷常用于航空工业、核工业以及导弹的制造，也常用于制熔炉、金属铸件（如盛器、喷嘴、管）、轴承、闸衬等。

不论是未锻轧的金属陶瓷或制成《协调制度》其他品目未列名的金属陶瓷制品，均应归入品目 8113。

不归入本章的金属陶瓷：含有裂变或放射性物质的金属陶瓷，归入品目 2844；未装配的工具用金属陶瓷板、杆、刀头及类似品，归入品目 8209。

第八十二章　贱金属工具、器具、利口器、餐匙、餐叉及其零件

一、本章商品范围

本章包括具有工具、器具、刀具、餐具等性质的某些贱金属制品，共有 15 个品目，其排列结构不同于前几章（按加工程度，由低到高排列），而是按货品的功能、用途等属性排列（在此不考虑用何种贱金属构成）。其结构规律如下：

| 手工工具及成套手工工具 …………………………………………8201~8206
| 手工工具等的可互换工具 ………………………………………………8207
| 机械器具用的刀及类似品 ………………………………………8208~8209
| 手动机械器具（重量≤10 千克） ………………………………………8210
| 生活和家用刀及利口器具 ………………………………………8211~8215

二、本章商品归类方法

（一）手工工具及成套工具的归类

1. 手工工具的归类

手工工具一般用手握持，是以人力或以人控制的其他动力作用于物体的小型工具。归入本章单独使用的手工工具，必须为贱金属制，可以装有齿轮、曲柄、活塞、螺旋装置或杠杆等简单机构，但不能配有动力装置。

按功能，手工工具可分为切削工具和装修辅助工具。按用途，手工工具可分为螺钉和螺母装配手工具，如扳手（归入品目 8204）；建筑用手工具，如手工锯（归入品目 8202）、钢锉、钳子（归入品目 8203）；园艺用手工具，如镰刀、秫刀、树枝剪（归入品目 8201）；木工用手工具，如刨子、凿子（归入品目 8205）；焊接用手工具等。

对于装于工作台、墙壁等上的器具，或由于重量、规格等原因而装于底板、底座、支架上的器具，一般应归入第八十四章。如装于支座或支架上的钻机归入品目 8459；配有支座的闸刀式剪切机，即使是手工操作也应归入品目 8462（但钳式金属

剪归入品目 8203)。

【例 1】如图 15-7 所示的野营用拔钉器，其用不锈钢材料制成，木制手柄，长约 15~20 厘米，用于拔出固定帐篷用的地钉

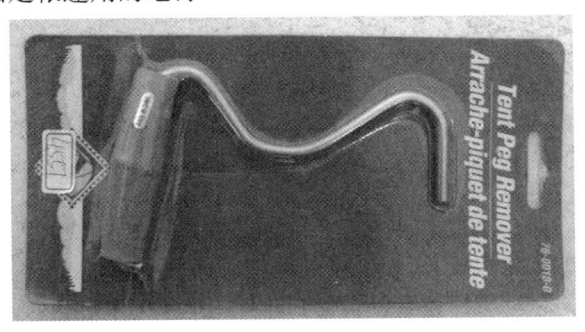

图 15-7　拔钉器

【归类分析】该野营用拔钉器为贱金属制的手工工具，且用于拔出固定帐篷用的地钉，因此该商品归入子目 8205.5900。

2. 成套手工工具的归类

由品目 8205 中不同种类的货品构成的成套货品仍归入该品目内（即子目 8205.9000），例如，由榔头、木工用刨子、凿子、螺丝刀构成的工具包，应归入子目 8205.9000。

由品目 8202~8205 中两个或多个品目所列工具组成的零售包装成套货品归入品目 8206，例如，由手工锯（品目 8202）、老虎钳（品目 8203）、手动扳手（品目 8204）、榔头（品目 8205）、螺丝刀（品目 8205）构成的工具包，就单个而言，它们分属本章不同的品目，但它们组成的成套货品应归入子目 8206.0000。

（二）手工工具等的可互换工具的归类

可互换工具一般不能单独使用，但可装于手工工具或机床上使用。品目 8207 的工具可以是单件制品，也可以是组合制品。

单件工具主要用一种材料制成，而且一般是用合金钢或高碳钢制成。组合工具则是由一件或多件贱金属、硬质合金、金属陶瓷、金刚石、其他宝石或半宝石制成的工作部件通过焊接或镶嵌永久性地附于贱金属支架上，或作为可拆卸部件附于支架上构成的。

归入品目 8207 的可互换工具主要有锻压或冲压工具；锻模；冲孔或切割模、机床用冲头；攻丝工具，如丝锥及板牙、螺纹梳刀及螺纹梳刀盘；钻孔工具，包括钻头（麻花钻、中心钻等）、曲柄钻等；镗孔或铰孔工具，包括铰刀；铣削工具，如铣刀（平铣刀、螺旋铣刀、斜角铣刀）；齿轮滚铣刀等；车削工具，如车刀；等等。

【例 2】如图 15-8 所示的金属磨头，该磨头为手提电动工具配件，由块状物和底座组成。块状物的材质是金属粉末，由 62% 的铁粉末和 38% 的钴粉末组成。生产工艺如下：按照比例添加这两种金属粉末，用专用搅拌机器搅拌均匀，按需要的重量量出均匀的粉末后装入石墨模具内，放入专用热压机炉内加热烧制，使这两种粉末有机地结合在一起，形成块状物品，待此块状物冷却后再使用焊接工具焊接在铁底座上。该金属磨头安装在手提电动工具上，用以加工、研磨各种天然石材和人造建筑材料

图 15-8　金属磨头

【归类分析】该金属磨头，安装在手提电动工具上，用以研磨各种天然和人造建筑材料，属于手提电动工具的可互换工具，因此该商品归入子目 8207.9090。

（三）机床上所用刀具的归类

机床上用的可互换性刀具（如车刀、钻头、铣刀、刨刀、铰刀、拉刀等），包括已装配的刀具（如镗刀、滚刀等），归入品目 8207，但铣床用的圆锯片归入品目 8202。

未装配的机床用刀具中又分两种：用金属陶瓷制得的未装配的板、杆、刀头及类似品归入品目 8209；用金属陶瓷以外的金属材料制得的未装配的刀及刀片归入品目 8208；用其他材料制得的，如合金钢制的机床用刀杆，归入品目 8466。

机床上所用刀具的归类见表 15-3。

表 15-3　机床上用刀具归类

	种类	所用材料	归类
完整刀具（已装配）	除锯片外的各种刀具	无材料限制	品目 8207
	各种锯片	无材料限制	品目 8202
不完整刀具（未装配）	刀及刀片	除金属陶瓷外的金属材料	品目 8208
	刀头、板、杆	只包括金属陶瓷	品目 8209
	作为可互换刀具组成部分的刀杆	贱金属	品目 8207

（四）手动机械器具的归类

用于加工、调制食品或饮料的非电动机械器具，它们一般仅具有简单杠杆或活塞机构，通常为手工操作，其重量不超过 10 千克。此类商品一般情况下可归入品目 8210，而不能视为机械特征的商品归入第八十四章。

品目 8210 的手动器具必须满足三个条件：其一，必须是手动的（手工操作，不能带有动力）；其二，其重量必须不超过 10 千克；其三，用于食品或饮料的加工与调制。若是非手动的手工工具，如带有电动或其他动力（风动或液压等），则归入品目 8467。

【例3】如图15-9所示的手动苹果削皮机（重5千克）

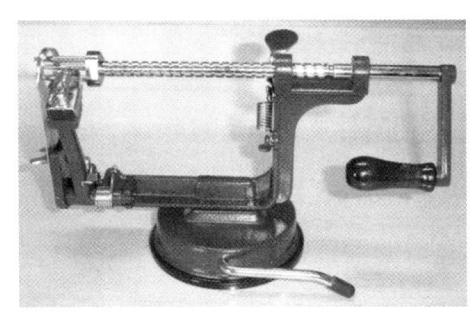

图15-9　手动苹果削皮机

【归类分析】该5千克重的手动苹果削皮机，为手动工具，符合品目8210的规定，故应归入子目8210.0000。

（五）其他贱金属制刀具的归类

机器上用的未装配的刀及刀片（例如，供装于铣刀上的刀片，铡刀式剪切机用的刀片，木工机床用的刀片，绞肉机及切菜机用的刀片，农业上收割机、切草机用的刀片，切纸机用的刀片）归入品目8208。

非机器上用的有刃口的刀及刀片（不论是否有锯齿，如各种非折叠式的餐刀、切菜刀、屠刀、水果削皮刀、制革用刀、补鞋用刀、园艺用的整枝刀、猎刀、各种折叠刀、带有几把可互换刀片的刀等）归入品目8211。

普通切菜刀归入品目8211，而品目8214的切菜刀与普通切菜刀不同，可单手操作，也可双手操作；非电动剃刀及其刀片归入品目8212，电动剃须刀及其刀头、刀片和刀板归入品目8510；由品目8211中不同种类的刀构成的成套货品仍归入此品目内（即子目8211.1000）；由品目8211中的一把或多把刀具与品目8215至少数量相同的物品构成的成套货品，和由品目8215中不同种类的贱金属货品构成的成套货品，归入品目8215。

第八十三章　贱金属杂项制品

一、本章商品范围

本章的货品全部为贱金属的制品，或称为贱金属的杂项制品，主要包括锁、架座、铰链、小脚轮、保险箱、档案柜、办公用品、铃、钟、锣、相框、软管、扣、钩、塞子、盖子、标志牌、焊条等五金件，共有11个品目，其排列结构按货品的功能、用途等属性排列（一般不考虑由何种贱金属材料制成）。

二、本章商品归类方法

（一）本章制品的贱金属制零件的归类

1. 这些制品的零件若属于第十五类注释二所列的通用零件（如弹簧、链条、螺母、螺钉、螺栓等）或其他章品目已具体列名的零件时，按具体列名归类。

2. 这些制品的专用零件与此制品一并归类，如铜制螺纹锁眼盖，属于贱金属锁的专用零件，应按贱金属锁一并归入品目8301。

（二）贱金属制机动车辆用附件及架座的归类

贱金属制的机动车辆用附件及架座主要有：制成的串珠饰带，脚踏板，扶手杆、条及把手，遮帘用的配件（杆、托架、紧固件、弹簧机构等），车内行李架，开窗机件，专用烟灰缸，后车厢板扣件等。它们常用于轿车、小客车、货车上。

如上所述的贱金属制附件及架座不能按机动车辆的零附件归入品目8708，而应按贱金属制附件及架座归入品目8302。但有些车辆外部的架座（如长途客车用外部行李架、牌照托架、保险杠、转向柱托架等）要按车身零附件归入品目8708。

（三）贱金属制支架小脚轮的归类

根据本章注释二的规定，品目8302的"脚轮"是指直径（若有胎，连胎计算在内）不超过75毫米的，或直径虽超过75毫米，但所装轮或胎的宽度必须小于30毫米的脚轮。

符合以上尺寸要求且必须带有贱金属支架的脚轮（轮子可用除贵金属以外的任何材料制得）归入品目8302；不符合上述尺寸要求和条件的脚轮一般归入第八十七章。

【例1】如图15-10所示的支架脚轮，其为铁支架上装有两个轮子，轮子的材质为铁制。该商品主要用于输送机上，承载200千克，起导向作用。该支架规格：外径57.5毫米，内孔18.8毫米

图15-10 铁制支架脚轮

【归类分析】该支架脚轮符合本章注释二"脚轮"的定义，故应归入子目8302.2000。

（四）归类时易错的货品

1. 贱金属的相框、画框及类似的框架归入品目8306，不能按具体的某种贱金属归入相应的章。

2. 贱金属软管一般是由成形的金属带螺旋盘绕制成，或将表面平滑的管子经变形加工制成波纹状，常用做电缆或挠性传送管、橡胶管的保护层。这种软管归入品目8307，它不同于普通的贱金属管，所以不能按普通贱金属管归类。

【例2】金属软管，该软管材质为金属钢铁，软管外部为防锈材料，两端带钢铁制接头，主要用于空气压缩机

【归类分析】该金属软管尽管主要用于空气压缩机，且两端带有钢铁制的接头，但由于符合品目 8307 条文的规定，故应归入子目 8307.1000。

3. 只有管形铆钉及开口铆钉（常用于衣着、鞋靴、帐篷、皮革制品等）才归入品目 8308，而非管形铆钉及开口铆钉则要按材料归入相应章。

4. 归入品目 8310 的"标志牌、铭牌或地名牌"上面必须印有基本内容，有些牌子除标有主要内容外，有一些具体项目需日后加上（如有些机器铭牌上面只有名称、型号、制造厂名，而机器序号、制造日期等需日后再加）仍归入本品目。但只印有次要内容而主要内容须日后用手或其他方法填入的牌、标签、标志及类似品，或没有字母、号码或图案的牌子不能归入品目 8311，而应按所属材料归类。

5. 未以焊剂涂面或未以焊剂为芯的贱金属丝、条、管、板、电极等不能归入品目 8311，而应按材料性质归类相应品目。只有涂有焊剂或带有焊剂芯的焊丝及焊条才归入品目 8311。

思考与练习

思考题：

简述合金钢、非合金钢制的平板轧材归类的异同点

商品归类题：

1. 含碳 0.5% 的方坯条钢材
2. 宽 1.2 米、长 2.5 米、厚 1 毫米的马口铁板
3. 热轧工字钢，截面高度 10 厘米，未经进一步加工
4. 热轧，圆形实心截面，含铬 17%、碳 1% 的直钢条，未经进一步加工
5. 空心圆截面钢管，外直径 40 毫米，内直径 15 毫米，适合钻探用
6. 含碳 0.5%、锰 1%、硅 1.5% 为主的盘卷，冷轧，实心，截面为矩形 2 毫米×4 毫米的钢铁材料
7. 五边形热轧平板钢板，厚 4 毫米，未经进一步加工
8. 用于钢筋混凝土用的圆形实心截面、热轧盘卷钢条，表面轧制有螺旋凸缘
9. 宽 2 米、厚 2 毫米的热轧钢板卷材，经酸洗，未经进一步加工
10. 用狭平板钢板、螺旋形卷成并焊接成圆形截面，外径 50 厘米的石油管道
11. 钢窗
12. 铸铁制路边窨井盖
13. 不锈钢制煎锅
14. 截面外方内圆的无缝钢管
15. 焊接的截面为方形的钢管
16. 煤气灶
17. 圆截面、内径 70 厘米的下水道铸铁管
18. 超市用的钢铁制固定大型货架

19. 钢铁制带有螺母的螺栓，抗拉强度为 900 兆帕，杆径为 20 毫米
20. 黄铜（铜锌合金）屑，呈片状粉末
21. 铜制螺钉加工过程中产生的废碎料
22. 铜锌合金制水表接头，用途：采用螺纹连接自来水水管和水表
23. 铜镍锌合金制螺栓
24. 铜制擦锅器
25. 两端带有螺纹的铜镍合金制管子，平直状，长 4 米，外径为 42 毫米
26. 手动简易播种机
27. 用火加热的铁熨斗
28. 带塑料柄的安全剃刀
29. 手动小型简易不锈钢制果汁压榨机，单重 6 千克
30. 园艺用双手操作修枝剪刀
31. 零售包装，内有钳子、锤子、螺丝刀、扳手、凿子、白铁剪等工具
32. 铁皮制门牌
33. 写字台的抽屉锁
34. 窗户的铁制插销
35. 宝马 X6 轿车铭牌，铝合金制

第十六类 机器、机械器具、电气设备及其零件；录音机及放声机、电视图像、声音的录制和重放设备及其零件、附件

【内容提要】

本类只包括两章，即第八十四章和第八十五章，包括了大部分行业上所称的机电商品。在本类中，将学习以下内容：

掌握机电商品的基本归类思路与方法；

掌握机电商品中零部件的归类原则（第十六类注释二）；

掌握组合机器和多功能机器的归类原则（第十六类注释三）；

掌握功能机组的归类原则（第十六类注释四）；

熟悉第八十四章的列目规律，以及此章的优先归类原则（第八十四章注释二）；

熟悉第八十五章的列目规律，以及此章的优先归类原则（第八十五章注释二）；

熟悉并掌握这两章重点商品的列目结构、归类方法及其对应的相关章注释。其中第八十四章主要包括：动力机器、制冷设备、机床（对应章注释三、四、五）、自动数据处理设备（对应章注释六）、传动装置等；第八十五章主要包括：通信设备、音像设备、平板显示模组（对应章注释七）、半导体器件（对应章注释十一）、集成电路（对应章注释十二）、电气控制及电器装置等；

熟悉并了解其他类别机电商品的归类方法。

一、本类商品范围

本类包括大部分用机械及电气方式操作的机器、器具及其零件。但是受类注、章注的限制，下列机电商品不能归入本类：

（一）本类注释一排除的货品：如第十七类的运输设备；第九十章的医疗、检测仪器等物品；第九十一章的钟表及其他时间记录器；第九十五章的游艺、运动货品等。

（二）第八十四章及第八十五章注释一排除的货品：如非电热的钢铁制的家用炉、灶、空气加热器等（品目 7321、7322）；电热家具（第九十四章）等。

本类共分两章：

{机械设备……………………第八十四章
{电气设备……………………第八十五章

第八十四章：各种机器、机械设备等，简称为"机"；
第八十五章：各种电气设备、通讯设备、声像设备等，简称为"电"。

依据归类总规则一，章的名称仅是为了查找方便而设，并不具有法律效力。第八十四章与第八十五章的名称也不例外，也只是为了查找方便而设，不能作为归类的依据。例如，吸尘器、家用榨汁机等电动的机械器具，并不能归入第八十四章，而要依据品目条文和相关的章注释［第八十四章的注释一（五）与一（六）］，将吸尘器归入品目 8508，将家用榨汁机归入品目 8509；计算器、自动数据处理设备等电子设备并不能归入第八十五章，而要依据品目条文将计算器归入品目 8470，将自动数据处理设备归入品目 8471。

二、机电商品归类特点

机电商品的归类不同于其他类别的商品。确定机电商品归类时所考虑的主要因素是商品的组成结构、工作原理、功能、用途等，而不是其他类别商品所考虑的组成成分、加工工艺、用途等。由于这些不同特点，决定了机电商品的归类原则、归类方法与其他类别商品的归类原则、归类方法有较大区别。

【例1】 手机用的耳机

目前手机常用的耳机有两种：有线耳机，如图 16-1 所示；无线耳机，如图 16-2 所示。

图 16-1　有线耳机　　　　图 16-2　无线耳机

【归类分析】 两种商品都属于耳机，但由于组成结构和工作原理不同（前者传输信号是通过有线方式，后者是通过无线方式），所以归类也不同，有线耳机按耳机归入品目 8518，而无线耳机按通信设备归入品目 8517。

【例2】 草坪用割草机

目前常见的草坪用割草机有两种：一种是手扶式的割草机，如图 16-3 所示；另一种是手提式线式割草机,如图 16-4 所示。

图 16-3　手扶式割草机　　　图 16-4　手提式线式割草机

【归类分析】两者同为割草机,但因工作原理和结构不同而归入不同的品目。

手扶式割草机的结构是装有水平旋转刀片,以切割贴近平卧刀片的青草,工作时用手推行前进,工作效率较高,主要适用于大面积的草坪割草,归入品目 8433。而手提式线式割草机是通过高速旋转的带有尼龙绳的圆盘进行割草的,工作时手提着操作,主要适用于修剪沿路缘及凸凹不平的小面积的草坪,应按手提式工具归入品目 8467。

上述两个实例均表明,即使是名称相同的商品(或都属于同一类别的商品),由于组成结构不同、工作原理不同,归类也可能不同。

三、本类商品归类方法

(一)机电商品零件的归类

机电商品是由许多零件或部件组成的,在进出口报验时,有时以整机的形式报验,有时以零件或部件的形式报验。当以零件或部件的形式报验时,要确定零件或部件的归类。如图 16-5 所示的台风扇,有时以完整的台风扇整机形式报验,有时风扇中的扇叶、电动机、底座、按键开关、摇头旋钮、定时开关等要单独报验。这些风扇的零部件单独报验时,就涉及机电商品零部件的归类。

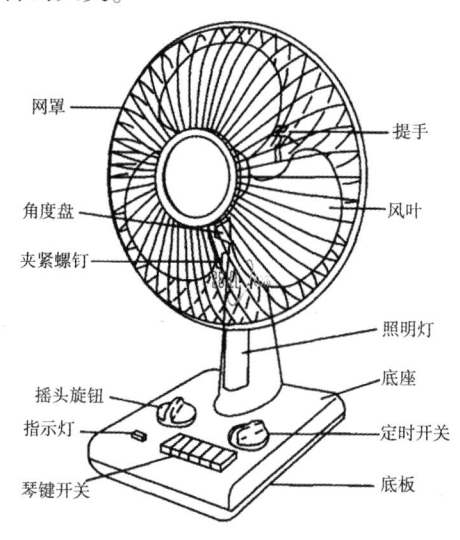

图 16-5　台风扇的组成结构

机电商品零部件的归类原则为第十六类的注释二，其条文如下：

除本类注释一、第八十四章注释一及第八十五章注释一另有规定的以外，机器零件（不属于品目8484、8544、8545、8546或8547所列物品的零件）应按下列规定归类：

（一）凡在第八十四章、第八十五章的品目（品目8409、8431、8448、8466、8473、8487、8503、8522、8529、8538及8548除外）列名的货品，均应归入该两章的相应品目；

（二）专用于或主要用于某一种机器或同一品目的多种机器（包括品目8479或8543的机器）的其他零件，应与该种机器一并归类，或酌情归入品目8409、8431、8448、8466、8473、8503、8522、8529或8538。但能同时主要用于品目8517和8525至8528所列机器的零件，应归入品目8517，专用于或主要用于品目8524所列货品的零件应归入品目8529；

（三）所有其他零件应酌情归入品目8409、8431、8448、8466、8473、8503、8522、8529或8538，如不能归入上述品目，则应归入品目8487或8548。

1. 第一段明确了运用第十六类注释二确定归类的前提条件。或者说，在第十六类注释一或第八十四章注释一及第八十五章注释一中已排除的商品不能再运用第十六类注释二确定归类，不能再归入第十六类，排除到哪一章或哪个品目就要归入哪一章或哪个品目。

【例3】图16-5的台风扇中的钢铁制螺钉

【归类分析】该钢铁螺钉尽管属于台风扇（品目8414）的零件，但根据第十六类注释一（七）"本类不包括第十五类注释二所规定的贱金属制通用零件（第十五类）"的规定，故不能按品目8414项下的零件归类，而应按"钢铁制螺钉"归入品目7318。

2. 类注释二（一）规定了机电产品的零件只要在第八十四章、八十五章列名就应按列名归类。由于其中品目8409、8431、8448、8466、8473、8487、8503、8522、8529、8538及8548为专用的零件品目，这一部分除外。

【例4】图16-5的台风扇中的按键开关

【归类分析】该按键开关属于台风扇的组成部分即零件，但是按键开关属于开关，在品目8536项下有具体列名，所以依据第十六类注释二（一），应按具体列名（开关）归入品目8536，不能按台风扇的零件归入品目8414。

【例5】手机用的扬声器

【归类分析】手机按通信设备归入品目8517，手机用的扬声器属于手机的零件，但是由于扬声器属于品目8518项下具体列名的商品，所以依据第十六类注释二（一），应将手机用扬声器归入品目8518，不能按手机的零件归入品目8517。

3. 类注释二（二）规定了专用零件的归类方法，具体包含了四层含义：

含义一："专用于或主要用于"——指专用零件的属性；

含义二："其他零件"——指除了"列名零件"以外的零件；

含义三：与机器一并归类，或酌情归入指定零件品目；

含义四：品目8517有一定范围内优先归类。

【例6】图16-5的台风扇中的塑料底座

【归类分析】该塑料底座属于台风扇的组成部分即零件，由于塑料底座在第十六类注释一及第八十四章注释一中并未排除，也不属于第八十四章或第八十五章已具体列名的商品，从其外观结构上判断，只能用于台风扇，属于台风扇的专用零件，所以依据第十六类注释二（二），将该商品按台风扇的专用零件归入品目 8414。

【例 7】 手机用 SIM 卡托，如图 16-6 所示，它可同时安装两张 SIM 卡，铝制，用数控机床铣制而成

图 16-6　SIM 卡托

【归类分析】该手机 SIM 卡托属于手机的组成部分，在第十六类注释一及第八十五章注释一中并未排除，也不属于第八十四章或第八十五章已具体列名的商品，从其外观结构、尺寸上判断，只能用于手机上，属于手机的专用零件，所以，依据第十六类注释二（二），将该商品按手机的专用零件归入子目 8517.7930。

4. 类注释二（三）规定了当零件不符合上面各项条件时即应归入兜底的品目 8487 或 8548。

【例 8】 如图 16-7 所示的手轮，在各种机器上（机床、印刷机器、纺织机器等）通用

图 16-7　手轮

【归类分析】该手轮可用于品目 8456 至 8465 的机床上，也可用于品目 8443 的印刷机器上，还可用于品目 8446 的纺织机器上，由于它通用于多个品目的机器，依据第十六类注释二（三），将该手轮按其他品目未列名的通用机器零件归入子目 8487.9000。

5. 机电商品零件的归类流程归纳如下：

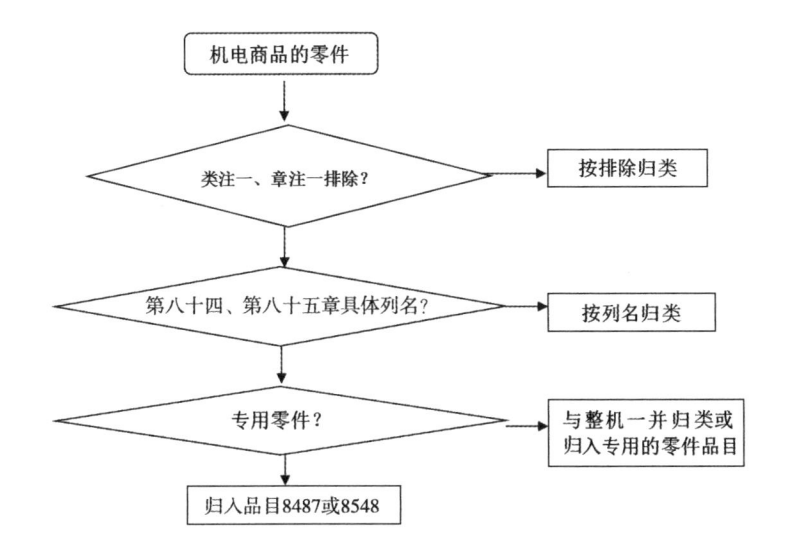

```
        ┌─────────────────┐
        │  机电商品的零件  │
        └────────┬────────┘
                 ↓
        ┌─────────────────┐      ┌──────────────┐
        │  类注一、章注一排除？├───→│  按排除归类  │
        └────────┬────────┘      └──────────────┘
                 ↓
        ┌─────────────────────┐   ┌──────────────┐
        │ 第八十四、第八十五章具体列名？├──→│  按列名归类  │
        └────────┬────────┘      └──────────────┘
                 ↓
        ┌─────────────────┐      ┌────────────────────┐
        │    专用零件？    ├─────→│ 与整机一并归类或   │
        └────────┬────────┘      │ 归入专用的零件品目 │
                 ↓               └────────────────────┘
        ┌─────────────────────┐
        │  归入品目8487或8548  │
        └─────────────────────┘
```

（二）组合机器与多功能机器的归类

组合机器与多功能机器的归类依据为第十六类注释三，其条文如下：

由两部及两部以上机器装配在一起形成的组合式机器，或具有两种及两种以上互补或交替功能的机器，除条文另有规定的以外，应按具有主要功能的机器归类。

该条文有三层含义。

1. 组合机器与多功能机器的定义

组合机器是指由两部及两部以上机器装配在一起形成的机器；多功能机器是指具有两种及两种以上互补或交替功能的机器。

从外观结构上判断，组合机器常见的组成结构形式如图 16-8 所示，主要包括一台机器装在另一台机器的内部或上面，或者两者装在同一个底座、支架之上或同一个机壳之内。例如，带有照明功能的收音机（如图 16-9 所示），该商品从外观结构上看，它是由收音机和手电筒两部分构成的组合机器。

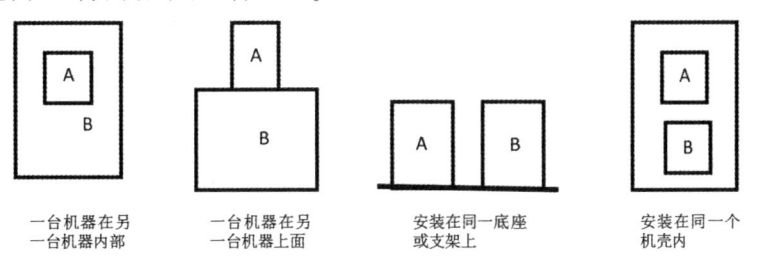

```
  ┌─────┐       ┌───┐
  │ ┌─┐ │       │ A │         ┌─┐ ┌─┐      ┌─────┐
  │ │A│ │     ┌─┴───┴─┐       │A│ │B│      │ ┌─┐ │
  │ └─┘ │     │       │       │ │ │ │      │ │A│ │
  │  B  │     │   B   │       └─┘ └─┘      │ └─┘ │
  └─────┘     └───────┘      ─────────      │ ┌─┐ │
                                             │ │B│ │
                                             │ └─┘ │
                                             └─────┘
  一台机器在另    一台机器在另   安装在同一底座    安装在同一个
  一台机器内部    一台机器上面   或支架上          机壳内
```

图 16-8　组合机器常见的结构形式

图 16-9　带有照明功能的收音机

但是，下列两种情况不属于组合机器：

（1）各台机器不是永久性地连在一起，而是临时组合而成的机器组合体。这些机器不能视为组合机器；

（2）安装在地板、混凝土底座、墙面、隔板、天花板上的不同机器不能视为组合机器。

多功能机器的外观也是一个整体，可实现多个功能。例如，智能手机具有通信功能、拍摄功能、导航功能等多个功能，属于多功能机器。

2. 组合机器与多功能机器的归类原则

组合机器与多功能机器按主要功能归类。按主要功能归类，意味着归类前要首先判断其主要功能。判断商品的主要功能时，要综合考虑机器的功能、结构、用途、价格等各项因素后再确定其主要功能，注意不能只考虑其价格因素。

【例9】智能手机，具有通信、拍摄、导航、上网等多种功能

【归类分析】智能手机是一种多功能机器，其中通信功能属于品目8517所列商品的功能，拍摄功能属于品目8525所列商品的功能，导航功能属于品目8526所列商品的功能。比较这些功能，智能手机的通信功能仍是其主要功能。所以依据第十六类注释三，按通信功能归入品目8517。

对于组合机器与多功能机器，当不能确定其主要功能时，应依据归类总规则三（三）"从后归类"。

【例10】家用面包机

【归类分析】家用面包机，尺寸约为36厘米×22厘米×27厘米，重量约5.9千克。由一个整体机箱和一个可抽出的容器（面包盘）构成，面包团的原料可在面包盘中被搅拌和烘焙，如图16-10所示。该设备具有揉面和烘焙（加热）功能。

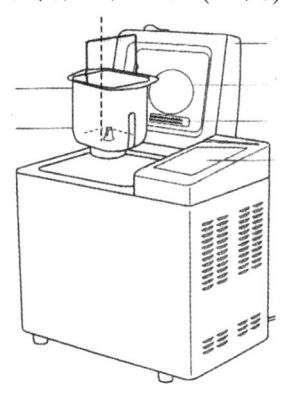

图 16-10　家用面包机

【归类分析】该商品具有揉面和烘焙两种功能，属于多功能机器，从商品的结构和功能上判断很难确定揉面和烘焙两种功能哪种更重要，根据第十六类注释三不能确定其归类，所以应依据归类总规则三（三）"从后归类"。其中，揉面功能属于品目 8509（家用电动器具）所列商品的功能，烘焙功能属于品目 8516（家用电加热器具）所列商品的功能，故该家用面包机应归入品目 8516。

3. 运用本条注释确定归类的前提条件

本注释规定，运用本条注释确定归类的前提条件是条文另有规定的除外。也就是说，如果在其他注释或品目条文中已明确了归类的商品，不再运用这条规定。例如，具有打印、复印、传真功能的多功能一体机，在品目 8443 的条文中已有规定，对于该商品的归类，直接依据品目条文归入品目 8443，没必要在归类时判断它们中的哪个功能是主要功能。

（三）功能机组的归类

机电商品中有时以成套形式报验，或以一条生产线形式报验，那么，此时它们是否可以一并归类？下面介绍功能机组的归类方法。

功能机组的归类依据为第十六类注释四，其条文如下：

由不同独立部件（不论是否分开或由管道、传动装置、电缆或其他装置连接）组成的机器（包括机组），如果组合后明显具有一种第八十四章或第八十五章某个品目所列功能，则全部机器应按其功能归入有关品目。

这条注释的宗旨就是简化归类，将相互独立的几部分一并归类，主要包括三层含义。

1. 功能机组的组成结构

从外观上看，它们之间是相互独立的部分（individual componets）组成，不同于组合机器与多功能机器（从外观上看为一个整体）。功能机组常见的形式有两种：通过管道或电缆相连；相互之间没有任何连接。如图 16-11 所示。

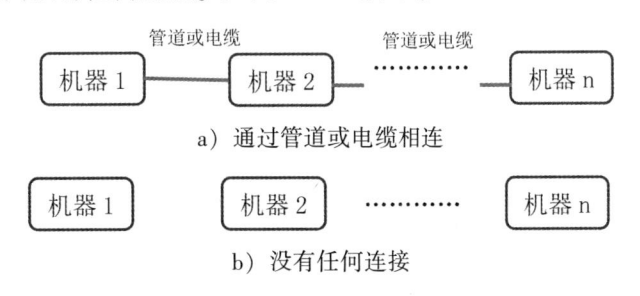

图 16-11　功能机组常见的两种形式

2. 功能机组的归类原则

（1）如果相互独立的各部分视为一个整体后所具有的功能属于第八十四章或第八十五章某个品目所列的功能，则它们一并归入该品目。

其中，"视为一个整体"的言外之意是指它们实际上不是一个整体，而是由相互独立的几部分组成，但当"视为一个整体"后，如果能够一并归入一个品目，则大大简化了归类。

（2）如果相互独立的各部分不能"视为一个整体"，则它们应分别归类。或者说，它们不符合"功能机组"的条件。

【例11】园林灌溉系统

该系统主要由水泵、控制器、施肥器、过滤器、电磁阀、压力调节器、喷头、管道和电线等组成，如图16-12所示。

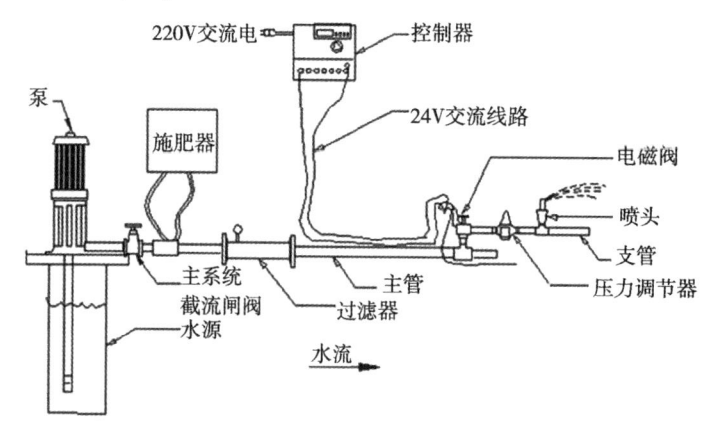

图16-12 园林灌溉系统的基本组成示意图

【归类分析】该系统由相互独立的几部分构成，它们通过管道或电线相连，当将它们视为一个整体后，明显具有品目8424所列的喷射机器的功能，所以，依据第十六类注释四，将整个系统一并按功能机组归入品目8424。

【例12】用于专业熨烫操作的熨烫机

用于专业熨烫操作的熨烫机主要由三部分组成：

其一，一个矩形电热熨烫台（尺寸：125厘米×75厘米×87厘米，重量：58千克），包含熨袖板和内置吸风器，表层由电子加热元件进行供热，表面温度依靠自动调节器调节，如图16-13所示。

图16-13 电热熨烫台

其二，一个蒸汽发生器（重量：15.5千克），装有一个硅钢制熨烫架、一个蒸汽压力表、一个可视发光水位计、一个含自动调温器的加热组件、一个用于盛放蒸馏水的容器和泵。

其三，电力蒸汽烫斗（800瓦）。电力蒸汽烫斗通过蒸汽软管和电缆与蒸汽发生器连接。

其中，电热熨烫台与蒸汽发生器经一条软管相连，利用熨烫台边的脚踏板控制，将蒸汽吸入熨烫台内。

【归类分析】上述三部分相互独立，通过电线或输送蒸汽的软管相连，将它们视为一个整体后，共同完成衣服的熨烫功能，该功能属于品目 8451 已列名的功能，所以，依据第十六类注释四，上述三部分一并按功能机组归入品目 8451，并根据归类总规则六归入子目 8451.3000。

【例 13】无线鼠标成套装置

无线鼠标成套装置由无线鼠标器和无线接收器两部分构成，如图 16-14 所示。

图 16-14　无线鼠标与无线接收器

【归类分析】无线鼠标成套装置由无线鼠标器和无线接收器两部分构成，两部分之间没有电线相连，而是通过无线方式相连，它们共同完成信息输入的功能，与有线鼠标具有相同的功能，符合第十六类注释四功能机组的条件，两者可一并按鼠标器归入子目 8471.6072。

3. 功能机组归类的注意事项

功能机组中不包括执行辅助功能的机器或机组，例如啤酒生产线主要包括催芽机、麦芽压碎机、麦芽浆桶、滤酒桶，这些应该一并归入品目 8438，但装瓶机、标签印刷机在啤酒生产中仅仅起辅助作用，故不能作为啤酒生产设备一并归入品目 8438，而应分别归入其他相应品目。

4. 功能机组与组合机器和多功能机器的区别

功能机组与组合机器和多功能机器是两个不同的概念，两者不能混淆：

从外观结构上分析，前者由几个相互独立的部件（或机器）组成，不是一个整体；而后者是一个整体，它所具有的多个功能都是在这一台机器上实现的。

从功能上分析，前者的每个部件或机器都有一定的功能，但当它们视为一个整体后，对外体现的只有唯一的一种功能，不属于后者；而后者则具有多个功能。

功能机组与组合机器和多功能机器的区别见表 16-1。

表 16-1　功能机组与组合机器和多功能机器的区别

	功能机组	组合机器和多功能机器
外观结构	由几个相互独立的部件（或机器）组成，不是一个整体	是一个整体
功能	当功能机组视为一个整体后，对外体现的只有唯一的一种功能	具有多个功能
归类	按唯一功能合并归类	按主要功能归类或"从后归类"

第八十四章　核反应堆、锅炉、机器、机械器具及其零件

一、本章商品范围

本章的机器、器具主要以机械方式来操作。它们一般由各种零件、部件组成一个整体，利用各组成件间的相对机械运动来实现或完成某项工作。本章也包括由不同机器组合在一起的成套机组，如造纸机械、冶金机械等。

本章是《协调制度》中品目最多的一章，总体上由三大部分组成：通用机器、行业专用机器和通用机械零部件。

本章商品具体又可分为以下几部分：

第一：按功能列名的机器（8401～8424）。

核反应堆 ···	8401
锅炉及其他气体发生器 ·································	8402～8405
动力机器 ··	8406～8412
液体、气体的输送设备 ·································	8413～8414
热能转换及利用机器 ·································	8415～8419
其他按功能列名的通用机器 ·······························	8420～8424

第二：按行业列名的机器、器具（8425～8478 及 8485、8486）。

起重、搬运机械，工程机械 ·································	8425～8431
农业、园艺及饮食制品加工机械 ·························	8432～8438
纸及纸制品加工机械，印刷机械 ·························	8439～8443
纺织、制革机械 ··	8444～8453
金属冶炼及铸造机械 ···	8454～8455
机床 ··	8456～8466
手提式工具、非电气的焊接机器 ·························	8467～8468
办公机械 ··	8470～8473
其他列名的行业机器、装置（包括矿物处理加工机械、玻璃热加工机械、商业机器、橡胶、塑料、烟草加工机械等） ·························	8474～8478
增材制造设备 ··	8485
半导体器件、集成电路、平板显示器制造设备 ·························	8486

第三：本章未列名的机器、器具（8479）。

第四：通用机械零件（8480～8484、8487）。

模具 ··· 8480
阀门 ··· 8481
滚动轴承 ·· 8482
传动装置 ·· 8483
密封装置 ·· 8484
其他通用零件 ·· 8487

二、本章商品归类方法

（一）优先归类原则

1. 品目 8485、8486 优先归类

第八十四章注释十规定：

除第十六类注释一及第八十四章注释一另有规定的以外，符合品目 8485 规定的设备，应归入该品目而不归入本协调制度的其他品目。

第八十四章注释十一（四）规定：

除第十六类注释一及第八十四章注释一另有规定的以外，符合品目 8486 规定的设备及装置，应归入该品目而不归入本协调制度的其他品目。

注意优先归类的前提，即如果在第十六类注释一及第八十四章注释一中另有规定的，则不能优先归入上述品目。

【例1】芯片检测器（检测集成电路芯片质量）

【归类分析】该设备的检测功能符合第九十章中的商品范畴，而在第十六类注释一（十二）中明确了不包括第九十章商品，因此该设备即使专用于芯片制造过程，也应归入第九十章。

2. 品目 8401~8424 优先归类

第八十四章注释二规定：

除第十六类注释三及本章注释十一另有规定以外，如果某种机器或器具既符合品目 8401 至 8424 中一个或几个品目的规定，或符合品目 8486 的规定，又符合品目 8425 至 8480 中一个或几个品目的规定，则应酌情归入品目 8401 至 8424 中的相应品目或品目 8486，而不归入品目 8425 至 8480 中的有关品目。

【例2】以离心方式工作的奶油分离机

【归类分析】该奶油分离机既符合品目 8421 "离心机，包括离心干燥机；液体或气体的过滤，净化机器及装置"，又符合品目 8434 "挤奶机及乳品加工机器"，依据第八十四章注释二的规定，品目 8421 优先于品目 8434，故奶油分离机应优先归入品目 8421。

【例3】农用喷雾器，如图 16-15 所示

图 16-15　农用喷雾器

【归类分析】该商品既可按喷射装置归入品目 8424，也可按农林、园艺用的机器归入品目 8436，依据第八十四章注释二，品目 8424 优先于品目 8436，所以，应将该喷雾器归入品目 8424。

在运用本章注释二时，需注意以下两种情况：

（1）上述归类方法只适用于单一功能的机器。如果是组合机器或多功能的机器，应先运用第十六类注释三，将多功能简化为单一功能的机器（择其主要功能）后，再运用本章注释的规定来最终确定品目。

（2）注意该章注中"不包括"的货品（即第八十四章注释二的例外情况）。该章注释规定如下。

"品目 8419 不包括：
1. 催芽装置、孵卵器或育雏器（品目 8436）；
2. 谷物调湿机（品目 8437）；
3. 萃取糖汁的浸提装置（品目 8438）；
4. 纱线、织物及纺织制品的热处理机器（品目 8451）；或
5. 温度变化（即使必不可少）仅作为辅助功能的机器、设备或实验室设备。
品目 8422 不包括：
1. 缝合袋子或类似品用的缝纫机（品目 8452）；或
2. 品目 8472 的办公室用机器。
品目 8424 不包括：
1. 喷墨印刷（打印）机器（品目 8443）；或
2. 水射流切割机（品目 8456）。"

3. 品目 8456 优先归类

第八十四章注释三规定：

如果用于加工各种材料的某种机床既符合品目 8456 的规定，又符合品目 8457、8458、8459、8460、8461、8464 或 8465 的规定，则应归入品目 8456。

该章注释理解起来比较简单，即特种加工机床优先归入品目 8456，而不能按普通机床归入其他品目。

(二) 多用途机器的归类

第八十四章注释八规定"具有一种以上用途的机器在归类时,其主要用途可作为唯一的用途对待。除本章注释二、第十六类注释三另有规定的以外,凡任何品目都未列名其主要用途的机器,以及没有哪一种用途是主要用途的机器,均应归入品目8479"。

注意,"多用途"与"多功能"二者不能混为一谈。《协调制度》中的"用途(purpose)",是指具有一定功效的商品的使用领域;而"功能(function)"指的是一个商品所具备的功效、作用,它与该商品适用的领域无关。例如,一台机床,如果它既具有车削功能,又具有铣削功能,说明它是多功能机器;如果它既可加工金属材料,又可加工大理石等矿产品,说明它是多用途机器。归类中两个商品的词义不同,归类方法也不同。多功能机器和多用途机器的归类区别见表16-2。

表16-2 多功能机器和多用途机器的归类区别

	适用规定	归类
多功能机器	第十六类注释三或总规则三(三)	按主要功能,或"从后归类"
多用途机器	第八十四章注释八	按主要用途,或品目8479

由于"多功能机器"的归类依据是本类注释三,而"多用途机器"的归类依据是本章注释八,若将两类机器混淆的话,会导致归类错误。

【例4】 一种切纸机既可切割纸张,也可切割某些较薄的塑料制品或金属薄片制品

【归类分析】 该切纸机属于多用途机器,但由于这台机器在正常情况下主要用于切割纸张或纸板制品,所以依据第八十四章注释八,该切纸机应按其主要用途(切纸)归入品目8441。

【例5】 打孔机,可同时用于对纸张、纺织物、皮革、塑料打孔

【归类分析】 该打孔机可在多种材料(如纸张、纺织物、皮革、塑料等)上打孔,从结构和使用角度分析,无法区分其主要打孔对象,即无法确定主要用途,故依据第八十四章注释八,将该打孔机归入品目8479。

(三) 核反应堆、锅炉及气体发生器的归类

1. 核反应堆

核反应堆的范围一般包括所有隔离于生物屏蔽范围以内的器具及设备,必要时还包括生物屏蔽本身。

核反应堆、核反应堆内的未辐照燃料元件以及同位素分离机器均归入品目8401。

2. 锅炉

利用燃料或其他能源的热能把水加热成热水或蒸汽的设备称为锅炉。

产生蒸汽(水蒸气和其他蒸汽)的锅炉称为蒸汽锅炉,用于驱动汽轮机或其他使用蒸汽动力的机器(如汽锤),或给加热、烹煮、消毒等设备供应蒸汽。蒸汽锅炉及其零件归入品目8402。

产生过热水的锅炉称为过热水锅炉。"过热水"是指水在一定压力下受热,其蒸发点

的温度远远超过正常蒸发点的温度（180℃及以上），因而在蒸发前水蕴含的热量已大大高于常压下蒸汽的热量。过热水既从锅炉内产生，最后又回到锅炉，在锅炉内进行闭路循环。这种锅炉的结构与蒸汽锅炉相似，也在品目8402中有列名。

在常压下，仅提供热水的锅炉称为热水锅炉。热水既从锅炉内加热产生，最后又回到锅炉，在锅炉内进行闭路循环，主要用于生活供暖。任何尺寸的通过水循环集中供暖的热水锅炉（也包括家用电热水锅炉）归入品目8403。

子目8403.1010家用型集中供暖用的热水锅炉是指其功率、受热面积一般供家庭使用的热水锅炉。使用任何燃料（例如，木柴、煤、焦炭、煤气或燃油），通过循环水向房屋、公寓等供暖。这些锅炉可装有压力调节器及压力表、水准器、旋塞、龙头、燃烧器及类似的零件或附件。

3. 气体发生器

常见的有煤气发生器、乙炔发生器、氧气发生器（通过水解产生）等，归入品目8405。

（四）动力机器的归类

动力机器是指将自然界中的能量转换为机械能而做功的机械装置。根据能量的转换形式不同，可分为不同的机器，归纳如下：

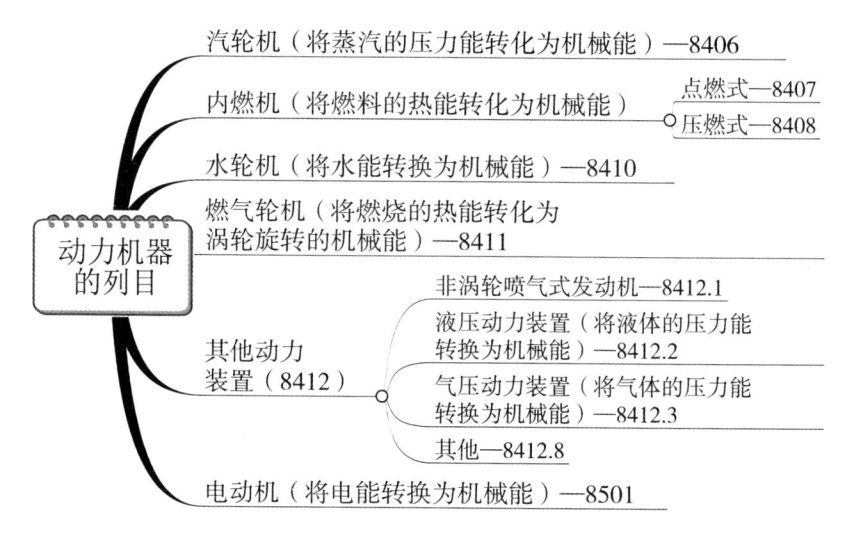

动力机器的列目
- 汽轮机（将蒸汽的压力能转化为机械能）—8406
- 内燃机（将燃料的热能转化为机械能）
  - 点燃式—8407
  - 压燃式—8408
- 水轮机（将水能转换为机械能）—8410
- 燃气轮机（将燃烧的热能转化为涡轮旋转的机械能）—8411
- 其他动力装置（8412）
  - 非涡轮喷气式发动机—8412.1
  - 液压动力装置（将液体的压力能转换为机械能）—8412.2
  - 气压动力装置（将气体的压力能转换为机械能）—8412.3
  - 其他—8412.8
- 电动机（将电能转换为机械能）—8501

在上述动力机器中，有一个特例，就是电动机不归入本章，而要归入第八十五章的品目8501。或者说，除了电动机以外的所有动力装置均应归入品目8406~8412。

在上述动力机器中运用最广泛的就是内燃机和液压动力装置。

1. 内燃机及其零件的归类

内燃机按活塞运动方式的不同，可分为往复活塞式内燃机和旋转活塞式内燃机。按点火方式的不同，又可分为点燃式活塞内燃机和压燃式活塞内燃机。

点燃式活塞内燃机指燃料燃烧时通过火花塞放电点火的活塞内燃机，这种内燃机最常用的燃料是汽油，也有的用煤油、乙醇、氢、煤气、甲烷、天然气、沼气等，所以又称为汽油机。

压燃式活塞内燃机指其燃料燃烧时通过压缩自行燃烧的活塞式内燃机，这种内燃机不需要火花塞点火，使用的燃料主要是柴油，所以又称为柴油机。

点燃式内燃机归入品目 8407，压燃式内燃机归入品目 8408，它们的专用零件归入品目 8409。所以，在对内燃机整机归类时，必须知道它属于点燃式还是压燃式，才能确定相应的品目。

内燃机归类时还需注意以下几点：

（1）内燃机通常会标有气缸容量指标。气缸容量又称排气量，指活塞由最下端移动到最上端时所排出气体的体积。例如，某内燃机的铭牌中标明其排量为 1.8L，说明它的气缸容量是 1.8 升。

（2）子目 8407.2100 的"舷外发动机（Outboard motor）"指专用于驱动小型船舶的发动机，一般由发动机、螺旋桨及操舵装置组成一套独立且不可分割的，如图 16-16 所示。这种发动机用以装在舷外，可以拆卸（即可随意装上或拆下并可调整），并且机器一经装上船舶即可启动。

图 16-16　舷外发动机

（3）对于内燃机零部件，如果是其他品目已列名的，应按列名归类。只有其他品目未列名且能确定是专用于内燃机的零部件才可归入品目 8409。图 16-17 为点燃式内燃机的简易组成结构，例如图中的曲轴、凸轮轴属于品目 8483 项下具体列名的商品，不能归入品目 8409；而活塞、连杆在其他品目未列名，且为专用于内燃机的零件，应归入品目 8409。

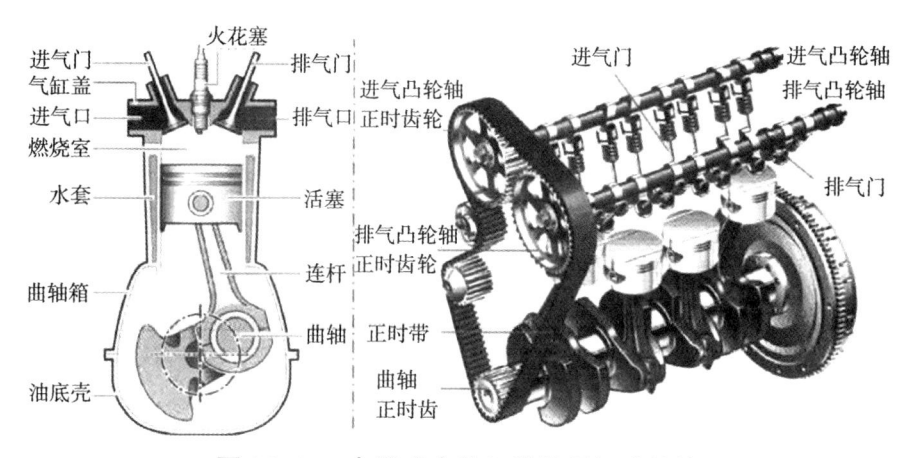

图 16-17　点燃式内燃机的简易组成结构

2. 液压动力装置及其零件的归类

（1）液压动力装置的结构

液压动力装置是指将液体的压力能转换为机械能的装置，主要包括液压缸和液压马达。液压缸是将液体压力能转换成直线运动机械能的装置，一般由缸体和活塞（柱塞）构成，如图 16-18 所示。液压马达是指将液体压力能转换成旋转运动机械能的装置，一般由壳体、旋转轴等构成。液压马达的外观类似于电动机，与电动机一样可输出旋转的机械能，但它的工作原理不同于电动机。液压马达不需要电能，而是只要输入液压油就可输出旋转的机械能，如图 16-19 所示。

图 16-18　液压缸　　　　图 16-19　液压马达

（2）液压动力装置的应用

图 16-20 中自卸车的翻斗运动就是依靠液压缸的运动来实现的。图 16-21 中挖掘机的挖斗运动就是依靠四个液压缸的运动来实现的。

图 16-20　自卸车翻斗用液压缸　　　图 16-21　挖掘机挖斗运动用液压缸

（3）液压动力装置的归类

子目 8412.21 "直线作用的液压动力装置" 是指液压动力装置所输出的运动形式是往复直线式运动。液压缸输出的运动即为直线运动，故应归入子目 8412.2100。

【例 6】由液压泵、液压缸、控制阀、油箱及连接它们的管道组成的成套装置

【归类分析】该成套装置构成的液压传动系统，属于第十六类注释四所述的功能机组，它们可一并归入子目 8412.2100。

【例 7】某液压传动系统中的液压泵、液压缸、控制阀、油箱各自单独进口

【归类分析】由于各部件单独报验，故应分别归类。其中，液压泵、液压缸、控制阀按列名分别归入品目 8413、8412、8481，而油箱由于没有列名，故按液压动力装置的专用零件归入子目 8412.9 项下。

（五）液体、气体输送装置的归类

各种液体（或气体）物质经常需要从管道的一端输送到另一端，或从低处输送到高处，或由低压变成高压。液体、气体输送装置可以为液体（或气体）提供一定的压力，以克服输送过程中的阻力，帮助物质运动以完成这些输送。

液体的输送装置主要包括液体泵，气体的输送装置主要包括气体泵、压缩机、真空泵、风扇、风机等。

1. 液体泵

液体泵是把原动机的机械能转换成液体能量的机器。按其工作原理可分为：往复式泵、回转式泵、离心式泵等。往复式泵（全称为往复式排液泵）是指工作元件作往复运动的泵；回转式泵（全称是回转式排液泵）是指工作部件作回转运动的泵，常见的有齿轮泵、叶片泵和螺杆泵；离心泵是指依靠叶轮旋转时产生的离心力来输送液体的泵。有关液体泵的结构、工作原理等方面的详细知识见阅读材料。

液体泵的归类步骤如下：

第一步：先考虑是否带有计量装置（即是否能计量输送液体，如加油站用的泵即为一种计量泵），驱动方式是否为手动，用途（是否为活塞内燃机用、混凝土用），若满足其中的条件之一，则归入子目 8413.1~8413.4 的相应子目；

第二步：上述条件均不符合，则应判断是往复式泵、回转式泵、离心泵，或是其他类型的泵，根据其工作原理分别归入子目 8413.5~8413.8 的相应子目。

2. 气体泵、压缩机、真空泵、风扇、风机

气体泵、压缩机、真空泵的工作原理与液体泵相同，它们的结构也大体相似，只是输

送的介质不同，即前者的输送介质是气体，后者的输送介质是液体。

（1）压缩机的归类

气体泵又称压缩机，是输送气体和提高气体压力的机器。气体压缩机压缩的"气体"可以包括空气在内的一切气体，例如，二氧化碳压缩机、制冷设备中的压缩机（压缩制冷剂气体）等。

对于制冷设备用压缩机要区分是否属于电动机驱动的。通常电冰箱用压缩机是电动机驱动的（如图 16-22），归入子目 8414.301[①]；而汽车空调制冷用压缩机如果直接由汽车本身的内燃机驱动（如图 16-23），则不属于电动机驱动的，归入子目 8414.3090。子目 8414.4000 的"装在拖车底盘上的空气压缩机"则是指由压缩机、内燃机、拖车底盘构成的装置（如图 16-24 所示）。

图 16-22　电冰箱用压缩机　　　图 16-23　汽车空调制冷用压缩机

图 16-24　装在拖车底盘上的空气压缩机

（2）真空泵的归类

真空泵又称抽气泵，指从某一封闭空间中抽出气体使其内部达到真空的机器。真空泵的工作原理与一般的泵不同，主要有容积式真空泵和动量传输真空泵等。

【例 8】分子泵

【归类分析】分子泵尽管在品目 8412.4 项下没有具体列名，但不能轻易按"其他气体泵"归类。经了解，分子泵是利用高速旋转的转子把动量传输给气体分子，使之获得定向速度，从而被压缩、被驱向排气口后为前级抽走的一种真空泵，故应归入子目 8414.1000。

（3）风扇的归类

风扇，有时也称为风机，按其使用或安装的位置分为台扇（table fans）、落地扇（floor fans）、壁扇（wall fans）、换气扇或排气扇（window fans）、吊扇（ceiling or roof fans），以及其他风扇，根据风扇种类及其所装电动机功率归入子目 8414.5 项下。

---

① 该三级子目又按照用途和功率细分出四级子目，所以这里的三级子目可以用七位数编码 8414.301 表示，也可以用八位数编码 8414.3010 表示，以便与下一个三级子目 8414.3090 位数统一。

【例9】个人台式计算机机箱用微型风扇

【归类分析】安装在机器内部起散热作用的微型风扇，不属于换子目8414.51所列名的风扇范围，故应归入子目8414.5990。

(4) 通风罩的归类

家庭用的抽油烟机（或称脱排油烟机）是一种装有风扇并带有过滤装置的通风罩，归入品目8414。装有风扇的实验室或工业用通风罩或循环气罩，不论是否带有过滤装置，也归入品目8414。

(六) 制冷机器、热泵的归类

制冷、制热与热能的转移和利用有关。根据能量守恒定律，热量不会自己产生或消失，它会以某种非热量形式转化为热量，或是将热量从一个地方转移到另一个地方。在后一种情况下，由于热量的转移，失去热量的地方（或物质）温度降低，称作被"制冷"，则完成这项工作的机械被叫做"制冷机器"；而相对的另一地方（或物质）获得了，热量温度升高，称作被"制热"，则完成这项工作的机械被叫做"制热机器"。

热能转移机器主要通过制冷原理来完成。主要的制冷原理有压缩式制冷、半导体式制冷、电气吸收式制冷，相关原理请见阅读材料。其中压缩式制冷是当前主要的制冷方式。

1. 压缩式制冷的原理与结构

压缩式制冷设备主要由压缩机、冷凝器和蒸发器等组成。如图16-25。

```
         蒸发的制冷剂      高温高压的制冷剂
  蒸发器 ——————→ 压缩机 ——————→ 冷凝器
 （液态制冷剂） ↑                （气态制冷剂）
         └──────────────────────────┘
```

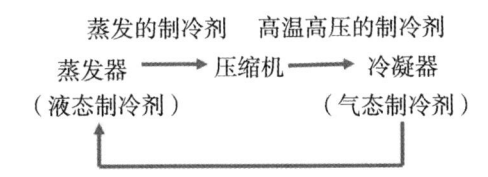

图 16-25 压缩式制冷工作原理示意图

液态的制冷剂在蒸发器中吸收蒸发器周围物体的热量后，在蒸发器中激烈沸腾蒸发，蒸发的制冷剂蒸汽被压缩机吸入，经压缩机作用后，成为高温高压的制冷剂蒸汽被排至冷凝器。制冷剂蒸汽在冷凝器中和外界低温物质进行热交换，制冷剂失去热量冷凝后变成流体经节流阀（或毛细管）节流降压降温，节流后的制冷剂液体再次进入蒸发器进行下一次的制冷过程。压缩机不断地工作，制冷循环不断地进行，蒸发器周围物质的热量逐渐被制冷剂带走，温度降低被制冷。在上述的制冷过程中，蒸发器周围的物质被制冷，而冷凝器周围的物质被制热。

压缩式制冷设备中，压缩机的输送作用保证了制冷剂在各部件中的顺利运行，它是整个制冷过程的核心部分。

图16-26是最典型的窗式空调器的结构，一般由以下四部分组成：

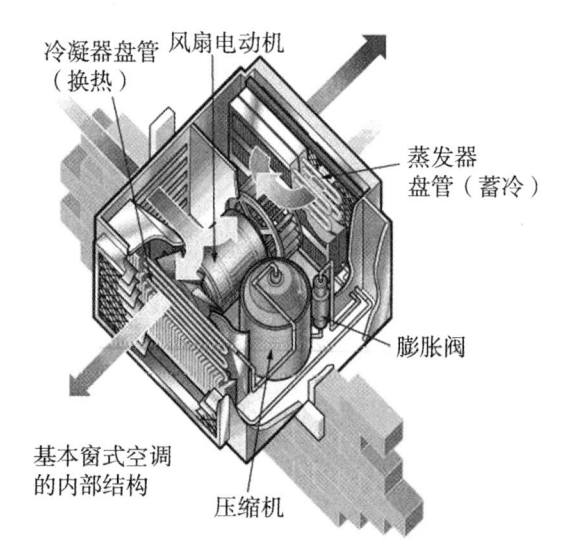

图 16-26　窗式空调器的结构

（1）制冷系统：是空调器制冷降温的部分，由压缩机、蒸发器、冷凝器和节流器件等组成，此外，还包括一些辅助性元器件，如干燥过滤器、气液分离器（储液器）、电磁换向阀等。

（2）空气循环系统：其作用是强制对流通风，促使空调器的制冷（制热）空气在房间内流动，以达到房间各处均匀降温（升温）的目的。空气循环系统是由空气过滤器、风道、风扇、出风栅和电动机等组成。

（3）电气系统：是空调器内促使压缩机、风扇安全运行和温度控制的部分，用以控制、调节空调器的运行状态，保护空调器的安全运行，由电机、继电器、温控器、电容器、熔断器及开关、导线和电子元器件等组成。

（4）箱体与面板：是空调器的框架、各组成部件的支承座和气流的导向部分，由箱体、面板和百叶栅等组成。

2. 空调器的归类

空调器是空气调节器的简称，是在密闭的空间内保持所需温度及湿度用的设备。空调器供办公室、家庭、公共大厅、船舶及机动车辆等的空气调节之用，也可用于某些有特殊空气条件要求的工业设施（例如，纺织、造纸、烟草及食品工业）。

空调器既有单独制冷的（单冷空调），也有既制冷也制热的（冷暖两用空调）。其制冷能力以制冷量表示，单位为 W（瓦特）或大卡/时。

空调器在《协调制度》中被列入品目 8415，但归入本品目的空调器必须同时符合下列三个条件：

（1）装有电动的风扇或鼓风机；

（2）既可调节空气的温度（装有加热或冷却装置或两者兼有），又可调节空气的湿度（装有增湿或干燥装置或两者兼有，也可利用冷凝作用来调节湿度）；

（3）上述（1）及（2）项所列装置一同报验。

没有同时符合上述三个条件（例如，仅能调节湿度的空气增湿机或减湿机），不能归入本品目。

空调器按结构不同，分为独立式空调、分体式空调等。

独立式空调又称一体式空调、窗式空调，它不分室内机和室外机，它的压缩机、蒸发器、冷凝器、轴流风扇和离心风扇等安装在同一机壳内。

分体式空调就是由室内机和室外机构成的空调，由于压缩机的噪声较大，所以将压缩机、冷凝器等装在室外机，而将蒸发器等装在室内机，室内机与室外机通过管路和电线相连，分体式空调常见的形式有壁挂式和置于天花板或地板上的分体空调。

中央空调是由一台主机通过风道或冷热水管或冷媒管线连接多个末端的方式来控制不同的房间，以实现调节室内空气的空调。

窗式空调、壁挂式分体空调、置于天花板或地板上的分体空调均归入子目8415.1。

中央空调属于装有制冷装置的其他空调，根据其制冷量归入子目8415.8项下不同的子目。但是中央空调用的制冷机组若单独报验，则应归入子目8418.6920。

分体式空调的室内机和室外机如果单独报验，室内机和室外机均应按空调器的专用零件归入子目8415.9。

在空调的零件中，压缩机、风扇、温控器等属于其他品目已列名的商品，分别归入品目8414和品目9032[①]。

3. 其他制冷设备的归类

其他制冷设备是指除了空调器以外的制冷设备，主要包括冷藏箱、冷冻箱、制冷机组和热泵等。

冷藏箱（Refrigerator）的箱内温度一般保持在0℃~10℃之间，常用于冷藏食品、药品等。

冷冻箱（Freezer）又称冷柜或冰柜，箱内温度一般在-18℃或以下，用来贮藏、冻结食品等，从结构上看，既有卧式上开门结构，也有立式侧开门结构。

冷藏冷冻箱（Combined refrigerator-freezer）由冷藏室和冷冻室组成，这种类型一般为双门或多门。

制冷机组（Refrigerating unit）又称冷水机组，是生产冷水的装置，如图16-27所示。冷水机组是中央空调系统的关键设备。

图16-27 冷水机组

[①] 冷凝器、蒸发器属于空调的热交换装置，目前各国归类尚不统一。一种观点是运用第十六类注释二（二），按空调专用零件归入子目8415.90；另一种观点是运用第十六类注释二（一），将空调的冷凝器、蒸发器看作制冷设备的零件归入子目8418.99。根据《协调制度注释》中品目8415的相关阐述，参考世界海关组织协调制度委员会秘书处的"秘书处长期以来将冷凝器和蒸发器（无论是否用于空调机）归入品目8418"的意见，本书倾向于后一种观点。但应注意的是，目前世界海关组织尚未将该类商品纳入讨论议题，我国海关也未发布归类决定。

热泵（Heat pump）指输送能量的装置，是一种用以从温度较低的热源（主要是地下水或地表水、泥土或空气）中吸热，并将这些热能传给其他温度较高热源的装置。热泵主要用于向楼房供热或为家庭提供热水。

热泵按热能的传递方向可分为可逆式热泵和不可逆式热泵。可逆式热泵的热能既可从热源甲传递给热源乙，又可从热源乙传递给热源甲，具有双向传递热能的功能；而不可逆式热泵只能单向传递热能。

其他制冷设备、热泵归入品目8418。确定归入品目8418后，要判断其功能（冷藏-冷冻组合、冷藏、冷冻），即根据其功能来确定子目。

子目8418.1的制冷设备必须是冷藏-冷冻组合机。

子目8418.2的制冷设备只有冷藏功能，且用途必须是家用。

子目8418.3和8418.4的制冷设备只有冷冻功能，且根据柜式或立式以及容积，归入相应子目。

子目8418.5的制冷设备的功能可以是冷藏，也可是冷冻，但用途必须是储存及展示用，例如商店销售冷饮的冰柜。

子目8418.61的热泵只包括不可逆式热泵；若是可逆式热泵（这种热泵由电扇与调温及调湿装置组成），可实现热量的双向交换，既可制冷也可制热，由于符合前述空调器的三个条件，则应归入品目8415。

子目8418.69的其他制冷设备主要包括用于中央空调的制冷机组（该商品不能误按中央空调的零件归入品目8415）、大型冷库用的制冷设备、冷藏车用的制冷设备等。

子目8418.9的零件必须是第十六类注释一和第八十四章注释一未排除也未在第八十四章和第八十五章列名的商品，主要包括冷凝器、蒸发器、吸收器、发生器等。

（七）利用温度变化处理材料的设备的归类

利用温度变化处理材料的机器或装置是指对材料（固体、液体或气体）进行加热或冷却处理以简单地改变材料的温度，或主要因改变材料温度而使材料发生变化的各种机器及设备。例如，对材料进行加热、烹煮、烘炒、蒸馏、精馏、消毒、巴氏杀菌、汽蒸、干燥、蒸发、气化、冷凝或冷却等。这些商品大多归入品目8419。

1. 品目8419的商品范围

品目8419的品目条文如下：

"利用温度变化处理材料的机器、装置及类似的实验室设备，例如，加热、烹煮、烘炒、蒸馏、精馏、消毒、灭菌、汽蒸、干燥、蒸发、气化、冷凝、冷却的机器设备，不论是否电热的（不包括品目8514的炉、烘箱及其他设备），但家用的除外；非电热的快速热水器或贮备式热水器"。

从上述条文可以看出，该品目由中间的分号分成两部分商品，分号前面的商品必须是非家用的，不论是否电热；而分号后面的商品（热水器）必须是非电热的，不论是否家用。例如，加工热饮料或加热食品用的设备只能是非家用的才可归入品目8419，若是家用的电加热器具应归入品目8516。

2. 品目8419项下子目的归类

子目8419.1的热水器只包括非电热的热水器，例如，燃气热水器和太阳能热水器。

而电加热的热水器应按电加热器具归入品目8516。

子目8419.3的"干燥器"只包括工业（包括食品加工业）用的"干燥器"，例如，农产品干燥用，木材、纸浆、纸及纸板干燥用。该子目不包括家用的干燥器。

子目8419.33项下的冷冻干燥（Freeze drying）装置是一个利用冷冻方式干燥物品的装置。冷冻干燥时先冷冻，再将周围压力降低，使得冻结的冰直接升华，由固态变为气态。干燥过程：低温（冷冻）→降压（冰升华）→脱水（干燥）。

子目8419.5的"热交换器（Heat exchange unit）"必须满足下列条件：装置内有一股热流体（热的气体、蒸汽或液体）与一股冷流体在两条平行的通路中流过，两股流体的流向通常相反，并进行热量交换。这样既可使热流体冷却，同时又将冷流体加热。

子目8419.81的"加工热饮料或烹调、加热食品用"的器具只包括非家用的，例如，餐馆、食堂等用的柜台式咖啡渗滤壶、茶壶及奶壶、蒸汽壶等，蒸汽加热锅、加热板、加温橱、干燥箱等，油炸锅等。若是家用的电加热器具，应归入品目8516。

3. 品目8418的"制冷"和品目8419的"冷却"的主要区别：

品目8418的制冷设备是指通过有源冷却元件连续循环，吸收物质在蒸发时所释放的潜热并产生低温的设备。如压缩式制冷方式、半导体式制冷方式、吸收式制冷方式等。

而品目8419的冷却装置是指：

（1）冷却罐、槽等，其底部是双层的，配有冷却盐水等冷却媒介的循环装置，可冷却罐、槽内物体。例如，利用冰盐（冰上加盐可使冰在一段时间内维持相当低的温度）冷却其他物质的装置。

（2）热交换器，即装置内有一股热流体与一股冷流体在两条平行的通路中流过，但两者流向通常相反。两条通道由一层薄薄的金属壁隔开。这样，既可以使热流体冷却，同时又将冷流体加热。例如，各种热交换型的冷却器等。

（八）其他通用机器的归类

其他通用机器主要包括滚压机器、离心机、过滤及净化装置或设备、包装机器、衡器、喷射机器等。

1. 滚压机器的归类

滚压机器主要由两个或多个平行的滚筒组成。这些滚筒在旋转时，其表面较为紧密地相接触。这样在滚筒的压力、摩擦或加热加湿相结合的作用下，可以把可塑材料喂入滚筒，轧成薄片（制糕饼、糖果等）；或者在薄片材料表面产生某种效果，如压平、上光、抛光、压花、起粒纹等；或者施料或表面涂料；或者将织物黏合等。

这类机器应用于多种工业（例如，纸张、纺织品、皮革、塑料、橡胶等），而且在不同工业中会有不同的名称，如洗衣业中称"烫平机"，造纸业中称"高度研光机"，纺织业中称"整理轧布机"等。滚压机器不论其行业名称如何，若符合滚压原理，均按可归入品目8420。

但是正如品目8420的条文中已排除的，加工金属和玻璃的滚压机器不能归入品目8420，例如金属滚压机、平板玻璃滚压机应分别归入品目8455和8475。

2. 离心机、过滤及净化装置或设备的归类

离心机是利用离心力全部或部分地将不同物质加以分离的机器，或是利用离心力将潮湿物质的水分除去的机器。

过滤及净化设备指运用物理、机械、化学、磁性、电磁、静电等原理，从液体中分离出固体、脂肪、胶体等微粒或将气体中的固体或液体微粒分离出来，从而对液体或气体进行过滤或净化的机器及装置。

离心机、过滤及净化设备归入品目8421。其中，离心机归入子目8421.1；液体的过滤、净化机器及装置归入子目8421.2；气体的过滤、净化机器及装置归入子目8421.3。

本品目归类时应注意两点：

（1）过滤漏斗、滤乳器及简单装有金属丝网或其他过滤材料制的容器或槽缸等，由于过于简单，不能作为本品目的过滤装置归类。

（2）各种材料制（如陶瓷、纺织品、纸浆等）的过滤件，不作为本品目机器的零件归类，应按其构成材料归入适当品目，如纸浆制的滤块（品目4812）。

【例10】可更换的空气滤清器的滤芯

该产品主要由纸制滤芯、橡胶盖（上、下盖）和金属丝外网构成，用于小客车发动机的进气系统，如图16-28所示。工作时通过纸质滤芯过滤进入发动机的气体中的杂质。

图16-28 空气滤清器的滤芯

【归类分析】该商品的主要功能是通过纸质滤芯过滤进入发动机的气体中的杂质，属于内燃发动机的进气过滤装置，虽然完整的空气滤清器还包括外壳，但该商品已具备完整商品的基本特征，在归类上视为完整的进气过滤装置。故依据第十六类注释二（一）的规定，可按其功能归入子目8421.3100[①]。

3. 包装机器的归类

包装机器指进行包装作业的各种机器，它包括的范围很大。常见的包装机器按其功能主要包括：充填机、灌装机、封口机、贴标机、裹包机和捆扎机等。

包装机器归入品目8422。

【例11】糖块的裹包机器，用于将糖块裹包在一张糖纸内

【归类分析】该机器属于包装机器，故应归入品目8422。由于子目8422.3的装填、封口、密封、包封的对象必须是容器，而该糖果包装机并不是对容器进行包装，故不能归入子目8422.3030的"其他包装机"，而应归入子目8422.4000的"其他包装或打包机器"。

4. 衡器的归类

衡器属于重量的计量设备或器具，不论是机械式或是电气式的，均归入品目8423。但是感量为50毫克或更精密的天平应按精密仪器归入品目9016。

---

① 该产品在实践中还存在按气体过滤装置归类与按气体过滤装置的零件归类的争议，本书倾向于前一种观点。

砝码根据品目列名，一律归入品目 8423，即使是用于品目 9016 精密天平的砝码，当单独报验时也归入品目 8423。

感量代表一个天平所能称量的最小质量，即天平的精度，感量数值越小，说明天平的精度越高。

5. 喷射机器的归类

喷射机器是指将蒸汽、液体或固体材料（例如，沙、粉末、颗粒、砂砾或金属研磨料）以射流状、散射状（不论是否成滴）或喷雾状进行喷射、散布或喷雾的机器及器具。喷射机器归入品目 8424。

（1）某些利用喷射原理工作，但基本功能超出了喷射功能的机器、器具，不能误归入本品目。例如：

①医疗仪器（如牙科用的喷射钻，品目 9018）。

②金属或金属陶瓷的热喷机器（品目 8515）。

③利用喷射方式清洁容器的机器（品目 8422）。

④将砂浆、混凝土或砾石散布或喷射在路面及类似表面的机器（品目 8479）等。

⑤水射流切割机（品目 8456）。

（2）子目的归类

①子目 8424.2 的"喷枪及类似器具"指通常装在压缩空气或蒸汽管道上并直接或通过导管与喷射材料的储槽相连接的手持式器具。这些器具装有扳机或其他阀门，以控制流体通过喷嘴。这些喷嘴通常可以调节，能喷出射流或扩散的雾状射流，如图 16-29 所示。喷枪可直接装涂料等使用，即简单的喷枪；也可安装在自动化设备中，如自动喷胶机、自动涂胶机、自动喷漆机、涂覆机等。

图 16-29 喷枪

②子目 8424.3 的"喷砂机"指可高压喷出砂或金属研磨料等用以对金属和玻璃、石料等进行加工的设备。

③子目 8424.41 为农业或园艺用的便携式喷雾器，通常用于杀虫剂、植物生长调节剂等农药类的喷射。而子目 8424.82 的"农业或园艺用"喷射器具或设备是指除了子目 8424.4 以外的喷射设备，例如，园林灌溉系统是由不同的独立部件构成的功能机组，根据第十六类注释四可一并归入子目 8424.82 项下。

（3）喷头的归类：

①压力罐喷头，如某些杀虫剂，罐内充有一定压力的物质，当喷头处的启闭件处于打开状态时，罐内压力大于外界压力，罐内的物质会从喷头喷射出来。这样的原理类似阀

门，可将其作为阀门归入品目8481。

②常压罐喷头，如消毒剂、驱蚊液、洒水器等用的喷头，罐内没有压力物质，通过一定装置（如活塞）的运动使罐内暂时增加压力，当内部压力大于外部压力时，内部物质顺着压力方向从喷头喷射。这种商品可视为品目8424的商品归类。但是香水喷雾器或类似的化妆用的喷头除外（品目9616）。

（九）起重、搬运机械与工程机械的归类

1. 起重与搬运机械的归类

起重与搬运机械是用来起重、装卸、输送物料或输送人员的设备。这些设备可在一定范围内垂直、水平或成一定角度移动物体或人，可间歇性地非连续输送，也可连续输送。起重或搬运机械可分为轻小型起重设备、大中型起重设备、升降机及其他输送设备。

品目8425~8428为起重、搬运机械，专用于上述机械的零件归入品目8431。

品目8425包括简单的轻型起重或搬运设备，如卷扬机、千斤顶等；品目8426包括重型或大型的起重或搬运设备，如各种起重机等；品目8427包括装有升降或搬运装置的工作车，但是装有起重机的搬运车不归入品目8427，应归入品目8426；品目8428包括除了品目8425~8427以外的其他升降搬运、装卸的机械设备。在确定子目时，要区分是连续输送的机械，还是非连续输送的机械。

【例12】集装箱正面吊

集装箱正面吊为自推进式设备，配有一台柴油机、一个带有绞盘和扩张器的伸缩臂或一个配有带钩滑车的升降系统。它具有"拾起和运送"功能，并特别设计用于国际标准集装箱的吊运，可提升和搬运重达60吨的货物。如图16-30所示。

图16-30 集装箱正面吊

【归类分析】该集装箱正面吊为自推进设备，配有柴油机、带有绞盘和扩张器的伸缩臂或带钩滑车的升降系统，从其结构上判断，它属于装有起重装置的工作车，属于轮胎式起重机，应归入子目8426.4110。

【例13】自推动集装箱堆垛机

自推动集装箱堆垛机包括一个以柴油机为动力的6轮底盘、一个固定在底盘上的驾驶室、一个安装在底盘前部的垂直伸缩升降柱和一个安装在升降柱上的皮带驱动的扩张器。伸缩柱外部可从伸缩柱内部垂直伸出或缩进，以升降扩张器。另外，扩张器也可借助皮带驱动升降。借助该模式可举起36吨重物，并能将集装箱堆至13米高。其最高行驶速度为

23~24 千米/小时，提升速度为 0.30~0.40 米/秒，转弯半径为 7.6 米。如图 16-31 所示。

图 16-31　集装箱堆垛机

【归类分析】将前一例的集装箱正面吊与该集装箱堆垛机进行对比发现，尽管两种集装箱搬运机器从用途上来讲是相同的，但是工作方式不同。前者通过起重装置吊运集装箱，属于"装有起重装置的工作车"，后者通过立柱升降的方式搬运集装箱，属于"装有升降装置的工作车"，故依据 8427 的品目条文归入子目 8427.2090。

2. 工程机械的归类

工程机械是指用于土方工程、石方工程以及综合机械化施工方面的机械设备。主要包括挖掘机械（挖掘机）、铲运机械（推土机、装载机、铲运机、平地机等）、压实机械（压路机、夯实机）、桩工机械（打桩机、拔桩机）、凿岩机械（凿岩机、隧道掘进机等）、混凝土机械（混凝土搅拌机等）、路面施工机械（摊铺机等）。

品目 8429 至 8430 为工程机械，专用于上述机械的零件归入品目 8431。

品目 8429 包括机动的具体列名的工程机器，也就是说，归入品目 8429 的商品必须是"机动的"，必须是品目条文中所列名的商品。所谓"机动的（self-propelled）"，又称为"自推进的"，是指本身带有动力且可自行驱动行走的设备。如果品目 8429 所列的工程机器为非机动的，则应归入品目 8430；

品目 8430 包括品目条文中所列功能的其他工程机械，既包括"自推进的"，也包括"非自推进的"。但是，如果是品目 8429 中已列名且在品目 8430 也包括的机器，只有非自推进的才可归入品目 8430。例如，品目 8430 的钻探机器（未在品目 8429 中列名）包括"自推进的"，也包括"非自推进的"；品目 8430 项下的铲运机（子目 8430.6920）只包括非自推进的，因为自推进的铲运机已归入品目 8429（子目 8429.3）。

需要强调的是，工程机械中的"混凝土机械（混凝土搅拌机等）、路面施工机械（摊铺机等）"不能归入品目 8429 或 8430。其中，混凝土搅拌机等应归入品目 8474，摊铺机等应归入品目 8479。

3. "自推进式机械"与"特殊用途车辆"（品目 8705）的区别

某些起重、搬运、工程机械（例如，起重机、打桩机）常装于事实上是一部完整车辆的底盘上，这些车辆的底盘上至少具有以下重要部件：推进发动机、齿轮箱、换挡控制器、驾驶及制动装置。由上述装置组成的设备应作为特种用途的机动车辆归入品目 8705，不论这类机器仅仅是简单装在车辆上,还是与车辆组成一套完整的机械设备。

有的机械虽然装在一个有车轮的底盘上,但是上述的推进发动机或控制装置却是装在机械的驾驶室内,这种设备均按照"自推进式"机械归类。

(十) 农林、园艺、食品加工机器的归类

农业、园艺及林业机器是指这些行业用的整地、种植、耕作、收获(收割、采摘)、脱粒、磨粉的机器。

食品加工机器是指加工食品的机器,例如,和面机、面条加工机、包馅机、肉类加工机、水果或蔬菜加工机、糖果加工机、巧克力加工机、制糖机器、酿酒机器等。

农林、园艺、食品加工机器归入品目 8432~8438。这一部分的列目规律是按加工程度由低到高排列的,首先是耕作、种植、施肥的机器,其次是收获(收割、采摘)、脱粒的机器,然后是清洁、分选、磨粉的机器,最后是加工食品的机器。

例如,小麦播种机(品目 8432)→收获小麦的机器(品目 8433)→小麦磨成面粉的机器(品目 8437)→由面粉制成面条、糕点的机器(品目 8438)。

【例 14】 商用蔬菜加工机

该机器包含一个三相电机,进料头带有两个开口和推进器,控制面板上带有开关按钮。该商品与一个 3 毫米的切削盘和一个 3 毫米的中号研磨盘一同报验。该机器用于连续地切片、切丁、切碎、磨碎等,以及制备薯条和切丝,可在 3 小时内制备 1200 份蔬菜,机器重约 15 千克,尺寸为 745 毫米×610 毫米×310 毫米。如图 16-32 所示。

图 16-32 蔬菜加工机器

【归类分析】该机器为商业用途,即属于非家用,故按其他品目未列名的蔬菜加工机器归入子目 8438.6000。

(十一) 印刷及与之相关机器的归类

1. 造纸机械的归类

造纸机械包括从原料准备、制浆、造纸直到制成纸成品(卷筒或平张)的机器,还包

括纸、纸板和纸制品的加工机器。其中，纤维素纸浆、纸及纸板的制造或整理机器归入品目 8439；书本装订机器归入品目 8440；其他制造纸浆制品、纸制品或纸板制品的机器归入品目 8441。

2. 印刷机械的归类

印刷是将被印刷的稿件（文字和图案）制成印版，然后由印刷机将油墨涂于印版，将油墨直接或间接地转印到其他承印物上（如纸张、纺织品、皮革、金属板、木板等），从而复制出和印版相同的印刷品。印刷机械按印版类型分为凸版印刷机、凹版印刷机、平版印刷机、苯胺印刷机、网版印刷机（或称孔版印刷机）等，详见阅读材料。

印刷主要的工序是排版、制版和印刷。其中，排版、制版机械归入品目 8442；印刷机械归入品目 8443。

3. 打印、传真、复印设备的归类

打印机、传真机、复印机及其组合机器归入品目 8443。在进行子目归类时需要考虑两个因素：一个是具有打印、传真、复印中的单一功能还是具有两种或两种以上的多功能；另一个是是否与计算机或网络连接使用，此处的"网络"包括有线电话网、无线电话网、局域网及广域网等。具体表示如下：

$$\begin{cases} \text{与自动数据处理设备或网络连接的设备} \begin{cases} \text{多功能} \cdots\cdots 8443.31 \\ \text{单一功能} \cdots\cdots 8443.32 \end{cases} \\ \text{不与自动数据处理设备或网络连接的其他设备} \cdots\cdots 8443.39 \end{cases}$$

（十二）纺织、皮革加工机器的归类

1. 纺织机械的归类

纺织机械主要包括织前机械、织造机械及织后染整机械。

织前机械包括对纺织纤维的成形、预处理、纺纱、织前准备等机械。

织造机械是形成织物的机械，包括将纱线织成织物的机械，通常有机织、针织和特种织造（如缝编、刺绣、花边、无纺制造等）机械，机织和针织是当今最主要的织造方式。织造机械还包括直接将纤维压成织物的机械，主要有毡呢、无纺布制造机械等。

织后染整机械主要进行一些染整工作，例如，洗涤、漂白、熨烫、染色、干燥、上浆、涂布、卷绕、剪切等处理。根据以上分类，可将它们归纳如下：

$$\begin{cases} \text{织前机械} \cdots\cdots 8444\sim8445 \\ \text{织造机械} \cdots\cdots 8446\sim8447 \text{ 和 } 8449 \\ \text{专用于品目 } 8444\sim8447 \text{ 机器的零件} \cdots\cdots 8448 \\ \text{织后染整机械及其专用零件} \cdots\cdots 8450\sim8451 \\ \text{缝纫机械} \cdots\cdots 8452 \end{cases}$$

归类时须注意：

（1）根据列名，品目 8451 不仅包括对织物的染整机械，也包括对纱线、纺织制品做类似处理工作的机器。

（2）若某些机器归类时涉及两个品目，根据本章注释二及其排除条款归类。例如，织物的干燥处理机器，既可以归入品目 8419（利用温度变化处理材料的机器），又可以归入

品目8451（织物的热处理机器），根据本章注释二的排除条文，归入品目8451。

（3）本段品目也包括非工业用的一些设备，如家用或洗衣房用的洗衣机、缝纫机。

2. 皮革加工机器的归类

皮革加工机器包括对皮革进行处理、鞣制或加工的机器，鞋靴、毛皮及其他皮革制品的制造机器，它们归入品目8453。

需要注意的是，某些用于皮革加工的机器，根据本章注释二，由于其功能已经在品目8401~8424中有列名，则不归入本品目。例如，将皮革轧平、上光、压纹等的滚压机器（品目8420），皮革干燥机（品目8419），染料、清漆的喷涂机（品目8424）。

（十三）冶金机器的归类

冶金机器是将金属矿砂中的金属提取出来，并初步成型的机械，主要包括金属冶炼与铸造用的设备、金属轧制的机器等。

冶炼是用高温将金属矿石冶炼成一定纯度的金属；或者将几种金属和非金属配合，冶炼成一定成分的合金。主要设备包括炼铁炉、转炉和浇包等。

铸造是将熔炼后的金属液体浇入铸型里，经冷却凝固、清理处理后得到有预定形状、尺寸和铸件的工艺过程。铸造可以将熔融金属暂时铸成锭，或是直接铸成金属制品。

金属冶炼、铸造设备归入品目8454，主要包括：炼钢用的转炉（它本身不含有加热装置）；进行二次精炼用的炉外精炼设备（它本身不含加热装置）；钢坯连铸机；特种铸造所用的冷室压铸机和热室压铸机、离心铸造机等；铸造时的用具，包括浇包、锭模、结晶器等。

不归入品目8454的金属冶炼、铸造设备主要有炼铁用的高炉（属于非电热的工业用炉，应归入品目8417）和炼钢用的电弧炉（本身含有加热装置，属于工业用的电炉，应归入品目8514）。

金属轧机由一系列轧辊组成，金属从轧辊中通过时将其压平或压成各种形状，同时改变金属结构，改善金属质量。金属轧机及其轧辊归入品目8455。

轧制分为热轧和冷轧。热轧是将材料加热到再结晶温度以上进行的轧制。热轧变形抗力小，变形量大，适合轧制断面尺寸较厚、塑性较差的材料；冷轧则是在室温下对材料进行的轧制，变形抗力大，变形量小，适于轧制塑性好、尺寸小的线材或薄板材等，产品尺寸精确，表面光洁度高。

（十四）机床的归类

机床（Machine tool）是对金属或其他材料的坯料或工件进行加工，使之获得所要求的几何形状、尺寸精度和表面质量的机器。

机床是制造机器的机器，也是制造机床本身的机器，这是机床区别于其他机器的主要特点，故机床又称为工作母机或工具机。机器零件通常都是用机床加工出来的。

机床在《协调制度》中归入品目8456~8466，这一段列目主要是根据机床的加工方式、加工对象等因素列目的，其结构规律如下：

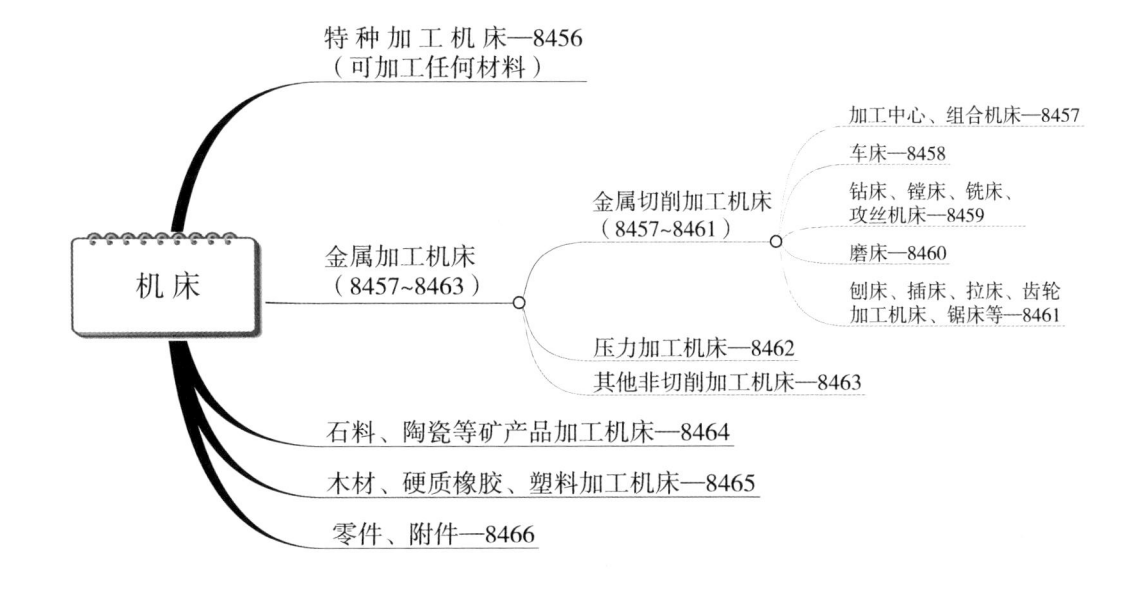

```
                                    ┌─ 加工中心、组合机床—8457
                                    ├─ 车床—8458
                    ┌─ 特种加工机床—8456              ├─ 钻床、镗床、铣床、
                    │  （可加工任何材料）              │  攻丝机床—8459
                    │                  ┌─ 金属切削加工机床 ─┤
                    │                  │  （8457~8461）    ├─ 磨床—8460
        ┌─────┐     │                  │                  └─ 刨床、插床、拉床、齿轮
        │ 机床 ├─────┼─ 金属加工机床 ───┤                     加工机床、锯床等—8461
        └─────┘     │  （8457~8463）   ├─ 压力加工机床—8462
                    │                  └─ 其他非切削加工机床—8463
                    │
                    ├─ 石料、陶瓷等矿产品加工机床—8464
                    ├─ 木材、硬质橡胶、塑料加工机床—8465
                    └─ 零件、附件—8466
```

1. 特种加工机床

特种加工机床指用激光、其他光、光子束、超声波、放电、电化学法、电子束、离子束或等离子弧处理各种材料的加工机床。根据本章注释三的规定，特种加工机床优先归入品目 8456。

除了上述特种机床外，水射流切割机也优先归入品目 8456。该机器是利用以 2~3 倍于音速的速度喷射出的水射流或水加精细研磨剂的混合射流对材料进行加工。它们在 3000~4000 巴的压力下进行工作，能对各种材料进行各种精密切割。水射流切割机一般用于比较柔软的材料（泡沫材料、软质橡胶、密封材料、金属薄片等）。水加研磨料混合射流切割机一般用于切割比较坚硬的材料（工具钢、硬质橡胶、复合材料、石料、玻璃、铝、不锈钢等）。

【例 15】激光打标机

激光打标机是利用激光束直接在工业产品（包括金属产品和非金属产品）上进行生产日期、批号、商标等内容的打标。它主要由 CO_2 激光器、偏转驱动装置、多棱镜系统、镜头控制单元、操作键盘等构成。工作原理：将激光器发出的激光束以极高能量聚集在被加工产品的表面，将其气化，并通过其内部机械运动部件控制激光束的按一定程序指定的位移，精确地刻蚀出有一定深度凹痕的精致图案或文字。

【归类分析】从激光打标机的功能和工作原理判断，它属于用激光加工和处理各种硬质材料的机床，应归入子目 8456.1100。

2. 切削加工机床

常见的切削加工机床包括车床、钻床、铣床、磨床、齿轮加工机床等。它们对应不同的切削方式，如车床对应的切削方式是车削，铣床对应的切削方式是铣削等。所以，有必要了解切削加工方面的基本知识。

切削加工指用切削刀具（包括砂轮等磨具），将工件上多余的料层去除，从而获得合格零件的加工方法。在切削加工过程中有切屑产生，所以切削加工属于减材制造，与减材制造相对应的是增材制造（即 3D 打印）。切削加工必须具备的三个要素为工件、刀具和切削运动。

工件，即被加工的对象。

刀具，对工件进行切削加工所用的工具，常用的有车刀、铣刀、钻头、砂轮等。

切削运动，指在刀具和工件相互作用的过程中刀具相对于工件的运动。切削运动按作用方式不同可分为主运动和进给运动。

主运动是指切除多余金属以形成已加工表面的基本运动；进给运动是指保证刀具连续不断地进行切削，从而切出工件全部加工表面所需要的运动。例如，我们平常使用转笔刀削铅笔的过程就是切削加工的过程，铅笔相当于工件，转笔刀相当于刀具，转动铅笔或转动转笔刀的运动相当于主运动，要想把铅笔削尖，还要沿铅笔轴线方向进行直线移动，这个运动相当于进给运动。

常见加工方式就是依据其主运动与进给运动的不同来区分的，见表16-4。

表16-4 常见加工方式的主运动与进给运动对照

加工方式	主运动	进给运动
车削	工件的旋转运动	车刀的直线移动
铣削	铣刀的旋转运动	工件的直线移动
刨削	刨刀或工件的往复直线运动	工件或刨刀的间歇直线运动
钻削	钻头的旋转运动	钻头的轴向移动
镗削	镗刀的旋转运动	镗刀或工件的移动
磨削	砂轮的旋转运动	工件旋转同时沿其轴线方向往复直线运动

子目8458.1的"卧式车床"指其回转主轴水平布置的车床。如果其回转主轴是垂直布置的车床，则属于立式车床，应归入子目8458.9项下。

普通磨床归入品目8460，但齿轮磨床应归入品目8461。

磨床的定位精度代表一台磨床的加工精度，数值越小，说明精度越高。所以子目条文中要求的"定位精度至少是××毫米"，即要求机床的定位精度数值要小于或等于这个值，而不能大于这个值。

3. 数控机床

数控机床是用程序指令控制给定的加工程序、运动速度和轨迹的自动加工机床。数控机床可精确加工复杂型面，适合于加工中小批量、精度要求高、形状又较复杂的工件。

数控机床通常由信息载体、数控装置、伺服机构和主机四部分组成。

信息载体是在人和机床之间的媒介物，或称输入介质、控制介质。

数控装置是数控机床的核心，通常由输入装置、控制器、运算器和输出装置四部分组成。输入装置接受来自信息载体的各种指令，经译码后将控制指令送入控制器，数据送到运算器。控制器接受输入装置送来的控制指令，控制运算器与输出装置，实现对机床各种操作的控制。运算器接受控制器的指令，对输入的数据信息进行处理，将处理的结果送到输出装置。输出装置根据控制器的指令，将运算器处理的结果，经放大或转换成模拟电压量之后，送到伺服机构，使机床按规定要求运动。

伺服机构是数控机床执行机构的驱动部件。它的作用是把来自数控装置的脉冲信号转换为机床相应部件的机械运动。它由伺服电动机和进给传动装置组成。

主机就是数控机床的主体，包括床身、立柱、主轴、进给机构等机械部件。

数控机床是在普通机床的基础上发展而来的。数控机床有别于普通机床的主要特征是有数控装置和伺服机构。

如果进口的数控机床不带有数控装置，只要它们具备数控机床的基本特征，例如有伺服机构中的一些特征部件，仍按数控机床整机归类。

4. 加工中心与数控机床的区别

加工中心可进行多种加工方式的机械操作，所以加工中心属于多功能的机床。加工中心是在数控机床的基础上发展而来的，两者都是按预先编好的指令程序对工件进行加工的，但两者还是有较大区别：加工中心备有刀具库，并能自动更换刀具；而数控机床没有刀具库，一般不能自动更换刀具。

加工中心归入品目 8457，而数控机床按机床的类型归入不同的品目，如数控车床按车床归入品目 8458，数控铣床按铣床归入品目 8459。

加工中心在确定子目时要区分其结构：立式、卧式、龙门式及其他结构。

立式加工中心指机床回转主轴为竖直布置的加工中心；

卧式加工中心指机床回转主轴为水平布置的加工中心；

龙门式加工中心指由两立柱、横梁和床身构成的"龙门"框架式加工中心。

但是，由于车削中心不具有刀具库，更不能实现从刀具库中自动更换刀具，所以它不属于加工中心，仍按数控车床归入品目 8458。

【例 16】 五轴车铣复合加工中心

该机床五轴联动，用于加工混合动力车的变速器壳体。主要采用铣削、镗削和钻削，辅以车削、攻丝、铰孔等来完成加工。该机床刀库容量 40 把，可自动换刀，并能实现由立式到卧式加工的自动转换。如图 16-33 所示。

【归类分析】 该机床虽然叫车铣复合加工中心，但其功能仍以铣削、镗削、钻削为主，车削只属于辅助功能，所以不能按车削中心归类。该机床配有刀具库，可自动换刀，应按加工中心归入品目 8457。由于该机床可实现由立式到卧式加工的自动转换，因此它既不属于立式加工中心，也不属于卧式加工中心，所以按其他加工中心归入子目 8457.1090。

图 16-33 五轴车铣复合加工中心

5. 组合机床

组合机床是以通用部件（如动力头）为基础，配以少量按工件特定形状和加工工艺设计的专用部件和夹具而组成的半自动或自动专用机床。组合机床一般采用多轴、多刀、多工序、多面或多工位同时加工的方式，所以，其生产效率比通用机床高几倍至几十倍。组合机床多用于箱体类零件的加工。

组合机床按工位数量不同,可分为单工位组合机床和多工位组合机床。

单工位组合机床的工件固定在工作台后不再移动,多个动力头可同时或顺序地对其进行加工,由于这种机床只有一个加工工位,所以称单工位组合机床。

多工位组合机床的工件固定在工作台后,工作台带动工件可旋转或直线移动,同时有多个动力头对工件进行加工。由于这种机床有多个加工工位,所以称为多工位组合机床。

组合机床归入品目8457。其中,单工位组合机床归入子目8457.2;多工位组合机床归入子目8457.3。上述机床必须能进行多种机械操作,如集刨削、钻削、铣削三种不同切削方式的机床。因此,只能使用一个刀具,或者同时或顺序地使用多个刀具进行一种机械加工的机床,不属于本品目的范围,例如多轴钻床(仅作钻削)、多刀铣床(仅作铣削)等,这种机床仍按照单一功能的钻床或铣床归入品目8459。

6. 压力加工机床

压力加工机床指通过压力来改变金属或硬质合金形状的机床。压力加工机床与切削加工机床的最大区别是:它只改变金属的形状,所以加工过程中没有切屑产生。

压力加工机床归入品目8462,其列目结构如下:

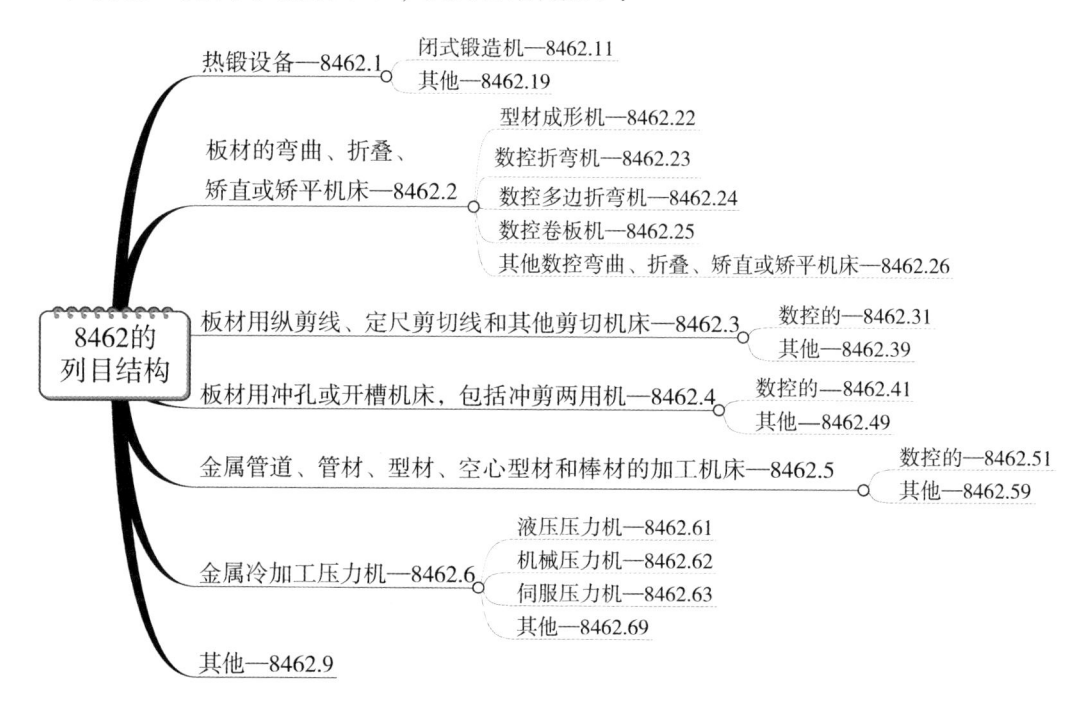

```
8462的列目结构
├── 热锻设备—8462.1
│   ├── 闭式锻造机—8462.11
│   └── 其他—8462.19
├── 板材的弯曲、折叠、矫直或矫平机床—8462.2
│   ├── 型材成形机—8462.22
│   ├── 数控折弯机—8462.23
│   ├── 数控多边折弯机—8462.24
│   ├── 数控卷板机—8462.25
│   └── 其他数控弯曲、折叠、矫直或矫平机床—8462.26
├── 板材用纵剪线、定尺剪切线和其他剪切机床—8462.3
│   ├── 数控的—8462.31
│   └── 其他—8462.39
├── 板材用冲孔或开槽机床,包括冲剪两用机—8462.4
│   ├── 数控的—8462.41
│   └── 其他—8462.49
├── 金属管道、管材、型材、空心型材和棒材的加工机床—8462.5
│   ├── 数控的—8462.51
│   └── 其他—8462.59
├── 金属冷加工压力机—8462.6
│   ├── 液压压力机—8462.61
│   ├── 机械压力机—8462.62
│   ├── 伺服压力机—8462.63
│   └── 其他—8462.69
└── 其他—8462.9
```

从上述列目结构看,它主要包括四部分商品:

(1) 热锻设备归入子目8462.1项下;

(2) 加工金属板材的机床归入子目8462.2至8462.4项下。其中子目8462.2包括板材的弯曲、折叠、矫直或矫平的机床,子目8462.3包括板材的剪切(即下料)机床,子目8462.4包括板材的冲孔或开槽机床;

(3) 加工金属管道、管材、型材、空心型材和棒材的加工机床(非压力机)归入子目8462.5项下;

(4) 加工金属的冷压力机归入子目8462.6项下。

对这类机床归类时，主要考虑的因素包括加工方式（热锻造、冷压力加工机、弯曲、折叠、矫直或矫平等）、加工对象（板材、管道、管材、型材、空心型材和棒材）等因素。

热锻造就是对加热的金属坯件利用压力使之产生塑性变形，以获得所需形状、尺寸和性能要求。热锻造按是否需要模具可分为自由锻造（简称自由锻，不需要模具）和模型锻造（简称模锻，必须用模具）。

型材成型机是用扁平产品自动连续生产金属型材的机床。

数控折弯机是用于对金属板或片单方向弯曲（只能向上弯曲）的数控机床。

数控多边折弯机是用于对金属板或片两个方向弯曲（既可向上弯曲，也可向下弯曲）的数控机床。

数控卷板机是通过一组三个或三个以上的轧辊对板材进行弯曲的数控机床。

液压压力机是使用液压动力驱动机器移动部件的压力机。

机械压力机是使用普通电动机驱动机器移动部件的压力机。

伺服压力机是使用伺服电动机驱动机器移动部件的压力机。

7. 其他非切削加工机床

品目8463包括非切削加工机床，加工时不用刀具，而是用模具，例如，线材的拉拔机、滚丝机（即用滚压的方式加工出螺纹，行业上又称为搓丝机）、弹簧制造机等。由于采用非切削的方式加工，所以加工时无切屑产生。

8. 其他材料的加工机床

其他材料的加工机床主要是指非金属材料的加工机床，主要包括：加工石料、陶瓷、混凝土及类似矿物材料的加工机床和玻璃冷加工机床（归入品目8464）；加工木材、软木、骨、硬质橡胶、硬质塑料或类似硬质材料的加工机床（归入品目8465）。

例如，切割大理石的锯床归入子目8464.1项下，在玻璃上刻花的机床或对玻璃进行磨边的机床归入子目8464.9项下。但是，如果是通过激光方式对玻璃进行刻花的机床，不能归入品目8464，依据第八十四章注释三，应优先归入品目8456。

子目8465.20所称"加工中心"，仅适用于加工木材、软木、骨、硬质橡胶、硬质塑料或类似硬质材料的加工机床，该机床可按照机械加工程序，从刀具库或类似装置中自动更换刀具并完成不同形式的机械操作。

（十五）办公机器的归类

办公机器主要指适用于办公室使用的机器，如计算器、计算机、装订用的订书机、碎纸机等。

办公机器主要归入品目8470至8473。其中品目8470主要包括计算器，品目8471主要包括自动数据处理设备及其部件（就是我们习惯所称的电脑、计算机及其部件），品目8472主要包括其他办公室用的机器，品目8473主要包括专用于8470至8472的零件、附件。

1. 计算机器

品目8470的机器均装有计算装置，且以计算为主要功能。

品目8470的"计算机器"指的是电子计算器，能实现简单数据计算。主要有袖珍式电子计算器和办公室用电子计算器。最简单的计算机只会进行加减运算；比较复杂的计算机能进行算术四则运算和其他多种运算（例如，开方根、三角函数运算等），不论其是否可以编程。可编程序型计算器内有存储器可存放程序，操作时在键盘上输入程序后，仅按一个启动键即可执行整个程序，并能再次启动重复执行。

2. 自动数据处理设备（计算机）

（1）自动数据处理设备的硬件组成

计算机的硬件，通常是由中央处理器、存储器、接口电路、输入和输出设备等部件组成。

①中央处理器

简称"CPU"。由运算器、控制器及其他必需的电路集成在一个芯片上，构成了计算机的核心。其主要功能是对指令进行解释并执行，以及完成执行指令所必需的算术逻辑运算、时序控制等。其中，运算器是对数据进行运算的部件，它能快速地进行加、减、乘、除等算术运算及逻辑加法、乘法等逻辑运算；控制器则协调机器各部分的工作，是整个机器的指挥系统。

②存储器

存储器通常分为内存储器和外存储器。

外存储器容量很大，有硬盘及硬盘驱动器、光盘及光盘驱动器等，它们都是外存的主要部件，但是外存的存取速度相对内存慢。

内存储器的存储容量比外存小，但存取速度较快，一般把经常或当前正在使用的信息存在内存储器里，简称内存，它以电路芯片组合的形式组装在主机板内，所以又称"内存条"。

③输入/输出接口

输入/输出接口是计算机与外部设备通信的接口。包括串行、并行接口、模数转换器等。

④外围设备

包括输入设备、输出设备、终端设备等。

输入设备：将待输入的信息（数字、文字、语声、图形图像、模拟量等）转换成能为计算机处理的数据形式的设备。计算机常用的输入设备有键盘、鼠标器、光笔、扫描仪等。

输出设备：可将计算的输出信息转换成可见的数字、文字、符号、图形和图像等，或记录在磁盘、磁带、纸带和卡片上，或转换成模拟信号直接送给有关控制设备，或转换成语声。计算机常用的输出设备有打印机、显示器和绘图机等。

终端设备：可以向计算机输入程序和数据，或接收计算机输出的处理结果。终端设备与计算机通过通信设施传递数据，所以终端设备主要由通信接口控制装置与专用（或选用）的输入输出装置组合而成。众多分散的终端设备经由通信设施与计算机连接的系统称为"联机系统"。

（2）自动数据处理设备的归类

根据本章注释六（一）规定，同时符合以下四个条件，可作为"自动数据处理设备（ADP）"归入品目8471：

——存储处理程序及执行程序直接需要的起码的数据；

——按照用户的要求随意编辑程序；

——按照用户指令进行算术计算;以及

——在运行过程中,可不需人为干预而通过逻辑判断,执行一个处理程序,这个处理程序可改变计算机指令的执行。

其中,"可按照用户要求随意编辑程序"是区分自动数据处理设备与品目8470的计算机器的主要标准。所以,对于不能由用户修改的固定程序操作的机器,即使有多个固定程序可供用户选择,也不能按自动数据处理设备归入品目8471。

便携式的笔记本电脑、平板电脑等归入子目8471.30;

除便携式电脑以外的同一机壳内包括CPU、输入与输出设备的一体机归入子目8471.41;

其他以系统形式报验的电脑,如办公室用或家用的台式电脑(包括主机、显示器、键盘、鼠标等)归入子目8471.49。

(3)自动数据处理设备的部件的归类

①如果同时符合下列条件,自动数据处理设备的部件可归入品目8471:

——执行数据处理功能;

——专用于或主要用于自动数据处理系统;

——可以直接或通过一个或几个其他部件与中央处理器连接;

——能够以本系统所使用的方式(代码或信号)接收或发送数据。

例如,电脑用的主板在自动数据处理设备中并不执行"数据处理的功能",只起连接作用,不符合上述条件,所以不能按"部件"归入品目8471,应按自动数据处理设备的零件归入品目8473;而显卡和声卡具有执行"数据处理的功能"(即显卡对显示信号进行处理、声卡对音频信号进行处理),所以可按自动数据处理设备的部件归入品目8471。

此外,根据本章注释六(三)的规定,键盘、X-Y坐标输入装置及盘(片)式存储部件,即使不是专用于或主要用于自动数据处理设备,也作为品目8471的部件归类。

②根据本章注释六(四)的规定,以下部件不论是否装于计算机内,或是与计算机连接使用,均不按计算机部件归类。这些部件是:

——打印机、复印机、传真机,不论是否组合式;

——发送或接收声音、图像或其他数据的设备,包括有线或无线网络(例如,局域网或广域网)通信设备;

——扬声器及传声器(麦克风);

——电视摄像机、数字照相机及视频摄录一体机;

——监视器及投影机,未装有电视接收装置。

因此,电脑打印机应归入品目8443,电脑显示器应归入品目8528,电脑扬声器应归入品目8518,电脑网卡应归入品目8517。

(4)自动数据处理设备的零件的归类

自动数据处理设备专用零件、附件归入子目8473,注意与品目8471部件的区别。如电脑主板(不含CPU)不符合"部件"的条件,应按自动数据处理设备专用零件归入品目8473;而对于含CPU的主板,由于已具备了执行数据处理的功能,可视为电脑的部件归入品目8471。

【例17】计算机用的贱金属制硬盘支架

【归类分析】硬盘支架安装在微型机和服务器机箱中,起到固定硬盘驱动器的作用。

该商品已制成特定形状,具有零件特征,依据本类注释二规定,应按计算机的专用零件归入子目8473.3090。

(5) 磁性或光学阅读机、将数据以代码形式转录到数据记录媒体的机器及处理这些数据的机器的归类

磁性阅读机是指先用特种磁性墨水将字符磁化,再用读出磁头将其转换成电脉冲的装置。例如,阅读磁条卡的机器。

光学阅读机是指由一组光电管直接阅读字符,并将其译成二进制代码的装置。例如,扫描条形码的机器。

将数据以代码形式转录到数据记录媒体的机器及处理这些数据的机器包括将代码信息从一媒体转到另一媒体的机器,以及将固定程序输入到集成电路的机器。例如,将数控机床用的加工程序指令从编程设备中转录到数控装置内的装置。

上述机器均归入子目8471.9。

(6) 装有自动数据处理设备或与自动数据处理设备连接使用,但却从事数据处理之外的某项专门功能的机器的归类

装有自动数据处理设备或与自动数据处理设备连接使用,但却从事数据处理之外的某项专门功能的机器,应按其功能归入相应的品目,对于无法按功能归类的,应归入未列名品目。

【例18】装有微电脑的全自动绣花机

【归类分析】该商品是一台独立的设备,内装有微电脑,但用于数据处理之外的专门功能——绣花,故应按绣花机归入品目8447。

【例19】整套自动绣花设备。由计算机和绣花机两部分组成,一同进口,工作时分开放置,两者间由电线连接,绣花机根据计算机传来的工作指令完成绣花工作

【归类分析】整套设备构成了功能机组,依据第十六类注释四,整套设备的功能体现为绣花,故整套设备归入品目8447。另外,如果计算机与绣花机分开报验,则应分别归入品目8471与8447。

3. 其他办公室用机器

其他办公机器归入品目8472。这里所称的"办公机器",包括在办公室、商店、工厂、车间、学校、火车站、旅馆等场所用于办公室工作(即有关书信、文件、表格、记录、账目等的书写、记录、分类、归档等工作)的各种机器。包括自动柜员机、点钞机、打洞机、削铅笔机、碎纸机、订书机(用订书钉装订文件)及拆钉机等。

这些机器可用手工操作,也可以是以电动或其他动力驱动。

能归入本品目的办公室机器,必须装有底座,以备安装或放置在桌上或台上等。

本品目不包括第八十二章所列未装有底座的类似手工工具。

本品目也不包括其功能在其他品目有具体列名的办公设备,如复印机(品目8443)、传真机(品目8443)、电话机(品目8517)等。

(十六) 其他行业机器的归类

其他行业的机器归入品目8474至8478。其中类型如下:

1. 矿物质的选矿、破碎、黏聚或成形机器及其零件归入品目8474。

这些机器包括矿物质的分类、筛选、分离、洗涤、破碎、磨粉、混合或搅拌机器,粉

状、浆状矿产品的黏聚或成形机器，铸造用砂模的成形机器。例如，大理石破碎成颗粒状石子的机器、搅拌混凝土的机器、将混凝土制作成水泥管子的机器均归入品目8474项下。

2. 玻璃的热加工及玻璃制品的制造机器归入品目8475。

这些机器包括平板玻璃的制造机器，灯管、灯泡、电子管等类似品的封装机器，玻璃制品的加工机器。

但是，玻璃的冷加工机器（即常温下对玻璃进行的加工）不能归入品目8475。例如，对玻璃磨边的机器、雕刻的机器均属于玻璃的冷加工机器，应归入品目8464。

3. 自动售货机器归入品目8476。

本品目包括各种在投币孔中投入硬币、纸币、辅币或一张磁卡后能供应某些商品的机器。本品目所称的"售货"是指购买者与机器之间进行"货币"交换以获得某项商品。例如简单的投币开锁物品寄存柜，用于寄存个人物品，因为没有实现"售货"功能，故不应归入本品目。

4. 塑料、橡胶加工机器归入品目8477。

这些机器主要包括注射机、挤出机、吹塑机、真空模塑机、混炼机等。

注射机是将热塑性塑料或热固性料注射到闭合模具的空腔内形成制品的设备。这种机器主要适用于复杂塑料零件的加工。

挤出机是将热塑性塑料从模具出口处挤出成条状的加工设备。这种机器主要适用于管、条等条状类塑料制品的加工。

吹塑机是利用机器吹出来的风力，将塑体吹附到一定形状的密闭模腔内，从而得到制品的设备。这种机器主要适用于各种塑料容器的加工。

真空模塑机是将加热塑化的热塑性塑料片材真空吸附成各种形状包装材料的机器。

混炼机是将生橡胶和配合剂进行混炼的炼胶设备。

归入品目8477的商品必须是其他品目"未列名的"塑料、橡胶加工机器。其他品目已列名的商品不能归入品目8477。例如，对硬质塑料进行加工的机床应归入品目8465，不能误归入品目8477。

5. 烟草加工制作机器归入品目8478。

必须注意，归入本品目的必须是其他品目"未列名的"烟草加工机器，按其功能应归入其他品目。例如，烟草加工中的干燥设备（酌情归入品目8419）、香烟的包装机（品目8422）。

（十七）未列名的具有独立功能的机器的归类

1. 在本章中，根据商品的功能、用途均无法在有列名的品目中归类的机械设备、器具，可归入品目8479。

【例20】电线剥皮机，主要用于剥同轴电线的外皮、屏蔽层及内绝缘体。其原理是：首先把同轴电线的强度、外径参数设定好，第一步剥掉同轴电线的塑料外皮，露出3毫米左右金属屏蔽线；第二步剥掉2毫米屏蔽层，露出2毫米塑料内绝缘体；第三步剥离1毫米内绝缘体，露出1毫米导体，完成整个作业

【归类分析】该商品用于剥除同轴电线的两层绝缘层和一层金属屏蔽层，既处理金属，也处理绝缘材料，其结构也不属于机床的范围，其用途已超出了处理金属的范畴，具有独立的功能，且未在第八十四章其他品目列名，所以归入子目8479.8999。

【例21】氯化钾压实造粒设备

氯化钾压实造粒设备是由辊压机、片料破碎机、粒料破碎机、筛上物料破碎机、片料筛分机、粒料筛分机六部分组成。用途：用于将氯化钾粉末加工成2~4毫米大小的颗粒。

【归类分析】该商品用于化学肥料的生产。氯化钾不属于矿物肥料，而属于化学肥料，因此该设备不属于品目8474项下的设备。该商品组合后具有第八十四章品目8479项下所列名的轧碎、筛选机器所具有的功能，符合功能机组的定义，上述设备一并按轧碎、筛选机器归入子目8479.8200。

2. 可按本品目归类的货品，不仅包括未列名的机械设备、器具，也包括作为"机器零件"报验，但按本品目的机器归类的货品。

通常，机器零件应按零件的归类原则归类（第十六类注释二）。但是，某些"机器零件"在归类中被视为了"具有独立功能的装置"，且在其他处没有列名，可归入本品目。

"机器零件"能否按品目8479归类的判定标准在于是否具有独立功能。

下列机械装置可以视为具有"独立功能"：

（1）独立于其他机器设备之外执行其功能的机械装置。例如，单独报验的空气减湿器。即使准备安装在臭氧发生器上，但因其可以独立于臭氧发生器执行其功能，仍归入本品目。

（2）安装在另一台机器或器具上，或安装在一套较复杂的设备中才能执行其功能的机械装置。但其功能必须是：不同于所装机器设备的功能，并且在上述机器设备操作中并不起必不可少和不可分割的作用。

例如，装在工业缝纫机上的链式割线器。它是一种自动割线装置，当将其装在工业缝纫机上后，缝纫机无需中断操作即可通过割线器自动割线。其主要功能是自动割线，不同于缝纫机的缝纫功能，该装置在缝纫机进行缝纫操作时并不起作用，可有可无，可视为它具有独立功能，所以链式割线器应归入本品目。

再如，内燃机中的化油器（将燃油雾化并与空气混合），虽然其功能与内燃机不同，但是它在内燃机中起到必不可少的作用，所以单独报验的化油器不视为具有"独立功能"的机械装置，应作为内燃机的专用零部件，归入品目8409。

3. 品目8479项下子目的归类。

子目8479.1的"公共工程用机器"只包括除品目8429（推土机、筑路机、平地机、铲运机、挖掘机及压路机等）、品目8474（泥土、石料的混合或搅拌机器等）以外的机器。例如，沥青混凝土摊铺机归入子目8479.1021。

子目8479.2的"提取、加工动物油脂、植物固定油脂或微生物油脂的机器"不能误按食品加工机器归入品目8438。

子目8479.3的"木碎料板或木纤维板的挤压机及其他木材或软木处理机"不能误按木材加工机械归入品目8465。

子目8479.5010的多功能工业机器人是指具有一种以上功能或具有两种及两种以上互补或交替功能的工业机器人，简单更换不同工具即可执行各种功能的工业机器人。本子目不包括具有特定功能的工业机器人，这些工业机器人应按照其基本功能归类，例如，具有喷射功能的机器人归入品目8424，具有搬运功能的机器人归入品目8428，具有焊接功能的机器人归入品目8515。

子目8479.7的"旅客登机（船）桥"是供旅客和人员在候乘大楼与停泊的飞机、游轮或渡轮之间行走的活动封闭式通道。

子目8479.81的"处理金属的机器"只包括其他品目未列名的机器。例如，变压器线圈、电动机定子或转子线圈的卷绕机器，金属的酸洗机器，用浸入法镀锡的机器等可归入该子目，但是对于用电镀法镀锡的设备不能归入该子目，应将按电镀设备归入子目8543.3项下。

子目8479.82的"混合、搅拌、轧碎、研磨、筛选、均化或乳化的机器"只包括其他品目未列名的机器。例如，对于矿物质进行混合、搅拌的机器已在品目8474项下有列名，对金属工件进行研磨的机器已在品目8460项下有列名，这些商品都不能误归入子目8479.82。

子目8479.83的"冷等静压机"是指在常温下用加压流体在各个方向均等地对粉末进行压缩，并使被压缩的粉末成为与模具相同形状坯体的设备。

子目8479.8961的在印刷电路上装配元器件的"自动插件机"适合于THT（穿孔技术）方式的元器件的装配，在装配元器件前，必须先在印刷电路板上钻孔。

子目8479.8962的在印刷电路上装配元器件的"自动贴片机"适合于SMT（表面安装技术）方式的元器件的装配，在装配元器件前，不用钻孔，直接将元器件贴装在印刷电路板上即可。

（十八）模具的归类

模具是指将某种材料模制成型的工具。不同形状的工件所用的模具不同。

模具根据所模制成毛坯的材料不同可分为金属用模具、玻璃用模具、矿物材料用模具、橡胶或塑料用模具。对于金属用模具，又按用途不同可分为铸造用模具、冲压用模具、锻造用模具、拉拔用模具、挤压用模具。

模具在归类时首先要确定模制成型的是什么材料，不同材料用的模具在归类上是不同的，而不去考虑模具本身是什么材料制成的。

归入品目8480的模具只能用于品目条文所列材料（金属、玻璃、矿物材料、塑料或橡胶）的模制成型。对于模制品目8480所列材料以外的材料用模具，一般按相关的机器零件归类，例如，餐巾纸压花用的模具，因为纸不属于品目8480所列的材料，所以不能归品目8480，压花用模具应按压花机器的零件归入品目8441。

对于金属用模具来说，还要区分是铸造用还是其他用途的模具，因为只有金属铸造用的模具才归入品目8480，而金属锻造用模具、冲压用模具、拉拔或挤压用模具应归入品目8207。

子目8480.1~8480.4所包含的商品都是金属铸造用的模具和用具。子目8480.3的"阳模"一般是用木材、金属或其他材料制成的用来形成铸型型腔的模型，但若是陶瓷或玻璃制的阳模不能归入该子目，根据第八十四章注释一（一）和（二）应归入第六十九章或第七十章。

子目8480.71的注模或压模是指塑料注射或挤压用的模具，该子目不包括真空吸塑或吹塑用的模具，真空吸塑或吹塑用的模具应归入子目8480.79项下。

（十九）阀门的归类

阀门是控制流体（液体、气体、浆状半流体）的流量、压力、流动方向等的机械装置。

1. 阀门的结构与分类

阀门通常由阀体、阀盖、阀座、启闭件（如阀瓣、塞体、闸板、蝶板或隔膜等）、驱动机构（阀杆和带动它运动的驱动装置）、密封件（填料、垫片等）和紧固件组成（见图16-34）。阀门依靠驱动机构来驱使启闭件升降、滑移、旋摆或回转，以改变流通面积的大小，实现其控制功能。

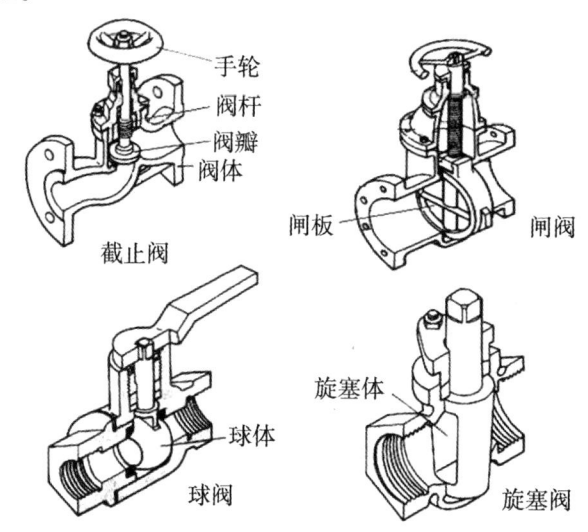

图 16-34　几种阀门的结构

阀门根据其工作原理、作用和结构可分为减压阀、止回阀、安全阀、节流阀等。

减压阀是一种通过启闭件的节流将进口压力降至某一要求的出口压力的阀门。

止回阀又称单向阀或逆止阀，其作用是防止管路中的介质倒流。

安全阀或溢流阀是一种不借任何外力而根据系统本身的工作压力自动打开或关闭的阀门。正常情况下，安全阀或溢流阀总是处于关闭状态，只有压力超过一定值时，阀门才会打开，以降低系统中的压力。

液压（或气压）传动阀是指用在液压（或气压）传动系统中的阀门（在《税则》中又称为油压或气压传动阀）。

2. 阀门的归类

阀门通常归入品目8481，归入本品目的阀门可用手工（按键、转轮等）操作，也可由动力装置（如电动机、螺线管、发条装置等）驱动。

由于子目8481.1、8481.3、8481.4是按阀门的结构和功能来列目，而子目8481.2是按用途（液压传动或气压传动用的）来列目，根据本章子目注释三，子目8481.2优先于其他子目，也就是说用在液压传动系统中的减压阀、止回阀、安全阀等，应优先归入子目8481.2。

【例22】如图16-35所示的电磁换向阀，是用电磁铁的吸力来推动阀芯运动以变换流体流动方向的控制阀，该商品由阀体和两个电磁铁构成，阀体上带有四个通孔，阀芯具有两个位置，属于二位四通阀，用于液压传动系统中改变液体的方向

【归类分析】该阀门用于液压传动系统中改变液体流动的方向，属于液压传动系统中的阀门，根据用途应归入子目8481.2010，不能根据子目的具体列名而归入子

目 8481.8021。

图 16-35　电磁换向阀

3. 阀门归类的注意事项

（1）由龙头、阀门与其他品目的装置（如测量、检验或自动控制装置等）的组合物，根据基本特征归类，即如果其组合体的基本特征是阀门，则仍应归入品目 8481；如果基本特征是其他品目的功能，例如装有排水旋塞的液压表，则应按液压表归入品目 9026。

（2）根据本类注释、本章注释的规定，硫化橡胶、陶瓷、玻璃制的龙头、旋塞、阀门及类似装置，应按材料属性归类。

（二十）轴承及传动装置的归类

1. 轴承

轴承是用来支撑轴旋转并承受轴上载荷的零件。根据工作时的摩擦性质不同，可分为滚动轴承和滑动轴承。

滚动轴承是在滚动摩擦下工作的轴承，由内圈、外圈、滚动体和保持架四部分组成。它的典型结构如图 16-36 所示。

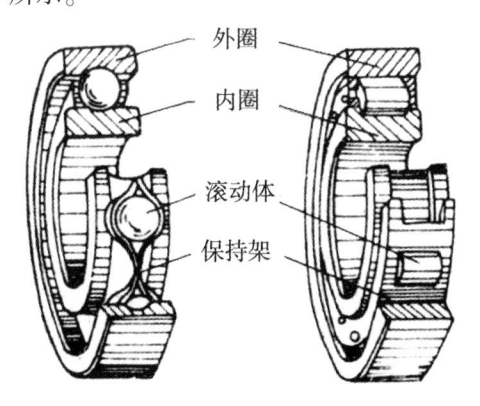

图 16-36　滚动轴承的典型结构

按滚动体的形状可分为：球轴承、滚子轴承、滚针轴承。图 16-37 为滚动体几种常见的形状。

图 16-37　滚动体几种常见的形状

滑动轴承是在滑动摩擦下工作的轴承。滑动轴承常用的材料有巴氏合金、耐磨铸铁、铜基和铝基合金、粉末冶金材料、聚四氟乙烯（特氟龙）等。

滑动轴承的结构一般分为整体式和对开式两种。整体式滑动轴承又称为轴套，如图16-38所示；对开式滑动轴承又称为轴瓦，如图16-39所示。

图 16-38　整体式滑动轴承　　　图 16-39　对开式滑动轴承

滚动轴承归入品目8482，滑动轴承归入品目8483。轴承的归类归纳如下：

```
                            ┌ 调心球轴承—8482.101
                            ├ 深沟球轴承—8482.102
                滚珠轴承—8482.1 ┤ 角接触轴承—8482.103
                            ├ 推力球轴承—8482.104
                            └ 其他—8482.109
                锥形滚子轴承—8482.2
                鼓形滚子轴承—8482.3
轴承 ─ 滚动轴承（8482）─ 滚针轴承—8482.4
                其他圆柱形滚子轴承—8482.5
                其他—8482.8
                零件—8482.9 ─┬ 滚珠、滚针及滚柱—8482.91
                           └ 其他—8482.99
     滑动轴承（8483）
```

品目8482项下的一级子目8482.1～8482.8主要是根据滚动体的形状（球状、锥形、鼓形、滚针等）列目的。

子目8482.1010的调心轴承的滚道是球面形状，能够适应两滚道轴心线间的角偏差及角运动的球轴承；

子目8482.1020的深沟球轴承属于径向接触的向心球轴承，主要用于承受径向载荷。这是应用最广的一类轴承，由于它的内圈与外圈上均有较深的凹槽，所以称为深沟球轴承；

子目8482.1030的角接触轴承是指角接触向心轴承，主要用于承受径向载荷，其公称接触角为0°～45°；

子目8482.1040的推力球轴承是指主要用于承受轴向载荷的球轴承，其公称接触角为45°～90°。

2. 传动装置

传动装置指传递运动和动力的装置，是把内燃机、电动机等的动力传递给工作机构的中间设备。传动装置主要包括传动轴、变速装置、离合器及联轴器、皮带轮、齿轮等。

机械传动常见的主要类型包括皮带传动、链条传动、摩擦传动和齿轮传动。

传动装置归入品目8483，该品目的列目结构如下：

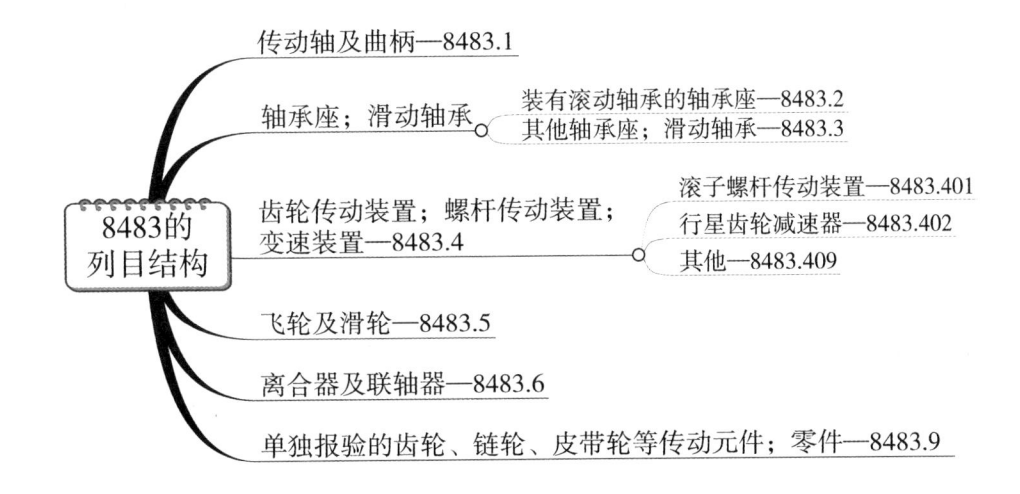

```
                    传动轴及曲柄—8483.1
                    
                    轴承座；滑动轴承 ─┬─ 装有滚动轴承的轴承座—8483.2
                                    └─ 其他轴承座；滑动轴承—8483.3
8483的
列目结构            齿轮传动装置；螺杆传动装置； ─┬─ 滚子螺杆传动装置—8483.401
                    变速装置—8483.4               ├─ 行星齿轮减速器—8483.402
                                                 └─ 其他—8483.409
                    
                    飞轮及滑轮—8483.5
                    
                    离合器及联轴器—8483.6
                    
                    单独报验的齿轮、链轮、皮带轮等传动元件；零件—8483.9
```

子目8483.1的"传动轴"是用于传递旋转动力的轴，如果不具有传动作用而只是起支撑作用的心轴，不能归入该子目，在传送装置中并不传递动力的滚轴不能归入该子目；

子目8483.2只包括装有滚珠或滚子轴承的轴承座；若是装有滚针轴承或滑动轴承的轴承座，应归入子目8483.3项下；

子目8483.3既包括不装有任何轴承的轴承座，也包括装有滑动轴承或滚针轴承的轴承座；

子目8483.4包括齿轮传动装置和齿轮箱（又称变速箱），由一对相互啮合的齿轮副也归入该子目。该子目不包括单独报验的单个齿轮（单独报验的带齿的轮就是齿轮），单独报验的齿轮应归入子目8483.9项下；

子目8483.6的"离合器及联轴器"不包括品目8505的电磁离合器和联轴器，不包括车辆用的离合器。也就是说，归入该子目的离合器及联轴器只能是非电磁非车辆用的离合器和联轴器。

（二十一）密封装置的归类

密封装置一般归入品目8484，但并不是所有的密封装置都可归入该品目。品目8484只包括由不同材料制成的密封垫和机械密封件，不包括由同一种材料制成的密封垫和油封环。

品目8484只包括用金属片与其他材料制成的密封垫；用双层或多层金属片制成的密封垫；由不同材料制成的成套密封垫；机械密封件（由固定件和活动件两部分构成，与密封垫相比，它的结构更为复杂）。

品目8484不包括由单一材料制成的密封垫，它们应根据其材质归入不同品目。例如，只用橡胶制成的密封垫归入品目4016；只用毡呢制成的密封垫归入品目5911；只用纸板制成的密封垫归入品目4823；只用石棉（或石棉与其他矿物质纤维）制成的密封垫归入品目6812或品目6813。

油封环通常为圆形截面，结构简单，一般由软橡胶圈与增强用金属装配在一起，没有活动部件。油封环归入品目8487。

（二十二）3D 打印机的归类

3D 打印机又称为增材制造（Additive Manufacturing，AM）设备、立体打印机、层积制造设备。3D 打印是在计算机控制下打印、堆积、层叠、不断添加原材料而构成三维物体的过程。

3D 打印之所以称为增材制造，是为了与传统的减材制造（如金属切削加工工艺）相区别。3D 打印是从普通打印发展而来的。普通打印的材料是墨水（以喷墨打印为例），3D 打印的材料则是金属、塑料、陶瓷等不同的"打印材料"。3D 打印是一种快速成型技术。

根据第八十四章注释十的规定，3D 打印机在整个《协调制度》内优先归入品目 8485。

（二十三）半导体单晶柱或圆片、半导体器件、集成电路与平板显示器制造设备的归类

1. 品目 8486 设备的加工对象

品目 8486 设备的加工对象是半导体单晶柱或圆片、半导体器件、集成电路或平板显示器。其中：

（1）单晶柱是将多晶硅经高温及提拉和冷却后，形成的一根圆柱体硅棒。

（2）圆片是指单晶硅棒被切割成很多一张张的薄片——即晶圆基片（Wafer），经研磨抛光后成为制作集成电路的衬底材料。

（3）半导体器件是指能够归入品目 8541 的二极管、晶体管及类似的半导体器件，以及光敏半导体器件和发光二极管。

（4）集成电路是指能够归入品目 8542 的商品。

制造集成电路的过程就是把一个电路中所需的晶体管、二极管、电阻、电容等元器件及金属布线互连在一起，制作在半导体芯片上，然后封装在同一壳体内，使其具有所需的功能。

（5）平板显示器件主要有：液晶显示器（LCD）、有机发光显示器（OLED）、等离子体显示器（PDP）、场致发光显示器（FED）、表面传导电子发射显示器（SED）、电致发光显示器（ELD）、真空荧光显示器（VFD）、硅基液晶器（LCOS）、数字光处理器（DLP）等。当今主流商品是液晶显示器和有机发光显示器。

2. 品目 8486 优先归类原则

根据本章注释十一（四）的规定，专用于或主要用于制造半导体单晶柱或圆片、半导体器件、集成电路或平板显示器的机器及装置，一律优先归入品目 8486。

【例 23】圆片磨削机，用于磨削晶体单晶柱，使其符合圆片所需直径精度

【归类分析】尽管该机器可按品目 8464（矿物材料加工机床）归类，但根据本章注释十一（四）的规定，应优先归入品目 8486。

但是，品目 8486 优先归类的前提是第十六类注释一及第八十四章注释一另有规定的除外，所以如果是在半导体单晶柱或圆片、半导体器件、集成电路或平板显示器生产中用于计量、检验、检查、化学分析的机器及装置，不能归入品目 8486，而应该归入第九十章。

另外，有些商品在行业上虽然属于信息技术（IT）设备，但它们不属于品目8486所列的用途范围，不能归入品目8486。例如，在印刷电路板上装配半导体器件、集成电路的自动插件机和自动贴片机不属于本品目的商品范围，应归入品目8479；制造印刷电路板时所用的曝光机不属于本品目的商品范围，应归入品目9006。

3. 品目8486项下子目的确定

（1）专用于制造半导体单晶柱或圆片的设备归入子目8486.10。

制造单晶柱或晶圆的工艺属于完整集成电路生产工艺的前道工序。

制备单晶柱或晶圆所用的设备主要有：从多晶硅中制备高纯硅的区熔炉；拉制单晶硅的单晶炉；对单晶柱（硅棒）和晶圆进行研磨与抛光的设备；单晶柱的切割设备；对晶圆进行干燥的离心设备和对晶圆进行清洗的设备等。

但是，从砂子中熔融制作多晶硅的设备，不作为品目8486的专用设备归类。

（2）专用于制造半导体器件和集成电路的设备归入子目8486.20。

子目8486.20所列的"制造集成电路"主要指晶圆的加工过程，是整个集成电路制造过程中最复杂的过程，也是技术含量最高的过程。晶圆加工的工艺主要包括：薄膜的形成、掺杂、光刻、刻蚀及晶圆切割等。

该子目正确归类的前提是对半导体器件和集成电路制作工艺的了解。参见阅读材料。

（3）专用于制造平板显示器的设备归入子目8486.30。

"平板显示器的制造"，包括将各层基片制造成一层平板，但不包括玻璃的制造或将印刷电路板或其他电子元件装配在平板上。"平板显示"不包括阴极射线管技术。

制造平板显示器的过程（以液晶显示器以例）就是在玻璃基板上制造薄膜晶体管的过程。制造薄膜晶体管的过程与制造集成电路的过程类似，所以也要用到化学气相沉积设备和物理气相沉积设备、光刻机、显影设备、刻蚀机、清洗设备等。

但是，本品目不包括前期的玻璃制造和后道的电路装配工序（如背光模组装配、驱动印刷电路装配等）。

该子目正确归类的前提是对平板显示器制作工艺的了解。参见阅读材料。

子目8486.20和子目8486.30项下不少本国子目条文相同，工作原理也相同，但是由于被加工对象的材质、尺寸、品质要求各有不同，所以各类商品均具有明显的专用性，例如子目8486.2021的"化学气相沉积设备"和子目8486.3021的"化学气相沉积设备"是无法通用的，通常前者的腔体是圆形的，而后者的腔体是长方形的，因此一般情况下可按实际用途归类。

（4）辅助设备归入子目8486.40

根据本章注释十一（三）的规定，以下设备不属于直接用于制造半导体单晶柱或圆片、半导体器件、集成电路或平板显示器的机器及装置，但仍可归入本品目：

①制造或修补掩膜版及刻线的设备；

②组装半导体器件或集成电路的设备；以及

③升降、搬运、装卸单晶柱、圆片、半导体器件、集成电路及平板显示器的设备。

4. 品目8486的设备零件的归类

尽管专用于或主要用于制造半导体单晶柱或圆片、半导体器件、集成电路或平板显示器的机器及装置在本章中必须优先归类，但是必须注意：专用于或主要用于以上设备的零件没有条文规定其可优先归类。因此，专用于本品目商品的零件，应按照零件的归类原则

(第十六类注释二)来归类。

【例24】激光划片机中的激光发生器

【归类分析】激光划片机利用激光对晶圆中的芯片进行分割,其激光发生器是划片机中的零部件,根据机器零件的归类原则(第十六类注释二),激光发生器在品目9013中已有列名,即它属于第九十章的商品,在第十六类注释一(十二)已将第九十章的物品排除,因此,激光划片机中的激光发生器应归入品目9013而不能归入品目8486。

第八十五章 电机、电气设备及其零件;录音机及放声机、电视图像、声音的录制和重放设备及其零件、附件

一、本章商品范围

第八十五章主要包括机电商品中的电机与电气设备及其零件,共包括49个品目。本章的列目结构如下:

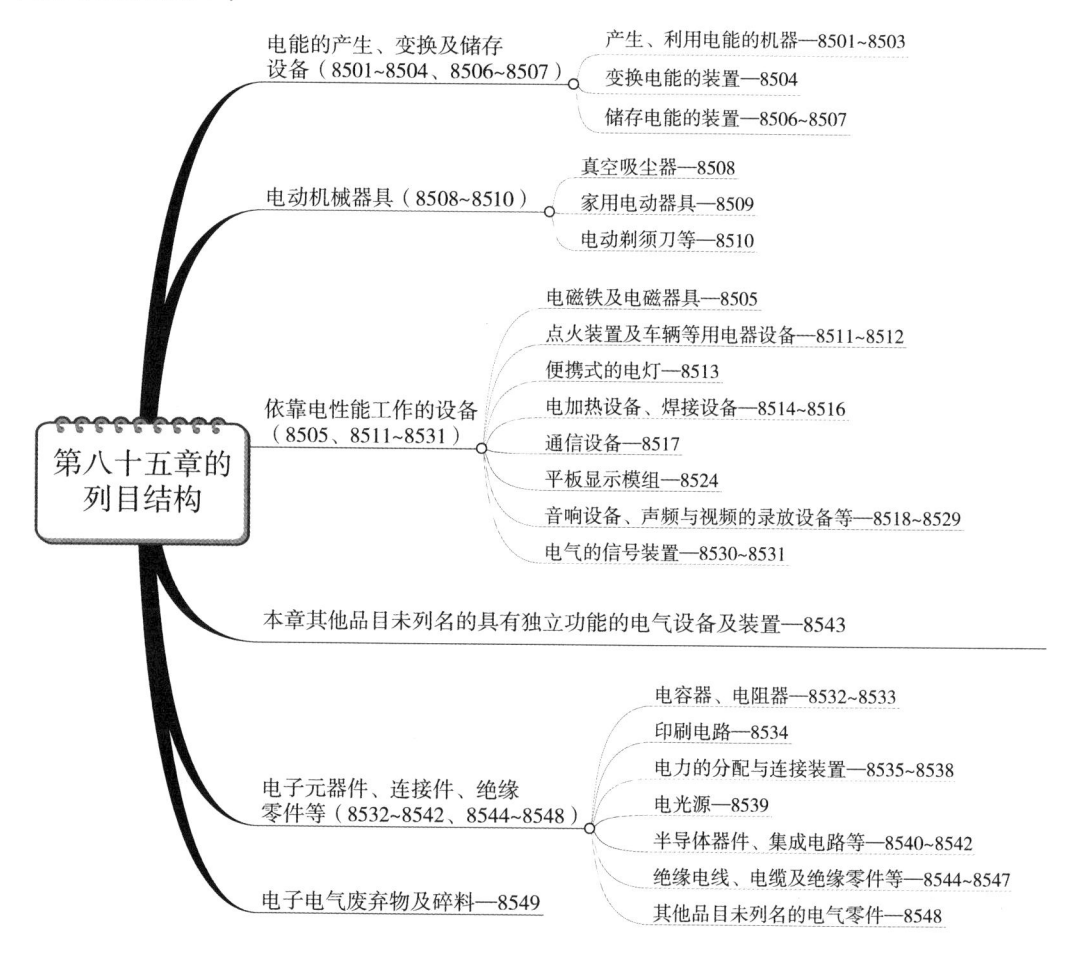

第八十五章的列目结构:

- 电能的产生、变换及储存设备(8501~8504、8506~8507)
  - 产生、利用电能的机器—8501~8503
  - 变换电能的装置—8504
  - 储存电能的装置—8506~8507
- 电动机械器具(8508~8510)
  - 真空吸尘器—8508
  - 家用电动器具—8509
  - 电动剃须刀等—8510
- 依靠电性能工作的设备(8505、8511~8531)
  - 电磁铁及电磁器具—8505
  - 点火装置及车辆等用电器设备—8511~8512
  - 便携式的电灯—8513
  - 电加热设备、焊接设备—8514~8516
  - 通信设备—8517
  - 平板显示模组—8524
  - 音响设备、声频与视频的录放设备等—8518~8529
  - 电气的信号装置—8530~8531
- 本章其他品目未列名的具有独立功能的电气设备及装置—8543
- 电子元器件、连接件、绝缘零件等(8532~8542、8544~8548)
  - 电容器、电阻器—8532~8533
  - 印刷电路—8534
  - 电力的分配与连接装置—8535~8538
  - 电光源—8539
  - 半导体器件、集成电路等—8540~8542
  - 绝缘电线、电缆及绝缘零件等—8544~8547
  - 其他品目未列名的电气零件—8548
- 电子电气废弃物及碎料—8549

另外,依据本章注释二,品目8511、8512、8540、8541或8542优先于品目8501~8504。第八十五章注释二的条文如下:

二、品目8501至8504不适用于品目8511、8512、8540、8541或8542的货品。但金属槽汞弧整流器仍归入品目8504。

例如，内燃机起动用的启动电机，属于电动机的范围，可归入品目8511，也可归入品目8501，但依据第八十五章注释二，优先归入品目8511。

二、本章商品归类方法

(一) 发电机、电动机与发电机组的归类

1. 电动机

电动机是将电能转换为机械能的设备。电动机分为直流电动机和交流电动机。

直流电动机是指使用直流电能工作的电动机；

交流电动机是指使用交流电能工作的电动机。交流电动机又分为单相交流电动机和三相交流电动机。

2. 发电机

发电机是将各种能量（机械能、太阳能、化学能等）转换为电能的设备。

将机械能转化为电能的发电机为最普通的发电机；

将太阳能转化为电能的发电机称为光伏发电机。

发电机按输出的电能形式不同，可分为交流发电机和直流发电机。交流发电机输出交流形式的电能；直流发电机输出直流形式的电能。

3. 发电机组

发电机组指由发电机与除电动机以外的任何原动机（例如，水轮机、汽轮机、风力机、内燃机等）所组成的机器。根据其原动机的类型不同，可分为水轮发电机组、汽轮发电机组、内燃发电机组、风力发电机组等。

如果原动机是电动机，由电动机与发电机组成的机器就是"旋转式变流机"。

4. 发电机、电动机与发电机组的归类

发电机、电动机归入品目8501，发电机组与旋转式变流机归入品目8502，它们的专用零件归入品目8503。

电动机归类时，主要考虑的因素包括输出功率、电流的形式（直流、交流）、相数（单相、多相）等；

发电机归类时，主要考虑的因素包括输出功率、电流的形式（直流、交流）等。其中子目8501.7与8501.8的"光伏发电机"由多块光电池板与其他装置［例如，蓄电池及电子控制器（调压器、换流器等）、装有元件的板或组件］组成，这些光伏发电机可直接给电动机、电解槽等供电。子目8501.7的"光伏直流发电机"输出直流形式的电能，子目8501.8的"光伏交流发电机"输出交流形式的电能。光伏电池输出的直流形式的电能要通过逆变器转换为交流形式的电能，才能直接为用电设备供电。

如果是只有光电池板，不能直接给电动机、电解槽等供电，应归入品目8541。

另外，品目8501还包括装有皮带轮、齿轮箱或软轴的电动机，如图16-40所示的装有齿轮箱的电动机仍归入品目8501。

图 16-40　装有齿轮箱的电动机

发电机组归类时，主要考虑的因素是原动机的类型（内燃机、风力发动机、水轮机、汽轮机等），并根据发电机组原动机的类型来确定不同的子目。

归入品目 8503 的专用零件必须是类注释、章注释没有排除的第八十四章、第八十五章未列名的商品。例如，风力发电机组用的增速齿轮箱属于品目 8483 项下具体列名的商品，不能按风力发电机组的专用零件归入品目 8503。

（二）变压器与静止式变流器的归类

1. 变压器

变压器是利用电磁感应原理将一种电压的交流电变换为同频率的另一种电压的交流电的电器。

变压器按冷却方式分油浸变压器、干式变压器。

油浸变压器（在《协调制度》中又称为液体介质变压器）是依靠油作为冷却介质的变压器，如图 16-41 所示。这种变压器的绕组浸在变压器油中，变压器油是绝缘的。变压器在运行中，绕组和铁芯的热量先传给油，然后通过外面的散热翅片来散热。

图 16-41　油浸变压器

干式变压器是依靠空气对流进行冷却的变压器，通常都是小容量的变压器。

2. 静止式变流器

静止式变流器指利用变流元器件（电阻、电容、半导体器件等）进行变流的装置。该装置变流时无机械运动（相对于旋转式变流机来说），所以称之为静止式变流器。根据变流的性质不同可分为：

整流器：交流→直流；逆变器：直流→交流；变频器：频率1→频率2；交流变换器：电压1→电压2；直流变换器：电压1→电压2。

整流器是利用电子器件将交流电转变成直流电的装置。例如，手机用的充电器就属于整流器的范围。

逆变器是利用电子器件把直流电能转变成交流电（一般电压为220V，频率为50Hz）的装置。

变频器是利用电力半导体器件将固定频率、固定电压的电源变成可变频率、可变电压的电源变换装置。变频器常用于变频空调、变频冰箱、变频洗衣机等电动机的运动控制和调速系统。

3. 变压器与静止式变流器的归类

变压器归类时，要区分是液体介质变压器，还是其他类型的变压器，前者归入子目8504.2，后者归入子目8504.3。

静止式变流器归入子目8504.4，然后依据其功能归入不同的子目。其中，稳压电源归入子目8504.401。稳压电源是指能为负载提供稳定交流电源或直流电源的电子装置。稳压电源也属于静止式变流器的一种。根据本国子目注释，子目8504.401的稳压电源必须带有稳压回路，即可对输出的电压进行动态调整，使其接近额定的标称值。根据输出的电流形式，可分为交流稳压电源和直流稳压电源。输出电压为直流的称为直流稳压电源，输出电压为交流的称为交流稳压电源。

不间断供电电源归入子目8504.4020。不间断供电电源（Uninterruptible Power System，简称UPS）是正常供电发生故障时，能实现不间断供电的电子式电源装置（静止式）。它主要由整流器、滤波器、蓄电池、逆变器、稳压器、转换开关等组成。UPS输入为市电（通常为交流电压220伏），输出亦为市电，在正常工作状态时，市电经整流器、滤波器变成直流电后，一路向蓄电池充电，另一路经逆变器变成为交流电后，向负载供电。一旦市电电网断电，UPS内蓄电池输出直流电经逆变器变为交流电，继续向负载供电，从而达到不间断供电的目的。

逆变器归入子目8504.4030。逆变器通常由逆变桥、控制逻辑和滤波电路组成。逆变器根据发电源的不同，分为煤发电逆变器、太阳能发电逆变器、风能发电逆变器、水能发电逆变器以及柴油机发电逆变器等；根据用途不同，分为独立控制逆变器和并网逆变器；按照输出波形，分为正弦波逆变器和方波逆变器。

变频器归入子目8504.4099。

(三) 原电池与蓄电池的归类

电池是用来储存电能的装置。按能否再充电或可重复使用，分为原电池与蓄电池。

原电池又称干电池，是一种将化学能转换成电能的装置。原电池的最大特点是难以有效地再充电。原电池由两个电极和电解质溶液组成。

蓄电池是可以再充电的电池，所以又称二次电池。蓄电池在充电时储存电能，放电时释放电能。蓄电池一般由正极板、负极板、隔板、壳体、电解液和接线桩头等组成。

原电池归入品目8506，蓄电池归入品目8507。根据第八十五章注释三规定，蓄电池内可以包含一些辅助元件，它们具有储电及供电功能或者保护功能。它其实是由蓄电池和辅助元件构成的组合商品，其主要功能仍是储存电能，所以仍归入品目8507。这两个品目项下的子目都是根据电极所用材料列目的，所以在归类前先要确定电池的电极所用的材料。例如，子目8506.1的"二氧化锰的"指电池正极的材料是二氧化锰。

另外，锂离子电池与锂电池是两种不同类型的电池，两者不能混淆。

锂离子电池是一种可充电电池，属于蓄电池，是分别用两个能可逆地嵌入与脱嵌锂离子的化合物作为正负极构成的二次电池。目前应用较多的正极材料是钴酸锂（$LiCoO_2$），负极材料是石墨。

锂电池是不可充电的原电池，是由锂金属或锂合金为负极材料、使用非水电解质溶液的电池。

锂离子电池归入子目8507.6000，锂电池归入子目8506.5000。

（四）电动机械器具的归类

电动机械器具指以电动机为动力的机械器具。主要包括真空吸尘器、家用电动机械器具、电动剃须刀、电动毛发推剪等。

真空吸尘器简称吸尘器，是一种清洁卫生器具。它主要由电动机—风机组、吸尘部、壳体组成。吸尘器归入品目8508。

家用电动机械器具一般归入品目8509，归入该品目的商品必须满足两个条件：必须是"家用"的，且必须是"电动机驱动"的。同时还要注意归入该品目的某些商品还要受重量的限制（重量不能超过20千克）。

根据第八十五章注释四，地板打蜡机、食品研磨机及食品搅拌器、水果或蔬菜的榨汁器不受重量的限制，而其他的家用电动机械器具重量不能超过20千克。

与这些电动机械器具同时报验的可互换零件或附件（例如，电动切片机配有磨刀器等），如果用于上述有关机器，而且品种与数量正常，应一并归类。在确定这些器具的重量时，外加的互换零件或可拆卸零件的重量不计在内。

归入品目8509的家用电动机械器具必须是其他品目未列名的商品。某些在行业上称为"家用电器"的商品，不能归入该品目，例如，家用电风扇（品目8414）、家用电冰箱（品目8418）、家用离心干衣机（品目8421）、家用洗衣机（品目8450）、家用洗碗机（品目8422）等。

对于某些多功能的家用电动机械器具，要首先判断其主要功能，并根据其主要功能来确定子目。若不能确定其主要功能，则依据总规则三（三）从后归类。

电动剃须刀、电动毛发推剪及电动脱毛器归入品目8510。

（五）内燃发动机与车辆用电气设备的归类

内燃发动机与车辆用电气设备包括点燃式内燃机的点火装置及电起动装置、发电机、电气照明和信号装置等。其中，点燃式内燃发动机用的点火装置及电起动装置、发电机等归入品目8511；机动车辆和自行车用的电气照明或信号装置、风挡刮水器、除霜器及去雾器归入品目8512。

内燃机用发电机和起动用的电动机在工作原理上与品目8501的发电机和电动机相同，但根据第八十五章注释二，内燃机用发电机和起动用的电动机应优先归入品目8511。

机动车辆用照明装置和信号装置包括车辆行驶时所用的前照灯（如图16-42所示）、转向时的信号灯、刹车信号灯、车辆内部的照明灯等，这些照明装置和信号装置均归入品目8512。值得注意的是，归入该品目的灯必须带有灯座（或称外壳），若只是一个灯泡或灯管则应归入品目8539。

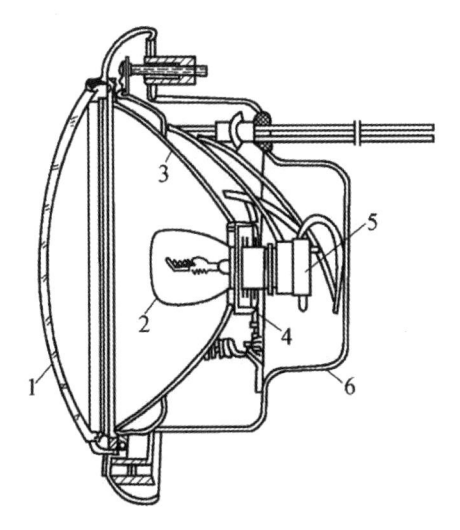

1—配光镜；2—灯泡；3—反射镜；4—插座；5—接线盒；6—灯壳

图 16-42　车辆用的前照灯

（六）电加热设备与器具的归类

电加热设备主要指工业或实验室用的电加热设备，电加热器具主要指家用的电加热器具。

1. 工业或实验室用电加热设备

先介绍两个基本概念：感应加热和介质损耗加热。

感应加热是指利用电感线圈进行加热的方式。加热时把金属材料插入电感线圈内，因在线圈中一般是输入中频或高频交流电，产生交变磁场，在金属材料中产生同频率的感应电流，从而产生焦耳热来加热金属材料。图16-43为感应加热示意图。感应加热一般只适用于导电金属材料的加热。

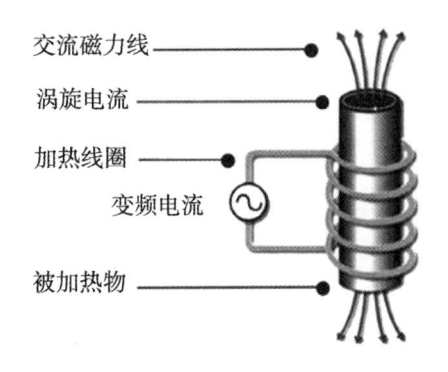

图 16-43　感应加热示意图

介质损耗加热又称微波加热，是通过介质材料自身损耗电磁能量而加热的方式。加热时将待加热的物体放在两块连接交流电源的金属板中间，即构成一个电容器，通过待加热物体中的介质损耗而使该物体发热。介质损耗加热只适用于绝缘材料的加热。

工业或实验室用的电加热设备归入品目8514，该品目的列目结构如下：

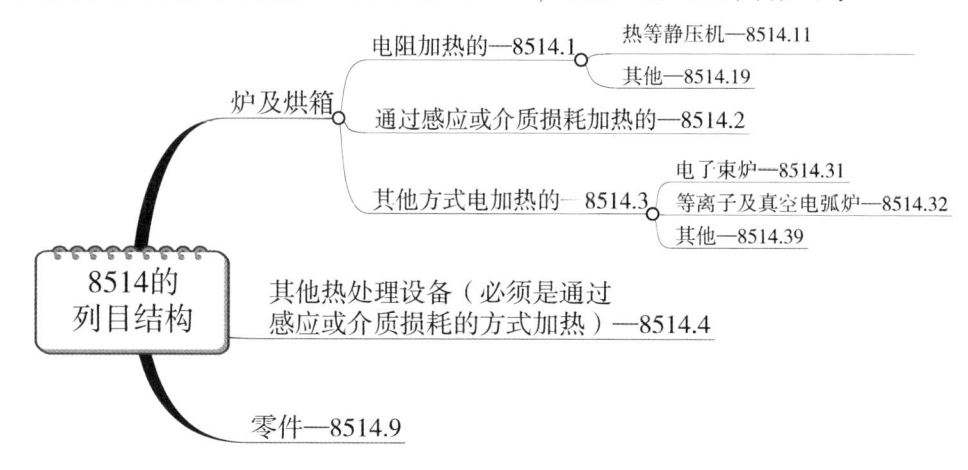

8514的列目结构
- 炉及烘箱
  - 电阻加热的—8514.1
    - 热等静压机—8514.11
    - 其他—8514.19
  - 通过感应或介质损耗加热的—8514.2
  - 其他方式电加热的—8514.3
    - 电子束炉—8514.31
    - 等离子及真空电弧炉—8514.32
    - 其他—8514.39
- 其他热处理设备（必须是通过感应或介质损耗的方式加热）—8514.4
- 零件—8514.9

品目8514的电加热设备的用途必须是工业用或实验室用（不包括家用），主要用于工业上的熔炼、退火、回火、上釉、焊接等热处理。

归入子目8514.1~8514.3的电加热设备必须是炉及烘箱。所谓炉及烘箱要求必须由一个或多个具有一定封闭性并产生相当高温的空间或容器构成。若是不构成封闭性的空间或容器的电加热设备就不属于炉或烘箱的范围。

归入子目8514.4的电加热设备必须同时满足两个条件：一是要求必须是除了炉及烘箱以外的其他加热设备（即没有封闭性的空间或容器）；二是要求加热方式只能是通过感应加热或介质损耗加热。

若是通过感应加热或介质损耗加热以外的方式加热的非炉及烘箱，则不能归入子目8514.4，而品目8514又无其他兜底子目，所以一般应按利用温度变化处理的设备归入品目8419。

子目8514.31的电子束炉是一种真空炉，在真空中采用高能电子束作为向被熔化材料传递热量的手段。电子束炉主要用于生产和精炼高纯度金属（尤其是钛、钒、钽、铌、铪等）和一些稀有合金。

子目8514.32的等离子电弧炉是利用等离子电弧作为热源，对金属或合金进行熔化和精炼的设备。真空电弧炉是指用气体的一种弧光放电原理来熔炼金属的设备。

2. 家用电加热器具

家用电加热器具一般归入品目8516，但品目8516也包括一些非家用的加热器具，例如，子目8516.1~8516.4的加热器具就未规定必须是家用的。归类时主要根据其功能、结构、原理归入不同的子目。

对热水器进行归类时要区分是否是电加热，只有电加热的热水器才归入品目8516，而非电加热的热水器应归入品目8419。归纳如下：

```
                              ┌─ 电热水器—8516.1 ─┬─ 储存式电热水器—8516.101
  ┌─────────┐                 │                  └─ 即热式电热水器—8516.102
  │  热水器  │────┤
  │  的归类  │                 │                  ┌─ 燃气热水器—8419.11
  └─────────┘                 └─ 非电热水器—8419.1─┴─ 太阳能热水器—8419.12
```

子目 8516.101 的储存式电热水器是指装有浸入式电加热元件的保温水箱，该保温水箱为固定式容器，并装有控制或限制水温的装置。水可在其中逐渐得到加热，加热的水为非饮用热水，可临时储存在保温水箱中，如图 16-44 所示。

子目 8516.102 的即热式电热水器又称快速热水器，它没有储存容器，水流过此类热水器时可立即加热，是非饮用水的固定式热水器，如图 16-45 所示。

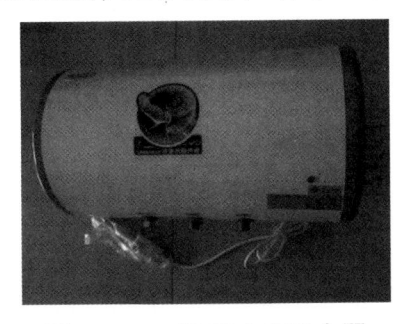

图 16-44　储存式电热水器　　图 16-45　即热式电热水器

子目 8516.1 的浸入式加热器的加热对象可以是液体，也可以是半流体（固体除外）或气体。该加热器本身不含有加热容器，一般带有一个隔热手柄及一个便于加热器悬挂在容器上的挂钩，加热时置入加热容器中。该加热器装有加强保护层，可抗高强度机械应力，也可防止液体、半流体及气体渗入。该加热器一般属于非家用。由该浸入式加热器与加热容器构成的非家用组合装置一般应归入品目 8419。

子目 8516.2 的电气空间加热器是指使用电能对某一特定空间进行加热的器具。

子目 8516.2910 的土壤加热设备的加热元件一般埋于土中，主要用于促进植物生长。

子目 8516.2920 的辐射式空间加热器是用辐射的传热方式对空间加热的器具，由发热管、辐射板（反射罩）、控制部分、防护网罩等构成，如图 16-46 所示。其中，辐射板通常是抛物柱面的反射镜，发热管通常是卤素管或石英管等。

子目 8516.2931 的风扇对流式空间加热器，又称强制对流式加热器，利用风扇鼓动空气流经电热元件，再将暖风送出。通常分为离心式、轴流式、贯流式、涡轮式等，基本结构包括电热元件、风扇、温度控制器和外壳等。

子目 8516.2932 的充液对流式空间加热器，又称充液式散热器、电热油汀，是一种对流式空间加热器，如图 16-47 所示。它在封闭的装置中充有导热油或导热液作为传热媒介，电加热元件将传热媒介加热，然后把热量散发到周围的空气中。主要由金属管状电热元件、金属散热片、导热油、温控器、功率转换开关、指示灯及万向转动轮等组成。

图 16-46　辐射式空间加热器　　图 16-47　充液对流式空间加热器

子目 8516.5 的微波炉必须是家用的加热器具,对于非家用的工业用"微波炉",则应按工业用的炉归入子目 8514.2。

子目 8516.7110 的滴液式咖啡机,主要结构由水箱、加热器、过滤器、保温盘、咖啡壶、微电脑控制部件和附件等构成。其工作原理为:将咖啡粉放入过滤器内,水箱内加满水,开启咖啡机,加热器将对进入加热器内的水进行加热,并将热水从过滤器上部洒下,对过滤器内的咖啡粉进行充分浸泡,利用水的自重将咖啡粉内的咖啡精华通过过滤网滤出,完成咖啡的制作。

子目 8516.7120 的蒸馏渗滤式咖啡机,主要结构由水罐(含加热功能)、漏斗、微电脑控制部件和附件等构成。其工作原理为:将制作咖啡的水放入水罐内,加热后产生高温高压的水蒸气,利用虹吸原理将高温高压的水蒸气通过水罐中心的水管引流到装有咖啡粉的漏斗内,让水蒸气瞬间穿过咖啡粉的细胞壁,将咖啡的内在精华萃取出来,制作成咖啡。

子目 8516.7130 的泵压式咖啡机,主要结构由水箱、水泵、加热器、漏斗、微电脑控制部件和附件等组成。其工作原理为:水箱与水泵连接,通过微电脑控制部件控制水泵从水箱抽水至加热器,水通过加热器加热后,由于水泵提供的压力使热水流至加热器下部的压力过滤漏斗内,热水将压力过滤漏斗内的咖啡粉的精华过滤出来,同时通过过滤网内的小孔作用产生丰富的泡沫。

子目 8516.7210 的家用自动面包机是通过微电脑自动控制搅面、发酵、醒面和焙烤等过程来制作面包、蛋糕的器具。使用时,只要将面粉、水、糖、酵母等所有配料放入面包桶后,启动机器就能自动完成面包制作的全过程。

子目 8516.7220 的片式烤面包机,又称多士炉,主要功能是烘烤面包片、面包圈等,是对已制作好的面包进行再加热。它的结构由炉身组件、炉胆组件、发热板组件、滑动机构组件、电子板控制组件、电磁铁组件和炉底组件构成。如图 16-48 所示。

图 16-48　多士炉

子目 8516.8 的"加热电阻器"为通电时可发出高热的条、棒、板等或线段（一般绕成线圈），用特殊材料制成，所用的材料多种多样（例如，特种合金、以碳化硅为主的合成材料等）。

若加热电阻器除了装有绝缘线圈架和电气接头以外，还与机器或器具的零件组装在一起，则应作为有关机器或器具的零件归类。例如，电熨斗的底板及电锅用的电热板应按相应器具的零件归类。

（七）焊接设备的归类

焊接是通过加热或加压，或者两者并用，使同性或异性的两个工件产生原子间结合的加工工艺和连接方式。焊接既可用于金属，也可用于非金属。

常用的焊接类型有三种：钎焊、熔焊和压焊。

钎焊是将低熔点的钎料（其熔点比被焊材料的熔点低）加热至熔化状态，然后使其渗透到被焊材料的缝隙内，从而达到相互结合的方法。在焊接过程中，钎料熔化，而被焊材料不熔化。

熔焊是利用局部加热使连接处的材料熔化，再加入（或不加入）填充材料形成结合的方法。熔焊常见的方法有：气焊、焊条电弧焊、埋弧焊、电渣焊、钨极氩弧焊、熔化极气体保护焊、气体保护焊、等离子弧焊、电子束焊、激光焊等。

压焊是利用焊接时施加一定的压力而使接触处的材料结合的一种方法。压焊可分为两种形式：一是将被焊接的材料加热后施加一定压力以使材料原子间相互结合，如电阻焊（品目 8515）；二是被焊材料不加热，仅在被焊的材料接触面上施加足够大的压力，使原子相互接近而获得牢固的压挤接头，如摩擦焊（品目 8468）。

焊接设备主要分布在品目 8468 和品目 8515 项下，前者是非电气焊接设备，后者是电气焊接设备。

非电气焊接设备是指利用气体加热或电气以外的方式进行焊接的设备，电气焊接设备是指采用电能进行焊接的设备。

行业中所称的锡焊属于钎焊的范围，应归入子目 8515.1 项下；焊条电弧焊设备、气体保护焊设备（如氩弧焊）、埋弧自动焊设备、电渣焊设备、等离子弧焊接设备均属于电弧焊设备，归入子目 8515.3 项下；电阻焊设备归入子目 8515.2 项下；电子束焊接设备、激光焊接设备、超声波焊接设备、热塑性材料的焊接设备等均归入子目 8515.8 项下。

在 IT 行业所用的焊接设备中，焊接电子元器件用的波峰焊机属于钎焊的范围，应归入子目 8515.1 项下。回流焊设备的主要功能是加热，不属于品目 8515 的焊接设备，而属于工业用的加热炉，所以应归入品目 8514 项下。专用于或主要用于组装半导体、集成电路的焊接机器及装置，如集成电路芯片封装时所用的引线键合机应优先归入品目8486。

（八）通信设备的归类

通信是指按照达成的协议，信息在人、地点和机器之间进行的传送。在此所指的通信只包括电信号的通信，电信是指在线缆上或经由大气，利用电信信号或光学信号发送和接收任何类型信息（数据、图形、图像和声音）的通信方式。

通信的本质，就是信息的互通。通信主要研究信号的产生、发送和接收，信息的传输、交换和处理等。

常见的通信设备包括电话机、电话交换机、移动通信用基站、光通信设备、计算机通信用的路由器与网卡等。

通信设备按信息的传输媒介不同，分为有线通信和无线通信。有线通信通过电线、电缆或光缆传输信息，无线通信依靠自由空间来传输包含信息的电磁波。

有关通信的商品知识详见阅读材料。

通信设备归入品目8517。该品目的列目结构如下：

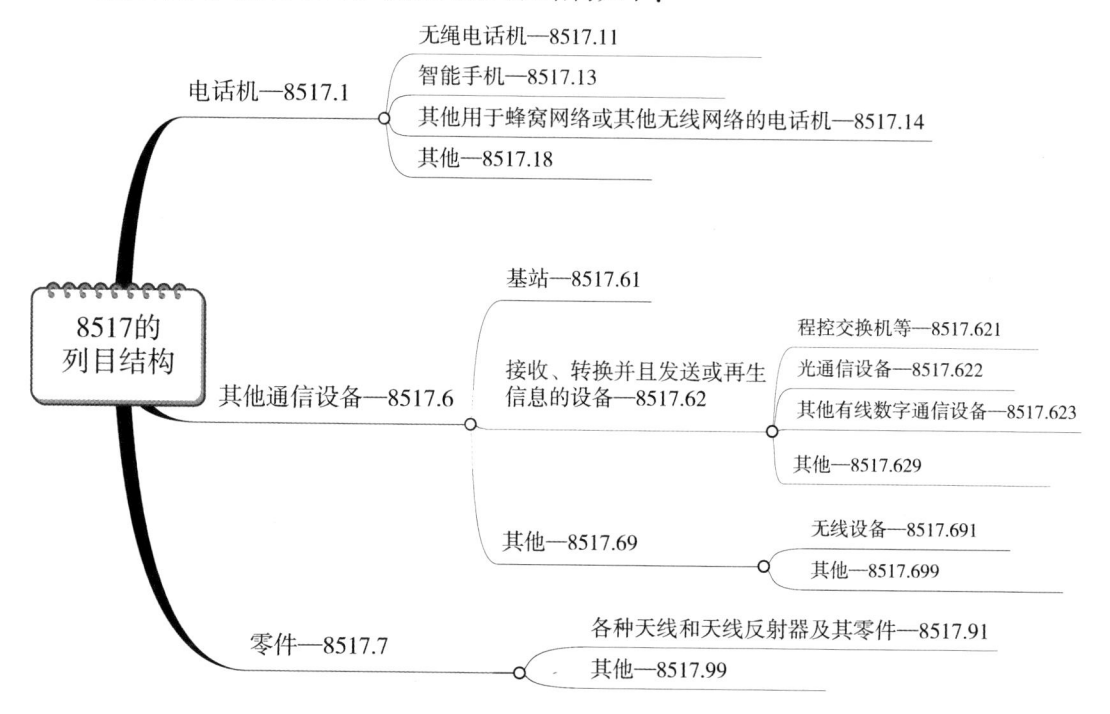

8517的列目结构

- 电话机—8517.1
  - 无绳电话机—8517.11
  - 智能手机—8517.13
  - 其他用于蜂窝网络或其他无线网络的电话机—8517.14
  - 其他—8517.18
- 其他通信设备—8517.6
  - 基站—8517.61
  - 接收、转换并且发送或再生信息的设备—8517.62
    - 程控交换机等—8517.621
    - 光通信设备—8517.622
    - 其他有线数字通信设备—8517.623
    - 其他—8517.629
  - 其他—8517.69
    - 无线设备—8517.691
    - 其他—8517.699
- 零件—8517.7
  - 各种天线和天线反射器及其零件—8517.91
  - 其他—8517.99

子目8517.1的电话机，包括蜂窝网络或其他无线网络用智能手机及其他电话机。

其中，蜂窝网络（Cellular network）是一种移动通信的硬件架构。它把移动电话的服务区分为若干个正六边形的子区域，每个子区域设一个基站，形成了形状酷似"蜂窝"的结构，因而把这种移动通信方式称为蜂窝移动通信方式，如图16-49所示。目前我们所使用手机通信用的网络即为蜂窝网络。

图 16-49 蜂窝网络

子目 8517.11 的无绳电话机（Line telephone sets with cordless handsets），又称子母机，并不是无线电话机，由主机和副机组成，如图 16-50 所示，它的主机还是通过电话线与市话网相连的，所谓无绳是指主机与副机之间是无绳的，两者通信采用无线通信方式。

图 16-50 无绳电话机

子目 8517.13 的智能手机是目前应用最广的手机，归入该子目的手机应符合第八十五章注释五的条文，其他非智能手机应归入子目 8517.14。

有线电话（即通常所称的座机）应归入子目 8517.18。

子目 8517.6 包括除电话机以外的其他通信设备，例如，移动通信用的基站、电话交换机、光通信设备、计算机通信用的路由器与网卡，以及楼宇间使用的可视电话等。

子目 8517.61 包括移动通信用的基站、基站控制器、基站收发信机等。

子目 8516.62 的通信设备必须同时具备"接收、转换并且发送或再生"的功能，一般属于通信系统的中间设备。如果只有接收的功能或只有发送的功能，不能归入该子目，应归入子目 8516.69。例如，电脑用的网卡，下载数据时完成"接收"的功能，上传数据时完成"发送"的功能，无论下载还是上传均要通过"转换"功能来实现最终的数据通信，它符合子目 8516.62 的条文，所以网卡可以归入该子目；而早期使用的寻呼机只有"接收"功能，无"发送"功能，所以不能归入子目 8516.62，应归入子目 8517.69。

无线耳机应归入子目 8517.6294，不能误按普通耳机归入品目 8518。

（九）音像设备与广播、电视设备的归类

音像设备与广播、电视设备主要包括麦克风、扬声器、音频放大器、电气扩音机组、声音的录制或重放设备、视频信号的录制或重放设备、电视摄像机、数字式照相机、视频摄录一体机、收音装置、电视接收装置和无线电广播与电视的发送设备等。

音像设备与广播电视设备在《协调制度》中的列目情况归纳如下：

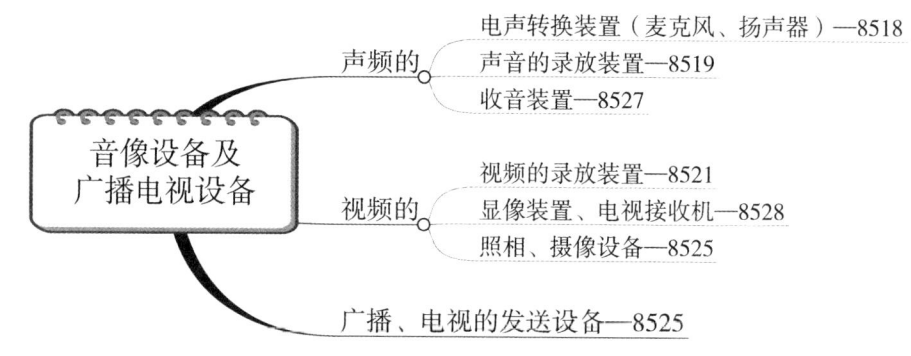

```
                            ┌─ 电声转换装置（麦克风、扬声器）—8518
               ┌─ 声频的 ───┼─ 声音的录放装置—8519
               │            └─ 收音装置—8527
音像设备及      │            ┌─ 视频的录放装置—8521
广播电视设备 ──┼─ 视频的 ───┼─ 显像装置、电视接收机—8528
               │            └─ 照相、摄像设备—8525
               └─ 广播、电视的发送设备—8525
```

声频的电气设备包括声音的录/放装置、电声转换装置、收音装置等；视频的电气设备包括视频的录/放设备、显像设备、电视机、照相及摄像设备等。

1. 电声转换装置的归类

电声转换装置是一种将电能与声能相互转换的器件，归入品目8518。

声能→电能的装置：麦克风、话筒（又称传声器）等，归入子目8518.1。

电能→声能的装置：喇叭、扬声器、耳机等，归入子目8518.2~8518.3。

音频放大器又称声频扩大器、功率放大器（简称功放），它的作用是对音频信号进行放大，归入子目8518.4。

电气扩音机组（Electric sound amplifier set）由三部分构成，即话筒、音频放大器、扬声器，如图16-51所示，归入子目8518.5。

图16-51 电气扩音器组

2. 声音的录放设备的归类

声音的录放设备归入品目8519。

在确定该品目项下的部分子目时，要明确声音录放设备所使用的是什么类型的媒体。如磁带属于磁性媒体，光盘属于光学媒体，U盘或内存卡属于半导体媒体。

归入品目8519的录放设备不能带有收音功能，如果带有收音功能，根据品目8527的条文应归入品目8527。

3. 视频的录放设备的归类

视频的录放设备归入品目8521。例如，磁带型的录放像机、DVD视频播放机等。

4. 照相、摄像设备的归类

摄像机是一种把景物光像转变为电信号的设备，在《协调制度》中又称电视摄像机（Television camera）。摄像机无录像功能，摄像与录像是两个不同的概念。摄像过程是把被摄对象的光学图像转变成相应的电信号（形成了被记录的信号源）；录像过程是把信号源送来的电信号直接记录在媒体上。

数字式照相机（Digital camera），又称数码相机，是指对实物实景直接获取数字图像的设备。它直接以数字代码方式记录原景物的图像信息，集成了图像处理系统的图像转换、存储等部件。

摄录一体机（Video camera recorder）指摄像机与录像机组合成一体的设备，目前一般的家用摄像机都带有录制功能，就是一种典型的摄录一体机。

摄像机、数字式照相机、视频摄录一体机的比较见表16-5。

表 16-5　摄像机、数字式照相机、摄录一体机的比较

项目	摄像机	数字式照相机	摄录一体机
工作原理	将视频图像传输到设备外部某个位置供观察或录像	将静像记录在设备内	将运动画面记录在设备内
拍摄画面	以动态画面为主	以静止画面为主	以动态画面为主
有无存储功能	无	有	有
用途	工业、科研、闭路监视或交通管理等	家用或摄影记者等	家用或电视台记者等

5. 雷达设备、无线电导航设备及无线电遥控设备的归类

雷达设备、无线电导航设备及无线电遥控设备归入品目8526。

无线电导航设备包括北斗卫星导航系统（BDS）、全球定位系统（GPS）等用的导航设备。

该品目只包括无线电遥控设备，但不包括无绳红外遥控器（应归入品目8543）。

6. 无线电广播接收设备的归类

无线电广播接收设备（又称为收音机）归入品目8527。

品目8527不仅包括收音机，还包括收音机与声音的录/放装置构成的组合机器，还包括收音机与时钟构成的组合机器。这些组合机器在归类时，不用判断哪个是主要功能，依据品目8527的条文归入该品目即可。

在确定子目时，要判断其工作时是否需要外接电源。"不需要外接电源的"收音设备本身含有电源，工作时依靠本身自带的电源（例如，原电池等）；而"需要外接电源的"收音设备本身不含电源，工作时要依靠外部的电源（例如，汽车用的收音设备一般不含电源，工作时依靠汽车上的蓄电池来供电）。

7. 显像设备、电视接收装置的归类

显像设备与电视接收装置归入品目8528。

显像设备主要包括显示器（在《协调制度》中又称为监视器monitor）和投影机。

显示器按显示色彩可分为彩色显示器和单色显示器（又称黑白显示器）；按显示原理可分为阴极射线管式显示器、液晶显示器等。显示器根据显示原理归入子目8528.4与8528.5。子目8528.42和子目8528.52"可直接连接且设计用于品目8471的自动数据处理系统的"的显示器是指其可通过VGA接口或DVI接口与电脑相连，也可通过HDMI等高清接口与电视机等相连。

投影机是一种可以将图像或视频投射到幕布上的显像设备,归入子目8528.6。

电视接收装置主要包括电视机和机顶盒等。

子目8528.71的"在设计上不带视频显示器或屏幕的"电视接收装置主要包括机顶盒和卫星电视接收装置。

子目8528.72主要包括彩色电视机,并按显示原理(阴极射线管式的、液晶的)以及是数字的还是模拟的归入相应的子目。

子目8528.73主要包括黑白电视机。

(十) 记录媒体的归类

记录媒体指记录声音、视频、数字数据、文本、图像或其他图形数据等信息用的各种媒体,不论是否已录制。这些媒体一般可在记录或阅读装置中插入或拔取,以便将信息从一台记录或阅读装置转到另一台记录或阅读装置。

目前常见的记录媒体包括磁性媒体、光学媒体和半导体媒体。

磁性媒体指以磁性方式记录信息的媒介质体。常见的形式有磁盘、磁卡或磁带,例如,计算机用的磁盘、银行用的信用卡(磁卡)、录音带、录像带等;

光学媒体指用光盘方式记录信息的媒介质体。常见的形式就是光盘,例如,CD盘、DVD盘等;

半导体媒体指含有一个或多个集成电路的记录媒体。常见的有U盘、Flash存储卡、智能卡等。

半导体存储器是一种能存储二值信息(或称为二值数据)的半导体器件。按其断电后所储存的信息是否消失,可分为易失性存储器和非易失性存储器。易失性存储器指在断电后所储存的数据会自动消失;非易失性存储器指在断电后所储存的数据依然存在。

记录媒体归类时,主要根据存储介质的不同(磁性、光学、半导体、其他)以及是否已录制等因素归入不同子目。

子目8523.4910的"仅用于重放声音信息的已录制光盘"主要包括仅能重放声音的CD盘;

子目8523.4920的"用于重放声音、图像以外信息的光盘,品目8471所列机器用"主要包括电脑用的操作系统光盘、各种应用软件的光盘等。

子目8523.4990的"其他"光盘主要包括能重放声音、图像的DVD光盘等。

子目8523.51的"固态非易失性存储器件"主要包括U盘、手机及数码相机用的内存卡等。

子目8523.52的"智能卡"主要包括带有芯片的银行卡、公交卡、身份认证卡等。

(十一) 平板显示模组的归类

根据第八十五章注释七的规定,平板显示模组是指用于显示信息的装置或器具,其设计为在使用前安装于其他品目所列货品中(即要安装于其他设备内才能构成整机),归入品目8524。根据其组成结构的不同分成不同子目:

子目8524.1所指"不含驱动器或控制电路"通常指不含显示驱动电路,即只有显示屏。以液晶面板为例,该子目只包括两块玻璃中间灌注液晶的液晶面板,可以配有彩色滤光膜,但不能带有显示驱动电路。

若是在显示屏的基础上加上显示驱动电路或控制电路,则应归入子目8524.9。

若在显示屏的基础上除了带有显示驱动电路或控制电路外,还带有转换视频信号的组件(图像缩放集成电路、解码集成电路或程序处理器等),则超出了品目8524的范围,应根据具体情况归入适当品目(如8528的显示器)。

(十二) 电气信号装置的归类

电气信号装置在《协调制度》中主要分布在三个品目,它们主要根据用途来列目,列目结构如下:

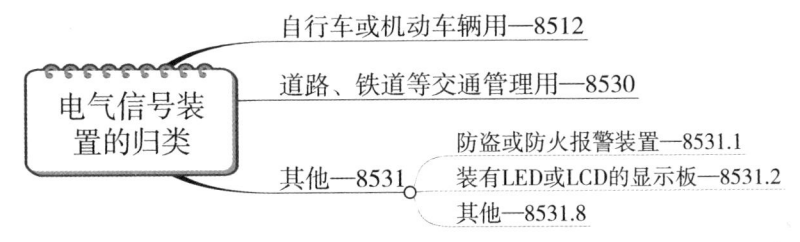

```
                      ┌─ 自行车或机动车辆用—8512
                      │
          电气信号装    ├─ 道路、铁道等交通管理用—8530
          置的归类      │
                      │                ┌─ 防盗或防火报警装置—8531.1
                      └─ 其他—8531 ────┤  装有LED或LCD的显示板—8531.2
                                       └─ 其他—8531.8
```

品目8512的自行车或机动车辆用的电气照明或信号装置,主要包括电气的照明或其他视觉、音响信号装置,例如车辆照明灯、其他信号灯、电喇叭等;

品目8530的道路、铁道等交通管理用的电气信号装置,主要包括交通管理及控制用的电气设备,例如,交通十字路口的红绿灯等;

品目8531的其他用途的电气信号装置,主要包括防盗防火报警装置、电气的信号显示板、教室用的电铃等。

子目8531.1的"防盗或防火报警器及类似装置"并不是包括所有的防盗报警装置。例如,汽车用的防盗报警器属于车辆用的信号装置,不能归入该子目,应归入品目8512。防盗报警装置一般由两部分组成:探测装置与信号装置(电铃、电蜂音器、视觉显示器等)。

子目8531.2的"装有液晶装置(LCD)或发光二极管(LED)的显示板"主要包括办公室、宾馆、公共场所等用的显示板。例如,显示电梯楼层信息与上下状态的液晶显示板就归入子目8531.2。

(十三) 电气控制与电器装置的归类

电气控制装置是指由若干电气原件组合,用于实现对某个或某些对象的控制,从而保证被控设备安全、可靠地运行,其主要功能有自动控制、保护、监视和测量等。

电器装置指能依据操作信号或外界现场信号的要求,自动或手动接通和断开电路,连续或断续地改变电路参数,以实现对电路或用电设备的切换、控制、保护、检测、变换和调节的元件、设备和装置。

电器装置根据工作电压的大小可分为高压电器与低压电器。高压电器指电压超过1000伏的电器;低压电器指电压不超过1000伏的电器。

电器装置根据其功能可分为熔断器、断路器、继电器、开关等。

电器装置与电气控制装置一般归入品目8535~8538。电器装置与电气控制装置的列目结构如下:

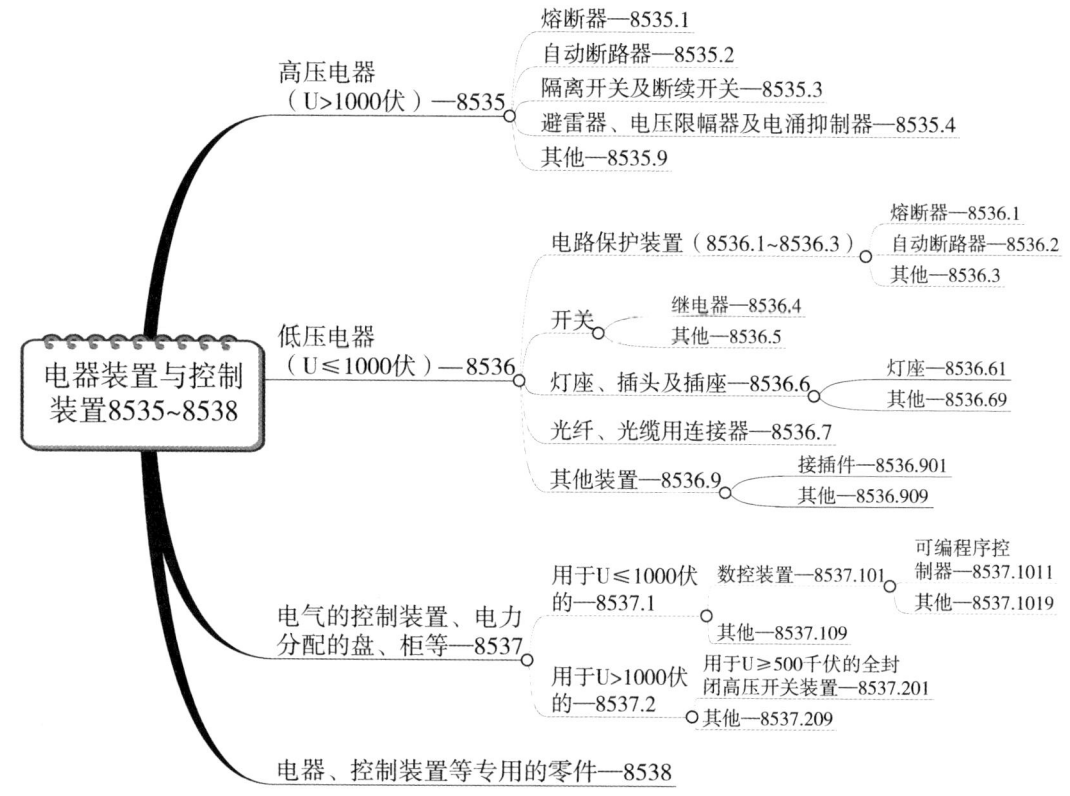

```
                                            熔断器—8535.1
                                            自动断路器—8535.2
                   高压电器
                   (U>1000伏)—8535        隔离开关及断续开关—8535.3
                                            避雷器、电压限幅器及电涌抑制器—8535.4
                                            其他—8535.9

                                                                      熔断器—8536.1
                                                   电路保护装置(8536.1~8536.3)  自动断路器—8536.2
                                                                      其他—8536.3
                   低压电器                                继电器—8536.4
                   (U≤1000伏)—8536        开关
                                                         其他—8536.5
电器装置与控制                                                             灯座—8536.61
装置8535~8538                                  灯座、插头及插座—8536.6
                                                                      其他—8536.69
                                            光纤、光缆用连接器—8536.7
                                                                      接插件—8536.901
                                            其他装置—8536.9
                                                                      其他—8536.909

                                                          数控装置—8537.101    可编程序控
                                用于U≤1000伏                                制器—8537.1011
                                的—8537.1                                    其他—8537.1019
                   电气的控制装置、电力
                   分配的盘、柜等—8537                      其他—8537.109
                                                         用于U≥500千伏的全封
                                用于U>1000伏              闭高压开关装置—8537.201
                                的—8537.2
                                                         其他—8537.209

                   电器、控制装置等专用的零件—8538
```

品目 8535 的商品为电压超过 1000 伏的高压电器，品目 8536 的商品为电压不超过 1000 伏的低压电器，品目 8537 的商品一般为装有高压电器或低压电器等装置的电气控制装置、电力分配的盘及柜等。品目 8535 和品目 8536 主要是根据电器的功能（电路的保护装置、开关、插座、插头、其他连接装置等）列目的，品目 8537 主要是根据电路的电压列目的。

对电器装置归类时，首先要区分是属于高压电器还是低压电器，然后根据其功能归入不同子目。

品目 8536 只包括单个开关和由多个开关及连接器组成的简单组合开关，如果除了开关外还有其他一些复杂的控制电路等，则应归入品目 8537。

品目 8537 的控制装置与品目 90.32 的自动调节控制装置的区别详见本书第九十章的二（八）"自动调节或控制仪器及装置的归类"。

子目 8536.9011 的工作电压不超过 36 伏的接插件是指连接两个器件的连接器，用于传输电流或信号（光缆用连接器除外），额定电压不超过 36 伏。

子目 8537.1019 的其他数控装置包括除可编程序控制器以外的数控装置，主要用于机床。机床用数控装置包括数控（NC）和计算机数控（CNC）两种类型。

传统的数控（NC）装置由输入装置、控制器、运算器和输出装置四部分组成，统称为硬件数控。

计算机数控（CNC）统称为软件数控，通常由微型计算机（包括中央处理器、存储器、系统总成）和各种输入/输出接口电路组成。其用一台存储有程序的计算机，按照存储在计算机内部读写存储器中的控制程序去执行数控装置的一部分或全部功能，在计算机之外的唯一装置是接口。计算机在 CNC 系统中主要用来进行数值和逻辑运算，对于各类被控对象进行实时控制。

本子目还包括部分用于非机床设备的控制装置,只要其结构与本子目所列机床用数控装置相似,例如,某些工业机器人、注塑机等设备用数控装置。

(十四) 电光源的归类

电光源归入品目 8539,但归入本品目的灯一般只有灯泡、灯管等,不能带有灯座。若带有灯座,则一般应归入品目 8512、8513、8530 和 9405。

品目 8539 项下的子目列目结构如下:

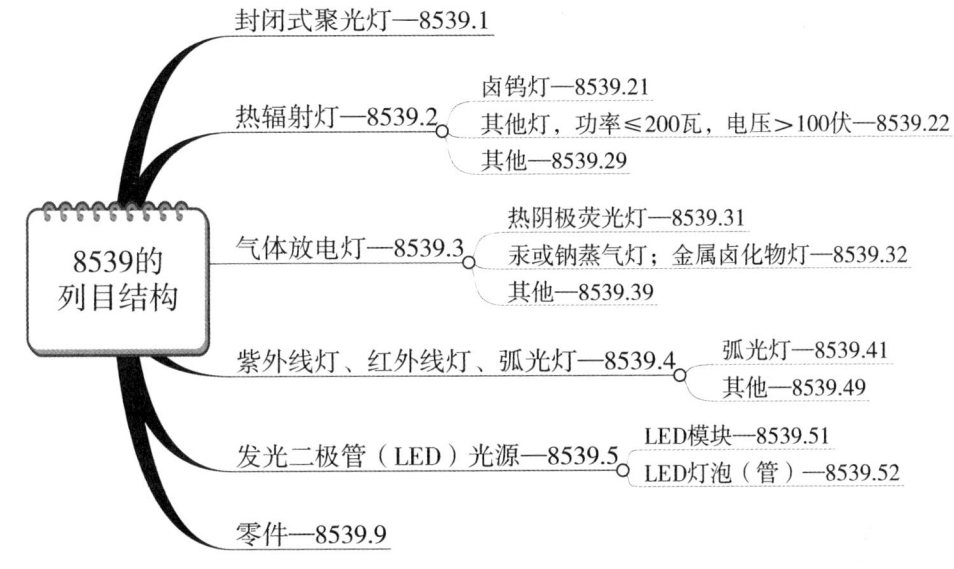

```
                    ┌─ 封闭式聚光灯—8539.1
                    │
                    │                      ┌─ 卤钨灯—8539.21
                    ├─ 热辐射灯—8539.2 ────┤─ 其他灯,功率≤200瓦,电压>100伏—8539.22
                    │                      └─ 其他—8539.29
                    │
                    │                      ┌─ 热阴极荧光灯—8539.31
8539的列目结构 ─────┼─ 气体放电灯—8539.3 ──┤─ 汞或钠蒸气灯;金属卤化物灯—8539.32
                    │                      └─ 其他—8539.39
                    │
                    │                                      ┌─ 弧光灯—8539.41
                    ├─ 紫外线灯、红外线灯、弧光灯—8539.4 ──┤
                    │                                      └─ 其他—8539.49
                    │
                    │                              ┌─ LED模块—8539.51
                    ├─ 发光二极管(LED)光源—8539.5 ┤
                    │                              └─ LED灯泡(管)—8539.52
                    │
                    └─ 零件—8539.9
```

根据电光源的发光原理不同可分为热辐射光源、气体放电光源、LED 光源。

热辐射光源是利用物体通电加热至高温时辐射发光原理制成的光源。常见的有白炽灯、卤钨灯等。

气体放电光源是通过气体放电将电能转换为光能的一种电光源。常见的有日光灯、高压汞灯、高压钠灯、金属卤化物灯等。

LED 即发光二极管,是一种半导体固体发光器件。它利用固体半导体芯片作为发光材料,当两端加上正向电压,半导体中的载流子发生复合引起光子发射而产生光。

根据本章注释十一的规定,"发光二极管光源"包括"发光二极管(LED)模块"和"发光二极管(LED)灯泡(管)"。前者是由品目 8541 的 LED 芯片加上控制电源的物品组成的装置,这里的"控制电源的物品"指具有将直流电的电压和电流控制在发光二极管可用水平的电路(电源控制),也可以具有通过电源控制将交流电进行整流的电路;后者是在前者基础上加有便于在灯具中安装或更换并确保机械和电气连接的灯头。

另外,子目 8539.3191 的紧凑型灯是指现在应用最广的节能灯。所谓"紧凑型"就是把原来直条状的灯管做成螺旋型或 U 型。如图 16-52 所示。

a）螺旋型　　　　　　　　　b）U型

图 16-52　常见的两种节能灯

（十五）其他品目未列名的具有独立功能的电气设备的归类

其他品目未列名的具有独立功能的电气设备归入品目8543。

归入该品目的商品必须具有独立的功能，必须是其他品目未列名的电气设备。有关"其他品目未列名"和具有"独立功能"的相关规定，参见本书第八十四章第二部分的二（十七）。

（十六）电子元器件、集成电路与印刷电路的归类

1. 概述

电子元器件是电子元件与器件的统称，有不同的分类方式。

（1）按制造行业可分为元件与器件。

元件指加工中没有改变分子成分和结构的产品。如电阻、电容、电感器、电位器、变压器、连接器、开关、石英/陶瓷元件、继电器等；

器件指加工中已改变分子成分和结构的产品，主要是各种半导体产品。例如，二极管、晶体管、场效应管、各种光电器件、各种集成电路，也包括电真空器件等。

（2）按工作机制可分为无源元件与有源元件。

无源元件指工作时只消耗元件输入信号电能的元件，本身不需要电源就可以进行信号处理和传输。无源元件包括电阻器、电容器、电感器等。

有源元件指正常工作的基本条件是必须向元件提供相应的电源，如果没有电源，器件将无法工作。有源元件包括二极管、三极管、场效应管、集成电路等。

电子元器件、集成电路与印刷电路在《协调制度》中的列目结构如下：

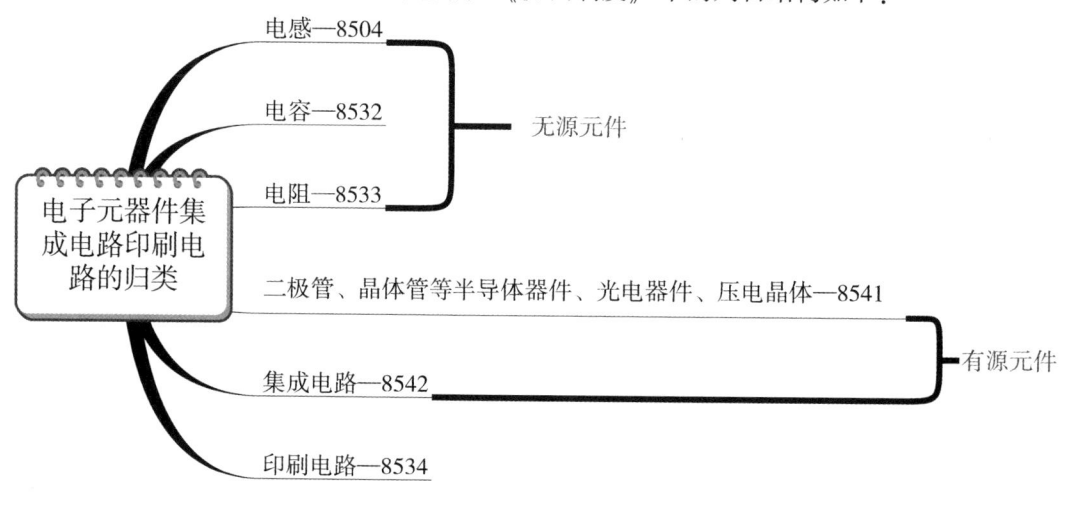

电子元器件集成电路印刷电路的归类
- 电感—8504 ┐
- 电容—8532 ├ 无源元件
- 电阻—8533 ┘
- 二极管、晶体管等半导体器件、光电器件、压电晶体—8541 ┐
- 集成电路—8542 ┘ 有源元件
- 印刷电路—8534

2. 印刷电路

印刷电路板归类时，首先要明确它的层数，根据层数归入不同子目，4 层以上（不包括 4 层）的印刷电路板归入子目 8534.0010，这些电路板一般用于较复杂电路的连接。

根据第八十五章注释八，品目 8534 的"印刷电路"，不包括装有非印制元件的电路，也不包括单个的分立式电阻器、电容器及电感器。但是，印刷电路可配有非经印刷的连接元件（这里只包括连接元件，例如一段导线，但不包括分立元件，例如电阻器、电容器及电感器）。

3. 二极管、晶体管及类似的半导体器件

第八十五章注释十二（一）条文规定："'半导体器件'是指那些依靠外加电场引起电阻率的变化而进行工作的半导体器件。"这些器件主要包括：半导体二极管（子目 8541.10）、晶体管［PNP 型三极管、NPN 型三极管、金属氧化物半导体（MOS）场效应管等］（子目 8541.20）、可控硅晶闸管等（子目 8541.30）。

某些半导体器件不能归入本品目。它们不是依靠外加电场引起电阻率变化而进行工作，而是主要利用温度、压力等进行工作。例如，非线性半导体电阻器（热敏电阻器、变阻器、磁电阻器等）（品目 8533）。

4. 光敏半导体器件

这些半导体在可见光线、红外线或紫外线的作用下，利用其内在光电效应，引起电阻率的变化或产生电动势。主要包括：光电管（光敏电阻器）、光电池、光电二极管、光电耦及光电继电器等。

子目 8541.42 的未装在组件内或组装成块的光电池主要指单片的太阳能电池板。

子目 8541.43 的已装在组件内或组装成块的光电池主要指由多片太阳能电池板构成的。

子目 8541.42 与子目 8541.43 的太阳能电池板如果再装上直接为电动机、电解槽等供电的元件，则应按光伏发电机归入品目 8501。

5. 发光二极管

子目 8541.41 的发光二极管，又称电发光二极管，是一种可把电能变成可见光线、红外线或紫外线的半导体器件。发光二极管的结构是一个 PN 结，正向电流通过时，注入的少数载流子靠复合而发光，可以发出绿光、黄光、红光和红外线等。

子目 8541.41 的发光二极管，既包括单个 LED，也包括由多个 LED 组成的 LED 组件。但是依据第八十五章注释十二（一）2 的规定，LED 组件不装有以提供或控制电源为目的的元件。如果 LED 组件装有以提供或控制电源为目的的元件，则构成了子目 8539.51 项下的 LED 模块。

6. 品目 8541 的"其他半导体器件"

子目 8541.5 的"其他半导体"并不包括所有类型的半导体，归入该品目的半导体器件必须是依靠施加电场时所引起的电阻率的变化进行工作的半导体器件，例如，可变电抗器、场效应器件等可归入该子目。对于由四个二极管构成的桥式整流器件，不属于一个单一的半导体器件，已超出该子目的范围，不能误归入该子目，应按其功能归入品目 8504。

7. 压电晶体

已装配的压电晶体归入子目 8541.60。

压电晶体有压电效应，即沿一定方向切割的压电晶体，当受到机械力作用时，将产生

与应力成正比的电场或电荷，这种现象称为正压电效应；反之，当压电晶体受到电场作用时，将产生与电场成正比的应变，这种现象称为逆压电效应。正、逆两种效应合称压电效应。

压电晶体主要由石英晶体、钛酸钡、锆酸钛酸铅或品目 3824 所列的其他晶体制成，已装配的压电晶体一般为板、棒、片、环等形状，必须配有电极或电接头。压电晶体上面可以有涂层，或装在支座上，常装有一个外壳（如金属盒、玻璃壳），用于传声器、扬声器、超声波装置、稳频振荡电路等。例如，石英晶体谐振器、声表面波滤波器均属于压电晶体，应归入子目 8541.60。

8. 集成电路

集成电路（Integrated Circuit，简称"IC"）是利用半导体工艺、膜工艺，将电路所需的元件、器件和互连线集成制作在同一基片上，并按电路要求相互连接起来，使其成为具有一定功能的电路。它是继电子管、半导体器件之后出现的电子器件，其特点是体积小、重量轻、功耗低、性能好、可靠性高、成本低等，广泛应用于各类电子产品中。

集成电路归入品目 8542。

（1）集成电路的判定标准

第八十五章注释十二（二）规定，"集成电路"是指：

"1. 单片集成电路，即电路元件（二极管、晶体管、电阻器、电容器、电感器等）主要整体制作在一片半导体材料或化合物半导体材料（例如，掺杂硅、砷化镓、硅锗或磷化铟）基片的表面，并不可分割地连接在一起的电路；

2. 混合集成电路，即通过薄膜或厚膜工艺制得的无源元件（电阻器、电容器、电感器等）和通过半导体工艺制得的有源元件（二极管、晶体管、单片集成电路等）用互连或连接线实际上不可分割地组合在同一绝缘基片（玻璃、陶瓷等）上的电路。这种电路也可包括分立元件；

3. 多芯片集成电路是由两个或多个单片集成电路实际上不可分割地组合在一片或多片绝缘基片上构成的电路，不论是否带有引线框架，但不带有其他有源或无源的电路元件。

4. 多元件集成电路（MCOs）：由一个或多个单片、混合或多芯片集成电路以及下列至少一个元件组成：硅基传感器、执行器、振荡器、谐振器或其组件所构成的组合体，或者具有品目 8532、8533、8541 所列货品功能的元件，或品目 8504 的电感器。其像集成电路一样实际上不可分割地组合成一体，作为一种元件，通过引脚、引线、焊球、底面触点、凸点或导电压点进行连接，组装到印刷电路板（PCB）或其他载体上。"

从上述注释可见，视为"集成电路"的商品，有其特定的制作工艺和构成方式，因此，在归类某一微型电路是否是集成电路时，可根据其制作工艺和构成方式来判断。这些制作工艺见相关阅读材料。

（2）单片集成电路、混合集成电路、多芯片集成电路和多元件集成电路的区分（见表 16-6）

表 16-6 单片集成电路、混合集成电路、多芯片集成电路和多元件集成电路的区分

项目	单片集成电路	混合集成电路	多芯片集成电路	多元件集成电路
工艺/器件	半导体工艺：制作所有器件	半导体工艺：制作有源器件 膜工艺：制作无源器件	多片的单片集成电路封装	集成电路+特定元件
基片	硅片	绝缘基片	绝缘基片	硅基或绝缘基片

其中，多元件集成电路中的"特定元件"是指硅基传感器、执行器、振荡器、谐振器或其组件所构成的组合体，或者具有品目 8532、8533、8541 所列货品功能的元件，或品目 8504 的电感器。如图 16-53 所示。

图 16-53 多元件集成电路

多元件集成电路应具备的四个条件：必须包括集成电路；必须是多元件；必须是不可分割的；必须用于安装在印刷电路板上或其他承载物上。

（3）本品目不包括：

①带有集成电路的卡（又称"智能卡"）、固态非易失性存储器件及其他媒体（品目 8523）。

②完全由无源元件构成的膜电路，其具有印刷电路的基本特征，应归入品目 8534。

（4）"集成电路板"的归类

"集成电路板"是在印刷电路基板上面焊有多个集成电路芯片，还可见一些分立元件（如电容器、电阻器等）焊接其上，由于组成已远远超出了集成电路的制作方法，不能视为"集成电路"来归类。

这类具有一定功能的电路板，通常用于电气设备或装置中，如果其功能已经符合某品目条文规定，则应归入该品目。如果已经具有某品目所列货品的基本特征，则运用归类总规则二（一），按该货品归类；否则可视为其所装设备的零部件，应依据第十六类注释二"机器零部件归类"的规定来归类。

（十七）绝缘电线、电缆、光缆与绝缘零件的归类

1. 电线与电缆的区分

电线是包覆绝缘层的导电线，电缆由多根相互绝缘的导电线置于密封护套中构成，电

缆要比电线结构更复杂①。电缆的特点：
（1）由导电线芯、绝缘层、密封护套和保护覆盖层四部分组成；
（2）尺寸较大；
（3）结构复杂；
（4）有多根绝缘内芯。

2. 品目 8544 的光缆与品目 9001 的光缆的区分

品目 8544 的光缆由每根被包覆的光纤组成，另有增强件和护套，主要用于光纤通信。品目 9001 的光缆在结构和用途上与通信光缆不同，其每根光纤并不被包覆，很多光纤扎成一束，外面包覆多个绝缘层，这种光缆通常用于光学成像，而不用于通信。

绝缘电线、电缆与光缆归入品目 8544，绝缘零件一般归入品目 8547。其中品目 8544 的列目结构如下：

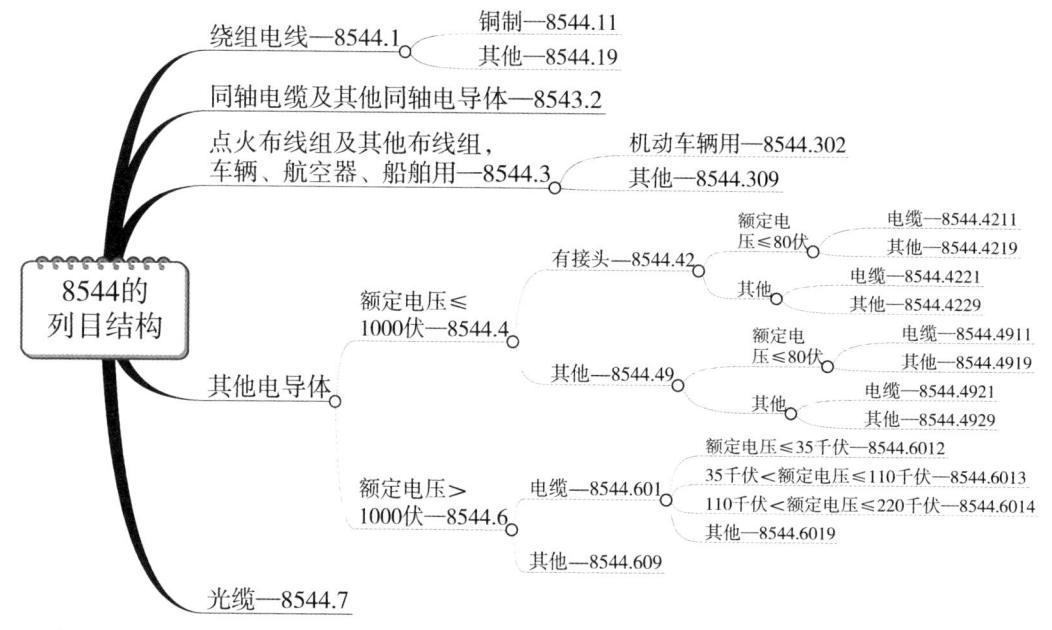

```
8544的列目结构
├─ 绕组电线—8544.1
│    ├─ 铜制—8544.11
│    └─ 其他—8544.19
├─ 同轴电缆及其他同轴电导体—8543.2
├─ 点火布线组及其他布线组，车辆、航空器、船舶用—8544.3
│    ├─ 机动车辆用—8544.302
│    └─ 其他—8544.309
├─ 其他电导体
│    ├─ 额定电压≤1000伏—8544.4
│    │    ├─ 有接头—8544.42
│    │    │    ├─ 额定电压≤80伏
│    │    │    │    ├─ 电缆—8544.4211
│    │    │    │    └─ 其他—8544.4219
│    │    │    └─ 其他
│    │    │         ├─ 电缆—8544.4221
│    │    │         └─ 其他—8544.4229
│    │    └─ 其他—8544.49
│    │         ├─ 额定电压≤80伏
│    │         │    ├─ 电缆—8544.4911
│    │         │    └─ 其他—8544.4919
│    │         └─ 其他
│    │              ├─ 电缆—8544.4921
│    │              └─ 其他—8544.4929
│    └─ 额定电压>1000伏—8544.6
│         ├─ 电缆—8544.601
│         │    ├─ 额定电压≤35千伏—8544.6012
│         │    ├─ 35千伏<额定电压≤110千伏—8544.6013
│         │    ├─ 110千伏<额定电压≤220千伏—8544.6014
│         │    └─ 其他—8544.6019
│         └─ 其他—8544.609
└─ 光缆—8544.7
```

归入子目 8544.1 的绕组电线必须是漆包线，一般用于制造变压器铁芯、电动机定子或转子铁芯用的线圈绕组；

绕组电线是指在导体（一般为铜丝线）外面涂覆上绝缘漆（故又称为漆包线）。

归入子目 8544.2 的同轴电缆通常用于传输视频信号或避免受外界干扰的电信号（如用于传输至检测仪器上检测用的电信号）；

归入子目 8544.3 的布线组必须是用于车辆、航空器或船舶上的，其他布线组不能归入该子目，通常应归入子目 8544.4 项下；

归入子目 8544.4 的电导体必须是除子目 8544.1~8544.3 以外的"其他电导体"，如果不能排除子目 8544.1~8544.3，不能直接归入子目 8544.4 项下。

归入品目 8547 的绝缘零件必须同时符合两个条件：
（1）全部用绝缘材料制成，或除了为装配需要而在模制过程中装上的小金属零件

---

① 目前实践中的判断标准是：只要是由两根及以上相互绝缘的导电线的外面再包上绝缘层的，即视为电缆。

（螺丝、螺纹孔、套管等）以外，全部由绝缘材料（例如，塑料）制成；

（2）供绝缘用，尽管同时还具有其他作用（例如，保护作用）。

（十八）电气和电子废物、废料

电子废物是指仅适于回收、再循环或废弃，而不适用于维修、翻新、修理、再使用或重新利用，以使其适合其原用途或后续使用的货品。仅仅使用过的货品不应视作电子废物。

电子废物包括但不限于下列货品：废旧原电池、原电池组或蓄电池；电子消费产品；办公室、信息和通信技术设备；家用电器；电动工具；电气或电子零件，包括印刷电路板。

思考与练习

多选题：

1. 关于"组合机器、多功能机器"的归类，下面正确的描述是_____。
A. 除条文另有规定外，组合机器、多功能机器归类时按其主要功能归类
B. 组合机器、多功能机器从外观判断不一定是一个整体，有可能由相互独立的几部分组成
C. 当不能确定组合机器、多功能机器的主要功能时，要依据总规则三（三）"从后归类"
D. 组合机器、多功能机器具有多个功能，但是当这些功能在条文中已有规定，此时应按条文确定归类，而不能再依据第十六类注释三按其主要功能归类

2. 关于"功能机组"的归类，下列描述正确的是_____。
A. 功能机组从外观判断不是一个整体，而是由相互独立的几部分构成，设立功能机组的主要目的是简化归类
B. 只有相互独立的几部分同时报验，并满足条件（所具有的功能必须是第八十四章或第八十五章已列名的功能）时才可一并归类
C. 功能机组与多功能机器最大的不同是从外观形状上判断：前者不是一个整体，后者是一个整体
D. 当符合功能机组的条件一并按"功能机组"归类时，只有完成基本功能的机器才可一并归类，执行辅助功能的机器不能按功能机组一并归类

3. 关于多用途机器，下面描述正确的是_____。
A. 对于一台洗碗机来说，如果既可以洗涤餐具，又可对餐具消毒，说明它是多用途机器
B. 对于一台制绳机来说，如果它既可生产加工钢丝绳，又可生产加工尼龙绳，说明它是多用途机器
C. 对于一台全自动咖啡机来说，如果它既可用于家庭，又可用于宾馆或办公室，说明它是多用途机器
D. 具有多用途机器，应按其主要用途归类；当不能确定其主要用途时，应归入品目

8479，而不能"从后归类"

4. 关于"奶油分离器"的归类，下面描述正确的是_____。
A. 它属于乳品加工的机器，应归入品目 8434
B. 它属于离心机的范围，应依据第八十四章注释二，归入品目 8421
C. 它既符合品目 8421 的条文，又符合品目 8434 的条文，不能依据总规则三（三）从后归入品目 8434
D. 它属于未列名的食品加工机器，归入品目 8438

商品归类题：

5. 火力发电厂用汽轮机（输出功率为 50 兆瓦）
6. 轿车用的汽油发动机，气缸容量为 1.8 升
7. 轿车汽油发动机用汽缸盖（气缸容量为 1.8 升）
8. 轿车汽油发动机用曲轴（气缸容量为 1.8 升）
9. 液压传动装置用液压缸
10. 发电机组用燃气发动机（以天然气为燃料），功率为 4500 马力
11. 轿车用涡轮增压器（用于增加发动机输出功率）
12. 普通空调用压缩机（电动机额定功率为 800 瓦）
13. 厨房用排风扇（电动机的输出功率为 35 瓦）
14. 空调器用遥控器
15. 家用电冰箱（具有两个独立外门，容积 313 升）
16. 太阳能热水器
17. 滚筒式服装面料熨烫机
18. 平板式服装熨烫机
19. 全自动奶粉灌装机
20. 由液体泵、进水管、出水管、过滤器、多彩玻璃组成的喷泉装置
21. 大型超市装卸货物用叉车（电动机驱动）
22. 铲运机（非自推进式，斗容量为 6 立方米）
23. 履带式挖掘机（挖斗可整周回转）
24. 石油钻探机用钻头（带有人造金刚石）
25. 园林绿化（草坪）用割草机（装有小型内燃机，手推式，通过底部的旋转刀片完成割草动作）
26. 园林绿化（草坪）用割草机（装有小型内燃机，手提式，通过高速旋转的尼龙绳完成割草动作）
27. 激光打印机用墨盒（含硒鼓）
28. 激光打印机用塑料齿轮
29. 铝箔精轧机
30. 玻璃刻花机（利用激光方式）
31. 数控齿轮磨床
32. 数控外圆磨床（在任一坐标的定位精度是 0.05 毫米）
33. 伺服压力机（用于钢制机器外壳的加工）

34. 加工中心用旋转工作台
35. 数控车床用的数控装置
36. 维修马路用的手动风镐，如图 16-54 所示

图 16-54　手动风镐

37. 微电脑用的显示卡
38. 微电脑用的有线网卡
39. 微电脑专用的液晶显示器（只有 VGA 接口）
40. 手机外壳用的注塑模具（合金钢制）
41. 轿车门冲压用模具
42. 液压传动系统用的减压阀
43. 打印塑料玩具用的 3D 打印机
44. 深沟球轴承
45. 在印刷电路板上装配电子元器件用的自动贴片机
46. 风扇电动机（单相交流型，40 瓦）
47. 永磁直流发电机（轿车用）
48. 变频器（它与异步电动机连接，用所提供的变频电流来控制电机的旋转速度）
49. 家用豆浆机（具有磨豆和加热功能）
50. 电动牙刷（可充电，声波震动式）
51. 家用微波炉
52. 智能手机用液晶显示屏（带有驱动电路）
53. 智能手机用蓝牙耳机
54. 智能手机用有线耳机
55. 手机用内存卡（SD 卡，32GB），如图 16-55 所示

图 16-55　手机用内存卡

56. 智能手机用摄像头
57. 装有办公软件的光盘
58. 锂离子电池（新能源汽车用）
59. 商场安全用的监控探头
60. 液晶显示器（用于办公室环境下的电子信息显示，19 英寸，输入接口类型包括：

HDMI、DVI、VGA）

61. 普通照明用日光灯管（20 瓦）
62. 电子节能灯（8 瓦），如图 16-56 所示

图 16-56　电子节能灯

63. 46 英寸液晶数字电视机
64. 便携式电子书阅读器
65. 电磁继电器（机床控制用，220V 电压）
66. 256G 容量的 U 盘（供零售用）
67. 多孔电源插座，如图 16-57 所示

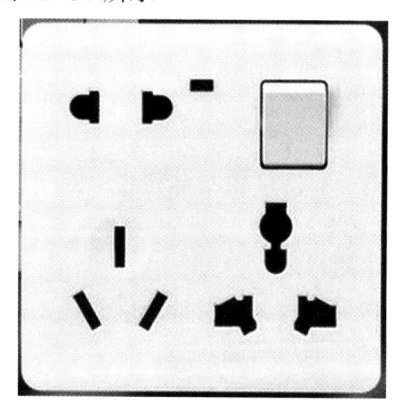

图 16-57　多孔电源插座

68. 打印机用电源线

第十七类 车辆、航空器、船舶及有关运输设备

【内容提要】
　　本类主要介绍常见运输设备（车辆、航空器、船舶等）的列目结构；汽车的构造；机动车辆整车的归类；汽车零件、附件的归类；其他运输设备及其零件的归类。其中，重点和难点是汽车零件的归类。

一、本类商品范围

本类包括各种运输设备，既有陆地上行走的，也有空中飞行的或水中航行的。其中陆地上行走的又要区分为有轨道的和无轨道的。

陆地上有轨道的运输设备包括各种铁道或电车道用的机车、车辆等；

陆地上无轨道的运输设备包括各种汽车、拖拉机、摩托车、自行车等；

空中飞行的运输设备包括各种航空器（如飞机等）、航天器等；

水中航行的运输设备包括船舶及浮动结构体等。

本类同时还包括与这些运输设备相关的某些具体列名的货品，例如集装箱；某些铁道或电车道轨道固定装置及附件和机械（包括电动机械）信号设备；以及降落伞、甲板停机装置等。

本类共分为四章（第八十六章至第八十九章），并按照陆路→航空→水路的顺序排列，其列目规律如下：

```
陆地走的 ┌ 轨道车辆及其零件、附件 ………………………… 第八十六章
         └ 其他车辆（无轨道）及其零件、附件 ………… 第八十七章
空中飞的（航空器、航天器及其零件、附件） ………… 第八十八章
水中游的（船舶及浮动结构体） ………………………… 第八十九章
```

二、本类商品归类方法

在实际进出口业务中，有些运输设备是以零件、附件的形式报验，在这些零件、附件中，有些属于第十七类的商品，有些则属于其他类的商品。如何界定它们之间的区别是我们归类时必须考虑的主要内容，因而决定了运输设备所属零件及附件的归类成为本类的重要内容之一。

（一）运输设备"零件及附件"的归类

运输设备"零件及附件"归类的主要依据是本类注释二和注释三。

其中，注释二属于排他条款，即在该注释二（一）至注释二（十一）中已列名的商品不能再归入本类；注释三规定了专用于或主要用于运输设备的"零件及附件"以及多用途"零件或附件"的归类原则。

1. 本类注释二所排除的零件及附件的归类

本类注释二所排除的零件及附件依据排除条款确定归类。例如：

(1) 依据本类注释二（一），任何材料制成的垫片、垫圈及类似品，按其构成材料归类或归入品目8484。

(2) 依据本类注释二（二），贱金属制的螺栓、螺母、垫圈、销、弹簧，第八十三章的锁、车身配件及附件等通用零件应归入第十五类，上述零件及附件若是由塑料制成的，则应按塑料制品归入第三十九章。

(3) 依据本类注释二（三），车辆用的扳手、钳子、锤子、螺丝刀等维修工具应归入第八十二章。

(4) 依据本类注释二（五），品目8407~8412的各种发动机及其零件，品目8413的

泵、品目8414的压缩机及风扇，品目8415的空气调节器等都应归入第八十四章。

要特别注意本类注释（五）中的一句话"品目8481或8482的物品及品目8483的物品（这些物品是构成发动机或其他动力装置所必需的）"，括号的内容"这些物品是构成发动机或其他动力装置所必需的"只修饰品目8483，即品目8481的散热器用放水龙头、内胎气门等，品目8482的滚动轴承，品目8483的发动机内部零件（曲轴、凸轮轴、飞轮等）都不能归入第十七类。但对于品目8483项下所列的商品，如果不是构成发动机或其他动力装置所必需的零件（或者说它不是发动机或其他动力装置的组成部分），就不属于排除的商品，仍要归入本类而不能归入品目8483。

【例1】汽车用变速器

【归类分析】汽车用变速器属于"变速装置"，但由于它不是构成发动机或其他动力装置所必需的零件，不属于本类注释二（五）所排除的商品，所以它不能误归入品目8483，仍应归入第十七类的品目8708。

【例2】汽车发动机用曲轴

【归类分析】汽车发动机用曲轴是构成发动机所必需的零件，属于本类注释二（五）所排除的商品，所以应归入品目8483。

（5）依据本类注释二（六），品目8505的电磁铁、电磁离合器，品目8507的蓄电池，品目8511的内燃机用的点火或电起动装置（如火花塞、电动起动机等）和内燃机用发电机，品目8512的自行车或机动车辆用的电气照明及信号装置、电动风挡刮水器、除霜器及去雾器，品目8531的其他车辆（如火车）、航空器或船舶用的电气音响或视觉信号装置等不能归入第十七类。

（6）依据本类注释二（七），品目9029的转数计、车费计、速度计、转速表等第九十章的仪器、仪表不能归入第十七类。

【例3】货车悬架用的钢板弹簧（如图17-1所示）

【归类分析】钢板弹簧属于贱金属制弹簧中的一种，同时它也属于第十五类注释二的通用零件的范围，在第十七类注释二（二）中已将贱金属制的通用零件排入第十五类，所以该钢板弹簧虽然是属于货车车辆的零件，但不能归入第十七类，应归入第十五类的第七十三章的品目7320，并按汽车用的片簧归入子目7320.1020。

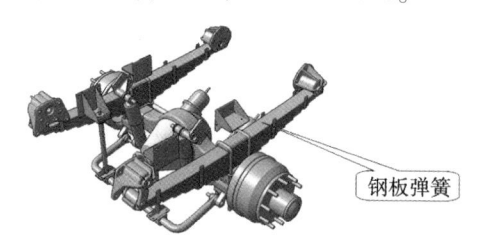

图17-1 货车悬架中的钢板弹簧

2. "其他品目列名更为具体"的零件及附件的归类

有些零件及附件能确定用于本类所列的运输设备，虽然它们未在第十七类注释二中排除，但却是在《协调制度》其他品目列名更为具体的商品，此时不归入本类，应归入其他相应品目。例如，品目4008的硫化橡胶制汽车车窗密封用密封条；品目4010的硫化橡胶制传动带；品目4011~4013的橡胶轮胎、内胎；品目7009的车辆用后视镜；品目9401的车辆座椅等。

3. "专用于或主要用于"运输设备的零件的归类

能确定"专用于或主要用于"第八十六章至第八十八章设备的零件及附件按专用零件及附件归入相应品目或与整车一并归类。例如，专用于品目 8701~8705 所列机动车辆的零件归入专用的零件及附件品目 8708；专用于短距离运输货物的机动车辆的零件与整车一并归入品目 8709，只是它们的子目不同。

专用零件一般具有特定的功能、用途、尺寸、规格、型号等，不具有通用性。按"专用于或主要用于"本类设备的零件及附件归类时必须同时满足三个条件：

（1）它们不属于本类注释二所排除的商品范围；

（2）它们必须是专用于或主要用于第八十六章至第八十八章所列运输工具的零件及附件；

（3）它们必须是未在《协调制度》其他品目内列名更为具体的商品。

非专用于或非主要用于第八十六章至第八十八章设备的零件及附件，不能归入上述各章。

【例 4】重型载货车用传动轴（车辆总重量 12 吨，柴油发动机，如图 17-2 所示）

图 17-2 重型载货车用传动轴

【归类分析】"传动轴"属于品目 8483 的条文中具体列名的商品，在本类注释二（五）中已将品目 8483 的商品排除，但由于该"传动轴"不是构成发动机或其他动力装置所必需的零件，不属于本类注释二（五）所排除的商品，所以不能误将该传动轴归入品目 8483。从商品的功能、用途上判断，它具有专用性，所以按机动车辆的专用零件归入品目 8708，又从其车辆类型（货车）、内燃机的点火方式（柴油机为压燃式）和车辆总重量（12 吨），可知其整车属于子目 8704.2230 的机动车辆，然后根据其所属的车辆部位（底盘）和所属车辆归入子目 8708.9949。

4. 可归入两个或多个品目零件及附件的归类

（1）可归入本类中的两个或多个品目的零件及附件的情况

依据本类注释三，可归入本类中的两个或多个品目的零件及附件，应按其主要用途归入相应运输工具零件及附件的有关品目内。例如，制动器、转向系统、车轮、车轴等是适用于多种运输工具（汽车、航空器、摩托车等）的零件，应按其主要用途归类。

（2）可归入不同类中的两个或多个品目的零件及附件的情况

对于既可归入第十七类，又可归入其他类的零件或附件应按其主要用途归类。例如，第八十四章某些工程机械用的转向机构、制动系统、车轮及挡泥板等，与第八十七章货车用的几乎完全相同，因它们主要用于货车，所以应按货车零件及附件归入本类，而不再归入第八十四章。

5. 船舶、结构浮动体零件及附件的归类

除船体外的所有船舶或浮动结构体的零件及附件均不能归入第八十九章，即使这些零件及附件确定为船舶专用，仍应归入其他章的相应品目。这一点不同于第八十六章至第八十八章的规定（即专用于这些章的零件及附件与整个设备归入同一章内）。

（二）几种多用途运输工具的归类

1. 既可在道路上行驶又可在轨道上行驶的车辆，归入第八十七章的相应品目；
2. 水陆两用的机动车辆，归入第八十七章的相应品目；
3. 可兼作地面车辆使用的航空器，归入第八十八章的相应品目；
4. 水陆两用的气垫运输工具，归入第八十七章的相应品目。

（三）具有运输工具类似特征而不归入本类的商品

1. 某些可移动的工程机械，其主要功能不是运输，不能归入本类，应归入品目 8426~8430。
2. 供示范用的模型（如汽车模型、轮船模型），其主要功能是展示，而不是运输，不能归入本类，应归入品目 9023。
3. 玩具火车、玩具船及玩具飞机等属于玩具的范围，应归入品目 9503。
4. 长雪橇、平底雪橇等冬季运动设备应按体育用品归入品目 9506。
5. 碰碰车、卡丁车等游乐场专用的车辆应按游乐场的娱乐设备归入品目 9508。

第八十六章 铁道及电车道机车、车辆及其零件；铁道及电车道轨道固定装置及其零件、附件；各种机械（包括电动机械）交通信号设备

一、本章商品范围

本章包括各种铁道或电车道（包括窄轨铁道、单轨铁道等）用的机车、车辆及其零件，以及某些轨道固定装置及附件；与铁道运输设备相关的货品，例如，集装箱，各种机械（包括电动机械）信号、安全或交通管理设备（包括用于港口、机场、内河航道等的设备）等。

本章共有 9 个品目，其列目结构如下：

```
         ┌ 电动机车 ·······································································8601
  ┌ 机动的 ┤ 其他动力机车 ·································································8602
  │      └ 客车、货车、敞车 ·························································8603
  │      ┌ 客车;行李车、邮政车等 ···················································8605
  ┤ 非机动的┤
  │      └ 货车(有篷或无篷) ······················································8606
  │ 特种用途(维修或起重等)车辆,不论是否机动 ···································8604
  │ 上述铁道机车或车辆的零件 ·······················································8607
  │ 轨道固定装置及附件;机械信号装置等 ·········································8608
  └ 集装箱 ····················································································8609
```

二、本章商品归类方法

机车,又称火车头,是牵引或推动其他铁路车辆的自推进车辆,按牵引动力的不同,可分为电力机车、柴油机车等。

电力机车是指由牵引电动机驱动车轮的机车。

柴油机车,又称内燃机车,是指以柴油发动机为动力来源的铁路机车。柴油机车中最常见的是柴油电力机车,是指由柴油机带动发电机发电,再由牵引电动机驱动车轮运转的机车。

(一) 铁道车辆整车及未制成铁道车辆的归类

铁道车辆整车归类时主要考虑的因素有车辆本身有无牵引动力(机动还是非机动)、动力装置的类型(电力驱动还是内燃机驱动)和用途。

机动是指有牵引动力的,车辆本身装有动力装置;非机动是指无牵引动力的,车辆本身装无动力装置,要依靠机动的车辆牵引着行走。

动力装置类型目前主要有电力驱动和内燃机驱动两种类型,其中电力驱动的又分为由外部电力驱动和由蓄电池的电能驱动。外部电力驱动就是由铁道输电线上的电力驱动的。

下列未制成铁道车辆应按具有整车特征的铁道车辆归类:

(1) 未装有动力装置、测量仪器、安全装置或维修设备的机动车辆;
(2) 未安装座位的客车;
(3) 已装有悬架及车轮的货车底架。

但是,未装在车架上的铁道或电车道用机动客车、货车、敞车的车身不能视为车辆的未制成品,应作为铁道或电车道机车、车辆的零件归入品目8607。

(二) 铁道车辆零件的归类

本类注释二中所排除的铁道车辆用零件及附件不能归入本类,只有确定是铁道车辆专用的零件后才可归入品目8607。品目8607主要包括本章注释二所列的商品,例如:轴、轮、行走机构、金属轮箍、轮圈、毂;车架、底架、转向架;轴箱;制动装置;车辆缓冲器;联结器及车厢走廊联结装置;车身等。

但是,对于某些贱金属制的角材、型材、异型材、薄板、厚板、管及车架的其他部分,如果不能明显确定为铁道车辆专用的零件,不能归入本章,应归入第十五类。

(三) 轨道固定装置及附件、机械信号及交通安全控制设备的归类

轨道固定装置及附件、机械信号及交通安全控制设备归入品目 8608。

其中，轨道固定装置及附件主要包括已装配的轨道（若是未装配的轨道则按钢铁制品归入品目 7302）、转车台、月台缓冲器和量载规等。

机械（包括电动机械）信号、交通安全控制管理设备不仅包括供铁道、电车道用信号设备，而且还包括供道路、内河航道、停车场、港口或机场用的机械信号设备。但是，若为电气信号（铁道、电车道、道路或内河航道、停车场、港口或机场用），则应归入品目 8530，不能误归入本章。

(四) 集装箱的归类

集装箱应归入品目 86.09，不能误按钢铁容器归入第七十三章。集装箱归入第八十六章的主要原因是最早的集装箱主要出现在铁路运输中。

第八十七章 车辆及其零件、附件，但铁道及电车道车辆除外

一、汽车的构造

汽车主要由发动机、底盘、车身、电器设备、电控设备等几部分构成。

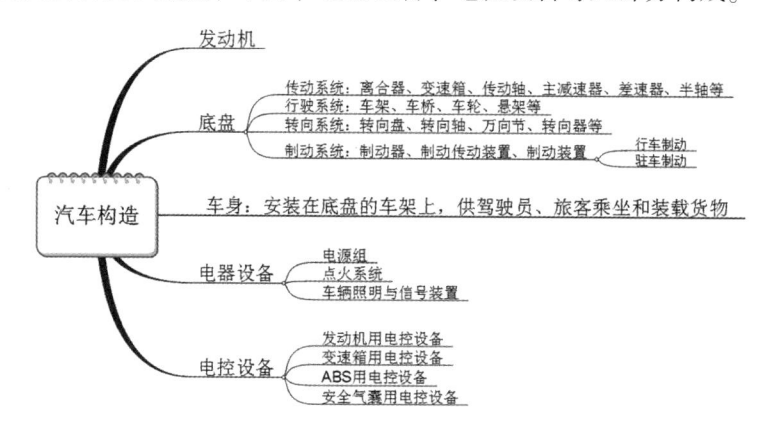

图 17-3 为轿车的构造示意图。

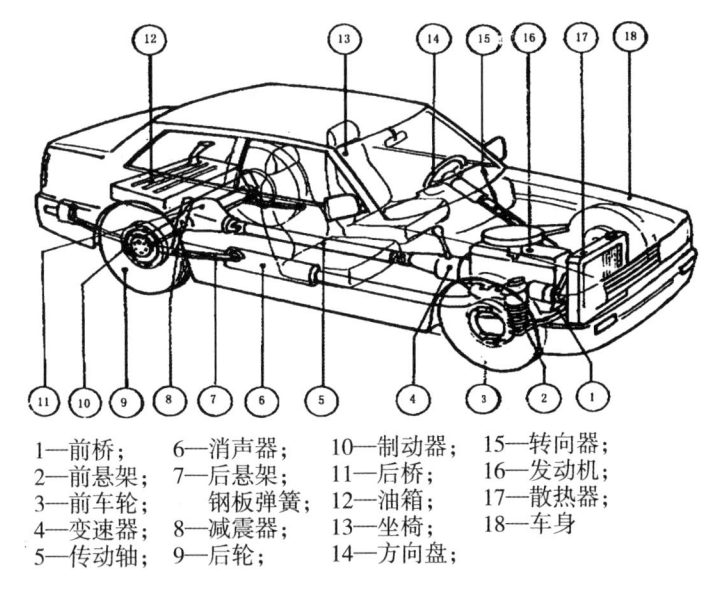

1—前桥；　　6—消声器；　　10—制动器；　　15—转向器；
2—前悬架；　　7—后悬架　　　11—后桥；　　　16—发动机；
3—前车轮；　　　　钢板弹簧；　12—油箱；　　　17—散热器；
4—变速器；　　8—减震器；　　13—坐椅；　　　18—车身
5—传动轴；　　9—后轮；　　　14—方向盘；

图 17-3　轿车构造

（一）发动机

发动机是提供动力的装置，并通过底盘的传动系统驱动汽车行驶。发动机分类及构造详见第八十四章第四节。

（二）底盘

底盘是汽车的基础部分，用来接受发动机的动力，使汽车产生运动，同时还用于支承其他各部件。底盘共有四部分组成：传动系统、行驶系统、转向系统、制动系统。

1. 传动系统

其功能是将发动机的动力传递给驱动轮，主要由离合器、变速器、驱动桥等部件组成。对于后轮驱动的车辆，动力的传递路线一般为发动机→离合器→变速器→传动轴→差速器→半轴→驱动轮，如图 17-4 所示。其中，差速器、半轴属于驱动桥的主要零件。若是四轮驱动，还要配有分动器，将发动机的动力分配给前后四个车轮。

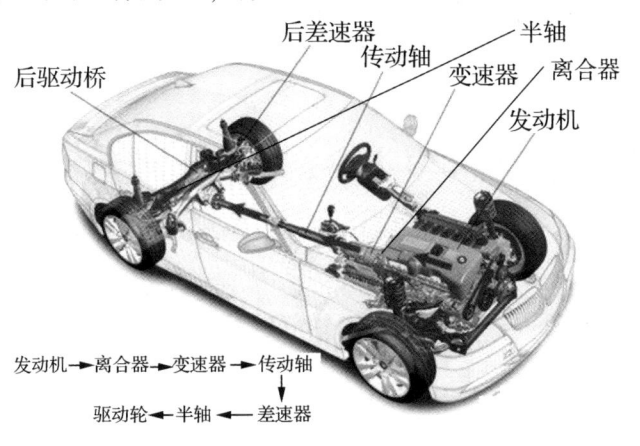

图 17-4　轿车的传动系统

(1) 离合器

离合器是用于在发动机和变速器之间分离与接合传递动力的装置。按操纵结构又分为机械式和液压式两类。离合器的构造如图 17-5 所示。

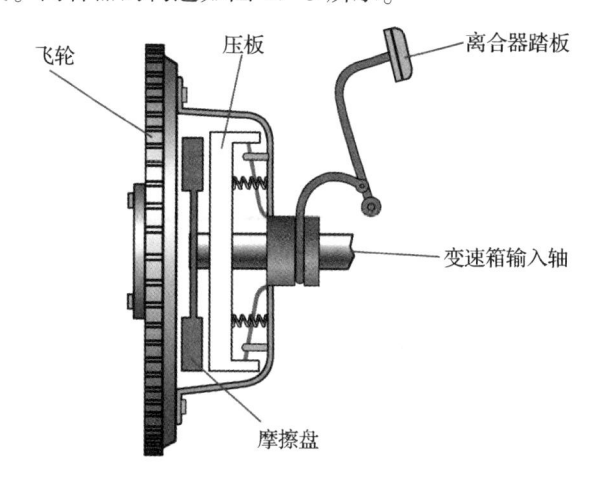

图 17-5　离合器

(2) 变速器

变速器又称变速箱，是用来改变输出轴和输入轴传动比的变速传动装置。变速器由传动机构和变速机构组成。传动机构一般由许多直径大小不同的齿轮组成，用来传递动力和扭矩。变速机构由滑移齿轮和拨叉等组成，一般通过滑移齿轮实现变速。如图 17-6 所示。变速器按操纵形式可分为手动变速器（MT，Manual Transmission）和自动变速器（AT，Auto Transmission）。

图 17-6　变速器

(3) 驱动桥

驱动桥用来将驱动力分给两车轮，主要由桥壳、主减速器、差速器、半轴等组成。如图 17-7 为不含桥壳的驱动桥。

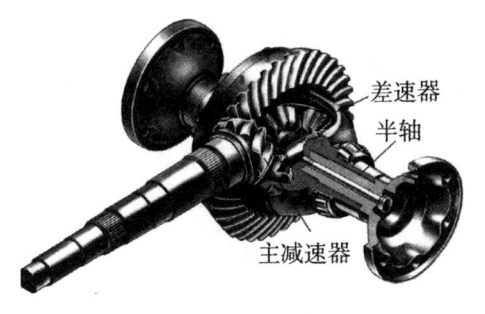

图 17-7 驱动桥

主减速器用于将传动速度降下来,获得比较高的输出扭矩,从而得到较大的驱动力,由两个锥齿轮构成。

差速器用于把相同大小的驱动力分配给两个转速不同的轴,以实现车辆转弯时内侧车轮不打滑。它由四个锥形齿轮组成,左右两个锥齿轮(又称太阳齿轮)分别与左右两侧的半轴相连,中间的两个锥齿轮(又称行星齿轮)则像行星一样在左右两个锥齿轮间运转。差速器的构造示意图如图 17-8 所示。

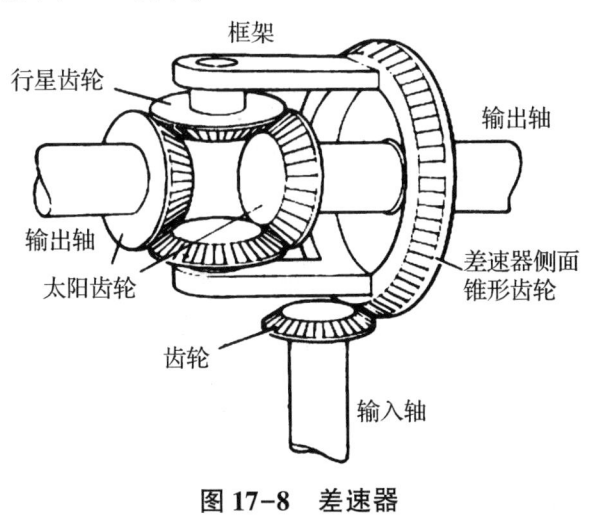

图 17-8 差速器

半轴用于将差速器输出的动力传递给驱动轮,由于它分布于差速器的左、右两侧,对于非驱动桥的整根车轴而言,它只是整根车轴的一半,所以称为半轴。

2. 行驶系统

行驶系统用来承担全车重量,传递和承受路面的各种力和力矩,吸收振动和缓和冲动,以保证汽车正常行驶,一般由车架、车桥、悬架、车轮和轮胎等组成。下面主要介绍车架、车桥和悬架。

(1)车架

车架作为车辆的基体,用来支承连接车辆的各零部件并承受来自车内外的各种载荷。

(2)车桥

车桥即左右车轮之间的横梁,分为驱动桥和非驱动桥。驱动桥为装有差速器的车桥,因其中间装有差速器,所以它的中间是断开的,其车轴由两个半轴组成;非驱动桥不含差速器,其车轴由一整根的刚性轴组成。

(3) 悬架

悬架（在《协调制度》中又称为悬挂）指车架与车桥之间的连接机件，一般由弹性元件、减振器和导向机件组成，有的还装有辅助弹性元件横向稳定器。目前较为先进的车辆采用电控悬架系统。悬架可分为独立式悬架和非独立式悬架两类。

非独立式悬架的结构特点是两侧的车轮由一根整体式车轿相连，车轮连同车轿一起通过弹性悬架悬挂在车架（或车身）下面。

独立式悬架的结构特点是每一侧的车轮单独地通过弹性悬架悬挂在车架（或车身）的下面。

独立式悬架与非独立式悬架如图17-9所示。

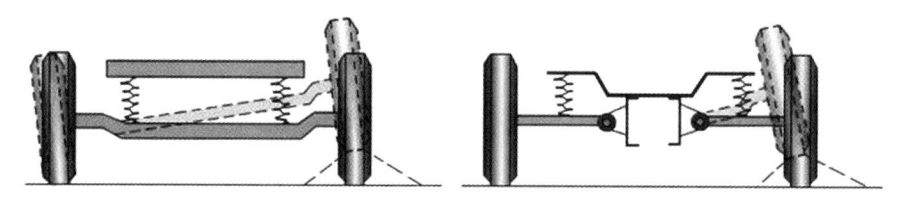

a) 独立式悬架　　　　b) 非独立式悬架

图 17-9　独立式悬架与非独立式悬架

3. 转向系统

转向系统用于使汽车改变方向，由转向器和转向传动机构组成。其中，转向器由方向盘、转向轴、啮合传动副、转向臂轴和壳体等组成；转向传动机构由转向垂臂、转向节臂、横拉杆、左右梯形臂等组成。因为汽车转向时要消耗驾驶员较多的体力，所以目前中高档轿车大多采用机械助力转向。按助力方式可分为液压助力转向和电动助力转向。液压助力转向就是通过液压动力来帮助驾驶员实现转向；电动助力转向就是通过电动机的旋转力来帮助驾驶员实现转向。图17-10为机械液压助力转向系统。

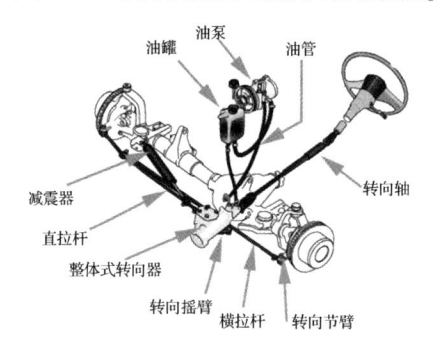

图 17-10　液压助力转向系统

4. 制动系统

制动系统是用来使汽车减低速度或停止行驶或使已停驶的汽车保持不动的装置。制动系统主要由供能装置、控制装置、传动装置和制动器等组成，目前中高档轿车大多采用ABS防抱死制动系统（其相关知识详见阅读材料）。制动系统按其作用可分为行车制动、驻车制动。行车制动按制动形式又分为鼓式制动和盘式制动两种。如图17-11所示。

a）鼓式制动　　　　　　　b）盘式制动

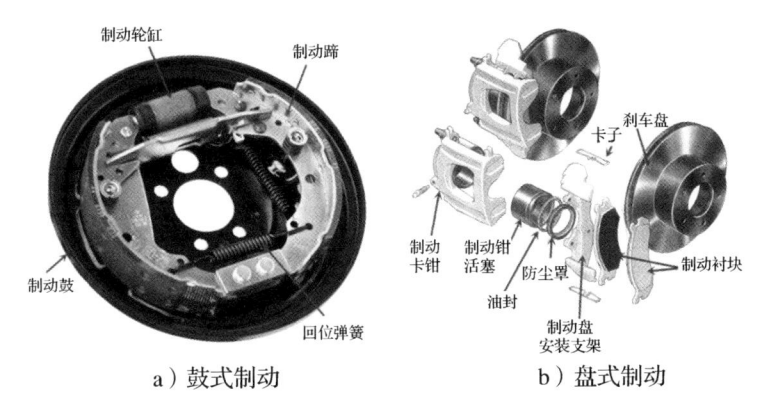

图 17-11　鼓式制动和盘式制动

（三）车身

车身安装在汽车底盘车架上，主要用来保护驾驶员、乘客和装运货物。根据车身骨架的不同，车身可分为承载式车身和非承载式车身。承载式车身又称为没有大梁的车身，它没有刚性车架，发动机、前后悬架、传动系统等一部分总成部件均装配在车身上，车身负载通过悬架装置传给车轮；非承载式车身又称为有大梁的车身，它有一刚性车架，发动机、传动系统、车身等都固定在车架上，车架通过前后悬架装置与车轮连接。

车身覆盖件是车身的一部分，主要由发动机罩、行李箱盖、顶盖、车门、侧围、前围、后围、车门等组成，如图 17-12 所示。

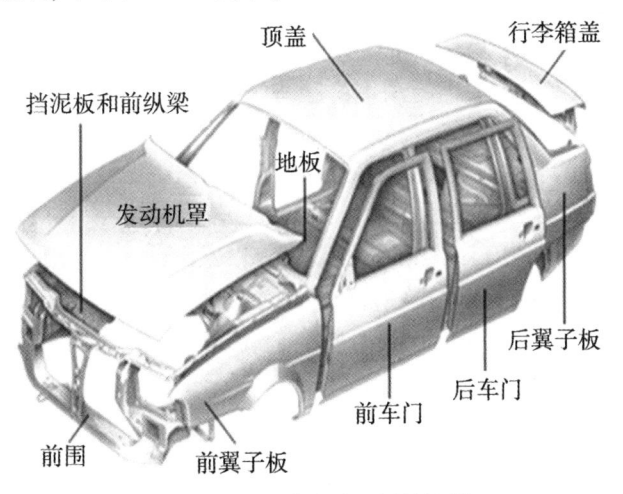

图 17-12　车身部分覆盖件

（四）电器设备

电器设备是汽车的电源和电器装置，如发动机的起动系统、点火系统、电动刮水器、汽车的照明、信号、汽车的空调、音响等。

随着电子技术及通信技术的发展，目前在很多车辆上还装有电控自动变速器、电子转向助力系统、防抱死制动系统、电子制动力分配系统、电控悬架系统、发动机的电控燃油喷射装置等。这些系统或装置都含有电气设备。

（五）电控设备

汽车电子控制系统通常由传感器、电子控制单元（ECU）和执行机构三部分组成，如图17-13所示。

图 17-13　汽车电子控制系统的组成

车辆上的电控设备主要包括发动机用电控设备、变速箱用电控设备、ABS用电控设备、安全气囊用电控设备等。

二、本章商品范围

本章包括除铁道及电车道外的所有陆路车辆和水陆两用的机动车辆。既有机动的（例如，汽车、摩托车等），也有非机动的（例如，自行车、挂车等）。既有正常人使用的车辆，也有残疾人用车、婴儿车等。

本章共有16个品目，其结构规律如下：

- 整车
  - 牵引车、拖拉机 ················· 8701
  - 载人车辆
    - 10座及以上的车辆 ··········· 8702
    - 10座以下的车辆 ············· 8703
  - 载货车辆 ······················· 8704
- 特种车辆（不以载人或载货为目的）······· 8705
- 底盘、车身
  - 含发动机的底盘 ················· 8706
  - 车身 ··························· 8707
- 上述车辆的零件、附件 ················· 8708
- 其他专有用途车辆
  - 短距离运货车辆及零件 ··········· 8709
  - 坦克、装甲战斗车及零件 ········· 8710
- 摩托车、自行车、残疾人用车及零件、附件 ······· 8711~8714
- 婴儿车及零件 ························· 8715
- 挂车、半挂车；其他非机动车及零件 ····· 8716

由于新能源车的发展，《协调制度》在品目8701~8704中都为新能源车设立了子目，以品目8703为例，其列目规律如下：

$$\left\{\begin{array}{l}\text{雪地行走专用车、高尔夫球车及类似车辆}\cdots\cdots\cdots\cdots\cdots\cdots 8703.1\\ \text{仅装有发动机的}\left\{\begin{array}{l}\text{仅装有点燃式内燃机的}\cdots\cdots\cdots\cdots\cdots\cdots 8703.2\\ \text{仅装有压燃式内燃机的}\cdots\cdots\cdots\cdots\cdots\cdots 8703.3\end{array}\right.\\ \text{混合动力的}\left\{\begin{array}{l}\text{非插电式}\left\{\begin{array}{l}\text{同时装有点燃式内燃机与电动机的}\cdots\cdots\cdots 8703.4\\ \text{同时装有压燃式内燃机与电动机的}\cdots\cdots\cdots 8703.5\end{array}\right.\\ \text{插电式}\left\{\begin{array}{l}\text{同时装有点燃式内燃机与电动机的}\cdots\cdots\cdots 8703.6\\ \text{同时装有压燃式内燃机与电动机的}\cdots\cdots\cdots 8703.7\end{array}\right.\end{array}\right.\\ \text{纯电动的（仅装有驱动电动机的）}\cdots\cdots\cdots\cdots\cdots\cdots\cdots\cdots 8708.8\\ \text{其他}\cdots\cdots\cdots\cdots\cdots\cdots\cdots\cdots\cdots\cdots\cdots\cdots\cdots\cdots\cdots\cdots\cdots 8708.9\end{array}\right.$$

三、本章商品归类方法

(一) 本类的运输设备与其他类的自走式机器及其他移动式机器的区别

将机器设备（特别是第十六类所列的机器设备）安装在第十七类的车辆底盘或浮动底座上构成自走式机器或移动式机器，其中这些机器的底座种类、结构特征是决定商品归类的主要因素。具体情况参见第八十四章第七节的有关内容。

(二) 机动车辆整车的归类

在《协调制度》中，机动车辆整车主要分为三大类：牵引车、普通车辆和特种车辆。牵引车主要是用于牵引或推动其他车辆、器具或重物的车辆；普通车辆指以载人或载物为主要目的车辆；特种车辆指不以载人或载物为主要目的的车辆。

1. 牵引车的归类

牵引车（包括拖拉机）归入品目8701，它们可以是轮式也可以是履带式，它们可配有装运工具、种子、肥料或其他货品的辅助装置，也可装有作业工具，以进行辅助性工作，但其主要功能还是牵引功能。在拖拉机上若是装有可互换的农业机械（犁、耙、锄等），即使在报验时已经装在拖拉机上，此时只有拖拉机本身才归入品目8701，其他可互换的农业机械不能归入品目8701，应归入其他相应品目。

子目8701.1的"单轴拖拉机"是指仅有单根轴且为驱动轴的拖拉机，如图17-14所示。"单轴拖拉机"实际上就是我们通常所称的"手扶拖拉机"，只不过前者按结构命名，后者按操纵方式命名。除了"单轴拖拉机"，还有"两轴拖拉机"，即图17-15所示的普通四轮拖拉机，它有两根轴，后轴为驱动轴，前轴为非驱动轴。

图 17-14　单轴拖拉机　　　　图 17-15　两轴拖拉机

子目8701.2项下的"半挂车用的公路牵引车"，是指按设计拖带半挂车长距离行驶的

机动车辆（如图17-16所示），而适用于在指定区域内泊位或穿梭的短途拖带半挂车用的类似车辆（其最大行驶速度通常不超过50千米/小时）则应归入子目8701.9"其他"。

图17-16 半挂车用的公路牵引车

对于带有半挂车的公路牵引车（即牵引车与半挂车同时报验）其牵引部分与半挂车应分别归类。同样的，如果牵引车与拖带的第八十四章所列工作机器同时报验，也应该分别归类，即其牵引部归入品目8701，而工作机器则应归入第八十四章的相应品目。

2. 普通车辆的归类

用于载人的车辆根据可乘载人员的多少（一般以座位数计算）归入品目8702（10座及以上的车辆）或8703（10座以下的车辆）。

用于载货的车辆归入品目8704。

对于既能载人又能载货的"多用途"车辆（客货两用车），看其主要功能是载人还是载货。如果具有以下特征，则作为载人车辆归类：

（1）在驾驶员和前排乘客后面的空间具有供各人乘坐的固定座位，并带有安全装置；

（2）沿车厢两侧带有后窗；

（3）在车厢两侧或后部具有带窗的滑动式、外掀式或提升式车门；

（4）在驾驶员和前排乘客所在区间与后部区间之间没有固定隔板或屏障，其后部区间既可载客，又可载货；

（5）与乘客区间相连的整个车厢内部具有装饰精致、配置舒适的特征（例如，配置地毯、通风设备、内部照明和烟灰缸等）。

在确定子目时所涉及相关参数的含义如下：

（1）座位数

座位数指包括驾驶座在内的座位数，并且不仅包括固定座位数，还包括折叠座；

（2）气缸容量

气缸容量又称排气量，指气缸由最下端移动到最上端所排出气体的体积。若是多个气缸的发动机，则单个缸的气缸容量乘以缸数便是整个发动机的气缸容量；

（3）车辆总重量

车辆总重量是指油箱装满燃油时的车辆自重、最大设计载荷、驾驶员及装满燃油的油箱重量的总和。

【例1】 东风SUV车

该车发动机为QD32T压燃式活塞内燃柴油发动机，排气量为3200毫升，四轮驱动，限5人乘坐，长宽高为4580毫米×1840毫米×1820毫米，油箱容量为68升，分配式VE燃油泵，变速器形式为5MT（5档手动变速），速度表最高显示刻度为200千米/小时，电动后视镜，中控门锁，ABS 防抱死系统，盘式前制动器，鼓式后制动器，双叉臂独立式前悬架，五连杆螺旋弹簧非独立式后悬架，动力转向系统，四辐条可调式方向盘，子午线轮胎。该车结构和相关指标参数符合越野车的条件（参见阅读材料中"按'越野车'归类的条件"）。

【归类分析】该车为四驱多功能乘用车，属于载人的机动车辆，座位数为 5 座，应归入品目 8703。然后根据点火方式（柴油发动机为压燃式活塞内燃发动机）且仅装有压燃式内燃机和排气量（3200 毫升）归入子目 8703.332，最后根据车的类型（越野车）归入子目 8703.3322。

【例 2】"比亚迪"新能源车

该新能源车为油电混合车，5 座小轿车，汽油发动机排量 2.0 升，永磁/同步电动机输出功率 180kW，电池容量 19.6kWh，5.8 小时可充满。

【归类分析】该车辆属于载人的机动车辆，座位数为 5 座，应归入品目 8703。油电混合车既可由内燃机驱动（汽油发动机属于点燃式发动机），也可由电动机驱动，从"5.8 小时可充满"判断，它属于"可通过接插外部电源进行充电的"，依据这些条件归入子目 8703.6 项下，然后再依据排气量（2.0 升）和小轿车归入子目 8703.6031。

【例 3】解放牌 J6L 中型卡车

该车为柴油发动机，最大输出功率为 160 马力，排量为 4 升，汽缸排列形式为直列 4 缸，车辆总重量为 15.5 吨，驱动形式为 4×2。

【归类分析】该车为载货车，应归入品目 8704，由于它不满足"非公路用自卸车"的条件，因此不能归入子目 8704.1 项下，然后根据点火方式（柴油发动机为压燃式活塞内燃发动机）和车辆总重量（15.5 吨）归入子目 8704.2240。

注：驱动形式为 4×2 表示该车装有四个车轮，其中两个为驱动轮。

3. 特种车辆的归类

（1）不以载人、载货为主要目的特种车辆归入品目 8705，如机动拖修车、救火车、清扫车、洒水车、粪罐车、起重车、移动式钻机、混凝土搅拌车、流动发电机组车、流动放射线检查车、探照灯车、户外广播车、电报、无线电报或无线电话收发车、雷达车、赛马赌金计算车、流动实验室、测试车、野外厨房车、流动银行车、流动图书馆车等。

（2）对于以载人、载货为主要目的特殊用途的车辆，不能按特种车辆归类，而相应归入品目 8702~8704。如以载人为主要目的的特殊用途车辆有囚车、警车、赛车、雪地行走专用车及装备较简单的救护车等归入品目 8702 或 8703；以载货为主要目的的特殊用途车辆有冷藏货车、液罐车、自动装卸货车（装有绞车、提升机等装置，但主要用途是运输）等，归入品目 8704。

【例 4】电视转播车

该电视转播车是由 VOLVO FH12 改装而成，其车厢进行了整体结构化布线，整个车厢被分为若干个工作区，装配了各种转播设备。该车改装后可以实现流动电视台转播间的功能。

【归类分析】该车辆不以载人或运货为主要目的，属于特种车辆的范围，所以归入品目 8705。然后比较该品目项下的各级子目，将该电视转播车归入子目 8705.9099。

（三）机动车辆底盘的归类

1. 装有发动机的机动车辆底盘归入品目 8706；

2. 装有驾驶室和发动机的机动车辆底盘，应按相应的整车归入品目 8702~8704（依据本章注释三）；

3. 未装有驾驶室和发动机的机动车辆底盘按机动车辆的零件归入品目 8708。

（四）机动车辆零件、附件的归类

品目 8701 至 8705 所列机动车辆的零件、附件一般归入品目 8708。但归入该品目的零件及附件必须符合三个条件：

其一，它们必须是第十七类注释二中未排除的商品；

其二，它们必须是专用于或主要用于品目 8701 至 8705 所列商品的零件及附件；

其三，它们必须是未在本《协调制度》其他品目内列名更为具体的商品。

1. 五、六位子目的确定

品目 8708 项下的五、六位子目主要是根据零件所在车辆的部位列目的，所以，确定归入品目 8708 后，在确定其五、六位子目前必须明确所归零件属于车辆的哪个部位，了解汽车的构造（即组成结构），具备一定的商品知识。品目 8708 项下五、六位子目的列目结构如下：

```
                   ┌ 缓冲器及其零件 ················· 8708.1
                   │                ┌ 座椅安全带 ············ 8708.21
      车身零件 ─┤ 其他 8708.2 ─┤ 前挡风玻璃及车窗 ······ 8708.22
                   │                └ 其他 ················ 8708.29
      制动器及其零件 ······················· 8708.3
      变速箱及其零件 ······················· 8708.4
      驱动桥、非驱动桥及其零件 ············· 8708.5
      车轮及其零件 ························· 8708.7
      悬挂系统及其零件 ····················· 8708.8
                   ┌ 散热器及其零件 ················· 8708.91
                   │ 消声器、排气管及其零件 ········· 8708.92
      其他 8708.9 ─┤ 离合器及其零件 ················· 8708.93
                   │ 转向系统及其零件 ··············· 8708.94
                   │ 安全气囊及其零件 ··············· 8708.95
                   └ 其他 ··························· 8708.99
```

子目 8708.1 至 8708.2 为车身的零件；子目 8708.3 至 8708.8 为具体列名的专用零件；子目 8708.91 至 8708.95 为具体列名的专用零件；子目 8708.99 为其他子目未列名的品目 8708 项下的兜底子目。

归入子目 8708.2 的车身零件、附件主要有车身底板、车身侧板、车门、发动机罩、行李舱、带框玻璃窗、玻璃升降器、天窗、叶子板、仪表板等。该子目不包括品目 8302 项下贱金属制机动车辆用的附件及架座，不包括品目 8707 项下的完整的车身，如图 17-17 所示的车身应归入品目 8707。

图 17-17 完整的车身

子目 8708.22 的汽车玻璃必须带有框架、装有加热器件或其他电气或电子装置；如果没有这些装置，则只能按玻璃材料归入品目 7007。

其他品目已列名的商品不能误归入本品目，例如，电磁制动器不能误按制动器归入子目 8708.3（应归入品目 8505），电控悬挂系统用的控制器不能误按悬挂系统的零件归入子目 8708.8（应归入品目 8537）。

【例5】轿车用半轴

【归类分析】轿车用半轴是差速器与驱动车轮之间传递扭矩的实心轴，属于装有差速器的驱动桥的零件，所以应归入子目 8708.5 项下。

注意：该商品归类的关键就是要了解汽车的构造，知道该半轴安装在轿车上的哪个部位，它属于哪个部件的零件。因为这个半轴是安装在驱动桥上，所以它属于驱动桥的零件。

2. 七、八位本国子目的确定

本国的七、八位子目大多是根据所属车辆类型来列目的，所以在确定本国的七、八位子目之前必须首先确定整车所在的品目和子目。本国子目的列目规律见表 17-1。

表 17-1 本国子目的列目规律

序号	子目条文	对应的整车
1	品目 8701 所列车辆用	牵引车用
2	子目 8702.1091 及 8702.9010 所列车辆用	30 座及以上的大客车用
3	子目 8704.1030 及 8704.1090 所列车辆用	非公路自卸车用
4	子目 8704.2100、8704.2230、8704.3100 及 8704.3230 所列车辆用	轻型货车（车辆总重量小于 14 吨的柴油车或小于 8 吨的汽油车）用
5	子目 8704.2240、8704.2300 及 8704.3240 所列车辆用	重型货车（车辆总重量在 14 吨及以上的柴油车或 8 吨及以上的汽油车）用
6	品目 8705 所列车辆用	特种车辆用
7	其他	其他车辆用

【例6】传动轴（中型货车用，柴油发动机驱动，车辆总重量为 8 吨）

【归类分析】该传动轴用于车辆的传动系统，属于底盘的零件，所在车的部位可参见图 17-3。它不属于第十七类注释二所排除的商品，所以应按车辆的专用零件归入品目

8708，然后逐级确定各级子目：

（1）确定一级子目：比较该品目下的一级子目，"传动轴"均不属于子目8708.1至8708.8的条文中所描述的零件，所以确定一级子目归入子目8708.9"其他零件、附件"项下；

（2）确定二级子目：比较一级子目8708.9项下的二级子目，"传动轴"也不属于二级子目8708.91至8708.95的条文中所描述的零件，所以确定二级子目归入子目8708.99"其他"项下；

（3）确定三级子目：比较二级子目8708.99项下的三级子目，这些三级子目是按车辆的类型列目的，所以在确定三级子目之前，先要确定该车辆整车属于哪个品目和子目，根据该车辆装有柴油发动机（属于压燃式内燃发动机）、车辆总重量为8吨的条件，将该车辆整车归入子目8704.2230，再查看相应的三级子目，可知三级子目8708.994的条文列目有"子目8704.2230所列车辆用"，故确定三级子目归入8708.994项下；

（4）确定四级子目：比较三级子目8708.994项下的四级子目，由于"传动轴"不属于"车架"，所以最终确定归入四级子目8708.9949。

注意：该传动轴不能误按"具体列名"归入子目8708.9992，因为子目8708.9992的"传动轴"是指除了子目8708.991至8708.996所列车辆以外的"传动轴"。子目8708.9992是一个四级子目，在三级子目未确定之前，不能确定四级子目。

（五）短距离运输机动车辆的归类

短距离运输机动车辆归入品目8709，归入该品目的车辆必须同时满足三个条件：
1. 车辆结构及其主要设计特点不适于在马路或其他公用道路上载运客货；
2. 满载时其最高速度一般不超过30~35千米/小时；
3. 转弯半径约等于车辆本身的长度。

例如，火车站月台上用于运送行李的牵引车即属于品目8709的车辆。

（六）摩托车、自行车、残疾人用车及其零件、附件的归类

摩托车、自行车、残疾人用车及其专用零件、附件归入品目8711至8714。其中，品目8711的商品必须装有动力装置，属于机动的；而品目8712的商品不能装有动力装置，属于非机动的；品目8713的残疾人用车可以带有动力装置，也可以不带有动力装置。图17-18为带有边车的摩托车。

图17-18 带有边车的摩托车

1. 普通两轮摩托车和未装有汽车驾驶系统及倒挡装置的三轮摩托车归入品目 8711。

2. 装有汽车驾驶系统及倒挡装置的三轮摩托车，因其已具备普通汽车的特征，所以不能归入品目 8711，而应归入品目 8703。

3. 普通自行车及特殊结构和用途的自行车，如双人自行车、三轮运货脚踏车、独轮脚踏车、比赛用自行车等归入品目 8712。在确定本国子目时还应确定自行车车轮直径。例如，16 英寸的自行车即指其车轮直径为 16 英寸。

自行车车轮直径指将轮胎装在相应的轮辋上，充气到推荐气压，在不加载状态下的外直径。

4. 电动自行车属于装有辅助动力的脚踏车，已超出了普通自行车的范围，不能归入品目 8712，而应归入品目 8711。品目 8712 项下的自行车必须是"非机动的脚踏车"。

5. 根据第八十七章注释四，儿童乘骑的两轮带链条自行车（不论后轮轮毂上是否装有辅助支地轮，见图 17-19），仍具有自行车的基本特征，属于缩小比例的自行车，仍归入品目 8712；而供儿童乘骑的无链条三轮脚踏车（见图 17-20）等应按玩具归入品目 9503。

图 17-19　两轮带链条自行车 　　　　图 17-20　无链条三轮脚踏车

6. 归入品目 8714 的摩托车、自行车、残疾人用车的零件必须是专用的，必须是本类注释二未排除的零件，例如摩托车发动机的零件不能归入该品目。

【例 7】摩托车用汽缸盖（铝制），如图 17-21 所示

图 17-21　摩托车用汽缸盖

【归类分析】该汽缸盖属于摩托车的零件，但同时它也属于摩托车发动机的零件，摩托车发动机属于本类注释二（五）已排除的商品，所以该汽缸盖不能误归入品目 8714，应归入品目 8409。

（七）婴儿车的归类

婴儿车归入品目 8715。该品目只包括由成人推动的手推车，不论是否为折叠式，不包括婴儿学步车（应按坐具归入品目 9401）。

(八) 挂车、半挂车的归类

挂车及半挂车归入品目 8716。

挂车由车架、车厢、转向盘与转向架机构和吊钩、牵引架等组成的单托盘或拖斗组成，车架承担货物的全部质量，如图 17-22 所示。

半挂车的前半部分骑在牵引车后段上方的牵引鞍座上，牵引车后面的车桥承担挂车的部分或大部分质量，另一部分质量由挂车分担，如图 17-23 所示。

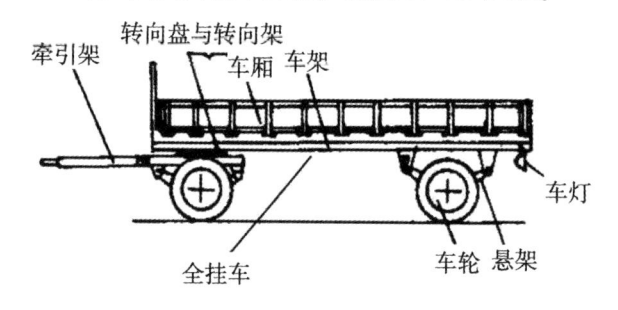

图 17-22 挂车

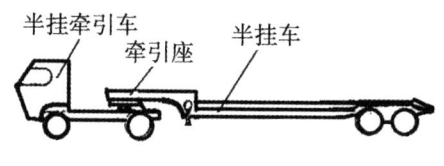

图 17-23 半挂车

(九) 非机动车辆购物车的归类

购物车通常在超市等大型自选商场中使用，供顾客用于暂时存放所选商品，一般属于品目 8716 的非机械驱动车辆。例如，图 17-24、图 17-25 所示的超市购物车和图 17-26 所示的可以爬楼梯的购物车，属于品目 8716 的"非机动车辆"的范围，可归入子目 8716.8000；但商场用小型带轮购物容器（例如，带轮塑料购物篮，如图 17-27 所示），不属于品目 8716 的"非机动车辆"的范围，应按塑料制品归入子目 3926.9090。

图 17-24 超市购物车一

图 17-25 超市购物车二

图 17-26　可以爬楼梯的购物车　　　　图 17-27　带轮塑料购物篮

第八十八章　航空器、航天器及其零件

一、本章商品范围

本章主要包括航空器、航天器及其零件和相关装置及其零件。其结构规律如下：

$$
\begin{cases}
\text{航空器、航天器及其零件} \begin{cases} \text{无动力的（如气球、滑翔机等）} \cdots\cdots\cdots\cdots\cdots\text{8801} \\ \text{含动力的（如航空器、航天器及运载工具）}\cdots\text{8802} \\ \text{航空器、航天器等的专用零件}\cdots\cdots\cdots\cdots\cdots\text{8803} \end{cases} \\
\text{相关装置} \begin{cases} \text{降落伞等}\cdots\cdots\cdots\cdots\cdots\cdots\cdots\cdots\cdots\cdots\cdots\cdots\cdots\text{8804} \\ \text{航空器的发射装置、甲板停机装置等}\cdots\cdots\cdots\cdots\text{8805} \end{cases}
\end{cases}
$$

二、本章商品归类方法

（一）气球及飞艇和滑翔机等无动力航空器的归类

归入品目 8801 的气球及飞艇属于比空气轻的航空器，主要包括探测气球、导向气球、测云气球及机动飞艇等；但儿童用的玩具气球不归入此品目，而要按玩具归入品目 9503。

归入品目 8801 滑翔机属于比空气重的航空器，且不能装有发动机。若是装有发动机的滑翔机则，归入品目 8802。

滑翔机是一种利用气流停在空中且比空气重的航空器。

对于航空器的各种模型（不论是否完全按比例制成）均不归入品目 8801。例如，装饰用航空模型按所用材料归入品目 4420 或品目 8306，专供示范用的航空模型归入品目 9023，娱乐用的玩具航空模型归入品目 9503。

（二）无人驾驶航空器的归类

无人驾驶航空器（又简称"无人机"）是指不需要驾驶员登机驾驶的遥控操纵或自动驾驶的飞行器。无人机并不意味着飞行器上不能有人，如果飞行器上搭载有乘客，而不是驾驶员，仍属于"无人机"的范围。

无人驾驶航空器通常用于空中摄影、物流运输、安防救援、勘探测绘、农业植保、休闲娱乐、军事侦察和攻击等多种用途。

无人驾驶航空器归入品目8806，但专为娱乐或游戏目的而设计的不具有实用功能的飞行玩具或模型应按玩具归入品目9503。

（三）其他航空器、航天器的归类

其他航空器（例如，直升机、飞机）、航天器（包括卫星）及其运载工具、亚轨道运载工具归入品目8802。

在确定子目时主要依据空载重量。空载重量指航空器在正常飞行状态下，除去机组人员、燃料及非永久性安装设备后的重量。

航天器是一种能在地球大气层外运行的载运飞行器（如无线电通信卫星便是一种航天器）。

航天器运载工具指具有将一个给定有效载荷送上绕地球运行的轨道或使其在地球以外的重力场作用下降落功能的运载工具。

亚轨道运载工具是在地球大气层外沿一抛物型轨道运行的运载工具。这种运载工具的特点是通常带有科研或其他技术用途的仪器设备，不论其有效载荷是否可回收。

（四）气球及飞艇和航空器所属零件的归类

气球及飞艇和航空器的专用零件归入品目8807。

品目8807包括的零件主要有：

1. 气球及飞艇的专用零件包括吊篮、吊舱、承载铁环、稳定器及方向舵，飞艇的推进器等。

2. 航空器的专用零件主要包括飞机机身，机身体段，机身的内部或外部零件，机翼及其部件，机舱、整流罩、发动机吊舱及吊架，起落架，轮子，螺旋桨，直升机及旋翼飞机的水平旋翼，螺旋桨叶及旋转机翼，操纵杆，油箱及副油箱等。

第八十九章　船舶及浮动结构体

一、本章商品范围

本章包括船、艇及其他各种船舶、浮动结构体（如潜水箱、浮码头、浮筒等）、用各种材料制成的船体。但本章不包括单独报验的除船体外的所有船舶或浮动结构体的零件及附件（即使它们可明显确定为船舶或浮动结构体的零件及附件）。这一点与第十七类其他各章的零件、附件的规定不同。

本章共有8个品目，其结构规律如下：

```
┌客运及货运船舶 ……………………………………………………8901
│         ┌捕鱼船 ……………………………………………………8902
│         │娱乐或运动用船 …………………………………………8903
│特殊用途的船┤拖船及顶推船 ……………………………………………8904
│         │不以航行为目的的船（如起重船、消防船等）…………8905
│         └其他，包括军舰及救生船 …………………………………8906
│浮动结构体 ………………………………………………………………8907
└供拆卸的船舶 ……………………………………………………………8908
```

品目 8901 的船舶是以客运或货运为主要目的船舶；品目 8902 至 8906 属于特殊用途的船舶；品目 8907 为浮动结构体。

二、本章商品归类方法

（一）客运及货用船舶的归类

以载客和载货为主要目的的船舶归入品目 8901。该品目的列目结构如下：

```
┌载客船舶 …………………………………………………………8901.1
│      ┌液货船 ………………………………………………………8901.2
└载货船舶┤冷藏船 ………………………………………………………8901.3
       └其他货船及客货两用船 ………………………………………8901.9
```

以载客为主要目的的船舶归入子目 8901.1，以载货为主要目的的船舶归入子目 8901.2、8901.3 和 8901.9，客货两用船归入子目 8901.9。

品目 8901 不包括品目 8903 的以"娱乐或运动"为主要目的的船舶（虽然它也可以载客）。

部分货船按不同的载重量归入不同的子目。载重量指运输工具在一定运行条件下所允许装载的最大重量。船舶的载重量是指船员、旅客、货物、燃料、淡水和消耗性供应品等的总重量。

（二）特殊用途船舶的归类

特殊用途的船舶归入品目 8902 至 8906，它们不以客运或货运为主要目的。其中，品目 8902 既包括捕鱼船，也包括对鱼等用于保藏等加工的船舶；品目 8903 的船以"娱乐或运动"为主要目的，例如摩托艇等；品目 8904 只包括拖轮和顶推船。这些船舶是用来拖拉或顶推其他船舶的；品目 8905 的船舶不以航行为主要功能，其特点通常是在固定地点执行其主要功能，例如，灯船（用于照明）、海底钻探船、消防船、挖泥船、打捞船、固定停泊的航空救生船、深海生物调查用潜艇、起重船等。该品目还包括浮船坞（指一种代替干船坞的浮动修理厂）；品目 8906 的船舶为除品目 8901 至 8905 以外的其他船舶，是本章船舶的兜底品目，例如，各种军舰、潜艇、科学考察船、气象船、破冰船等。

（三）浮动结构体的归类

浮动结构体一般不具有船舶的特征，通常是固定的。主要包括：支撑临时桥梁的空心圆筒式浮舟，盛装活甲壳类动物或活鱼用的浮柜、浮码头、浮筒，指示航道及标明航行危险等用的航标、各种筏等。如图17-28所示。

图17-28 浮动结构体

思考与练习

商品归类题：

1. 地铁牵引车（由四台直接装在车轴上的直流牵引电动机驱动，行驶时由微型机控制，驱动电能来自车顶部架空的接触电网）
2. 铁路用平板货车（用于木材、钢材等散装货物的运输，由铁路机车牵引）
3. ××品牌新能源轿车（为油电混合动力车，可利用充电桩充电，汽油发动机，排气量为1.4升，电动机输出功率为155千瓦，座位数为5座）
4. 飞机用舷梯车（供旅客上下飞机使用）
5. 特斯拉纯电动轿车（由电池驱动的电动机提供动力）
6. 混凝土搅拌车底盘（装有柴油发动机和驾驶室，无混凝土搅拌系统，总重量为15吨，用于制造混凝土搅拌车）
7. 轿车用五挡手动变速器
8. 非公路自卸车用传动轴
9. 机动车辆用风挡刮水器
10. 汽车用门锁（可中央控制）
11. 汽车座椅用调角器
12. 轿车中控用液晶显示屏（只由液晶显示屏和像素驱动电路构成）
13. 汽车后风窗玻璃刮水器用直流电动机（输出功率120瓦）
14. 汽车发动机（输出功率90马力）用起动电动机
15. 轿车用刹车灯
16. 两轮摩托车（汽缸容量为125毫升）
17. 摩托车用车架
18. 自行车用链条
19. 波音777飞机（双引擎广体客机，空载重量为140吨）
20. 豪华游轮（游轮长133.8米、宽18.8米，载客量为400人）

第十八类 光学、照相、电影、计量、检验、医疗或外科用仪器及设备、精密仪器及设备；钟表；乐器；上述物品的零件、附件

【内容提要】

本类主要介绍光学元件与光学仪器的列目结构与归类，与相似商品的区别，与归类有关的商品知识；医疗器械的列目结构与归类，与归类有关的商品知识；其他检测仪器及装置的列目结构与归类，与归类有关的商品知识；自动调节或控制仪器及装置的组成与归类；钟表的归类；乐器的归类。

本类重点是光学仪器、医疗器械、常见检测仪器及其零件、附件的归类，自动调节或控制仪器及装置的归类。难点是常见检测仪器及其零件、附件的归类和自动调节或控制仪器及装置的归类。

本类主要包括光学元件、光学仪器、医疗器械、计量及检验等用的精密仪器,钟表,乐器三大类商品以及它们的零件、附件。

本类按它们的用途分成三章,其列目结构如下:

光学元件及仪器、医疗器械、其他检测仪器及装置等……………………第九十章
钟表…………………………………………………………………………第九十一章
乐器…………………………………………………………………………第九十二章

第九十章 光学、照相、电影、计量、检验、医疗或外科用仪器及设备、精密仪器及设备;上述物品的零件、附件

一、本章商品范围

本章商品范围较广,包括各种供科学研究(实验室研究、天文学研究、科学分析等)、各种专业技术或工业方面(计量、检验、监测等)及医疗方面使用的仪器及设备。本章列目结构如下:

光学元件与仪器
　光学元件 …………………………………………9001~9002
　简单光学仪器 ……………………………………9003~9005
　复杂光学仪器 ……………………………………9006~9013
特殊用途(测量、气象、绘图、计算等)的仪器 ………………9014~9017
医疗仪器
　医疗、外科等用的仪器及装置……………………………9018
　按摩器具、治疗用呼吸器具等……………………………9019
　其他呼吸器具与防毒面具…………………………………9020
　弥补人体生理缺陷的器具等………………………………9021
　X 射线的应用设备等………………………………………9022
专供示范用的仪器、模型………………………………………… 9023
测量、检验用的仪器
　按测量对象(如温度、压力、流量、电量等及理化分析)列名的测量、检验仪器……9024~9030
　其他品目未列名的测量、检验仪器………………………9031
自动控制调节用的仪器及设备 …………………………………9032
其他品目未列名的仪器用通用零件 ……………………………9033

本章主要包括四部分:

第一部分为品目 9001~9013,主要包括光学元件与仪器。这部分是按照"光学元件→简单光学仪器→复杂光学仪器"的顺序列目的。

第二部分为品目 9018~9022,主要包括医疗仪器。这部分是根据医疗仪器的用途、工作原理、功能来列目的。其中,品目 9022 所列的 X 射线或其他射线的应用设备即使不用于医疗也归入本品目。

第三部分为品目9024~9031，主要包括其他测量、检验用的仪器与装置。这部分主要是根据仪器的检测物理量或参量来列目的。这些仪器与装置大多用于实验室进行研究或科学分析。

第四部分为品目9032，主要包括自动控制调节用的仪器与装置。归入该品目的商品必须符合第九十章注释七的相关规定。

二、本章商品归类方法

（一）本章仪器及器具的"零件"的归类

1. 根据本章注释二的规定，本章注释一中已排除的零件、附件不归入本章。

例如，根据本章注释一（六）"第十五类注释二所规定的贱金属制通用零件（第十五类）或塑料制的类似品（第三十九章）；但专用于医疗、外科、牙科或兽医的植入物应归入品目9021"的规定，固定眼镜片所用的铜制螺钉应按铜制"通用零件"归入品目7415；而外科手术用钛制螺钉（如图18-1所示），应按医疗用矫形或骨折用器具归入品目9021，不能按钛制品归入品目8108。

图18-1 外科手术用钛制螺钉

2. 根据本章注释二的规定，在本章注释一中未排除的条件下，按下列顺序确定零件、附件的归类：

（1）其他章或本章已列名的零件、附件的归类

属于本章、第八十四章、第八十五章或第九十一章已具体列名的零件、附件按列名归类。这一点要求我们要完全了解上述各章的列目结构和它们所包括的具体商品。例如，显微镜用的目镜，属于本章品目9002已列名的商品，应按列名归入品目9002，不能误按显微镜的零件归入品目9011；电子显微镜用的真空泵属于第八十四章品目8414已列名的商品，不能误归入本章；检测仪器所使用的稳压电源属于第八十五章品目8504已列名的商品，不能误归入本章。

（2）专用零件、附件的归类

在不属于本章或其他章已列名商品的情况下，根据其结构、功能等因素能判定所归类的商品具有专用性的，可将该商品与所属仪器或器具一并归类。对于这些专用的零件、附件在确定子目时又分两种情况：

①品目项下有零件、附件的子目的情况

对于品目项下有零件、附件的子目的情况，可将该商品归入相应的零件、附件的子目。例如，照相机用的快门组件属于照相机的专用零件，品目9006项下有零件、附件的子目9006.9，所以将该组件归入子目9006.9项下。

②品目项下无零件、附件的子目的情况

对于品目项下无零件、附件的子目的情况，由于第九十章除了品目9033外，无其他

专用零件、附件的品目,此时可将该商品与整机归入同一个子目。本章品目项下无零件、附件的《协调制度》一级子目的有:品目9004、9016、9018、9019、9020、9021、9023。

【例1】B型超声波诊断仪外壳

该商品为B型超声波诊断仪的外壳,由塑料制成,如图18-2所示。

图18-2　B型超声波诊断仪外壳

【归类分析】该塑料外壳不属于第九十章注释一已排除的商品,同时也不属于本章或其他章已列名的商品。该商品具有特定的外形和尺寸,具有专用性,所以依据第九十章注释二(二),将该商品按B型超声波诊断仪的专用零件归类。B型超声波诊断仪的整机归入品目9018,而品目9018项下无零件、附件的子目,此时可将该零件与整机归入同一子目9018.1210。

(3)其他零件、附件的归类

对于不属于其他章或本章已列名的商品,同时也不能判定其专用于某种仪器或装置的零件、附件,此时则按本章其他品目未列名的零件、附件归入本章的兜底品目9033。

(二)组合仪器、多功能仪器及功能机组的归类

根据本章注释三的规定,第十六类注释三的组合机器、多功能机器的归类原则也适用于组合仪器及设备和多功能仪器及设备,第十六类注释四的功能机组的归类原则也适用于由多个独立部件组成的成套仪器及设备。

对于组合仪器及设备或多功能仪器及设备来说,当能确定其主要功能时按其主要功能归类,当不能确定其主要功能时依据归类总规则三(三)"从后归类";对于由多个相互独立的仪器或部件构成的功能机组,按其视为一个整体后所具有的功能一并归类。

例如,带有照相功能的复式光学显微镜具有放大图像和拍照的功能,属于多功能仪器,因为其主要功能仍是显微放大,所以仍按光学显微镜归入品目9011。

【例2】速度测试系统

该速度测试系统由三部分组成:

(1)异频雷达发射机,安装在车辆上并发射专用单一可识别的电信号;

(2)探测环,埋于地下并测量带有异频雷达发射机的车辆经过此地时的速度。它探测到信号后通过同轴电缆传送给解码器;

(3)解码器,装在控制室,接收来自探测环的电信号、时间标记信号,并转化成数字信号后发送到计算机。

【归类分析】该系统由三个相互独立的部分组成,探测环与解码器之间通过电缆连接,发射机与探测环之间通过无线方式连接。当它们视为一个整体后,明显具有品目9029所包含的速度测试功能,所以依据第九十章注释三,上述三部分一并按功能机组归入子

目 9029.20。

(三) 优先归类原则

根据本章注释五的规定,计量或检验用的光学仪器、器具或机器,如果既可归入品目 9013,又可归入品目 9031,应优先归入品目 9031。例如,一种用光学原理测量物体表面状态的仪器,从原理来看属于"本章其他品目未列名的光学仪器",从功能来看属于"本章其他品目未列名的测量仪器",根据本章注释五的规定,应优先归入品目 9031。

【例3】自动光学检测检测设备

【归类分析】自动光学检测(Automated Optical Inspection,AOI)设备,又称 AOI 检测设备,是基于光学原理对焊接生产中遇到的常见缺陷进行检测的设备,如图 18-3 所示。该商品属于光学仪器,但由于其主要功能是检测,所以依据本章注释五,该商品应按光学仪器归入子目 9031.4 项下,而不能误归入品目 9013。

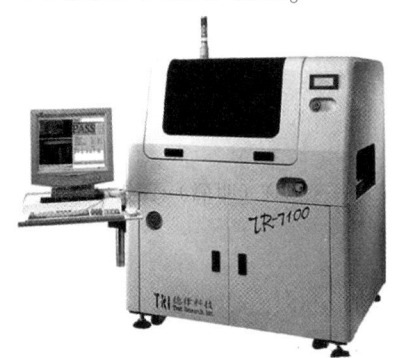

图 18-3 AOI 检测设备

(四) 光学元件与光学器具及仪器的归类

光学元件与光学器具及仪器归入品目 9001 至 9013。其中品目 9001 至 9002 为光学元件,品目 9001 只包括经过光学加工的玻璃制光学元件或其他材料制光学元件(必须是未装配的),品目 9002 只包括已装配并且作为仪器或装置零件、配件的光学元件;品目 9003 至 9005 为简单的光学仪器,如眼镜、望远镜等;品目 9006 至 9012 为复杂的光学仪器,例如品目 9006 为照相机,品目 9007 至 9008 为电影摄像机与放映机、影像投影仪(此处的投影仪属于纯光学仪器,不同于品目 8528 的投影机),品目 9009 为空号(2007 年版修订时已将此品目项下的商品转移至品目 8443),品目 9010 为照相洗印设备,品目 9011 与 9012 为显微镜等;品目 9013 为其他品目未列名的光学仪器与激光器等。

1. 光学元件的归类

(1) 光学元件的光学加工

常见的光学元件有棱镜、透镜、滤色镜、偏振片或板、衍射光栅等,一般按材质可分为玻璃制光学元件和非玻璃制(如塑料、氟石、金属等材料)光学元件。对于玻璃制光学元件,又可按加工程度分为经光学加工的和未经光学加工的。

玻璃制光学元件的加工通常分两步:一是将表面加工成所需要的形状(如一定的曲面、适当的斜面等),二是表面抛光。玻璃制光学元件的加工流程见图 18-4 所示。图 18-5 为凹透镜的加工流程,其中左图为未经任何加工的玻璃坯片,右图中镜片的左侧已磨去负800度的凹面,为已加工好的凹透镜。

光学玻璃坯片 →开切→ 坯片 →粗磨→ 至尺寸形状 →细磨→ 达到精度要求 →抛光→ 符合光学性能

第一阶段　　　　　　　　　　　　　　　　第二阶段

图 18-4　玻璃制光学元件的加工流程图

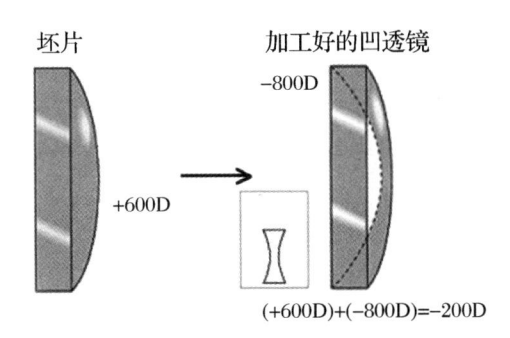

坯片 +600D → 加工好的凹透镜 -800D

(+600D)+(-800D)=-200D

图 18-5　凹透镜的加工流程

（2）光学元件的归类

①已经光学加工但未装配光学元件的归类

对于玻璃制光学元件来说，只有经过光学加工且未装配的才归入品目9001，而未经光学加工的光学元件（又称光学坯件）则按玻璃制品归入品目7014。例如，图18-5中右图的凹透镜属已加工好的光学元件，归入品目9001；左图的玻璃坯片则属于未经光学加工的光学元件，应按玻璃制品归入品目7014。

对于非玻璃制（例如塑料制）光学元件来说，只要其可产生所需的光学效应（不仅限于透光，并且所透光线必须发生某种变化，例如，经过反射、衰减、过滤、衍射、校准等），不论是否经过光学加工，一律归入品目9001。

②已装配光学元件的归类

已装配的光学元件（即已装框架或底座的光学元件）一般归入品目9002或其他品目，不能归入品目9001。

归入品目9002的光学元件必须满足两个条件：必须是已装配的（即已装在底座、框架上的）；同时必须要作为仪器或装置的零件、配件。例如，照相机用物镜、滤色镜、取景器，显微镜、望远镜用目镜、物镜等都属于品目9002项下的商品。

如果已装配的光学元件不属于仪器或装置的零件、配件，但具有独立功能，则一般应归入品目9013或9018。例如，手持式放大镜归入品目9013，医疗或牙科用镜、供眼镜店验光用的成套验光镜归入品目9018。

③偏振片的归类

偏振片又称偏光片，是指可以使天然光变成偏振光的光学元件，对入射光具有遮蔽和透过的功能。

子目9001.2只包括片状的偏振片原料（Polarising material），不包括偏振片元件（Polarising elements），即偏振片成品，偏振片元件归入子目9001.9。偏振片元件（成品）是用子目9001.2的偏振片原料经进一步加工（切割后）而制成的。例如，图阅-88（液晶显示器的显示原理）中的上、下偏光片由于已切割成特定尺寸，应按偏振元件归入子目

9001.9，不能误按所谓的"具体列名"归入子目9001.2。

（3）品目9001的光导纤维束、光缆与品目8544的光缆区别

品目9001的光导纤维束、光缆的各单根纤维均未被包覆，只是在一束或多束光导纤维束外有包覆层，所以从其横断面上无法分出光导纤维的根数。它们常用于光学设备上传输光学图像，例如，用于内窥镜或光学检测仪器上传输光学图像。

品目8544的光缆由每单根均被包覆的多根光纤组成，所以从横断面上可以明显分出光纤的根数，其结构类似于电缆。它们主要用于光学通讯。

2. 简单光学器具的归类

简单的光学器具包括眼镜、望远镜等。它们归入品目9003至9005。

（1）眼镜及其零件的归类

眼镜架、眼镜、挡风镜等归入品目9003至9004，而隐形眼镜片不能误按眼镜归入品目9004，应按光学元件归入品目9001。

（2）望远镜的归类

普通望远镜（无论是单筒还是双筒）归入品目9005。

潜望镜式望远镜（用潜艇或坦克上）及本章或第十六类的机器、仪器用望远镜归入品目9013（见本章注释四）。

校直望远镜（用于检验工作台或机器导轨的直线度及测量金属结构，由一个望远镜和准直管或反射镜组成）归入品目9031。

3. 复杂光学仪器及其他光学仪器

复杂光学仪器归入品目9006~9013。主要包括光学照相机（不含数字式照相机）、电影摄像机、电影放映机、影像投影机、显微镜等。

（1）照相机及其归类

照相机是利用光的直线传播性质和光的折射与反射规律，以光为载体，把某一瞬间被摄景物的光信息经照相镜头传递给感光材料，最终成为可视影像的光学仪器。

①照相机的构造

照相机通常由三部分组成：

成像系统：成像镜头、测距调焦、取景系统、附加透镜（如广角镜）、滤光镜等。在取景系统中最常见的是"单镜头反光式取景"，又简称"单反"，是指直接通过镜头取景，光线从镜头射入，通过一面反光镜，折射到上方的对焦屏成像，再折射到目镜中。

曝光系统：快门机构、光圈机构、测光系统、闪光系统（闪光灯）、自拍机构等。光圈的变化示意图如图18-6所示。

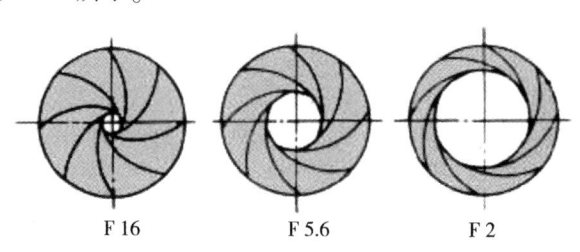

F 16　　F 5.6　　F 2

图18-6　光圈的变化示意图

辅助系统：卷片机构、记数机构、倒片机构等。

成像镜头是照相机的重要部分，由不同性质、不同形状的透镜组成。

快门机构是用以控制光线通过时间长短的装置，通过它用来控制曝光量。

光圈机构是用以控制和调节通光量大小的装置，多用金属薄片或不透明薄片材料制成。

②数码照相机与传统相机的异同

相同点：数码相机的光学成像系统与传统相机相同。

不同点：数码照相机（又称为数字照相机）不需要化学感光胶片，而是采用半导体材料制成的感光元件（CCD或CMOS）来监测图像，然后用电子电路扫描感光片，将信息转换成二进制码并存储在芯片上。即用感光元件代替感光胶片，同时还增加了监视器，可立即看到所拍照片的效果。数码相机的成像过程如图18-7所示。

光信号 —曝光→ 光电耦合器件 —光电转换→ 图像电路 —图像信号→ 存储卡

图18-7　数码相机的成像过程

③照相机及其零件、附件的归类

普通照相机和特殊用途的照相机属于光学仪器，应归入品目9006，但数码照相机属于第八十五章的电气设备，应按列名归入品目8525。用于诊断的X射线照相机（与X射线设备配套，用于检验晶体等）及α射线、β射线、γ射线的照相设备应按上述射线的应用设备归入品目9022。眼科专用的眼底照相机应按医疗仪器归入品目9018。

照相机的零件及附件归类时，应严格依据第九十章注释二的规定，对于其他品目已列名的零件不能归入品目9006。例如，单独报验的照相机用附加镜（如广角镜等）、滤色镜、取景器等属于品目9002已列名的商品，单独报验的照相机套属于品目4202已列名的商品。只有其他品目未列名而且能确定其属于专用于照相机的零件时，才可考虑归入品目9006，例如，照相机身、快门及光圈、自拍机构、底片或胶卷暗盒、遮光罩、闪光灯等。

照相机用的自拍杆、三脚架及类似品应归入品目9620。

（2）照相洗印设备的归类

胶卷或胶片与相纸的曝光、显影等冲洗设备归入品目9010。在确定子目时，子目9010.1"照相（包括电影）胶卷或成卷感光纸的自动显影装置及设备或将已冲洗胶卷自动曝光到成卷感光纸上的装置及设备"与子目9010.5"照相（包括电影）洗印用其他装置和设备"的区别是：子目9010.1的自动显影或自动曝光设备所显影或曝光的感光胶片或感光纸必须满足卷状（in roll）的要求，若是非卷状感光材料的其他照相洗印设备，则应归入子目9010.5项下。

（3）显微镜的类型及其归类

显微镜是用来把肉眼看不到的小物体放大成像的视力工具，按工作原理分为光学显微镜、电子显微镜等。

①光学显微镜

光学显微镜又称为复式光学显微镜（因其含有多个凸透镜），是将微小物体的影像放大的光学仪器。

光学显微镜的主要部件包括光学系统（物镜、目镜）、支架、载物台及调焦机构等。

物镜指位于观察物体附近实现第一级放大的镜头。物镜的放大倍率通常为5~100倍。

目镜指位于人眼附近实现第二级放大的镜头。目镜的放大倍率通常为5~20倍。

②电子显微镜

电子显微镜是用电子束代替光束，用电子透镜代替光学透镜，使物质的细微结构放大成像的仪器。电子显微镜的最大放大倍率约为100万倍，而光学显微镜的最大放大倍率约为2000倍。但电子显微镜因受真空条件的限制，不适于观察活的生物。电子显微镜与光学显微镜的不同之处是：用电子束代替光束，电子透镜代替光学透镜。

光学显微镜与电子显微镜的比较见图18-8。

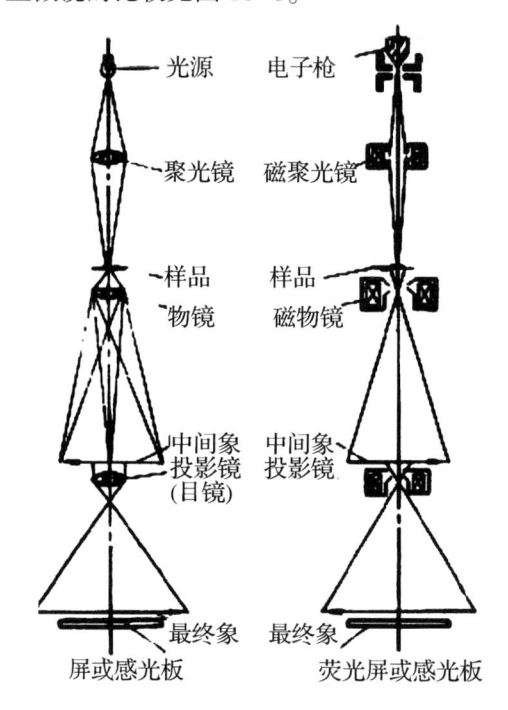

a）光学显微镜光路　　b）透射式电子显微镜光路

图18-8　光学显微镜与电子显微镜的比较

普通电子显微镜的主要部件包括电子枪、电磁"透镜"系统、检件台、真空泵装置、荧光屏及图像照相机构等部件、控制台及控制板等。

③显微镜的归类

复式光学显微镜归入品目9011。在确定子目时，要明确是立体显微镜还是其他显微镜。立体显微镜是用双眼从不同角度观察物体而得到立体图像的双目显微镜。由于成像的立体感是利用双眼的光路形成的，所以立体显微镜一定是双目显微镜，但双目显微镜不一定是立体显微镜。若不是立体显微镜，还要判断其是否有缩微照相、摄影或投影功能。

其他显微镜（例如，电子显微镜、质子显微镜）归入品目9012。

对于外科显微镜（Surgical microscope）来说，由于其主要功能是将细微处放大以方便手术，所以按光学显微镜归入品目9011。这种显微镜用于外科医生施行手术时观察人体的细微处，其光源产生的独立光路能形成一个三维图像。图18-9为眼科手术用显微镜。

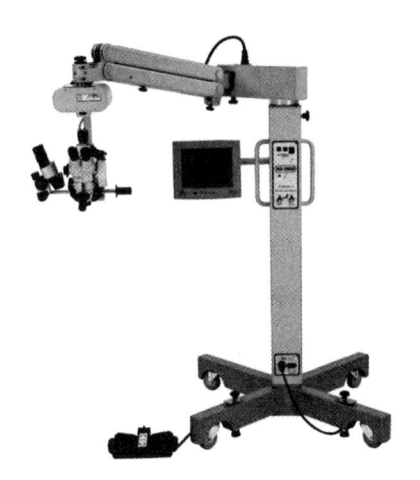

图 18-9 眼科手术用显微镜

对于眼科用双目显微镜（Ophthalmic binocular-type microscope）来说，由于它不是以放大图像为主要功能，而是以检查诊断为主要功能，所以不能按显微镜归入品目 9011，而应按医疗仪器归入品目 9018。这种显微镜在国内医院又称裂隙灯显微镜，一般由裂隙灯、显微镜和仪器台三个基本部分组成，整个仪器安装在可调节的机座上，如图 18-10 所示。裂隙灯，顾名思义就是灯光透过一个裂隙对眼睛进行照明。它是眼科检查的必备仪器之一，通过裂隙灯显微镜可以清楚地观察眼睑、结膜、巩膜、角膜、前房、虹膜、瞳孔、晶状体及玻璃体前 1/3，可确定病变的位置、性质、大小及其深度。

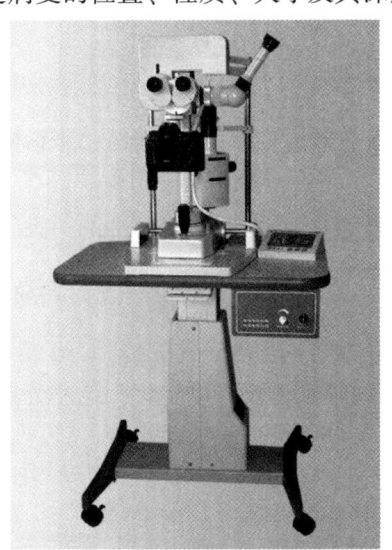

图 18-10 裂隙灯显微镜

（4）其他光学仪器的归类

①其他品目未列名的光学仪器一般归入品目 9013。品目 9013 只包括本章其他品目未列名的光学仪器及器具，要求必须满足"其他品目未列名"的条件。例如，下列光学仪器因在其他品目已有列名，不能归入品目 9013：

光学经纬仪、光学水准仪等属于品目 9015 已列名的光学仪器；

眼科用双目放大镜、检眼镜、电脑验光机和内窥镜等属于品目 9018 项下已列名的光学仪器；

用于理化分析用光谱仪、折光仪等属于品目 9027 项下已列名的光学仪器；

玩具万花筒属于第九十五章已列名的玩具。

只有其他品目未列名才可归入品目 9013，例如，手持式放大镜、织物分析镜、光学门眼等简单的光学仪器。

②依据本章注释五的规定，计量或检验用的光学仪器不应归入品目 9013，应归入品目 9031。

（五）测量、气象、称量、绘图、计算仪器及器具的归类

测量、气象、称量、绘图、计算仪器及器具主要归入品目 9014~9017。

定向罗盘、导航设备及装置（不包括品目 8526 的无线电导航设备）归入品目 9014。例如船舶定位仪、航空或航天导航仪器等。

大地测量的仪器、海洋水文仪器、气象观测仪器、地球物理仪器（如地震仪）、测距仪（指测定给定目标与仪器之间距离的光学或光电测量仪器）等归入品目 9015。但是，泥瓦工等从事建筑工程用的气泡式水平尺以及铅垂线不归入本品目，应归入品目 9031。

较精密的天平（即感量为 50 毫克或更精密的天平）归入品目 9016。感量低于 50 毫克的天平，不能归入本品目，应归入品目 8423。品目 9016 的天平所用砝码若单独报验，也不归入本品目，而应归入品目 8423。

普通手用测量仪器、绘图仪器、计算仪器等归入品目 9017。例如，绘图仪器、测量用的卡尺等均归入品目 9017。

（六）医疗仪器及器具的归类

医疗仪器及器具是指供医疗或外科、牙科及兽医用来诊断、治疗等用的仪器及设备。

1. 医疗器械的分类

医疗器械根据其功能一般分为诊断性的和治疗性的两大类。

（1）诊断性的医疗器械包括：

物理诊断器具：体温计、血压计、测听计等；

影像仪器：X 光机、CT 扫描机、磁共振成像装置、B 超等；

分析仪器：血液分析仪、尿液分析仪、生化仪、免疫分析仪等；

电生理仪器：心电图机、脑电图机、肌电图机等。

（2）治疗性的医疗器械包括：

普通手术器械：手术刀、缝合针、剪刀、镊子等；

光导手术器械：纤维内窥镜、激光治疗机等；

辅助手术器械：麻醉机、呼吸机、体外循环机等；

放射治疗器械：深部 X 光治疗机、钴 60 治疗机、加速器、伽马刀、各种同位素治疗仪等。

2. 医疗器械及器具的归类

医疗器械及器具一般归入品目 9018 至 9022。其他品目已列名的器械或器具除外，即并不是所有的医疗器械或器具都可归入这些品目。例如，测量体温的体温计属于品目 9025 已列名的商品，临床化验室用的血液分析仪等理化分析仪器属于品目 9027 已列名的商品。

由于品目9019至9022主要根据功能或原理（按摩、呼吸功能，X射线应用等）列目，而品目9018主要根据用途（医疗、外科、牙科或兽医用等）列目，并且在品目9018的品目注释中已将品目9019、9021、9022的商品排除，所以在对医疗器械归类时，对于符合品目9019、9021、9022所列名的医疗仪器要按功能或原理归入相应品目。只有不符合品目9019、9021、9022的条文，且能确认属于医疗等用途的器械或器具才考虑归品目9018。例如，X射线断层检查仪既属于电气的诊断仪器，也属于X射线的应用设备，应根据其功能和原理归入品目9022，而不能按电气的诊断装置归入品目9018。

（1）机械疗法、呼吸器具、按摩器具等的归类

①机械疗法、氧疗法、臭氧疗法、吸入疗法、人工呼吸及按摩等用的设备及装置归入品目9019。例如，呼吸机应归入品目9019，而不能归入品目9018；按摩椅应归入品目9019，而不能按座具归入品目9401。

②品目9019的呼吸器具与品目9020的呼吸器具的区别：品目9019的呼吸器具主要是起治疗作用，例如呼吸机、喷雾治疗器等；而品目9020的呼吸器具主要是起防护或保护作用，例如飞行员、潜水员、登山运动员或消防队员所使用的呼吸器具。

③品目9019的机械疗法器具与品目9506的健身器械的区别：品目9019的机械疗法器具是主要通过机械模仿各种运动形式来治疗关节或肌肉疾病的器具，这些器具（如旋转活动腕部的器具、手指功能恢复器具、旋转活动脚部的器具等）通常是用于病人治病并在医生指导下使用；品目9506的健身器械（如拉力器、各种弹簧握力器、模仿划船运动的"划船"机、训练或锻炼腿肌用的固定式单轮脚踏车等）通常用于正常人健身，使用时不需要医生的指导。

（2）矫形用具、人造的人体部分及弥补人体生理缺陷器具的归类

矫形用具、人造假肢及骨折用具（包括兽用）、弥补人体生理缺陷的器具归入品目9021。归入品目9021的常见仪器及器具有人造血管、助听器（不能误按电气设备归入第八十五章）、心脏起搏器、血管支架等。

（3）X射线、α射线、β射线、γ射线或其他离子射线的应用设备的归类

X射线、α射线、β射线、γ射线或其他离子射线的应用设备归入品目9022。品目9022不仅包括用于医疗上的X射线或α射线、β射线、γ射线或其他离子射线的应用设备，还包括其他行业（如工业）上述射线的应用设备。例如，机场、车站等场所用于安全检查的X射线检查设备，虽然不用于医疗，但仍归入品目9022。

但是，对于检测X射线、α射线、β射线、γ射线或其他离子射线的设备不能归入品目9022，而应归入品目9030。

（4）其他医疗器械或器具的归类

用于医疗、外科、牙科或兽医的其他仪器及器具，如果未在其他品目列名，且满足"主要是供各专科医务人员（例如，医生、兽医、助产士等）专门用于疾病的预防、诊断、医治或手术治疗等"的条件，才能归入品目9018。

品目9018项下子目的列目结构如下：

电气诊断装置 ·· 9018.1	主要按
紫外线及红外线装置 ·································· 9018.2	功能列目
注射器、针、导管、插管及类似品 ···················· 9018.3	
其他牙科用仪器及器具 ································ 9018.4	主要按
其他眼科用仪器及器具 ································ 9018.5	用途列目
其他 ·· 9018.9	

在品目 9018 项下，子目 9018.1 至 9018.3 是根据功能、原理列目的，而子目 9018.4、9018.5 是根据用途列目的，所以在确定子目时，应首先判断商品的功能、原理，对于符合子目 9018.1 至 9018.3 所列功能、原理的商品应优先归入前面的子目，只有不符合前面子目所列的功能时才考虑按用途归入子目 9018.4、9018.5 或子目 9018.9。例如，眼科用的电气诊断装置要优先归入子目 9018.1 项下，而不能归入子目 9018.5 项下。

【例 4】电子眼压记录仪（通过记录眼动脉压、眼静脉压或眼内压的变化来进行眼科诊断）

【归类分析】该仪器的工作原理是通过记录眼动脉压、眼静脉压或眼内压的变化来进行眼科诊断，属于电气的诊断设备，符合子目 9018.1 的条文，故应按电气的诊断设备归入子目 9018.1 项下。

注意：该电子眼压记录仪不能误按"眼科用仪器及器具"归入子目 9018.5 项下。因为子目 9018.5 "眼科用其他仪器及器具"中的"其他"说明归入子目 9018.5 的商品必须是除了子目 9018.1 至 9018.4 以外的"眼科仪器及器具"。该商品属于"电气诊断装置"，符合子目 9018.1 的条文，所以归入子目 9018.1 是正确的。

【例 5】用于检测血液中血糖含量的血糖仪

【归类分析】血糖仪是用于测试血液中所含糖分的仪器。其工作原理为：先采取血样，将血样注入测定试纸（电极）后，血糖测试仪将试纸产生的结果转换为电信号，并在血糖测试仪上显示出测试人的血糖测试结果。该商品虽然属于行业上的医疗器械，却不是直接用于人体检测，而是将从人体取得的血液放到仪器上进行化验，因此这是一种对血液里的成分进行分析的理化分析仪器，应归入品目 9027。

（七）工业、科研用检测、计量仪器及装置的归类

工业、科研用检测、计量仪器及装置归入品目 9024 至 9031。这部分主要是根据检测或计量的对象进行列目的。其中，品目 9024 检测的物理量是机械性能等；品目 9025 检测的物理量是温度、湿度等；品目 9026 检测的物理量是液体或气体的流量、压力等；品目 9027 检测的参量为理化分析用的参数等；品目 9028 计量的物理量是液体、气体流经管道的总流量或电力流经干线的总电量；品目 9029 计量的物理量是转数、产量、车费等，检测的物理量是速度等；品目 9030 检测的物理量是电量及射线量；品目 9031 为本章其他品目未列名的测量或检验仪器。品目 9031 作为本章测量或检验仪器、器具的兜底品目。

1. 测试材料机械性能的机器及器具的归类

材料的机械性能又称为力学性能，表示材料承受外力作用的能力。测试材料机械性能常用的方法包括拉伸、压缩、弯曲、扭转、剪切、磨损等，测量的指标包括硬度、强度（如弹性强度、抗拉强度、疲劳强度等）、冲击韧性、耐磨度等。

测试材料机械性能的机器及器具归入品目 9024。这些机器及器具所测试的对象包括金

属、木材、混凝土、纺织纱线及织物、纸或纸板、橡胶、塑料、皮革等。例如，测量金属材料硬度的硬度试验机、测定纺织纤维拉伸性能的拉伸试验机均属于品目 9024 项下的商品。

2. 其他检验、测量、分析仪器及装置的归类

（1）比重、温度、湿度、气压等物理量的测量仪器及装置的归类

比重、温度、湿度、气压等物理量的测量仪器及装置归入品目 9025。

（2）液体或气体的流量、液位、压力等变化量的检测仪器及装置的归类

液体或气体的流量、液位、压力、动能或其他过程变量的检测仪器及装置（可带有记录、信号或光学读度装置，或者电动、气动、液动输出量的变送器）归入品目 9026。

其中，子目 9026.1 检测的物理量是流量或液位，但检测对象只适用于液体；子目 9026.2 检测的物理量是压力，检测对象适用于液体或气体。

品目 9026 的热量计与品目 9027 的量热器的区别：品目 9026 的热量计指用于测量一个系统装置（如热水供热系统）热量消耗的仪器，该仪器主要由一个液量测量仪表、分别安装于管道出入口的两支温度计及计数和累计机械装置构成；品目 9027 的量热器指在物质发生化学反应时用于测量固体、液体或气体吸收或放出热量的装置。

（3）理化分析仪器及装置和检测黏性、热量、声量、光量等的仪器的归类

理化分析仪器及装置和检测黏性、多孔性、膨胀性、表面张力、热量、声量或光量等的仪器及装置归入品目 9027。

该品目中除子目 9027.1 是按其用途来列目的，子目 9027.2 至 9027.5 是根据其工作原理、功能来列目的。

其中，子目 9027.1 的气体或烟雾分析仪主要指用于分析炼焦炉、煤气发生炉、高炉等的可燃气或燃烧副产品（燃烧过的气体）的仪器，特别是用于测定其二氧化碳、一氧化碳、氧气、氢气、氮气或碳氢化合物等的含量。

子目 9027.3 和子目 9027.5 的使用光学射线的仪器及装置中的"光学射线"只包括紫外线、可见光、红外线，不包括使用其他光学射线的仪器。

可见光及部分射线的光谱图如图 18-11 所示。从图中可知，X 射线、γ 射线等不属于紫外线、可见光、红外线的光谱范围。

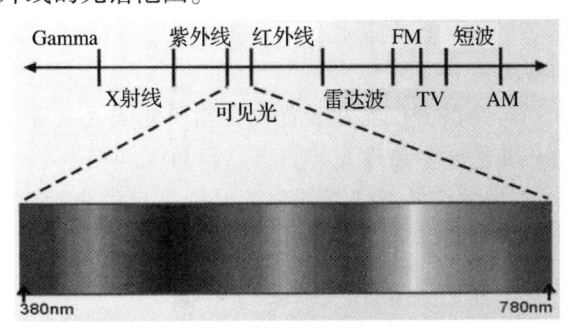

图 18-11 可见光及部分射线的光谱图

例如，对于荧光光谱仪来说，归类时要区分其所用光源的类型，若是以 X 射线管为光源的 X 射线荧光光谱仪，应按 X 射线的应用设备归入子目 9022.1990；若是以激光器、氙气汞灯的可见光为光源的荧光光谱仪，应按使用光学射线的仪器归入子目 9027.3000。

(4) 检测电量的仪器和检测离子射线的仪器的归类

检测电量的仪器和α射线、β射线、γ射线、X射线、宇宙射线或其他离子射线的仪器及装置归入品目9030。

其中，子目9030.2的示波器根据其测试频率归入不同子目。

子目9030.3的仪器及装置的检测参量只包括子目条文中所列的电压、电流、电阻或功率。检测其他电参量（如电容、电感、频率、波长、相位等）的仪器及装置不能归入该子目。

子目9030.311"量程在五位半及以下的数字万用表"和子目9030.331"量程在五位半及以下的数字电流表、电压表"中的"量程在五位半"指显示板上可显示0~9中的任一个数字的位数为五位，而左边的首位只能显示1或不显示，即半位，如图18-12所示。在这种情况下，它的量程范围为00000~199999。"量程在五位半以下"指可显示0~9中的任一个数字的位数不足五位。

图18-12　"五位半"量程的测量仪表

子目9030.32"万用表，带记录装置"、子目9030.39"其他，带记录装置"和子目9030.84"其他，带记录装置"中的"带记录装置"指具有将测量结果直接打印出来或可存入记录媒体以备日后查询与分析的装置。

子目9030.4的其他仪器及装置只限制了用途，即通信专用的检测仪器，并未限制其检测何种电参量。例如，网络分析仪属于通信专用的仪器，应归入子目9030.4项下。

(5) 其他品目未列名的检测仪器及装置的归类

其他品目未列名的检测仪器及装置归入品目9031。

所谓"其他品目未列名的检测仪器及装置"是指不能归入品目9024至9030或其他章的其他仪器及装置。只有满足这些条件才能归入品目9031项下。

其中，子目9031.4的光学仪器及器具不包括其他品目的光学仪器（特别是品目9013的光学仪器，根据第九十章注释五的规定，品目9013只包括非检测用的光学仪器）。例如，本章前面介绍的自动光学检测（Automated Optical Inspection，AOI）设备。

子目9031.4920的光栅测量装置是利用光栅的光学原理工作的测量装置。它主要由标尺光栅、光电读数头和数显表组成，通常标尺光栅固定在机床活动部件上，光电读数头固定在机床固定部件上，指示光栅装在光栅读数头中。光栅测量装置常用于加工中心或其他机床上的直线位移和角位移的检测。

子目9031.8020的坐标测量仪是一种具有很强柔性的、用于对各类零件的几何尺寸和形位误差进行测量的仪器。在数控程序或手动控制下，测量头通过三个坐标轴（X、Y、

Z）导轨沿被测表面移动，移动过程中可测出 X、Y、Z 三个方向坐标位置，根据记录的测量结果，按给定的坐标系计算被测尺寸，从而得到物体表面的平面和空间位置误差及形状误差。

子目 9031.8031 的超声波探伤仪是运用超声检测方法来检测材料缺陷的仪器。它的原理是：超声波在被检测材料中传播时，材料的声学特性和内部组织的变化会对超声波的传播产生一定的影响，通过对超声波受影响程度和状况的探测了解材料性能和结构变化。

子目 9031.8032 的磁粉探伤仪指运用磁粉探伤法来检测材料缺陷的仪器。磁粉探伤是检测铁磁性材料表面及近表面缺陷的一种无损检测方法。磁粉探伤的原理是：有表面或近表面缺陷的工件磁化后，当缺陷方向和磁场方向成一定角度时，由于缺陷处的磁导率的变化使磁力线逸出工件表面，产生漏磁场，可以吸附磁粉而产生磁痕显示。

子目 9031.8033 的涡流探伤仪指运用涡流检测来检测材料缺陷的仪器。涡流检测是利用电磁感应原理检测的。涡流检测适用于检测导电材料。涡流检测时，检测线圈通以交变电流，线圈内交变电流的流动将在线圈周围产生一个交变磁场，这种磁场称为"原磁场"。把一导体置于原磁场中时，在导体内将产生感应电流，这种电流叫做涡流。导体中的电特性（如电阻、磁导率等）变化时，将引起涡流的变化。涡流检测就是利用涡流的变化检测工件中的不连续性的方法来检测材料的缺陷。

3. 计量仪器及装置的归类

计量仪表是指能用以直接或间接测出被测对象量值的仪表。

（1）气体、液体及电力的计量仪表的归类

气体、液体及电力的计量仪表归入品目 9028。这些仪表一般根据计量对象的不同分别归入不同的子目。例如，居民家中供气用的燃气表属于子目 9028.1 项下的气量计，供水用的水表属于子目 9028.2 项下的液量计，供电用的电度表属于子目 9028.3 项下的电量计。

（2）转数、计数、车费、里程等计量仪表与速度计的归类

转数、计数、车费、里程等计量仪表与速度计、频闪观测仪归入品目 9029。这些仪器仪表不论是否装有时钟记录装置，也不论是否装有用以驱动信号机构、机械控制或制动等装置的简单机械或电气部件，均归入本品目。例如，出租车上使用的车费计、汽车上用于显示时速的仪表等均属于该品目项下的商品。

子目 9029.1 的"转数计、产量计数器、车费计、里程计、步数计及类似仪表"通常是指一段时间内总的计数量；而子目 9029.2 的"速度计及转速表"是指单位时间内的转数、速度、产量等。

频闪观测仪（Stroboscope）是指使正在运转的机器看上去像在缓慢运动或静止不动，以便对其进行观测的仪器。频闪观测仪通过以有固定时间间隔的连续闪光照明使被观察机构产生形同静止或减速的现象这一方式进行工作。它主要用于观察或测量发动机、传动齿轮、纺织机械（如梭子等零件）、造纸机械、印刷机械或机床的运行速度，还可在医学上用于检查声带的振动。

（八）自动调节或控制仪器及装置的归类

自动调节或控制仪器及装置归入品目 9032，该品目根据调节对象的不同可分为两类：液体或气体的流量、液位、压力或其他变化量及温度的自动调节或控制仪器及装置；电量

自动调节器以及自动控制非电量的仪器或装置。

1. 自动调节或控制仪器及装置的组成

自动调节或控制仪器及装置通常由三部分组成：测量装置、控制装置、启停或操作装置。

（1）测量装置：用于测定受控变量的实际值，对于电量自动调节器，还要将其转换成相应的电信号。其实物就是各种传感器，例如双金属条、浮子、转换器、电阻测温器探头、热电偶、其他传感器等。

（2）控制装置：用于比较测定值和给定值，对于电量的自动调节器，还要发出信号，该商品有时又称控制器。

（3）启停或操作装置：根据控制装置发出的信号启动执行机构，是直接驱动受控对象的部件。这些装置通常是电气连接装置或电磁元件（如接触器、开关或断路器、继电器等），或者是液压元件或气压元件（如电磁换向阀、气动阀等）。

这三部分有时相互独立并由电线等连接，有时又做成一个整体。

2. 品目 9032 的自动调节仪器及装置与品目 8537 的控制装置的区别

从品目 8537 的条文"电气的控制或电力分配装置"和品目 9032 的条文"自动调节与控制装置"分析，两个品目条文中都含有控制装置，都可实现控制的功能，但它们的控制原理还是有区别的。下面以"十字路口交通红绿灯的控制装置"为例进行阐述。

第一种情况：控制红绿灯开关时间的信号预先设定好，由可编程序控制器（PLC）自动控制，即按一定的周期和配时方案控制红绿灯，控制流程如图 18-13 所示；

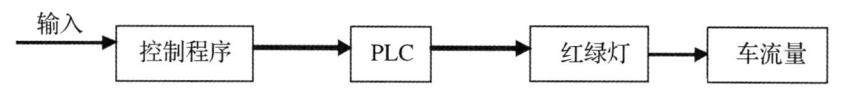

输入 → 控制程序 → PLC → 红绿灯 → 车流量

图 18-13　红绿灯的控制流程图（不带感应线圈）

第二种情况：在十字路口的地下埋有检测车流量的感应线圈，此线圈可检测车流量的大小，并可将此转化为电信号后反馈到 PLC，PLC 则根据检测到的车流量来动态调整红绿灯开关时间，控制流程如图 18-14 所示。

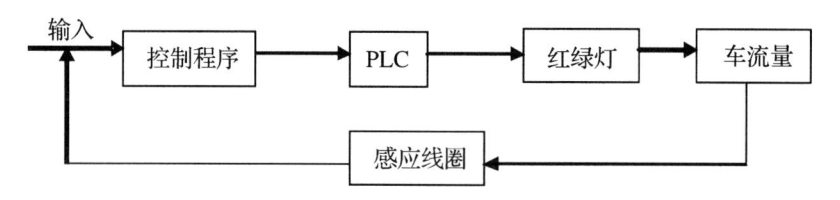

输入 → 控制程序 → PLC → 红绿灯 → 车流量 → 感应线圈 →（回到控制程序）

图 18-14　红绿灯的控制流程图（带有感应线圈）

在第一种情况下，红绿灯的开关时间只能由预先设置好的程序来自动控制，控制装置本身不会随车流量的变化来动态调节预先设定好的红绿灯开关时间，这种控制本身无反馈功能，此控制装置属于品目 8537 项下的控制装置；在第二种情况下，由于增加了一个检测车流量的感应线圈（传感器），控制装置本身可随车流量的变化动态（自动）调节红绿灯的开关时间，从而动态调整通过十字路口的车流量，达到理想的最佳车流量，这种控制本身有反馈功能，此控制装置属于品目 9032 项下的控制装置。

对于这两个品目的区别可从两方面分析：

(1) 从控制方式上分析

在品目 8537 的控制装置中，控制装置与被控制对象之间只有单向的控制作用而没有信息的反馈功能，属于开环控制。这种控制的信息为单向传递，结构简单。开环控制系统的结构如图 18-15 所示。

图 18-15　开环控制系统结构图

在品目 9032 的控制装置中，控制装置与被控制对象之间具有信息的反馈功能，能自动纠偏，属于闭环控制。这种控制结构复杂，因为可将某一被控制的因素调到并保持在一设定值上，所以必须装有检测装置（例如传感器）。闭环控制系统的结构如图 18-16 所示。

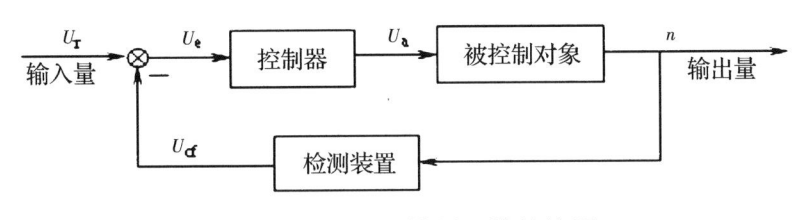

图 18-16　闭环控制系统结构图

(2) 从外观结构和组成上分析

在品目 8537 的控制装置中，从外观看是一个整体，本身一般只包括控制装置，控制装置本身不含有检测装置和启停或操作装置。

在品目 9032 的控制装置中，从外观看一般是由三个相互独立的部分组成的系统，即构成功能机组的自动控制系统，这三部分包括检测装置、电气控制装置和启停或操作装置，有时这三部分也可组装成一个整体或将其中的两部分组装成一个整体。

3. 自动调节或控制装置的归类

归入品目 9032 的自动调节或控制装置必须满足第九十章的注释七：

（一）液体或气体的流量、液位、压力或其他变化量的自动控制仪器及装置或温度自动控制装置，不论其是否依靠要被自动控制的因素所发生的不同的电现象来进行工作的，它们将要被自控的因素调到并保持在一设定值上，通过持续或定期测量实际值来保持稳定，修正任何偏差；以及

（二）电量自动调节器及自动控制非电量的仪器或装置，依靠要被控制的因素所发生的不同的电现象来进行工作的，它们将要被控制的因素调到并保持在一设定值上，通过持续或定期测量实际值来保持稳定，修正任何偏差。

其中，注释七（一）自动调节的对象是流量、液位、压力或其他变化量（只能是液体或气体的）和温度；注释七（二）自动调节的对象是电量或非电量。

"将要被控制的因素调到并保持在一设定值上"必须通过闭环控制的过程来实现自动调节，通过闭环控制实现测量值与期望值比较的功能。

符合上述条件的商品，又分为以下情况：

第一，由相互独立的检测装置、控制装置和启停或操作装置组成的功能机组，它们同

时报验。此时，它们可一并按功能机组归入品目9032。

第二，上述独立的检测装置、控制装置和启停或操作装置分别报验。此时，可按如下规定归类：

检测装置一般归入品目9025、9026、9030或按其功能归入相应的品目；

控制装置一般按不完整的自动控制系统（或装置）归入本品目，如果这里的电气控制装置就是可编程序控制器，则应归入品目8537；

启停或操作装置一般归入品目8536（开关、继电器等）或其他相关品目。

第九十一章　钟表及其零件

一、本章商品范围

本章包括主要用于计时（如各种钟表、时间记录器、航海时计等）或与时间有关的某些操作器具（时间记录器、定时开关等），上述计时钟表、器具的专用零件。

但本章不包括玩具钟表（归入第九十五章），作为艺术品、收藏品及古物的钟表（归入第九十七章），钟表玻璃及钟锤（按材料归类），表链（归入第七十一章），供自上发条表用的滚珠轴承及轴承的滚珠（归入品目8482或7326）等。

本章有14个品目，其列目结构如下：

```
               ┌ 手表、怀表等 ………………………………9101~9102
钟表及计时装置 │ 钟 ………………………………………9103~9105
               │ 时间记录器等 ……………………………9106
               └ 定时开关 …………………………………9107
表芯、钟芯 ┌ 已组装的 …………………………………9108~9109
           └ 未组装的 …………………………………9110
     ┌ 表壳、钟壳及其零件 ……………………………9111~9112
零件 │ 表带及其零件 ……………………………………9113
     └ 其他 ………………………………………………9114
```

二、本章商品归类方法

（一）钟表的归类

手表、怀表归入品目9101至9102。这两个品目的主要区别是表壳材质不同：归入品目9101的表的表壳必须完全用贵金属、包贵金属制成；归入品目9102的表的表壳是部分用贵金属、包贵金属制成或完全用贱金属或其他材料制成。根据本章注释二的规定，用贱金属上镶嵌贵金属制成表壳的表不能归入品目9101，而应归入品目9102。

钟归入品目9103至9105。其中，以表芯制成的钟归入品目9103，特定用途的钟（如仪表板钟、车辆用钟等）归入品目9104，其他钟归入品目9105。

(二) 表芯与钟芯的区别

表芯的厚度不超过12毫米，长、宽或直径不超过50毫米；超出这些尺寸要求的机芯即为钟芯。

(三) 钟表与其他物品组合物的归类

对于钟表与其他物品组装在一起的组合物归类，应首先判定该组合物的基本特征，不能确定其基本特征时采用"从后归类"的原则。如带有石英钟的台灯，从其主要的使用功能和外观判断，该组合物的基本特征为照明功能，所以不能按钟归入第九十一章，应按灯具归入品目9405。但条文另有规定的除外，如带有时钟的收音机，不论以哪种功能，为主要功能均归入品目8527。

(四) 表壳、钟壳、表带及其他零件、附件的归类

1. 表壳、钟壳及其零件归入品目9111~9112

表壳、钟壳及其零件可用任何材料制成，如表壳用贱金属（不论是否抛光、镀铬、镀银或镀金等）、贵金属、包贵金属等制成，钟壳用木材、玳瑁壳、贝壳、大理石、陶瓷等制成。

2. 表带及其零件归入品目9113

表带及其零件可用任何材料制成，如贵金属、贱金属、皮革、纺织材料或塑料等制成。表链与表带不同，它不系于手腕上，通常用挂钩挂在衣服纽扣上或裤带上，而怀表一般放在口袋里。表链应按首饰或仿首饰归入品目7113或7117。

第九十二章 乐器及其零件、附件

一、本章商品范围

本章仅包括各种乐器及乐器的零件。其列目结构如下：

```
          ┌ 弦乐器 ┌ 钢琴及其他键盘弦乐器·····················9201
管弦乐器 ┤        └ 其他弦乐器·······························9202
          └ 管乐器 ····································9205
打击乐器 ····································9206
电声乐器 ····································9207
其他乐器 ····································9208
乐器零件、附件 ····································9209
```

二、本章商品归类方法

本章乐器可用任何材料制成，包括用贵金属或包贵金属制成，也可镶嵌宝石或半宝石。

（一）弦乐器的归类

弦乐器（String musical instrument）是指依靠机械力量使张紧的弦线振动来发音的乐器，主要包括键盘弦乐器（如钢琴等）和其他弦乐器（如小提琴、吉他等）。

键盘弦乐器（主要是钢琴）归入品目9201；其他弦乐器主要包括弓弦乐器（如小提琴、二胡等）和拨弦乐器（如吉他、竖琴等）归入品目9202。

电钢琴（通过电产生声音的乐器）不能误归入品目9201，应归入品目9207。

常见的钢琴有两种：平台式三角钢琴和竖式钢琴。平台式三角钢琴即《协调制度》中的"大钢琴"，呈翼状三角形，琴弦为水平装置，常用于舞台演奏用；竖式钢琴的外形如长方形立柜，琴弦为垂直装置，其占地面积小，一般适合于家庭用。

（二）管乐器的归类

管乐器（Wind musical instrument）是指以管作为共鸣体来发音的乐器，主要包括铜管乐器、木管乐器、键盘管风琴、手风琴、口琴等。它们归入品目9205。

其中，铜管乐器主要包括短号、小号、军号、萨克斯号等；木管乐器主要包括长笛、单簧管、双簧管、萨克斯管等。

（三）电声乐器的归类

电声乐器指通过电气（含电子）产生或扩大声音的乐器，例如电风琴、电吉他、电手风琴等，它们归入品目9207。

（四）本章的乐器与电拾音器及扩音器组合物的归类

归入本章的乐器可以带有电拾音器及扩音器，而这类电装置除非已构成乐器的不可分割部分或与乐器装于同一机壳内，否则应归入品目8518。

思考与练习

商品归类题：

1. 树脂眼镜片（近视患者用，曲度为500度）
2. 复式光学显微镜用目镜（已装框）
3. 透射式电子显微镜
4. 用于潜艇的潜望镜式望远镜
5. 牙科用椅（带牙科用器械）
6. 牙科用椅（不带牙科用器械）
7. 牙科专用的电钻
8. 血管支架（防止血管堵塞）
9. 脑电图机（用于监测并记录大脑的电活动的装置）
10. 心脏监视仪

11. X射线胸透机

12. 尿液分析仪（用来检测人体尿液中某些成分的含量。其原理为当一束光线照射到已发生化学反应的试带上时，其反射光强度与试带表面颜色深浅成正比，经光电管接收后转变成电信号，通过计算机处理得出各种化学成分的结果）

13. 眼科用瞳距仪

14. 远红外颈椎治疗仪

15. CT机用球管（又称X射线管）

16. 温度、湿度组合记录仪

17. 压力压差变送器

18. 基因测序仪（用于对DNA片段的碱基顺序进行测定的仪器）

19. 数字式万用表（无记录装置，量程为五位半）

20. 家用电度表（单相电子式）

21. 全自动药液量与异物检测机（设备采用CCD成像技术，从不同角度快速拍摄被测药瓶，然后对所拍照片自动分析，并判断所装药液的液位是否正常、是否有异物）

22. 机场跑道摩擦系数测试仪

23. 轿车用动力总成控制模块（可自动调整发动机的功率输出，使发动机始终保持最佳工作状态。工作时通过对传感器传输来的各种电信号与既定程序进行比对处理，对发动机运转状况实时调整与控制）

24. 普通指针式石英电子手表（有防水、防雾功能）

25. 雅马哈牌电子琴

# 第十九类　武器、弹药及其零件、附件

【内容提要】
　　本类主要介绍武器、弹药的列目结构与归类，本类商品与其他类商品的区别等。重点是判定本类商品与其他类商品的区别。

第九十三章　武器、弹药及其零件、附件

一、本章商品范围

本章主要包括所有供军事武装部队、警察或其他有组织的机构（如海关、边防部队等）在陆、海、空战斗中使用的各种武器；个人自卫、狩猎及打靶用武器；弹药、导弹等；武器的零件、附件。

但本章不包括本章注释一已排除的商品和其他章已列名的商品，例如，火帽、雷管、信号弹（归入第三十六章）；装甲战斗车辆（归入第八十七章）；武器用的望远镜瞄准具等（归入第九十章）；弓、箭、钝头击剑或玩具（归入第九十五章）；钢盔及其他军用帽类（归入第六十五章）；人体防护服，如防弹衣等（按其构成材料归类）。

本章有7个品目，其结构规律如下：

军用的各种武器	9301～9302
靠爆炸药进行发射的其他武器	9303
其他武器	9304
上述武器的零件、附件	9305
弹药及导弹	9306
剑、刺刀、长矛等类似兵器	9307

二、本章商品归类方法

本章的货品可含有贵金属、包贵金属、珍珠、宝石及次宝石、玳瑁壳、贝壳、兽牙及类似品。

各种火炮（如高射炮、反坦克炮、榴弹炮及迫击炮）、能作连射和速射的武器（如机枪、冲锋枪）、军用火器（如步枪、卡宾枪）等归入品目9301。安装在铁路车辆上的远程大炮也归入品目9301，而不归入第八十六章。

左轮手枪及其他手枪归入品目9302，但归入品目9303的靠爆炸药发射弹的手枪和品目9304的气手枪不能误归入品目9302。

靠爆炸药发射的其他火器及类似装置（如运动用猎枪或步枪）归入品目9303。

其他武器，如警察用的警棍、用于射鸟或虫的弹弓（但不包括品目9503的玩具弹弓）、体育比赛用的气枪、气步枪、气手枪等归入品目9304。

各种炸弹、手榴弹、鱼雷、地雷、水雷、导弹及类似武器以及子弹等归入品目9306。

剑、短弯刀、刺刀、长矛和类似兵器，刀鞘、剑鞘归入品目9307，但狩猎、露营以及其他用途的刀归入品目8211，它们的刀鞘则归入品目4202。体育比赛用的钝头击剑应归入品目9506。

思考与练习

商品归类题：

1. 射击比赛用的步枪
2. 导弹发射装置
3. 装有武器的坦克车

第二十类　杂项制品

【内容提要】
　　本类主要介绍家具的列目结构与归类，未列名灯具的归类，玩具的归类，体育、娱乐用品的归类，其他杂项制品的归类。
　　本类的重点是家具的归类，部分灯具的归类，玩具的归类，游戏、运动用品的归类。

本类为杂项制品,即所包括的商品均为制品。按商品的属性分成三章:

$\begin{cases} 家具、寝具,未列名灯具等 \cdots\cdots\cdots\cdots\cdots\cdots\cdots\cdots\cdots\cdots\cdots\cdots 第九十四章 \\ 玩具、游戏品、运动用品等 \cdots\cdots\cdots\cdots\cdots\cdots\cdots\cdots\cdots\cdots 第九十五章 \\ 杂项制品 \cdots\cdots\cdots\cdots\cdots\cdots\cdots\cdots\cdots\cdots\cdots\cdots\cdots\cdots\cdots\cdots\cdots\cdots 第九十六章 \end{cases}$

第九十四章 家具;寝具、褥垫、弹簧床垫、软坐垫及类似的填充制品;未列名灯具及照明装置;发光标志、发光铭牌及类似品;活动房屋

一、本章商品范围

本章包括各种家具及其零件,这些家具或者是可移动的,或者是悬挂、固定在墙壁上的;弹簧床垫、床褥及其他寝具或类似用品;用各种材料制的未列名灯具和照明装置,装有固定光源的发光标志、发光铭牌和类似品;活动房屋。其列目结构如下:

$\begin{cases} 家具及其零件 \begin{cases} 普通坐具 \cdots\cdots\cdots\cdots\cdots\cdots\cdots\cdots\cdots 9401 \\ 医疗用家具、理发用椅等 \cdots\cdots\cdots\cdots 9402 \\ 其他家具 \cdots\cdots\cdots\cdots\cdots\cdots\cdots\cdots\cdots 9403 \end{cases} \\ 弹簧床垫及其他寝具用品 \cdots\cdots\cdots\cdots\cdots\cdots\cdots 9404 \\ 未列名灯具和照明装置等 \cdots\cdots\cdots\cdots\cdots\cdots\cdots 9405 \\ 活动房屋 \cdots\cdots\cdots\cdots\cdots\cdots\cdots\cdots\cdots\cdots\cdots\cdots\cdots 9406 \end{cases}$

二、本章商品归类方法

(一)家具的范围及其归类

1. 家具的范围

根据本章注释二的规定,本章所称"家具"只适用于下面两类商品:

(1)落地式"可移动"的物品

它们的主要特征是供放置在地上、可移动并具有实用价值,通常用于民宅、旅馆、戏院、电影院、办公室、教堂、学院、咖啡馆、饭店、实验室、医院、牙医诊所等,也可用于船舶、飞机、铁道车厢、机动车辆及其他运输工具上,还可用于庭院、广场、公园等场所(例如,公园用凳子、椅子),有些也可用螺栓等固定在地板上(例如,船用椅子)。

(2)悬挂的、固定的、叠摞的物品

它们包括悬挂的、固定在墙壁上的、叠摞的或并置的碗橱、书柜、其他架式家具(包括与将其固定于墙上的支撑物一同报检的单层搁架)及组合家具,供放置各种物品(书籍、陶器、厨具、玻璃器皿、电视机、装饰品等),以及单独报验的组合家具各件;悬挂或固定在墙壁上的坐具或床。

例如,图 20-1 和图 20-2 所示的固定于墙上的两种木质搁架均属于家具的范围。

图 20-1　由金属支架构成的木质搁架

图 20-2　由木制支架构成的木质搁架

2. 家具的归类

家具归入品目 9401 至 9403。其中，品目 9402 为医用家具和理发用椅，只要能判定其符合品目 9402 的用途，应优先归入该品目；品目 9401 为除了品目 9402 以外的坐具；品目 9403 为除了品目 9401 至 9402 以外的其他家具。

（1）品目 9401 的列目结构如下：

```
┌飞机用·····················································9401.1┐
│机动车辆用···············································9401.2│
│可调高度且转动的········································9401.3├按用途和结构列目
│能作床用的两用椅········································9401.4┘
│藤、柳条、竹及类似材料制的··························9401.5┐
│      ┌木框架的·········································9401.6│
│其他 │金属框架的······································9401.7├按材质列目
│      └其他··············································9401.8┘
└零件·····················································9401.9
```

子目 9401.1 至 9401.4 是根据坐具的用途和结构列目的，子目 9401.5 至 9401.7 是根据坐具的材质列目的，所以在确定子目时，主要考虑用途、结构、材质等因素。装软垫的坐具指填有一层柔软材料，如填絮、落纤、动物毛发、泡沫塑料或海绵橡胶的坐具。

（2）品目 9402 的医疗、外科、牙科或兽医用的家具不能带有医疗器械（设备），如带有牙科器械的牙科用椅不能归入本品目，而要按医疗器械归入品目 9018。

品目 9403 项下的子目主要是根据材质和用途列目的，所以在确定子目时，主要考虑材质和用途等因素。

（3）对于由多种材质构成的家具，归类前应先判断家具的基本特征，依据归类总规则三（二）或三（三）确定归类。

（4）本章不包括《协调制度》中其他品目列名更为具体的物品。例如，落地式穿衣镜（应归入品目 7009）、冷藏或冷冻设备专用的特制家具（应归入品目 8418）、缝纫机专用的特制家具（应归入品目 8452）、带有象棋盘桌面的桌子或桌球台（应归入品目 9504）等。

（二）床上用品及寝具的归类

弹簧床垫和内有填充物（例如棉花、羊毛、羽绒、合成纤维、泡沫塑料等）的床上用品及寝具，如褥垫、被褥及床罩（内含填充物）、鸭绒被、棉被、枕头、靠垫、坐垫、睡袋等归入品目 9404；而内部无填充物的床上用品及寝具，如床单、床罩、枕头套、鸭绒被套、靠垫套、毯子等则按纺织制品归入第六十三章。

（三）灯具的归类

归入品目 9405 的灯具及照明装置必须满足"其他品目未列名"的条件，其他品目已列名的灯及照明装置不能归入品目 9405。例如，不归入品目 9405 的商品有：品目 8539 的灯泡、灯管，品目 8512 的机动车辆及自行车用的电气照明装置，品目 8513 的自供电源的手提式灯，品目 8530 的交通路口用的信号灯，品目 9006 的照相用的闪光灯等。

品目 9405 的列目结构如下：

电气的	枝形吊灯及天花板或墙壁上的灯	9405.1
	台灯、床头灯或落地灯	9405.2
	圣诞树用的成套灯具	9405.3
	其他电灯及照明装置	9405.4
非电气的		9405.5
发光标志、发光铭牌及类似品		9405.6
零件		9405.9

子目 9405.1 至 9405.4 属于电气的灯及照明装置，确定子目时主要考虑灯的结构和用途。子目 9405.1 只包括安装在室内的枝形吊灯或墙壁上的灯，不包括公共露天场所用的安装在室外墙壁上的灯或照明装置（应归入子目 9405.4 项下）。

子目 9405.3 的圣诞树用的成套灯具不能误按"圣诞节用品"归入品目 9505。

子目 9405.4010 的探照灯指具有强大的光源及一面能将光线集中投射于特定方向的凹面镜的灯具（带有灯座），常用于远距离照明和搜索的用途。

子目 9405.4020 的聚光灯指使用聚光镜或反射镜等聚成一束强光照射于一个小面积的灯具（带有灯座），尤其用于舞台照明、户外广告照明等。

子目 9405.5 为非电气的灯具及照明装置，指用蜡烛、汽油、煤油、煤气、乙炔等作为光源的灯具及照明装置。

子目 9405.6 的发光标志、发光铭牌及类似品必须装有永久性的固定光源，例如各种材料制成的广告灯、牌、发光铭牌（包括路标）及类似广告牌、门牌等的物品。不含永久性的固定光源的广告牌不能归入子目 9405.6，通常按材质归入品目 3926、第七十章或品目 8310。

（四）活动房屋及其零件的归类

活动房屋指在工厂制成成品或制成部件并一同报验，供以后在有关地点上组装的房屋，如工地用房、办公室、店铺、工作棚、车房或类似的建筑物。

活动房屋归入品目9406，本品目的活动房屋可用任何材料制成，可配有其他设备，但只有作为正常应固定装在房屋里的设备才能与房屋一同归类。单独报验的活动房屋零件及设备，不论其是否明显用于活动房屋，均不能归入品目9406，而应归入各自相应的品目。

子目9406.2的"钢结构模块建筑单元"是一种预制安装建筑（活动房屋），由多个箱体模块建筑单元组成，是将多个集装箱尺寸的模块进行拼接形成的建筑。

虽然组成模块从外观看是相似的，但是根据建筑用途不同，其内部结构和功能各不相同。它的每个单元均是以钢结构为基础，以不锈钢、防潮层及防火石膏板为墙壁，且搭配消防器材、水电装置、家具（床、书桌、椅子等）、装饰品（地毯、壁纸等）等设施。相关的家具及装饰品均已安装或准备安装于模块建筑单元内。图20-3为钢结构模块建筑单元墙体的组成结构，从图中可以看到它是具有防火、防水、保温、隔音、抗震性能的墙壁。图20-4为钢结构模块建筑单元内部装修的效果图，从图中可以看到内部包含一些家具等设施。

图 20-3　钢结构模块建筑单元墙体的组成结构

图 20-4　钢结构模块建筑单元内部的装修效果图

钢结构模块建筑单元与传统的活动房屋（如蒸汽房、移动演播室、移动活动房等小型的单功能性房屋）的不同之处在于：钢结构模块建筑以钢铁为主要材质，属于大型的、可供多人居住的活动房屋，且通常作为永久建筑使用；而传统的活动房屋很少作为永久建筑使用。

第九十五章　玩具、游戏品、运动用品及其零件、附件

一、本章商品范围

本章包括各种玩具（不论其供儿童还是供成人娱乐用），户内及户外游戏用设备，运动、体操、竞技用具及器械，钓鱼、狩猎或射击用具，旋转木马和其他游乐场用的娱乐设备等。其结构规律如下：

```
              ┌ 玩具（带轮的玩具、玩偶、智力玩具等）················9503
              │              ┌ 视频游戏设备、室内游戏用品············9504
              │              │ 节日或其他娱乐用品（如魔术用）·········9505
 娱乐、体育用品 ┤              │ 一般体育活动、竞技用的用品及设备········9506
              │              │ 钓鱼竿、钓鱼钩及其他钓鱼用品等··········9507
              └              └ 旋转木马、秋千等或游乐场用的娱乐设备等····9508
```

二、本章商品归类方法

本章货品一般可用除天然或养殖珍珠、宝石或半宝石、贵金属或包贵金属以外的各种材料制成。装有上述材料制的小配件的本章所列货品，仍可归入本章。

（一）本章商品专用零件、附件的归类

对于本章注释一已排除的零件、附件，即使专用于本章所列的物品，也不能归入本章。

根据本章注释三的规定，凡专用于或主要用于本章各品目所列物品的零件、附件，应与有关物品一并归类。例如，跑步机的专用零件与跑步机的整机归入同一子目9506.9111。

（二）具有玩具特征的零售成套货品的归类

根据本章注释四的规定，对于某些零售成套货品，即使它们不符合归类总规则三（二）所指"零售成套货品"的条件，只要它们属于零售包装且组合后具有玩具的基本特征，仍可归入品目9503。

【例】由儿童玩具与少量糖果包装在一起的零售成套货品

【归类分析】该成套货品虽然不符合归类总规则三（二）所指"零售成套货品"的条件，但它们已属于零售包装且具有玩具的基本特征，根据本章注释四的规定，可将它们一并按玩具归入品目9503。

（三）玩具的归类

供儿童或成人娱乐用的玩具归入品目9503，确定子目时主要根据玩具的属性。归入该品目的玩具主要包括：

1. 儿童乘骑的带轮玩具（如三轮车、踏板车、踏板汽车等）、玩偶车，这些带轮的玩具通常由儿童通过脚踏板或手摇自己推进，或由马达驱动。但儿童乘骑的由链条驱动的两轮（不包括两侧辅助的支承轮）自行车不属于玩具，仍具有自行车的特征，应按缩小比例的自行车归入品目8712。

2. 玩偶及其零件、附件（如玩偶用的服装、鞋、靴、帽等）。

3. 车辆玩具、火车玩具、飞机玩具（不论是否电动），手枪玩具，运动器材玩具（不论是否成套，如成套的保龄球、高尔夫球等），乐器玩具（钢琴、喇叭、口琴、音乐盒等），按比例缩小的模型及类似娱乐用模型，各种智力玩具等。

（四）游戏娱乐用品的归类

游戏娱乐用品归入品目9504至9505。其中，品目9504主要包括视频游戏控制器及设

备、室内游戏用品，例如台球设备、保龄球自动球道设备等；品目 9505 主要包括节日娱乐用品、魔术道具等。

品目 9504 的列目结构如下：

台球用品及附件……………………………………………………9504.2
用硬币等支付方式使其工作的其他游戏用品……………………9504.3
扑克牌………………………………………………………………9504.4
视频游戏控制器及设备，但子目 9504.3 的除外…………………9504.5
其他…………………………………………………………………9504.9

子目 9504.3 只包括通过支付后才能使用的游戏用品。这些游戏用品一般安放在娱乐室、咖啡馆、游艺场等公共场所。

子目 9504.4 只包括普通扑克牌，不包括魔术用扑克牌（因为魔术用扑克牌的主要特征是魔术用，所以应按魔术道具归入子目 9505.9）。

子目 9504.5 的视频游戏控制器及设备主要包括两类商品：

1. 在电视机、监视器或其他外部屏幕上重放图像的视频游戏控制器（本身不含显示屏幕）；

2. 自带显示屏的视频游戏设备，不论是否便携式。

这些商品一般用于家庭或只供个人使用，所以子目 9504.5 不包括通过支付后才能使其工作的视频游戏控制器或设备（应归入子目 9504.3）。

（五）一般体育用品和游乐场用娱乐设备的归类

一般体育用品和游乐场用娱乐设备归入品目 9506 至 9508。其中，体育用品归入品目 9506，钓鱼用具归入 9507，游乐场用娱乐设备归入品目 9508。

品目 9506 的列目结构如下：

滑雪用具（如滑雪屐）………………………………………………9506.1
水上运动用具（如滑水板、冲浪板、帆板等）……………………9506.2
高尔夫球用具…………………………………………………………9506.3
乒乓球运动用品及器械………………………………………………9506.4
网球拍、羽毛球拍或类似的球拍……………………………………9506.5
球，但高尔夫球及乒乓球除外………………………………………9506.6
溜冰鞋及旱冰鞋………………………………………………………9506.7
其他 ┌一般体育活动、体操或竞技用品及设备……………………9506.91
     └其他…………………………………………………………………9506.99

该品目项下的子目主要根据用途和商品属性列目，所以在确定前要判定商品的用途和属性。

子目 9506.3 主要包括高尔夫球棍、高尔夫球及球座等。

子目 9506.4 主要包括乒乓球台、球拍、球网、乒乓球等。

子目 9506.5 主要包括各种球拍（子目 9506.3 的乒乓球拍除外），例如网球拍、羽毛球拍或类似的球拍，不论是否拉线。

子目 9506.6 主要包括各种球（高尔夫球、乒乓球除外），例如网球、足球、篮球、排球、水球、橄榄球、板球等。但该子目不包括羽毛球（应归入子目9506.99）。

子目9506.7只包括装有冰刀或轮子的滑冰鞋、溜冰鞋及旱冰鞋，未装有冰刀或轮子的滑冰鞋一般按"运动鞋靴"归入第六十四章。

子目9506.91的一般体育活动、体操或竞技用品及设备，主要包括哑铃及杠铃、扩胸器、握力器、划船器、骑车器及其他锻炼用器械，吊环、单杠及双杠、平衡木、鞍马、跳马、跳板、助起跑器、跳栏、跳高架及架座、撑竿跳高撑杆、落地保护坑垫、标枪、铁饼、链球、铅球、拳击或摔跤台、训练用攀登墙等。

第九十六章　杂项制品

一、本章商品范围

本章包括雕刻和模塑材料及其制品，扫把、刷和筛，缝纫用品，书写及办公用品，烟具，化妆用具及其他品目未具体列名的物品。其列目结构如下：

```
                        ┌ 动物质的 ························· 9601
雕刻（或模制成型）制品 ┤
                        └ 植物质或矿物质的 ················· 9602

                  ┌ 扫把、刷子 ······························ 9603
扫把、刷子、筛子 ┤
                  └ 手用筛子 ································ 9604

            ┌ 成套旅行用具 ······························ 9605
缝纫用品 ┤  纽扣 ······································· 9606
            └ 拉链 ······································· 9607

书写及办公用品 ································· 9608~9612

打火机与烟具 ··································· 9613~9614

            ┌ 梳子、发夹等 ······························ 9615
梳妆用具 ┤
            └ 香水喷雾器、粉扑等 ························ 9616

       ┌ 带壳的保温瓶和其他真空容器 ················· 9617
       │ 裁缝用人体模型、橱窗装饰用的模型等 ·········· 9618
其他 ┤
       │ 具有吸收性的卫生用品 ························· 9619
       └ 独脚架、三脚架及类似品 ······················· 9620
```

二、本章商品归类方法

本章所列货品大都具有特定的功能和用途，所用材料（除品目9601~9606及9615的货品外）可以全部或部分由天然或养殖的珍珠、宝石或半宝石制成，或由贵金属或包贵金属制成。

（一）"已加工"动植物雕刻制品的归类

1. 品目9601的"已加工"的动物质雕刻材料制品，指超出了第五章所允许的加工范围（如第五章只允许洗涤、刮擦、简单锯切、漂白、矫平、修整、剖切等）的商品，换言之,本章所包括的动物质雕刻制品是由第五章的产品经进一步加工制得的。

2. 品目 9602 的"已加工"的植物质雕刻材料制品,指超出了品目 1404、1521 所允许的加工范围的商品,换言之,本章所包括的植物质雕刻制品是由品目 1404、1521 的产品经进一步加工制得的。

3. 品目 9602 的"已加工"的矿物质雕刻材料制品,指超出了品目 2530、2714、3404 等所允许的加工范围的商品,换言之,本章所包括的矿物质雕刻制品是由品目 2530、2714、3404 等的产品经进一步加工制得的。

(二)成套旅行用具的归类

成套旅行用具归入品目 9605,主要包括:

1. 成套梳妆箱,由模制塑料盒、刷子、梳子、剪子、镊子、指甲锉、镜子、剃刀架及修剪指甲工具组成,装于皮革、织物或塑料制的箱子内一同报验。

2. 针线盒,由剪刀、卷尺、穿针器、缝纫针、线、别针、顶针、纽扣及按扣组成,装于皮革、织物或塑料制的盒子内一同报验。

3. 擦鞋套具,由刷子、盒装或支装鞋油及擦鞋布等组成,装于皮革、织物、塑料或过塑纸板制的箱子内一同报验。

但本品目不包括修剪指甲用的套具(应归入品目 8214)。

(三)各种笔的归类

笔一般归入品目 9608 至 9609。

其中,品目 9608 的笔为可重复使用的笔,例如,圆珠笔通过更换笔芯后可重复使用,唛头笔、自来水笔通过加入墨水可重复使用,活动铅笔通过更换铅笔芯可重复使用。该品目还包括圆珠笔芯和这些笔的零件,但不包括活动铅笔的铅笔芯(应归入品目 9609)。

品目 9609 的笔为不可重复使用的笔,例如普通铅笔、蜡笔、图画碳笔、粉笔等均不可重复使用。

(四)香水喷雾器的归类

香水喷雾器归入品目 9616。归入该品目的香水喷雾器及类似盥洗用的喷雾器与品目 8424 的喷射、喷雾装置在结构和工作原理上无很大区别,只要能判定其用途是香水用、盥洗用即可归入该品目,而其他用途的喷射、喷雾装置则归入品目 8424。

(五)具有吸收性卫生用品的归类

具有吸收性的卫生巾(护垫)及止血塞、尿布及尿布衬里和类似品归入品目 9619。

该品目的商品可用任何材料制成(例如纸浆、各种纤维、塑料等),多数为一次性使用的,少数洗涤后可重复使用。

该品目不仅包括婴儿尿布,还包括成人用的用于大小便失禁的成人尿布以及内裤衬垫。

该品目商品的组成通常包括:内层(例如无纺织物制),通过毛细作用从使用者皮肤上带走液体以防止皮肤发炎;吸收性内芯,用来收集和存储液体直至产品被丢弃;外层(例如塑料制),用以防止吸收性内芯的液体渗漏。

(六) 各种支架的归类

独脚架、双脚架、三脚架及类似品归入品目 9620。它们可伸缩、可便携，主要用于支撑照相机、摄像机、精密仪器等，以减轻晃动。其中的"类似品"，是指配有四条腿及以上，在减轻晃动方面具有与独脚架、双脚架及三脚架相同功能的器具。

但是，其他品目已经列名的支架不能归入该品目，例如品目 8518 的麦克风支架、品目 9209 的安放乐器用的架座等。

思考与练习

商品归类题：

1. 真皮沙发（木框架）
2. 手术室用手术床
3. 茶几（台面为玻璃制，支架为金属制）
4. 塑料制玩具乐器（适用于 3 岁左右的幼儿）
5. 沙发用靠垫（面料为 100%棉，填充物为 100%涤纶）
6. 塑料制象棋
7. 手术室用无影灯
8. 台灯用灯罩（由金属丝和丝绸构成）
9. 芭比娃娃
10. 牙刷（柄由聚丙烯制成，毛刷由尼龙制成）
11. 通用中性笔（即书写介质的黏度介于水性和油性之间的圆珠笔）
12. 活动铅笔笔芯（规格：2B；铅芯直径：0.7 毫米；颜色：黑色；包装：20 支/盒）
13. 喷头（用于安装在香水瓶上）
14. 婴儿尿布（主要由吸水性较好的无纺物构成）
15. 智能手机用的自拍杆

第二十一类　艺术品、收藏品及古物

【内容提要】
　　本类主要介绍艺术品、收藏品及古物的列目结构与归类，以及本类的商品与其他类商品的区别。

第九十七章　艺术品、收藏品及古物

一、本章商品范围

本章包括艺术品（如完全用手工绘制的油画、绘画及粉画，拼贴画及类似装饰板；版画、印制画及石印画的原本，雕塑品的原件），邮票、印花税票及类似票证、邮戳印记、信封、邮政信笺，具有动植物学、矿物学、解剖学、考古学、钱币学等的收集品及珍藏品，超过一百年的古物。其列目结构如下：

艺术品 ··· 9701~9703
各种票证 ·· 9704
动植物等的标本、收集珍藏品 ································· 9705
超过一百年的古物 ··· 9706

二、本章商品归类方法

（一）超过一百年古物的归类

1. 除品目 9701~9705 以外的物品，若超过一百年则优先归入品目 9706，如超过一百年的乐器不按乐器归入第九十二章，而应归入品目 9706。
2. 品目 9701~9705 的物品即使超过一百年，仍归入原品目。

（二）已装框的画的归类

已装框的本章各类画及类似装饰板，若框架的种类及其价值与作品相称（即加上的框架不改变原来作品的基本特征），此时框架与作品一并归类；若框架的种类及其价值与作品不相称，应分别归类。

（三）邮票的归类

1. 未经使用且在承认其面值的国家流通的邮票归入品目 4907；
2. 已经使用的所有邮票归入品目 9704；
3. 超过一百年的邮票仍归入品目 9704。

思考与练习

商品归类题：

1. 为纪念奥运会而发行的首日封（已使用过）
2. 1895 年制造的钢琴
3. 1860 年英国发行的邮票

阅读材料

阅读材料一：元素与无机化合物分子结构

（一）元素（品目2801~2805）

自然界存在和人工合成的化学元素有100多种，如此众多的化学元素之间存在一定的规律，下表是反映其规律的一张元素周期表：

	1	2	3	4	5	6	7	8	9	10	11	12	13	14	15	16	17	18
1	1 H 氢																	2 He 氦
2	3 Li 锂	4 Be 铍											5 B 硼	6 C 碳	7 N 氮	8 O 氧	9 F 氟	10 Ne 氖
3	11 Na 钠	12 Mg 镁											13 Al 铝	14 Si 硅	15 P 磷	16 S 硫	17 Cl 氯	18 Ar 氩
4	19 K 钾	20 Ca 钙	21 Sc 钪	22 Ti 钛	23 V 钒	24 Cr 铬	25 Mn 锰	26 Fe 铁	27 Co 钴	28 Ni 镍	29 Cu 铜	30 Zn 锌	31 Ga 镓	32 Ge 锗	33 As 砷	34 Se 硒	35 Br 溴	36 Kr 氪
5	37 Rb 铷	38 Sr 锶	39 Y 钇	40 Zr 锆	41 Nb 铌	42 Mo 钼	43 Tc 锝	44 Ru 钌	45 Rh 铑	46 Pd 钯	47 Ag 银	48 Cd 镉	49 In 铟	50 Sn 锡	51 Sb 锑	52 Te 碲	53 I 碘	54 Xe 氙
6	55 Cs 铯	56 Ba 钡	镧系	72 Hf 铪	73 Ta 钽	74 W 钨	75 Re 铼	76 Os 锇	77 Ir 铱	78 Pt 铂	79 Au 金	80 Hg 汞	81 Tl 铊	82 Pb 铅	83 Bi 铋	84 Po 钋	85 At 砹	86 Rn 氡
7	87 Fr 钫	88 Ra 镭	锕系	104 Rf	105 Db	106 Sg	107 Bh	108 Hs	109 Mt	110 Ds	111 Uuu	112 Uub	113 Uut	114 Uuq	115 Uup	116 Uuh	117 Uus	118 Uuo

	57	58	59	60	61	62	63	64	65	66	67	68	69	70	71
镧系元素	La 镧	Ce 铈	Pr 镨	Nd 钕	Pm 钷	Sm 钐	Eu 铕	Gd 钆	Tb 铽	Dy 镝	Ho 钬	Er 铒	Tm 铥	Yb 镱	Lu 镥
	89	90	91	92	93	94	95	96	97	98	99	100	101	102	103
锕系元素	Ac 锕	Th 钍	Pa 镤	U 铀	Np 镎	Pu 钚	Am 镅	Cm 锔	Bk 锫	Cf 锎	Es 锿	Fm 镄	Md 钔	No 锘	Lr 铹

（表中的阿拉伯数字代表该元素的序号，英文字母代表该元素的元素符号。）

在这张元素周期表中，包含金属与非金属两类元素。其中，金属占大部分，而非金属只占很小一部分。

1. 非金属元素

非金属元素一共有20种，包括卤素（氟F、氯Cl、溴Br、碘I），硫S，碳C，氢H，稀有气体（氦He、氖Ne、氩Ar、氪Kr、氙Xe），氧O，硒Se，碲Te，氮N，磷P，砷As，硅Si，硼B。

2. 金属元素

金属元素包括碱金属（锂Li、钠Na、钾K、铷Rb），碱土金属（钙Ca、锶Sr、钡Ba），稀土金属（镧La、铈Ce、镨Pr、钕Nd、钐Sm、铕Eu、钆Gd、铽Tb、镝Dy、钬Ho、铒Er、铥Tm、镱Yb、镥Lu）。另外，还包括钪Sc、钇Y和汞Hg。

其他金属还有贵金属（金、银、铂、钯、铑、铱、锇、钌）和贱金属（铁、铜、镍、铝、铅、锌、锡、钨、钼、钽、镁、钴、铋、镉、钛、锆、锑、锰、铍、铬、锗、钒、镓、铪、铟、铌、铼及铊）。

另外还有放射性金属（锝Tc、钷Pm、钋Po及原子数序数大于84的元素，例如，钍Th、铀U、钚Pu等）。

(二) 无机酸、非金属无机氧化物（品目2806~2811）

1. 无机酸

无机酸是指在水溶液中能电离产生H^+的化合物。根据酸根的组成，无机酸可分为无氧酸和含氧酸，前者如盐酸（HCl），后者如硫酸（H_2SO_4）、硝酸（HNO_3）、磷酸（H_3PO_4）等。

在含氧酸中，如果酸根是由金属与氧结合的，则称为金属酸，但金属酸可看成是金属的氢氧化物或氧化物。

2. 非金属无机氧化物

非金属无机氧化物是指由非金属元素与氧元素形成的化合物。例如，由非金属元素硫（S）与氧（O）形成的化合物二氧化硫（SO_2）就是一种非金属无机氧化物。

(三) 非金属卤化物、卤氧化物、硫化物（品目2812~2813）

1. 非金属卤化物

非金属卤化物是指由非金属元素与卤素形成的化合物。例如，由非金属元素氮（N）

与氯（Cl）形成的化合物三氯化氮（NCl₃）就是一种非金属卤化物。

当然，由于非金属元素碳（C）与卤素形成的化合物属于有机化合物，非金属元素氢（H）与卤素可形成无机酸，因此，这里的非金属卤化物中的非金属元素应不包括碳（C）和氢（H）。

2. 非金属卤氧化物

非金属卤氧化物是指由非金属元素与氧和卤素形成的化合物。例如，由非金属元素磷（N）与氧（O）和氯（Cl）形成的化合物三氯氧化磷（POCl₃）就是一种非金属卤氧化物。

3. 非金属硫化物

非金属硫化物是指由非金属元素与硫元素形成的化合物。例如，由非金属元素碳（C）与硫（S）形成的化合物二硫化碳（CS₂）就是一种非金属硫化物。

当然，由于非金属元素氢（H）与硫元素可形成无机酸，因此，这里的非金属硫化物中的非金属应不包括氢（H）。

（四）无机碱、金属氧化物、金属过氧化物（品目2814~2825）

1. 无机碱

无机碱是指在水溶液中能电离产生OH⁻的化合物。

《协调制度》又将无机碱分为金属氢氧化物和其他无机碱。前者是指由金属元素与氢氧根（OH⁻）形成的化合物，例如，由金属元素钠（Na）与氢氧根（OH⁻）形成的化合物氢氧化钠（NaOH）就是一种金属氢氧化物；后者是指在分子结构中不含氢氧根（OH⁻）的无机碱及不含金属的无机碱，例如，氨水（NH₃H₂O）、品目肼（NH₂NH₂）、胲（NH₂OH）就属于其他无机碱。

2. 金属氧化物

金属氧化物是指由金属元素与氧元素形成的化合物。例如，由金属元素铜（Cu）与氧（O）形成的化合物氧化铜（CuO）就是一种金属氧化物。

3. 金属过氧化物

金属过氧化物是指由金属元素与过氧基（O—O）形成的化合物。例如，由金属元素钡（Ba）与过氧基（O—O）形成的化合物过氧化钡（BaO₂）就是一种金属过氧化物。

（五）无机酸盐、无机过氧酸盐（品目2826~2842）

1. 无机酸盐

无机酸盐是指由金属或铵根离子（NH₄⁺）与酸根离子形成的化合物。

根据酸根的不同情况，无机酸盐又可分为无氧酸盐和含氧酸盐，区别在于前者的酸根不含氧而后者的酸根含氧。无氧酸盐一般称为某化某，如氯化钙（CaCl₂）、硫化锌（ZnS）等；含氧酸盐一般称为某酸某，如碳酸铵（NH₄）₂CO₃、硼酸钠 Na₂B₄O₇等。

在含氧酸盐中，如果酸根是金属酸根，则称为金属酸盐，如铬酸钠（Na₂CrO₄·10H₂O）、钒酸铵（NH₄VO₃）等。

另外，根据组成的不同，无机酸盐又可分为正盐、酸式盐、碱式盐、复盐、络盐。酸式盐是指分子组成中含有H的盐，如硫酸氢钠NaHSO₄；碱式盐是指分子组成中含有OH

的盐，如碱式碳酸铜 $Cu_2(OH)_2CO_3$；复盐是指由两种或两种以上的简单盐类组成的化合物，如氯化锌铵 $NH_4ClZnCl_2$、磷酸氢钠铵 $NaNH_4HPO_4 \cdot 4H_2O$；络盐是指由络离子形成的盐，如四硫氰酸根二氨合铬酸铵 $NH_4Cr(NH_3)_2(SCN) \cdot 4H_2O$。

2. 无机过氧酸盐

无机过氧酸盐是指由金属或铵根离子（NH_4^+）与过氧酸根离子形成的化合物，如过二硫酸铵 $(NH_4)_2S_2O_8$、过碳酸钠 Na_2CO_4 等。

另外，如果过氧酸根离子为金属过氧酸根离子，则称为过（氧）金属酸盐，如过铬酸钠。

（六）杂项产品（品目 2843~2853）

1. 放射性元素、放射性同位素、含放射性元素或同位素的化合物（无机或有机）及其混合物及残渣

放射性元素指本章注释六（一）所列的锝、铼、钋及原子序数大于 84 的元素。

2. 其他同位素、其他同位素的化合物（无机或有机）

其他同位素指上述放射性同位素之外的同位素，即非放射性的同位素，如氘 2H。

其他同位素的化合物（无机或有机）指由以上的同位素所形成的无机或有机化合物，如由氘制成的重甲烷。

3. 胶态贵金属、贵金属汞齐、贵金属的化合物（无机或有机）

这里的贵金属指银、金、铂、铱、锇、钯、铑、钌。

胶态贵金属指贵金属通过一定的方法（如用胶体磨粉碎或其他方法）制成极细（一般在 1 微米以下）的粒子，这样的粒子能悬浮在水中而形成胶体，如胶态银。

贵金属汞齐是指贵金属与汞（俗称水银）形成的合金，如银汞齐。

贵金属的无机化合物是指由贵金属元素与其他元素形成的无机化合物，如硫酸银。

贵金属的有机化合物是指由贵金属元素与其他元素形成的有机化合物，如乙酸银。

4. 稀土金属、钇、钪及其混合物的化合物（无机或有机）

这里的稀土金属指元素周期表中除钷以外的镧系金属元素。

稀土金属、钇、钪及其混合物的化合物（无机或有机）指由稀土金属、钇、钪或者它们的混合物与其他元素形成的无机或者有机化合物，如二氧化铈。

5. 汞的化合物（无机或有机）

指汞与其他因素形成的无机或有机化合物，如硫化汞、乙酸汞。

6. 过氧化氢

过氧化氢是指由氢（H）与过氧基（O—O）形成的化合物 H_2O_2。

7. 其他非金属化合物

它们是由金属或非金属与磷、碳、氢、氮、硅、硼这些非金属结合而形成的化合物。

例如，磷化物是指由金属或非金属与磷结合而形成的化合物（如磷化钙 Ca_3P_2），碳化物是指由金属或非金属与碳结合而形成的化合物（如碳化钙 CaC_2），氮化物是指由金属或非金属与氮结合而形成的化合物（如氮化硼 BN）。

阅读材料二：有机化合物分子结构

（一）烃（品目2901~2902）

烃，又称碳—氢化合物，指由碳（C）与氢（H）两种元素所组成的化合物。

按其结构是否成环，烃分为无环烃与环烃。其中，环烃又分为脂（肪）环烃与芳香（环）烃，前者指芳香（环）烃以外的环烃，如环丙烷△（分子式写成C_3H_6），后者指分子结构中含有苯环结构的烃，如苯 ⌬（分子式写成C_6H_6）、萘 ⌬⌬（分子式写成$C_{10}H_8$）。

按碳与碳之间的连接方式，烃又可分为饱和烃与不饱和烃。前者指碳与碳之间以单键连接，如果形成的是无环烃，则称为烷烃，如甲烷CH_4、乙烷CH_3-CH_3（分子式写成C_2H_6）；如果形成的是脂环烃，则称为环烷烃，如环己烷 ⬡（分子式写成C_6H_{12}）。后者指碳与碳之间以双键或三键连接，如果形成的是无环烃，则称为烯烃或炔烃，如乙烯$H_2C=CH_2$（分子式写成C_2H_4）、乙炔$HC\equiv CH$（分子式写成C_2H_2）；如果形成的是脂环烃，则称为环烯烃，如1,4-环己二烯 ⬡（分子式写成C_6H_8）。在环烯烃中，有一类特殊的环烯烃称为环萜烯，它们的特点是分子式为$(C_5H_8)_n$，n是≥ 2的整数，如蒎烯 （分子式写成$C_{10}H_{16}$）。

详细分类情况见下列图示：

$$
烃\begin{cases}无环烃\begin{cases}饱和：烷\\不饱和\begin{cases}烯\\炔\end{cases}\end{cases}\\环烃\begin{cases}脂肪环\begin{cases}饱和：环烷\\不饱和：环烯、环萜烯\end{cases}\\芳香环\end{cases}\end{cases}
$$

（二）烃的卤化、磺化、硝化、亚硝化衍生物（品目2903~2904）

1. 烃的卤化衍生物

烃的卤化衍生物指烃中的H被卤素（氟F、氯Cl、溴Br、碘I）代替而形成的化合物，如二溴甲烷CH_2Br_2可看成是甲烷CH_4中的两个H被两个Br代替而形成的化合物，所以应作为烃的卤化衍生物。

2. 烃的磺化衍生物

烃的磺化衍生物指烃中的H被磺基——SO_3H代替而形成的化合物，如苯磺酸

$C_6H_5SO_3H$ 属于烃的磺化衍生物。

烃的磺化衍生物还包括磺酸盐和磺酸酯。

磺酸酯可看成是磺酸与醇或酚所形成的,根据本章注释五的规定,应用"从后归类"的办法归入相应的磺酸与醇或酚的最后一个编号。例如,苯磺酸甲酯 $C_6H_5SO_3CH_3$ 可看成是由苯磺酸 $C_6H_5SO_3H$ 与甲醇 CH_3OH 所形成的。

磺酸盐可看成是由磺酸而来的。例如,苯磺酸钠 $C_6H_5SO_3Na$ 可看成是由苯磺酸 $C_6H_5SO_3H$ 中的氢离子 H^+ 被金属阳离子 Na^+ 取代所形成的。

3. 烃的硝化衍生物

烃的硝化衍生物指烃中的 H 被硝基—NO_2 代替而形成的化合物,如邻硝基甲苯

（邻,代表苯环上有两个取代基,这两个取代基处于相邻的位置;同理,间,代表两个取代基处于相间的位置;对,则代表两个取代基处于相对的位置,见下图）属于烃的硝化衍生物。

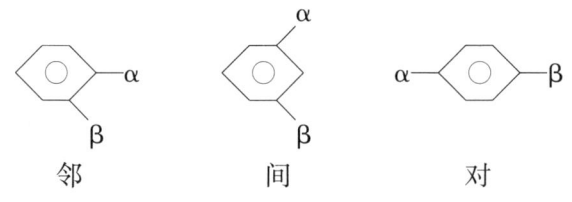

邻　　　　　间　　　　　对

4. 烃的亚硝化衍生物

烃的亚硝化衍生物指烃中的 H 被亚硝基—NO 代替而形成的化合物,如亚硝基苯 C_6H_5NO。

5. 复合衍生物

复合衍生物指含有以上两种或两种以上前述衍生物的有机化合物,如邻硝基苯磺酸

,由于分子结构中同时含有硝基和磺基两种衍生物,因此属于复合衍生物。

（三）醇（品目 2905~2906）

醇是指烃中的 H 被羟基—OH 代替而形成的化合物,但是,如果是芳香环上的 H 被羟基—OH 代替而形成的化合物,则不是醇而是酚 [见下面的（四）部分]。根据烃的结构,醇分为无环醇与环醇。

1. 无环醇

无环醇指由无环烃而形成的醇。按羟基—OH 的个数分为一元醇（如甲醇 CH_3OH）、二元醇（如乙二醇 $HOCH_2—CH_2OH$）和多元醇（如丙三醇 $HOCH_2—CHOH—CH_2OH$）。根据无环烃的结构,又可分为饱和醇（如乙醇 CH_3CH_2OH）和不饱和醇（如烯丙醇 $CH_2=CH—CH_2OH$）。

例如,香叶醇的分子结构为 $H_3C—\underset{\underset{CH_3}{|}}{C}=CHCH_2CH_2\underset{\underset{CH_3}{|}}{C}=CHCH_2OH$。

它是无环一元醇,烃的分子结构不饱和,并且属于萜烯结构 [萜烯指异戊二烯的低聚

体,其分子式可写成$(C_5H_8)_n$,n是≥ 2的整数]。

2. 环醇

环醇指由环烃而形成的醇。同样,根据烃的结构,环醇可分为脂环醇(如环己醇$C_6H_{11}OH$)与芳香醇(如苯甲醇$C_6H_5CH_2OH$),其中脂环醇又分为环烷醇、环烯醇、环萜烯醇。

3. 醇的卤化、磺化、硝化、亚硝化衍生物

醇的卤化、磺化、硝化、亚硝化衍生物指分子结构中既含有羟基—OH(注意,不包括酚),又含有卤化、磺化、硝化、亚硝化衍生物或它们的复合衍生物。

其中,又分为无环醇的卤化、磺化、硝化、亚硝化衍生物和环醇的卤化、磺化、硝化、亚硝化衍生物。

(四)酚(品目2907~2908)

1. 酚

酚是指芳香环上的H被羟基—OH代替而形成的化合物,如苯环上的H被羟基—OH代替所得的是苯酚C_6H_5OH,萘环上的H被羟基—OH代替所得的是萘酚$C_{10}H_7OH$。

根据直接连接在芳香环上的羟基—OH的个数,酚又分为一元酚(如邻甲苯酚)和多元酚(如对苯二酚)。

2. 酚醇

酚醇指分子结构中既含有酚又含有醇的有机化合物。例如,水杨醇 (苯环上带有OH和CH₂OH) 的分子结构中含有酚和醇两种官能团,所以属于酚醇。

3. 酚及酚醇的卤化、磺化、硝化、亚硝化衍生物

酚的卤化、磺化、硝化、亚硝化衍生物指分子结构中既含有酚,又含有卤化、磺化、硝化、亚硝化衍生物或它们的复合衍生物,如邻氯苯酚。

酚醇的卤化、磺化、硝化、亚硝化衍生物指分子结构中既含有酚,又含有醇,同时还含有卤化、磺化、硝化、亚硝化衍生物或它们的复合衍生物。

(五)醚(品目2909~2911)

1. 醚

醚指分子结构中含有醚基—O—的有机化合物,即氧元素与两个烃基连接。根据烃的结构,醚分为无环醚(如甲醚CH_3OCH_3)与环醚,后者又可细分为脂环醚(如甲基环己烷基醚$CH_3OC_6H_{11}$)与芳香醚(如苯甲醚$C_6H_5OCH_3$)。

2. 醚醇

醚醇指分子结构中既含有醚又含有醇的有机化合物(半缩醛除外),如二甘醇$CH_2OH—CH_2O—CH_2CH_2OH$。

3. 醚酚

醚酚指分子结构中既含有醚又含有酚的有机化合物,如邻甲氧基苯酚 (苯环上带有OH和OCH₃)。

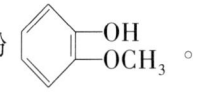

4. 醚醇酚

醚醇酚指分子结构中既含有醚，又含有醇和酚的有机化合物。

5. 过氧化醇

过氧化醇指分子结构中含有过氧基—OO—，形成 R—OOH 形式的有机化合物，如乙基过氧化氢 CH₃CH₂—OOH。

6. 过氧化醚

过氧化醚指分子结构中含有过氧基—OO—，形成 R—OOR 形式的有机化合物，如过氧化二乙基 CH₃CH₂OOCH₂CH₃。

7. 过氧化酮

过氧化酮指分子结构中连接过氧基—OO—的 C 上同时连接—OH 的有机化合物，如过氧化 2-丁酮 $CH_3-\underset{\underset{OH}{|}}{\overset{\overset{C_2H_5}{|}}{C}}-O-O-\underset{\underset{OH}{|}}{\overset{\overset{C_2H_5}{|}}{C}}-CH_3$。

8. 卤化、磺化、硝化、亚硝化衍生物

上述 1~7 的化合物还可以同时含有卤化、磺化、硝化、亚硝化衍生物或它们的复合衍生物。例如，对硝基苯乙醚 O₂N—⟨⟩—OCH₂CH₃ 属于芳香醚的卤化衍生物。

9. 三节环环氧化物、环氧醇、环氧酚、环氧醚

三节环环氧化物指分子结构中含有三节环，并且环中含有醚基—O—的有机化合物，如甲基环氧乙烷 CH₃—CH——CH₂
                                                     \ /
                                                      O
。

含三节环的环氧醇、环氧酚、环氧醚指分子结构除了属于三节环环氧化物外，还含有醇、酚、醚的有机化合物。

10. 卤化、磺化、硝化、亚硝化衍生物

上述 9 中的化合物还可以同时含有卤化、磺化、硝化、亚硝化衍生物或它们的复合衍生物。例如，1-氯-2,3-环氧丙烷 ClCH₂CH——CH₂
                                                    \ /
                                                     O
 属于三节环环氧化物的卤化衍生物。

11. 缩醛

缩醛可看成是一种特殊形式的二元醚，由醛与二分子醇缩合而得到，所以称之为缩醛，如缩甲醛 CH₂（OCH₃）₂。

12. 半缩醛

半缩醛是指醚基与羟基连接在同一个碳原子上的有机化合物，由于半缩醛是由醛与一分子醇缩合而得到，所以称之为半缩醛，如半缩乙醛 CH₃CH（OH）OC₂H₅。

13. 卤化、磺化、硝化、亚硝化衍生物

上述 11~12 的化合物还可以同时含有卤化、磺化、硝化、亚硝化衍生物或它们的复合衍生物，如乙醇半缩三氯乙醛 Cl₃C—CH（OH）OCH₂CH₃。

(六) 醛（品目 2912~2913）

1. 醛

醛指分子结构中含有醛基 $-\overset{\overset{O}{\|}}{C}H$（可简写为—CHO）的有机化合物。根据烃的结构，醛分为无环醛（如乙醛 CH_3CHO）与环醛，后者又可细分为脂环醛与芳香醛（如苯甲醛 C_6H_5CHO）。

除此之外，醛还可根据是否有其他含氧基而分为不含其他含氧基的醛（如苯乙醛 $C_6H_5CH_2CHO$）与含其他含氧基（如醇、酚、醚，但含有氧的磺化、硝化、亚硝化衍生物除外）的醛（如邻羟基苯甲醛）。

2. 醛的卤化、磺化、硝化、亚硝化衍生物

醛的卤化、磺化、硝化、亚硝化衍生物指分子结构中既含有醛（包括同时还含有其他含氧基），又含有卤化、磺化、硝化、亚硝化衍生物或它们的复合衍生物。例如，三氯乙醛 CCl_3—CHO 属于醛的卤化衍生物。

(七) 酮（品目 2914）

1. 酮

酮指分子结构中含有羰基 $-\overset{\overset{O}{\|}}{C}-$（两边必须连接碳 C 元素，如果一边或两边连接的是氢 H 元素，则成为醛）的有机化合物。根据烃的结构，酮分为无环酮（如丙酮 CH_3COCH_3）与环酮，后者又可细分为脂环酮（如环己酮）与芳香酮（如苯乙酮 $CH_3COC_6H_5$）。

除此之外，酮还可根据是否有其他含氧基而分为不含其他含氧基的酮（如乙酰丙酮 $CH_3COCH_2COCH_3$）与含其他含氧基（如醇、酚、醚、醛，但含有氧的磺化、硝化、亚硝化衍生物除外）的酮（如邻羟基苯乙酮 $o\text{-}HOC_6H_4COCH_3$）。

2. 醌

醌指分子结构中含有共轭环己二烯二酮结构的有机化合物，如对苯醌、蒽醌。

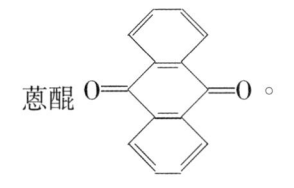

3. 卤化、磺化、硝化、亚硝化衍生物

上述 1~2 的酮和醌还可以同时含有卤化、磺化、硝化、亚硝化衍生物或它们的复合衍生物。例如，氯丙酮 CH_3COCH_2Cl 属于酮的卤化衍生物。

（八）羧酸（品目 2915~2918）

1. 羧酸

羧酸指分子结构中含有羧基—COOH 的有机化合物。根据其分子结构，又可进行如下分类：

（1）根据烃的结构，分为无环羧酸（如乙酸 CH_3COOH）与环羧酸，后者又可细分为脂环羧酸（包括环烷羧酸、环烯羧酸、环萜烯羧酸，例如，六氢化苯甲酸 $C_6H_{11}COOH$ 属于环烷一元羧酸）与芳香羧酸（例如，苯乙酸 $C_6H_5CH_2COOH$ 属于芳香一元羧酸）。

（2）根据含有羧基—COOH 的个数，分为一元羧酸与多元羧酸，例如，己二酸 HOOC—$(CH_2)_4$—COOH 含有两个羧基—COOH，因此属于无环多元（二元）羧酸。

（3）根据是否有其他含氧基，分为不含其他含氧基的羧酸（如丙烯酸 CH_2 = CHCOOH）与含其他含氧基（如醇、酚、醚、醛、酮，但含有氧的磺化、硝化、亚硝化衍生物除外）的羧酸。例如，邻羟基苯甲酸（又称水杨酸）属于含其他含氧基（酚基）的羧酸。

上述分类列表如下：

$$\text{羧酸}\begin{cases}\text{不含其他含氧基}\begin{cases}\text{一元羧酸}\begin{cases}\text{无环}\begin{cases}\text{饱和}\\\text{不饱和}\end{cases}\\\text{有环}\end{cases}\\\text{多元羧酸}\end{cases}\\\text{含其他含氧基}\end{cases}$$

2. 酸酐

酸酐指由两个羧基—COOH 消去一个水分子的产物。从两个一元羧酸消去一个水分子，得到的是一元酸酐；从一个二元羧酸消去一个水分子，得到的是二元酸酐。例如，乙酸酐就是由两个乙酸（一元羧酸）分子消去一个水分子得到的，所以乙酸酐属于一元酸酐：

$$CH_3COOH + CH_3COOH \rightarrow CH_3\overset{O}{\overset{\|}{C}}O\overset{O}{\overset{\|}{C}}CH_3$$

邻苯二甲酸酐是由邻苯二甲酸（一元羧酸）中的两个乙酸分子消去一个水分子得到的，所以邻苯二甲酸酐属于二元酸酐：

由于酸酐可看成是由羧酸而来的，因此酸酐的分类也与羧酸相同。例如，乙酸酐属于饱和无环一元羧酸形成的酸酐。

3. 酰卤化物

酰卤化物指分子结构中含有—COX（这里的 X 代表卤素）的有机化合物。酰卤化物可看成是羧基—COOH 中的羟基—OH 被卤素 X 取代的产物，也可看成是酰基 RCO—（这里的 R 代表烃基）与卤素结合的化合物。

因为酰卤化物可看成是由羧酸而来，所以，酰卤化物的分类及所归品目也与羧酸相同。例如，苯甲酰氯 C_6H_5COCl 属于芳香一元酰卤化物。

4. 羧酸的过氧化物

羧酸的过氧化物指由两个相同的酰基 RCO—与过氧基（—OO—）结合的有机化合物。

因为羧酸的过氧化物与羧酸结构关系相似，所以，羧酸的过氧化物的分类及所归品目也与羧酸相同。例如，过氧化苯甲酰 属于芳香一元羧酸（苯甲酸）的过氧化物。

5. 过氧酸

过氧酸指分子结构中含有—CO—OOH（这里的—OO—为过氧基）的有机化合物。

因为过氧酸与羧酸结构关系相似（可看成是羧基—COOH 中的一个氧为过氧基—OO—所取代），所以，过氧酸的分类及所归品目也与羧酸相同。例如，过氧乙酸 CH_3COOOH 属于饱和无环一元的过氧酸。

6. 羧酸酯

羧酸酯是由羧酸与醇或酚缩合消去一个水分子的产物。例如，乙酸甲酯就是由乙酸与甲醇起缩合反应，消去一个水分子的产物：

$CH_3COOH+CH_3OH \longrightarrow CH_3COOCH_3 + H_2O$

羧酸酯可看成是由羧酸与醇或酚所形成的。例如，苯甲酸甲酯 $C_6H_5COOCH_3$ 可看成是由苯甲酸 C_6H_5COOH 与甲醇 CH_3OH 所形成的。

7. 羧酸盐

羧酸盐指分子结构中含有—COOM［这里的 M 为金属阳离子或铵离子（NH_4^+）］的有机化合物，也可看成是羧基—COOH 中的氢离子 H^+ 被金属阳离子或铵离子（NH_4^+）取代的产物，如乙酸钠 CH_3COONa。

羧酸盐可看成是由羧酸而来。例如，甲氧基苯甲酸钠 CH_3O—〇—COONa 可看成是甲氧基苯甲酸 CH_3O—〇—COOH 中的氢离子 H^+ 被金属阳离子 Na^+ 取代所形成的。

8. 卤化、磺化、硝化、亚硝化衍生物

上述 1~7 的化合物还可以同时含有卤化、磺化、硝化、亚硝化衍生物或它们的复合衍生物。例如，对硝基苯甲酸 O_2N—〇—COOH 属于芳香一元羧酸的硝化衍生物。

（九）无机酸酯（品目 2919~2920）

1. 无机酸酯

无机酸酯指由非金属无机酸（常见的有磷酸 H_3PO_4、硫酸 H_2SO_4、硝酸 HNO_3、亚硝酸 HNO_2、碳酸 H_2CO_3、亚磷酸 H_3PO_3 等）与醇或酚缩合消去水分子的产物。例如，硫酸二乙酯就是由硫酸与乙醇起缩合反应，消去水分子的产物：

$H_2SO_4 + 2CH_3CH_2OH \longrightarrow (CH_3CH_2O)_2SO_2 + 2H_2O$

2. 卤化、磺化、硝化、亚硝化衍生物

上述的无机酸酯还可以同时含有卤化、磺化、硝化、亚硝化衍生物或它们的复合衍生物。

(十) 含氮基化合物（品目 2921~2929）

含氮基化合物指分子结构中含有氮 N 的有机化合物，但含氮的硝化、亚硝化衍生物以及以 NH_4^+ 作为阳离子而构成的盐除外。

1. 氨基化合物

氨基化合物又称为胺，是指烃中的 H 被氨基—NH_2 代替而形成的化合物（如甲胺 CH_3NH_2），氨基—NH_2 中的两个 H 还可以被其他烃基取代 [如二甲胺 $(CH_3)_2NH$、三甲胺 $(CH_3)_3N$]。氨基化合物种类比较多，根据其分子结构，又可进行如下分类：

（1）根据是否有含氧基可分为不含含氧基的胺（如苯胺 $C_6H_5NH_2$）与含有含氧基（指醇、酚、醚、醛、酮、羧酸、无机酸酯等，但含有氧的磺化、硝化、亚硝化衍生物除外）的胺。例如，甘氨酸 $NH_2—CH_2—COOH$ 的分子结构中既含有氨基—NH_2，又含有羧基—COOH（含氧基）。

（2）根据含有氨基—NH_2 的个数可分为单胺（如苯胺 $C_6H_5NH_2$）与多胺（如邻苯二胺 ）。

（3）根据烃的结构可分为无环胺（如乙胺 $CH_3CH_2NH_2$）与环胺，后者又细分为脂环胺（包括环烷胺、环烯胺、环萜烯胺）与芳香胺（如苯胺 $C_6H_5NH_2$）。例如，环己胺 $C_6H_{11}NH_2$ 属于不含含氧基的环烷单胺。

2. 季铵盐、季铵碱

季铵是指含氮基化合物中的 N 与四个相同或不同的烃基连接而形成的阳离子，该阳离子如果结合氢氧根离子（OH^-），则成为季铵碱 [如氢氧化四甲铵 $(CH_3)_4NOH$]；如果结合其他酸根离子（如氯离子 Cl^-、溴离子 Br^-、碘离子 I^- 等），则成为季铵盐 [如碘化四甲胺 $(CH_3)_4NI$]。

3. 羧基酰胺基化合物

羧基酰胺基化合物指分子结构中含有羧基酰胺基 $-\overset{\overset{O}{\|}}{C}NH_2$（可简写为—$CONH_2$）的有机化合物，它是由羧酸与氨 NH_3 缩合消去一个水分子的产物。例如，乙酰胺就是由乙酸与氨起缩合反应，消去一个水分子的产物：

$CH_3COOH + NH_3 \longrightarrow CH_3CONH_2 + H_2O$

注意，羧基酰胺基—$CONH_2$ 中的两个 H 还可以被其他烃基取代。

4. 羧基酰亚胺、亚胺基化合物

亚胺是分子结构中含有碳氮双键（—C=N—）的有机化合物。例如，N-亚乙基苯胺的分子结构为 $C_6H_5N=CHCH_3$，可以看到，由于其分子结构中含有碳氮双键，因此属于亚胺基化合物。

当氮与二元羧酸酰基相结合时，则形成（羧基）酰亚胺化合物，如邻苯二甲酰亚胺

$$\begin{array}{c}\text{苯环}-\overset{O}{\underset{O}{C}}\!\!>\!\!NH\end{array}$$ 。

5. 腈基化合物

腈基化合物指分子结构中含有碳氮三键（—C≡N）的有机化合物，如丙烯腈 $CH_2=CHCN$。

6. 重氮化合物、偶氮化合物、氧化偶氮化合物

重氮化合物指分子结构中含有重氮基的有机化合物。这里的重氮基有三种类型：

（1）—N$^+$≡N，如氯化重氮苯 苯—N≡NCl。

（2）—N=N—N<，如重氮氨基苯 苯—N=N—NH—苯。

（3）>C=N≡N，如重氮甲烷 CH_2N_2。

偶氮化合物指分子结构中含有偶氮基—N=N—的有机化合物，如偶氮苯 苯—N=N—苯。

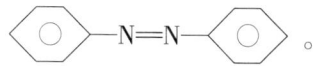

氧化偶氮化合物指分子结构中含有氧化偶氮基—N=N—O—的有机化合物，如氧化偶氮苯 苯—N=N(↓O)—苯。

7. 肼的有机衍生物、胲的有机衍生物

肼的有机衍生物指肼 NH_2NH_2 分子中的 H（一个或多个）被烃基代替而形成的化合物，如苯肼 $C_6H_5NHNH_2$。

胲的有机衍生物指胲 NH_2OH 分子中的 H（一个或多个）被烃基代替而形成的化合物，如苯胲 C_6H_5NHOH。

8. 其他含氮基化合物

其他含氮基化合物指没有包括在以上编号的其他的分子结构中含有氮 N 的有机化合物，其中比较重要的是异氰酸酯（分子结构中含有—N=C=O 的有机化合物），如2,4-甲苯二异氰酸酯（结构：苯环带 CH_3、NCO、NCO 取代基）。

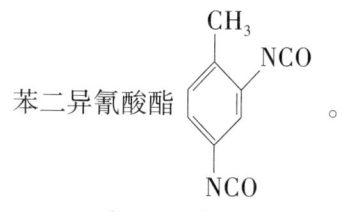

9. 卤化、磺化、硝化、亚硝化衍生物

上述 1~8 的化合物还可以同时含有卤化、磺化、硝化、亚硝化衍生物或它们的复合衍生物。例如，对硝基苯胺 O_2N—苯—NH_2 属于苯胺的硝化衍生物。

（十一）有机—无机化合物（品目 2930~2931）

有机—无机化合物指分子结构中除了含有碳 C、氢 H、氧 O、氮 N 这四种元素外，还

含有与碳元素直接相连的其他元素（包括金属元素与非金属元素），但卤化、磺化衍生物除外。

其中，由于含有硫的有机—无机化合物比较常见，因此，又可分为有机硫化合物与其他有机—无机化合物。例如，甲硫醇 CH_3SH 由于其中的硫 S 元素直接与碳相连，因此属于有机硫化合物；四乙基铅 $Pb(C_2H_5)_4$ 分子结构中由于含有直接与碳相连的铅 Pb，因此属于其他有机—无机化合物。

如果分子结构中与碳元素直接相连的既有硫又有其他金属或非金属元素，则整个分子看成是有机硫化合物。

（十二）杂环化合物（品目 2932~2934）

杂环化合物指在形成的环状化合物中，环中除了碳 C 原子以外，还含有其他原子（常见的是氧 O、氮 N、硫 S 等）。这些在环中的碳原子以外的其他原子又称为杂原子，所以这种环状化合物被称为杂环化合物。按环中杂原子的不同，杂环化合物可分为仅含氧杂原子的杂环（如四氢呋喃），仅含氮杂原子的杂环（如 6-己内酰胺）和其他杂环（如噻吩）。

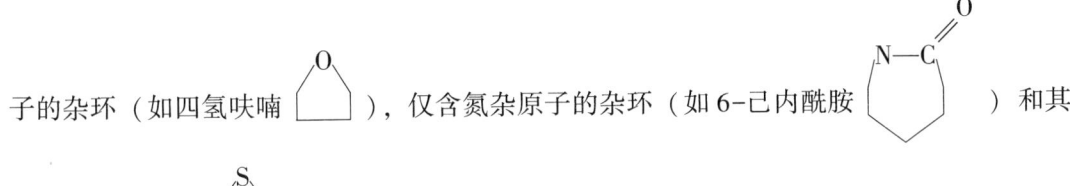

需要注意的是，对于三节环环氧化物、醛的环状聚合物、多元羧酸酐、多元醇或酚与多元酸形成的环酯、多元酸酰亚胺、硫醛的环状聚合物，尽管它们的分子结构也属于杂环化合物，但是在《协调制度》中它们不算杂环化合物。

（十三）核酸（品目 2934）

一种生物高分子，是重要的生命基础物质之一，分为 RNA 和 DNA，由磷酸、糖、嘧啶、嘌呤结合而成。

（十四）磺酰胺（品目 2935）

磺酰胺指分子结构中含有 $—SO_2NH_2$ 的有机化合物（$—SO_2NH_2$ 中的两个 H 还可以被烃基取代），如邻甲苯磺酰胺。

（十五）维生素（品目 2936）

1. 维生素

维生素是人类或其他动物机体正常活动所必需的活性剂，人体内或者不能合成，或者合成不足，所以必须从外界获得。维生素的种类很多，化学结构和生理功能各不相同，人体内如果缺乏，则会引起代谢紊乱或发生维生素缺乏症。根据溶解性，维生素可分为水溶性和脂溶性两大类，前者包括维生素 B、维生素 C，后者包括维生素 A、维生素 D、维生素 E、维生素 K 等。

2. 维生素原

维生素原指化学结构上类似于某种维生素，只需经简单的代谢反应即转变成维生素的物质。

例如，7—脱氢胆甾醇经紫外线照射后即成为维生素 D_3（见两者的分子结构的对比），因此 7—脱氢胆甾醇就属于维生素 D_3 原。

3. 维生素的衍生物

维生素的衍生物是指由某种维生素制得的且仍保留其母体化合物基本特征的化合物。例如，维生素 A_1 的分子结构是一种醇，而维生素 A_1 醛由于具有与维生素 A_1 相同的母体化合物的基本特征（见两者的分子结构的对比），可由维生素 A_1 制得，因此维生素 A_1 醛就属于维生素 A_1 的衍生物。

（十六）激素（品目 2937）

1. 激素

激素是指由动物、植物某些特异细胞合成或分泌的高效能调节生理活动的有机物质，如孕激素、雄激素、雌激素等。激素分为动物激素与植物激素，归入本品目的仅指动物激素。

2. 类激素

类激素指前列腺素、血栓烷、白细胞三烯，它们具有类似激素的作用。

3. 衍生物

这里的衍生物指激素或类激素的化学衍生物，它们的分子结构保留其激素或类激素的母体基本特征。例如，可的松是一种肾上腺皮质激素，强的松是可的松的脱氢产物，属于可的松的衍生物。

4. 类似物

这里的类似物指激素或类激素的类似物，它们的分子结构与其激素或类激素的母体基本特征的结构相近，但结构中的一个或多个原子被其他原子所取代，因而不属于其衍生物。例如，甲硫氨酰基人类生长激素是在天然生长激素分子中增加一个末端氨基酸产生的，因而属于激素的类似物。

但是，具有激素类似结构但不具有激素作用的物质，以及具有激素作用但不具有激素类似结构的物质在《协调制度》中均不算激素。例如，去氧肾上腺素尽管结构与肾上腺素类似，但由于不具有激素的作用，因此不属于激素，只能根据其分子结构看成"含氧基氨基化合物"。

（十七）苷（品目2938）

1. 苷

苷（又称为糖苷）广泛分布于植物的根、茎、叶、花、果中，分子结构比较复杂，可看成是由糖类与其他含有羟基的物质缩合而成的化合物，如水杨苷：

2. 衍生物

这里的衍生物指苷的盐、醚、酯等化学衍生物。

（十八）生物碱（品目2939）

生物碱是主要来自植物的具有碱性的天然含氮的化合物，具有很强的生理作用。例如，吗啡，存在于鸦片内，具有很强的麻醉作用；咖啡碱，存在于咖啡、茶叶等植物中，具有提高大脑皮层兴奋度的作用。

（十九）化学纯糖（品目2940）

糖是含多羟基的醛或酮，分子结构比较复杂，有单糖、二糖和低聚糖。归入本品目的必须是化学纯的糖，例如，化学纯的木糖就是一种单糖，其分子结构为

（二十）抗菌素（品目2941）

抗菌素指由微生物分泌出来的具有杀灭或抑制其他微生物的物质，常见的有青霉素、头孢霉素、氯霉素、红霉素等。

阅读材料三：塑料知识

在我们的日常生活和工农业生产中，塑料随处可见。日用杂货、包装材料、电气制品中的各种部件、建筑材料、汽车零件、室内装饰材料等，到处都有塑料活跃的身影。

按《化工词典》（第四版）的定义，塑料是以合成的或天然的高分子化合物为基本成分，在加工过程中可塑制成型，而产品最后能保持形状不变的材料。

多数塑料是以合成高分子为基本成分，一般含有辅助物料如填料、增塑剂、颜料、稳定剂等。塑料的种类很多，各有其特殊的物理、化学、电和机械等性能。

（一）单体、单体单元的概念

合成高分子（或称合成聚合物）是以低分子的单体为原料通过聚合反应得到的。高分

子与低分子比较，其分子量要大得多。例如，乙烯的分子量是 28，而聚乙烯的分子量可达几万至几十万。

《协调制度》第三十九章注释三（三）规定合成聚合物平均至少需有五个单体单元，那么单体、单体单元是什么意思呢？

单体是构成聚合物的单个分子，是能起聚合反应而成为高分子聚合物中的结构单元的简单化合物。例如，氯乙烯单体能起聚合反应而成为聚氯乙烯，己内酰胺单体能起聚合反应而成为聚己内酰胺，乙烯单体与乙酸乙烯酯单体能起聚合反应而成为乙烯—乙酸乙烯酯共聚物。

单体单元是聚合过程中单个单体分子所产生的最大结构单元。例如，聚氯乙烯 $+CH_2-CHCl+_n$ 的单体是 $CH_2=CHCl$，单体单元是 $-CH_2-CHCl-$；聚己内酰胺 $+NH(CH_2)_5-C(=O)+_n$ 的单体是 $\begin{bmatrix}NH-C=O\\(CH_2)_5\end{bmatrix}$，单体单元是 $-NH-(CH_2)_5-C(=O)-$；乙烯—乙酸乙烯酯共聚物的单体是 $CH_2=CH_2$ 与 $CH_2=CH-OCOCH_3$，单体单元是 $-CH_2-CH_2-$ 与 $-CH_2-CH(OCOCH_3)-$。

（二）聚合反应的类型

聚合物可由化学结构相同或不同的多个分子相互反应形成，这一聚合物的形成过程称为聚合反应。广义来说，聚合反应包括以下几种主要类型的反应：

1. 加成聚合反应

一种不饱和烯烃分子通过相互简单加成而形成聚合物链为碳—碳键聚合物的反应，该反应过程不析出水或其他副产物。

例如，由乙烯制得聚乙烯：

$$nCH_2=CH_2 \rightarrow +CH_2-CH_2+_n$$

再如由乙烯与乙烯基乙酸酯制得乙烯乙酸乙烯酯共聚物等。此类聚合反应有时也称为简单聚合反应或共聚反应，即狭义的聚合或共聚反应。

2. 重排聚合反应

官能团中含有氧、氮或硫等原子的分子相互反应，在分子内重排及加成，形成以醚、酰胺、氨酯或其他键连接各链节的聚合物链的反应。反应中不析出水或其他副产物。

例如，由己内酰胺制得聚酰胺-6：

$$n\begin{bmatrix}NH-C=O\\(CH_2)_5\end{bmatrix} \rightarrow +NH(CH_2)_5-C(=O)+_n$$

再如由多羟基化合物和二异氰酸制得聚氨基甲酸酯等。此类聚合反应也称为聚加成反应。

3. 缩合聚合反应

官能团中含有氧、氮或硫等原子的分子相互间产生缩合反应，形成以醚、酯、酰胺或其他键连接各单体单元的聚合物链的反应，反应中析出水或其他副产物。

例如，由乙二醇和对苯二酸制得的聚对苯二甲酸乙二酯：

$n\text{HOOC}—\text{C}_6\text{H}_4—\text{COOH} + n\text{HOCH}_2\text{CH}_2\text{OH} \rightarrow \text{[CO}—\text{C}_6\text{H}_4—\text{COO}—\text{CH}_2\text{CH}_2—\text{O]}_n + n\text{H}_2\text{O}$

再如由六亚甲基二胺和己二酸制得的聚酰胺6,6等。此类聚合反应也称为缩合反应或缩聚反应。

（三）聚合物的命名

天然聚合物一般都有其专门的名称，如纤维素、淀粉、木质素、蛋白质等。

合成聚合物的命名方法很多，其习惯命名是在对应的单体名称之前加一个聚字，如聚乙烯、聚丁二烯、聚甲醛、聚环氧丙烷、聚己内酰胺等。此法虽然简便，但也有一些缺点，如聚乙烯醇这个名称是名不符实的，因为乙烯醇单体事实上并不存在，聚乙烯醇实为聚乙酸乙烯酯的水解产物。

由两种单体合成的聚合物（共聚物），有的只要在两种单体名称上加词尾"树脂"，有的加词尾"共聚物"即可，如苯酚—甲醛树脂（简称酚醛树脂）、尿素—甲醛树脂（简称脲醛树脂）、三聚氰胺—甲醛树脂、醇酸树脂等；由乙烯和乙酸乙烯酯合成的乙烯—乙酸乙烯酯共聚物，由乙烯和丙烯合成的乙烯—丙烯共聚物（简称乙丙共聚物）等。

另外，还可按聚合物的结构特征来命名，如聚酰胺以酰胺键为特征，类似的有聚酯、聚氨基甲酸酯（简称聚氨酯）、聚碳酸酯、聚醚、聚硫醚、聚砜、聚酰亚胺等。这些名称都分别代表一类聚合物，如聚酰胺中有聚己二酰己二胺、聚癸二酰癸二胺、聚己内酰胺等。其具体品种可用两个数字表示，第一个数字表示二元胺的碳原子数，第二个数字表示二元酸的碳原子数；若只有一个数字，则表示单体是氨基酸或内酰胺，数字代表碳原子数。故聚己二酰己二胺、聚癸二酰癸二胺、聚己内酰胺可分别称为聚酰胺-66（尼龙-66）、聚酰胺-1010（尼龙-1010）和聚酰胺-6（尼龙-6）。

还有一种简单而被普遍采用的商业名称，如涤纶树脂（聚对苯二甲酸乙二醇酯）、尼龙66树脂（聚酰胺-66）等。

高聚物的名称有时很长，国际上习惯用大写缩写字母表示，同一种聚合物在不同国家有不同表示，但是英文缩写为世界各国共同采用。例如，聚甲基丙烯酸甲酯记为PMMA，聚丙烯记为PP，聚氯乙烯记为PVC，丙烯腈—丁二烯—苯乙烯共聚物记为ABS，等等。

（四）塑料的分类

1. 按塑料的应用分类

按塑料的应用可分成通用塑料和工程塑料。

通用塑料产量大、价格低、用途广，如聚乙烯、聚丙烯、聚氯乙烯、聚苯乙烯等；工程塑料具有优异的综合性能，适用于工程结构、机械部件等用途，如聚碳酸酯、聚甲醛、聚苯醚、聚酯等。

2. 按塑料受热后的性能变化分类

按塑料受热后的性能变化可分成热塑性塑料和热固性塑料。热塑性塑料和热固性塑料可由热塑性树脂和热固性树脂加工得到。

无论热塑性树脂还是热固性树脂，第一次对其加热都会软化，这一点是相同的。但是，一旦冷却凝固之后，"热塑性树脂"和"热固性树脂"会表现出不同的特性。热塑性树脂如果再次被加热，它还会变软，而热固性树脂却不一样，受热后会成为不熔、不溶的物质，再次受热不再具有可塑性，故一般不能再回收利用。比如，一个塑料杯子被人放在了火堆旁边，杯子逐渐变软并变形了，说明这个杯子是用热塑性树脂制成的；而炒菜锅的把手及锅盖顶上的手柄等部位的塑料是用热固性树脂制成的。由于热固性树脂的电特性也很优秀，所以也被广泛用于电灯开关、插座、灯座等部位。

常见的热塑性树脂有聚乙烯、聚丙烯、聚氯乙烯、聚苯乙烯、ABS、聚碳酸酯等。

热固性树脂有酚醛树脂、环氧树脂、氨基树脂、聚氨酯、脲醛树脂、三聚氰胺—甲醛树脂、不饱和树脂等。

(五) 常见塑料介绍

塑料品种很多，掌握这方面知识对于正确归类将带来很大帮助。但由于《协调制度》第三十九章的品目是根据塑料的分子结构来排列的，塑料的列名往往也跟其分子结构有很大关系，故这里重点介绍常见塑料的分子结构的特点。

1. 乙烯聚合物（品目 3901）

乙烯聚合物是乙烯单体的聚合物，最重要的是聚乙烯，其分子结构为 $-[CH_2-CH_2]_n-$。

2. 其他烯烃聚合物（品目 3902）

其他烯烃聚合物是乙烯聚合物以外的烯烃单体的聚合物，最重要的是聚丙烯，其分子结构为 $-[CH_2-CH(CH_3)]_n-$。

3. 苯乙烯聚合物（品目 3903）

苯乙烯聚合物是苯乙烯单体的聚合物，最重要的是聚苯乙烯，其分子结构为 $-[CH_2-CH(C_6H_5)]_n-$。

4. 卤化烯烃聚合物（品目 3904）

卤化烯烃聚合物是卤化烯烃单体的聚合物。例如，以氯乙烯单体聚合而成的聚氯乙烯，其分子结构为 $-[CH_2-CHCl]_n-$。再如以四氟乙烯单体聚合而成的聚四氟乙烯，其分子结构为 $-[CF_2-CF_2]_n-$。

5. 其他乙烯基聚合物（品目 3905）

其他乙烯基聚合物是指品目 3904 卤化烯烃聚合物以外的乙烯基聚合物，它们是以乙烯基化合物为单体的聚合物。例如，以乙酸乙烯酯为单体的聚乙酸乙烯酯，其分子结构为 $-[CH_2-CH(OCOCH_3)]_n-$；以乙烯醇为单体的聚乙烯醇，其分子结构为 $-[CH_2-CH(OH)]_n-$；以乙烯醚为单体的聚乙烯醚，其分子结构为 $-[CH_2-CH]_n-$。
                              $\quad\quad\quad\quad\ \ |$
                              $\quad\quad\quad\quad\ \ OR$

6. 丙烯酸聚合物（品目 3906）

丙烯酸聚合物是以丙烯酸、甲基丙烯酸及其酯或其相应的醛类、酰胺类或腈类为单体的聚合物。其中，最重要的是聚甲基丙烯酸甲酯，其分子结构为 $-[CH_2-C(CH_3)(COOCH_3)]_n-$。其他还有聚丙烯腈，其分子结构为 $-[CH_2-CH(CN)]_n-$；聚丙烯酰胺，其分子结构为 $-[CH_2-CH(CONH_2)]_n-$，等等。

7. 聚缩醛、其他聚醚及环氧树脂；初级形状的聚碳酸酯、醇酸树脂、聚烯丙基酯及其他聚酯（品目 3907）

聚缩醛是聚合物链中有缩醛基的聚合物，由醛类聚合而成。其中，最重要的是聚甲醛，其分子结构为 $-[CH_2-O]_n-$。

其他聚醚是聚合物链中有醚基的聚合物，由环氧化物、乙二醇或类似物质聚合而成。其中，最重要的是聚氧化乙烯，其分子结构为 $-[CH_2-CH_2-O]_n-$。其他还有聚氧化丙烯，其分子结构为 $-[CH_2-CH(CH_3)-O]_n-$；聚苯醚，其分子结构为聚2,6-二甲基苯醚。

环氧树脂是聚合物链中有活性环氧基团的聚合物，由环氧氯丙烷与双酚 A、酚醛树脂或其他多羟基化合物缩合或使不饱和聚合物环氧化等方法制得。其中，最重要的是双酚 A 型环氧树脂，其分子结构为：

（双酚A型环氧树脂结构式）

聚碳酸酯是聚合物链中有碳酸酯基的聚合物。其中，最重要的是双酚 A 型聚碳酸酯，由双酚 A 与酰氯或碳酸二苯酯缩合而成，其分子结构为（双酚A型聚碳酸酯结构式）。

聚酯是聚合物链中有羧酸酯基的聚合物。例如，醇酸树脂，由多官能醇和多官能酸（或它们的酐）缩聚而成，常见的是由甘油、邻苯二甲酸酐、脂肪酸缩聚而成的聚合物。

聚对苯二甲酸乙二酯是由对苯二甲酸与乙二醇的酯化作用而得的聚合物或者对苯二甲酸二甲酯与乙二醇反应生成的聚合物，其分子结构为 $-[CH_2CH_2OOC-C_6H_4-COO]_n-$。

另外，在聚酯中有一类被称为不饱和聚酯，它们是聚合物链中有不饱和烯键的聚酯，主要用于制造玻璃钢和铸模的透明热固性产品。

8. 聚酰胺（品目 3908）

聚酰胺俗称尼龙树脂，是聚合物链中有酰胺基的聚合物。其包括两种情况：

（1）由内酰胺或氨基酸聚合而成，如尼龙-6、尼龙-9、尼龙-11、尼龙-12等（按单体中的碳原子的个数来命名）。其中，尼龙-6是由己内酰胺聚合而成，其分子结构为 $\mathrm{\{NH-(CH_2)_5-C\}_n}$。
$$\quad\quad\quad\quad\quad\quad\quad\quad\quad\quad \overset{\|}{O}$$

（2）由二元胺与二元酸缩聚而成，如尼龙-6,6、尼龙-6,10、尼龙-10,10①等（按单体二元胺与二元酸中的碳原子的个数来命名）。其中，尼龙-6,6是由己二胺与己二酸缩聚而成，其分子结构为 $\mathrm{\{NH-(CH_2)_6-NH-\overset{O}{\overset{\|}{C}}-(CH_2)_4-\overset{O}{\overset{\|}{C}}\}_n}$。

9. 氨基树脂、酚醛树脂及聚氨酯（品目3909）

氨基树脂是聚合物链中有氨基的聚合物，由含有氨基的胺或酰胺与醛（甲醛、糠醛等）缩聚而成。最重要的有尿素树脂，例如，由尿素（$\mathrm{NH_2-CO-NH_2}$）与甲醛缩聚而成，其分子结构为 $\mathrm{\{CH_2-NH-CO-NH\}_n}$；硫脲树脂，例如，由硫脲（$\mathrm{NH_2-CS-NH_2}$）与甲醛缩聚而成，其分子结构为 $\mathrm{\{CH_2-NH-CS-NH\}_n}$；苯胺树脂，例如，由苯胺与甲醛缩聚而成，其分子结构为 $\mathrm{\{C_6H_4NHCH_2\}_n}$；蜜胺树脂，例如，由蜜胺（即三聚氰胺）与甲醛缩聚而成，其分子结构为含三嗪环结构的聚合物。

酚醛树脂是由酚及其同系物（甲酚、二甲酚等）或取代酚与醛（甲醛、乙醛、糠醛等）缩聚而成，其中常见的是苯酚与甲醛缩聚而成的酚醛树脂。

聚氨酯是聚合物链中有氨酯基 $\mathrm{\{NHCOO\}}$ 的聚合物，由多官能异氰酸酯与多羟基化合物（例如，蓖麻油、丁烷-1,4-二醇、聚醚多元醇、聚酯多元醇等）聚合而成。

10. 聚硅氧烷（品目3910）

聚硅氧烷是无化学定义的产品，其分子中含有一个以上的硅—氧—硅键，其硅原子上有直接以硅碳键相连的有机基团。常见的有聚硅氧烷油（脂）、聚硅氧烷树脂及聚硅氧烷弹性材料。

11. 其他合成树脂（品目3911）

上述品目3901~3910以外的合成树脂一律归入品目3911，如石油树脂、苯并呋喃树脂、茚树脂、苯并呋喃—茚树脂及多萜树脂、聚砜、聚酰亚胺等。

阅读材料四：生皮结构与制革工艺

（一）生皮的结构与性质

皮革生产过程是以动物皮为原料，通过化学、物理和机械加工的方法将皮转化为革的

---

① 尼龙-6,6、尼龙-6,10、尼龙-10,10也可分别写成尼龙-66、尼龙-610、尼龙-1010。

过程。制革的原料是动物生皮，是指从动物身上剥下，没有经过任何化学处理和机械加工的生皮，又称原料皮。常见的制革生皮有猪皮、黄牛皮、水牛皮、牦牛皮、山羊皮及绵羊皮。此外，马皮、骆驼皮、爬行动物皮、鱼皮、鸟皮等也可以用来制革。

显微镜下观察皮层的纵切面，可看到生皮分为三层：上层（最薄）是表皮层，中层（最厚）是真皮层，下层是皮下组织，如图阅-1所示。表皮层是生皮最外面一层，约占全皮厚度的0.5%~1%。真皮位于表皮和皮下组织之间，厚度约占生皮的90%，主要由胶原纤维、弹性纤维、网状纤维等编织而成。真皮层又可分为两层，上层（靠近表皮层）为粒面层，它决定制成皮革表面的光滑和粗糙程度；下层为网状层，决定制成皮革的机械性能，如强度、弹性、耐磨性等。皮下组织是动物皮与动物体之间相互联系的疏松组织，它不利于生皮的保存和皮革的加工，应尽早去除。

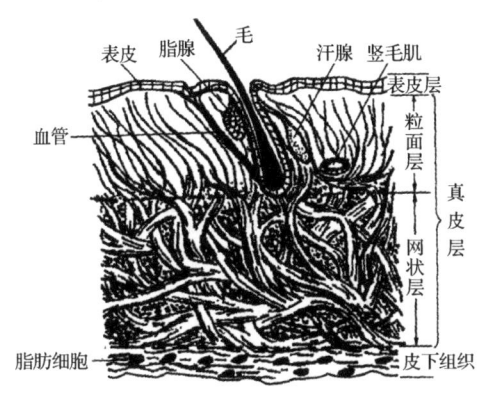

图阅-1 生皮纵切面结构示意图

生皮有诸多缺点，干燥后板硬且易断裂，卫生性能差，存放时不耐微生物作用，易腐烂，受化学品作用易被破坏，尤其是耐湿热性差，在66℃以上的热水中就会发生收缩，所以不宜直接使用。在生皮运往制革厂进行制革前，需对生皮采取适当的处理，方法有干燥法、盐腌法（湿的或干的）、石灰浸渍法、浸酸法等。

(二) 制革的工艺

制革生产过程一般分为准备、鞣制、整饰三大工段，如图阅-2所示。准备工段是将生皮变成适合于鞣制的裸皮；鞣制工段是将裸皮变成革，使生皮发生质的变化；整饰工段是使革在外观和性能上达到使用要求。

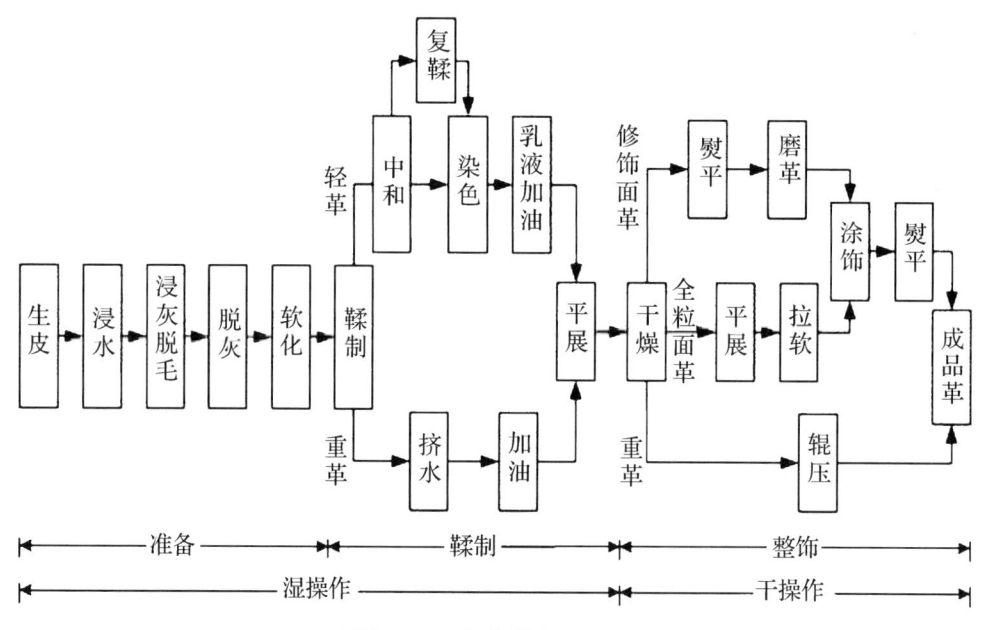

图阅-2 皮革的加工过程

1. 准备工段

准备工段主要有浸水、脱毛、浸灰、脱灰、软化、浸酸、去酸、脱脂、剖层、削匀、去肉等工序。

浸水的目的是除去原皮上的污物和防腐剂，溶解皮中的可溶性蛋白质，使生皮显微结构和含水量基本恢复到鲜皮状态。浸灰是用石灰和硫化钠组成的碱性溶液处理生皮，使裸皮膨胀，松散胶原纤维的编织结构。为了充分利用原料皮，使裸皮厚度均匀，常对厚大皮进行剖层操作，又叫"片皮"。剖下的带粒面的一层称为粒面层（又称头层革），肉面称为二层革，有时还将二层皮再进行剖层。

通过以上处理，便分出真皮层，固定真皮层的形状及厚度，并使真皮层的纤维结构得到适当的分离，以便和鞣料充分结合成为皮革。

2. 鞣制工段

鞣制过程是制革中最主要的过程，也是从生皮转变成革的过程。它是利用鞣剂分子在胶原分子链间产生附加交联，大幅度提高胶原的结构稳定性，使裸皮的结构和性质发生质的变化，将裸皮变成革。

皮革的鞣制方法很多，有无机鞣剂法，包括铬鞣、铝鞣、锆鞣、铁鞣、钛鞣；有机鞣剂法，包括醛鞣、油鞣、树脂鞣、合成鞣剂鞣、植物鞣；结合鞣剂法，包括铝铬鞣、醛铝鞣、醛油鞣及其他鞣法。

无机鞣剂法是用矿物盐（如铬盐、铁盐）进行鞣制，它们与生皮中生胶质纤维结合成为皮革。其中，铬盐是无机鞣剂法的主要鞣料，经铬盐鞣制成的皮革为灰蓝色，其湿革称为蓝湿革。

植物鞣制法是植物鞣剂渗入裸皮与胶原结合制成革的过程。植物鞣料存在于某些植物的根、茎、叶和果实中，经浸提、浓缩后得到固体状态的有机物质，一般称为单宁酸或单宁（俗名烤胶）。经植物鞣制的皮革一般呈棕色。

甲醛鞣制是利用甲醛作为鞣剂，与生皮胶原上的氨基结合制成皮革。甲醛鞣制的毛皮或皮革色白、耐碱、耐汗、耐氧化剂，鞣制迅速，常与铬、铝、油、锆、植等鞣剂结合鞣制。但由于环保的要求，甲醛鞣制已很少使用。

油鞣是用天然油（如鱼肝油、亚麻油）或合成油进行鞣制，特别适合鞣制珍贵毛皮，如水貂皮、水獭皮等，成品柔软丰满，可塑性、透气性、延伸性好。

结合鞣剂法是采用两种或两种以上的鞣料进行鞣制。采用结合鞣剂法时，不同的鞣剂在性能上互补，同时也会产生协同作用效果。如植铝结合鞣法先用植物鞣剂鞣制，再用铝鞣制，鞣制出的革收缩温度可达 95℃~120℃，革身丰满，具有良好的力学性能。铬植结合鞣法中两种鞣料使用的先后顺序可以变化，使用最多的是先用铬盐轻微鞣制后，再用植物鞣料进行鞣制，可用于生产鞋底革、鞋面革、箱包革等。

经过简单鞣制但在加工前需进一步鞣制的称为"预鞣"。

"逆鞣"指经可逆性轻度鞣制（包括预鞣）加工的不带毛生皮。由此可知，逆鞣（包括预鞣）加工的皮还不是革，只有经过充分鞣制后才是皮革。

生皮经过鞣制加工后不带毛的称为革，有湿革与干革（坯革）之分；带有毛的称为毛革，又称毛皮，古代称为"裘"。革在性质上与生皮有很大的不同，主要表现为：干燥后可以用机械方法使之柔软，比生皮更耐曲折，不易断裂，且手感舒适，比生皮更耐微生物、化学品的作用，卫生性能好，最重要的是结构更稳定，在 75℃ 以上的热水中才会发生收缩，有些革甚至在沸水中也不收缩。这种革更能满足人类生活与生产的需要。

3. 整饰工段

鞣制后的皮革不能直接作为革制品的材料，必须经过一系列的整理加工，以清除表层疵斑，使之更加柔韧及有更好的防水性等，才能得到满足客户要求的成革。在整理过程中，干燥前的整理叫湿态整理，干燥后的整理叫干态整理。湿态整理是在革内还有大量水分时，为了改善革的外观和内在质量而进行的加工处理，主要工序包括挑选、剖层、削匀、复鞣、中和、染色和加脂。干态整理主要包括干燥、回潮、拉软、振软和摔软、平展、熨平、压花、喷涂等工序。

复鞣可以填充革中松软的部位，使粒面更紧实丰满，也可以加强革耐化学作用的稳定性，有利于后续整理操作。因此，复鞣是在湿革的基础上赋予成品革不同性能特点和风格的最主要的工序，也称为制革生产过程中的"点金术"。常用的复鞣方法有铬复鞣、铝复鞣、锆复鞣、芳香合成鞣剂复鞣、氨基酸树脂复鞣、醛复鞣等。

染色是赋予成品革色彩的主要工序之一，大多数产品都要经过染色。染色的方法有很多，包括转鼓染色法、喷染法、刷染法、浸染法、印染法等。

加脂就是将脂类物质引入革内，均匀分布于原纤维表面，将原纤维分隔开，以防止革在干燥后原纤维黏结，增加原纤维间的滑动性，防止革变硬变脆，使革的柔软性、丰满性、防水性、力学强度、延伸性、透水气性等得到提高，或满足革的特种需要。最初的加脂剂只取自天然油脂，现在应用较多的则是合成加脂剂和矿物油等。可以用四种方法使油脂进入革内：在干加工过程中将固态的（熔化后）或液态油直接施加于革上的直接加脂法，以油包水式的乳液加脂法，以水包油式的乳液加脂法，以油溶液形式的加脂法。其中，第一种主要用于植鞣革及植—合成鞣剂结合鞣革的加脂，第二种是常用的加脂方法。

皮革干燥是干态整理工段中的重要工序。皮革经染色加油后湿革的水分含量高达 60%~75%，而成品革要求含水量为 14%~18%。因此，干燥的主要目的是除去革中多余的水分，使纤维的编织形态定形，同时进一步固定革中的化学材料，并利于后续的整理加工和涂饰。

湿革干燥后，要通过各种整理加工，为皮革涂饰准备合适的坯革，或增加成革的柔软性、平整度、光泽度，或增加花色品种，如绒面革、搓纹革、摔纹革、各种印花革和压花革等。拉软和振软的目的是通过对革进行弯曲、拉伸，适度松散黏结纤维，消除革的局部翘曲和纤维间应力，使革具有必要的柔软性。磨革包括磨里、磨面和磨绒，改善革的外观，使其表面具有紧密细致的绒毛。

涂饰是改善革的外观，提高革的使用性能和经济价值的重要工序。用涂饰剂对革进行涂饰后，在革面形成一层均匀的保护膜，具有一定的耐干湿擦、耐溶剂、耐挠曲及防水性，不易沾污，易清洁保养，从而提高其使用性能。若在涂饰剂中加入着色剂，形成的涂层可使革具有一定的色彩，弥补染色的不足。若改变成膜剂并加入不同的添加剂，可以得到不同光泽、手感、风格的革。若对坯革进行遮盖涂饰，能掩盖革面伤残和缺陷，提高产品档次及原料皮的利用。

经过上述加工后可以得到成品革，用于加工皮革制品。按皮革的张幅和轻重，成品革分成轻革和重革。轻革是指张幅较小和较轻的皮革，用无机鞣剂鞣制而成，用于生产鞋面、服装、箱包、家具、体育用品等；重革是指张幅较大和较重的皮革，主要用植物鞣剂法鞣制而成，用于生产鞋底、轮带、打梭皮带等。按用途分类，皮革分为生活用革、工业用革和军用革。

阅读材料五：纸浆制造工艺

（一）制浆原料

1. 造纸原料

造纸工业所用的原料主要是自然界中的各种植物材料，但并不是所有的植物材料都可以作为造纸原料，这主要取决于植物的来源、组成和其细胞形态等。其中，木材占绝大多数，用木材为原料制成的纸浆称为木浆，国际贸易中最重要的纸浆是木浆。纸浆报验时通常成大包捆扎，湿的或干的，但有时成块状、卷状或呈粉末状及粉片状。制木浆最常用的木材是松木、云杉、冷杉、铁杉等质地较软的针叶木，其他木材如白杨、桦木、山毛榉木、桉木、枫木等材质较硬的阔叶木也可以作为造纸原料。作为造纸原料，木材质地较软、颜色较淡的，适于制造上等纸浆，一般以针叶树制成的木浆质量较好。除了木材以外，其他植物原料也可以用于制纸浆，包括稻草、芦苇、蔗渣、秸秆等禾草类原料，毛竹、慈竹、楠竹等竹类原料，亚麻、黄麻、苎麻、大麻、桑皮、檀皮等韧皮类原料，棉短绒，破布及回收纸及纸板等。

除了植物材料外，其他种类的材料，如动物纤维、矿物纤维、合成纤维、金属纤维等也可以用做造纸原料，主要用于某些特殊用途纸张的制造。

2. 植物纤维原料的主要成分

不管是木材还是非木材植物纤维造纸原料，其主要成分都是纤维素、半纤维素及木素，纤维素和半纤维素都是碳水化合物，木素是芳香族化合物。除此之外，还有少量其他组分，对制浆造纸也有一定的影响。

(1) 纤维素

纤维素是不溶于水的均一聚糖，它是由 β-D 葡萄糖基构成的链状高分子化合物。纤维素大分子中的葡萄糖基之间按照纤维素二糖联结（1-4β 甙键）的方式连接。纤维素是构成植物细胞壁的主要成分，组成每个纤维素大分子的葡萄糖基数目称为纤维素的聚合度。天然纤维素的聚合度接近 10000，草类原料的纤维素平均聚合度稍低些。经过蒸煮漂白等制浆工艺，纤维素会降解，其聚合度降至 1000 左右。从造纸的角度看，纤维素是在制浆过程应尽量保护的部分，以提高得浆率和纸的强度。

(2) 半纤维素

半纤维素是指除纤维素和果胶、淀粉以外的碳水化合物，也是聚糖，但不同于纤维素。构成半纤维素的单糖，是两种或两种以上不同的糖基。半纤维素的聚合度也比纤维素低得多，只有 200~500，且链状分子上有支链。

半纤维素也是组成细胞壁的主要成分之一，它的存在对打浆性能和成纸性质有一定的影响，在制浆过程中也是应尽量保存的部分。

(3) 木素

木素是芳香族高分子化合物，是由苯基丙烷结构单元通过碳—碳键和醚键连接而成的具有三维空间结构的高分子化合物。木素存在于细胞壁和胞间层，使细胞互相黏合而固结。因此要分离纤维细胞，必须溶解木素，这就是化学制浆的实质。木素是原料颜色的主要来源，纸浆中木素含量的多少是制定蒸煮及漂白工艺条件的重要依据。对于白度、耐久性等要求不高的纸张，如新闻纸、瓦楞原纸，在制浆过程中可较多地保留木素含量，以提高纸浆得浆率，降低生产成本。

(4) 其他组分

除此之外，尚有少量其他组分，如树脂、果胶、淀粉、色素和灰分等。这些少量组分一般含量不多，对整个制浆造纸生产过程不会造成不利的影响，一般不需特殊处理。

（二）制浆工艺

制浆，就是利用化学或机械的方法，或两者相结合的方法，使植物纤维原料离解，变成本色纸浆或漂白纸浆的生产过程。制浆生产的基本过程如图阅-3 所示。

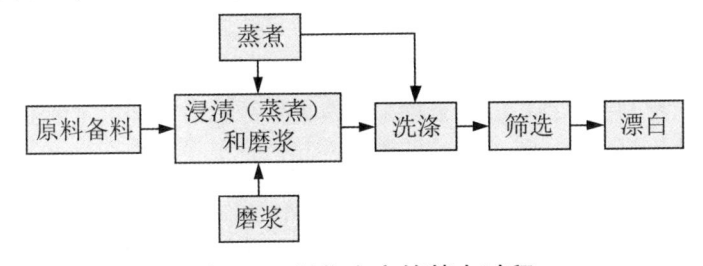

图阅-3 制浆生产的基本过程

在制浆之前，原料需经一定的处理，称为备料。对木材原料需经剥除树皮，剔除腐朽斑和树节，锯成木段或在削片机上把木材削成薄片，以便于制木浆。对于非木质纤维原料要去除杂质、泥沙等，切成片、块、段等。经备料后，可进行纸浆的生产。按加工方法不同，制浆方法可分为化学法和机械法以及两者结合的化学机械法、半化学法。制浆后的粗浆中往往含有少量杂质，通过筛选和净化去除这些不利于生产、影响产品质量的杂质。此外，本色纸浆往往呈棕色，根据需要可以对纸浆进行半漂白或漂白处理，提高纸浆的白度。

1. 化学法制浆

化学木浆是先将木材切成木片或木粒,然后用化学试剂加以处理,去除了大部分木素和其他非纤维素物质制得。化学木浆较用同样原料制得的机械木浆的纤维要长,纤维素含量更高。

化学法制浆的主要方法有两类:碱法和亚硫酸盐法。

碱法又分为烧碱法和硫酸盐法。烧碱法所用的化学药剂主要是氢氧化钠,多用于草浆的生产。硫酸盐法所用的化学药剂主要也是氢氧化钠,但还添加部分硫化钠,主要用于木浆的生产。硫酸盐法是在烧碱法的基础上发展起来的,虽然蒸煮药剂中主要成分不是硫酸盐,但生产过程是用添加硫酸钠的方式来补充部分蒸煮中损失的碱,因此取名为硫酸盐法,硫酸钠在废液燃烧是被还原成硫化钠。氢氧化钠和硫化钠的溶液对纤维原料的作用比较缓慢,纤维受损程度不大,比较强韧,又因纸浆的颜色呈褐色,所以该木浆被称为牛皮纸浆。

亚硫酸盐法的主要化学药剂是二氧化硫及其相应的盐基组成的酸式盐或正盐的水溶液。亚硫酸盐法制浆包括:使用二氧化硫与不同盐基组成的不同 pH 的药液的蒸煮方法,如酸性亚硫酸钠法、中性亚硫酸钠法等。该浆中的纤维较长,强度较高,得浆率高,较柔软,具有良好的交织力,并且容易漂白。

与亚硫酸盐法比较,硫酸盐法具有以下优点:(1)可以使用任何树种和非木材料原料,原料适应性广;(2)纸浆具有较高的强度;(3)蒸煮时间较短,废液回收效率高。

化学法制浆的主要过程是蒸煮过程,蒸煮过程是使原料在高温高压条件下与化学药剂发生反应,将原料中的木素溶出的过程。植物纤维原料经蒸煮后得到约50%的纸浆,其他50%左右的物质溶解在蒸煮液中,形成蒸煮废液。为了获得比较洁净的纸浆,同时对废液进行回收利用,蒸煮完后,需在对纸浆进行洗涤同时对废液进行提取。

化学浆的用途,需视原料的种类、蒸煮方法和产品的质量指标而定。硫酸盐纸浆的强度高,可用于生产高强度的纸张,如纸袋纸、绝缘纸、电容器纸、包装纸和挂面纸等。硫酸盐木浆一般不漂白,用于生产具有高抗撕裂度、抗张强度和耐破度的牛皮纸,漂白后的硫酸盐木浆,具有弹性大、吸墨性强、透明度小等性能,适合用于抄制印刷纸。

亚硫酸盐浆的强度稍低,但它有一些物理性质可使其特别适用于制造某些纸张,如新闻纸、薄纸、半透明纸、防油纸及许多高级印刷纸。

化学浆经专门精制或提纯后,可被用来制造再生纤维素、纤维素醚和纤维素酯,以及这些材料的板、片、膜、箔、带、纺织纤维等产品。

2. 机械法制浆

机械木浆是利用机械能使纤维原料变成纤维纸浆,纤维原料中的化学组分没有改变,得浆率高,可达85%~95%。但机械木浆的纤维很短,有害杂质绝大部分也没有除去,因此,抄造的纸张强度比较差,受到空气和日光的作用很容易变黄、发脆,化学稳定性较差,这是它的主要缺点。机械木浆通常不单独使用,一般与化学木浆混合使用,具有吸墨性和不透明的特点,适合于高速印刷,所以卷筒新闻纸常用这种混合木浆制取。

机械法制浆主要包括磨石磨木浆、压力磨石磨木浆、盘磨机械浆及预热盘磨机械浆。

磨石磨木浆是应用机械力和水力作用,将长度为1米左右的木段压向湿润粗糙、高速旋转的磨石上,通过热、摩擦等作用,使纤维从木段上分离下来,形成纸浆。磨石磨木浆具有得浆率高、能耗低、平滑度高、不透明性大、吸墨性好等优点，主要用于生产新闻纸。

压力磨石磨木浆与磨石磨木浆生产相似，但磨浆时带有一定的压力，并且温度较高。磨出的纸浆浆渣少，强度较大，可用于生产书刊纸、轻量涂布纸和优质新闻纸。

盘磨机械浆是将削好的木片送入盘磨机的磨盘之间进行碎解和纤维化，从而得到纸浆。盘磨机械浆通常比磨石磨木浆的纤维长度长，纸浆强度更好。

预热盘磨机械浆则是将木片进行带压蒸汽预处理后，再送入盘磨机进行磨浆。预汽蒸的作用主要在于软化纤维胞间层的木素，使磨浆时纤维的分离易于发生在纤维的胞间层与初生壁之间，从而获得完整的纤维。因此，预热盘磨机械浆的强度明显高于盘磨机械浆，且纤维束含量低，含有较少的筛渣，纸浆具有较好的光学性能。预热盘磨机械浆已逐步取代了盘磨机械浆，用于新闻纸、杂志纸、涂布原纸、薄型纸及纸板的生产。

3. 化学机械法制浆

用机械与化学联合法制得的木浆均属于两阶段制浆法，制浆时先用化学药剂处理，再采用机械方法进一步离解成浆。制得的纸浆包括半化学浆和化学机械浆。半化学浆较化学机械浆所受的化学处理程度剧烈一些，得浆率略低。

半化学浆首先将通常为木片状的木材在浸煮器中用化学药剂处理，再采用机械方法进一步离解成浆。半化学法制浆中应用最广泛的是用于阔叶木木片的中性亚硫酸盐半化学浆（NSSC，即 neutral sulfite semichemical），该方法使用以碳酸钠作为缓冲剂的亚硫酸钠蒸煮液进行蒸煮，然后用盘磨机进行磨浆。该纸浆保留了大量的半纤维素，具有较高的硬挺度，主要用于生产瓦楞纸板，也可用于抄造挂面纸板、绝缘纸、沥青原纸、防油纸、包装纸等。

化学机械浆是将木材碎片、刨花、锯末或类似品用冷碱液或中性亚硫酸钠溶液进行短时间浸渍处理，然后再送入盘磨机磨解成浆。相比于半化学浆，化学机械浆的化学处理更温和，只溶出了抽出物和部分短链半纤维素。相比于机械浆，由于化学处理使纤维软化，有助于降低磨浆的能耗，且能分离出较完整的纤维，提高纸浆的质量。根据化学处理的条件，其可分为磺化化学机械浆（SCMP）、化学预热机械浆（CTMP）和碱性过氧化氢化学机械浆（APMP）等。

相比于化学制浆法，化学机械法制浆的得浆率高，化学药剂耗用量低，且适合阔叶木制浆。

阅读材料六：造纸流程及纸张的加工

纸张是由纤维悬浮液在筛网上毡合而成的纤维层。造纸一般分为三个阶段：调浆、成张（网）及整理。

（一）调浆

纸浆调制是把纸浆经进一步加工成适合造纸的原料。调制过程包括打浆、施胶、加填、染色、稀释和净化等工序。

1. 打浆

打浆是利用物理方法（如机械剪切、摩擦、水力冲击等作用）处理悬浮于水中的纸浆纤维，对纤维进行疏解、润胀、切断、压溃、细纤维化及纵向分裂等，使其具有适应造纸机生产上要求的特性（如滤水性、良好的成形性），从而获得预期的纸张质量。

根据纤维在打浆中受到不同的切断、润胀及细纤维化的作用，将打浆方式分为四种类型：长纤维游离状打浆、短纤维游离打浆、长纤维粘状打浆、短纤维粘状打浆。

2. 施胶

用植物纤维生产的纸张，纤维之间存在着许多毛细孔，再加上纤维具有亲水性，所以有吸水性。因而，在未施胶的纸上书写，墨水就会很快地扩散开来，造成字迹模糊不清，甚至不能书写。为了使纸张在一定程度上不为水或水溶液所浸润，就需要在生产某些纸张的浆料中加入一些抗水性的胶体物质，这就是胶料。由此可见，施胶的目的就是使纸张或纸板获得抗拒液体渗透能力。

施胶的方法分为纸内施胶（又称内部施胶，是在纸浆中加入胶料）和纸面施胶（又称表面施胶，是在纸的表面涂刷上一层胶料）。胶料的种类很多，用于纸内施胶的胶料有白色松香胶、强化松香胶、分散松香胶和合成胶等。用于纸面施胶的胶料有氧化淀粉、聚乙烯醇、羧甲基纤维素、动物胶、合成树脂等。

施胶纸包括包装纸、纸袋纸、书写纸、制图纸、印刷纸（特别是胶版印刷纸）、建筑用纸、瓦楞纸等。当然，并不是所有的纸都需要施胶，包括要求具有一定吸滤性能的纸，如卫生纸、滤纸、吸墨纸、浸渍加工原纸（蜡纸、育苗纸等）、变性加工原纸（羊皮纸、钢纸原纸等）等。另外，大多数的电器绝缘纸（如电缆纸、电话纸、电容器纸等）及卷烟纸也不需要施胶。

3. 加填

加填是在浆料中加一种或几种白色矿物性粉末状物质或合成填料物质。填料能分散于纤维之间将空隙填平，提高纸张的不透明度和亮度，改进纸面的平滑度。加填后的纸张吸墨性好，适印性强。例如，极薄的字典纸因加有大量的填料才不至于产生透印的现象。加填还能满足纸张某些特殊性能的要求，例如，卷烟纸中加入碳酸钙，可以调节卷烟纸的燃烧速度，使之与烟草的燃烧速度相适应；啤酒过滤纸板中加入硅藻土，是为了提高纸板的吸附性能；导电纸中加入炭黑，是为了提高导电性能。

填料的种类很多，常用的有高岭土、滑石粉、石膏、碳酸钙、二氧化钛等。当然还要根据纸的用途和使用性质决定是否需填料。

4. 染色

纸张的染色是指在纸浆中或纸张上使用某些色料，使其具有某些希望得到的颜色，增加纸张或纸板的美观。

5. 稀释

稀释是把打浆后的纸浆加水，成为一定浓度适合供机器造纸的纸浆。稀释一方面使浆料在低浓度状态下能使纤维均匀分散，有利于提高纸页的匀度；另一方面是便于浆料的净化、筛选。

6. 净化

净化则是将已调制好的纸浆再次去除各种杂质或污物，使纸浆的质量进一步提高。调制后的成品纸浆即可进行造纸（抄纸）。

（二）纸页成形

纸及纸板的生产包括造纸机抄制和手工抄制两种，但绝大部分是由造纸机抄制。造纸机制纸中最常见的是长网造纸法，如图阅-4 所示。

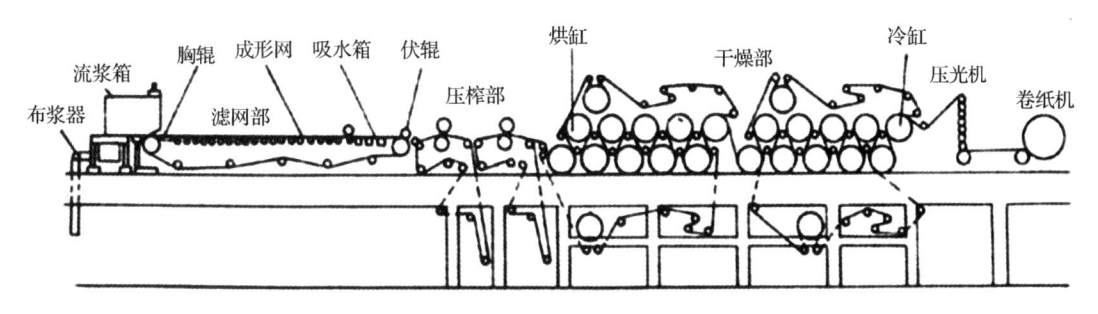

图阅-4　长网造纸机示意图

长网造纸机由滤网部、压榨部、干燥部、压光部及卷取部组成。有时在滤网部通过水印辊向上的凸起图案或线条在纸网上打上水印再压榨、烘干等，制成的纸张中就留有水印。滤网部是将纸浆均匀平铺在网上形成纸页并过滤掉一部分水分，压榨部是把湿纸页再榨去部分水分，然后烘干，烘干后的纸页表面较粗糙，经压光后使纸页表面平整，再卷取成大卷状的纸筒。这些过程都是连续进行的。具有多层丝网或多个圆网（或长网及圆网结合）的造纸机可以同时抄造由多层（有时各层为不同颜色或不同质量）组合的纸板，纸板各层是在抄造时湿态下不用黏合剂滚压在一起的。

除了用造纸机制纸外，还有用手工制纸或纸板。在其生产中，尽管其他工序可由机器完成，但将纸浆纤维模制成张这一关键工序是用手工操作的。手工制纸及纸板可用任何造纸材料制得，但通常使用最高级的亚麻碎布或棉碎布纸浆制成。在纸张成形时，一定量的纸浆在筛状模子上震动，直到大部分水分已经除去，纤维已经毡合，随后湿纸张脱出模子并毡压、晾干成纸张。手工制纸的特点是强度大、耐久性强、纹理优良。这些特点使其适于某些特殊用途，如钞票纸、文件纸、制图纸、蚀刻纸、特种滤纸、账簿纸、裱画纸、高级印刷纸或文具纸等，也可用于制婚礼请柬、专用信笺、日历等。手工制纸一般按用途制成一定尺寸并具有带明显丛毛的四个毛边，这些毛边有时也可修齐。

（三）整理

纸及纸板的整理主要包括压光、复卷、切纸、成令等。其目的是提高纸的表面平滑度、光泽度和强度，改善纸的外观，使其适合于印刷和书写等。

（四）加工纸

随着生产、科学技术的不断进步和人类物质文化生活的不断提高，纸的应用领域越来越广泛。对纸的需求不仅在数量上越来越多、在质量上越来越高，而且在用途及品种上也要求越来越多，从造纸机生产出来的纸张已经远远不能满足人们的需要。因此，对原纸进行加工来改善其性能，以得到相应的特殊性能的纸张，这样制得的产品称为加工纸。根据加工方法不同（机械加工、化学加工及物理加工），加工纸可分为涂布加工纸、浸渍加工纸、变性加工纸、复合加工纸、机械加工纸等，其他还可进行染面、饰面、印花等加工，使纸张适于各种不同的需求。

1. 涂布加工纸

涂布纸及纸板是在原纸（板）的单面或双面涂以涂料、树脂或其他物质而得到的纸类。涂布加工是纸加工中最普遍的一种方法，其种类和产量也是最多的，用途也最广。按涂料种类的不同，其可分为颜料涂布纸、树脂涂布纸和其他特种涂布纸。

颜料涂布纸的涂料，是以高岭土、碳酸钙、硫酸钡、二氧化钛、滑石粉、锌钡白、硫酸钙等无机物质为主体，将其分散于胶粘剂的溶液中，并根据需要加入各种助剂调制而成。其加工的目的是改善纸张的不透明度、白度，改善纸的表面平滑性、光泽度及油墨吸收性，从而提高纸张的适印性。铜版纸就属于颜料涂布纸，是在铜版原纸上经表面涂布约20克/平方米的白色涂料并经超级压光加工而成。

树脂涂布纸以各种树脂为涂料的主要成分，并根据需要配入硬化剂、光泽剂、增塑剂等。涂料的调制方法很多，可将树脂溶解于有机溶剂中制成漆料，或可将分子量高的树脂分散于有机溶剂中，制成有机溶剂分散体，或将树脂分散于水，制成胶乳和乳胶，或将热熔性树脂熔融后直接作为涂料，进行热熔涂布。这种涂布加工的主要目的是提高纸的防油、防潮、不透气及绝缘等性能，以提高对纸的保护性，所以树脂涂布纸可用做各种包装纸。

根据需要，在原纸上涂以特殊的涂料，即得各种特殊涂布纸。比如在照相原纸上，先涂一层以硫酸钡为主的钡地层，再涂上氯化银感光乳剂，最后涂上明胶保护层，即为照相感光纸。一般所说的压敏记录纸、热敏记录纸、放电记录纸、无碳复写纸等，都是涂以不同的涂料制得的特殊涂层纸。

2. 浸渍加工纸

浸渍加工纸是利用塑料、油类、蜡质或沥青等物质，对原纸进行浸渍吸收。这些物质浸透纸（板）后，使原纸改变外观或性质，获得防油、防水、防潮、耐磨、透明或半透明等性能，这些纸大都用做保护性包装材料或绝缘材料，其产品有包装用油纸、复写用油纸或蜡纸、油印蜡纸、用塑料等浸渍的绝缘纸及纸板、指示纸（如石蕊试纸）、绝缘纸（板）、橡胶浸渍纸、焦油或沥青浸渍纸（板）。某些纸（如壁纸原纸）可用杀虫剂或化学品浸渍。

3. 变性加工纸

变性加工纸，是把原纸经过硫酸、氯化锌等化学品处理，使原纸的物理、化学性质发生改变，产生许多原来没有的特殊性能，以适应许多领域的特殊要求。例如，植物羊皮纸是将植物纤维纸用硫酸处理而改变了原纸性质的加工纸，又称硫酸纸。经硫酸处理后，纸页气孔大大减少，不透气性增强，并有不透油性、半透明性、难燃性及弹性等，可用做描图纸、书皮纸、防潮包装纸、电极打孔纸等。由于硫酸处理的杀菌作用，它还可以广泛地应用于食品包装。钢纸是用浓氯化锌溶液处理原纸，使纤维素发生剧烈润胀和胶化，从而部分水解成为具有一定黏着能力的短链物，将纸页在胶化烘缸上层层黏合起来。钢纸具有很高的机械强度。

4. 复合加工纸

复合加工纸是利用胶粘剂将原纸和某种物质贴合在一起。复合的材料有各种纸、金属薄膜、塑料薄膜及其他纤维材料等。经复合加工后，纸页的强度提高了，并可改善外观，或具有不透气性、防水性等。常用的铝箔纸就是复合加工纸的一种，它作为包装纸使用，有防潮和强度大的优点。

5. 机械加工纸

把纸（板）经过机械加工，如压纹、压花、特殊磨光或起皱等加工处理，即可获得机械加工纸，如瓦楞纸、皱纹纸、压纹纸等。机械加工的目的主要是改善纸的外观质量或形状，增加美感，因此也常被用于装饰纸或壁纸的加工。

阅读材料七：化纤的制造工艺

制造化纤通常要经过纺丝液的制备、纺丝和后加工三阶段。

（一）纺丝液的制备

依照原料的不同，其制备方法有熔体法和溶液法两种。熔体法是将固体高聚物加热使其融化成为黏性液体。溶液法是将纺丝原料高聚物用溶剂溶解成黏性的纺丝液。

（二）纺丝

溶液纺丝主要有湿法和干法两种。湿法纺丝是纺丝液从带有大量细孔的喷丝头中喷出后，在凝固液中由于溶剂扩散和凝固液渗透而固化成丝。其特点是喷丝头孔数多，纺丝速度慢。用此法纺丝的有粘胶纤维、腈纶、维纶、氯纶等。干法纺丝是纺丝液从喷丝头中喷出后，在热空气中因溶剂迅速挥发而凝固成丝，丝的质量较好，通常用于纺制长丝。

熔体纺丝是高聚物熔融液从喷丝头中喷出后，在空气或水中冷却凝固成丝。熔体纺丝过程简单，速度快，用于纺涤纶、锦纶、丙纶等合成纤维。

（三）纺丝后加工

纺丝所得的纤维为初生纤维，强度低，延伸度大，手感差，还不能供纺织使用，必须进行后加工处理。不同品种的纤维要经过不同的后加工。例如，供制造切段成短纤维的涤纶纤维要经过集束、拉伸、上油、卷曲、干燥定型、切断、打色等过程。长丝则一般须经过拉伸、加捻、后处理、包装等加工。

化学纤维经过拉伸，其内部大分子排列更为整齐，纤维的强力显著提高，而延伸度降低，与此同时，长度增加，纤度变细。纤维经拉伸后，还必须进行定型处理，否则遇热后分子运动加剧，已排列整齐的大分子会重新排列，纤维长度会缩短。高收缩纤维就是根据该原理制造的。拉伸后经过热定形处理的纤维，在以后遇到加热时，只要温度不超过定形时的温度，纤维内部结构不再变化，长度不再缩短，高强低伸性质可以保持下来，这种纤维叫做正规纤维。

化学纤维的长丝，主要用来加工纯纺织物或交织物。切段后的短纤维则大多用来制作混纺织物，如毛涤纶、粘锦华达呢、混纺毛毯、涤棉布、毛粘呢绒等产品，都是用两种或两种以上长度相当的短纤维混纺后制成的。

化纤短纤维由化学纤维的长丝按一定的规格切短后所得，一般分为毛型、棉型和中长型三种。毛型短纤维按羊毛长度切短，长度为 65~120 毫米，可与羊毛或其他毛型短纤维混纺。棉型短纤维按棉花长度切短，长度为 30~50 毫米，一般与棉或其他棉型短纤维混纺。中长型短纤维是介于毛型和棉型规格之间的，长度为 50~75 毫米，中长纤维可与其他各种中长型短纤维混纺，并可利用原有的棉纺设备略加改进大量生产仿毛织物。

随着科学技术的发展，出现了很多特殊性能和功能的高技术纤维，可以满足人们的各种需要，如复合纤维、异形纤维、特种功能纤维等。

复合纤维又叫双组分纤维，是模仿羊毛的双边结构，由两种或多种成纤高聚物的熔体或浓溶液，利用配比、组分、黏度或品种不同，分别输入同一个纺丝组件，在适当的地方汇合起来，在同一纺丝孔中喷出，合成一根纤维。复合纤维的品种很多，有并列型、皮芯型、散布型等。复合纤维以湿法生产为多，也有用熔体法生产的，如锦/涤皮芯复合纤维。复合纤维通常具有立体卷曲，有高度的体积蓬松性、延伸性和覆盖能力，而且卷曲有可恢复性。

为了改善合成纤维织物的服用性，模仿天然纤维制成非圆形截面的合成纤维，称作异形纤维。异形纤维横切面通常有三角形、五边形、三叶形、多叶形、哑铃形、椭圆形、L形、藕形圆中空和异形中空等多种。三角形纤维具有闪光，用于制造闪光纱线。五边形纤维毛型感强，有抗起球性，可制银枪大衣呢。L形纤维保湿性较好。五叶形纤维像蚕丝，织物滑爽而没有蜡感，可制仿真丝绸。中空纤维轻而保暖，手感好，可仿鸭绒。异形纤维通常用异形喷丝孔的喷丝头制造，成纤过程中要求纺丝液迅速均衡地凝固。此外，也可采用熔体互粘、复合丝分离、后处理变形、中心吹气、复合异形或采用纤维表面变形等方法来制造。异形纤维可制成单丝、复丝、短纤维及弹力丝等。

特种功能纤维又叫智能纤维，是具有反渗透、分离混合气体、透析、吸附、离子交换、导光、导电等特殊功能的化学纤维。例如，以高透明度的聚合物为芯材，以透明含氟树脂为皮就可制成光导纤维，使光能在芯部沿其界面进行折射传导。再如，在化纤中混入石墨或铜、镍、硫化铜等导电性添加剂，就可制得有导电性和抗静电性的特种纤维，供做抗静电防爆作业服、带电作业服等。

阅读材料八：常见化纤的性质与加工

（一）粘胶纤维

粘胶纤维是化学纤维中开发最早的品种，也是最常见的一种再生纤维素纤维。

粘胶纤维的生产原理是从植物材料中提取纯净的纤维素，经化学处理后制成纺丝溶液，采用湿法纺丝制造而成。由于纤维素不溶于常见的溶剂，也不熔融，因此必须先把纤维素与碱作用制成碱纤维素，再与二硫化碳作用生成纤维素黄酸酯，将纤维素黄酸酯溶于稀碱溶液即成为粘胶溶液，再将粘胶溶液经纺丝机的喷丝头挤入含酸凝固液中，在凝固溶液的作用下，纤维素黄酸酯凝固、分解，再生成粘胶细丝，经过洗涤、脱硫、漂白、皂洗、干燥等一系列后加工，制得所需要的纤维。通过切段工序也可以获得粘胶短纤维，有棉型粘胶纤维（人造棉）、毛型粘胶纤维（人造毛）及中长型粘胶纤维等种类。

普通粘胶纤维的横截面为不规则的锯齿形，有明显不均匀的皮芯结构。由于皮层和芯层在结构与性能上存在很大的差异，因此，通过工艺控制皮芯厚度的比例，可以生产出具有全皮层结构的粘胶纤维和全芯层结构的粘胶纤维。

粘胶纤维的吸湿性好，易于染色，织物柔软、光滑，透气性好，穿着舒适，染色后色泽鲜艳、色牢度好。

普通粘胶纤维的缺点是湿强度和湿模量低,缩水率高,织物易变形起皱。为了克服粘胶纤维的上述缺点,科学家们研制出高湿强度和高湿模量粘胶纤维。高湿强粘胶纤维,以提高粘胶纤维的结晶度为主要方式,形成全芯层结构的粘胶纤维,其主要代表产品有我国的富强纤维、日本的虎木棉或波里诺西克(Polynosic)。高湿模量粘胶纤维,以增加纤维的皮层结构和分子间的微晶物理交联作用,如高湿模量粘胶(HWM)、Vincel 和莫代尔(Modal)纤维等。强力粘胶,以提高分子的取向度和改善结晶颗粒尺寸与分布的方式,形成全皮层结构的粘胶纤维,如强力粘胶、Tenasco、Vistron 和 Tempra 等。

(二) Lyocell 纤维

Lyocell 纤维是以 N-甲基吗啉-N-氧化物(NMMO)为溶剂,用干湿法纺制的再生纤维素纤维。1980 年由德国 Akzo-Nobel 公司首先取得工艺和产品专利,1989 年由国际人造纤维和合成纤维委员会(BISFA)正式命名为 Lyocell 纤维。英国 Courtaulds 公司生产的 Lyocell 纤维的商品名称为 Tencel,国内谐音商品名"天丝",值得商榷,国家标准中译为"莱赛尔"。目前可工业化生产的还有奥地利 Lenzing 公司生产的 Lyocell 纤维和德国 Akzo-Nobel 公司生产的 Newcell 纤维。与其他合成纤维和再生纤维相比较,Lyocell 纤维最主要的特点是加工过程中所用溶剂 NMMO 可接近 100% 的回收,基本无污染。与现有的各种纤维素纤维相比,Lyocell 纤维比强度高,湿强损失低,手感柔软,悬垂性好。

Lyocell 纤维有原纤化倾向,纤维表面易发生分裂小纤维绒,但此缺陷可以得到控制和消除。当然也可利用此特征制造有桃皮绒感和柔软触感的纺织品。

(三) 聚酯纤维

根据国标的定义,聚酯纤维是由在分子链中至少含有 85%(质量分数)的对苯二酸二醇酯的线性大分子组成的纤维。在《协调制度》中,聚酯纤维定义为:在高分子组成中,按重量计二醇与对苯二甲酸构成的酯至少为 85% 的线性高分子纤维。两个定义基本上是一致的。显然,并不是含有酯基的高聚物纺成的纤维都是聚酯纤维。聚酯纤维是合成纤维的最大类属,其产量居所有化学纤维之首。这类纤维的主要品种是聚对苯二甲酸乙二酯纤维,我国的商品名是涤纶。

涤纶采用熔体纺丝,具有一系列优良性能,如强度大,弹性回复性好,耐酸、耐碱、耐腐蚀,不皱不缩,织物具有洗可穿性,故有广泛的用途。涤纶纤维的主要缺点是吸湿性差,在标准条件下的回潮率仅为 0.4%,导致涤纶染色性差。此外,涤纶纤维易燃烧,织物易起球。根据涤纶缺点研制的改性涤纶主要有亲水性涤纶和易染色涤纶,并有诸多改性、变形和同族纤维,如聚对苯二甲酸丁二酯(PBT)纤维、聚对苯二甲酸丙二酯(PTT)纤维、聚对苯二甲酸环己基-1,4 二甲酯(Kodel)纤维等。

(四) 聚酰胺纤维

凡分子主链由酰胺键(—CONH—)连接的合成纤维,统称聚酰胺纤维,我国的商品名是尼龙或锦纶,包括脂肪族聚酰胺纤维,含有脂肪环的脂环族聚酰胺纤维,含芳香环的脂肪族聚酰胺纤维,主要品种有聚酰胺 6、聚酰胺 66、聚酰胺 1010 等。我国首批聚酰胺 6 纤维产品是在辽宁锦西化工厂试制成功的,故定名为锦纶。芳香族聚酰胺纤维也是聚酰胺纤维的一种,由酰胺键或亚酰胺键连接芳香族基团所构成的大分子组成的纤维,我国商品名是芳纶,杜邦公司的商品名为"Kevlar"。芳纶具有超高强度、高模量、耐高温、耐酸耐碱、重量轻等优良性能,可用于做防弹衣、头盔、航天材料、轮胎帘子线等。

锦纶具有一系列优良性能,其耐磨性居纺织纤维之冠,断裂强度高,伸展大,回弹性和耐疲劳性优良。因此,适用于运动类服装和伞、绳类用途。锦纶的缺点是吸湿及透气性差,耐光性和耐热性也较差。锦纶的初始模量比其他大多数纤维都低,因此在使用过程中容易变形,限制了锦纶在服装面料领域的应用。

(五)聚丙烯腈纤维

聚丙烯腈纤维,我国的商品名为腈纶,因它的性质似羊毛,故通常又称为"合成羊毛"。它是由85%以上的丙烯腈和其他第二、第三单体共聚的高分子聚合物纺制的合成纤维。

腈纶强度较好,弹性好、手感柔软,耐日光和耐气候性特别好,染色性较好,故较多地用于针织面料和毛衫。腈纶的缺点是易起球、吸湿性较差,回潮率仅1.2%~2%,对热较敏感,耐酸碱性较差,属于易燃纤维。腈纶因其分子中的强极性氰基的作用,需加入其他单体改善其柔软性和染色性。腈纶具有许多的改性、膨松、共混、接枝的纤维,如与大豆蛋白、角蛋白、纤维素纤维的共混或混合,制备改性纤维;利用共混、不同牵伸及定形制成膨体纱等,是目前改性纤维中最为活跃的一支。

(六)聚乙烯醇纤维

聚乙烯醇纤维的我国商品名是维纶(或维尼纶),生产原料为乙炔,与醋酸反应生成一种透明液体醋酸乙烯,经聚合后用烧碱处理,生成白色粉末状的聚乙烯醇,溶于热水中调制成胶液经纺丝即得聚乙烯醇纤维,其成本低,纤维吸湿性相对较好,有"合成棉花"之称。未经处理的聚乙烯醇纤维溶于水,用甲醛处理后可提高其耐热水性。狭义的维纶专指经缩甲醛处理后的聚乙烯醇缩甲醛纤维。

维纶的化学稳定性好,耐腐蚀和耐光性好,耐碱性能强,长期放在海水或土壤中均难以降解,但是,维纶的耐热水性能较差,弹性较差,染色性能也较差,颜色暗淡,易于起毛、起球,这也是其发展缓慢的最主要原因。但是,维纶良好的可溶性和纤维成形性,是作为其他原料共混或混合的重要的基本材料,如大豆蛋白改性纤维、角蛋白改性纤维、丝素蛋白改性纤维,大都用其作为载体。

(七)聚丙烯纤维

聚丙烯纤维是用石油精炼的副产物丙烯为原料制得的合成纤维,我国的商品名是丙纶。其原料来源丰富,生产工艺简单,产品价格相对其他合成纤维低廉。聚丙烯纤维的比重小,仅为0.91克/立方厘米,比水小,是化学纤维中比重最小的。其不吸湿,标准条件下的回潮率接近于0,导致染色困难。聚丙烯纤维的强度较高,具有较好的耐化学腐蚀性,但耐热性、耐光性较差。

聚丙烯纤维常用做地毯、装饰布、各种绳索、渔网、吸油毡、建筑增强材料、包装材料和工业用布、滤布等。

(八)聚氯乙烯纤维

聚氯乙烯纤维的我国商品名是氯纶,包括过氯乙烯和偏氯乙烯。由于氯纶分子中含有大量的氯原子，氯原子在一般条件下极难氧化，所以氯纶织物具有很好的阻燃性。氯纶的强度与棉接近，耐磨性、保暖性、耐日光性好。氯纶抗无机化学试剂的稳定性好，耐强酸强碱，耐腐蚀性能强，隔音性也好，但对有机溶剂的稳定性和染色性能比较差。氯纶因其特点主要用于装饰与产业用纺织品。

（九）聚氨酯纤维

聚氨酯纤维的我国商品名是氨纶，它是一种高弹性纤维。高弹性纤维是指在伸长率超过200%时，仍能很快地回复到原来长度的纤维，而氨纶纤维由易于弯曲的柔性部分（脂肪族聚酯或脂肪族聚醚）和刚性的结晶部分（氨基甲基酸酯—脲）嵌段组成，其弹性已达500%。它是利用聚氨基甲酸酯纺丝制得的，只有长丝状态。氨纶可供制造束腰带、紧身衣（游泳衣、体操衣等）、袜子、衣服罗口及外科手术用布等。

阅读材料九：纺纱工艺

纺纱是将纺织纤维加工成纱线的过程。"纺"含有将纤维组成条子并拉细加捻成纱的含义。纺纱按天然纤维分为棉纺、麻纺、绢纺和毛纺，工艺流程和设备不尽相同。化学纤维纯纺、混纺大多采用棉、麻、绢、毛纺纱工艺，也有一些专用工艺和设备。

（一）棉纺

棉纺的生产过程一般包括配棉、混棉、开棉与清棉、梳棉、精梳、并条、粗纱、细纱等工序。

1. 配棉

由于品种、产地、批号等不同，原棉的长度、细度、强力等性能存在差异。配棉就是根据纺纱要求，把各种不同品质的原棉按一定成分和比例配合成为混合棉，以达到合理利用纤维、稳定质量和降低成本的目的。

2. 混棉

混棉就是把配好的各种不同品级的原棉混合均匀，以达到成纱的质量要求和品质稳定。

3. 开棉和清棉

开棉和清棉是不可分割的两个工序。对于经过打包压缩、将棉纤维压成很紧的原棉，开棉、清棉的作用是使纤维回复到蓬松舒展的状态，同时清除杂质、尘土及很短的纤维，使各原棉能均匀地混合在一起，形成厚薄较均匀的棉卷供应梳棉机，也可以直接以散状纤维块、纤维束用管道气流输送并分配给若干台梳棉机，后者称为清梳联合机。

4. 梳棉

梳棉机把纤维块或纤维束用针齿表面分梳成为单纤维状态，同时除去较细小的或黏附在纤维上的杂质，也除去一部分短绒，最后制成棉条输出。梳棉机输出的棉条，俗称生条，会被有规律地堆放在条筒中。生条中几乎不含杂质，纤维大部分呈弯钩状，需进一步加工。

5. 精梳

对品质要求较高或纺制高支纱的粗棉条，需要经过精梳工序，利用不同的针排分别对纤维的两端进行梳理，进一步清除棉条纤维中的短纤维和残余杂质，使纤维进一步伸直而有顺序地平行排列，制成精梳棉条。

6. 并条

并条工序是将棉条并合、牵伸并再成条。其中，牵伸可把在棉条中不平行的带弯钩的纤维抽直，是提高成纱品质的有效手段，可进一步提高棉条的均匀度，使纤维排列整齐，更加平行伸直。一般用 6~8 根棉条进行并条，通过并条机并合牵伸再成为棉条，并条制得的棉条俗称熟条。并条工序一般有 2~4 道。

由于并条时将几根棉条并列喂入，所以有混合作用。以不同的纤维条按规定比例在并条机上混合，称为条子混合，简称混条。

7. 粗纱

粗纱工序是将熟条通过牵伸、加以适当的捻度，使须条稍有捻紧抱合成为粗纱，最后将粗纱卷绕在纱管上或筒管上，供细纱机纺纱使用。

8. 细纱

细纱是成纱的最后一道工序，是将粗纱再经牵伸、加捻成细纱，使其具有良好均匀度及一定细度和强度。

细纱机纺成的棉纱都卷绕在细纱管上，称为管纱，也可以卷绕在纬纱管上，直接供织机使用，称为直接纬纱。管纱经络筒工序绕成直径大的筒子纱。筒子纱可以供机织、针织和编织用，也可以直接出售。根据纱的用途不同，筒子纱有的摇成绞纱，经小包机打成小包，再打成大包，称为件纱。有的则将两根纱先并列绕成并纱筒子，然后在捻线机上捻成股线，必要时再经过烧毛。股线还可多根并合复捻成较粗的缆线。

在棉纺机械上可以纺制化纤纱线或化纤与棉等其他纤维混纺纱线，也可以纺制包芯纱、包缠纱等各种花式纱线。

（二）麻纺

麻纤维与棉纤维一样都属短纤维纺织原料，由短纤维纺成一根很长的有实用价值的纱，其纺纱工艺过程与棉纺基本相同。但针对麻纤维自身特有的性质和结构，在个别工艺环节中略有不同。麻纺依纤维种类可分为黄麻纺、苎麻纺、亚麻纺和叶纤维纺四种纺纱过程。基本加工过程包括开松、梳麻、精梳、并条、粗纱、细纱。

（三）毛纺

原毛中含有油脂、羊汗、砂土、草杂等物，须通过洗毛工艺除去油脂、羊汗和其余砂土杂质，碳化工序是利用羊毛耐酸不耐碱和植物耐碱不耐酸的特性，将羊毛浸于无机酸中，除去植物草杂，并经烘干成为净毛。山羊绒、驼毛、牦牛毛等洗净后要除去粗毛、皮屑等杂质。这些工序统称羊毛初步加工。

根据产品要求及加工工艺的不同，毛纺系统分为粗梳毛纺和精梳毛纺。

1. 粗梳毛纺

粗梳毛纺是把净毛经开松、梳理，分割成窄条、搓捻后直接纺纱的毛纺工艺，包括混合加油、梳理分条搓捻成粗纱，再牵伸加捻成细纱等过程。纺成的纱毛绒性较好，手感松软，富有弹性，支数较低，一般在 18 支以下，用于织造粗厚或有绒的呢绒，如麦尔登呢、大衣呢、法兰绒、粗花呢等。

(1) 混合加油

粗梳毛纺使用的原料除各类净毛外，还包括精梳落毛、下脚毛、再生毛等各种回用毛和化学纤维等，有时也混用经过染色的纤维。因此，需要按产品设计的混毛比例进行混合，称合毛。为使纤维在梳理时减少损伤，和毛时须用喷雾方法加乳化油剂。在加工化学纤维时，还要加防静电剂。

(2) 梳理、分条、搓捻

粗梳毛纺罗拉梳理机有 2 联、3 联、4 联、5 联等系列，按原料和毛纱质量要求进行选用：纺较低支数毛纱时，可选用 2 联式；纱支高或质量要求较高，可选用多联式。经混合加油后的毛纤维送入第一联梳毛机进行梳理、去杂。毛网输出处装有轧辊式清洁器，清除粒状杂质。输出的毛网由过桥装置通过铺毛帘，将毛网折成带状，往复铺于运毛帘上，混合后进入下一联梳理机继续梳理，由最末联梳毛机输出的毛网经分条机构分成很多窄条，由搓皮板搓捻成粗纱后卷绕于粗纱轴上，以供纺细纱用。

(3) 牵伸加捻

有环锭和走锭两种。走锭机是间歇运动，产量低，主要用于纺 16 公支以上的高级针织用纱，如羊绒纱、兔毛纱等，其特点是所纺毛纱柔软、丰满、表面较光洁。环锭细纱机一般纺 2~16 公支毛纱。

2. 精梳毛纺

洗净毛经梳理成条后，经过精梳及其前后的准备和整理过程，制成精梳毛条，然后纺成纱线，是为精梳毛纺。这个工艺过程包括梳毛、理条、精梳、整条和复洗、练条、粗纱、细纱等工序，主要分制条和纺纱两个阶段。

(1) 制条

主要工艺流程是：(洗净毛)→混合加油→罗拉梳理→理条针梳（3 道）→精梳→整条针梳和复洗烘干→（精梳毛条）。

散状净毛通过单锡林罗拉梳毛机制成毛条。毛条中纤维大部呈弯钩状，用交叉式针梳机将纤维反复梳直，然后喂入精梳机，梳去不符合工艺要求的短纤维和残存的草杂毛粒，通过复洗烘干，去除油污和染色条的浮色，并使纤维条定形不易回缩。复洗前后还要再经针梳机并合牵伸，最后制成符合标准单位重量的精梳毛条。在纺制精纺花呢用毛纱时，一般采用毛条染色。由于染色会使毛条中纤维的整齐度受到影响，还需通过复精梳，即将理条、精梳、整条工序重复一次。精梳毛条在纺纱前通常要经过一定时间的贮放，使其中纤维结构回复平衡状态。

(2) 纺纱

主要工艺流程是：(精梳毛条)→混条→练条针梳（3~4 道）→粗纱→细纱。混条是把不同种类或染色的毛条按比例搭配，在混条机上并合、牵伸成混条条。并合根数可达 20~24 根。混条机可由两台交叉式针梳机配合组成，也可由两道针梳梳箱构成专用机器。练条针梳进一步使毛条混合，纤维伸直平行，其中头道针梳机常配有牵伸自调匀整装置。

粗纱机是把针梳机梳下来的毛条拉细到一定程度，制成粗纱。粗纱分为有捻和无捻两类。有捻粗纱机采用锭翼加捻机构，使粗纱具有弱捻，有利于运输和减少意外牵伸，也有利于牵伸时控制纤维运动。无捻粗纱机采用搓捻机构，速度较快，粗纱截面圆而紧密，适宜纺细而卷曲多较短的纯毛纤维。

粗纱在环锭细纱机上纺制成细纱，称精梳毛纱。精梳毛纱除少量供纬纱使用外，一般都要经并纱、捻线、络筒加工为双股毛线。

由于选用纤维较长较细,经精梳后纤维条整齐度、均匀度较好,捻度较大,因此精梳毛纱的表面光洁,富有弹性,强力高。精梳毛纱支数一般为36~80公支,适用于织造精细的毛织物和混纺织物。这些织物一般较轻薄,织纹清晰,平整光洁,柔软细密,富有弹性,色泽柔和,经久耐穿,如华达呢、哔叽、凡立丁、花呢、派力司等。

纺制绒线时,因纱支较粗,工艺流程在通过三道交叉式针梳机后,可不经过粗纱工序,直接在细纱机上纺成细纱,再捻合成线,并摇成绞线后进行染整加工;细绒线有的可以绕成团绒。

3. 半精梳毛纺

半精梳毛纺和精梳毛纺类似,但不经过精梳及其准备和整理加工。其工艺流程是:(洗净毛)→混合加油→梳理→针梳(3道)→粗纱→细纱。半精梳毛纺具有流程短、成本低的特点,但纱线质量比精梳纱略差,适宜纺制低支(2~12公支)纱和中支(30~40公支)纱。其产品大多是手工编结用纱、针织纱、地毯纱、工业和装饰织物用纱等,也可用以织制一般服装用料。

(四)缫丝及绢纺

1. 缫丝

由一粒蚕茧抽出的单根长丝,十分细弱,细度约3旦,不能直接作为织造织品的原料,因此要集中若干粒蚕茧,同时进行抽丝加以胶合,成为多根蚕丝合并的生丝,这一生产过程称为缫丝。其主要工序为:原料—剥茧—选茧—煮茧—缫丝—复摇—整理。

缫丝有手工缫丝和机械缫丝两种,用手工缫丝的,品质较差,粗细不一致,其产品称为土丝,现正逐步被淘汰。机械缫丝是在缫丝厂中通过缫丝机进行缫丝,其产品称为厂丝,品质较好,粗细度比较均匀。

由二根或以上的厂丝(或土丝)并合加捻成纱。

2. 绢纺

绢纺是把养蚕、制丝、丝织中产生的疵茧、废丝加工成纱线的纺纱工艺过程。根据原料和成品性质,绢纺有绢丝纺和䌷丝纺两大类,产品包括绢丝和䌷丝。

(1) 绢丝纺

绢丝纺是将绢纺原料经化学和机械加工纺成绢丝的过程。用做绢纺原料的桑蚕茧有疵茧、长吐、滞头和茧衣,柞蚕茧有柞丝挽手、扣和油烂茧,蓖麻蚕茧有剪口茧和蛾口茧。绢丝纺工艺依顺序分为精练、制绵和纺纱三阶段。

精练包括原料选别、脱胶、水洗、脱水、烘干等工序,目的是去除疵茧、废丝上的大部分丝胶及油脂和杂质,使纤维洁白柔软,呈现出丝素应有的光泽和手感,同时使纤维疏松,便于以后加工。原料选别是把原料按品质进行分类合并,并扯松除去杂质。脱胶,现在一般采用化学练法,在煮练液中加入适量的碱或酸和其他化学助剂起脱胶去脂作用。精练后纤维上残存的练液和悬浮物等杂质,需经水冲洗干净,再脱去水分,烘干成精干绵。

制绵包括精干绵给湿、配合称重、开绵、切绵、梳绵、排绵等工序,目的是把长而缠结的精干绵制成有一定范围长度适于纺丝的精绵。由于精干绵回潮率较低,所以采用乳化液给湿使丝纤维容易吸收水分,改善其柔软性和润滑性,有利于以后加工过程中减少纤维损伤和消除静电。配合称重是将种类繁多、品质不一的精干绵按比例搭配,称出一定重量后扎成球状。开绵机也称开茧机,把绵球开松,清除部分蛹体、蛹屑等杂质。切绵机把纤维切断成适合纺纱的长度,进一步梳松除杂,然后在圆梳机上梳理,除去短纤维、杂质和绵结,获得洁净而纤维平行伸直的精绵。圆梳机的滚筒落绵送到下道切绵机和圆梳机上再行加工。切绵和梳绵的道数一般为 1~3 道,分别制得头号精绵、二号精绵、三号精绵。末道落绵作为䌷丝纺原料。排绵是人工检查精绵的质量,剔除其中残存的杂纤维、并丝等,并分扯、折叠成一定宽度的精绵片。

纺纱包括精绵配合、延展、制条、并条、延绞、粗纱、细纱,以及并丝、捻丝、整丝、烧毛等工序。把各道圆梳机制得的精绵,依数量、质量和所纺产品支数的要求进行人工搭配。然后经两道延展机加工成一定长度的绵带,以便控制绢丝的支数;再经制条机做成连续的绵条;把绵条经 3 道并条机反复并合和牵伸进一步拉细,改善均匀度,使纤维更好地伸直平行。绵条经 2 道粗纱机制成粗纱,头道粗纱机称延绞机,具有针辊式牵伸机构和皮板搓捻装置,出来的延绞绵条盛入条筒中;二道粗纱机也具有针辊式牵伸机构,用锭翼加捻。环锭细纱机大多采用双皮圈摇架加压牵伸机构。

绢丝一般都采用两根细纱在并丝机上合并,在环锭捻线机上加捻成股线,再经过带有隔距片的整丝机或有电子清纱器的络筒机除去糙疵,通过 1~2 道烧毛机除去绢丝表面毛茸糙粒,使绢丝表面洁净,光泽增强,最后摇绞并打成小包。

传统的绢丝纺采用切绵、圆梳的方法制取精绵,称为圆梳工艺。制得的精绵绵粒少,纺出的绢丝外观光洁,但这种制绵工艺机械化程度低,工人劳动强度高,劳动生产率低。另一种方法是采用直型精梳机代替圆梳机,称精梳工艺。把经开绵机处理后的绵张喂入罗拉梳绵机制成绵条,用针梳机进行二次理条,送入直型精梳机做成精梳绵条,再经一道针梳机整条后继续纺纱加工。精梳工艺手工操作少,劳动强度低,但纺出的绢丝绵粒较多,洁净度较差。也有采用圆梳机和精梳机并用的工艺,例如采取一道圆梳,头号精绵直接用于纺纱,其落绵经精梳提取较长纤维制成绵条,进行纺纱,精梳机落绵则作为䌷丝纺原料。

天然丝纤维细长、柔软,富有光泽,吸湿性好,可以纺制高支(160~270 公支)绢丝,织造轻薄的绢纺绸,是高级衣着用料;也可与化学纤维、生丝或毛纱等交织成外观优美、穿着舒适的织物。用绢丝也可制造针织物,以及缝纫丝线、刺绣丝线等。

(2) 䌷丝纺

䌷丝纺是把末道圆梳机落绵或精梳落绵加工成䌷丝的过程。由于这些落绵的纤维长度短,整齐度差,含绵粒杂质多,因而只能采用粗梳系统纺制质地疏松、支数较低(10~30 公支)的纱。

落绵先经绵箱给绵机、豪猪式开绵机等组成的开清绵联合机进行开松和除杂,然后混合给湿,再在具有自动喂绵机和过桥机构的双联式罗拉梳理机上梳,经分条和搓捻机构制成粗纱,在环锭细纱机上纺成䌷丝,最后摇绞和成包。

用䌷丝制成的绵绸,柔软丰满,表面多绵粒,是一类别具风格的服饰用料。

(五) 化学纤维纺纱

化纤的纱有长丝和切段的短纤维纺纱两种加工。由多根长丝并合加捻后即成为实用的长的纱(再由二根或以上的纱并合加捻后可成为线)。短纤维(棉型、毛型、中长型)的纺纱实际上与棉纺、毛纺生产基本相同,先经梳理成纤维条,再加捻成纱。其中,棉型及中长型短纤维基本上在棉纺厂进行纺纱，毛型短纤维在毛纺厂进行纺纱，都可纺成较长的纱。

为了增加纺织物的花色品种，对纱线有不同品种的要求，把化纤通过各种不同的加工，可生产出各种形态和性质的纱线，以适应广泛的用途。利用合成纤维的热塑性，通过变形处理，改变其外观和结构，加工成的纱叫做变形纱（或变形丝），其主要特征是具有弹性或蓬松性。变形纱的主要原料为涤纶和锦纶，其次为腈纶等。现在生产的变形纱品种主要有高弹纱、低弹纱、卷曲纱、环圈纱、膨体纱等。变形纱比一般长丝纱具有较高的蓬松性、卷曲度、透气性和柔软度，有的还具有高弹性伸长的特性。由高弹性变形纱制成的针织内衣、袜类等，穿着时可适合不同体型伸缩自如。

阅读材料十：机织物的常见品种

利用不同的纤维原料、织物组织、经纬密度、染整加工，可以织造出丰富多彩的机织物。下面重点介绍丝机织物、棉机织物和化纤长丝机织物的常见品种。

（一）丝机织物的常见品种

1. 绡类

绡类采用平织或透孔组织为地纹，经纬密度小，质地爽挺轻薄、透明，孔眼方正清晰。绡类经纬纱常用不加捻或加中、弱捻桑蚕丝制织，生织后再精炼、染色或印花整理，或者生丝先染色后熟织，织后不需整理。绡织物从工艺上可分为素绡、提花绡和修花绡等，主要用于做晚礼服、头巾、连衣裙、披纱、灯罩面料、绢花。

2. 纺类

纺类采用平纹组织，生织后再经练白、染色或印花，构成平整细密而又比较轻薄的花、素（以素色为主）、条、格织物，经纬一般不加捻。常见品种有电力纺、尼丝纺、富春纺、麦浪纺、绢格纺等。纺类织物用途广泛，中厚型纺绸可作衬衣、裙料用料，中薄型纺绸可作伞面、扇面、灯罩、绢花及彩旗用料。

3. 绉类

绉类是运用工艺手段和结构手段（如不同捻度、不同捻向的捻线织制，或利用经纬纱张力差异，或利用不同原料的收缩性能差异等），以丝线加捻和采用平纹或绉组织相结合织制的，生丝织成后经练白、染色、印花或经过后处理，使织物呈现绉效应，成为富有弹性的丝织物。其主要品种有双绉、乔其绉、香碧绉、留香绉等。绉织物主要用做服饰和装饰。

4. 绸类

绸类织物的地纹采用平纹或各种变化组织，或同时混用几种基本组织和变化组织。凡利用通常组织类的组织，无其他类特征的各类花（提花）、素（不提花）丝织物，均属于此类。其主要品种如塔夫绸、绵绸、双宫绸、珍珠绸等。

5. 缎类

缎类全部或大部采用缎纹组织。经丝熟织略加捻，纬丝除绉缎外，不论生熟织，一般均不加捻。缎类织物质地紧密柔软，绸面平滑光亮。常见的品种如绉缎、九霞缎、织锦缎、古香缎、软缎等。

织锦缎是丝绸织品中织制最精巧复杂的品种，经丝为生丝三根的捻合线，纬向用有光人造丝，采用八枚缎纹提花组织织成，彩色花纹，通常均在三色以上，有的达六、七色之多，豪华富丽、灿烂夺目。

古香缎也是缎纹地起绒花，它和织锦缎的主要区别仅是花和密度规格不同，织出的是各色各样富有民族风格的古雅花卉和山水风景、净地满碎花等，是我国特有的传统丝织工艺品。

软缎一般分为素软缎、花软缎和人丝软缎等。

6. 锦类

锦类是采用斜纹、缎纹等组织，经、纬无捻或弱捻，绸面精致绚丽的多彩色织提花丝织物。这类织物的外观五彩缤纷、富丽堂皇，花纹精致古朴，质地较厚实丰满，采用纹样多为龙、凤、仙鹤和梅、兰、竹、菊，以及文字"福、禄、寿、喜""吉祥如意"等民族花纹图案。锦采用精炼、染色的桑蚕丝为主要原料，还常与彩色人造丝、金银丝交织。其主要品种有蜀锦（四川省传统织品）、宋锦（苏州传统织品）、云锦（南京传统织品）、壮锦（广西壮族传统织品）。

蜀锦多用于室内装饰，如挂屏、床罩、被面、妇女袄面及少数民族衣料；宋锦现多用于装帧书画、制作礼盒及折扇边等；云锦多用于制作高级服装及装饰用品；壮锦用于做背包、壁毯等用品和艺术品。

7. 绢类

绢类采用平织或重平组织，经、纬线先染色或部分染色后进行色织或半色织套染的丝织物。绸面细密挺爽，光泽柔和。经纬线不加捻或加弱捻。绢织物一般用于做服装，还可用于做床罩、毛毯镶边、玲姐、帽花等服饰，常见的品种有天香绢、繁花绢、西湖绢等。

8. 绫类

绫类采用斜纹或变化斜纹为基础组织，表面具有明显的斜纹纹路，或以不同斜向组成山形、条格形及阶梯形等花纹的花、素丝织物。绫类丝织物丝光柔和，质地细腻，穿着舒适。中型质地的绫宜作衬衣、头巾、连衣裙和睡衣等用料，轻薄绫宜做服装里子或装裱书画经卷。其主要品种有辛格绫、牛仔绫、采芝绫等。

9. 罗类

罗类是全部或部分采用罗组织，即绞经在每织3梭或3梭以上奇数纬绞转一次的罗类丝织物。以罗组织织成的织物，其外观具有横条或直条形孔眼的特征，分别称为"横罗"和"直罗"。罗类织物紧密结实，身骨平挺爽滑，透气性好，花纹雅致，多用做服装面料、装饰用品和刺绣坯料。其主要产品包括杭罗、帘锦罗等。

10. 纱类

纱类是在地纹或花纹的全部或一部分采用绞纱组织，构成具有纱孔的花、素织物。纱类织物质地轻薄透明，具有飘逸感，透气性好，织物结构稳定，比较耐磨。素纱多为生织，如化妆面纱、萤波纱。花纱多为熟织，如莨纱、芦山纱等。

莨纱绸俗称香云纱，是我国广东的传统产品，也是我国特有的丝质拷胶夏季衣料。莨纱绸可分为两种，一种是利用大提花机在平纹地上以绞纱组织提出满地小花纹，并有均匀细密的小孔眼，经上胶晒制而成，称为莨纱；另一种用普通织机织造的平纹组织的绸坯，经上胶晒制而成，称为莨绸。莨纱绸穿着爽滑、透凉、舒适，容易散发水分，适宜夏季穿着，织物耐晒、耐穿、耐洗，干后不需要熨烫。

11. 葛类

葛类采用平纹、经重平、急斜纹组织，经纬用相同或不同种类的原料制织成的花、素丝织物。其一般为经细纬粗，经密纬疏，地纹表面少光泽，并具有明显横棱凸纹，主要品种有文尚葛、春光葛、印花葛等，用做春秋季或冬季棉衣面料、服装，以及坐垫、沙发面料等装饰用绸。

12. 绨类

绨类用粘胶长丝作经，棉纱、蜡线或其他低级原料作纬，以平纹组织交织而成。绨质地粗厚、填密，织纹简洁清晰。大花纹的花绨，多用做被面或其他装饰品，小花纹的花绨与素绨常用做衣料。

13. 绒类

绒类表面具有绒毛或绒圈，采用桑蚕丝制织而成，质地柔软，色泽鲜艳光亮，绒毛、绒圈紧密。其一般采用复杂组织中的双层组织，织成后经割绒成为两块起绒毛的织物，主要品种如乔其绒、金丝绒、立绒、天鹅绒、利亚绒等，统称丝绒。丝绒可染色、印花。乔其绒绒面细密顺向；立绒绒毛密实，挺立不倒，绒短而平整；金丝绒经、纬丝都不加捻，绒毛浓密，绒长而略带倾斜。丝绒用于制作服装、帷幕、窗帘、装饰用品和工艺美术用品。

14. 呢类

呢类采用绉组织、平纹组织、斜纹组织或其他短浮纹联合组织，应用较粗的经纬丝线制织，质地丰厚，具有毛型感。其主要品种如大伟呢、丰达呢、丝毛呢、西湖呢、康乐呢等，适于中老年冬令服装用料。

（二）棉机织物的常见品种

1. 平纹类

（1）平纹布

平纹布又称平布，一般所用经纬纱相同或差异不大，经纬密度也很接近。平纹布的经纬向强力较为均衡，结实耐穿，布面平整，但缺乏弹性。平纹布的主要品种有市布、粗布和细布，都是一上一下的平纹组织，三者的主要区别是所用的经纬纱粗细不同。市布一般采用21～30特的中号单纱作为经纬纱织成，粗布一般采用32特以上粗支纱织成，细布采用11～20特较细纱作经纬织成。

（2）府绸

府绸是平纹棉织物中的高档品种，有纱府绸、半线府绸（线经纱纬）和全线府绸三种，纱线较细，品质较高。府绸经密要高于纬密近一倍，结构紧密，滑爽柔软，有绸类特征，可作衬衫、外衣或绣花底布。府绸也有采用平纹变化组织织成条格的。

（3）麻纱

麻纱不是麻织物而是棉织物，是平纹变化组织的一种。其经纱中有一部分是双纱，有一部分是单纱，相互间隔排列，织物密度比较稀疏，布面有细小空隙，平挺爽滑，有麻布类的特征，所以取名麻纱，宜作夏季衣料、手帕和装饰用布。

（4）巴里纱

巴里纱也叫玻璃纱，是用细号棉纱织制的稀薄平纹织物，质地半透明，可作窗帘、夏服用。

2. 斜纹类

（1）斜纹布

一般是二上一下的斜纹组织，倾斜的角度是45度，正面斜纹的纹路比较显著，反面似平纹状，一般称为单面斜纹。斜纹布的经密大于纬密，质地较平纹布紧密厚实，手感较平纹布柔软。

（2）卡其

卡其有纱卡其和线卡其之分。纱卡其一般是三上一下斜纹组织，正面有斜纹纹路，斜向70度左右，其反面似平纹，故称单面卡。线卡其是二上二下的斜纹组织，有全线卡其和半线卡其（线经纱纬）两种，斜向65度左右，正反面纹路都很清晰，故称双面卡其。线卡其密度大，斜纹纹路明显突出，布身坚硬厚实。卡其可用于男女春秋服装，如经加工上防雨浆后，即成为防雨卡其布，可做风衣、雨衣等。

（3）华达呢

华达呢也是二上二下斜纹组织，倾斜角为60度左右，密度比卡其小些，斜纹纹路比卡其略宽，可隐约看到纬纱，布身柔软适宜，适合做各种男女服装。

（4）哔叽

哔叽也是二上二下的斜纹组织，有线哔叽和纱哔叽之分，一般以纱哔叽为多。其倾角均为45度左右。哔叽的密度小，纹路宽，布面纹路清晰，质地较松软，宜做男女儿童各种服装。

3. 缎纹类

贡缎采用缎纹组织。其中，采用经面缎纹的称直贡缎；采用纬面缎纹的称横贡缎，常经丝光处理。横贡缎纱支细密，经纱为14.5特，纬纱为10~14.5特，反光比直贡好，更像丝绸，它以印花为多，色彩鲜艳，宜做妇女儿童的外衣、衬衫、裙子等。

4. 提花布

提花布的织纹构成图案，有大提花和小提花两类。白织大提花织物多织成床单、台布、餐巾等，其小提花织物多是府绸、麻纱等。色织大提花织物多用做家具布，小提花织物则用做妇女、儿童衣料。

5. 色织类

色织布是用漂白或各种不同颜色的纱线作为经纬织成的织物，其花色品种、组织、规格繁多，用途广泛。

（1）线呢

线呢是用染色或漂白的纱和线，按设计图案织成的色彩鲜艳的色织物，其多数是彩色条格，也有提花，还可以用绉线、环圈线、断丝线、松捻线、夹丝线、金银线等花式纱线，使成品具有毛织花呢的风格。线呢经纬一般均用18.2特双股线，有素花、条花、格花、提花、绉花、夹丝绉花等品种，可作各种外衣衣料，也可作装饰用布。

（2）条格布

条格布是全纱色织布，以平纹、斜纹为主，利用色纱织出条子或格子的花纹及其他花纹，常用27特单纱作经纬，通常很少使用花式线，可作妇女、儿童衣料等。

（3）劳动布

劳动布是用不同颜色的纱线织成的三线或四线斜纹色织物，包括破斜纹组织的色织物。这种色织物以经纱为面，经纱染成一种相同的颜色，纬纱未漂白或经漂白、染成灰色或比经纱稍浅的颜色。

（4）牛津布

牛津布是英国牛津地区首先生产的平纹或方平组织的精梳棉织物。其有小套格花纹或细条形花纹，漂白或匹染素色，色织时用色经白纬织成浅色平素织物或彩色条格，多用做夏季衬衣、运动服、睡衣等。

6. 起绒类

绒布是用较细的经纱和较粗的纬纱织成，纬纱捻度较松，纬密大于经密，经过4次拉毛，纬纱中的纤维尾端被拉出，布面形成丰满的绒毛。绒布有条了绒、格子绒、彩格绒、芝麻绒、衬绒、凹凸绒、台板绒、麂皮绒等品种，有单面起绒的单面绒和双面都起绒的双面绒。其除用做冬季内衣外，印花、色织、条格的绒布可作妇女、儿童外衣料。

7. 起皱类

泡泡纱在制造方法上有三种：第一种是用印花方式以浓碱收缩作用成泡的，一般称为泡泡纱；第二种是织成泡泡的，是利用一紧一松两只经轴，使张力不同的经纱相间排列，织成的织物也会呈现泡泡状皱状，一般称为织条皱布；第三种是采用机械轧出花纹泡泡的，一般称为轧纹布或凹凸布。泡泡纱采用平纹组织织成的细布经加工制成，有单色、印花和色织等品种，可做床罩、窗帘、台布及夏季服装等。

（三）毛机织物的常见品种

毛机织物有粗梳毛织物和精梳毛织物两类。

1. 粗梳毛织物

粗梳毛织物的品种很多，现列举几种典型的粗梳毛织物。

（1）麦尔登类

大部分以二上二下斜纹组织，用细支羊毛12~16公支纱织成，经缩绒而不拉毛，重量在360~480克/平方米。其结构紧密，表面有细密毛绒覆盖，手感丰厚，富有弹性，适宜制作西上装、中山装及披风等。

（2）大衣呢类

大衣呢是缩绒或缩绒再起毛的织物，组织变化复杂，有斜纹变化组织、纬二重、经二重及双层组织。大衣呢质地丰厚，保暖性强，有不同风格，如平厚大衣呢、立绒大衣呢、顺毛大衣呢、拷花大衣呢、花式大衣呢等。

（3）制服呢类

制服呢是粗纺呢绒中的大众化品种，包括海军呢、细制服呢、制服呢、向群呢、军服呢。其经纬纱一般用6~13公支的同支数单纱，多采用二上二下的斜纹组织，重缩绒，重量在每平方米四五百克或以上，以匹染上青色为主，适用于上衣或裤料等。

（4）女式呢类

女式呢一般用9~16公支毛纱织制，重量为230~460克/平方米，以匹染为主，色泽鲜艳，手感柔软。有平素女式呢、立绒女式呢、顺毛女式呢、花式松结构女式呢四种，其中前三种经过缩绒和拉毛，松结构的则不经缩绒和拉毛。女式呢适于缝制妇女服装和童装。

（5）法兰绒类

法兰绒由染色毛和原色毛混合纺成9~15公支毛纱，用平纹或斜纹织成呢坯，再经缩绒即成法兰绒，有深灰色和浅灰色，手感柔软，富有弹性，呢面有丰满细洁的绒毛，色泽是混色夹花，适于作裤料和制作风衣、妇女上衣、童装，薄型的可制作裙子、连衫裙等。

(6) 粗花呢类

粗花呢分为纹面花呢、呢面花呢、绒面花呢三类，利用单色纱、混色纱、股线、花式纱等，常用平纹、2/2斜纹、3/2斜纹及各种变化组织、联合组织、绉纹组织等织制，常用纱支在5～14公支，重量在250～420克/平方米。

纹面花呢是以人字、条、格、圈、点及提花织制的粗花呢，表面花纹清晰，纹面匀净，身骨挺而有弹性，手感柔软。呢面花呢经缩绒或缩绒后轻起毛，由短绒覆盖，呢面平整均匀，质地紧密，身骨厚实。绒面花呢经缩绒后起毛（立绒或顺毛），表面有绒毛覆盖，绒面丰满，绒毛整齐，手感丰厚，柔软而稍有弹性。

粗纺呢绒还有些其他品种，如大众呢、粗服呢、劳动呢、制帽呢等。粗纺呢绒适合做男、女上装及大衣或童装等。此外，还有毯子、装饰等用的粗梳毛机织物。

2. 精梳毛织物

精梳毛织物包括：

(1) 凡立丁和派力司

这两种织物都是薄型精梳平纹织物。凡立丁是精纺呢绒中密度最小的品种，以52/2公支双股线作经纬纱，织后染色。派力司是精纺呢绒中最薄的，采用有色和原色毛混条纺成，以58/2公支股线作经、40公支单纱作纬，呢面有纵横交错的有色细线条纹，质地细洁轻薄。两种织物都适于做夏季或春秋季的衣裤。

(2) 哔叽和啥味呢

这两种织物采用二上二下斜纹组织，有光面和毛面两种，适于做春秋季服装。哔叽为匹染，经纬密度较接近，多为光面。啥味呢用条染混色织成，呢面有夹花状条纹，多为毛面。

(3) 华达呢

华达呢采用二上二下斜纹组织，经密比纬密大一倍左右，斜纹的斜度比哔叽大，呈63度左右，正面为右斜，反面为左斜，织成后匹染，多做上衣、裤子、风衣等。

(4) 马裤呢

马裤呢是一种厚重的精纺呢绒，重量在400克/平方米以上，用36/2或40/2公支毛线以三上一下斜纹组织织成，呢面有粗壮的织纹，斜纹凸出，呈急斜纹状，织成后匹染，适于制作裤子、大衣、运动装等。

(5) 直贡呢

直贡呢是精纺绒中经纬密度很大又较厚重的品种，采用经面缎纹组织，经纬纱线较细，表面光洁，匹染。

(6) 花呢

花呢是精纺呢绒中花色变化最多的品种，多为条染产品，常利用各种不同色彩的纱线，如素色、混色、彩色、异色合股、花粗纱、花式捻线、竹节纱、彩点纱、反正捻纱等及各种不同嵌条线，并用各种不同组织织成，织物表面有丰富多彩的花色效果。

薄花呢重量小于195克/平方米，多为平纹，毛纱捻度较大，多为全线织物。中厚花呢重量在195～315克/平方米，以二上二下斜纹及变化斜纹为主，有素花呢、条花呢、格花呢、夹丝花呢四类。厚花呢采用斜纹变化组织或二重组织，重量在315克/平方米以上，多为素色或条形。花呢适宜做套装、上衣和裤子。

(7) 女衣呢

女衣呢是花色变化较多的品种,色泽鲜艳,松结构,经纬密度较稀,绉纹组织较多,有的提花构成各种图案,或凹凸的纹样,如绉纹呢、迭花呢等。其织纹清晰,手感柔软,有弹性,多用于妇女服装、上衣、连衫裙及童装等。

(四) 化纤长丝机织物的常见品种

1. 弹力织物

合成纤维长丝经过变形处理,形成卷曲、有弹性、蓬松、有纱型感的变形纱,可用来织造弹力织物。假捻弹力丝有高弹和低弹两种。高弹的紧缩伸长率在 100%～300%,用于织制弹力袜、弹力游泳衣等。低弹的紧缩伸长率只有百分之几十,用于织制各种仿毛、仿丝、仿麻型的针织物和机织物。高弹织物多用锦纶、丙纶,低弹织物多用涤纶。腈纶/氨纶的包芯纱及棉/氨纶的包芯纱目前也大量织制弹力织物,如用经纬收缩率不同的弹力丝,可制成绉绸、泡泡纱、蜂巢凹凸花呢;经过起毛可制成海狸呢、苔绒或仿麂皮;经过缩绒可制成法兰绒、麦尔登等。

2. 仿真丝织物

化纤仿真丝可以从原料、纺织工艺和染整加工三方面入手。蚕茧双孔吐丝,单丝截面为三角形,细度为 1 旦左右。因此,仿丝型化纤采用 1 旦左右的单丝,截面呈三叶形、五星形、8~16 多叶形,使织物光泽柔和,并增强丝感。化纤长丝采用微卷曲、多层卷曲变形及强捻合股,以增加织物的膨松度和丰满度。涤纶是仿丝织物的主要原料,采用强碱后处理能使涤纶丝的表面产生不规则的凹凸面,再经过强捻合股,能使织物在手感丰满与光泽绚丽方面接近蚕丝。针织纬编仿丝织物适宜采用细针距、大块面花纹印花;机织仿丝织物适宜采用较密的经纬交织点和较短的浮长、低张力织造,并经抗静电处理,以改进织物的悬垂性和防污性。如果采用阳离子染料可染型的涤纶丝与其他化纤交编、交织,可以制成色谱多而色彩鲜艳的多色或异色织物。细旦、异形、收缩性不同的混纤丝,如涤/粘、涤/锦、锦/粘等可以改进仿丝织物的手感、外观、吸湿性和其他服用性能。

仿真丝织物品种有尼龙纺、雪纺、柔姿纱、涤丝绉、柳条绉、涤棉绸、闪光缎、软缎、塔夫绸、涤纶乔其纱、烂花乔其绒、凹凸立绒、金银丝绒、桃皮绒等。应注意,以特种加工方法制成的起绒类机织物归入品目 5801。

3. 仿纱型织物

仿纱型织物是模仿短纤纱织物风格的化纤长丝织物。化纤长丝经过喷气变形,可使丝的表面具有类似短纤纱的毛茸状,有的还呈圈结、竹节状,能用于织制仿纱型织物,工艺过程比传统纺织短,可提高经济效益。仿纱型织物适宜做套装、裤料、门窗帘、台布、沙发布、床罩等。仿纱型织物的风格可以仿棉、仿毛、仿麻,还可用机织、针织纬编或经编方法织制成花式纱线织物。原料可以选用涤纶、锦纶、腈纶、丙纶、粘胶丝、醋纤丝,也可夹入少量金银线。

4. 仿麻织物

选用规格接近麻纤维的化学纤维,可以纺织成具有硬挺、透气特点的轻薄型织物,再经过整理,织物外观接近麻织物,多做夏令服装用料,如珍珠麻、太子麻、奥丽麻、时装麻等。

5. 人造麂皮

人造麂皮是模仿动物麂皮的织物，表面有密集的纤细而柔软的短绒毛。人造麂皮以超细旦化纤（0.4旦以下）为原料的经编织物、机织物或无纺织布为基布，经聚氨基甲酸酯溶液处理，再起毛磨绒，然后进行染色整理而成。采用的化纤纤度如细到0.4~0.001旦，则制成的人造麂皮质量较好。如采用橘形截面涤纶、锦纶复合丝制成的基布，起毛时一根复合丝能裂离成十数瓣小于0.4旦的超细绒毛。如基布的中间层采用涤纶长丝，表层和里层采用0.1旦腈纶超细纤维，可以制成三维结构双面起毛的人造麂皮。利用化纤仿制的麂皮，克服了动物麂皮着水收缩变硬、易被虫蛀、缝制困难的缺点，具有质地轻软、透气保暖、耐穿耐用的优点，适宜制作春秋季大衣、外套、运动衫等服装和装饰用品，也可用做鞋面、手套、帽子、沙发套、墙布以及电子元件的材料。

6. 人造毛皮

人造毛皮是外观类似动物毛皮的长毛绒型织物。绒毛分两层，外层是光亮粗直的刚毛，里层是细密柔软的短绒。织造方法有针织（纬编、经编和缝编）、长毛绒织机双层织造法和静电植绒法等，以针织纬编法发展最快，应用最广。针织时，织针抓取纤维后套入底纱编织成圈，由于绒毛在线圈中呈"V"形，且针织底布延伸度较大，必须再在底布背面涂黏合剂，使底布定形，不致掉毛。针织人造毛皮底布通常用棉、粘胶或涤纶长丝作原料，毛条大多使用腈纶或变性腈纶纤维。外层粗刚毛纤维的纤度在10~30旦，多用异形截面，如腰子形、哑铃形、多角形等，有较好光泽；里层短绒毛纤维的纤度在1.5~5旦，在沸水中收缩性较强。人造毛皮常用做大衣、服装衬里、帽子、衣领、玩具、褥垫、室内装饰物和地毯等。

阅读材料十一：非织造布的加工

非织造布，又称无纺织物、无纺布、不织布，是不经过纺纱和织造制成的片状纺织物。但也有一些非片状的非织造产品，如各种非织造抛光轮、过滤筒、非织造复合材料。

非织造布的加工主要包括纤维成网、纤维网加固和后整理三个工序。

根据纤维成网方式的不同，非织造布可以分为干法非织造布、湿法非织造布和聚合物直接成网法非织造布。干法一般利用机械梳理成网，然后再加工成非织造布。湿法一般采用造纸法即利用水流成网，然后再把纤维网加工成非织造布。聚合物直接成网法是将聚合物高分子切片通过熔融纺丝直接成网，然后再把纤维网加工成非织造布。（如图阅-5所示）

根据纤维网加固方法不同，非织造布可分为机械加固、化学黏合加固和热黏合加固等几种。

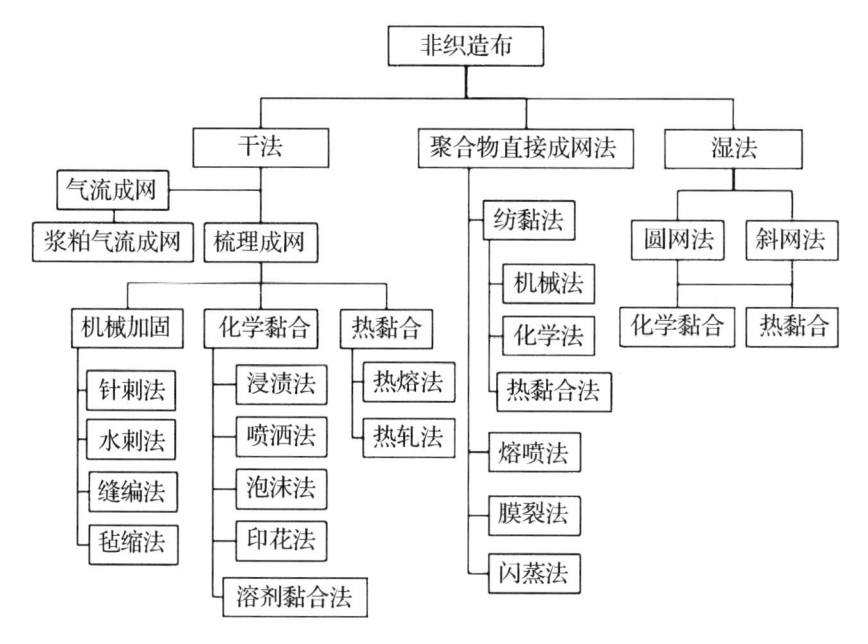

```
                          非织造布
        ┌──────────────────┼──────────────────┐
       干法           聚合物直接成网法          湿法
   ┌────┴────┐         ┌────┤           ┌──────┴──────┐
气流成网   梳理成网    纺黏法              圆网法      斜网法
浆粕气流成网  │        机械法              ┌──┴──┐
      ┌─────┼─────┐   化学法           化学黏合  热黏合
   机械加固 化学黏合 热黏合  热黏合法
    │       │      │      熔喷法
   针刺法  浸渍法  热熔法   膜裂法
   水刺法  喷洒法  热轧法   闪蒸法
   缝编法  泡沫法
   毡缩法  印花法
          溶剂黏合法
```

图阅-5　非织造布成网、加固方式

（一）干法非织造布

在非织造的加工方法中，干法非织造布占较大的比例，其产品品种多，应用范围广。干法非织造布成网可分为浆粕气流成网和短纤维梳理成网。浆粕气流成网是用类似浆粕的极短纤维进行气流成网的一种新方法。短纤维梳理成网是把短纤维原料在棉纺或毛纺设备上开松、混合、梳理，制成纤维网，再经过加固制成非织造布。按其加固方法可以分为以下三种。

1. 机械加固法

利用机械力使纤维网进行缠结从而加固成布的方法，称为机械加固法。机械加固有针刺法、水刺法、缝编法和毡缩法四种。

针刺法是用刺针穿刺纤维网，使纤维网中的纤维互相纠结或连接在一起，从而达到加固纤维网的目的。其代表性产品有针刺棉、针刺地毯、针刺土工布、针刺合成革基布等。目前这种生产线占比较大，产品适用范围广，成本低。

水刺法也称射流喷网法，即用高压高速极细的水流来喷射纤维网，利用水流的机械力使纤维网中的纤维相互纠结，从而形成各种不同结构的水刺非织造布。水刺法的代表性产品有卫生材料、纱布、擦布和合成革基布等。

缝编法是在经编基础上发展起来的，利用缝编机上的钩针用纱线、长丝或纤维网本身的纤维对纤维网钩编的一种方法。其产品主要用于装饰产品、鞋材、滤材和衬料等。

毡缩法是利用动物纤维的毡缩性，在纤网中加以湿热和助剂，通过机械力的揉搓摩擦使纤维相互纠结而得以加固。其产品主要有工业用呢、密封垫、礼帽、抛光材料等。

2. 化学黏合加固法

化学黏合加固法是利用化学黏合剂加固纤网的一种方法，是较早的加固方法之一，包括喷洒法、饱和浸渍法、泡沫浸渍法、印花法、溶剂法等。

3. 热黏合加固法

利用合成纤维的热塑性，使纤网在热压条件下加固成布，包括热轧黏合法和热风黏合法，主要用于卫生巾、餐巾等。

（二）聚合物直接成网法非织造布

聚合物直接成网是近年来发展较快的一类非织造布成网技术。它利用化纤纺丝原理，在聚合物纺丝成形过程中使纤维直接铺置成网，然后纤网经机械、化学或热方法加固而成非织造布，或利用薄膜生产原理直接使薄膜分裂成纤维状制品。聚合物直接成网包括纺丝成网法、熔喷法和膜裂法等。

1. 纺丝成网法

纺丝成网法包括熔融纺丝直接成网法（又称纺粘法）、干法纺丝直接成网法（又称闪纺法）和湿法纺丝直接成网法。

熔融纺丝直接成网法是在熔融纺丝的同时，边抽丝边使连续的长丝铺网，再经加固而制成非织造布。该法的工艺流程为：切片干燥→挤压纺丝→牵伸→分丝铺网→加固→卷绕。纺丝成网法主要以该法为主。

干法纺丝直接成网法是杜邦公司发明的一种新工艺，是将高聚合物溶解在溶剂中，然后通过喷丝孔挤出，使溶剂迅速挥发而成为纤维，它同时采用静电分丝法使纤维彼此分离后凝聚成网，经热轧加固形成闪纺法非织造布。

湿法纺丝直接成网法是将高聚合物纺丝溶液通过喷丝孔挤出，再进入凝固浴中形成纤维后得到纤维网，然后加固纤网制成非织造布。

2. 熔喷法

熔喷法是在抽丝的同时，采用高速热空气对挤出的细丝进行拉伸，使其成为超细纤维，然后凝聚到多孔滚筒或网帘上形成纤维网，再经自身黏合或热黏合加固制成。熔喷工艺流程为：聚合物喂入→熔融挤出→纤维形成→纤维冷却→成网→黏合加固→切边卷绕。

3. 膜裂法

膜裂法是将聚合物吹塑成纤维片状膜，再经一定的方法，如针割或刀切，让纤维片状膜形成孔洞。在牵伸时，把膜变成纤维状而成为膜裂纤网，也称原纤化技术成网法。

（三）湿法非织造布

和造纸法类似，湿法非织造布是从水槽沉集、悬浮的纤维而制成的纤维网，再加固纤维网而成的非织造布。纤维网的成形在湿态下进行，是非织造布生产中产量最高的一种方法，成本较低，产品大多用做卫生用品等，属"用即弃"产品。湿法非织造布源自长纤维造纸技术，沿用了许多造纸的工艺和设备，与纸的外观和某些性能十分相似，但所用的纤维长度比造纸的纤维长度要长，为5~10毫米，最长可达20毫米以上。

湿法非织造布的具体生产方法有：采用传统的造纸设备和工艺；把水溶性纤维与其他纤维混合成网后，在湿态中经压辊轧压成形，烘干后成非织造布；纤维网在湿态中成形，经过加热和加压制成非织造布；采用溶剂处理，使某种纤维局部溶解而有黏性，黏合其他纤维，溶剂挥发后即成非织造布；利用黏合剂（常为乳液）对分散纤维加以黏合，而后经烘焙制成非织造布。

非织造布分薄型和厚型两大类。薄型重量一般为 20~100 克/平方米，用做服装衬里、装饰布、手帕、卫生用品等；厚型的用做絮片、地毯、过滤材料、土工布（路基布）等，还可用以制成隔热、透气、耐热、耐磨、隔音、防震、防毒、防辐射等特殊用途的材料。

阅读材料十二：鞋的制作工艺

中国的制鞋工艺在很长的时期内一直沿用手工缝合成型工艺。20 世纪以来，陆续从国外引进先进技术和专用设备，制鞋工艺得以飞速发展，大致可分为缝绱工艺、注塑工艺、模压工艺、黏合工艺、组装工艺等。

（一）缝绱工艺

缝绱工艺主要是将鞋帮和鞋底通过手工或机器缝合成型，是皮鞋和布鞋的传统成型法，这类工艺有手缝、机缝两种。手缝中的反绱、明绱、正绱是布鞋的传统加工方法，机缝中的压条缝和沿条缝是皮鞋的传统加工方法。

（二）注塑工艺

注塑工艺有 4 种加工方法：

1. 注塑法：中等注射压力，机筒温度较高，将合成树脂塑料注入模具内，一次完成鞋底固化及帮底结合成型，多用于布鞋，现在皮鞋、塑料鞋、胶鞋也较多采用这类工艺。

2. 注胶法：将橡胶通过机筒塑化，再以较高注射压力注入模具内，同时完成制底及帮底黏合成型，常用于布鞋、胶鞋的加工。

3. 浇注法：将定量的反应性原料液（如聚氨酯、聚酰胺等）的 A、B 组分，在混合头内高速搅匀后浇注到模腔内，使其在常（高）压下固化结合成型，现多用于生产胶鞋和少数布鞋。

4. 搪塑法：将塑溶胶倾入靴、鞋阴模腔中，边加热、加工边旋转模具，使一部分塑溶胶在离心力作用下附在模腔壁上凝成坯体，然后倒掉多余塑溶胶液，继续加热使坯体熟化成型，脱模后再放入鞋的里料；常用于胶鞋和塑料鞋的加工。

（三）模压工艺

模压工艺是在已绷上楦的帮脚下（鞋帮下口）贴合鞋底、围条（用于胶鞋），将胶坯放入模具内，进行加热和加压，经硫化成型，多用于胶鞋、皮鞋和布鞋的加工。

（四）黏合工艺

黏合工艺有 3 种方法：

1. 热硫化黏合法：鞋的各部件粘贴后送入硫化罐，用蒸汽间接加热或用空气、蒸汽直接加热，在胶制部件硫化的同时，使帮、底黏合成型。其中，外底、底后跟等部件预先模制成型，再与其他部件粘贴送入硫化罐中加热硫化的称二次硫化法，是胶鞋生产的传统工艺，现在有些布鞋也采用此法加工。

2. 冷粘法：鞋帮、鞋底涂上胶粘剂，在室温下加压黏合成型，现多用于皮鞋、布鞋、胶鞋的加工。

3. 粘缝法：鞋帮和鞋底冷粘后，鞋底的周沿再用线缝，以增强鞋底和鞋帮之间的牢度。

（五）组装工艺

组装工艺是将注模、模压或冲切制好的鞋部件装配成鞋，现多用于塑料拖鞋和胶拖鞋的加工。

阅读材料十三：帽子的相关知识

（一）帽子的沿革

原始人把兽皮、树叶盖在头上以保护头部，产生了帽子的雏形。《后汉书·舆服志》有"上古穴居而野处，衣毛而冒皮"的记载。中国古代的帽子，主要有冠、冕、弁、巾帻、幞头、盔等品种。

世界其他各国佩戴帽子的历史也很悠久。欧洲古代男子多戴兜帽和无边帽，女子多戴面纱和头巾。古代欧洲和小亚细亚的农村，人们习惯戴家庭制作的草帽或其他植物纤维编的帽。雅典和罗马的传统手工艺者常戴椭圆形帽顶的毡帽。英国的圆顶硬礼帽，创始于1850年。19世纪后半叶美国流行软毡帽。在拉丁美洲和美国西部流行阔边帽，它是一种帽边在边缘处向上卷起的高顶毡帽或草帽。

（二）帽子的材料

帽的材料有主料、辅料两大类。主料有毛皮（裘皮）、精梳羊毛、皮革、人造革、长毛绒、棉布、丝绸、各种化纤织物及网眼布、毛呢、毛线、毛毡、植物纤维、塑料、金属等。辅料有树脂衬、无纺布衬、布衬、纱衬、麻布衬、热熔胶衬、聚氨酯发泡复合材料、塑料板等。

（三）帽子的规格

帽号是表示帽子尺寸的计量单位。中国根据全国范围内抽样调查的成年人的头长、头宽、头围数据，经计算制定出头型系列。按此系列，再加1厘米的围度余量，成为现在成年人的帽号，一般分中号、大号、特大号三种。如春秋季戴的圆顶帽、前进帽的中号是51~54厘米，大号是55~60厘米，特大号为61厘米以上；冬季戴的皮绒帽的中号是53~55厘米，大号是56~61厘米，特大号为62厘米以上。

（四）帽子的加工

帽子有缝制、毡胎成型、针织、编织、注塑等多种加工工艺。

1. 缝制：以缝纫机缝制为主，是帽子的主要生产工艺。其一般工艺过程依次为铺料、划皮、裁剪、缝制、整烫定型、缝缀装饰、成品检验。由于帽子的品种不同，整烫定型的方法及工序繁简也不同。如以天然、化纤织物为材料缝制的圆顶帽、前进帽等，缝制后套在盔头上用电熨斗整烫，使帽的外形服帖，挺括美观。皮绒帽则把缝制好的帽里套在盔头上，通过加衬布、棉絮，以及刷浆、加热等方法，形成平整的帽里胎，再把缝制好的皮帽面套上，通过钉平、加热、烘干，形成帽胎与皮面组合在一起的定型帽顶，再缝上帽耳扇，最后成帽。

2. 毡胎成型：主要用于礼帽的生产。将羊毛梳理、制胎、漂染，然后根据款式采用相应的盔头进行整烫、压制成型。

3. 针织：采用针织机织成帽筒、帽片，再进行缝制、整烫等，与缝制工艺基本相同。

4. 编织：主要采用棒针、钩针等进行手工编织成型。

5. 注塑：通过注塑机将塑料注入帽模成型。其主要用于制作安全帽等。

阅读材料十四：碳纤维

碳纤维是用聚丙烯腈基纤维、粘胶丝和沥青纤维作为原料，在一定张力、温度下，经过一定时间的预氧化、炭化和石墨化处理等过程制得，是含碳量在90％以上的高强度高模量纤维（含碳量在99％以上的称为石墨纤维）。碳纤维具有元素碳的各种优良性能，如比重小、耐热性极好、热膨胀系数小、导热系数大、耐腐蚀性和导电性良好等，同时，它又具有一般纤维的柔曲性，可进行编织加工和缠绕成型。

碳纤维最优良的性能是比强度和比模量超过一般的增强纤维，它和树脂形成的复合材料的比强度和比模量比钢和铝合金的高3倍左右。碳纤维复合材料应用在宇宙飞船、导弹和飞机上，可以显著减轻重量，提高有效载荷，改善性能，是航天工业的重要结构材料。近年来，碳纤维的应用已逐步扩大到民用工业上，如汽车工业和运动器材等方面。碳纤维继金属、有机物、陶瓷之后，成为第四种原材料。

阅读材料十五：陶瓷加工及分类

陶瓷是以黏土及各种天然矿物为主要原料的各种制品。人们把一种陶土制作成的在专门的窑炉中高温烧制的物品叫陶瓷，陶瓷是陶器和瓷器的总称。从最粗糙的土器到最精细的精陶和瓷器都属于陶瓷的范畴。由于它的主要原料是取之于自然界的硅酸盐矿物（如黏土、石英等），因此与玻璃、水泥、搪瓷、耐火材料工业等，同属于"硅酸盐工业"的范畴。

（一）陶瓷工艺

1. 淘泥
高岭土是烧制瓷器的最佳原料，千百年来，无数精品陶瓷都是从这些不起眼的瓷土演变而来的。制瓷的第一道工序——淘泥，就是把瓷土淘成可用的瓷泥。

2. 摞泥
淘好的瓷泥并不能立即使用，要将其分割开来，摞成柱状，以便于储存和拉坯用。

3. 拉坯
将摞好的瓷泥放入大转盘内，通过旋转转盘，用手和拉坯工具，将瓷泥拉成瓷坯。

4. 印模
印坯拉好的瓷坯只是一个雏形，还需要根据要做的形状选取不同的印模将瓷坯印成各种不同的形状。

5. 修坯
刚印好的毛坯厚薄不均，需要通过修坯这一工序将印好的坯修刮整齐和匀称，修坯又分为湿修和干修。

6. 捺水
捺水是一道必不可少的工序，即用清水洗去坯上的尘土，为接下来的画坯、上釉等工序做好准备工作。

7. 画坯
在坯上作画是陶瓷艺术的一大特色。画坯有好多种方式，有在坯上直接画的，有贴好画纸勾画的，无论怎样画坯都是陶瓷工序的点睛之笔。

8. 上釉
画好的瓷坯，粗糙而又呆涩，上好釉后则全然不同，光滑而又明亮。不同的上釉手法，又有全然不同的效果，常用的上釉方法有浸釉、淋釉、荡釉、喷釉、刷釉等。

9. 烧窑
千年窑火，延绵不息，经过数十道工序精雕细琢的瓷坯，在窑内经受千度高温的烧炼。根据加热方法不同，烧窑可分为气窑、电窑等。

10. 成瓷
经过几天的烧炼，窑内的瓷坯已变成了一件件精美的瓷器。

11. 修补
成瓷缺陷的修补。一件完美的瓷器有时烧出来会有一点瑕疵，用一定方式进行修补，可以让成瓷变得更加完美。

（二）陶瓷分类

陶与瓷的区别在于原料土的不同和温度的不同。在制陶的温度基础上再添火加温，陶就变成了瓷。陶器的烧制温度在800℃~1000℃，瓷器则是用高岭土在1300℃~1400℃的温度下烧制而成。陶瓷制品的品种繁多，它们之间的化学成分、矿物组成、物理性质以及制造方法，常常互相接近交错，无明显的界限，而在应用上却有很大的区别。因此，很难硬性地归纳为几个系统。国际上还没有一个统一的分类方法，常用的有如下两种分类法。

1. 按用途分类
（1）日用陶瓷，如餐具、茶具、缸、坛、盆、罐、盘、碟、碗等。
（2）艺术（工艺）陶瓷，如花瓶、雕塑品、园林陶瓷、器皿、相框、壁画、陈设品等。
（3）工业陶瓷，指应用于各种工业的陶瓷制品。又可细分为以下4个方面：
①建筑卫生陶瓷，如砖瓦、排水管、面砖、外墙砖、卫生洁具等；
②化工（化学）陶瓷，用于各种化学工业的耐酸容器、管道、塔、泵、阀等；
③电气用瓷，用于电力工业高低压输电线路上的绝缘子、电机用套管、支柱绝缘子、低压电器和照明用绝缘子，以及电讯用绝缘子、无线电用绝缘子等；
④特种陶瓷，用于各种现代工业和尖端科学技术的特种陶瓷制品，有镁石质瓷、钛镁石质瓷、锆英石质瓷、锂质瓷、磁性瓷，金属陶瓷等。

2. 按材料分类

陶瓷按其所用材料，又可分为粗陶、精陶、炻器、半瓷器以及瓷器。原料是从粗到精，坯体是从粗松多孔逐步到达致密，烧结、烧成温度也是逐渐从低趋高。

（1）粗陶是最原始最低级的陶瓷器，一般以一种易熔黏土制造。在某些情况下也可以在黏土中加入熟料或砂与之混合，以减少收缩。这些制品的烧成温度变动很大，要依据黏土的化学组成所含杂质的性质与多少而定。

（2）精陶按坯体组成的不同，又可分为黏土质、石灰质、长石质、熟料质四种。黏土质精陶接近普通陶器。石灰质精陶以石灰石为熔剂，其制造过程与长石质精陶相似，而质量不及长石质精陶，已很少生产，而为长石质精陶所取代。长石质精陶又称硬质精陶，以长石为熔剂，是陶器中最完美和使用最广的一种。

（3）炻器在我国古籍中称为"石胎瓷"，坯体致密，已完全烧结，这一点已很接近瓷器。但它还没有玻化，仍有2%以下的吸水率，坯体不透明，有白色的，而多数允许在烧后呈现颜色，所以对原料纯度的要求不及瓷器那样高。炻器具有很高的强度和良好的热稳定性，较适应于现代机械化洗涤，并能顺利通过从冰箱到烤炉的温度急变。

（4）半瓷器的坯料接近于瓷器坯料，但烧后仍有3%~5%的吸水率（真瓷器，吸水率在0.5%以下），所以它的使用性能不及瓷器，比精陶则要好些。

（5）瓷器是陶器发展的较高阶段。它的特征是坯体已完全烧结，完全玻化，因此很致密，对液体和气体都无渗透性，胎薄处呈半透明，断面呈贝壳状，如用舌头去舔，会感到光滑而不被粘住。

（6）特种陶瓷是随着现代电器，无线电、航空、原子能、冶金、机械、化学等工业以及电子计算机、空间技术、新能源开发等尖端科学技术的飞跃发展而发展起来的。这些陶瓷所用的主要原料不再是黏土、长石、石英，即使部分陶瓷坯体也使用一些黏土或长石，更多的是采用纯粹的氧化物和具有特殊性能的原料，制造工艺与性能要求也各不相同。

（三）陶瓷纤维

陶瓷纤维（ceramic fibre）是指以三氧化二铝（30%~50%）和二氧化硅为主要成分且耐火度高于1580℃纤维状隔热材料的总称。陶瓷纤维制品是20世纪60年代初期发展起来的一种纤维状的轻质耐火材料。按其结构形态来说，它属于非晶质（玻璃态）纤维。

陶瓷纤维是以硬质黏土熟料或工业氧化铝粉与硅石粉合成料为原料，采用电弧炉或电阻炉熔融，经压缩空气喷吹（或甩丝法）成纤而制成的，可经再加工成毯、毡、板、纸、绳等制品及各种预制块及组件等。

陶瓷纤维产品的特点主要包括，优良的热稳定性，优良的化学稳定性，导热率低，低热容，重量轻，不可燃，良好的吸音性，柔软而有弹性等。陶瓷纤维主要用于纤维制品（板、毡、异型件及纺织物）的原料、高温环境下的密封及隔热充填材料、工程结构的保温或隔热层喷涂原料等。

阅读材料十六：玻璃的深加工

玻璃二次制品即深加工玻璃，它是利用一次成型的平板玻璃（浮法玻璃、普通引上平板玻璃、平拉玻璃、压延玻璃）为基本原料，根据使用要求，采用不同的加工工艺制成的

具有特定功能的玻璃产品。经过二次加工的玻璃具有如下功能:

(一) 提高玻璃的强度和安全性

近些年来,人们为了改变钢化玻璃炸裂时碎片过小的现象,研制出一种叫热增强玻璃(半钢化玻璃)的新型产品。由于该产品不易自爆,更适合用于大型规格玻璃幕墙。

1. 夹层玻璃:它是用合成树脂将两片或者两片以上的玻璃黏结在一起而制成的一种安全玻璃。当它破损时碎片不会飞散。夹层玻璃的生产方式有干法和湿法两种,但干法生产是主流。夹层玻璃的种类很多,但主要有 PVB 膜片夹层玻璃、以固相水合硅酸钠膨胀层为防火中间层的防火玻璃、以 EN 膜片为中间层的真空一步法夹层玻璃。真空一步法夹层玻璃不仅可生产普通安全玻璃,而且可生产带饰物的装饰夹层玻璃。

2. 贴膜玻璃:贴膜玻璃是在平板玻璃表面贴上一种多层的聚酯膜,以改善玻璃的性能和强度,使其具有保温、隔热、防爆、防紫外线、美化外观、安全等功能。目前主要用于汽车和建筑门窗、隔断顶棚等。贴膜玻璃根据不同的膜材,可产生不同的效果,如不同颜色、光致变色、导电、加温等。

(二) 改变平板玻璃的几何形状

众所周知,平板玻璃一般是平整光滑的,但在使用中,人们往往需要一些具有弧度或曲面的玻璃,这就需要改变平板玻璃的几何形状。目前主要产品有圆弧弯曲玻璃、玻璃果盘、玻璃锅盖等,它们的成型机理大致相同。

圆弧弯曲玻璃,亦称热弯玻璃、弧弯玻璃,属于玻璃二次升温至接近软化温度时,按需用要求,经压弯变形而成。按弯曲程度又可分为浅弯和深弯。浅弯多用于建筑装潢、汽车或船舶挡风玻璃、玻璃家具装饰系列(如电视柜、酒柜、茶几)等;深弯可广泛用于卧式冷柜、陈列柜台、观光电梯走廊、玻璃顶棚、观赏水族箱等。如果在热弯的同时进行钢化处理,就是热弯钢化玻璃,玻璃锅盖属于此类。现在一些弧形玻璃幕墙为了保证其安全性,多采用热弯钢化玻璃。

(三) 可对玻璃进行表面处理

玻璃表面处理包括两个方面:一方面是丰富玻璃表面,即利用物理或化学方式在玻璃表面上制作出不同的花纹和图案;另一方面是对玻璃表面进行涂镀处理。

1. 磨光玻璃:在浮法玻璃产生之前,一些玻璃需要磨光才能达到两个表面呈完全平行的目的。磨光玻璃就是用金刚砂、硅砂等磨料对普通平板玻璃或压延玻璃的两个表面进行研磨使之平坦以后,再用红粉、氧化锡及毛毡进行抛光。现如今,浮法玻璃已取代了磨光玻璃。

2. 彩绘玻璃:彩绘玻璃又称为绘画玻璃,是一种可为门窗提供色彩艺术的透光材料,一般是用特殊釉彩在玻璃上绘制图形后经过烤烧制作而成,或在玻璃上贴花烧制而成,制作方法有点像陶瓷。

3. 喷砂玻璃和蚀刻玻璃:是用 4~7 千克/立方厘米的高压空气将金刚砂等微粒喷吹到玻璃表面,使玻璃表面产生砂痕,它可以雕蚀出线条、文字以及各种图案,不需加工的部位用橡胶、纸等材料作为保护膜遮盖起来。如果在喷砂玻璃(全部喷砂)的基础上,再进行浸酸烧结,就会得到毛面蚀刻玻璃,也叫冰花玻璃。

4. 彩色釉面玻璃：彩色釉面玻璃是在平板玻璃的一个侧面烧结上无机颜料，并经过热处理后制成的一种不透明的彩色玻璃。根据不同的颜料，可生产出不同色彩效果的釉面玻璃。单一色彩可用于门窗，多彩的彩釉玻璃（又叫花岗岩玻璃或大理石玻璃）可用于建筑内外墙或地面。

5. 雕刻玻璃：人类很早就开始采用手工方法在玻璃上刻出美丽的图案，现已采用电脑数控技术自动刻花机加工各种场所用高档装饰玻璃。

以上属于利用物理或化学的方式丰富玻璃表面。对玻璃表面进行涂镀处理，是以平板玻璃为基板，在其表层施加一层或多层金属或非金属材料，从而使原来玻璃表面的性质发生改变。

镀膜玻璃：自1835年出现手工镀银制镜方法之后，20世纪人们相继发明了各种物理的（真空喷涂、磁控溅射等）、化学的（水解沉积、热解沉积等）或物理—化学的镀膜方法。镀膜玻璃是在玻璃的一个或两个表面上，用物理或化学的方法镀上金属、金属氧化物等的薄膜而制成的玻璃深加工制品。不同的膜层颜色和对光线的反射率不同，使得用镀膜玻璃装饰的建筑物晶莹辉煌。热反射镀膜玻璃可以控制阳光的入射，减少空调能耗；而低辐射镀膜玻璃可限制室内热量向外辐射散失，在寒冷地区有显著的节能效果。

（四）增加玻璃隔热、隔音功能

众所周知，建筑物的门窗是保温隔热、节能的薄弱环节，为了满足人们对窗玻璃的隔热、隔音的需求，中空玻璃应运而生。随后便发展出充气中空玻璃和真空玻璃。

1. 中空玻璃：是由两块或多块玻璃板组成的，玻璃板之间有隔热、隔音的空隙。中空玻璃自20世纪50年代初形成机械化小批量生产以来，发展非常迅速，在经济发达的国家已得到广泛的应用。除用于建筑业外，还用于车船工业和家电业。中空玻璃的空隙最初是干燥的空气，目前多用热效率比空气低的其他气体制造中空玻璃。原片也从单一的普通平板玻璃发展为深加工玻璃，其隔框也从空腹薄铝型材发展为橡胶隔热条等。

2. 真空玻璃：自1893年保温热水瓶问世以来，就一直有人研究能否将真空技术用在玻璃上，但直到1994年才由华裔学者唐健正教授与悉尼大学柯林斯教授在制造和应用上取得突破。真空玻璃是将两片平板玻璃四周密闭起来，将其间隙抽成真空并密封排气孔，两片玻璃之间的间隙为0.1~0.2毫米，真空玻璃的两片玻璃中一般至少有一片是低辐射玻璃，这样就将通过真空玻璃的传导、对流和辐射方式散失的热降到最低，其工作原理与玻璃保温瓶的保温隔热原理相同。

阅读材料十七：钢化玻璃与玻璃纤维

（一）钢化玻璃

所谓的钢化玻璃，就是将普通退火玻璃先切割成要求的尺寸，然后加热到接近软化点的700℃左右，再进行快速均匀的冷却而得到。（通常5~6毫米的玻璃在700℃高温下加热240秒左右，降温150秒左右；8~10毫米玻璃在700℃高温下加热500秒左右，降温300秒左右。总之，根据玻璃厚度不同，选择加热降温的时间也不同。）

钢化处理后玻璃表面形成均匀压应力，而内部则形成张应力，使玻璃的抗弯和抗冲击强度得以提高，其强度约为普通退火玻璃的四倍以上。

1. 钢化玻璃的优点

（1）安全性：当玻璃被外力破坏时，碎片会呈类似蜂窝状的碎小钝角颗粒，不易对人体造成伤害。

（2）高强度：同等厚度的钢化玻璃抗冲击强度是普通玻璃的3~5倍，抗弯强度是普通玻璃的3~5倍。

（3）热稳定性：钢化玻璃具有良好的热稳定性，能承受的温差是普通玻璃的3倍，可承受200℃的温差变化。

2. 钢化玻璃的缺点

（1）钢化后的玻璃不能再进行切割和加工，只能在钢化前对玻璃进行加工至需要的形状，再进行钢化处理。

（2）钢化玻璃强度虽然比普通玻璃强，但是钢化玻璃在温差变化大时有自爆（自己破裂）的可能性，而普通玻璃不存在自爆的可能性。

（3）钢化玻璃的表面会存在凹凸不平现象，有轻微的厚度变薄。

3. 钢化玻璃的应用

随着产品的种类及加工技术的不断更新，钢化玻璃的应用范围也随之变得越来越广泛。通常钢化玻璃可以应用在以下行业：

（1）建筑、建筑模板、装饰行业（如门窗、幕墙、室内装修等）；

（2）家具制造行业（如玻璃茶几、家具配套等）；

（3）家电制造行业（如电视机、烤箱、空调、冰箱等）；

（4）电子、仪表行业（如手机、MP3、MP4、钟表等）；

（5）汽车制造行业（如汽车挡风玻璃等）；

（6）日用制品行业（如玻璃菜板等）；

（7）特种行业（如军工用玻璃等）。

（二）玻璃纤维

玻璃纤维是一种性能优异的无机非金属材料，种类繁多。其优点是绝缘性好、耐热性强、抗腐蚀性好、机械强度高、不燃烧、不腐烂；其缺点是性脆、耐磨性较差、导电性能差、不吸湿，在某些情况下，导热和传音性能也很差。玻璃纤维可用机械拉制法、离心拉制法及流体拉制法制得。

随着加工技术的不断进步，玻璃纤维的应用范围日益扩大。

1. 用于装潢或室内装饰（例如，室内装潢、墙帷、帘幕、蚊帐），为织物状，可以染色或印花。

2. 用于隔热（例如，用于屋顶、烟囱、锅炉、熔炉、蒸汽管道等的隔热），为散装纤维、结球、毡、垫、罩套（供管子用）或编带等（不论是否用胶水、沥青或其他物质浸渍，或用纸张、纺织材料或金属丝网支撑）。

3. 用于隔音（例如，用于公寓房间、办公室、轮船舱房、剧院等的隔音），为散装纤维、毡、垫或硬板等。

4. 供绝缘用（例如，用于电线、电缆或其他电器），为长丝、纱线、狭带、编带、织物等（不论是否用天然树脂、塑料、沥青等浸渍）。

5. 用做热塑性树脂和热固性树脂的加强材料，用于制造建筑业用的门面覆盖板、镶板、圆顶、平板或瓦楞板；用于制造储存和运输液体用的槽、罐和管子；用于制造工业或农业用的机器外壳和其他模制件；用于制造汽车保险杠、履带车辆设备、铁路车厢或飞机、船壳、雪橇、网球拍及其他体育用品等。

6. 用于制造其他杂项产品（例如，空调或化学工业用的过滤产品、刷子、灯芯及打火机芯、电影银幕）。

阅读材料十八：宝石与黄金

（一）宝石与半宝石的分类

在宝石学中，宝石一般分为贵重宝石和半宝石两类。贵重宝石主要有四种，即钻石、红宝石、蓝宝石和祖母绿，而其余的宝石属于半宝石。半宝石的品种很多，不同的半宝石都有不同的特性、鉴定方法，价值也各有不同。

主要的半宝石品种有：碧玺、水晶、青金石、托帕石（黄玉）、海兰宝、石榴石、橄榄石、虎睛石（木变石）、拉长石（月光石）、星光石、黑曜石、孔雀石、绿松石、红纹石、紫龙晶、东陵玉、萤石、玛瑙、玉髓、捷克陨石、欧泊、舒俱来石、锂辉石、方解石等。另外，有机宝石砗磲、琥珀、珍珠、珊瑚也归为半宝石。

需要引起注意的是，行业对半宝石的分类，与《协调制度》对宝石（包括半宝石）的定义有一定的出入，在对其进行准确归类时要区别开来。

（二）黄金的成色

黄金及其制品的纯度叫做"成"或者"成色"。

公元前3世纪，古希腊数学家阿基米德（Archimdes）曾为判断一顶皇冠是否由纯金做成的而发愁。他在浴盆里洗澡的时候发现了被后人称为"阿基米德定律"的浮力原理：浸入液体的物体受到向上的浮力，浮力的大小等于它排开液体的重量。从而成功证实了国王定做的皇冠是否由纯金做成的。那么，黄金的纯度究竟如何表达呢？

用"K金"表示黄金的纯度：在理论上，把含量100%的金称为24K，所以计算方法为100/24。国家标准GB 11887—89规定，每（英文carat、德文karat的缩写，常写作"K"）含金量为4.166666%。9K = 100/24×9 = 37.5%（375‰）；14K = 100/24×14 = 58.333%（585‰），为方便标志，把它定为58.5%；18K = 100/24×18 = 75%（750‰）；22K = 100/24×22 = 91.666666%（916‰），为方便标志，把它定为91.6%。

在理论上，100%的金才能称为24K金，但在现实中不可能有100%的黄金，所以中国规定：含量达到99.6%以上（含99.6%）的黄金才能称为24K金。以上几种K金含量为首饰的通用规格，国家规定低于9K的黄金首饰不能称之为黄金首饰。用文字表达黄金的纯度（有的金首饰上打有文字标记），其规定为：足金，含金量不小于990‰；千足金，含金量大于999‰。

中国对黄金制品印记和标志牌有规定，一般要求有生产企业代号、材料名称、含量印记等，无印记为不合格产品，国际上也是如此，但对于一些特别细小的制品可以允许不打标记。

阅读材料十九：钢铁的冶炼与加工

（一）铁的冶炼

铁的冶炼是指通过化学还原反应将铁矿砂转变成生铁的过程。常见的炼铁法有两种：高炉法和直接还原法。

1. 高炉法

即将铁矿砂和焦炭在高炉中加热至熔化并转变成生铁的过程。从铁矿砂提取的铁大多数是通过高炉法炼得的。

采用这种方法炼得的铁呈熔融生铁状。这些熔融的生铁可用于炼钢厂直接炼钢，或用于铸造厂制成铁锭、块、铸铁管等，或制成不规则形状的团块，或注入水后成为铁粒。若把液状铸铁浇铸成铸件，则这种铸铁称铸铁件。

2. 直接还原法

即通过用气态或液态烃等还原剂处理铁矿砂，使其直接还原转变成海绵铁或铁团块的过程。在这些过程中，还原温度比较低，以致不需经熔融状态便可获得海绵状、预还原粒状或团块状产品（通常称作海绵铁）。海绵铁的含碳量通常比高炉法所得的生铁低，所以大部分海绵铁用在炼钢厂中，经熔融后冶炼成钢。

（二）钢的冶炼

炼钢的目的是把铁中的碳和杂质降低到所要求的范围内。炼钢的过程是用氧来氧化铁中的碳、锰、硅、磷、硫，并使其达到所要求的含碳量，最后添加合金元素以调整钢的含氧量和合金成分。炼钢的原料由熔融状或固体状的生铁或铸铁及直接还原法所得铁产品（海绵铁）与废碎铁混合组成。在这些原料中再加入生石灰、萤石、脱氧剂（例如镁铁、硅铁、铝）及各种合金元素等造渣添加剂。

炼钢方法主要分为两类：

"气体"法（我国又称转炉法），即向转炉中的熔融生铁中吹入氧气进行冶炼。只有原料为熔融生铁时才使用此法，所以此法不需外部热源。

"炉膛"法，即在平炉或电炉内进行冶炼。当原料为固体配料（例如废碎铁、海绵铁及固体生铁）时使用此方法，所以平炉炼钢法需要外加热源。热源由重油或气体供应或由电能提供。

（三）钢的加工

冶炼好的熔融钢水可以在铸造厂中用模具铸成最终形状（钢铸件），也可在锭模中铸成锭块，锭块在初轧机或粗轧机（开板坯、开方坯等）中被轧成半制成品（大方坯、小方坯、圆钢、厚板坯、薄板坯），或者在锤击机或锻压机中被锻成半制成品。也可在连续浇铸机中直接把钢铸成半成品，其横截面形状在某些情况下可接近制成品的形状。

这些锭块产品通过热塑变形加工（热轧、锻造或热拉）和冷塑变形加工（冷轧、挤压、拉丝、光拔）成钢材（板材、条、杆、丝及各种型材）。有的还要经过进一步加工（机械加工和镀、涂等表面处理或其他加工方法）。

冷加工产品与热加工产品的区别：冷加工产品的表面比热加工产品的光滑，没有一层鳞皮，尺寸公差小；而热加工产品的表面较粗糙，有一层鳞皮，尺寸公差大。一般情况下，薄扁产品（薄板、片及带）是通过冷加工制得的，而较为厚的锭状产品是通过热加工制得的。

相关名词解释如下：

轧制：将金属坯料通过一对旋转轧辊的间隙（各种形状），因受轧辊的压缩使材料截面减小，长度增加的压力加工方法，这是生产钢材最常用的方式，主要用来生产型材、板材、管材。它分为冷轧、热轧。轧制原理见图阅-6；由铁矿石到各种钢材的加工流程见图阅-7。

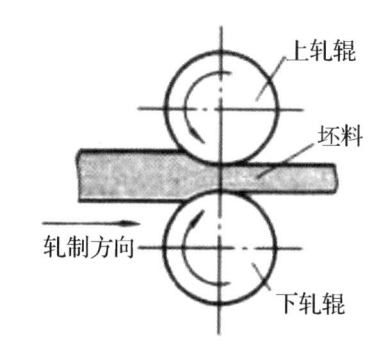

图阅-6 轧制原理

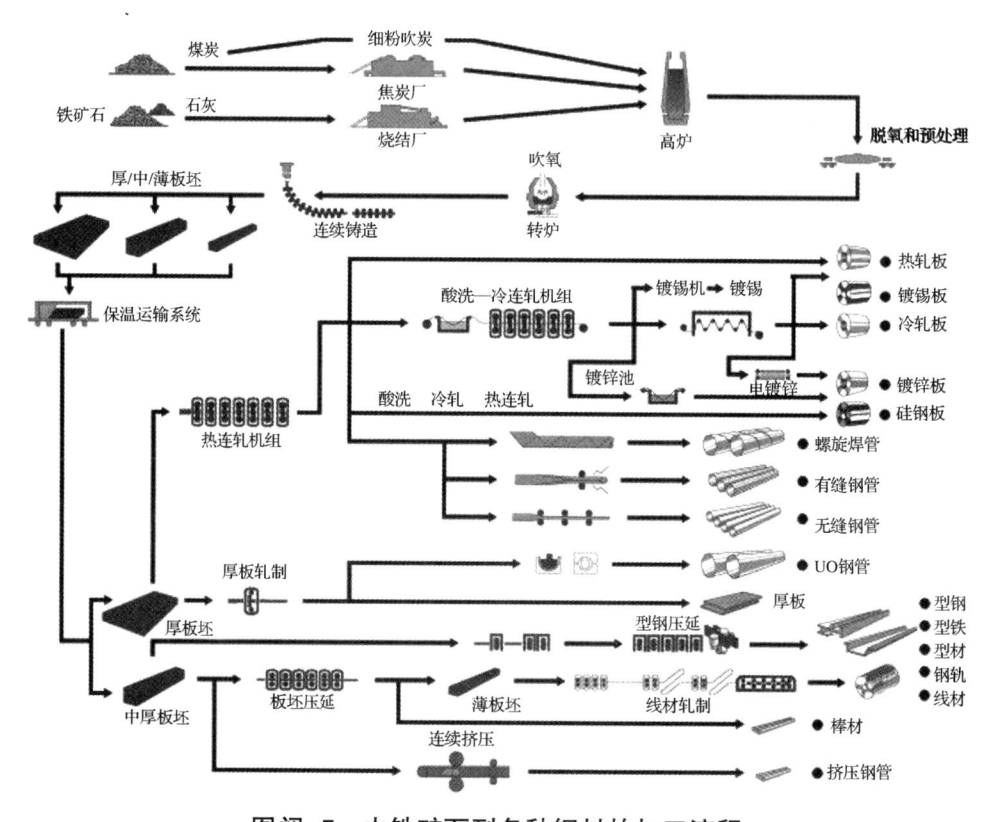

图阅-7 由铁矿石到各种钢材的加工流程

热轧：即在快速结晶点及开始熔化点之间的某一温度下轧制。一般情况下，热轧的最终工作温度约为900℃。

冷轧：在室温条件下（即低于再结晶温度）进行的轧制。

锻造：即利用锻锤的往复冲击力或压力机的压力使坯料改变成所需的形状和尺寸的一种压力加工方法，一般分为自由锻和模锻，常用做生产大型材、开坯等截面尺寸较大的材料。锻压成形的形式见图阅-8。

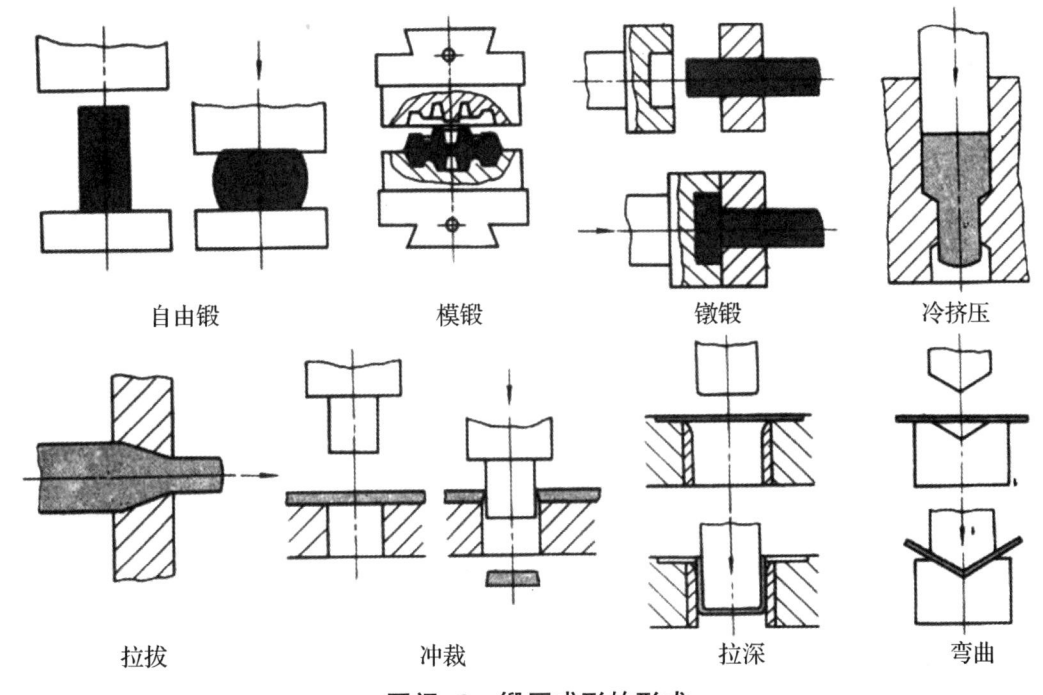

图阅-8 锻压成形的形式

拉拔：将已经轧制的金属坯料（型、管、制品等）通过模孔拉拔成截面减小长度增加的加工方法。

挤压：将金属放在密闭的挤压筒内，一端施加压力，使金属从规定的模孔中挤出而得到相同形状和尺寸的成品的加工方法，多用于生产有色金属材料。

拉丝：指高速拉拔不规则盘绕的条或杆，使其通过一个或数个模口，生产出直径更小的盘卷的钢铁丝。

机械加工：即车削、铣削、磨削、穿孔或冲孔、折叠、精压、剥皮等，但仅除去氧化皮的粗车削及粗修整不能作为引起归类变化的加工工序。

表面处理及其他加工：包括热处理、去皮、酸浸、刮面等、抛光、磨光、镀层、涂层等，包层、迭层等。除某些品目条文另有规定的以外，上述加工不影响货品的归类。

（四）钢的分类

钢分为非合金钢（又称碳钢）和合金钢，合金钢中常见的品种有不锈钢、硅电钢、高速钢、硅锰钢。

不锈钢指按重量计含碳量≤1.2%、含铬量≥10.5%的合金钢，不论是否含有其他元素。

硅电钢指按重量计含硅量0.6%~6%、含碳量≤0.08%的合金钢。硅电钢中还可含有铝（按重量计含铝量≤1%），但所含其他元素的比例并不使其具有其他合金钢的特性。

高速钢指按重量计钼、钨、钒中任意两种元素合计含量≥7%，含碳量>0.6%，含铬量3%~6%，不论是否含有其他元素的合金钢。

硅锰钢指按重量计同时含碳量≤0.7%、含锰量0.5%~1.9%、含硅量0.6%~2.3%的合金钢。所含其他元素的比例并不使其具有其他合金钢的特性。

阅读材料二十：内燃机

内燃机是通过燃料在机器内部燃烧，并将其放出的热能直接转换为动力的热力发动机。

（一）内燃机的类型

内燃机有不同的分类方式。
1. 按点火方式分：点燃式、压燃式；
2. 按活塞的运动形式分：往复式、旋转式；
3. 按气缸的数目分：单缸、多缸；
4. 按气缸的排列形式分：直列式、V型、水平对置式等，如图阅-9所示。

点燃往复活塞式内燃机指其燃料燃烧时通过火花塞放电点火的往复活塞内燃机，这种内燃机所使用的燃料主要是汽油、天然气、沼气等，所以又称为汽油机；压燃式活塞内燃机指其燃料燃烧时通过压缩自行燃烧的活塞式内燃机，这种内燃机不需要火花塞点火，使用的燃料主要是柴油，所以又称为柴油机。

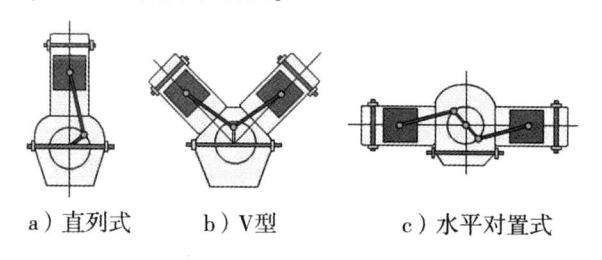

a) 直列式　　b) V型　　c) 水平对置式

图阅-9　常见的气缸的排列形式

（二）内燃机的构造

点燃式活塞内燃机由机体（气缸体、气缸盖、油底壳）、曲柄连杆机构、配气机构、燃料供给系统、冷却系统、润滑系统、点火系统和起动系统组成。或者说，内燃机由两大机构和五大系统组成。对于现代的电子控制内燃发动机还包括电控系统、进气系统、排气系统等。点燃式发动机的燃料通常为汽油、天然气、沼气。

压燃式活塞内燃机的燃料油为柴油，柴油燃烧时是通过压缩自燃的，所以无点火系统，其他构造与点燃式活塞内燃机相似。

下面主要以汽车用发动机为例，介绍点燃式活塞内燃机的构造。

1. 曲柄连杆机构

曲柄连杆机构的作用是提供燃烧场所，把燃料燃烧后的能量转变为曲轴的旋转运动。曲柄连杆机构由机体零件组、活塞连杆组、曲轴飞轮组三部分组成，如图阅-10

所示。

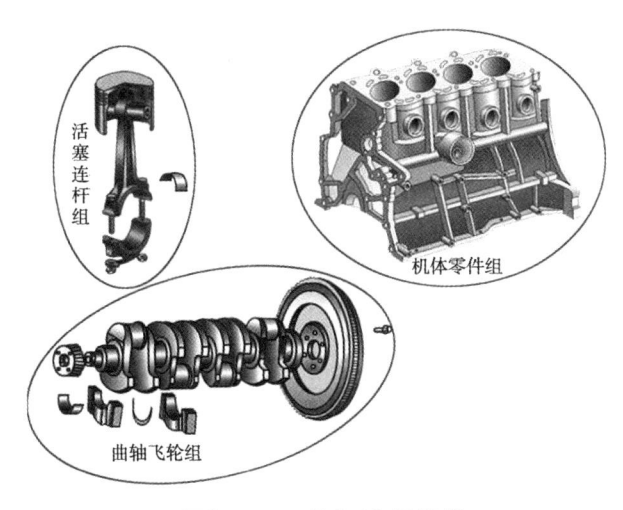

图阅-10 曲柄连杆机构

其中，机体组由缸体、缸盖等组成；活塞连杆组由活塞、活塞环、活塞销、连杆等组成；曲轴飞轮组由曲轴、飞轮等组成。

2. 配气机构

配气机构的作用是配合发动机各缸工作顺序和工作循环的要求，定时开启和关闭进气门与排气门，在进气行程使可燃混合气进入气缸，在排气行程将燃烧后的废气排出气缸，实现发动机气缸的换气补给。这一套动作相当于人的吸气与呼气过程。

配气机构由气门组和气门传动组两部分组成，如图阅-11 所示。气门组包括进排气门、气门导管、气门座及气门弹簧等；气门传动组包括凸轮轴、摇臂轴、摇臂、推杆、挺柱和正时齿轮等。凸轮轴的作用是按规定时间开启和关闭气门。

图阅-11 配气机构

3. 燃料供给系统

燃料供给系统的作用是向发动机及时供给各种工况下所需的燃油量。它主要由燃油箱、电动燃油泵、输油管、燃油滤清器、燃油压力调节器、燃油导轨和喷油器等组成。

燃油滤清器的作用是清除燃油中的杂质和水分，滤芯有纸质和陶瓷质两种，壳体底部有放污螺塞，可放出滤出的水分和杂质。

4. 进气与排气系统

进气系统的作用是向发动机提供其所需要的清洁空气，由进气导管、空气滤清器、节气门体、进气歧管等组成，如图阅-12 所示。

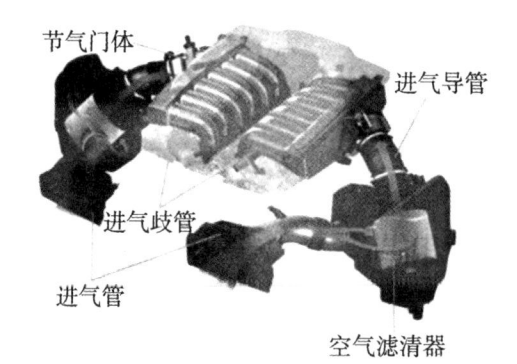

图阅-12　发动机进气系统

排气系统用来收集和排放发动机气缸中燃烧产生的废气，主要由排气歧管、排气管、三元催化转化器、消声器等组成，如图阅-13 所示。

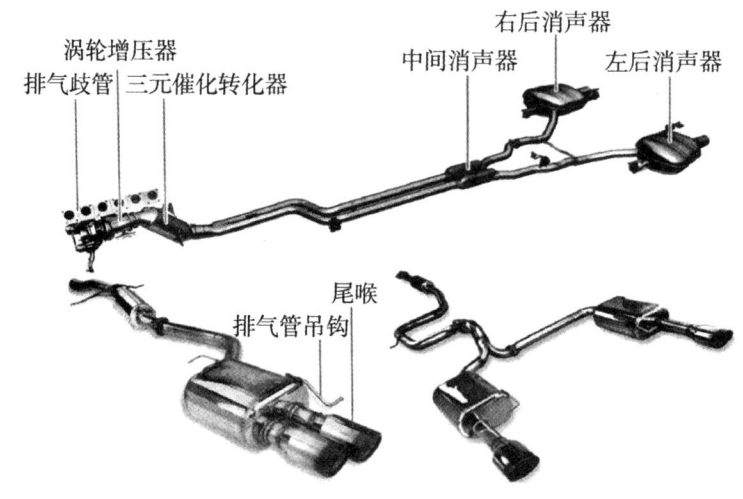

图阅-13　发动机排气系统

空气滤清器是一个空气过滤装置，内部装有一个空气滤芯，在外部空气进入发动机时，可除去空气中的灰尘和其他对发动机有害的颗粒，如图阅-14 所示。

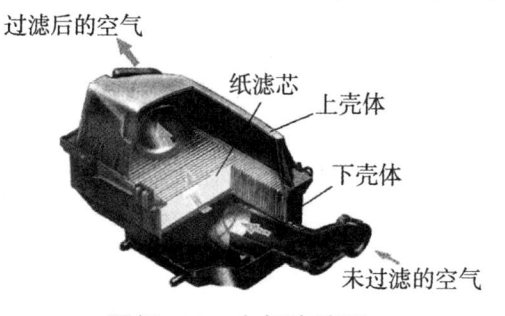

图阅-14　空气滤清器

三元催化转化器（Three-way catalyst，TWC）是安装在汽车排气系统中最重要的机外净化装置，如图阅-15 所示。它可将汽车尾气排出的 CO（一氧化碳）、HC（碳氢化合物）

和 NO_x（氮氧化合物）等有害气体通过氧化和还原作用转变为无害的二氧化碳、水和氮气。当高温的汽车尾气通过净化装置时，三元催化器中的净化剂将增强 CO、HC 和 NO_x 三种气体的活性，促使其进行一定的氧化—还原反应，其中 CO 在高温下氧化成为无色、无毒的二氧化碳气体；HC 化合物在高温下氧化成水（H_2O）和二氧化碳；NO_x 还原成氮气和氧气。三种有害气体变成无害气体，使汽车尾气得以净化。

图阅-15　三元催化转化器

5. 润滑系统

润滑系统起着润滑发动机运动零部件，清洗、冷却、密封与防锈的作用，从而保证发动机正常工作并延长使用寿命。

润滑系统由油底壳、集滤器、机油泵、机油滤清器、油管和发动机机体上加工出的油道组成，大功率的发动机还有机油散热器。

其中，机油滤清器的作用是滤除机油中的金属磨屑、机械杂质和机油氧化物。若这些杂质随同机油进入润滑系统，将加剧发动机零件的磨损，还可能堵塞油管或油道。

6. 冷却系统

冷却系统的作用是对发动机进行适当冷却，保证发动机在最适宜的温度状态下工作。

冷却系统主要由水泵、散热器、冷却风扇、储液罐、节温器、水套以及附属装置等组成。

7. 点火系统

点火系统的作用是点燃进入气缸中的可燃混合气体，使发动机能及时、迅速地做功。

目前应用较广的电控发动机的点火系统主要由蓄电池、ECU、点火线圈、高压导线、火花塞、点火器等组成。

8. 起动系统

起动系统的作用就是起动发动机，使发动机由静止状态过渡到工作状态，主要包括起动机。当发动机起动之后，起动机便立即停止工作。

9. 电控系统

发动机电控系统的功用是对发动机工作时吸入的空气量、喷油量和点火提前角进行控制。

电控系统通常由传感器、电控单元（ECU）和执行器三部分组成，如图阅-16 所示。

其中的传感器主要包括传速传感器、节气门位置传感器、进气压力/温度传感器、冷却液温度传感器、爆燃传感器、氧传感器等。

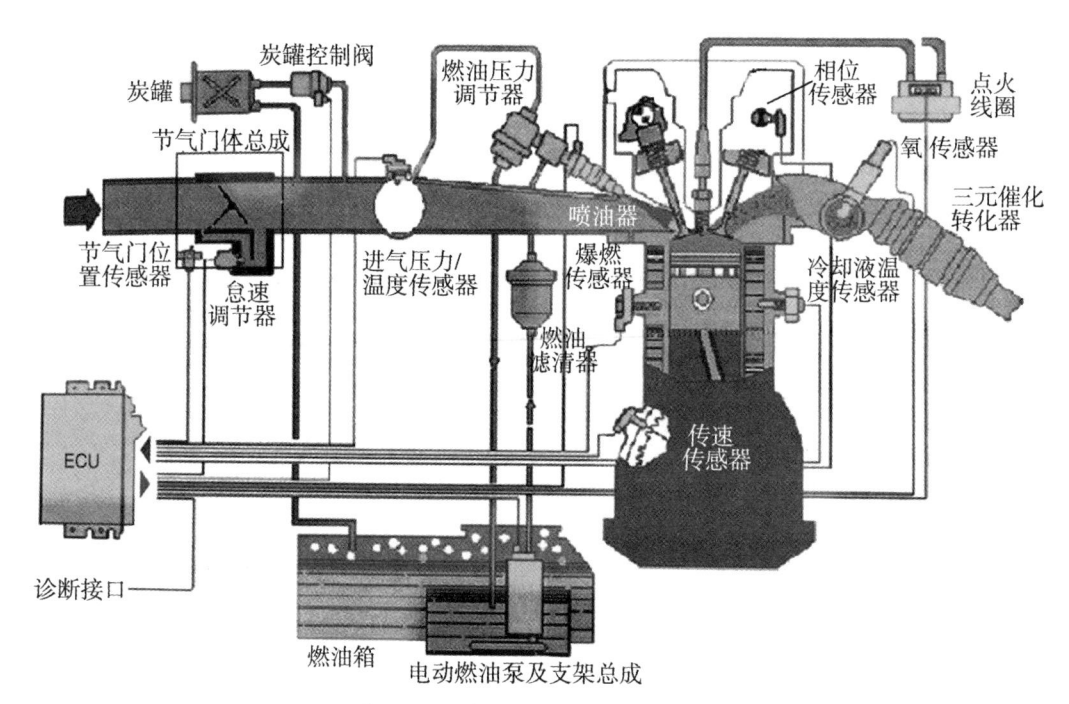

图阅-16 发动机电控系统示意图

压燃式内燃机就是柴油机，其构造基本上与点燃式内燃机相似。不同之处是柴油机无点火系统，由于柴油的燃点低，而采用压缩自燃的方式。工作时，进入气缸内的空气经压缩后温度升高，然后由高压喷油器喷入雾状柴油，随即燃烧，迅速膨胀的气体推动活塞移动作功。柴油机的燃油供给系统包括喷油泵、喷油器、输油泵、柴油滤清器、油水分离器和高、低压油管等。也就是说，除了供给燃油的输油泵外，还有喷油泵。喷油泵的作用是将柴油泵入各缸的喷油嘴，控制喷油量和喷油正时。

从内燃机的构造上看，点燃式内燃机与压燃式内燃机的主要区别见表阅-1。

表阅-1 点燃式内燃机与压燃式内燃机的主要区别

项目	点燃式内燃机	压燃式内燃机
构造	气缸顶部装有火花塞	气缸顶部装有喷油嘴
点火方式	火花塞放电点火	压缩自燃
燃料	汽油、液化石油气或沼气等	柴油
吸气方式	汽油和空气的混合气体	只吸进空气

(三) 相关名称解释

1. 气缸容量

气缸容量又称排气量，指活塞由最下端移动到最上端时所排出气体的体积。对于具有多个气缸的内燃机，其气缸容量等于单个气缸的气缸容量乘以气缸个数。例如，某内燃机的铭牌中标明其排量为1.8L，说明它的气缸容量是1.8升。

2. 电控燃油的喷射

目前燃油喷射方式应用较多的是多点燃油喷射和缸内直接喷射。

多点燃油喷射（Multi-Point Injection，MPI）是指发动机的每个气缸都采用一个喷油器，由电控单元（ECU）控制进行分缸单独喷射或分组喷射，燃油直接喷射到各缸的进气门前方（进气道），再与空气一起进入气缸形成混合气，如图阅-17所示。它属于缸外喷射。

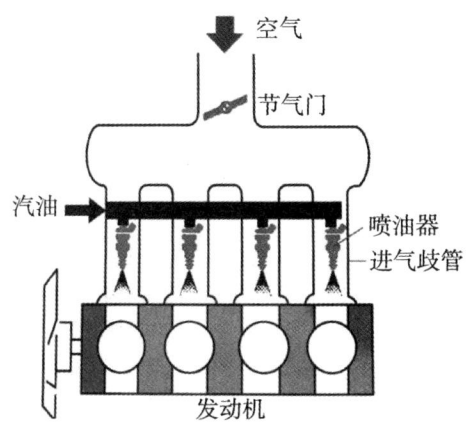

图阅-17 多点燃油喷射（缸外喷射）

缸内直接喷射（Fuel Stratified Injection，简称FSI）是将高压喷油器安装于气缸内，在进气或压缩行程中直接将燃油喷入气缸内与吸入的空气混合，如图阅-18所示。

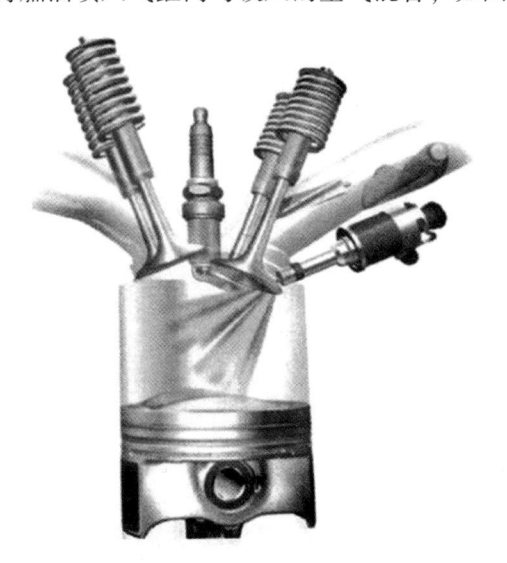

图阅-18 缸内直接喷射

电控燃油喷射系统一般由进气系统、燃油供给系统、电子控制系统组成。

进气系统：电控单元根据发动机的工况发出指令调节空气量，主要由空气流量计或进气歧管绝对压力传感器、进气温度传感器、节气门位置传感器、进气歧管、辅助空气阀等组成。

燃油供给系统：根据电控单元的驱动信号，以恒定的压差将一定数量的汽油喷入进气管，主要由燃油泵、汽油滤清器、燃油压力调节器、喷油器等组成。

电子控制系统：电控单元根据发动机的工况发出各种指令给驱动器，同时该系统还具有故障诊断功能，主要由电控单元、各类传感器、驱动器及继电器等组成。

3. 废气涡轮增压系统

车用发动机多采用废气涡轮增压，如图阅-19所示。其工作原理是利用发动机排出的高温废气驱动涡轮旋转，并带动与涡轮同轴安装的压气机叶轮转动，将新鲜的空气压送入气缸，以提升发动机的输出功率。

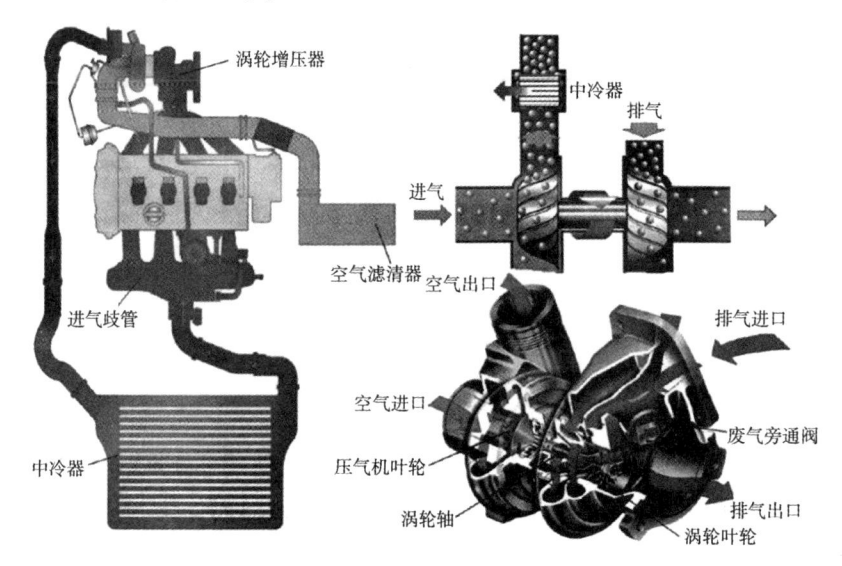

图阅-19　废气涡轮增压系统的组成及工作原理

阅读材料二十一：液体泵

泵（Pump）是输送液体或压缩液体或气体的设备，按其输送介质的不同，可分为液体泵和气体泵。除了液体泵和气体泵之外，还有热泵。热泵是输送能量的泵，常用于制冷设备，其工作原理、结构与液体泵和气体泵相差甚远，所以本部分内容不予介绍。

液体泵是输送液体或压缩液体的泵；气体泵是压缩气体的泵。但一般习惯上所说的泵只包括液体泵。

液体泵（Pump for liquid）是把原动机的机械能转换成液体能量的机器。

（一）液体泵的分类

液体泵按其工作原理可分为容积式泵、动力式泵和其他类型的泵。归纳如下：

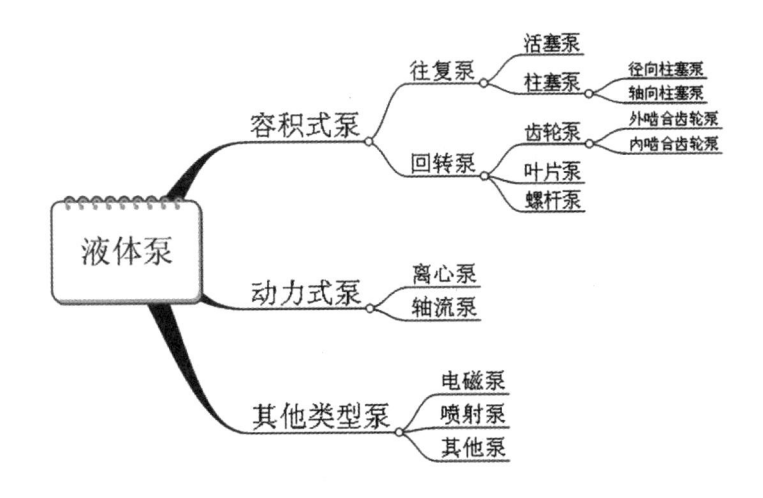

(二）常见液体泵介绍

1. 容积式泵

容积式泵又称为正排量泵，指依靠工作元件在泵缸内作往复或回转运动，使工作容积交替地增大和缩小以实现液体的吸入和排出的泵。按运动部件的工作方式不同，可分为往复泵和回转泵。

（1）往复泵

往复泵（Reciprocating pump）指工作元件作往复运动的容积式泵。常见的有活塞泵和柱塞泵。

①活塞泵

活塞泵（Piston pump）是以活塞作为移动元件的往复式容积泵，是靠活塞在缸体中作往复运动产生密封容积的变化来实现吸入与排出液体的泵。它一般由泵体、活塞、单向吸入阀、单向排出阀组成，如图阅-20所示。其工作原理是：当活塞向右运动时，密封容积逐渐增大，压力逐渐减小，单向吸入阀打开，实现吸入液体的功能；当活塞向左运动时，密封容积逐渐减小，压力逐渐增大，单向排出阀打开，实现排出液体的功能。

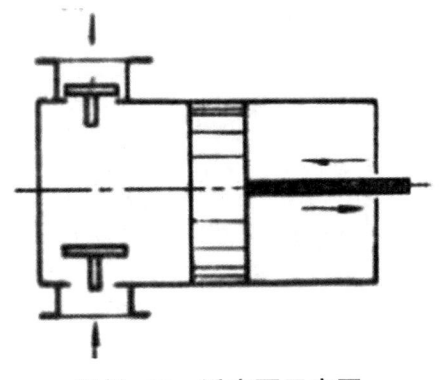

图阅-20 活塞泵示意图

②柱塞泵

柱塞泵（Plunger pump）是以柱塞作为移动元件的往复式容积泵，是靠柱塞在缸体中作往复运动产生密封容积的变化来实现吸入与排出液体的泵。它一般由缸体、柱塞、单向阀、弹簧等组成，如图阅-21所示。

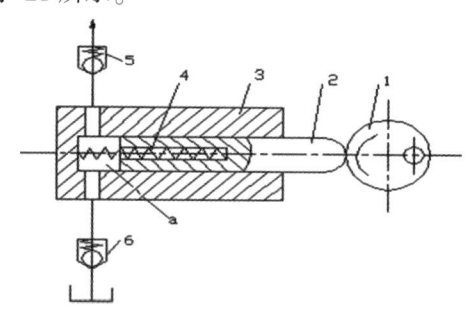

1—偏心轮；2—柱塞；3—缸体；4—弹簧；5、6—单向阀
图阅-21　柱塞泵示意图

柱塞泵按柱塞的排列和运动方向不同，可分为径向柱塞泵和轴向柱塞泵两大类。

径向柱塞泵的多个柱塞沿半径方向排列，由柱塞、缸体（又称转子）、衬套（传动轴）、定子和配油轴等组成。

轴向柱塞泵的多个柱塞沿轴线方向排列，即柱塞的中心线平行于传动轴的轴线，由缸体、配油盘、柱塞、斜盘、传动轴和弹簧组成。

（2）回转泵

回转泵（Rotary pump）指工作部件作回转运动的泵。常见的有齿轮泵、叶片泵和螺杆泵。

①齿轮泵

齿轮泵（Gear pump）指依靠泵缸与啮合齿轮间所形成的工作容积变化来输送液体的回转泵。

齿轮泵按结构不同可分为外啮合齿轮泵和内啮合齿轮泵。如图阅-22所示为外啮合齿轮泵。

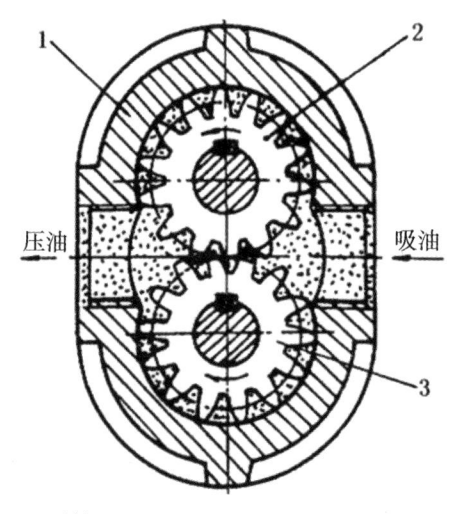

1—泵体；2—主动齿轮；3—从动齿轮
图阅-22　外啮合齿轮泵示意图

②叶片泵

叶片泵（Vane pump）指通过叶轮的旋转所形成的工作容积变化来输送液体的回转泵，

如图阅-23所示。叶片泵由转子、定子、叶片、配油盘和端盖等部件组成。

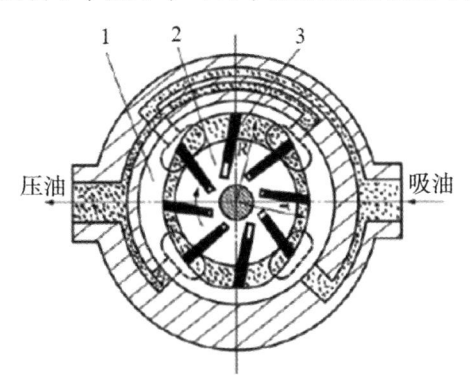

1—定子；2—转子；3—叶片
图阅-23 叶片泵示意图

③螺杆泵

螺杆泵（Screw pump）在品目注释中又称"螺旋泵"，指具有单个或多个啮合的螺杆，可以在壳体中转动以实现吸油、压油的泵。按螺杆数量可分为单螺杆泵、双螺杆泵和多螺杆泵。

单螺杆泵指只有单根螺杆在泵体的内螺纹槽中啮合转动来输送液体的泵。它一般适于吸排黏稠液体；

双螺杆泵指有两个螺杆相互啮合来输送液体的泵，如图阅-24所示；

多螺杆泵指有多个螺杆相互啮合来输送液体的泵。

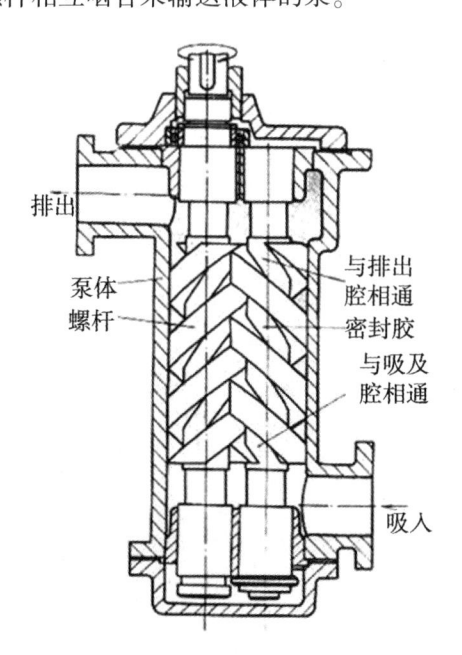

图阅-24 双螺杆泵示意图

2. 动力式泵

动力式泵指连续地给液体施加能量的泵，如离心泵、轴流泵等。

（1）离心泵

离心泵（Centrifugal pump）指依靠叶轮旋转时产生的离心力来输送液体的泵，如图阅-25 所示。

潜水电泵就属于离心泵的一种,是将泵与电动机(驱动泵的动力装置)做成一体的离心泵。因工作时要将泵潜入到水中,所以称之为潜水电泵,如图阅-26 所示。

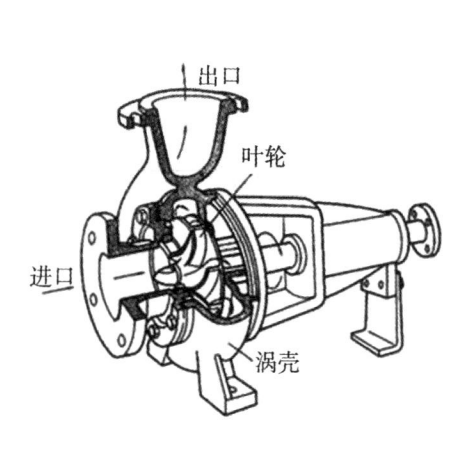

图阅-25　离心泵

图阅-26　潜水电泵

(2) 轴流泵

轴流泵是靠旋转叶轮的叶片对液体产生的作用力使液体沿轴线方向输送的泵,如图阅-27 所示。

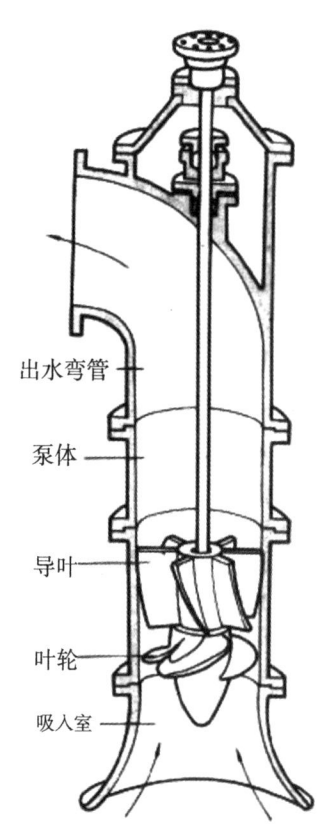

图阅-27　轴流泵示意图

3. 其他类型的泵

这些泵的原理各异，主要包括电磁泵、喷射泵等。

电磁泵（Electro-magnetic pump）指处在磁场中的通电流体在电磁力作用下向一定方向流动的泵。利用磁场和导电流体中电流的相互作用，使流体受电磁力作用而产生压力梯度，从而推动流体运动的一种装置。电磁泵输送的必须是导电体，所以常用于输送液态金属。

喷射泵（Ejector）又称射流泵，指利用高压流体使管体内形成负压区（真空），以吸取液体的泵。它完全依靠工作流体的能量来输送流体，它没有任何运动部件。

阅读材料二十二：印刷机器

印刷机器主要包括传统印刷机器和现代的打印、复印、传真机器。

（一）传统印刷机器的主要类型

传统印刷机器是指在印刷之前先要制版的印刷机器，有不同的分类方式。

1. 按印版类型分类

按印版类型分为凸版印刷机、凹版印刷机、平版印刷机、苯胺印刷机、网版印刷机（或称孔版印刷机）等。

（1）凸版印刷机

凸版印刷机（Letterpress printing machinery）是指使用图文部位凸起，空白部位凹下的印版进行印刷的机器。如图阅-28 为凸版印刷示意图与凸起的字符。

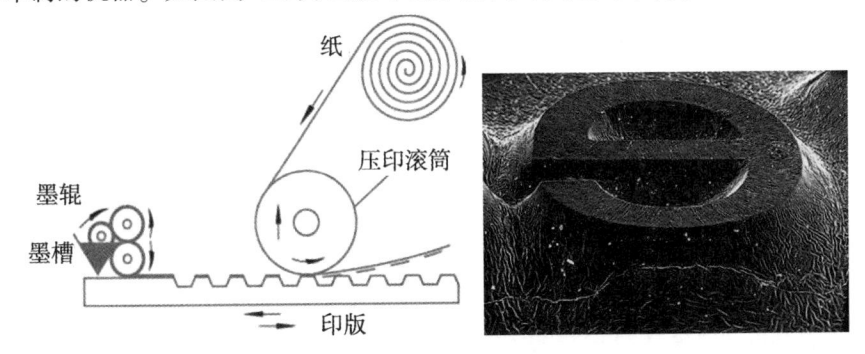

图阅-28　凸版印刷示意图与凸起的字符

（2）凹版印刷机

凹版印刷机（Gravure printing machinery）是指使用图文部位凹下，空白部位平整的印版，在压力作用下凹处的印墨被转印到承印物上进行印刷的机器。图阅-29 为凹版印刷示意图与凹下的字符。

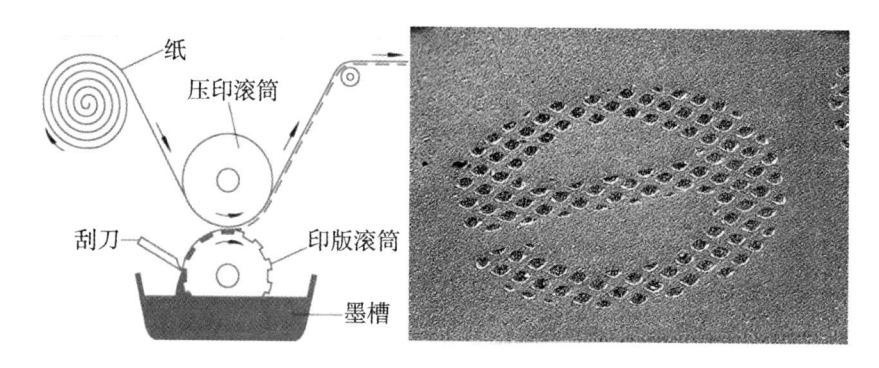

图阅-29　凹版印刷示意图与凹下的字符

（3）平版印刷机

平版印刷机（Offset printing machinery）是指使用图文部位与空白部位处于同一平面的印版，利用油、水分子相互拒斥的原理进行印刷的机器。对于印版通过橡皮转印滚筒将图文转印在承印物上进行印刷的平版印刷机，又称为胶印机。平版印刷所用印版为平面，其图文部分既不凸起也不凹进，它是利用油、水不相溶的原理进行印刷的。图阅-30为平版印刷示意图。

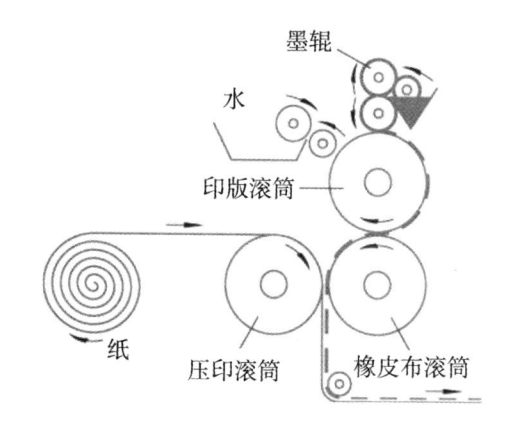

图阅-30　平版印刷示意图

（4）苯胺印刷机

苯胺印刷机（Flexographicprinting machinery）是指采用活版印刷方式的原理进行印刷的机器。由于其印版由橡胶或热塑性材料制成并直接裹卷在印版滚筒上，在行业上又称为柔性印刷机。

柔性印刷是指使用柔性版，通过网纹辊传递油墨的印刷方式，如图阅-31所示。

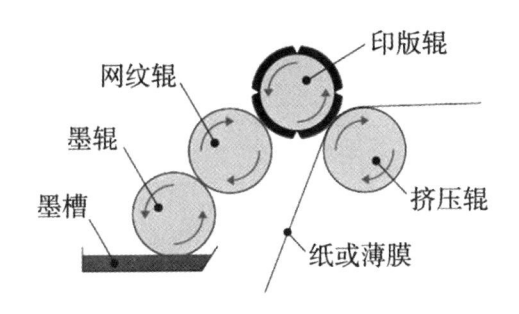

图阅-31　柔性印刷示意图

(5) 丝网印刷机

丝网印刷机（Screenprinting machinery）又称为孔板印刷机（在《协调制度》中又称为网式印刷机），是以网状或具有一定弹性的薄层，使图文部位透墨为印版，将印墨（或色浆）透印到承印物上进行印刷的机器。丝网印刷所使用的印版为誊写版、镂空版、丝网版等。图阅-32为丝网印刷示意图与丝网印版。

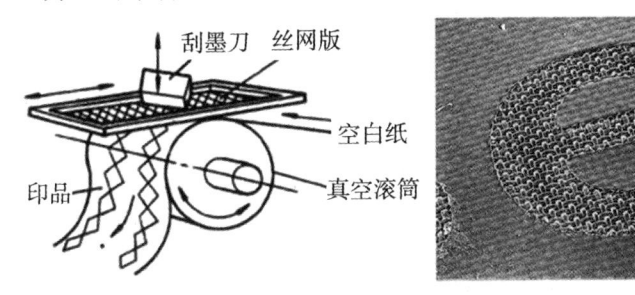

图阅-32　丝网印刷示意图与丝网印版

丝网印刷机按印版的形状分为圆网印刷机和平板印刷机。

圆网印刷机是指印版呈圆筒形的丝网印刷机（注意：并不是呈圆形）。印刷时，圆筒版作连续的旋转运动，可连续印刷。

平网印刷机是指印版呈平面状的丝网印刷机。

2. 按印刷纸张的形状分类

按印刷纸张形式分为单张纸印刷机和卷筒纸印刷机。单张纸印刷机（sheet-fed printing machinery）在《协调制度》中又称为平张纸进料式印刷机；卷筒纸印刷机（Reel-fed printing machinery）在《协调制度》中又称为卷取进料式印刷机。

3. 按印刷颜色数目分类

按印刷颜色数目分为单色印刷机、多色（双色、四色、五色、六色、八色）印刷机。

（二）计算机直接制版

计算机直接制版（Computer to Plate，简称CTP）就是印前处理技术向后工序的延伸，它将处理好的图文合一的版面信息不是输出在感光胶片上，而是直接输出在印版上。直接制版省去了传统制版工艺中的输出分色片、修版、拼版、晒版等环节及其所需的各种设备和化学药品，因而提高了生产的自动化程度，缩短了作业时间和生产周期，也便于进行数据化、规范化的工艺管理，印刷质量能得到较好的控制。

CTP 直接制版设备由精确而复杂的光学系统、电路系统以及机械系统三大部分构成。

CTP 直接制版的工作原理为由激光器产生的单束原始激光，经多路光学纤维或复杂的高速旋转光学裂束系统分裂成多束（通常是 200~500 束）极细的激光束，每束光分别经声光调制器按计算机中图像信息的亮暗等特征，对激光束的亮暗变化加以调制后，变成受控光束，再经聚焦后，几百束微激光直接射到印版表面进行刻版工作，通过扫描刻版后，在印版上形成图像的潜影，经显影后，计算机屏幕上的图像信息就还原在印版上供胶印机直接印刷。

（三）现代打印、复印、传真机

1. 打印机

打印机（Printer）是自动处理设备的输出设备之一，是在介质（主要是纸）上打印图文的机器。目前常见打印机的类型包括针式打印机、喷墨打印机、激光打印机和热敏打印机。

（1）针式打印机

针式打印机（Impact Printer）是一种典型的击打式点阵打印机。其工作原理是在联机状态下，通过接口接收主机发送的打印控制命令、字符打印命令或图形打印命令，通过控制电路和检测电路，间歇驱动送纸运动（纵向）和打印头运动（横向），同时激发打印针间歇瞬间冲击打印色带，在纸上打印出所需内容。图阅-33 由不同点阵组成的字母 b，左图点阵较为稀疏，右图点阵较为密集。

图阅-33　由不同点阵组成的字母 b

图阅-34 为字母 P 的打印过程，该字母从左侧一列一列地逐列打印，最后打出完整的字母 P。

图阅-34　字母 P 的打印过程

（2）喷墨打印机

喷墨打印机（Ink-Jetprinter）是一种把墨水喷到纸张上形成点阵字符或图像的打印机。其基本原理是带电的喷墨雾点经过电极偏转后，直接在纸上形成所需图文，如图阅-35 所示。

图阅-35 喷墨打印机的打印原理

喷墨打印机由机械和电气两部分组成。机械部分主要由喷头和墨盒、清洁机构、字车和走纸部分组成；电气部分主要由主控制电路、驱动电路、传感器检测电路、接口电路和电源等组成。

(3) 激光打印机

激光打印机（Laser printer）是一种光、机、电一体且高度自动化的输出设备，是采用了激光技术和照相技术的打印机。激光打印机的打印原理是当计算机输出信息时，控制系统通过接口接收来自计算机的印字信息；对其处理后，由激光扫描系统进行扫描，将需要输出的文字、图形和图像在硒鼓上形成静电潜像；然后用带有电荷的微细墨粉进行显影，因为墨粉的极性与潜像极性相反；最后通过输纸机构将可见像转印到普通纸上，并将文字、图像等信息加以固定（定影）后输出，便在纸上得到所需的字符或图像，如图阅-36所示。

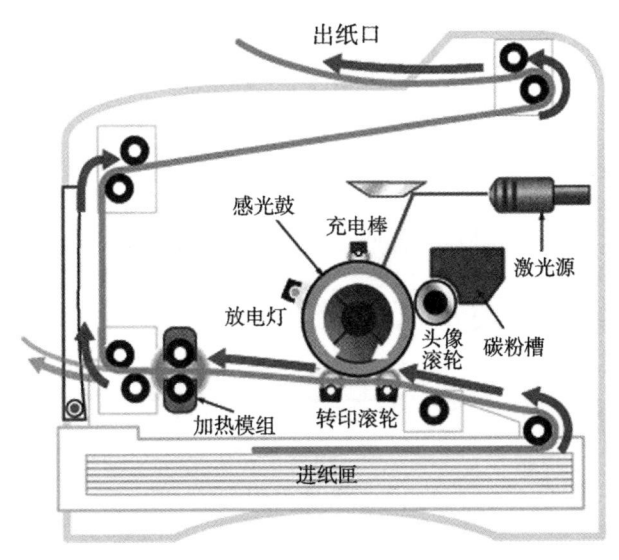

图阅-36 激光打印机的打印原理

激光打印机的主要部件包括激光扫描器、反射棱镜、感光鼓、碳粉盒、转印单元、加热模组、走纸机构和控制系统等。

(4) 热敏打印机

热敏打印机（Thermal printer）指利用打印头上的半导体加热元件对热敏打印纸上的热敏物质加热后发生化学反应而打印出图文的打印机。它主要由主控器件、步进电机驱动模块、热敏打印头、过热保护模块、缺纸检测模块和供电模块等组成。如图阅-37 所示。

图阅-37　热敏打印机

2. 多功能一体机

多功能一体机（Multifunction peripheral）指具备打印、传真、复印等多功能的一体机。目前常见的多功能一体机有激光多功能一体机和喷墨多功能一体机。

激光多功能一体机具有扫描、打印、复印或传真等多种功能，一般是由打印模块、扫描模块和相关的控制电路三部分组成。图阅-38 为具有打印、复印、传真功能的多功能一体机。

图阅-38　多功能一体机

阅读材料二十三：机床

金属材料成形与加工的主要方式有铸造、去除材料加工、变形加工与拼合加工。常见的材料成形与加工方式如下：

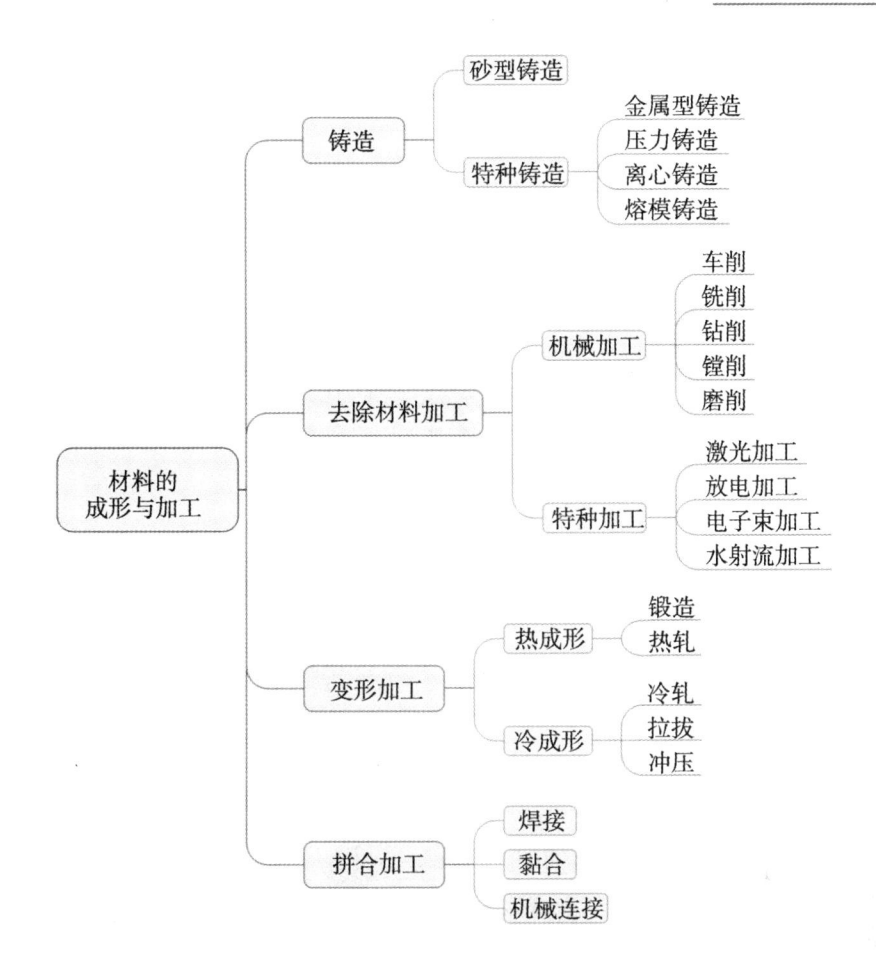

```
                                    ┌─ 砂型铸造
                    ┌─ 铸造 ────────┤              ┌─ 金属型铸造
                    │                └─ 特种铸造 ──┤─ 压力铸造
                    │                              ├─ 离心铸造
                    │                              └─ 熔模铸造
                    │                              ┌─ 车削
                    │                              ├─ 铣削
                    │                ┌─ 机械加工 ──┼─ 钻削
                    │                │             ├─ 镗削
                    │                │             └─ 磨削
                    ├─ 去除材料加工 ─┤
     材料的         │                │             ┌─ 激光加工
     成形与加工 ────┤                │             ├─ 放电加工
                    │                └─ 特种加工 ──┤─ 电子束加工
                    │                              └─ 水射流加工
                    │                              ┌─ 锻造
                    │                ┌─ 热成形 ────┤
                    ├─ 变形加工 ─────┤             └─ 热轧
                    │                │             ┌─ 冷轧
                    │                └─ 冷成形 ────┤─ 拉拔
                    │                              └─ 冲压
                    │                ┌─ 焊接
                    └─ 拼合加工 ─────┤─ 黏合
                                     └─ 机械连接
```

金属的冶炼、铸造与轧制设备主要用于机器零件毛坯的制造和各种金属材料的滚轧加工。

机床（Machine tool）是对金属或其他材料的坯料或工件进行加工，使之获得所要求的几何形状、尺寸精度和表面质量的机器。

机床是制造机器的机器，也是制造机床本身的机器，这是机床区别于其他机器的主要特点，故机床又称为工作母机或工具机。机器零件通常都是用机床加工出来的。

（一）机床的分类

1. 根据加工方式和加工对象的不同可分为：

金属切削机床，主要用于对金属进行切削加工的机床；

木工机床，用于对木材进行加工的机床；

特种加工机床，用物理、化学等方法对工件进行特种加工的机床；

锻压机床，通过压力对工件进行加工的机床。

实际上，狭义的机床通常仅指使用最广泛、数量最多的金属切削机床。在金属切削机床中，根据加工方式的不同又分为：车床、钻床、镗床、铣床、刨床、插床、磨床、齿轮加工机床、螺纹加工机床、拉床、锯床等。

2. 根据自动化程度可分为：普通机床、数控机床、加工中心等。

(二) 常用的切削加工方式

1. 车削加工

在车削加工中，工件的旋转运动为主运动，车刀的移动为进给运动，如图 16-39 所示。图中，工件旋转为主运动，车刀向左移动为进给运动，正在车削外圆。进行车削加工的机床称为车床。

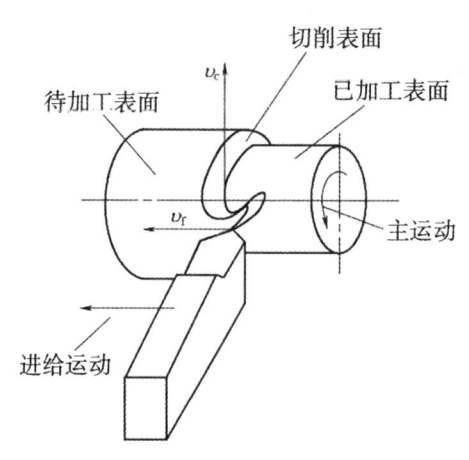

图阅-39　车削加工示意图

2. 铣削加工

在铣削加工中，铣刀的旋转为主运动，工件或铣刀的移动为进给运动，如图阅-40 所示。图中，铣刀旋转为主运动，工件向前移动为进给运动，正在铣削平面。进行铣削加工的机床称为铣床。

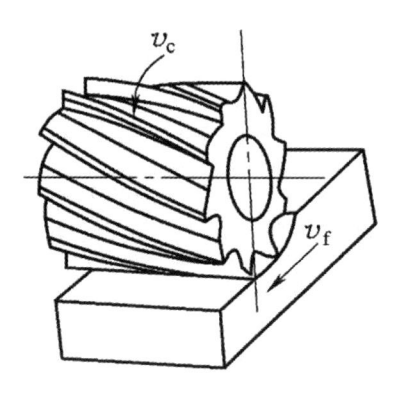

图阅-40　铣削加工示意图

3. 刨削加工

在刨削加工中，刨刀或工件的水平往复运动为主运动，工件或刨刀的间歇移动为进给运动，如图阅-41 所示。图中，刨刀的往复运动为主运动，工件的向右移动为进给运动，刀具和工件都作直线移动，无旋转运动，正在刨削平面。进行刨削加工的机床称为刨床。

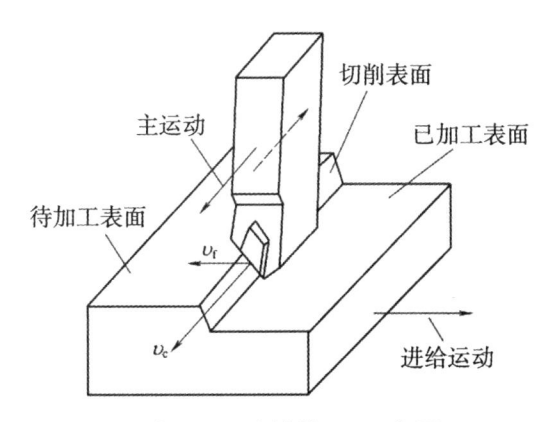

图阅-41 刨削加工示意图

4. 钻削加工

在钻削加工中，钻头的旋转为主运动，钻头的轴向移动为进给运动，如图阅-42所示。图中，钻头旋转的同时还做轴向移动，工件装夹后固定不动，正在钻削圆孔。进行钻削加工的机床称为钻床。

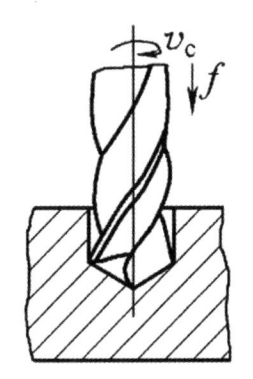

图阅-42 钻削加工示意图

5. 镗削加工

在镗削加工中，镗刀的旋转为主运动，镗刀或工件的轴向移动为进给运动，如图阅-43所示。图中，镗刀旋转的同时作直线移动，工作装夹后固定不动，正在镗削加工圆孔。进行镗削加工的机床称为镗床。

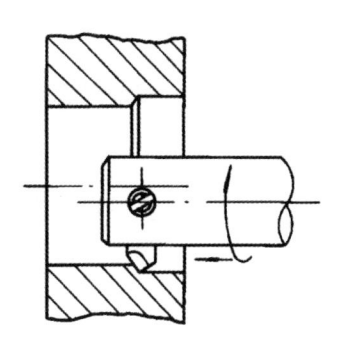

图阅-43 镗削加工示意图

6. 磨削加工

在磨削加工中，磨具（砂轮）的旋转为主运动，工件或磨具的直线移动为进给运动，如图阅-44 所示。图中，磨具（砂轮）旋转，工件或磨具做直线移动，在磨外圆或内圆时工件也做旋转运动，分别磨削外圆、内磨和平面。进行磨削加工的机床称为磨床。

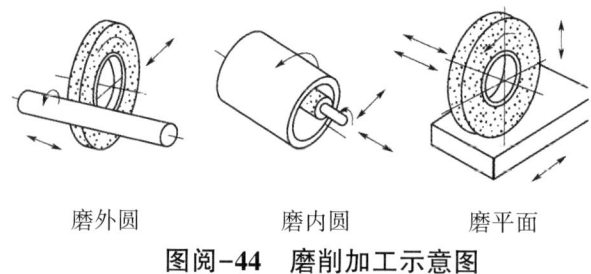

磨外圆　　　　磨内圆　　　　磨平面

图阅-44　磨削加工示意图

无心磨削时，工件并不固定，而是自由地支承在导轮和托架之间进行磨削，如图阅-45所示。图中，工件并非是由动力轴带动旋转，而是由砂轮的旋转带动其被动地旋转。进行无心磨削的机床称为无心磨床。

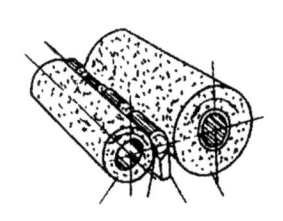

图阅-45　无心磨削示意图

（三）机床的典型结构

在目前应用的机床中，车床是应用最广泛的一种机床，所占比重在60%以上，所以主要介绍车床的典型结构。

车床主要由床身、主轴箱、进给箱、溜板箱、刀架部件等部分组成。如图阅-46所示。

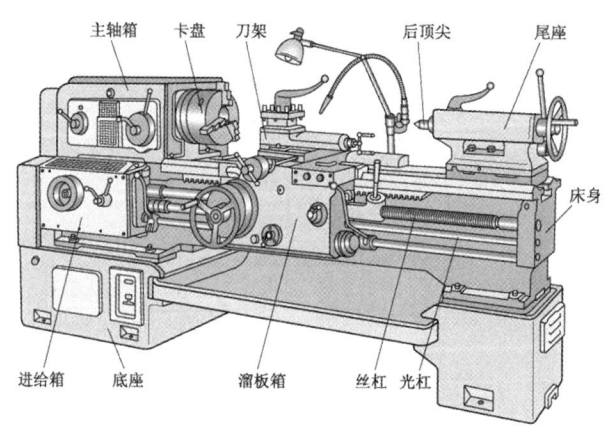

主轴箱　卡盘　刀架　后顶尖　尾座

床身

进给箱　底座　溜板箱　丝杠　光杠

图阅-46　普通车床的组成结构

1. 床身

床身是用于支承和连接车床上其他各部件并带有精确导轨的基础件。溜板箱和尾座可沿床身上的导轨移动。床身由床脚支承，并用地脚螺栓固定在地基上。

2. 主轴箱

主轴箱是装有主轴部件及其变速机构和箱形部件，安装于床身左上端。主轴端部可安装卡盘，用于装夹工件，亦可插入顶尖。

3. 进给箱

进给箱是装有进给变换机构的箱形部件，安装于床身的左下方前侧，箱内变速机构可帮助光杠、丝杠获得不同的运动速度。

4. 溜板箱

溜板箱是装有操纵车床进给运动机构的箱形部件，安装在床身前侧拖板的下方，与拖板相连。它带动拖板、刀架完成纵横进给运动、螺旋运动。

5. 刀架部件

刀架部件为一多层结构。刀架安装在拖板上，刀具安装在刀架上，拖板安装在床身的导轨上，可带刀架一起沿导轨纵向移动，刀架也可在拖板上横向移动。

6. 尾座

尾座安装在床身的右端尾座导轨上，可沿导轨纵向移动调整位置。它用于支承工件和安装刀具。

（四）数控机床

数控机床又称 CNC（Computer Numerically Controlled）机床，是采用数字化信息对机床的运动及其加工过程进行控制的机床。机床的回转主轴速度、轴向进给速度和其他功能均是按预设的程序指令执行，它能自动加工出所需要的几何形状。

数控机床一般由控制介质、数控装置、伺服系统、机床本体等组成，如图阅-47 所示。图中的实线部分为开环系统，虚线部分包括测量装置（位置检测反馈等）构成了闭环系统。

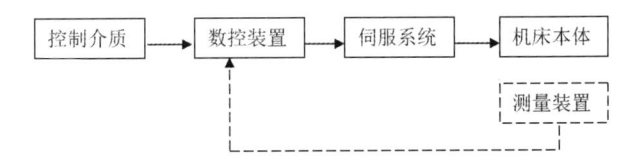

图阅-47　数控机床的组成

机床本体是数控机床的主体，是数控机床的机械部件。机床本体包括床身、主轴箱、刀架、尾座和进给机构等。图阅-48 为数控车床。

图阅-48　数控车床

数控装置包括机床数字控制电路、屏幕显示器、键盘和驱动电路等。
伺服系统是数控机床的驱动系统，用来实现数控机床的进给与主轴的伺服控制。

（五）加工中心

加工中心指具有刀具库并能按照预先编好的机械加工指令自动更换刀具和加工，对一次装夹的工件进行多工序加工的机床，如图阅-49所示。

图阅-49　加工中心

加工中心一般由基础部件、主轴部件、数控系统、伺服系统、自动换刀装置等组成。
基础部件由床身、立柱和工作台等大件组成，图阅-50为加工中心的机械结构图。
主轴部件由主轴箱、主轴电动机、主轴和主轴轴承等组成。主轴的启动、停止等动作和转速的高低均由数控系统控制。

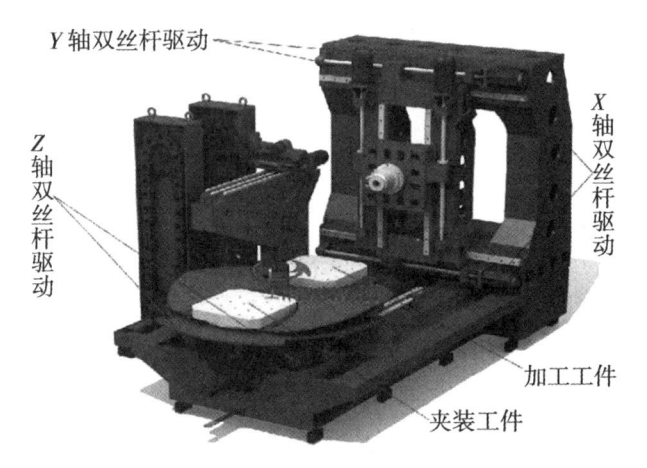

图阅-50　加工中心的机械结构

加工中心的数控系统与数控机床的数控系统相似，是加工中心执行加工的控制中心。

伺服系统由伺服驱动装置和伺服电动机等组成，用来驱动加工中心的主轴和进给装置。

自动换刀装置（ATC）是用于更换主轴与刀具库中的刀具或工具的装置，由刀具库和刀具交换装置组成。图阅-51 为斗笠式刀库结构。

图阅-51　斗笠式刀库结构

（六）组合机床

组合机床是以通用部件为基础，配以少量按工件特定形状和加工工艺设计的专用部件和夹具而组成的半自动或自动专用机床。组合机床一般采用多轴、多刀、多工序、多面或多工位同时加工的方式，其生产效率比通用机床高几倍至几十倍。其中的通用部件已标准化和系列化，可以根据需要灵活配置，所以在大批量生产中得到广泛应用，并可用以组成自动生产线。

组合机床一般由底座（又称床身）、动力箱（又称动力头）、滑台、夹具等组成，如图阅-52 所示。

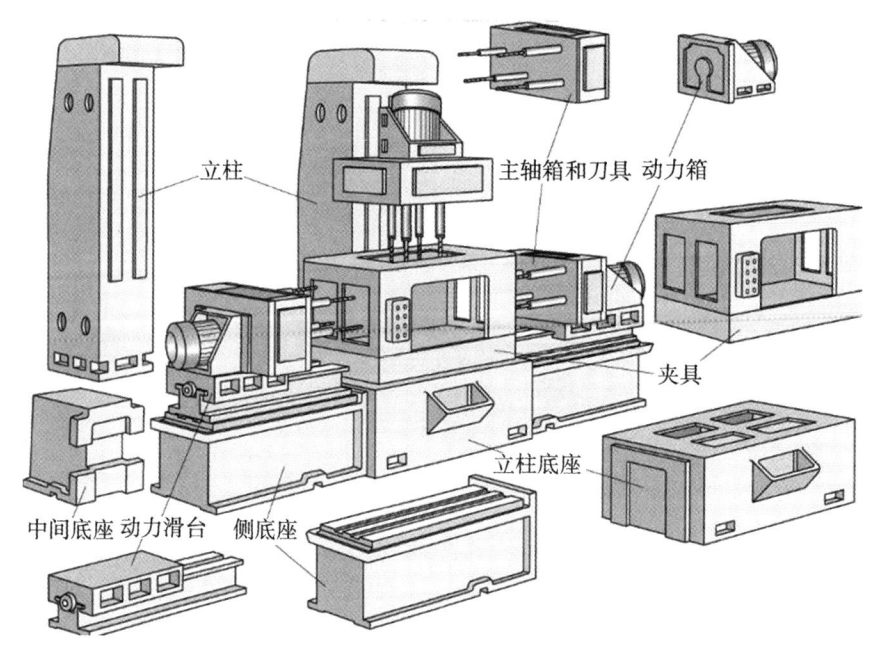

图阅-52 组合机床的结构

组合机床一般用于加工箱体类或特殊形状的零件。加工时工件一般不旋转，由刀具的旋转运动和刀具与工件的相对进给运动来实现钻孔、扩孔、锪孔、镗孔、铣削平面、切削内外螺纹以及加工外圆和端面等。

组合机床按工位数可分为单工位组合机床和多工位组合机床。

工位是指工件一次安装后，工件在机床上所占的每一个位置。

（七）普通机床、数控机床、加工中心的关系

数控机床与普通机床的区别在于它是在普通机床的基础上增加了数控装置和伺服系统。它们之间的关系表示如下：

普通机床+数控装置+伺服系统→数控机床

加工中心是在数控铣床（而不是数控机床）的基础上发展而来的，它与数控铣床的主要区别是：加工中心备有刀具库并能自动更换刀具，而数控铣床无刀具库，更谈不上自动更换刀具。所以，数控铣床与加工中心的关系表示如下：

数控铣床+刀具库及自动换刀装置→加工中心

（八）压力加工机床

1. 锻造设备

（1）自由锻设备（机）

自由锻（Open die forging machines）是指用简单的通用性工具，在锻造设备的上、下砧铁之间直接对坯料施加外力，使坯料产生变形而获得所需几何形状及内部质量锻件的加工方法。

图阅-53为自由锻常用的三种锻造方式。

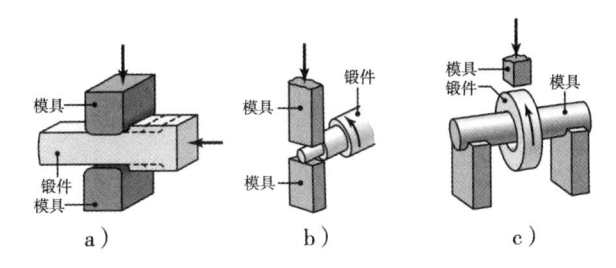

图阅-53　自由锻常用的三种锻造方式

①通过自由锻减薄矩形条杆的厚度；
②通过自由锻缩减条杆的直径；
③通过自由锻减薄圆环的厚度。

(2) 模锻设备（机）

模锻（Closed die forging machines）是指利用模具使毛坯成型而获得锻件的锻造方法。图阅-54 为模锻的加工过程。

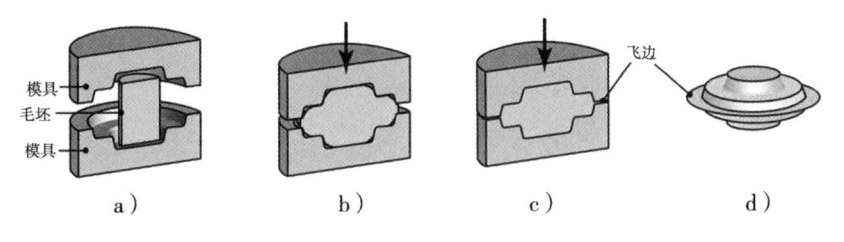

图阅-54　模锻的加工过程

①将毛坯放入模具；
②加压锻造；
③成型后产生飞边。
④经锻造加工后的工件。

2. 板材加工设备

(1) 型材成型机

型材成型机（Profile forming machine）是用金属扁平材加工成型材的机器。加工时，金属板材穿过安装在连续机架上的多个滚轴组。该板材逐渐通过每组相互啮合的辊轴系统，直到获得所需的截面轮廓。型材成型机只改变板材横截面的形状，在纵轴方向仍呈线性状态。

(2) 数控折弯机

数控折弯机（Numerically controlled press brake）是对金属扁平材以自动和可编程方式进行折弯加工的机器。通常情况下，C 形弯臂构成折弯机的侧面，其底部与工作台相连，顶部与可移动的臂连接。模具中的下模具安装在工作台上，上模具安装在移动臂上。通过上模具的移动将板材压入下面的 V 型模具中，使板材折弯，所以折弯又称为 V 型弯曲（V-Bending）。图阅-55 为折弯加工示意图。图阅-56 为数控折弯机。从图阅-56 中可以看到它的 C 形弯臂（frame）。

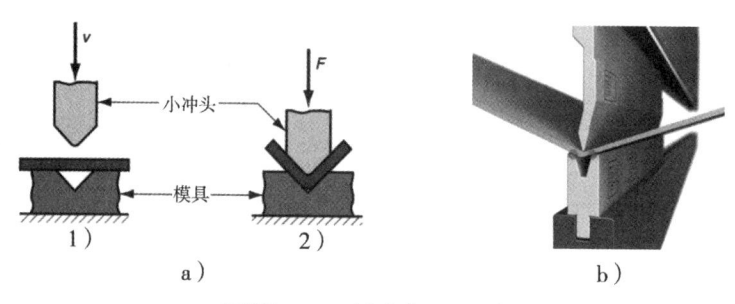

图阅-55　折弯加工示意图

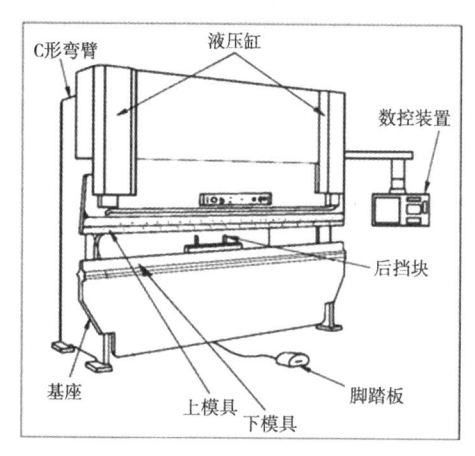

图阅-56　数控折弯机

（3）数控多边折弯机

数控多边折弯机（Numerically controlled panel bender）是一种对金属扁平材以自动和可编程的方式从正、反两面进行折弯加工的冷成型机器。数控多边折弯机和数控折弯机大致相似，但不同之处在于多边折弯机可以从正、反两面弯曲板材；而折弯机只能在其中一面折弯，若要向另一面折弯，必须翻转被加工的板材。图阅-57为板材向上折边与向下折边示意图，上面两张图是向上弯曲的过程，下面两张图是向下弯曲的过程。

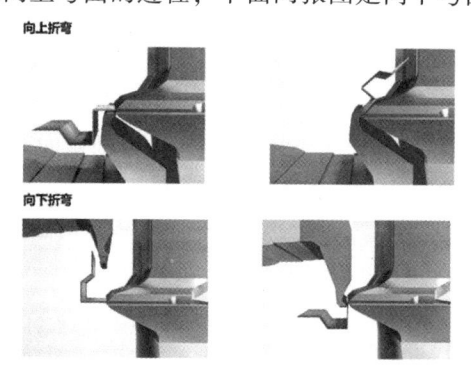

图阅-57　板材向上折边与向下折边示意图

（4）数控卷板机

数控卷板机（Numerically controlled roll forming machine）是对金属扁平材以自动和可编程的方式进行滚压加工的机床。加工时，板材穿过三辊或更多辊，只在沿进料的纵轴方向上改变金属板的曲率，滚压成所需的曲线（弧、圆、椭圆），而板材的横截面形状保持不变。图阅-58 为三辊卷板成型加工板材的示意图。

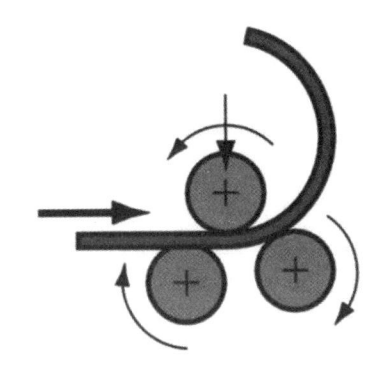

图阅-58　三辊卷板成型加工示意图

（5）纵剪线和定尺剪切线

纵剪线（Slitting line）是一条加工金属扁平材的生产线，其中两个带有相互匹配肋或槽的圆柱辊用来将大卷的卷材切成许多较窄的卷材或只切掉卷材的两个侧边。纵剪生产线主要由开卷机、卷材矫平机、纵剪机和重绕机组成。工作时，卷状板材从开卷机送入，首先被矫平，然后通过两个切割辊（一个在上面，另一个在下面）之间的辊隙进料并完成分切，在生产线的末端，分切的板材由重绕机再次卷绕成卷状。图阅-59 为卷材切边生产线。

图阅-59　卷材切边生产线

定尺剪切线（Cut-to-length line）也是一条加工金属扁平材的生产线，其中的剪切机可将长的或卷绕的扁平材切割成多片特定长度的板材。定尺剪切生产线主要由开卷机、卷材矫平机和剪切机三部分组成。加工时，成卷的扁平材架在开卷机上开卷，通过卷材矫平机送入剪切机，剪切机将其切成多片特定长度的板材。图阅-60 为定尺剪切生产线。

图阅-60　定尺剪切生产线

（6）机械压力机

机械压力机（Mechanical press）是使用电动机通过机械传动链产生压力来改变金属工件形状的机器。机械压力机要使用离合器把电动机的机械能传递到工作部件，该离合器将传递的扭矩从主动轮传到从动轮。通过施加在金属工件上的较大压力而改变工件的形状。机械压力机通常使用三相电动机，并通过离合器、齿轮传动带动曲轴旋转，曲轴的旋转再转化为冲头的上、下运动。图阅-61 为机械压力机实物图。从图阅-61 中可以看出机械压力机带有离合器（Clutch），电动机的机械能通过皮带、离合器、齿轮传递给带动工作部件的曲轴。

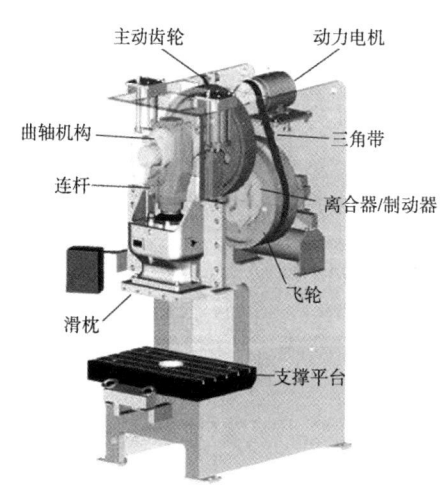

图阅-61　机械压力机

（7）伺服压力机

伺服压力机（Servo-press）是一种由伺服电动机驱动并产生压力来改变金属工件形状的机器，是一种特殊的机械压力机。伺服压力机不含离合器，而是采用电控无刷的伺服电动机（Servo-motor）来直接驱动压力机，通过伺服系统将电动机的机械能传递到工作部件，如图阅-62 所示。从图阅-62 中可以看出伺服压力机不含离合器，伺服电动机的机械能直接通过齿轮传递给曲轴，曲轴的旋转再转化为工作部件（冲头）的上、下运动。

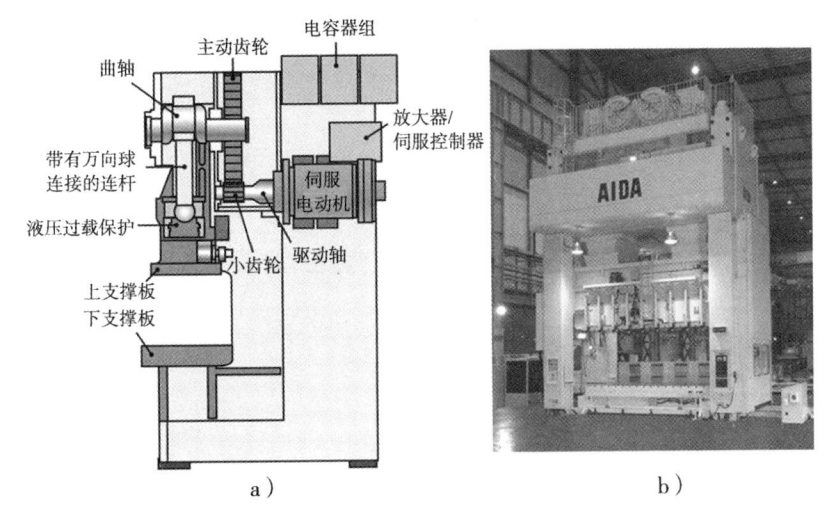

图阅-62 伺服压力机示意图与实物

阅读材料二十四：机械传动装置

机械传动装置指传递运动和动力的装置，是把内燃机、电动机等的动力传递给工作机构等的中间设备。传动装置主要包括传动轴、变速装置、离合器及联轴器、皮带轮、齿轮等。

（一）机械传动的主要类型

机械传动常见的主要类型包括皮带传动、链条传动、摩擦传动和齿轮传动。

在皮带传动中，发动机和工作机的轴上各装一个皮带轮，两轮通过皮带传递运动，图阅-63为皮带传动；

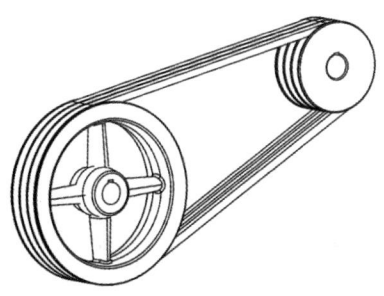

图阅-63 皮带传动

在链条传动中，发动机和工作机的轴上各装一个链轮，两轮通过链条传递运动；

在摩擦传动中，两个轮相互压紧，当主动轮向一个方向转动时，由于两轮之间的摩擦作用，从动轮也发生转动，它的转动方向跟主动轮相反；

在齿轮传动中，利用两齿轮的轮齿相互啮合传递动力和运动，常见齿轮传动形式如图阅-64所示。

a）圆柱齿轮　　　b）圆锥齿轮　　　c）蜗轮蜗杆

图阅-64　常见齿轮传动的形式

（二）常见传动装置及轴承座

1. 变速传动装置

（1）齿轮变速箱

齿轮变速箱（Gear box）又称变速器，是能固定或分档改变输出轴与输入轴传动比的齿轮传动装置。当输出轴转速小于输入轴转速时，又称为减速器。齿轮减速器一般由齿轮传动装置和箱体组成。图阅-65为最简单的一级齿轮减速器。

图阅-65　齿轮减速器

行星齿轮减速器是一种具有行星齿轮传动的减速器。行星齿轮传动如图阅-66所示。行星齿轮指在传动中既做公转又作自转的齿轮。行星齿轮减速器一般包括行星齿轮、行星架、中心轮等。

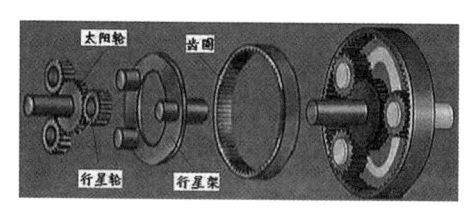

图阅-66　行星齿轮传动

（2）滚珠螺杆传动装置

滚珠螺杆（Ball screw）传动装置（行业上又称滚珠丝杠）是丝杠与旋转螺母之间以钢珠为滚动体的螺旋传动装置，如图阅-67所示。它可将旋转运动转变为直线运动。由于具有很小的摩擦阻力，它广泛应用于各种数控机床等工业设备和精密仪器上。

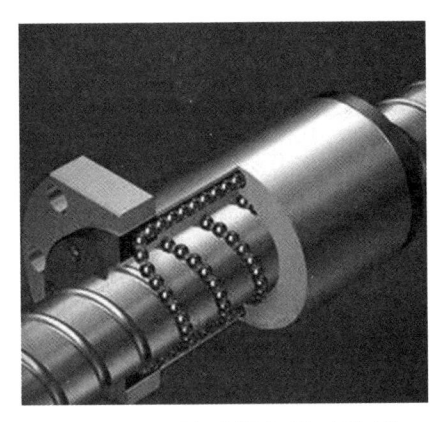

图阅-67 滚珠螺杆传动装置

(3) 扭矩变换器

扭矩变换器（Torque converter）又称液力变矩器，是一种液体耦合器，是用来传递旋转动力的装置，利用主动元件轮叶在液体中对着从动元件的固定或活动轮叶旋转形成变速，如图阅-68所示。它将动力源（通常是发动机或电机）与工作机连接起来，起到离合器的作用，但它与离合器不同的是：扭矩变换器可以改变扭矩大小，而离合器不能改变扭矩大小。

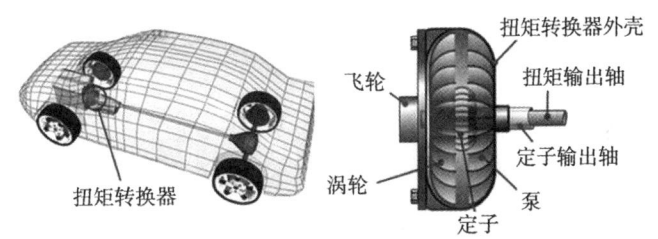

图阅-68 扭矩变换器

2. 离合器、联轴器、万向节

(1) 离合器

离合器（Clutch）是用以随时连接或切断两轴转动的装置。根据其结构和工作原理不同，常见的离合器可分为摩擦离合器和爪牙离合器。图阅-69为多盘摩擦离合器与爪牙离合器。

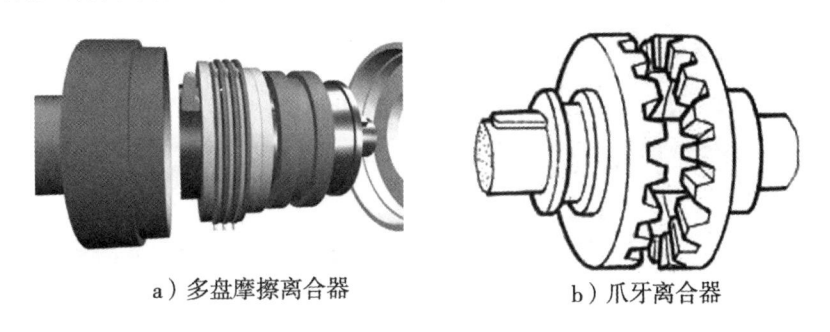

a) 多盘摩擦离合器　　　b) 爪牙离合器

图阅-69 摩擦离合器与爪牙离合器

(2) 联轴器

联轴器（Shaft coupling）就是用来把两轴联接在一起的装置，机器运转时两轴不能分离，只有机器停止转动并将联接拆开后才能将两轴分离。如图阅-70所示。

图阅-70 联轴器

联轴器和离合器均可联接两轴，传递运动和转矩。它们的区别是：离合器在机器运转时可随时分离或接合两轴；而联轴器只有在机器停止转动后，用拆卸的方法才能使两轴分离。

（3）万向节

万向节（Universal joint）又称万向联轴器，也是用来联接两根轴并传递运动和转矩的装置，但所联结两根轴的轴线不在同一轴线上，而是相交成一定角度。如图阅-71所示。

图阅-71 万向节

3. 轴承座

轴承座（Bearing housing）是用来支撑轴承和固定滚动轴承外圈或滑动轴承的装置。如图阅-72所示。

a）不含轴承的轴承座　　　b）含有滑动轴承的轴承座

图阅-72 轴承座

阅读材料二十五：通信设备

（一）通信的分类

1. 按传输媒介分为有线通信和无线通信。

有线通信是指利用各种导线或光缆作为信道来传输信号的通信方式。传输媒介为电缆或光缆。例如，市话系统、闭路电视系统、普通的计算机局域网等均属于有线通信。

无线通信是依靠自由空间来传输电磁波的通信方式。根据电磁波的波长不同又分为中/长波通信、短波通信和微波通信等类型。例如，广播系统、电视系统、移动电话系统、卫星通信系统等均属于无线通信。

2. 按信道中传输的信号分为模拟通信和数字通信。图阅-73 为数字信号与模拟信号。

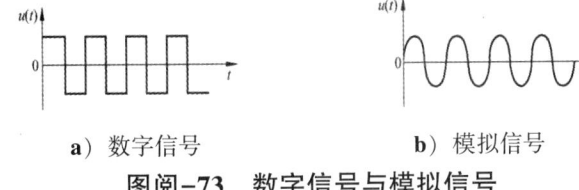

a）数字信号　　　　b）模拟信号
图阅-73　数字信号与模拟信号

模拟通信指在通信系统内所传输的信号是模拟信号。

数字通信指在通信系统内所传输的信号是二进制或多进制数字信号。

3. 按收发者是否运动分为固定通信和移动通信。

4. 按通信方式分为单工通信、双工通信、半双工通信。

单工通信指通信双方只能单向传递信息。例如，无线寻呼机只能接收信息而不能发送信息，属于单工通信。

双工通信指通信双方可同时双向传递信息。例如，手机在接听对方声音信息的同时还可以将自己的声音发送出去，属于双工通信。

半双工通信指通信双方可以双向传递信息但不能同时传送。例如，对讲机在接收信息的时候不能发送信息，在发送信息的时候不能接收信息，属于半双工通信。

5. 按传送信号的复用方式分为频分复用、时分复用、码分复用。

频分复用指不同信号占用不同的频率范围，如图阅-74 所示。

时分复用指不同信号占用不同的时间区间，如图阅-75 所示。

码分复用指用正交的脉冲序列携带不同信号，如图阅-76 所示。

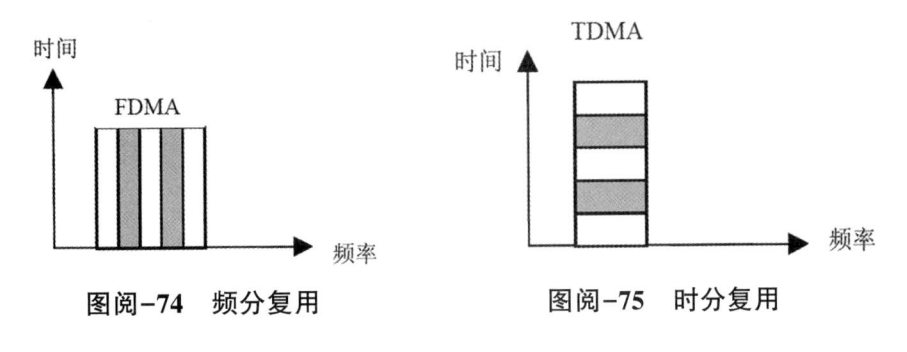

图阅-74　频分复用　　　　图阅-75　时分复用

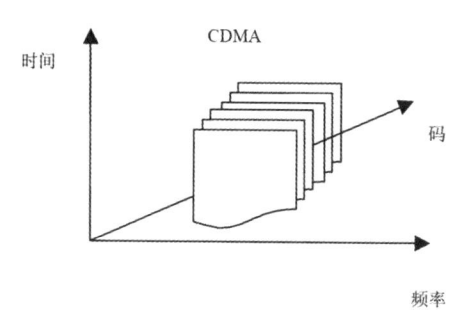

图阅-76　码分复用

（二）移动通信

移动通信（Mobile Communication）是指通信双方至少有一方在移动状态中进行信息传输和交换，这包括移动体（车辆、船舶、飞机或行人）和移动体之间的通信，移动体与固定点之间的通信。最常用的移动通信系统是蜂窝移动电话系统。

1. 蜂窝移动通信系统的基本构成

蜂窝移动通信系统一般由移动台、基站和移动业务交换中心组成。它与公用电话交换网通过中继线相连接。如图阅-77所示。

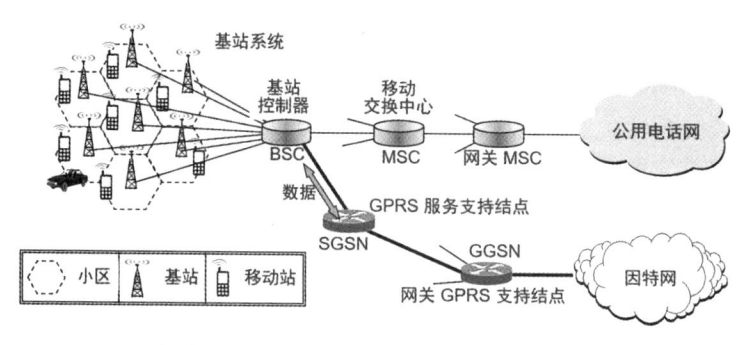

图阅-77　蜂窝移动通信系统的组成

（1）移动台

移动台（Mobile Station，简称MS）是移动通信系统的最小终端，主要包括移动电话、车载电话等，是移动通信系统不可缺少的组成部分。

（2）基站

基站（Base Station，简称BS）是移动通信系统中连接固定部分与无线部分，并通过空中的无线传输与移动台相连的设备。它包括收发信机和基站控制器。一个基站控制器通常控制多个基站收发信机。

①收发信机（Base Transceiver Station，简称BTS）为无线接口设备，完全由基站控制器控制，在网络的固定部分和无线部分之间提供中继，移动用户通过空中接口与收发信机相连。每个收发信机负责一个六边形区域，或者说，每个收发信机有一个可靠通信的服务范围。区域的大小，由其发射功率和天线的高度决定。由多个六边形区域构成一个蜂窝网络。

②基站控制器（Base Station Controller，简称BSC）是基站收发信机和移动交换中心之

间的连接点，也为基站收发信机和操作维修中心之间交换信息提供接口。其主要功能是进行无线信道管理、实施呼叫和通信链路的建立和拆除，并为本控制区内移动台的过区切换进行控制等。

（3）移动业务交换中心

移动业务交换中心（Mobile Services Switching Center，简称 MSC）主要提供路由进行信息处理和对整个系统的集中控制管理。它对位于其服务区的移动台进行交换和控制，同时提供移动网与固定电话公众网的接口。

2. 手机的组成结构

目前应用最广的是智能手机，所以以智能手机为例。

智能手机实际上就是一个单片机，主要由两大系统组成：硬件系统和软件系统。

硬件系统包括逻辑系统、电源系统、射频系统、界面接口系统四大部分。手机整机结构框图如图阅-78所示。

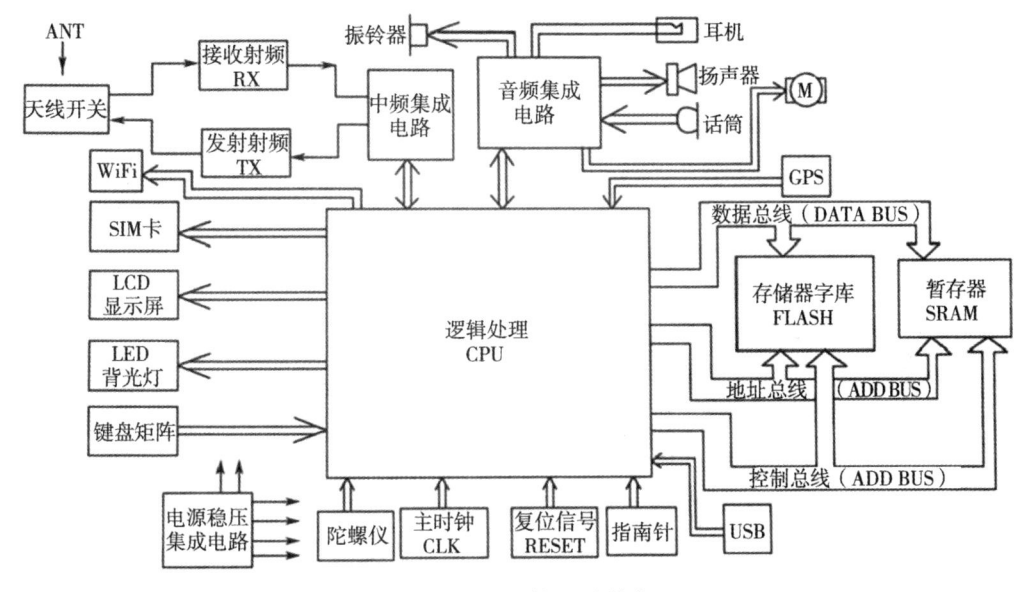

图阅-78 手机整机结构框图

（三）光纤通信

光纤通信（Fiber-optic communication）是以光导纤维作为传输介质、以光波为运载工具（载波）的通信方式。光纤通信与电线（缆）通信主要有两点不同：一是光纤通信的传输信号为光信号而不是电信号；另一个是光纤通信传输介质是光纤而非电线（缆）。

光纤通信具有容量大、频带宽、传输损耗小、抗电磁干扰能力强、通信质量高等优点，且成本低，与同轴电缆相比，可以大量节约有色金属和能源。

1. 光纤通信系统

光纤通信系统主要由电发射机、光发射机、光接收机、电接收机和光纤等构成，如图阅-79所示。

图阅-79　光纤通信系统示意图

电发射机输出的调制信号送入光发射机，由光纤构成的光缆实现光信号的传输，到达目的地后光电检测器把光信号转换为相应的电信号，经过放大和信号处理后进入电接收机。在远距离光纤通信中，为了补偿光纤的损耗并消除信号失真与噪声的影响，光纤中间还应加装光中继器。

光纤通信系统中的光源是由半导体材料构成的，有发光二极管（LED）和激光二极管（LD）两大类。

光检测器是光信号的接收器件，是将光信号转变为电信号的一种有源器件，应用最广泛的是光电二极管，有 PIN 型和 APD 型。

光纤通信所用的波段为色散和损耗较少的波段：通常为 850 纳米、1300 纳米（最低色散）和 1550 纳米（最低损耗）。

2. 光发射机与光接收机

光发射机是实现电光转换的光端机，其作用是将电信号变成光信号，然后送入光纤中传输出去。光发射机主要由光源、光源驱动与调制电路以及信道编码电路三部分组成。

光接收机是实现光电转换的光端机，其主要作用是接收经光纤传输衰减后的十分微弱的光信号，从中检测出传送的信息，放大到足够大后，供终端处理使用。它主要包括光电检测器、光信号接收电路和信道解码电路三部分。

通常光发射机和光接收机是成对出现的，这种光端机是光发射机和光接收机的组合体，能发送光信号也能接收光信号，其作用就是实现电—光和光—电转换。如图阅-80所示。

图阅-80　光发射接收模块

3. 光纤与光缆的结构

光纤是光导纤维的简称，光纤和同轴电缆相似，只是没有网状屏蔽层。中心是光传播的玻璃芯。

光纤一般由纤心（或纤芯）、包层、涂敷层及护套构成，是一个多层介质结构的对称圆柱体，其基本结构如图阅-81所示。

图阅-81　光纤的基本结构

多根光纤再加上加强元件和保护层便构成光缆。光缆的基本结构如图阅-82所示，常见的有层绞式结构、单位式结构、骨架式结构和带状结构。

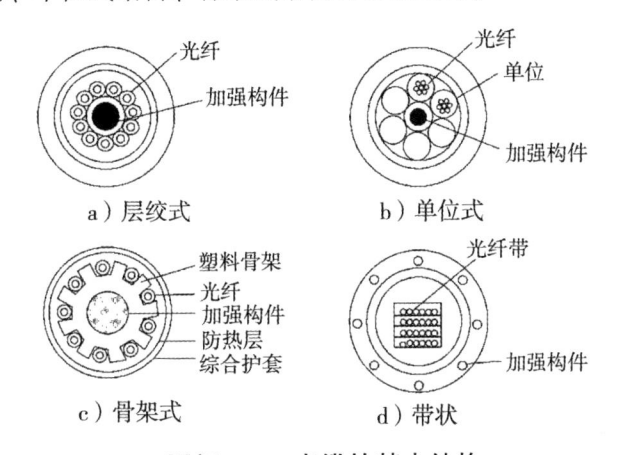

a）层绞式　　b）单位式

c）骨架式　　d）带状

图阅-82　光缆的基本结构

4. 光纤的分类

光纤按传输模式分单模光纤（Single Mode Fiber）和多模光纤（Multi Mode Fiber）。

单模光纤的纤芯直径很小（直径为4~10微米），在给定的工作波长上只能以单一模式传输，传输频带宽，传输容量大。

多模光纤是在给定的工作波长上，能以多个模式同时传输的光纤，多模光纤的纤心直径一般为50~75微米，包层直径为100~200微米。与单模光纤相比，多模光纤的传输性能较差，带宽比较窄，传输容量也比较小。

5. 波分复用技术

波分复用（Wavelength Division Multiplexing，WDM）技术就是把具有不同波长的几个或几十个光通路信号复用到一根光纤中进行传送的方式或技术，如图阅-83所示。

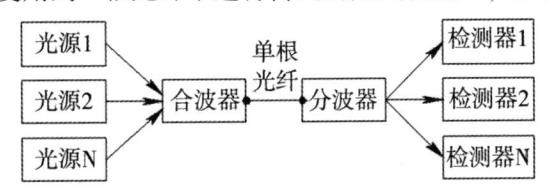

图阅-83　波分复用示意图

6. 光纤通信用光器件

光纤通信用光器件可以分为有源器件和无源器件两种类型。

有源器件包括光源、光检测器和光放大器、光中继器等；

无源器件主要有连接器、耦合器、波分复用器、调制器、光滤波器、光开关和隔离器等。

光通信中常用的光器件如下：

（1）光纤连接器

光纤连接器，是光纤与光纤之间进行可拆卸（活动）连接的器件。图阅-84 为 FC/PC 型活动光纤连接器。

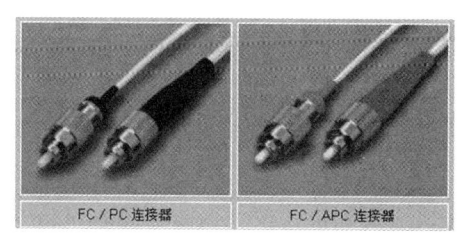

图阅-84　FC/PC 型活动光纤连接器

（2）光耦合器

光耦合器（Coupler）是对同一波长的光功率进行分路或合路的一种器件，它的功能是组合来自不同光纤的光信号或将光信号分离到不同的光纤中。

（3）光滤波器

光滤波器（Optical filter）是用来进行波长选择的仪器，它可以从众多的波长中挑选出所需的波长，而除此波长以外的光将会被拒绝通过。它可以用于波长选择、光放大器的噪声滤除、增益均衡、光复用/解复用。

（4）光放大器

光放大器（Optical Fiber Amplifer）是光纤通信系统中能对光信号进行放大的器件。它的原理是基于激光的受激辐射，通过将泵浦光的能量转变为信号光的能量实现放大作用。

（5）光复用器/解复用器

复用器/解复用器（Optical Multiplexer/Demultiplexer）用于组合/分离不同波长的光信号。有时一个器件同时完成复用和解复用功能，有时复用和解复用分别用不同的器件。

（6）光中继器

光中继器（Optical repeater）是在长距离的光纤通信系统中补偿光缆线路光信号的损耗和消除信号畸变及噪声影响的设备。其作用是延长通信距离。

（四）数据通信

随着计算机和网络技术的飞速发展，"数据通信"技术应运而生。

1. 数据通信概述

数据通信是指通信双方（或多方）按照一定协议，以数字信号为数据载体，完成数据传输的过程或方式。

数据通信几乎渗透于人类生活的各个角落，例如，电子邮件、远程教育、金融结算、股票交易、电子会议、办公自动化、网络游戏、异地会诊等。

数据通信是人与计算机或计算机与计算机之间以数据信号进行的信息交换过程，这里的计算机包含数字终端设备。

2. 无线网络通信

（1）无线局域网

无线局域网（Wireless Local Area Networks；WLAN）指利用无线技术在空中传输数据、话音和视频信号的网络。现在最流行的无线局域网是802.11b，而另外两种（802.11a和802.11g）的产品也广泛存在。

Wi-Fi（Wireless Fidelity，无线保真）是Wi-Fi联盟制造商的商标作为产品的品牌认证，是一个创建于IEEE[①]802.11标准的无线局域网技术。基于两套系统的密切相关，也常有人把Wi-Fi当做IEEE 802.11标准的同义术语。

（2）蓝牙

蓝牙（Bluetooth）是一种无线通信技术标准，用来让固定与移动设备在短距离间交换数据，以形成个人局域网（PAN）。蓝牙的标准是IEEE 802.15.1，蓝牙协议工作在无需许可的ISM（Industrial Scientific Medical）频段的2.45GHz。最高速度可达723.1kb/s。蓝牙广泛用于电脑、手机、PDA等多种电子设备。

（五）计算机通信

计算机通信（Computer communication）是在计算机与计算机之间或计算机与终端设备之间进行信息传递的通信。计算机通信是通过计算机网络实现的，是数据通信最常见的一种形式。

计算机通信常用的通信设备包括网络连接设备和网络互联设备。

网络连接设备，例如调制解调器、网络接口卡；网络互联设备，例如集线器、中继器、交换机、路由器等。

1. 计算机网络

计算机网络（Computer network）是伴随着计算机技术、通信技术的发展并在二者日益结合紧密、相互渗透促进的前提下产生的。它是将地理位置不同，并具有独立功能的多台计算机系统通过通信设备和线路按不同的形式连接起来，以实现在网络中资源共享和信息传递。

计算机网络按覆盖的地理范围划分，可分为局域网、城域网和广域网三类。

（1）局域网

局域网（Local Area Network，简称LAN）指用于有限范围内的各种计算机、终端通信网络。以太网是一种典型的局域网。

（2）城域网

城域网（Metropolitan Area Network，简称MAN）指城市地区间的计算机通信网络。城域网是介于广域网与局域网之间的一种高速网络。

（3）广域网

广域网（Wide Area Network，简称WAN）也称为远程网，指覆盖地理范围从几十千米到几千千米的计算机通信网络。广域网覆盖一个国家、地区，或横跨几个洲，形成国际性的远程网络。广域网的通信子网主要使用分组交换技术。

---

① 国际电机电子工程学会。

2. 计算机通信常用的通信设备

（1）调制解调器

调制解调器（Modem，Modulator-Demodulator），又称为"猫"，应用于物理层，用来将基带信号转换成频带信号或者将频带信号转换成基带信号，如图阅-85 所示。它具有调制与解调双重功能，可使计算机数据信号能够在模拟信道上传输，是一种模拟信号与数字信号相互转化的设备，通过调制解调器可使计算机之间利用现有的公用电话网进行远程通信。

图阅-85　调制解调器

（2）集线器

集线器（Hub）实际是中继器的一种，其区别是：中继器只有两个端口；而集线器有两个以上的端口，能够提供更多的端口服务。

（3）网络交换机

网络交换机（Switch）是一种能够在源端口和目的端口之间提供直接、快速、及时的点到点连接与数据传输的设备。它用于连接几个独立的局域网或把大的网络分段成许多较小、阻塞更小的局域网，按需要在局域网之间交换信息，使局域网整体带宽得到成倍提高。

（4）路由器

路由器（Router）是在网络层提供多个独立的局域网间连接服务的一种存储/转发设备，如图阅-86 所示。它主要用于局域网与广域网的连接，具有判断网络地址和选择路径的功能，在不同的网络之间存储并转发分组，根据信息包的地址将信息包发送到目的地，必要时进行网络层上的协议转换。

图阅-86　路由器

（5）网络接口卡

网络接口卡（Network Interface Card），简称网卡，是用于计算机与通信介质直接连接的物理接口设备。

3. 计算机通信常用的接口

（1）RJ-45 接口

RJ-45 接口又称网络接口，是网络通信时用于数据传输的接口，共由八芯做成，如图阅-87 所示。

图阅-87　RJ-45 接口

（2）USB 接口

USB（Universal Serial Bus，通用串行总线）接口，是一个外部总线标准，用于电脑与外部设备的连接和通讯。USB 接口支持设备的即插即用和热插拔功能。

阅读材料二十六：液晶显示器与液晶电视机

（一）液晶显示器

液晶显示器是一种采用液晶材料的显示器。液晶是介于固态和液态间的有机化合物。在电场作用下，液晶分子会发生排列上的变化，从而影响通过其光线的变化，这种光线的变化通过偏光片的作用可以表现为明暗变化。就这样，人们通过对电场的控制最终控制了光线的明暗变化，从而达到显示图像的目的。图阅-88 为液晶显示器的显示原理。从图中可以看到，红光、绿光从上偏光片的左侧和中间透过，而蓝色光由于彩色滤光片下面的液晶是竖直的无法透过上偏光片。

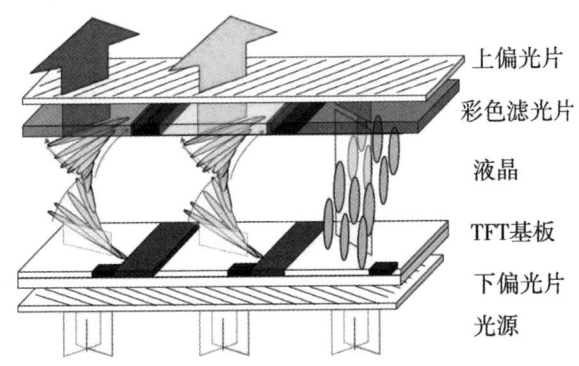

图阅-88　液晶显示器的显示原理

液晶显示器主要由液晶显示屏、主控板、电源板、高压板、按键控制板、接口和数据线等组成。图阅-89为液晶显示器的组成结构，图阅-90为液晶显示器的组成结构方框图。

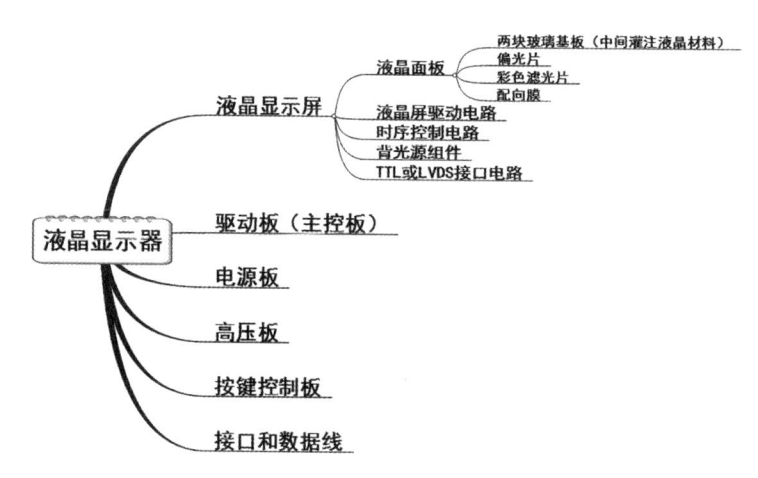

图阅-89　液晶显示器的组成结构

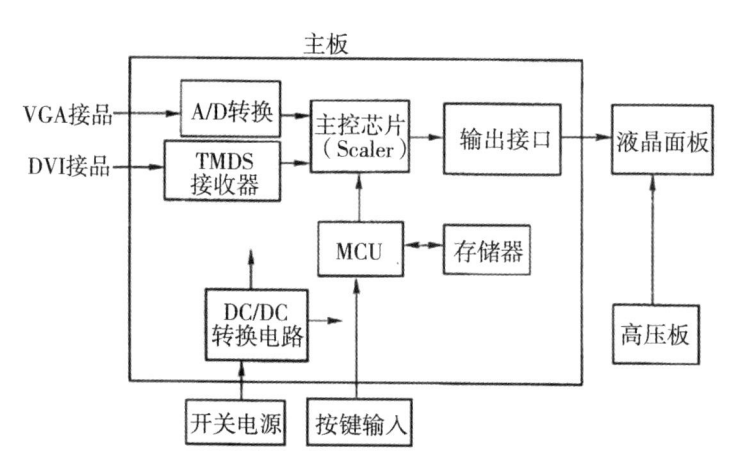

图阅-90　液晶显示器的组成结构方框图

1. 主控板

主控板简称为主板（行业内又称为驱动板，在此不要与液晶屏的驱动电路相混淆），主要用于接收、处理从外部送进来的模拟（VGA）或数字（DVI）图像信号，产生控制液晶分子偏转所需的时序和电压，并通过屏线送出驱动信号，控制液晶面板工作。

主控板主要包括信号输入部分（接数据线）、信号输出部分（接屏线）、A-D转换电路（接VGA接口）、TMDS接收器（接DVI接口）、信号处理部分（主控芯片，即Scaler芯片）、微控制器部分（MCU和存储器）、控制菜单和高压板接口等。

（1）信号输入部分

信号输入部分主要接收电脑显卡输出的模拟（VGA）和数字（DVI）信号。

（2）信号输出部分

信号输出部分是驱动板与显示屏之间的连线。常用的有并行总线TTL接口和低压差分LVDS接口。

(3) A-D 转换电路

A-D 转换电路用于将模拟 VGA 接口输出的模拟信号转换为 R、G、B 数字信号，送图像缩放电路（Scaler）进行处理。

(4) TMDS 接收器

TMDS（Transition Minimized Differential Signaling）是一种微分信号传输方式，采用 8 比特的 R、G、B 数据信号转换为 10 比特的行场同步信号、时针信号、数据 DE 信号、纠错信号等，再通过 DC 平衡后，采用差分信号方式传输数据信号。它与 LVDS、TTL 相比，具有较好的电磁兼容性，从而实现了长距离、高质量的数字信号传输。

TMDS 接收器用于对 TMDS 数据和时钟信号进行解码，然后送图像缩放电路（Scaler）进行处理。

(5) 信号处理部分

信号处理部分指驱动板的图像缩放电路（Scaler），其功能是通过缩放电路将不同分辨率的信号变换为与液晶屏对应的分辨率后，才能保证液晶屏显示正常的图像画面。因为液晶显示屏的像素位置与分辨率是固定的，而电视信号和外部输入的信号的分辨率却是变化的。

(6) 微控制器电路

微控制器电路主要包括微控制器（MCU）和存储器。它的作用是控制电源的开关和节能状态、频率计算、各个芯片的通信、字符显示控制等。

微控制器其实是一个单片微型计算机，是将 CPU、RAM、ROM、定时计数器和多种 I/O 接口集成在一片芯片上所形成的芯片级计算机。

存储器（EEPROM）的作用是存储液晶显示器设备的数据和运行中所需的数据。

(7) 接口

接口主要包括 VGA 接口和 DVI 接口。

VGA 接口属于计算机的 15 针接口，该接口的信号为模拟信号，除了输入 RGB 三基色信号，还输入行、场同步信号。

DVI（Digital Visual Interface）接口符合 TMDS 电子协议的基本电气连接方式。在接口中左侧有三排八列共 24 针，右侧为一个针或四个针。计算机直接以数字信号的方式将显示信息传送到显示设备中。

2. 电源板

电源板的作用是将 90~240V 的交流电压转换为 12V、5V、3.3V 等直流电压，供给驱动板、液晶面板等工作。电源板主要包括 DC/DC 电源电路。DC/DC 电源电路是将开关电源电路输出的 12V（或 14V、18V）和 5V 直流电压转换为驱动控制电路和液晶面板工作所需要的 5V、3.3V、2.5V、1.8V 等直流电压。

3. 高压板

高压板的作用是将主板或电源板输出的 12V 直流电压转换为背光灯管启动和工作需要的 1500~1800V 高频高压交流电。有的液晶显示器将电源板和高压板做到一起。如果背光源采用的是 LED，则不需要高压板。

4. 功能控制面板

功能控制面板，又称为按键控制板，是为液晶显示器实现开关机、菜单调整（如高度、对比度、颜色、图像位置等）等功能而设置的。

(二) 液晶电视机

液晶电视机主要由电源电路、高压逆变器、高中频信号处理电路、伴音电路、视频解码电路、扫描格式变换电路、图像缩放电路、液晶显示屏接口电路、液晶显示屏等构成。

典型液晶彩色电视机的构成方框图如图阅-91 所示。

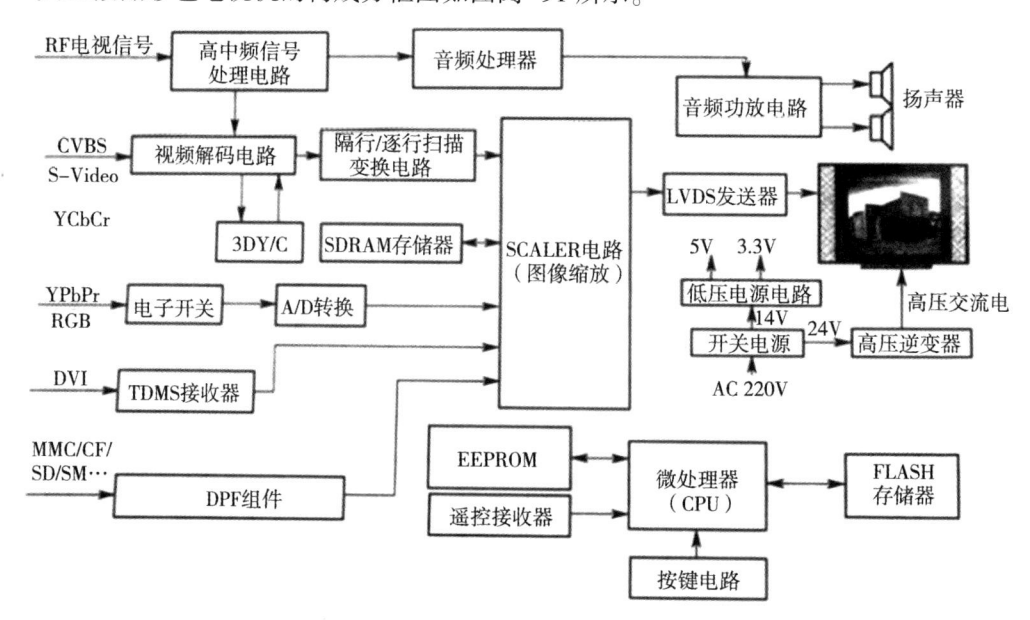

图阅-91　典型液晶彩色电视机的构成方框图

其中的电源电路、高压逆变器、图像缩放电路、液晶显示屏接口电路、液晶显示屏与液晶显示器的相似，在此不再赘述，下面只介绍液晶显示器没有而只有液晶电视机才有的电路。

1. 高中频信号处理电路

高中频信号处理电路是将射频（RF）信号变换为全电视信号 CVBS 和第二伴音中频信号，或者直接输出全电视信号 CVBS 和音频信号。

2. 伴音电路

伴音电路是将来自中频电路第二伴音的中频信号进行解调、音效处理，再经过功率放大后，驱动扬声器还原音频信号。

3. 视频解码电路

视频解码电路的功能是将中频电路输出的全电视信号 CVBS 进行解码得到，亮度信号 C 和色差信号 UV，或亮度信号 Y 和三基色信号 RGB。

4. 扫描格式变换电路

扫描格式变换电路的功能是将隔行扫描的图像信号变换为逐行扫描的图像信号，并送图像缩放电路。

其中，高中频信号处理电路、伴音电路、视频解码电路等是电视机专有的模块。

(三) 液晶显示器与液晶电视机常见的各种接口

1. VGA 接口

VGA 接口又叫 D-Sub 接口，在《协调制度》注释中也称 Sub-D 接口。它呈梯形形状，上面共有 15 针，分成三排，每排五个，如图阅-92 所示，左侧为 VGA 母接口，右侧为 VGA 公接口。VGA 接口的信号为模拟信号，包括 RGB 图文视频图像和水平、垂直同步信号（又称行场扫描信号）。VGA 接口是计算机显卡上应用最广的接口类型之一。

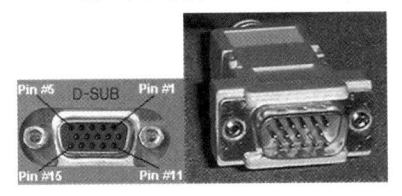

图阅-92　VGA 接口

2. DVI 接口

DVI 接口（Digital Visual Interface，数字视频接口）是一种数字式的接口显示。在接口中左侧有三排八列共 24 针，右侧为一个针或四个针，如图阅-93 所示。DVI 接口主要用于与具有数字显示输出功能的计算机显卡相连接，显示计算机的 RGB 信号。

目前 DVI 接口有两种：一种是 DVI-D 接口，只能接收数字信号，不兼容模拟信号，接口右侧只有一个针，且该针为空，如图阅-93 左侧所示；另一种则是 DVI-I 接口，可同时兼容模拟信号和数字信号，接口右侧有四针，如图阅-93 右侧所示。

a) DVI-D 接口　　　　　　b) DVI-I 接口

图阅-93　DVI 接口

3. RS-232C 接口

RS-232C 接口是数据通信中完全遵循数据通信标准的一种接口。它呈梯形形状，上面有 9 针，分成两排，如图阅-94 所示，左侧为母接头，右侧为公接头。它多用于计算机的控制和数据交换。

图阅-94　RS-232C 接口

4. 复合视频接口

复合视频（Composite Video）接口包括亮度和色度的单路模拟信号，即从全电视信号中分离出伴音后的视频信号，如图阅-95所示。复合视频接口是最常见的视频信号接口。但由于这种接口传输的仍是一种亮度/色度（Y/C）混合的视频信号，仍需显示设备对其进行亮/色分离后才能显像，这种先混合再分离的过程必然会造成色彩信号的损失。

a）复合视频接口　　b）音频接口

图阅-95　复合视频接口、音频接口

5. S视频信号接口

S视频信号，俗称S端子信号，全称是Separate Video，或Super Video。它将亮度信号Y和色度信号C分离输出，避免了复合视频输出时亮度和色度相互干扰，所以图像质量优于复合视频信号。如图阅-96所示。

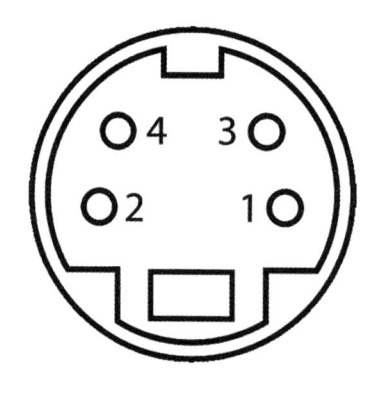

图阅-96　S端子接口

6. 分量视频信号接口

分量视频信号（ComponentVideo）也叫色差信号，能同时传送三路信号：一路亮度信号，两路色差（或色度）信号。色差信号分为隔行色差信号（Y、Cr、Cb）和逐行色差信号（Y、Pr、Pb），如图阅-97所示。

图阅-97　分量视频信号接口

隔行色差信号（Y、Cr、Cb）：Y是亮度信号，只包含黑白图像信息；Cr是R-Y信号，即红色信号与亮度信号的差；Cb是B-Y信号，即蓝色信号与亮度信号的差。色差信号用绿、红、蓝标识，红色代表Cr信号，蓝色代表Cb信号，绿色代表Y信号。

逐行色差信号（Y、Pr、Pb）：逐行色差信号含义与隔行色差信号相似，三路信号分别对应的是逐行扫描信号，而不是隔行扫描信号。逐行色差所用端子与隔行色差相同，只是将 C 换成 P。

7. HDMI 接口

HDMI（HighDefinitionMulti-mediaInterface）接口，即高清晰多媒体接口，是纯数字式接口，能同时以无压缩的方式传送全数字式的视频信号和全数字式的音频信号，无需在信号传送前进行数/模或者模/数转换，可以保证最高质量的影音信号传送。如图阅-98 所示，左侧为 HDMI 母接口，右侧为 HDMI 公接口。

图阅-98　HDMI 接口

8. DP 接口

DP（DisplayPort）接口也是一种高清数字显示标准接口，可以连接电脑和显示器，也可以连接电脑和家庭影院。如图阅-99 所示。

图阅-99　DP 接口

9. USB 接口

USB（Universal Serial Bus）接口，是 1994 年以 Intel 为首，包括 Compad、HP、Lucent、Microsoft、NEC、Philips 共 7 家公司联合发布的新一代通用串行总线。USB 接口是一种快速的、双向的、同步的、低成本的可动态加入的串行总线，目前已成为多种电子设备的通用接口。如图阅-100 所示。

图阅-100　USB 接口公插头

阅读材料二十七：电气控制

电气控制与分配装置主要包括用于电气控制或电力分配的盘、板、台、柜及其他基座等。这类装置有时还配有仪表、辅助装置等，例如，变压器、电子管、电压调节器、变阻器或发光的电路图等。

现代控制技术中普通使用的控制装置有可编程控制器、人机界面等。

可编程控制器可以计算机程序（软件）实现各种控制功能。

人机界面在控制系统中的参数设定和实时显示方面扮演着重要角色。

（一）可编程控制器

可编程控制器（Programmable Logic Controller，PLC）是一种数字运算操作的电子系统，专为在工业环境下应用而设计。它采用可编程序的存储器，用来在其内部存储执行逻辑运算、顺序控制、定时、计数和算术运算等操作的指令，并通过数字式和模拟式的输入和输出，控制各种类型的机械或生产过程。

国际电工委员会（IEC）对它的英文定义为：Definite-purpose computers design to control industrial processes and machines.

从 PLC 的定义可知，它通常直接应用于工业环境，是"专为工业环境下应用而设计的"工业计算机，它能完成逻辑运算、顺序控制、定时、计数和算术运算等操作，还具有数字量和模拟量输入和输出的功能。

PLC 一般由中央处理单元（CPU）、存储器、输入输出（I/O）单元和电源部分组成。

PLC 的基本功能包括逻辑控制功能、定时控制功能、计数控制功能、步进控制功能、数据处理功能、回路控制功能、通讯联网功能、监控功能、停电记忆功能、故障诊断功能等。

PLC 按结构形式可分为整体式 PLC 和模块式 PLC。

整体式 PLC 是将 CPU、存储器、I/O 单元、电源等安装在同一机壳内并构成主机，有的还有 I/O 扩展单元配合主机使用，以扩展 I/O 点数。整体式 PLC 的特点是结构紧凑、体积小、成本低、安装方便，但输入输出点数固定，灵活性较低，小型 PLC 多采用这种结构，如图阅-101 所示。

图阅-101　整体式 PLC

模块式 PLC 由一些标准模块单元组成，采用总线结构，不同功能的模块（如 CPU 模块、输入模块、输出模块、电源模块等）通过总线连接起来，它把 PLC 各基本组成做成独立模块。模块式 PLC 的特点是可以根据功能需要灵活配置，构成具有不同功能和不同控制规模的 PLC，多用于大型和中型 PLC。如图阅-102 所示。

图阅-102　模块式 PLC

1. 中央处理单元

中央处理单元（CPU）一般由控制器、运算器和寄存器组成，这些电路都集成在一个芯片内。CPU 通过数据总线、地址总线和控制总线与存储单元、输入/输出接口电路相连。CPU 的主要任务是控制用户程序和数据的接收与存储；用扫描的方式通过 I/O 接口接收现场信号的状态或数据，并存入存储器中；诊断内部电路的工作故障；进入运行状态后，从存储器逐条读取用户指令，经过命令解释后按指令规定的任务进行数据传送、逻辑或算术运算等；根据运算结果，再经输出部件实现输出控制等功能。

2. 存储器

PLC 的存储器包括系统存储器和用户存储器。

系统存储器用来存放由 PLC 生产厂家编写的系统程序并固化在 ROM 内，用户不能更改；用户存储器包括用户程序存储器和用户数据存储器两部分。

3. 输入/输出单元

PCL 的输入和输出信号类型可以是开关量、模拟量。输入/输出单元包括两部分：与被控设备相连的接口电路和输入与输出的映像寄存器。

输入单元接收来自用户设备的各种控制信号，如限位开关、行程开关以及一些传感器的信号；输出映像寄存器由输出点相对应的触发器组成，输出接口电路将其由弱电控制信号转换成现场所需的强电信号输出，以驱动接触器、电磁阀等被控设备的执行元件。

4. 电源部分

PLC 一般使用 220V 的交流源或 24V 的直流电源，内部的开关电源提供 5V、12V、24V 直流电源供 CPU、存储器等电路。

通常将一路信号叫做一个点数（或称位数），将输入点数和输出点数的总和称为 PLC 的点数，简称 I/O 点数。它的点数越多，说明它的控制功能越强、越复杂。

PLC 与电器元件的连接情况如图阅-103 所示。

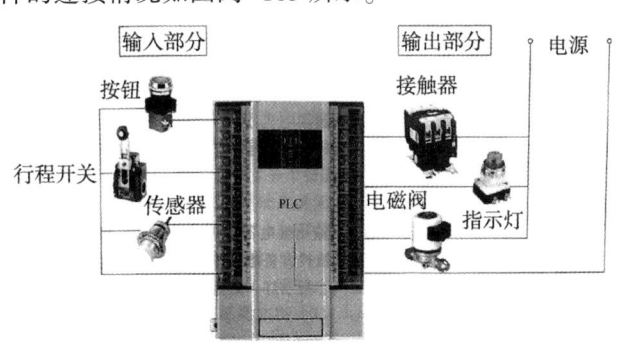

图阅-103　PLC 与电器元件的连接情况

（二）人机界面

人机界面（Human Machine Interface，HMI）是在人与机器之间透过某种界面，用户能够对机器下达指令，机器也能够通过此界面将执行状况与系统状况反馈给使用者的设备。或者说，用户通过人机交互界面与系统进行交流，使系统实现各种操作。如图阅-104所示。

图阅-104　人机界面

人机界面由硬件和软件两部分组成，硬件部分包括处理器、显示单元、输入单元（如触摸屏）、通讯接口、数据存储单元等。软件部分就是系统所用的驱动程序和系统软件。人机界面通常应用于机器的自动控制系统。也就是说，触摸屏是人机界面中的一个组成部分。

阅读材料二十八：铁道车辆及相关设备

（一）铁道及电车道的范围

铁道及电车道不仅包括普通的钢制轨道，还包括磁悬浮轨道或混凝土轨道等。

（二）铁道电力机车

铁道电力机车指由车上的强力蓄电池或由钢轨或架空电缆等外部导体供给电力而驱动的铁道机车。

（三）机动客车

机动客车指配有动力装置的载客车。

（四）隧道限界检查车

隧道限界检查车指用于检查和核对铁路隧道、桥梁等大型建筑物（净空）是否符合接近限界的要求，以及确认某待运车辆能否安全通过特定区段的特殊车辆。该车上将装有可调的触杆，在车辆横断面的高和宽方向均可伸出借以进行检测。

（五）钢轨在线打磨列车

钢轨在线打磨列车指对钢轨的波浪磨耗和轮廓变形进行在线综合修理的车辆，属于铁路行业中的大型养路机械之一。该车上装有数个打磨的小车，每个打磨小车装有数个打磨头，由计算机控制自动监测和调整打磨量。

（六）电气化接触网架线机

电气化接触网架线机（轨行式）指专用于铁路电气化接触网安装和调试的机械车辆。它由一台安装作业车和一台放线作业车组成。安装作业车主要由底盘、发动机、可升降和回转的工作台、拉紧导线承力索的紧线装置、测量导线的模拟受电弓以及起吊架线用各种机具的随机小吊车、驾驶室等组成。放线车则由平板车为底盘改装而成。

（七）机械信号设备

机械信号设备指能发出两种或多种机械信号且每种信号均可向车辆、船舶或飞机传递指示的设备。

阅读材料二十九：汽车及其零件

（一）按"小轿车"归类的条件

小轿车是指具有如下两项技术特性之一的乘用车，但越野车除外：
1. 车身结构为三厢式车身[①]。
2. 车身结构为两厢式车身，且具备以下各项条件：
（1）座位数不超过5座，座椅（含可折叠座椅）不超过两排且无侧向布置；
（2）一半以上的发动机长度位于车辆前风窗玻璃最前点以前，或转向盘的中心位于车辆总长的前四分之一部分之后；
（3）车长不大于4500毫米。或者车长大于4500毫米，但不大于5000毫米，且车辆处于整车整备质量状态下，车顶外覆盖件最大离地高度不大于1600毫米。

（二）按"越野车"归类的条件

越野车应为具有如下各项技术特性的乘用车：
1. 车身结构为两厢式车身。
2. 一半以上的发动机长度位于车辆前风窗玻璃最前点以前，或转向盘的中心位于车辆总长的前四分之一部分之后。
3. 至少有一个差速锁止机构或至少有一个具有类似作用的机构。单车计算爬坡度至少为30%，此外还必须满足下列六项要求中的至少五项：
（1）接近角[②]≥25°；（2）离去角[③]≥20°；（3）纵向通过角≥20°；（4）前轴离地间隙≥180毫米；（5）后轴离地间隙≥180毫米；（6）前后轴间的离地间隙≥200毫米。

---

① 一般轿车的发动机室、驾乘室、行李箱室分别称为轿车的三个独立的"厢"。如果这三个厢都是互不相通的，则称为三厢车；如果驾乘室、行李箱室是合在一起的，则称为两厢车。
② 接近角指汽车前端下部最低点向前轮外缘引的切线与地面的夹角。
③ 离去角指汽车后端下部最低点向后轮外缘引的切线与地面的夹角。

4. 前轴和后轴均应具备驱动功能。

(三) 按"9座及以下的小客车"归类的条件

9座及以下的小客车是乘用车的一种,其座位在9座及以下,并具有如下两项技术特性之一:

1. 车身结构为一厢式车身;
2. 车身结构为两厢式车身,除轿车、越野车以外的其他乘用车。

(四) 按"非公路用自卸车"归类的条件

自卸车是能将车厢(罐体)卸下或使车厢(罐体)倾斜一定角度,货物依靠自重能自行卸下或者水平推挤卸料的专用货运车辆。子目8704.1的非公路用自卸车应是符合下列条件之一的自卸车:

1. 自卸车的车身是用高强度钢板制造的,其前部伸出,遮住驾驶室顶部,起到保护驾驶室的作用。车身底板的全部或一部分朝后部向上倾斜;
2. 有些自卸车的驾驶室仅为半宽式;
3. 没有轴悬架;
4. 制动能力强;
5. 工作速度及工作区域很有限;
6. 特种沼泽地行驶轮胎;
7. 因其结构坚固,车辆自重与其有效载重量之比不超过1∶1.6;
8. 车身可由车辆本身所排废气加热,以防止所载材料黏附或冻结。

非公路自卸车并不是指不能在公路上行驶的自卸车,只要符合上述条件即可按非公路自卸车来归类。

(五) SUV车

SUV是Sport Utility Vehicle的缩写,中文含义为运动型多功能车。SUV车车身高大,驾驶视野好,具有较强的舒适性;运动性好,即加速快、极速高,通过性能好,适应能力强;功能多,即不仅能载人,而且还能载货,并具有较强的牵引能力。多数SUV车采用四轮驱动。

(六) MPV车

MPV是Multi-Purpose Vehicles的缩写,中文含义为多用途汽车。从源头上讲,MPV车是从旅行轿车逐渐演变而来的,它集旅行车宽大乘员空间、轿车的舒适性和厢式货车的功能于一身,一般为两厢式结构。它拥有更灵活的内部空间布局,更适合于家庭出游、小公司商务活动等。

(七) 电动汽车的主要类型简介

电动汽车主要包括混合动力电动汽车、纯电动汽车和燃料电池汽车三大类。

1. 混合动力电动汽车(HEV,Hybrid Electric Vehicle)指能够至少从下述两类车载储存的能量中获得动力的汽车:可消耗的燃料;可再充电能的储存装置。

混合动力电动汽车又根据是否可充电分为插电式和非插电式两种。插电式混合动力汽车的电池容量较大，可通过外部电源获得电能，通过电动机驱动方式的续行里程较远；而非插电式混合动力汽车的电池容量较小，其电池内部的电能只能通过车辆本身的内燃机带动发电机发电后提供，通过电动机驱动方式的续行里程有限。

2. 纯电动汽车（BEV，Battery Electric Vehicle）指由电动机驱动，且驱动电能来源于车载可充电蓄电池或其他能量储存装置的汽车。

3. 燃料电池汽车（FCEV，Fuel Cell Electric Vehicle）指以燃料电池作为动力电源的汽车。燃料电池是一种把燃料所具有的化学能直接转变为电能的发电装置。这种车辆以压缩氢气为原料，氢气与空气中的氧气反应，生产无任何污染的水，同时产生电能，驱动电动机带动车轮转动。

（八）防抱死制动系统

防抱死制动系统（Anti-lock Brake System，简称ABS）：是一种安装在车辆上的先进制动系统。工作时，用传感器测量各车轮速度，当传感器检测到某车轮抱死时，制动管路上的电控元件起动，以控制阀门的大小，从而调节制动力的大小。由于执行动作十分迅速，所以这种条件下的制动可看似点放刹车。

防抱死制动系统由车轮速度传感器、ABS电控单元（ECU）、制动压力调节装置及制动控制电路等组成，如图阅-105所示。

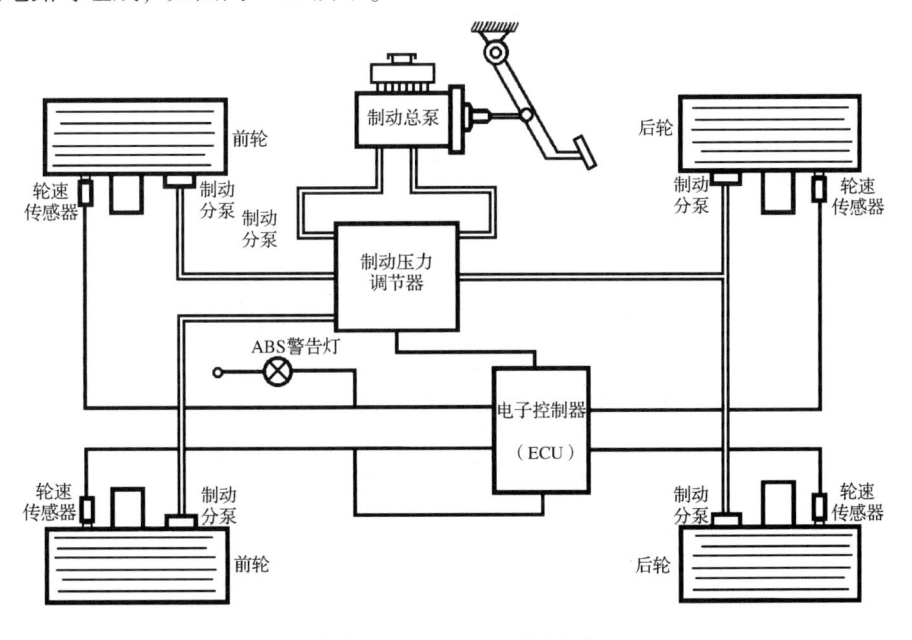

图阅-105　ABS 的组成

（九）电子稳定系统

电子稳定系统（Electronic Stability Program，ESP）是一项主动安全系统，包含ABS和TCS。它能防止车轮在制动时抱死（ABS），在启动时打滑（TCS）。

ESP每秒多次（25次）检测驾驶员的行驶意图和车辆的实际行驶情况。如果发现有紧急情况，它迅速反应，通过液压调节器，调节每个车轮的制动压力，如有可能，还会干预发动机和传动系统。ESP 能降低车辆侧滑的危险，从而降低事故的发生率。

ESP 由转向传感器（监测方向盘旋转的角度，帮助确定汽车行驶方向是否正确）、车轮传感器（监测每个车轮的速度，确定车轮是否在打滑）、侧滑传感器（记录汽车绕垂直轴线的运动，确定汽车是否在打滑）、横向加速度传感器（它对转弯时产生的离心力起反应，确定汽车是否在通过弯道时打滑）组成。

（十）电控悬架系统

电控悬架系统（Electric Modulated Suspension，EMS）就是根据不同的路况和行驶状态，由控制单元自动调节车高、减震器阻尼系数、弹簧弹性系数等参数，使汽车的乘坐更加舒适，使操纵稳定性达到最佳状态的系统。

工作时，利用传感器（包括开关）检测汽车行驶时路面的状况和车身的状态，输入 ECU 后进行处理，然后通过驱动电路控制悬架系统的执行器动作，完成悬架特性参数的调整。

电控悬架系统由传感器（如车高传感器、车速传感器、加速度传感器、转向盘转角传感器、节气门位置传感器等）、开关（如模式选择开关、制动灯开关、停车开关、车门开关等）、执行器（如可调阻尼力减震器、可调节弹簧高度和弹性大小的弹性元件等）、控制单元（ECU）组成。

（十一）安全气囊

安全气囊（Safety Airbag）是汽车上一种常见的被动安全装置，如图阅-106 所示。一旦撞车时，由电子控制单元（ECU）提供电流，引爆放在方向盘中央及仪表板（杂物箱）后面气囊中的氮化合物，它像"火药"似的迅速燃烧而产生大量的氮气，在瞬间充满气囊（气袋），整个动作过程约在 0.02 秒内完成。这样，在驾驶员与方向盘之间、副驾驶员与仪表板之间立刻形成一种缓冲的软垫，避免因硬性撞击而发生严重伤亡。

图阅-106　安全气囊

阅读材料三十：常见医疗器械

（一）CT 扫描机

CT 扫描机在《协调制度》中又称"X 射线断层检查仪"（X-ray computed tomography，X-CT），是运用扫描并采集投影的物理技术，以测定 X 射线在人体内的衰减系数为基础，采用一定算法，经计算机运算处理，求解出人体组织的衰减系数值在某剖面上的二维分布矩阵，再将其转为图像上的灰度分布，从而实现建立断层解剖图像的现代医学成像技术，X-CT 成像的本质是衰减系数成像。

X-CT 成像装置主要由 X 射线管、准直器、探测器、扫描机构、测量电路、计算机、监视器等组成。图阅-107 为 CT 机 X 射线部分结构示意图。

X-CT 成像流程是：X 射线→准直器→检测器→转变电信号→放大电信号→转变为数字信号→计算机系统→存入计算机的存储器→编码→显示图像。

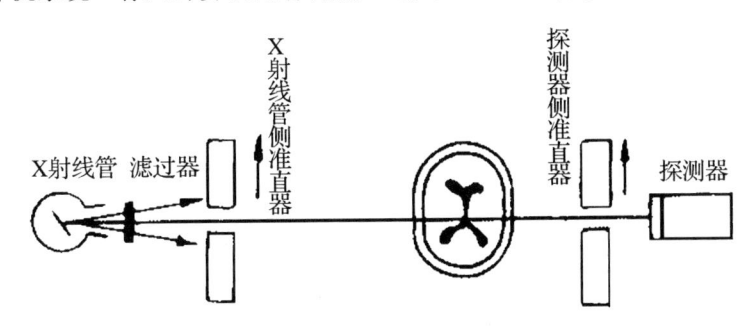

图阅-107　CT 机 X 射线部分结构示意图

（二）超声波检查仪

超声波指频率在 20000 赫兹以上的机械波。

超声检查（Ultrasonic Examination）是指运用超声波的物理特性和人体器官组织声学性质上的差异，以波形、曲线或图像的形式显示记录，从而对人体组织的物理特征、形态结构、功能状态做出判断而进行疾病诊断的一种方法。

超声波扫描装置的工作原理是将高频声波通过传感器发射到人体内，传感器与人体接触，交替发射超声短脉冲并接收其回声波，回声波由被体内器官反射的声波产生，根据回声波的特点来判断有关组织的位置、大小、形状和构造，由计算机输出有关组织的视频影像。

目前，超声波检查仪根据其工作原理、功能和显示方式等可划分为很多类型，但大多以显示方式来分，即分为 A 型、M 型、B 型、D 型等。

A 型（Amplitude modulation mode）超声波检查仪。即幅度调制型超声波检查仪，当超声波束在人体组织中传播遇到不同声阻抗的两层邻近介质界面时，在该界面上就会产生反射回声，在示波器的屏幕上以波的形式显示。截面两侧介质的声阻抗差愈大，其回声的波幅愈高。该法主要用于测量组织界面的距离、器官的经线及病变的范围。

B 型（Brightness modulation mode）超声波检查仪。即灰度调制型超声波检查仪，其原理与 A 型相同，不同点是 B 型的回声脉冲电信号放大后送到显示器上，显示的亮度随信号的大小而变化；B 型的多声束连续扫描，构成二维切面图像；B 型的回声图像能直观显示脏器的大小、形态、内部结构，并能区分液性、实性或含气组织。这是目前应用最广的一种超声波检查仪。图阅-108 为 B 型超声波检查仪。

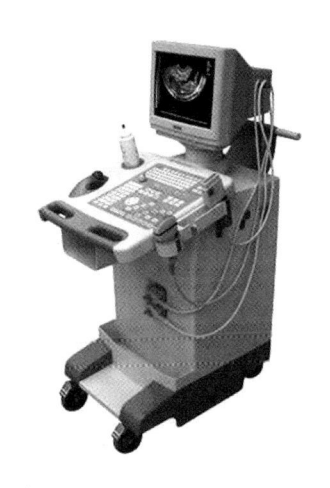

图阅-108　B型超声波检查仪

M型（Motion mode）超声波检查仪。即灰度调制型超声波检查仪中的一种特殊类型，主要用于心脏、大血管检查。横坐标为光点慢扫描时间，纵坐标为扫描时间，代表回声界面至探头的距离，即被测人体组织结构的深度、位置。

D型（Doppler mode）超声波检查仪。人体内多普勒效应[①]是血液中的红细胞散射超声波通过多普勒系统接收和显示。多普勒超声检查仪可求得血流速度（包括瞬时、平均、最大、最小）；可辨别血流方向，从而判定反流或返流方向；可判别采样点血流性质，评估血流是否正常；计算动脉血流射血时间及血流速度上升的速度。

彩色多普勒超声检查仪。彩色多普勒又称二维多普勒，可把所得血流信息经相位检测、自相关处理、彩色灰阶编码，平均血流资料以彩色显示，并将其组合、叠加显示在B型灰阶图像上。彩色多普勒超声诊断仪一般均兼有B型、M型、D型和彩色血流图功能。

超声检查仪基本结构由三个部分组成：探头、电路部分和显示器、记录器。

探头（Probe）由换能器（Transducer）、外壳、电缆和插头组成。换能器是探头的关键部件，通常由压电陶瓷构成，担负电声转换的作用，也即发射超声和接收超声的作用。

电路部分和显示器由发射电路、接收电路、扫描电路和显示器（显像管）组成。

记录器采用照相机、多幅照相机、视频图像记录仪、录像机、彩色打印机或磁光盘记录装置，也可存储在工作站，以便在科内、院内或远程联网。

（三）核磁共振成像装置

核磁共振成像装置（Magnetic Resonance Imaging，MRI）通过测量构成人体组织中某些元素的原子核的磁共振信号实现人体成像，是一种多种特征参数、多种靶位核素的成像技术。磁共振成像的基本原理是利用特定频率的电磁波向处在磁场中的人体进行照射。人体内各种不同组织的氢核在电磁波的作用下会发生核磁共振，并吸收电磁波的能量，随后再发射出电磁波。

核磁共振成像装置主要由磁场系统、射频系统、图像重建系统三大部分组成。它必须安装在一个完全不受外部射频干扰的房间里。

[①]　多普勒效应指声源与接收器之间的相对运动而导致声波频率发生改变的现象。

核磁共振成像仪见图阅-109。

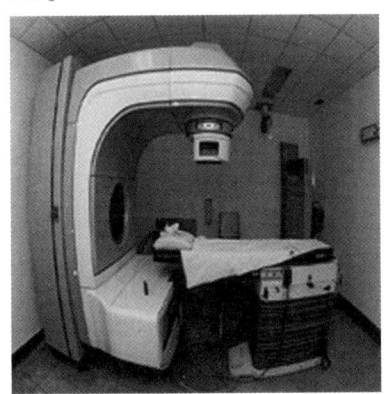

图阅-109　核磁共振成像仪

（四）病员监护仪

病员监护仪是一种用以测量和控制患者生理参数，并可与已知设定值进行比较，如果出现超出设定值还可报警的装置或系统。它广泛用于 ICU（Intensive Care Unit）室、手术室等。常见的监护仪有心电监护仪、脑电监护仪、血氧饱和度监护仪、麻醉监护仪、有创血压监护仪、分娩监护仪等。

（五）内窥镜

内窥镜（Endoscope）是一种由体外经过人体自然腔道送入体内，对体内疾病进行检查或治疗的仪器。它可直接观察到脏器内腔病变，确定其部位、范围，同时还可具有照相、活检、刷片、某些治疗等功能。

内窥镜根据工作原理可分为光纤内窥镜和电子内窥镜。前者传出来的图像信号为光信号，后者传出来的图像信号为电信号。电子内窥镜的前端用高性能的固体摄像器件（CCD，即将光信号变成电信号的电荷耦合器件）代替了光纤内窥镜。

内窥镜根据检查部位的不同可分为胃镜、胸腔镜、腹腔镜、支气管镜、膀胱镜、尿道镜、心脏镜、结肠镜、肾镜、喉镜等。

（六）血液透析机

血液透析机在《协调制度》中又称"肾脏透析设备"或"人工肾"，是利用半透膜原理通过扩散、对流将体内各种有害及多余的代谢废物和过多的电解质移出体外的设备。血液透析机一般由透析液供给系统、体外循环系统及控制监测电路组成。

（七）麻醉机

麻醉机是向患者提供氧气、吸入麻醉药物及进行呼吸管理的设备。它利用人体从吸入的气体中摄取一部分药物到体内，通过血液的传送到达体内各器官，这些药物在一定时间内使器官暂时失去知觉和反射，以达到麻醉的目的。麻醉机主要由供气装置、流量计、麻醉蒸发罐、麻醉呼吸器、监测和报警装置、残余气清除装置和各种附件与接头组成。

（八）呼吸机

呼吸机是可以代替人或辅助人的呼吸功能的仪器，可帮助使用者吸收氧气、排出二氧化碳。呼吸机主要由气路系统和电子控制系统两部分组成。气路系统是一个气体传送系统，包括气体供应、气体传输、压力流量监测和校正；电子控制系统的主要功能是控制呼吸机以一定的频率、潮气量进行通气，同时监测相应传感器的反馈数据，超过限定范围时报警提示。

（九）闪烁摄影装置

闪烁摄影装置（Scintigraphic apparatus）是用于获得人体内 γ 射线分布图像的装置。该图像是用闪烁扫描仪及 γ 照相机等相应装置得到的。闪烁摄影装置的工作原理：核扫描仪需要给病人口服或注射能被所要诊断的器官迅速吸收的放射性化合物（示踪剂），然后用 γ 计数器对人体进行扫描，记录示踪剂渗透目标器官（例如大脑）时所产生的辐射量，从而确定吸收放射性同位素的部位。计算机对所测定的辐射进行分析后生成视频图像，这是一张光暗区或对比色混杂在一起的图像，显示出器官吸收放射性同位素的部位。这样，扫描提供了有关该器官的构造及功能的信息。

（十）血管支架

血管支架由支架和导管输送系统组成。通过导管输送器将支架输送至病变部位，植入支架以达到支撑狭窄闭塞段血管，保持管壁血流通畅的目的。血管支架主要分为冠脉支架、脑血管支架、肾动脉支架、大动脉支架等。支架通常由金属材料、覆膜材料或生物材料制成，部分支架表面涂覆治疗药物。支架按照在血管内展开的方式可分为自展式和球囊扩张式两种。

阅读材料三十一：常用仪器

（一）电子显微镜的主要类型

电子显微镜按结构可分为透射式、扫描式电子显微镜等。

透射式电子显微镜是因电子束穿透样品后再用电子透镜成像放大而得名，其图像细节的对比度是由样品中原子对电子束的散射形成的，常用于观察那些用普通光学显微镜不能分辨的细微物质结构。

扫描式电子显微镜指电子束不穿过样品，仅在样品表面扫描激发出次级电子，放在样品旁的闪烁晶体接收这些次级电子，通过放大后调制显像管的荧光屏就显示出样品表面的形貌图像，所以主要用于观察固体表面的形貌，有时也与 X 射线衍射仪或电子能谱仪相结合构成电子微探针，用于物质成分的分析。

（二）色谱仪

色谱法是一种物理分离技术，是利用混合物中各个组分在互不相溶的两相（固定相和流动相）之间的分配差异而使混合物得到分离的一种方法，也称为色层法、层析法等。

色谱仪（Chromatograph instrument）主要用于复杂的多组分混合物的分离、分析。色谱仪的实质是利用色谱分离技术和检测技术，对混合物进行先分离后检测，从而实现对多组分的复杂混合物进行定性、定量分析。

根据流动相的不同，色谱仪可分为气相色谱仪和液相色谱仪（常见的是高效液相色谱仪）。

1. 气相色谱仪

气相色谱仪（Gas chromatography）就是用气体作为流动相的色谱仪，如图阅-110所示。它基于不同物质物化性质的差异，在固定相（色谱柱）和流动相（载气）构成的两相体系中具有不同的分配系数（或吸附性能），当两相做相对运动时，这些物质随流动相一起迁移，并在两相间进行反复多次的分配（吸附—脱附或溶解—析出），使得那些分配系数只有微小差别的物质，在迁移速度上产生了很大的差别，经过一段时间后，各组分之间达到了彼此的分离。被分离的物质依次通过检测装置，给出每个物质的信息，一般是一个色谱峰。通过出峰的时间和峰面积，可以对被分离物质进行定性和定量分析。

图阅-110　气相色谱仪

一台典型的气相色谱仪主要由载气系统、进样系统、分离系统（色谱柱）、检测系统及数据处理系统构成，其流程图如图阅-111所示。

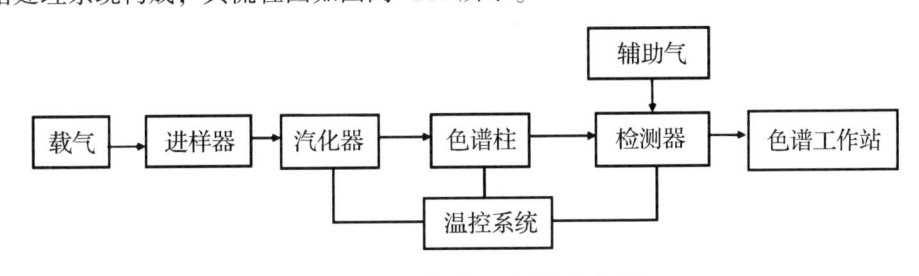

图阅-111　气相色谱仪流程图

载气系统包括气源、气体净化器、气路控制系统。

进样系统包括进样器和汽化室，它的功能是引入试样，并使试样瞬间汽化。

分离系统主要由色谱柱组成，是气相色谱仪的心脏，它的功能是使试样在柱内运行的同时得到分离。

检测器的功能是对柱后已被分离的组分的信息转变为便于记录的电信号，然后对各组分的组成和含量进行鉴定和测量，是色谱仪的眼睛。

数据处理系统目前多采用配备操作软件包的工作站，用计算机控制，既可以对色谱数据进行自动处理，又可对色谱系统的参数进行自动控制。

2. 高效液相色谱仪

高效液相色谱仪（High performance liquid chromatography，HPLC）是以高压液体为流

动相的色谱仪，如图阅-112所示。其基本工作方法是用高压泵将具有一定极性的单一溶剂或不同比例的混合溶剂泵入装有填充剂的色谱柱，经进样阀注入的样品被流动相带入色谱柱内进行分离后依次进入检测器，由记录仪、积分仪或数据处理系统记录色谱信号或进行数据处理而得到分析结果。

图阅-112　高效液相色谱仪

高压输液泵的作用是输送流动相通过整个色谱系统。

进样装置常见的有隔膜注射进样器、停流进样器、六通进样阀和自动进样器。

色谱柱担负分离作用，是色谱系统的心脏。

检测器的作用是把洗脱液中组分的浓度转变为电信号，并由数据记录和处理系统绘出谱图来进行定性和定量分析。

高效液相色谱仪一般由高压输液泵、进样装置、色谱柱、检测器、数据记录及处理系统等组成，如图阅-113所示。其中，高压输液泵、色谱柱、检测器是关键部件。图阅-114为自动进样器。

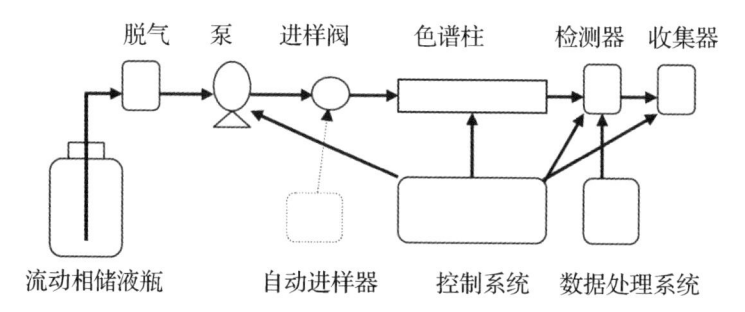

图阅-113　高效液相色谱仪基本组成

图阅-114　自动进样器

3. 两种色谱仪的比较

气相色谱仪具有高分辨率、高速度、高灵敏度及选择性好等优点，但只能用于被气化物质的分离、检测，不能被气化的物质则不能用气相色谱法检测。

液相色谱仪的样品无须气化而直接导入色谱柱进行分离、检测，特别适用于气化时易分解物质的分离、分析。

通常情况下，有机物质分子量小于 400 时，用气相色谱仪；分子量在 400~1000 时，最好用高效液相色谱仪；分子量大于 1000 时，用凝胶色谱（排阻色谱）。

（三）电泳仪

电泳（Electrophoresis，EP）指带电颗粒在电场的作用下，向着与其电性相反的电极方向移动的现象。电泳仪指利用电泳现象对混合物进行分离分析的仪器，如图阅-115 所示。

图阅-115 电泳仪

电泳仪一般由电源、电泳槽、检测单元等组成。

电泳仪根据电压设计范围可将其分为三类：

常压电泳仪（600V），用于净电荷和 SDS-聚丙烯酰胺凝胶电泳；

高压电泳仪（3000V），用于载体两性电解质等电聚焦电泳和 DNA 测序；

超高压电泳仪（30000~50000V），用于毛细管电泳。

（四）光谱仪

光谱仪（Spectrometer）在《协调制度》中又称分光仪，是进行光谱分析和光谱测量的仪器。它可将成分复杂的光分解为光谱线，用于测量放射及吸收光谱的波长。光谱仪主要由一个可调节狭缝准直器（待测光束由此入射）、一个或多个可调节棱镜、一个望远镜和一个棱镜台构成。

1. 红外光谱仪

红外吸收光谱（Infrared Absorption Spectrum，IR）是利用物质的分子吸收红外辐射，并由其振动或转动引起偶极矩的净变化，产生分子振动和转动能级从基态到激发态的跃迁，得到分子振动能级和转动能级变化产生的振动—转动光谱，因为出现在红外区，所以称之为红外光谱。利用红外光谱进行定性、定量分析及测定分子结构的仪器称为红外吸收光谱仪，简称红外光谱仪。

红外光谱仪目前主要分为两类：色散型红外光谱仪和傅里叶（Fourier）变换红外光谱仪，后者应用更广。

傅里叶变换红外光谱仪没有色散元件，主要由光源（硅碳棒、高压汞灯）、Michelson 干涉仪、检测器（探测器）、计算机和记录仪组成，如图阅-116 所示。傅里叶变换红外光谱仪的核心部分为 Michelson 干涉仪，它将光源来的信号以干涉图的形式送往计算机进行傅里叶变换的数学处理，最后将干涉图还原成光谱图。

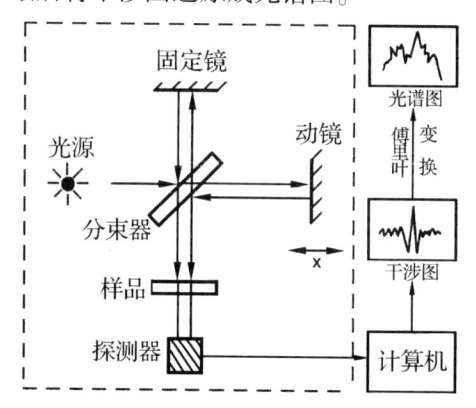

图阅-116　傅里叶变换红外光谱仪的方框图

2. 荧光光谱仪

荧光光谱仪（Fluorescence Spectrometer instrument）指利用荧光强度和波长进行定量、定性分析的仪器。荧光光谱定量分析是以物质所发射的荧光强度与浓度之间的线性关系为依据的方法，而定性分析是以荧光光谱的形状和荧光峰对应的波长进行分析的方法。

根据所用光源的不同，荧光光谱仪分为普通光源光谱仪和 X 射线荧光光谱仪。

（1）普通光源光谱仪

普通光源光谱仪指以激光器、氙灯、汞灯为光源的荧光光谱仪。

（2）X 射线荧光光谱仪

X 射线荧光光谱仪指以 X 射线管为光源的荧光光谱仪。它通过测量试样的 X 射线荧光波长和强度来测定物质的化学组成。图阅-117 为 X 荧光分析原理图。不同物质由于分子结构的不同，其激发态能级的分布具有各自不同的特征，这种特征反映在荧光上表现为各种物质都有其特征荧光激发和发射光谱，因此可以用荧光激发和发射光谱的不同来定性地进行物质的分析。

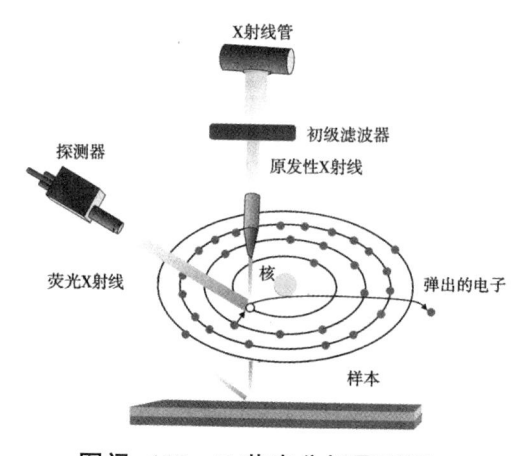

图阅-117　X 荧光分析原理图

X射线荧光光谱仪广泛用于地质、冶金、化工、材料、石油、医疗、考古等诸多领域。

(五) 分光光度计

分光光度计 (Spectrophotometer) 指用光电或热电元件探测光谱并对物质进行定量定性分析的仪器,如图阅-118所示。它通过测定被测物质在特定波长处或一定波长范围内光的吸收度,对该物质进行定性和定量分析。常用的波长范围为200~400纳米的紫外光区、400~760纳米的可见光区、2.5~25微米的红外光区,对应的仪器分别称为紫外分光光度计、可见光分光光度计(或比色计)、红外分光光度计或原子吸收分光光度计。

图阅-118 分光光度计

该仪器主要由光源、单色器、样品室、检测器、信号处理器和显示与存储系统组成,常用于核酸、蛋白定量以及细菌生长浓度的定量分析。

(六) 摄谱仪

摄谱仪 (Spectrograph) 指将复合光分解为光谱,再用感光方法把光谱记录在光谱底版上的仪器。

(七) 质谱仪

质谱仪 (Mass Spectrometry, MS) 是利用电磁学原理,对荷电分子或亚分子裂片依其质量和电荷的比值(质荷比,m/z)进行分离和分析的仪器。首先将被分析的样品离子化,然后利用不同离子在电场或磁场的运动行为的不同,把离子按质荷比分开而得到质谱,通过样品的质谱和相关信息可以得到样品的定性、定量的分析结果。

质谱仪的基本组成包括进样系统、离子源、质量分析器、真空系统和检测系统等,如图阅-119所示。

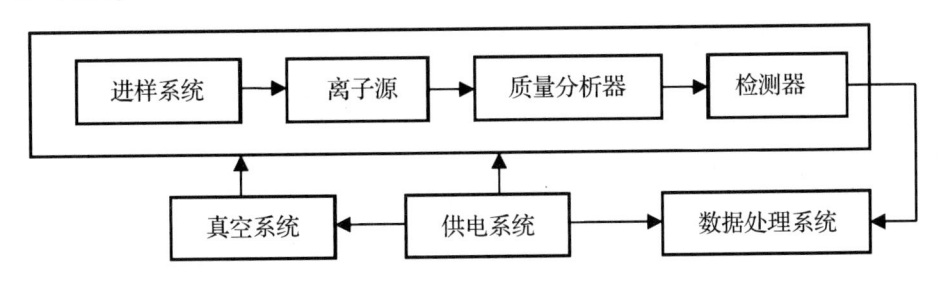

图阅-119 质谱仪组成框图

进样系统的作用是按电离方式的需要,将样品送入离子源的适当部位。

离子源的作用是将待分析的样品电离,得到带有样品信息的离子。

质量分析器的作用是将离子源产生的离子按 m/z 顺序分开并排列成谱。

检测器主要使用电子倍增器,也有的使用光电倍增管。

为保证离子源中灯丝的正常工作、保证离子在离子源和分析器中正常运行,质谱仪的离子源和分析器都必须在真空中才能工作。也就是说,质谱仪必须有真空系统。一般真空系统由机械真空泵、扩散泵或涡轮分子泵组成。机械真空泵能达到的真空度有限,不能满足要求,必须依靠高真空泵,常见的高真空泵有扩散泵和涡轮分子泵。

(八) 气相色谱—质谱联用仪

气相色谱—质谱联用仪(Gas chromatograph-mass spectrometer,GC-MS)是气相色谱仪经接口与质谱仪结合而构成的气相色谱—质谱法的分析仪器。质谱仪是一种很好的定性鉴定用仪器,但对混合物的分析无能为力。色谱仪是一种很好的分离用仪器,但定性能力较差。色谱—质谱的联用仪则结合了色谱对复杂基体化合物的高分离能力与质谱较强的定性能力,发挥了各自的优势,使分离和鉴定同时进行。

(九) 示波器

示波器(Oscilloscope)是用来显示电信号波形的形状、大小、频率等参数的仪器,如图阅-120所示。它能够把电信号的变化规律转换成可直接观察的波形,并且根据信号的波形对电信号的多种参量进行测量,如信号的电压幅度、周期、频率、相位差、脉冲宽度等。它利用示波管内电子束在电场中的偏转,显示随时间变化的电信号波形。若是双踪示波器,还可以测量两个信号之间的时间差,数字存储示波器还可以将输入的电信号存储起来,以备分析和比较。

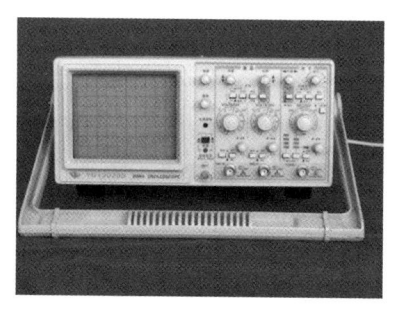

图阅-120 示波器

示波器一般由电子枪、偏转系统、荧光屏、垂直(Y 轴)放大电路、水平(X 轴)放大电路、扫描与同步电路和电源供给电路等部分组成。

在实际应用中,只要能通过适当的传感器把其他的电学量(如电流、电功率、阻抗等)和非电学量(如温度、位移、速度、压力、光强、磁场、频率等)以及它们随时间变化的过程转化为电压的变化,示波器就能用来观察和研究这些量的变化规律。

(十) 频谱分析仪

频谱分析仪(Spectrum Analyzer)简称频谱仪,是用来分析信号频域特性的仪器。它可用来测量信号电平、谐波失真、频率、频率响应、调制系数、频率稳定度及频谱纯度等，如图阅-121 所示。

图阅-121　频谱分析仪

（十一）万用表

万用表（Multimeter）是一种多功能、多量程的测量仪表，一般可测量直流电流、直流电压、交流电流、交流电压、电阻和音频电平等，有的还可以测电容量、电感量及半导体的一些参数。万用表分为模拟式（又称为指针式）万用表和数字式万用表。图阅-122 为模拟式万用表，图阅-123 为数字式万用表。

图阅-122　模拟式万用表　　　　　　图阅-123　数字式万用表

（十二）功率表

功率表（Watt meter）又称瓦特表，指用来测量直流、交流电功率的仪表。

（十三）网络分析仪

网络分析仪（Network Analyzer）是一种用来分析双端口网络的仪器，它可以测量衰减器、放大器、混频器、功率分配器等电子电路及元件的特性，如图阅-124 所示。

图阅-124　网络分析仪

思考与练习商品归类题参考答案[①]

绪论

1. 1604.3200　　2. 8510.2000　　3. 8308.2000　　4. 9608.1000、7326.9090
5. 9401.2010　　6. 7323.9300　　7. 8510.1000　　8. 3401.1100　　9. 4421.1000
10. 6302.2190

第一类

1. 0210.9900　　2. 0305.5910　　3. 0106.2020　　4. 0206.3000　　5. 0504.0021
6. 0305.7100　　7. 0308.3019　　8. 0402.2100　　9. 0407.9010　　10. 0505.1000

第二类

1. 0711.4000　　2. 2008.1999　　3. 0709.6000　　4. 0904.2100　　5. 1209.9100
6. 1302.3200　　7. 0710.1000　　8. 0910.9100　　9. 0712.3200　　10. 1108.1300

第三类

1. 1522.0000　　2. 1508.9000　　3. 1504.1000　　4. 1521.1000

第四类

1. 2104.2000　　2. 1602.4990　　3. 1701.9990　　4. 1601.0020　　5. 1902.3030
6. 2008.1120　　7. 1806.2000　　8. 2009.6100　　9. 2309.9090　　10. 1602.2000

第五类

1. 2530.9099　　2. 2530.9020　　3. 2711.1100　　4. 2705.0000　　5. 3606.1000

第六类

1. 2933.1920　　2. 3004.9059　　3. 2917.3690　　4. 2207.1000　　5. 2835.2600
6. 3105.1000　　7. 3204.2000　　8. 3206.4990　　9. 3208.2020　　10. 3301.2999
11. 3307.1000　　12. 3401.1100　　13. 3402.5090　　14. 3307.4900　　15. 3401.1990
16. 3402.5090　　17. 3702.5410　　18. 3707.9010　　19. 3702.1000　　20. 3812.2000

第七类

1. 3902.3010　　2. 3915.1000　　3. 3920.1090　　4. 3208.1000　　5. 3901.9090

[①] 所有八位数编码均以2022年版《税则》为标准，由于我国每年都可能对本国子目进行少量调整，故2022年之后可能有个别题目的正确答案中的后两位编码与这里的参考答案不相同，但归类的思路和方法不变，也不影响对归类的学习。

6. 3908.1090　　7. 3908.9090　　8. 4002.2010　　9. 3924.1000　　10. 3903.9000
11. 3920.5100　　12. 4008.2100

第八类

1. 4103.3000　　2. 4101.9019　　3. 4115.1000　　4. 4114.1000　　5. 4107.9200
6. 4203.2990　　7. 4202.9100　　8. 4202.3200　　9. 4303.9000　　10. 4202.9200

第九类

1. 4402.1000　　2. 4409.2910　　3. 4405.0000　　4. 4412.3100　　5. 4418.3000
6. 4602.1100　　7. 4503.1000　　8. 4421.9110　　9. 9615.1900　　10. 4601.2911

第十类

1. 4705.0000　　2. 4706.1000　　3. 4802.5600　　4. 4823.9090　　5. 4823.2000
6. 3808.9910　　7. 4817.2000　　8. 4907.0090　　9. 4907.0010　　10. 4820.1000
11. 4905.9000　　12. 4811.5199　　13. 4820.4000　　14. 4906.0000　　15. 4901.9900

第十一类

1. 5102.1100　　2. 5203.0000　　3. 5301.2100　　4. 5105.2900　　5. 5005.0090
6. 5109.9090　　7. 5206.4300　　8. 5308.9013　　9. 5402.3900　　10. 5407.9300
11. 5208.5200　　12. 5514.2200　　13. 5601.2100　　14. 5601.3000　　15. 5603.9110
16. 5604.1000　　17. 5607.9090　　18. 5701.9020　　19. 5801.2200　　20. 5806.1010
21. 5810.9100　　22. 5903.1020　　23. 5902.1020　　24. 5909.0000　　25. 5911.9000
26. 6005.2400　　27. 6111.2000　　28. 6201.4090　　29. 6210.1030　　30. 6213.2090
31. 6212.3090　　32. 6116.9100　　33. 5603.9390　　34. 6302.3191　　35. 6304.1939
36. 6307.9090　　37. 6307.9090

第十二类

1. 6404.1990　　2. 6406.1000　　3. 6309.0000　　4. 6403.1900　　5. 6404.1100
6. 6504.0000　　7. 6507.0000　　8. 6505.0099　　9. 6601.9100　　10. 6602.0000
11. 6603.9000　　12. 6701.0000　　13. 6703.0000　　14. 6702.9030　　15. 6704.9000

第十三类

1. 6802.1010　　2. 6807.9000　　3. 6810.9110　　4. 6812.9100　　5. 6809.1100
6. 6815.1900　　7. 6901.0000　　8. 6905.1000　　9. 6909.1100　　10. 6914.9000
11. 6910.1000　　12. 6913.9000　　13. 7001.0090　　14. 7002.1000　　15. 7013.9900
16. 7003.2000　　17. 7009.1000　　18. 7010.1000　　19. 7018.1000

第十四类

1. 7105.1010　　2. 7115.9010　　3. 7117.1900　　4. 7116.1000　　5. 7114.1900

第十五类

1. 7207.2000	2. 7210.1100	3. 7216.3290	4. 7222.1100	5. 7228.8000
6. 7229.2000	7. 7208.5390	8. 7213.1000	9. 7208.2790	10. 7305.1900
11. 7308.3000	12. 7325.1090	13. 7323.9300	14. 7304.9000	15. 7306.6100
16. 7321.1100	17. 7303.0010	18. 7308.9000	19. 7318.1510	20. 7406.2090
21. 7404.0000	22. 7412.2090	23. 7415.3390	24. 7418.1010	25. 7411.2200
26. 8201.9090	27. 8205.5100	28. 8212.1000	29. 8210.0000	30. 8201.6000
31. 8206.0000	32. 8310.0000	33. 8301.3000	34. 8302.4100	35. 8310.0000

第十六类

1. ACD	2. ABCD	3. BD	4. BC	5. 8406.8110
6. 8407.3410	7. 8409.9199	8. 8483.1090	9. 8412.2100	10. 8407.9090
11. 8414.8030	12. 8414.3013	13. 8414.5120	14. 8543.7099	15. 8418.1020
16. 8419.1200	17. 8420.1000	18. 8451.3000	19. 8422.3030	20. 8424.8999
21. 8427.1090	22. 8430.6920	23. 8429.5212	24. 8207.1910	25. 8433.1100
26. 8467.8900	27. 8443.9990	28. 8483.9000	29. 8455.2290	30. 8456.1100
31. 8461.4011	32. 8460.2390	33. 8462.6300	34. 8466.9390	35. 8537.1019
36. 8467.1900	37. 8471.8000	38. 8517.6237	39. 8528.5211	40. 8480.7190
41. 8207.3000	42. 8481.2010	43. 8485.2000	44. 8482.1020	45. 8479.8962
46. 8501.4000	47. 8511.2090	48. 8504.4099	49. 8509.4090	50. 8509.8090
51. 8516.5000	52. 8524.9110	53. 8517.6294	54. 8518.3000	55. 8523.5110
56. 8525.8919	57. 8523.4920	58. 8507.6000	59. 8525.8919	60. 8528.5212
61. 8539.3199	62. 8539.3191	63. 8528.7222	64. 8543.7099	65. 8536.4900
66. 8523.5110	67. 8536.6900	68. 8544.4221		

第十七类

1. 8601.1011	2. 8606.9900	3. 8703.6021	4. 8705.9099	5. 8703.8000
6. 8704.2240	7. 8708.4099	8. 8708.9939	9. 8512.4000	10. 8301.2010
11. 9401.9910	12. 8524.9140	13. 8501.3100	14. 8511.4099	15. 8512.2090
16. 8711.2020	17. 8714.1000	18. 7315.1110	19. 8802.4020	20. 8901.1010

第十八类

1. 9001.5099	2. 9002.9090	3. 9012.1000	4. 9013.1000	5. 9018.4910
6. 9402.1090	7. 9018.4100	8. 9021.9011	9. 9018.1990	10. 9018.1930
11. 9022.1400	12. 9027.5090	13. 9018.5000	14. 9018.2000	15. 9022.3000
16. 9025.8000	17. 9026.2010	18. 9027.5010	19. 9030.3110	20. 9028.3013
21. 9031.4990	22. 9031.8090	23. 9032.8990	24. 9120.1100	25. 9207.1000

第十九类

1. 9303.3000　　2. 9301.2000　　3. 8710.0010

第二十类

1. 9401.6110　　2. 9402.9000　　3. 9403.8990　　4. 9503.0089　　5. 9404.9040
6. 9504.9030　　7. 9405.1000　　8. 9405.9900　　9. 9503.0029　　10. 9603.2100
11. 9608.1000　　12. 9609.2000　　13. 9616.1000　　14. 9619.0011　　15. 9620.0010

第二十一类

1. 9704.0090　　2. 9706.9000　　3. 9704.0010

参考文献

［1］海关总署关税征管司编译. 进出口税则商品及品目注释. 北京：中国海关出版社，2022.

［2］中国海关报关专业教材编写组. 2021 中国海关报关专业教材. 北京：中国海关出版社，2021.

［3］宗慧民，赖碧云. 进出口商品归类习题集. 2 版. 北京：中国海关出版社，2022.

［4］进出口商品编码编委会. 2022 年版进出口商品编码. 北京：中国海关出版社，2022.

［5］海关总署关税征管司. 中华人民共和国海关总署商品归类汇编. 北京：中国海关出版社，2010.

［6］王咸. 化工词典. 4 版. 北京：化学工业出版社，2010.

［7］化学工业出版社组织编写. 中国化工产品大全. 4 版. 北京：化学工业出版社，2012.

［8］中国大百科全书编委会. 中国大百科全书. 北京：中国大百科全书出版社，2011.

［9］海关总署关税征管司. 木材及木制品归类指南. 北京：中国商务出版社，2008.

［10］天津海关归类分中心. 常见纸张商品归类化验指南. 北京：中国海关出版社，2004.

［11］海关总署关税征管司. 服装商品归类手册. 北京：中国海关出版社，2008.

［12］魏世林，刘镇华，王鸿儒. 制革工艺学. 北京：中国轻工业出版社，2001.

［13］张丽平，李桂菊. 皮革加工技术. 北京：中国纺织出版社，2006.

［14］王鸿儒. 皮革生产的理论和技术. 北京：中国轻工业出版社，1999.

［15］骆鸣汉. 毛皮工艺学. 北京：中国轻工业出版社，2000.

［16］沈隽，赵钟声，胡英成. 木材加工技术. 北京：化学工业出版社，2005.

［17］汪秉全. 木材科技词典. 北京：科学出版社，1985.

［18］李坚. 木材科学. 2 版. 北京：高等教育出版社，2002.

［19］文琼菊. 常用纸张品种简明手册. 北京：化学工业出版社，2005.

［20］邝守敏. 制浆工艺及设备. 北京：中国轻工业出版社，2000.

［21］吴葆敦. 造纸工艺及设备. 北京：中国轻工业出版社，2000.

［22］张运展. 加工纸与特种纸. 北京：中国轻工业出版社，2001.

［23］于伟东. 纺织材料学. 北京：中国纺织出版社，2006.

［24］姚穆，周锦芳，黄淑珍，等. 纺织材料学. 2 版. 北京：中国纺织出版社，1990.

［25］纺织品大全编委会. 纺织品大全. 2 版. 北京：中国纺织出版社，2004.

［26］蔡再生. 纤维化学与物理. 北京：中国轻工业出版社，2004.

［27］于修业. 纺纱原理. 北京：中国轻工业出版社，1995.

［28］朱苏康，高卫东. 机织学. 北京：中国纺织出版社，2008.

［29］张洵栓. 染整概论. 北京：中国纺织出版社，1995.

［30］邵宽. 纺织加工化学. 北京：中国纺织出版社，1996.

［31］郭秉臣. 非织造材料与工程学. 北京：中国纺织出版社，2010.

［32］GB/T 4146.1-2009 纺织品 化学纤维 第1部分：属名.

［33］张殿斌，赵玉. 机械产品与管理. 北京：中国物资出版社，1991.

［34］三浦宏文. 机电一体化实用手册. 北京：科学出版社，2007.

［35］藤井信生. 电子实用手册. 北京：科学出版社，2008.

［36］祁玉生，等. 现代移动通信系统. 北京：人民邮电出版社，2007.

［37］蔡涛，等，译. 无线通信原理与应用. 北京：电子工业出版社，2008.

［38］姚金生，郑小利. 元器件. 3版. 北京：电子工业出版社，2008.

［39］Peter Van Zant. 芯片制造——半导体工艺制程实用教程. 4版. 北京：电子工业出版社，2008.

［40］温朝柱. 进出口机电商品归类手册. 北京：中国海关出版社，2012.

［41］李鹏. 汽车概论. 上海：同济大学出版社，2008.

［42］苏伟. 汽车概论. 北京：高等教育出版社，2004.

［43］冯玉红. 现代仪器分析实用教程. 北京：北京大学出版社，2008.

［44］梁森. 自动检测技术及应用. 北京：机械工业出版社，2010.

［45］World Customs Organization. Explanatory Notes to the Harmonized commodity description and Coding System，2022.